KB178619

HANGIL
LIBRARIUM
NOVAE HUMANITATIS
한길신인문총서 15
한길사

HANGIL LIBRARIUM NOVAE HUMANITATIS 15

War and Peace in East Asia 2
The Historical Phases of the Modern Age in East Asia and the Late Chosun

by Samsung Lee

Published by Hangilsa Publishing Co., Ltd., Korea, 2009

동아시아의 전쟁과 평화 2

근대 동아시아와 말기조선의 시대구분과 역사인식

이삼성 지음

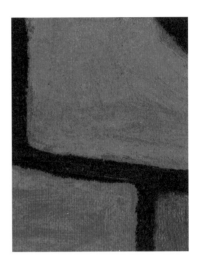

HANGIL
LIBRARIUM
NOVAE HUMANITATIS
한길신인문총서 15
한길사

지은이 **이삼성**李三星은 고려대학교 정치외교학과와 서울대 대학원 정치학과를 졸업했고,
1988년 미국 예일 대학교에서 정치학 박사학위를 받았다. 통일연구원 연구위원, 가톨릭대학교
국제학부 교수 등을 거쳐 지금은 한림대학교 정치행정학과 교수로 있다.
최근 논문으로는, 「동아시아 제국주의의 시대구분」(『국제정치논총』, 한국국제정치학회, 2008),
「日本の近代とファシズムの存在樣式」(『政治思想硏究』, 日本政治思想學會, 2009) 등이 있다.
저서로는 한길사에서 펴낸『현대미국외교와 국제정치』(1993), 『미국의 대한정책과 한국민족주의』(1993),
『한반도 핵문제와 미국외교』(1994), 『20세기의 문명과 야만』(1998), 『세계와 미국』(2001)이 있다.
그밖에도 『미국외교이념과 베트남전쟁: 베트남전쟁 이후 미국 외교이념의 보수화』(법문사, 1991),
『미래의 역사에서 미국은 희망인가』(당대, 1995) 등이 있다. 『20세기의 문명과 야만』으로 제11회 단재상(1998),
제38회 백상출판문화상(저작부문, 1999)을 수상했다. 『세계와 미국』은 2002년 대한민국학술원
우수학술도서로 선정되었다. 이 책『동아시아의 전쟁과 평화』(1·2)는 2009년『한겨레』올해의 책,
2010년 대한민국학술원 우수학술도서, 2014년『한겨레』선정 '새 고전 26선'에 선정되었다.
아울러 2010년 제1회 한림대학교 학술을 수상했다.

동아시아의 전쟁과 평화2
근대 동아시아와 말기조선의 시대구분과 역사인식

지은이 · 이삼성
펴낸이 · 김언호
펴낸곳 · (주)도서출판 한길사
등록 · 1976년 12월 24일 제74호

주소 · 10881 경기도 파주시 광인사길 37
　　　www.hangilsa.co.kr　　http://hangilsa.tistory.com
　　　E-mail: hangilsa@hangilsa.co.kr
전화 · 031-955-2000~3　　팩스 · 031-955-2005

부사장 · 박관순 | 총괄이사 · 김서영 | 관리이사 · 곽명호
영업이사 · 이경호 | 경영이사 · 김관영
편집 · 백은숙 노유연 김지연 김대일 김지수 김영길
관리 · 이주환 문주상 김선희 이희문 원선아 | 마케팅 · 서승아

출력 · 블루엔 | 인쇄 · 오색프린팅 | 제본 · 경일제책사

제1판 제1쇄 2009년 4월 30일
제1판 제8쇄 2020년 1월 30일

값 33,000원
ISBN 978-89-356-5997-5 93340
　　　978-89-356-5999-9 (세트)

● 잘못 만들어진 책은 구입하신 서점에서 바꿔드립니다.

이 도서의 국립중앙도서관 출판시도서목록(CIP)은
e-CIP 홈페이지(http://www.nl.go.kr/cip.php)에서 이용하실 수 있습니다.
(CIP제어번호: CIP2009001159)

잃어버린 한 세기의 회상
• 『동아시아의 전쟁과 평화 2』를 펴내면서

모질고 세찬 모래바람에 자주 지워져버리고 말았을 사막 위의 가느다란 실크로드. 2천 년에 가까운 긴 세월 동안 동서양의 문명을 간신히 연결해준 끈이었다. 훗날 해양 실크로드가 서양에 의해 개발되면서 사막의 실크로드는 그 모래바람 속에 거의 묻혀버리고 만다. 그와 함께 세계사는 근세로 접어들었다. 이후로 동서양은 주로 바다를 통해서 만났다. 그 가교 역할을 맡은 것이 동아시아 전통질서에서는 경계인의 위치에 있던 일본이었다고 할 수 있다. 그렇게 서로 가늘게 소통하며 독자적으로 발전한 두 문명의 역사가 어언 3천 년에 이른다.

19세기는 두 문명이 진정한 의미에서 하나로 연결되고 통합하는 과정의 시작이었다. 하지만 그 과정은 요즘 말로 결코 쿨하다고 할 수는 없는 것이었다. 동서양 어느 곳에서나 이질적인 사회들이 경계선에서 만나 통합할 때는 더티 플레이의 요소들이 가득한 과정을 거치게 마련이었다. 동양과 서양 사이의 본격적인 상견례였다고 할 아편무역과 아편전쟁 역시 그 전형이었다. 그렇게 두 세계는 만나 하나로 되어갔다. 우리는 그 과정에서 성립되어 적지 않은 시간 지속되었던 동서양관계를 불평등조약체제 또는 제국주의질서라고 부른다.

19세기는 동아시아 질서에서 그 이전 2천 년의 전통질서와 20세기 중엽 이래의 현대를 가르는 분수령이다. 그 한 세기 안에서 동양과 서양의 관계가 전복되었고, 그와 함께 동아시아 내부의 질서 또한 전복되었다. 국제관계뿐만 아니라, 정치질서, 경제양식, 사상과 문화의 패러다임이 격동했다. '근대'로 통칭되는 이 총체적인 변동이 한 세기에 일어났다. 그 와중에 20세기의 근대사회로 한국인들이 진입해간 경로는 불행하게도 많은 약소국가 사회와 민족들이 그러했던 것처럼 다른 사회와 국가권력의 노예로 된 식민지화를 통해서였다.

일본 제국주의의 아시아 대륙 침략과 지배의 발판이 되어버린 식민지 한반도에서 사람에 따라서는 차라리 형편이 나아진 경우도 없지 않았다. 하지만 불행해진 사람도 많았다. 한 가지 분명한 것은 한반도인들은 신분의 고하를 막론하고 다른 정치체와 사회에 노예로 되었다는 점이다. 그 불행한 기억 때문에 우리는 사실 19세기를 지워버리고 싶어할때가 있는 것이 사실이다. 의식하든 안 하든 그래서 19세기는 우리에게한편으로 '잃어버린 세기'였다고도 할 수 있다.

1990년대 언제부턴가 나는 19세기 동아시아 질서와 그 안에서 한반도의 운명을 이해하는 방식을 나름의 틀로 정리하고 싶었다. 크게 세가지 상호 연관된 의문들을 풀어내고 싶었다. 첫째, 동서양의 관계양식을 전복시킨 근대 서양문명의 본질과 그 문명적 차이가 동서양의 관계에 미친 결과를 이해하길 원했다. 둘째, 서양의 지배하에 놓인 동아시아에서 성립하여 한 세기에 걸쳐 존립한 제국주의 질서를 보다 총체적으로 조망하는 틀을 어떻게 구성해낼 수 있을까 생각했다. 셋째, 그러한동서양 간 질서 전복과 동아시아 제국주의 질서하에서 한반도의 정치와 대외관계가 전개되고 마침내 식민지의 터널로 걸어들어간 과정을더 체계적이면서도 더 이해 가능한 방식으로 서술하는 틀을 구성해볼방도는 없을까 하는 의문과 갈증이었다.

한국사회는 오랫동안 중국과 러시아가 위치한 유라시아 대륙과 일본을 포괄하는 동아시아와 정상적인 지적 소통을 누리지 못했다. 사실상의 지적 절연 상태에 놓여 있었다. 그 기간은 결코 짧지 않았다. 20세기 초 이래 약 1세기에 걸친 시간이었다고 생각된다. 식민지시대와 함께 전후 40년간의 냉전시대가 모두 그 기간에 해당한다고 생각되기 때문이다. 냉전이 해체되고 중국이 개혁개방의 길로 나아가면서 한국인들은 비로소 아시아와의 소통을 다시 시도하게 된다. 중국과 한반도를 포함한 동아시아에 대한 일본 지식인사회의 관심과 연구도 탈냉전 이후 크게 활발해졌다. 1990년대는 또한 시민사회와 학문의 세계 모두에서 일본과 한국 사이의 진정한 소통이 비로소 시작된 때라고 할 수 있다.

우리 사회와 학문이 동아시아에 깊은 관심을 기울이게 된 것이 1990년 대였다는 것은 그런 점에서 놀라운 일이 아니었다. 동아시아에 대한 연구와 서적은 특히 2000년대에 들어 폭증했다고 말해도 좋을 것이다. 그러나 필자의 느낌으로는 두 가지 점이 눈에 띈다. 하나는 전통시대 동아시아와 현대 동아시아에 대한 연구와 논의는 대단히 많은 데 비해서 19세기를 조망하는 작업은 상대적으로 빈약하다는 점이다. 또 저마다의 학문 영역에서 생산되고 축적되는 각론적인 연구와 저작들의 양에 비해서 19세기 또는 근대라는 시대를 통시적으로 꿰뚫는 시각을 정립하려는 시도는 드물다고 생각된다. 또 하나는 동아시아에 대한 관심이 역사와 사회 그리고 문화 현상을 클로즈업하는 인문학적인 차원에 집중되어 있다는 점이다. 역사를 포함한 인문학적 이해와 정치학적 및 국제관계학적 관심을 결합하여 보다 전체적인 이해를 시도하는 경우는 상대적으로 많이 부족하다고 말할 수 있을 것이다.

아마도 그런 점들 때문에 일본 등 다른 동아시아 국가들을 포함한 해외 학계와 우리 국내 학계 모두에서 앞서 언급한 세 가지 차원에서 19세기 동아시아 질서에 대한 보다 총체적인 서술체계를 모색하는 작업을 찾아보기 어려웠다고 생각된다. 또한 연구자들이 늘어나는 만큼 개별

연구자들에 대해 사회와 각 분야의 학계가 요구하는 것이 전문화이다 보니, 전체적인 조망을 추구하는 연구를 만나기는 흔치 않게 되는 경향도 없지 않다. 여러 학자들이 저마다의 관점에서 해석하고 서술한 글들을 하나로 묶는 경우들은 물론 적지 않다. 그런 경우 각자의 시각과 서술체계에서 다양성을 발견하는 즐거움은 있지만, 일관성 있는 역사인식의 논리적 구조와 만나기는 어렵다고 느껴진다. 또한 1990년대 이후 세계와 동아시아, 그리고 한반도의 운명에 대한 인식에서 국내외 학계 모두가 큰 격랑 속에 놓여 있었다고 해서 틀린 말은 아닐 것이다. 그럴수록 역사인식과 서술에서 새롭게 취해야 할 것과 버려도 좋은 것들, 그리고 여전히 지키고 기억해야 할 것들에 대한 정돈의 필요성을 필자는 더욱 절실하게 느꼈다.

필자가 19세기 동아시아 질서와 그 안에서 한국의 역정에 대한 역사인식을 정리하는 작업에 스스로 나서게 된 또 하나의 동기는 전통시대 2천 년의 동아시아 질서를 다룬 제1권의 문제의식과 통한다. 21세기 동아시아에서 전쟁과 평화의 문제에 대한 백년대계의 전략적 인식을 모색하고자 한다면, 전통시대 2천 년의 동아시아 질서에 대한 나름의 체계적인 이해가 불가결하다고 느낀 점에 대해서는 제1권 머리말에서 밝혀두었다. 그 말은 19세기 근대 동아시아 질서에 대해서도 마찬가지로 타당하다. 우리 미래의 전쟁과 평화에 대한 전략적 사유에서 거의 전적으로 기존 패권국가인 미국에서 지배적인 담론에 의존하는 사람들은 19세기 동아시아 질서의 역사적 경험들을 그 담론들을 정당화하는 근거로 자주 동원한다. 또한 한반도의 사회와 정치체가 겪은 불행의 원인을 주로 밖으로만 돌리는 사유 역시 여러 변형된 형태로 되돌아오곤 한다. 우리 사회에서 그 같은 지배적 담론과 역사인식 경향들과 의견을 달리하면서 그 시대 한반도의 내정과 외정에 대한 냉철한 비평의 근거를 갖기 위해서는, 그 시대에 대한 스스로의 종합적인 서술체계를 구성하지 않으면 안 된다고 느꼈다.

이와 같은 문제의식을 반영하여, 이 책은 크게 세 부분으로 구성되어 있다. 그 첫 부분을 다룬 제1장과 제2장은 서양 근대문명의 핵심 요소들과 그것이 동서양 관계에 갖는 의미를 정리했다. 여기서는 우선 서양 근대문명의 본질을 크게 세 가지로 파악했다. 산업혁명과 정치혁명, 그리고 식민주의가 그것이다.

제1장은 산업혁명과 식민주의, 그리고 그 둘 사이의 관계를 먼저 규명한다. 이어서 산업혁명이 서양에서 먼저 발전하게 된 이유를 논한다. 유럽의 산업혁명이 우월한 정신문명이나 선진적인 과학문명에 기초한 것으로 보는 전통적인 논의를 비판하는 관점에 무게를 두었다. 18세기 중엽까지 동서양은 근본적으로 동일한 과학기술적 환경 속에 처해 있었음에도, 이후 유럽에서 먼저 산업혁명이 진행된 사회경제적 및 정치적인 조건들을 주목하는 역사해석에 초점을 맞춘 것이다. 아울러 그 산업혁명의 역사적 토대가 해양혁명에 바탕을 둔 식민주의 활동과 불가분했다는 것을 중요하게 보았다. 중국사회는 산업혁명 이전의 원시산업화 단계에서 제자리걸음을 했다. 그 역사적 원인들에 대한 최근의 논의들을 주목했다.

제2장은 서양에서 근대적인 정치혁명이 전개되는 동안 동아시아의 중국과 조선이 처한 전통질서의 질곡을 살펴본다. 서양의 정치혁명은 전쟁의 국민화 현상을 초래했다. 이것은 산업혁명이 가능하게 만든 군사기술혁신과 결합하여 동서양의 권력관계에 심대한 변화를 가져온다. 서양이 이룩한 근대적 정치혁명의 역사적 조건들에 대한 비교역사적 분석을 주목한다. 동아시아에서는 경제양식에서 산업화 이전의 원시산업화의 함정으로부터 벗어나지 못하는 인볼류션(involution)을 겪고 있던 것과 마찬가지로, 정치질서에서도 전통질서의 수렁에서 헤어나지 못하는 '정치적 인볼류션'이라 할 만한 현상을 보인다. 배링턴 무어와 페리

앤더슨 등의 근대적 정치변동에 대한 비교역사적 분석은 상공업 부르주아지의 등장 없이 민주적 정치혁명이 없다는 것을 보여준 바 있다.

그 명제가 진실일수록 부르주아지의 성장이 없는 동아시아 사회에서의 민주적 정치혁명의 상대적 지체는 어쩌면 당연한 것이었다고 해야 할 것이다. 부르주아지가 충분히 성장하지 않은 사회가 근대로 나아가는 한 가지 경로는 급진화한 농민층과 미성숙한 부르주아지의 연합에 의하여 급진적인 사회혁명을 추구하는 것이었다고 할 수 있다. 하지만 중국의 태평천국도 조선의 동학혁명도 실패한다.

그 실패를 이해함에서 이 급진적 농민혁명세력들의 내적인 결함과 한계들과 함께 당시 국가와 외세의 결합 또한 주목해야 할 점이었다. 전통질서 내부의 억압적인 국가-엘리트 간 동맹, 즉 국가권력과 지주계급의 연합은 내부 반란 억압을 위해 유지되었고, 그것만으로 부족할 때 국가와 전통적 지배계층은 제국주의 외세와 동맹함으로써 내부의 급진적 사회변화를 억지했다. 중국에게 그 대가는 약 1세기에 걸친 반식민지화의 역사였고, 조선사회가 치른 대가는 완전한 식민지상태였다.

일본은 위로부터의 근대적인 정치혁명을 이룩했다. 막부와 천황으로 정치적 권위가 이원화되어 있던 전통질서를 배경으로, 일본의 지배 엘리트는 서양 제국주의의 압박 앞에서 국가권력구조의 근대화를 이룩하는 데 성공한다. 중국이나 조선에서처럼 중체서용 철학이나 동도서기론에 머물지 않고 서양의 사상과 제도를 포함한 근대 문물에 대해 진취적인 자세를 취했던 일본 지배 엘리트와 지식인들의 각성이 그 중요한 토대의 하나였음은 부인할 수 없다.

제1권에서 살펴보았듯이, 전통시대 중국적 세계질서에서 일본은 일찍부터 중국이나 한반도의 국가들과 달리 경계인적인 지정학적 정체성을 지니고 있었던 사실이 중요하다고 생각한다. 중화질서의 경계선 또는 그 바깥에 존재함으로써 동양과 서양의 중간자 격이었던 일본의 정체성은 상대적으로 열린 세계인식을 갖고 기존 질서 바깥의 세계를 주목하고 있었다. 이러한 세계인식의 민감성은 실권과 상징권위의 이원성이라는 일본 특유의 전통적 권력구조가 내포했던 잠재적 역동성과 결합하여 서세동점의 전환기에 위로부터의 혁명을 가능하게 한 것이었다.

동시에 바로 그러한 성격으로 인하여 일본의 정치혁명은 치명적인 약점을 갖게 된다. 서양의 근대적 정치혁명은 곧 절대주의 국가의 극복을 그 본질적인 내용으로 한 것이었다. 위로부터의 혁명이었던 일본의 근대 정치변동은 바로 그 절대주의 국가를 천황제 국가체제라는 형태로 지향해가게 되는 것이다. 그 외양과 일부 내용에서 근대성으로 무장한 괴물의 탄생을 예비하고 있었던 것이다. 일본의 근대가 갖는 성공과 함께 그 실패를 다같이 인식해야 하는 이유이다.

이 책의 두 번째 묶음은 제3장에서 제7장까지이다. 산업혁명과 근대적 정치혁명의 힘을 바탕으로 서양 세력이 중국을 반식민지화한 이후 동아시아에 성립하여 약 1세기에 걸쳐 지속된 제국주의 질서에 대해서 독자적인 시대구분을 시도했다. 1840년에서 1945년까지 동아시아 국제질서를 제국주의 질서로 규정하고, 그것을 크게 7개 시기로 구분했다.

제3장에서는 이 시대구분의 개념적 기준과 그 대강을 제시했다. 우선 근대 동아시아 질서의 본질을 제국주의 국가들의 경쟁과 갈등의 질서로 이해하는 기존 패러다임을 비판하고자 했다. 거대한 중국에 대한 통제라는 공동의 목표를 위하여 제국주의 국가들 전체가 연합하거나, 또는 일부를 배제하기 위하여 다른 다수의 제국주의 국가들이 연합하는 질서였다는 데 무게를 두었다. 그래서 '제국주의 카르텔'의 질서라는 개념을 바탕으로 하여 시대구분을 했다.

미국 학자들을 포함하여 대부분의 국내외 학자들은 그 1세기의 동아시아 제국주의 질서에서 미국은 예외적인 존재로 이해하는 경향이 강하다. 미국을 제국주의가 아닌 '탈제국주의'적 존재로 위치지우는 것이다. 이 책에서는 미국을 동아시아 제국주의 카르텔의 바깥이 아닌 그 안에 있었던 세력으로 파악한다. 그런 맥락에서 미국의 '섬 제국주의' (insular imperialism)를 주목한다. 또한 청일전쟁 이래 미국이 영국과 함께 일본과 제국주의 카르텔을 형성했고, 그것이 대체로 1940년, 즉 태평양전쟁 발발 직전까지 지속된다는 사실을 강조한다.

제4장은 동아시아 제국주의 질서 1기인 첫 30년의 전쟁과 평화의 성격을 살펴본다. 아편전쟁이 단지 영국만의 전쟁이 아니었다는 것을 강조하게 될 것이다. 거대 중국을 굴복시키고 통제하기 위해 연합전선을 편 제국주의 카르텔의 첫 번째 국면이었음을 논증한다. 이 시기 미국의 역할도 다양하다. 1850년대에 전개된 대중국 열강 압박외교에 대한 미국의 적극적인 참여뿐만 아니라, 1860년대에 미국공사 벌링게임이 주도한 제국주의 외교합작을 특기할 것이다.

제5장은 1870년대에 시작되어 청일전쟁에서 일본의 승리로 귀결되는 2기의 전쟁과 평화를 논의한다. 제1기 서양 제국주의 카르텔의 초점이 중국 본토의 반식민지화에 두어진 것이라면, 1870년대에서 1895년에 걸친 제2기 동아시아 제국주의 질서는 중화제국이 완전히 해체되는 국면이다. 서양은 내륙 아시아와 인도차이나로부터, 그리고 일본은 동쪽에서 중국을 압박하고 협공함으로써 중화제국을 붕괴시킨다. 동아시아 전통질서의 경계선에 존재해온 일본이 청일전쟁에서 승리하여 중국 영토의 일부인 대만을 빼앗고 조선 독립에 대한 중국의 공식인정을 받아냄으로써 중화제국 해체가 완성된다.

제6장은 동아시아 제국주의 질서 3기를 다룬다. 청일전쟁의 종결시점으로부터 시작되는 러시아 제국주의와 일본·영국·미국의 반(反)러시아 삼각 제국주의 카르텔 사이의 긴장과 갈등, 그리고 그것이 러일전쟁으로 폭력화하는 과정을 살펴본다. 러일전쟁은 결코 일본만의 전쟁

이 아니었으며, 영국과 미국이 함께 러시아를 고립시킨 국제적 조건 속에서 일본이 비로소 도발할 수 있었던 것임을 강조할 것이다.

제7장은 동아시아 제국주의 질서 4기에서 7기까지를 다룬다. 우선 제4기는 러일전쟁 후 15년의 기간에 걸쳐 있다. 이 시기에 미국이 일본과 함께 동아시아 질서를 권력정치적 흥정을 통해 공동 관리하는 체제가 성립한다. 일본 대륙주의와 미국 신외교 사이에 갈등이 표면에 드러나지만, 현실에서 그 긴장은 상호 현실주의적 적응을 통한 공존과 공생의 논리와 행동의 패턴 속에 파묻힌다. 필자의 시대구분에서 제5기에 해당하는 1920년대는 '수정제국주의'의 시대이다. 제국주의 클럽의 회원국들 상호간에는 협력과 갈등예방을 위한 국제주의가 풍미한다. 그러나 그 클럽의 바깥에서 바라본 이 시기 동아시아 질서는 안팎에서 제기되는 새로운 도전들 앞에서 기존 식민주의 질서의 안정을 추구하는 제국주의 카르텔에서 근본적으로 이탈한 것은 아니었다. 단지 그 변용에 불과했다.

1930년대 전체는 동아시아 질서 제6기를 구성한다. 전 지구적 차원의 경제위기 속에서 제국주의 국가들 사이에 긴장과 갈등이 발전한다. 동아시아에서도 일본의 대륙주의가 미일 제국주의 콘도미니엄에 균열을 초래한다. 그럼에도 미국과 일본은 전략물자 무역을 유지하는 등 근본적으로 공존과 상호적응에 무게를 두는 카르텔적 관계를 지속한다. 그 공생의 관계는 기존의 일반적인 인식과 달리 매우 오래 지속되었다. 1931년 가을 만주사변과 1932년 3월 만주국 수립 때는 물론이었다. 1937년 일본이 중일전쟁을 도발하여 마침내 그해 12월 초부터 1938년 3월에 걸쳐 난징 대학살을 전개한 후에도 일본의 침략전쟁을 뒷받침하는 결정적인 전략물자들의 주요 공급원은 미국이었다. 미국이 핵심 전략물자인 석유, 그리고 폭탄제조 원료로 쓰였던 폐철 등을 일본에 대해 수출 제한한 것은 1940년 1월 하순 이후였다. 역시 핵심 전략물자인 강철과 전투기 및 폭격기의 활동에 필수적인 항공유의 일본 수출을 중단한 것은 그해 7월이었다. 일본에 석유 공급을 완전히 중단한 것은 1941년 7월에 가서였다. 태평양전쟁을 불과 넉 달 앞둘 때까지 미일 간 전략물자 무역거래는 지속되었던 것이다.

중국에 대한 공동경영이라는 미일 제국주의 콘도미니엄의 근본 전제를 일본 군국주의가 미국과의 전쟁을 무릅쓰고 깨뜨리는 시점에 이르러서야 그 카르텔적 관계는 비로소 파국에 이른다. 그 마지막 국면인 미일 패권전쟁의 시기가 동아시아 제국주의 질서 제7기이다. 끝내는 그처럼 파탄에 직면하게 되지만, 미국과 일본의 제국주의 콘도미니엄은 심각한 갈등의 재료들에도 불구하고 오랜 기간 지속될 수 있었다. 이시기 미일관계에 대한 기존의 설명 패러다임은 미일 두 제국이 어떻게해서 결국 패권전쟁을 벌이게 되었는가에 초점을 맞추어 그 가깝고 먼원인들을 규명하는 데 몰두한다. 그러나 여기서는 미일 카르텔의 장기지속 그 자체를 중요한 문제로 인식하며, 그것을 가능하게 만든 것으로판단되는 동아시아만의 고유한 지정학적 특성과 지경학적 배경을 주목한다.

이 책의 세 번째 큰 묶음은 '말기 조선'의 시대구분과 역사인식을 다룬 부분이다. 제8장에서 제12장까지이다. 말기 조선이라는 개념은 이전에 없었다. 흔히 '구한말'이라거나 '19세기 조선'이란 용어를 사용하는것이 일반적이었다. 이 책에서 필자가 군이 '말기 조선'이라는 개념을끌어들인 것은 동아시아 제국주의 질서가 시작되는 1840년에서 한일병합이 이루어지는 1910년까지를 명확하게 지칭하여 그 안에서 보다구체적인 시대구분을 하기 위한 목적이다.

1840년은 조선 대외관계의 근간이었던 중화질서가 서양 세력의 공격을 받아 깊은 충격에 빠지는 세계사적 차원의 대격동이 시작된 해이다. 필자는 이때로부터 조선의 역사가 말기에 접어드는 것으로 간주한다. 실제 조선 지배층은 그 사태로부터 큰 자극을 받지는 않았다. 사태가 심중함에도 자극을 받지 않았다는 사실이 어쩌면 더 중요하다. 그것이 내가 말기 조선의 출발점을 집어내고자 할 때 고려한 점이었다. 그 시점으로부터 조선의 국가와 사회는 어떻게 세계를 인식하고 대응했는가. 조선의 내정과 외정은 어떻게 전개되는가. 이 모든 분석과 고려는 바로 1840년이라는 명확한 동아시아적 시간대를 염두에 두고 이루어질 필요가 있다고 판단했다.

1840년의 사태가 전개되기 이전에 조선의 국가와 사회의 안일과 퇴락은 그냥 조선 전통질서의 연속일 뿐이었고, 그렇게 변호될 수 있었다. 그러나 1840년 이후에는 조선의 전통질서는 그것의 지속 자체가 문제로 된다. 그때 이후 조선의 국가와 사회는 경제양식과 계급관계에서 새로운 질서와 새로운 세력의 등장이라는 토대의 변화가 없었다는 것만으로는 변화와 혁신의 부재를 완전히 면책 받을 수 없는 역사적 전환기에 처하게 되는 것이다.

그런 이유로 1840년에서 1910년에 이르는 70년의 기간을 말기 조선으로 정의하고, 그것을 8개 시기로 구분했다. 제1기인 1840~63년의 시기는 경천동지할 세계사적 변화가 바로 옆에서 진행되는 상황에서도 세도정치라는 전통적 왕조의 말기증상이 지속되는 국면이다. 이 시기의 끝 무렵은 진주민란 등 민중의 치솟는 위기의식과 저항으로 장식된다. 제2기인 대원군 집정기(1863~73)는 전통적 스타일의 내정개혁과 쇄국주의적 외정이 특징이었다. 내정개혁도 쇄국도 모두 의의와 함께 뚜렷한 한계와 문제점을 안고 있었다.

고종의 친정과 함께 시작되는 제3기(1873~82)는 개혁이 실종된 개국의 시대였다. 개국 자체는 시대의 흐름을 탄 것으로 의미가 있었다. 그러나 개국을 통해 새로운 사회적 정체성과 국가능력 향상을 구축하기 위해서는 전통적 한계를 뛰어넘는 내정의 개혁이 동반되어야 했다. 하지만 근대적 개혁은커녕 대원군집정기의 전통적 개혁마저 포기되고, 세도정치의 시대로 뒷걸음질친다. 과거의 안동 김씨 세도를 민씨 척족의 그것으로 대체했을 뿐이다. 중요한 의미에서 10년의 세월은 그렇게 상실된다. 그것이 마침내 내란과 쿠데타의 시대를 낳는다. 1882~84년의 제4기가 그것이다. 짧은 시기 안에 연거푸 일어난 군란과 정변으로 인한 혼란상은 청의 군사개입과 종주권 강화를 초래하고 그로써 청일 간의 긴장과 갈등이 깊어진다. 장차 한반도에서 제국주의 전쟁이 전개될 역사적 토대를 만들어낸다.

1885~94년은 말기 조선 제5기에 해당한다. 이 10년의 기간이 진정 불행한 의미에서 또 하나의 잃어버린 10년을 구성했다. 많은 학자는 원세개를 통해서 전개된 청나라의 횡포를 들어 이 시기 조선 지배층이 내정 혁신에 실패한 책임을 면제하고자 한다. 그러나 제대로 시도한 일도 없는 내정 혁신에 대해 그 실패의 책임을 외부로 돌릴 수만은 없는 일이다. 이 시기 역사의 흐름을 회고적으로 돌이켜본다면, 조선이 근대적인 사회를 자주적으로 건설하기 위해 노력할 수 있는 사실상 마지막 기회였다고 생각된다. 하지만 민영준의 세도가 표상하는 이 시기 내정 개혁의지의 실종상태는, 고종이 외세를 끌어들여 청나라의 압박에서 벗어나고자 노력하는 과정에서 보인 외정의 난맥상과 결합하여, 이 10년의 세월을 상실의 시대로 만들었다.

제3기의 개혁 없는 개국의 문제들이 곧 군란과 정변의 시절을 몰고 왔듯이, 제5기의 잃어버린 10년 또한 미증유의 농민혁명 사태가 폭발하는 제6기를 낳는다. 1894~95년 시기가 바로 제6기이다. 이때 전개된 농민혁명은 조선의 국가가 이 내란을 진압하기 위해 외세를 불러들이면서 일본지배로 연결된다. 이 시기는 말기 조선의 궁극적인 결과를 결정하는 때인 만큼, 이 시기에 대한 역사해석은 치열한 논쟁을 낳았다. 갑오농민혁명의 주체성과 근대성 여부, 외세 청병(請兵)의 주체, 그리고 일본 지배하에 이루어진 갑오개혁에 대한 평가를 둘러싸고 그러했다. 이들 주제에 대한 합리적 판단을 모색해본다. 이 시대가 어떻든 내포하고 있던 비극성은 이 시기 말에 일어난 민비시해의 참극으로 집약된다.

제7기는 고종이 친일내각이 지배하는 조선 궁궐을 야밤을 틈타 빠져나가 러시아 공사관으로 몸을 피하면서 시작된다. 1896년 2월의 아관파천이 그것이다. 이 시기는 러일전쟁에서 러시아가 일본에 패배하여 한반도와 만주에서 영향력을 상실할 때까지 지속된다. 러일 각축의 난간 위에서 만들어진 제한된 자율성의 공간 속에서 고종과 친러 내각은 대한제국을 선포한다. 제7기 안에서 러일 각축의 양상을 크게 세 국면으로 나누어보았다. 이 국면들 속에서 인아거일(引俄拒日)로 압축되는 고종의 선택이 궁극적으로 의미하는 것이 무엇이었는가에 대하여 필자는 깊은 비판적 검토의 필요성을 부각시킬 것이다.

제7기는 자주적 근대국가 건설의 실질적인 마지막 기회였던 제5기의 10년을 허송세월한 조선에게 그래도 다시 한 번 패자부활의 기회가 주어진 꼴이었다고 할 수 있다. 조선의 국가와 지배층이 이 시기에 취한 선택과 행동을 어떻게 개념화하여 이해할 것인가. 이 질문에 답하기 위해서 필자는 제7기에 조선 국가가 취할 수 있었던 선택을 네 가지로 분류했다. 그 가운데서 고종이 결국 선택한 것이 무엇이었는가를 논의했다. 필자의 견해로는 그의 선택은 최선과는 거리가 멀었다. 고종과 그 측근들은 러시아의 힘을 빌려 왕권을 강화한다. 그러나 근대적 혁신을 위한 왕권의 강화와는 거리가 있었다. 구본신참(舊本新參)의 명분을 내세워 전제정치를 강화하는 길을 걷는다.

제5기에 고종과 그 측근들이 전개한 러시아 끌어들이기 전략은 한반도와 그 주변에서 영국과 미국 등 서양 해양세력과 일본 사이의 제국주의 연대를 촉진했다. 제7기에 고종이 러시아 세력을 등에 업고 근대적 개혁과는 거리가 있는 전제정치를 추구한 것은 그러한 제국주의 카르텔의 흐름을 더욱 촉진시켰다고 볼 수 있다. 영미일 삼국 사이의 반러시아 제국주의 카르텔을 강화했고, 그에 따라 궁극적으로 일본의 한반도 지배가 국제사회의 축복을 받는 상황을 재촉했다.

1905~10년의 제8기는 말기 조선의 그 모든 잃어버린 시간들이 누적되어 그려낸 우울한 에필로그이다. 이 시기 고종이 보인 외교적 행태들이 과연 이성적 의의를 지닌 것이었는지, 그에 대해서도 냉정한 비판적 성찰의 필요성을 제기할 것이다.

끝으로 제12장에서는 말기 조선에서 오늘날에 이르기까지 한국사회에 존재한 역사인식, 즉 19세기 조선에 대한 역사인식의 개념적 분류를 시도했다. 두 개의 개념축을 설정했다. 횡축은 가치지향의 스펙트럼을 나타내는 것으로, 전통주의와 근대화지상주의를 양 극단으로 한다. 종축은 근대사회로의 변혁의 주체가 어떤 사회세력이냐를 나타내는 것으로, 근왕주의와 민중주의를 양 극단으로 한다. 그 횡축과 종축을 교차시켜서 19세기 말 조선에 대한 역사인식의 사상지도를 그려보았다. 위정척사론, 급진개화론, 식민지근대화론, 민중주의적 자력근대화론, 근왕주의적 자력근대화론, 그리고 잠정적인 것이지만 시민적 자력근대화론 등 여섯 개의 역사인식 또는 근대화담론의 범주들을 그 지도 위에서 파악했다. 조선이 끝내 가지 못했던 길의 사상적 정체가 무엇인지에 대해서도 그 사상지형의 맥락에 비추어 생각해볼 것이다.

1990년대 이래 지성사적 지각변동 속에서 19세기 조선과 동아시아에 대한 우리의 인식에서 크게 부각되어온 것은 식민지근대화론과 함께 근왕주의적 자력근대화론으로 필자가 개념화한 범주들이다. 이들이 한국의 역사인식의 스펙트럼을 풍부히 함으로써 우리의 지성사에 기여한 바 있다고 생각한다. 그러나 둘 모두 균형 잡힌 역사인식으로서는 근본적인 문제점들을 안고 있다고 나는 이해한다. 식민지근대화론은 조선 사회의 어떤 영역에서도 자력근대화의 바탕이 존재했다는 것을 부정하는 경향이 강하다. 그 관점은 식민지 상태에서 한국사회는 근대화의 길을 걸었으며 한국인도 근대적 인간으로 성장해갔다는 정도의 시각에 머물지 않는다. 이 시각을 수용하는 지식인들 모두가 반드시 그렇다고는 할 수 없으나, 전위적인 주창자들의 경우 일본 제국주의의 한반도 지배와 그것을 발판으로 한 아시아 지배 확대과정을 야만의 영역에 대한 문명의 팽창이라는 이념적 프리즘으로 미화하는 경향을 보인다. 그럼으로써 근대성으로 무장한 동양의 프랑켄슈타인의 괴물이 된 일본의 제국주의와 파시즘이 남긴 동아시아 질서의 깊은 상처와 그 유산을 비판적으로 성찰할 여지를 허락하지 않게 된다.

근왕주의적 역사해석은 또 다른 극단으로 치달았다. 고종을 유능한 개명군주로, 그리고 그 개명한 군주를 영명하게 뒷받침한 지혜로운 왕비로 민비를 미화하는 과정에서 견강부회라고 해야 할 많은 논리적 무리와 과장을 걸러내지 않았다. 어떤 학자의 말처럼 고종과 민비 등 당시 조선 국가권력의 최고위층에게 영웅의 기준을 들이대려는 것이 아니다. 어차피 그것은 터무니없는 요구수준이다. 다만 위기에 처한 사회의 최고 권력자에게 응당 요구되는 변화와 자기혁신을 향한 정상적인 수준의 노력과 리더십이 있었는지를 물을 것이다. 식민지근대화론과 근왕주의적 자력근대화 담론은 1990년대 이래 민족과 민중의 개념이 철저하게 퇴장당하면서 한국 지성사에 형성된 지적 공황상태를 파죽지세로 점령해간 탈민족과 탈민중의 역사관을 각각 대표한다. 나는 그 두 극단으로부터 19세기 동아시아와 한반도의 운명에 대한 역사인식의 균형을 회복하고 싶었다.

19세기 서양의 치명적 무기였던 근대적인 경제혁명과 정치혁명, 그것들이 동아시아에는 부재했거나 왜곡된 형태로 전개되는 양상, 두 세계가 거칠게 통합되는 과정에서 성립한 동아시아 질서와 그에 따르는 전쟁과 평화, 그 질서와 격동 속에 놓인 말기 조선 사회와 국가의 사유와 선택. 이것들이 여기서 통합적으로 다루고자 한 대상영역을 구성한다. 이 모든 것들에 대하여 역사적인 사실들에 대한 단순한 나열을 넘어서서 일정한 원칙을 기준으로 시대구분을 하여 역사인식을 정돈하는 일은 결코 간단한 일일 수 없다. 우선 역사학과 비교정치학, 경제사학, 그리고 국제관계학 등, 여러 학문적 영역에서 이루어진 연구성과들을 아우르지 않으면 안 되는 작업이다. 학문적 깊이와 노력에서 천학비재한 한 명의 국제정치학도에게는 참으로 어울리지 않는 작업이었다. 그럼에도 무모한 시도를 선택한 것은 그 시대에 대한 총체적 조망을 향한 마음 속 갈증 때문이었다.

그 갈증은 이 작업으로 해소될 수는 없는 것이었다. 만일 그렇다고 생각한다면 그 갈증 자체의 빈곤을 말하는 것에 지나지 않을 것이다. 다만 이 시대에 대해 우리의 학문이 축적해온 지식의 지평과 역사관의 스펙트럼, 그리고 그들의 설득력과 함께 그것들이 담고 있을 한계에 대해 필자 나름으로 이해하고 평가할 수 있는 토대를 갖게 되었다고는 생각한다. 이것은 단지 시작에 불과하다. 앞으로 풀어야 할 숙제들에 대한 소박한 입문이다.

19세기를 다룬 이 책은 전통시대 2천 년의 동아시아의 전쟁과 평화를 다룬 제1권에 이은 제2권이다. 제3권은 이어서 출간될 예정이다. 그것은 20세기와 21세기 동아시아의 전쟁과 평화에 관해서 얘기하게 될 것이다. 제2권은 이를테면 동아시아의 전쟁과 평화에 관한 3부작의 허리에 해당한다고 할 수 있겠다.

한길사 편집부의 배경진 실장님께 깊이 감사드린다. 지난 겨울 내내 필자와 함께 고생하셨다. 2001년 『세계와 미국』을 편집해주신 것에 이어 이번에도 기꺼이 어려운 짐을 떠맡아주신 것을 진심으로 고맙게 생각한다. 항상 격려의 말 잊지 않으시고 기약 없는 원고를 오래 기다려주신 김언호 사장님께도 감사의 말씀을 드린다.

끝내 마침표를 찍어야 하는 이제, 떠오르는 한 가지 이미지는 인도의 한 시인이 그려본, 바닷가에서 모래성을 쌓고 조개껍질을 주우며 노는 아이이다. 내세울 것과 할 얘기보다는 아직 듣고 배워야 할 것으로 가득한 역사와 세상에 관한 학문의 세계에서, 타고르가 노래한 "나뭇잎으로 배를 만들어 큰 바다로 떠나보내는 아이"의 천진한 심정을 빌려 스스로에게 부과한 철없는 짐을 이제 잠시 내려놓는다.

4월의 날들은 빛과 그림자로 가득하다. 소월이 노래한 영변 약산의 그 진달래가 나의 뜰에도 피어났다. 여러 해 전 옮겨 심어둔 벚나무들도 이제 막 눈부시게 꽃을 피울 준비를 하고 있다. 하지만 곧 한꺼번에 지고 말아 삶의 무상을 일깨우게 될 것이다. 항상 조금씩은 기다리게 되는 봄비, 그리고 그것을 노래하는 음악의 밝음과 우수, 이 계절을 함께 살아내는 벗들이다. 오후의 은근히 뜨거운 4월의 햇볕을 받으면 곧 터질 것 같던, 아침 산책 때 보았던 앵두나무의 이슬 맺힌 하얀 꽃망울을 떠올리면서 붓을 놓는다.

2009년 4월 10일

著者 李三星

동아시아의 전쟁과 평화 2

제3장 동아시아 제국주의의 시대구분

제4장 아편전쟁과 중국의 반식민지화

제5장 중화제국의 해체와 청일전쟁

제6장 반(反)러시아 영미일 연합과 러일전쟁

제7장 미일 제국주의 카르텔과 그 변용, 그리고 파국

제8장 말기 조선의 시대구분과 역사인식

제9장 내란과 쿠데타의 시절

제10장 '잃어버린 10년'과 농민전쟁 · 일본지배

제1장 19세기 세계체제 전환과 동아시아
• 동서양의 엇갈린 운명의 역사적 기원

1. 서양 근대문명의 3대 요소

유럽 국가들의 주도하에 전 지구적인 항해체제(global system of navigation)가 성립한 것은 16세기 후반이었다. 항해체제의 세계화를 따라서 전 지구적인 무역체제가 빠르게 성립한다. 유럽과 아프리카, 아시아가 직접 연결되었고, 아메리카 대륙의 자원도 유라시아 무역 네트워크에 처음으로 통합되었다. 반면에 유럽이 자신이 주도하는 군사정치적 국제체제에 전 지구를 통합하는 것은 그보다 훨씬 뒤의 일이었다. 북미와 남미의 토착 문명과 토착 제국들은 전 지구적 항해체제의 성립과 동시에 질병의 이전과 결합해 급속하게 소멸했다. 거의 즉각적으로 유럽 질서에 편입된 것이다.

그러나 인도가 유럽의 군사정치질서에 통합된 것은 18세기에 들어서였다. 유럽이 중국과 일본을 포함한 동아시아를 강제로 개방시키는 데 충분한 군사력을 동원할 수 있었던 것은 19세기 중엽에 가서였다. 이때 무역 네트워크뿐 아니라 군사정치적 권력구조를 망라하여 전 지구가 비로소 하나의 국제체제로 통합되었다. 국제정치학에서는 동아시아를 포함한 비서양 세계가 경제적으로뿐 아니라 군사정치적으로도 유럽이 주도하는 질서 속에 편입된 시점을 19세기 중엽인 1850년 전후로 보고 있다. 아편전쟁이 시작된 1840년경과 전쟁이 마무리된 1860년이라는 시기의 중간쯤을 경계선으로 잡은 것이다.[1]

주로 경제적 네트워크 형성을 중심으로 국제체제를 파악하는 세계체제론은 포르투갈 사람인 바스코 다 가마(Vasco da Gama: 1469~1524)가 희망봉을 돌아 인도양으로 진출한 1498년을 염두에 두고 1500년경 또는 늦어도 1648년 전 지구가 하나의 국제체제를 이루게 되었다고 본다. 부잔과 리틀은 전 지구적인 무역체제와 군사정치 권력체제의 형성을 보다 엄밀하게 구분한다. 단일한 전 지구적 국제체제의 형성시점을 인도에 이어 중국까지 유럽의 군사정치구조에 편입된 시점으로 잡는다. 이 글에서는 부잔과 리틀의 인식을 받아들인다.

전 지구적 국제체제가 1850년에 성립되었다는 것은 다른 말로 하면 중국을 중심으로 한 동아시아 질서, 즉 중화질서가 19세기 중엽에 아편전쟁을 분수령으로 사실상 종언을 고하게 되었다는 얘기이다. 중화질서의 잔재는 아편전쟁 이후에도 남았다. 청과 조선의 관계에서 특히 그러했다. 그러나 아편전쟁을 계기로 중국에 등장한 새로운 질서의 개념화를 둘러싼 여러 이견에도 불구하고, 그때를 계기로 중국 중심의 동아시아 질서가 실질적으로 붕괴했다는 데에는 이론이 없다.

서양에 의한 전통적 동아시아 질서의 붕괴는 몇 개의 전쟁이나 전투에서 지고 이긴 문제가 아니었다. 근대문명과 전 근대문명의 대결로 집약되는 이 사태는 비유하자면, 서로 다른 물체들 사이의 물리적인 수평적 충돌이 아니라, 지질학적 시간이 다른 지층들 사이의 수직적인 단층현상 같은 이미지를 떠올린다.

---

1) Barry Buzan and Richard Little, *International Systems in World History: Remaking the Study of International Relations*, Oxford: Oxford University Press, 2000, pp.241~242, 406.

그럼 이 서양 근대문명의 실체는 무엇인가.

프리드리히 엥겔스는 1845년에 쓴 『1844년 영국 노동계급의 조건』 이란 저서에서 이렇게 말했다. "산업혁명(Industrial Revolution)이 영 국에게 갖는 중요성은 프랑스에서 정치혁명, 그리고 독일에서 철학혁 명이 갖는 중요성에 필적한다."[2] 엥겔스의 말은 산업혁명, 정치혁명, 그 리고 사상혁명이 유럽의 근대를 특징 짓는다는 가정을 깔고 있다. 어떤 의미에서 인간의 삶의 조건은 크게 두 가지로 압축할 수 있다. 첫째는 신체의 자유와 그것을 결정하는 정치적 조건이다. 둘째는 생물학적 생 존과 나아가 풍요를 희구하는 경제적 조건이다. 엥겔스가 말한 정치혁 명은 신체의 자유와 그것과 불가분한 사상의 자유 등 인간 기본권을 보 장하는 정치질서의 질적 도약이다. 산업혁명은 경제적 생존과 풍요를 향한 인간의 열망을 충족시킴에서 현실 역사적 조건의 대변혁을 상징 한다.

엥겔스가 독일이 대표한다고 말한 철학혁명이란 아마도 이마누엘 칸 트나 프리드리히 헤겔의 철학을 얘기할 수도 있다. 그러나 바로 자신들 의 철학, 즉 마르크스주의 철학을 지칭하는 것일 수도 있다. 엥겔스가 아니라 다른 유럽 국가들의 근대 사상가들이라면 사회주의나 공산주의 사상 대신에 자유주의 사상의 발전을 철학혁명으로 간주할 것이다. 하 지만 어느 쪽이든 철학혁명을 서양 근대문명의 요체로서 산업혁명이나 정치혁명과 같은 수준의 독립적 요소로 위치짓는 것은 적절하지 않다. 어차피 정치혁명과 불가분한 차원이다. 사상혁명이나 철학혁명은 정치 혁명으로 수렴되는 문제인 것이다. 결국 엥겔스가 파악한 서양 근대문 명의 핵심은 두 가지로 귀결된다. 산업혁명과 정치혁명이다.

---

2) Maurice Dobb, *Studies in the Development of Capitalism*, London: Lowe & Brydone, 1963, p.258.

서양 근대문명의 본질을 그 두 가지로 요약한 것은 반드시 서양의 지성만은 아니었다. 서양에 점령당한 동양사회의 가장 비판적인 지식인에게서도 그러한 해석을 발견할 수 있다. 20세기 초 폐허가 되어버린 근대 중국의 지성이자 마오쩌둥의 스승이라 할 천두슈(陳獨秀). 그는 1915년『신청년』을 창간하여 중국의 진보적 지식인운동에 출발점을 제공한 사람이다. 중국 전통문명의 한가운데 있던 유교는 근대적 삶의 중심에 있는 개인들의 독자성을 부정하는 사상체계라고 천두슈는 비판했다. 중국이 대안으로 취해야 할 목표는 그 "유교적 전통주의"에 정반대되는 것이어야 했다. 천두슈에게 중국이 미래 좌표로 삼아야 할 것은 서양 근대문명의 두 가지 본질적인 요소들이었다. 그의 표현을 빌리면 "미스터 민주주의"와 "미스터 사이언스"(Mr. Democracy and Mr. Science)였다.3) 서양이 제국주의의 모습으로 다가온 19~20세기 초 아시아 지식인이 서양문명을 바라보는 양가적인 인식을 극적으로 표현한 것이었다.

천두슈가 말한 '과학'이란 산업혁명을 가능하게 한 학문과 기술의 힘을 말한 것일 터이다. '민주주의'란 영국 명예혁명과 프랑스 대혁명으로 대표되는 정치혁명의 업적을 가리키는 것이다. 정치혁명은 민족주의혁명의 전제요 모태이기도 했다. 그럼으로써 이 정치혁명들은 산업혁명 못지않게 이후 세계의 전쟁과 평화의 양상, 그리고 동양과 서양의 역학관계에까지 심대한 영향을 미친다. 18세기 정치혁명을 바탕으로 19세기 유럽에는 민주주의 혁명과 민족주의 혁명이 전개된다. 그때 중국에서는 정치영역에서 질적인 변화가 진행되지 못했다. 전통 왕조의 흥망과 성쇠의 패턴이 반복될 뿐이었다.

---

3) Jonathan D. Spence, *The Search for Modern China*, New York: W.W. Norton, 1990, p.315.

산업혁명과 정치혁명은 19세기 중엽 이래 서양이 동아시아를 포함한 세계를 지배하는 힘의 원천이라 할 근대문명의 두 요체를 구성한다. 그러나 그것만으로 서양과 동양의 역학관계를 전복시킨 세계사적 동학을 다 설명할 수는 없다. 또 하나의 핵심적인 요소가 있다면 그것은 무엇일까. 필자는 그 답을 식민주의에서 찾는다. 서양이 경제적으로도 정치적으로도 동양에 비해 이렇다 할 비교우위가 분명치 않거나 아예 동양에 뒤지고 있던 시절부터 서양이 동양 제국들에 비해 일찍부터 확보하고 있던 강점이 있었다. 그것은 식민주의였다. 식민주의는 대양을 넘어서 다른 대륙에 진출하여 영토적 팽창을 하여 다른 사회의 인간과 자원을 지배하고 시장을 만들어내는 활동이었다. 대양을 지배하는 해양패권에 기초했다.

유럽 문명의 발전과 전개에서 식민주의가 중요한 이유는 또 있다. 유럽의 산업혁명과 뗄 수 없는 관계를 맺고 있기 때문이다. 19세기 유럽 문명의 대표주자인 영국의 산업혁명에서 식민주의는 특히 중요한 역할을 했다. 세계지배의 마지막 관문이었던 중국의 장벽을 무너뜨리는 데에 식민지 인도의 반(半)노예노동으로 생산한 아편이 결정적인 역할을 했다는 것은 유럽 근대문명의 동아시아 지배에서 식민주의가 수행한 역할의 총체적인 모습에 비하면 단지 눈에 띄는 한 대목일 따름이다.

이 글에서는 19세기 세계에서 서양이 주도하는 전 지구적 권력구조 속에 동양을 편입시키는 데 결정적 역할을 한 서양적 근대의 세 가지 본질적 요소들, 즉 식민주의, 산업혁명, 그리고 정치혁명에 관한 전반적인 이해의 틀을 정리하고자 한다.

2. 19세기 이전의 중국과 유럽: 차이보다는 동질성

적어도 18세기까지는 서양이 아닌 중국이 세계 경제체제의 중심부였다는 것을 많은 학자가 인정하고 주목한다. 하지만 19세기에 여전히 융성한 중국을 서양이 무력으로 몰락시킨 것만은 아니었다. 변강의 이민족이 과거에 발전한 문화와 풍요로운 물산을 가진 중화세력을 오직 우월한 무력과 군사적 조직력을 바탕으로 무너뜨리고 지배하게 된 것과는 차원이 달랐다. 중국이 아편전쟁에서 서양의 무력에 압도당하기 전에 세계체제에서 중국과 서양은 경제적 위상이 정반대로 역전되는 현상이 먼저 일어났다.

아부-루고드에 따르면, 세계질서에서 중국의 쇠퇴는 "서양의 융성"에 앞서 일어났다. 유럽이 동양을 손쉽게 정복할 수 있었던 것은 동양이 경제적, 정치사회적으로 쇠퇴의 길에 이미 접어들고 있었기 때문이다. "서양의 융성"은 동양의 융성하는 체제를 유럽이 탈취함으로써 이루어진 것이 아니란 얘기였다.[4) 안드레 군더 프랑크도 아부-루고드와 의견을 같이한다. 그는 중국 경제팽창이 꺾이고 수축기로 들어서게 되는 분수령을 18세기 말로 보았다. 아시아의 쇠퇴는 유럽의 부상 때문인가 아니면 유럽의 부상은 단지 중국과 아시아의 쇠퇴를 촉진시켰을 뿐인가라는 질문에 대한 프랑크의 답은 아부-루고드와 마찬가지로 아시아의 쇠퇴가 먼저 진행되었다는 것이다. 서양은 그 틈에 기회를 갖게 된 것이었다.[5)

세계체제에서 중국과 서양의 역할변동은 왜 일어난 것인가. 18세기 서양의 경제구조와 수준은 중국과 큰 차이가 없었다. 생활수준에서 오히려 중국에 미치지 못했다. 19세기 유럽은 전혀 달랐다. 같은 유럽의

---

4) Janet L. Abu-Lughod, *Before European Hegemony: The World System A.D. 1250~1350*, Oxford University Press, 1989; 재닛 아부-루고드 지음, 박흥식·이은정 옮김, 『유럽 패권 이전: 13세기 세계체제』, 2006, 392~393쪽.

5) Andre Gunder Frank, *ReORIENT: Global Economy in the Asian Age*, Berkeley: University of California Press, 1998, p.264.

19세기와 18세기의 유사성보다는 18세기의 유럽과 중국이 더 높은 유사성을 갖고 있었다.[6] 그러나 19세기에 유럽은 여전히 18세기 상태로 머물러 있던 중국에 대해 차별성을 확보하게 되는 것이다.

유럽은 14세기 중엽에 흑사병(Black Death: 1348~50)의 광풍으로 엄청난 인구손실을 겪었다. 흑해로부터 지중해를 거쳐 북유럽까지 예외가 아니었다. 흑사병의 충격으로부터 벗어나 인구증가와 경제생산이 그 이전보다 더 높은 수준으로 올라서게 된 것은 16세기의 일이다. 그러다 17세기에 경제, 사회, 정치적으로 전반적인 위기(general crisis)에 휩싸인다. 맬서스적 위기(Malthusian crisis)가 가장 정확하게 적용될 수 있는 시기였다. 18세기에 이르러서야 서유럽은 비로소 농업과 산업생산이 확대되고 상업이 발달하기 시작한다. 이 경제성장으로 영국은 비로소 심각한 기아의 위협에서 해방된다. 프랑스가 비참한 기아의 공포로부터 벗어나게 된 것도 이때부터였다.[7] 말하자면 18세기 유럽은 가장 앞선 지역에서조차도 기아 상태를 겨우 면하는 수준에 불과했다.

『국부론』을 쓴 애덤 스미스(Adam Smith: 1723~90)는 분업과 전문화가 생산성을 향상시켜 부를 성장시킨다고 설파했다. 하지만 그도 18세기 유럽의 지평을 벗어나진 못했다. 당시 유럽은 중국과 마찬가지로 기본적으로 농업경제가 중심이었다. 스미스가 강조한 투자도 농업에 대한 투자였다. 그 역시 경제성장이란 일정한 한계가 있다고 보았다. 실질임금은 궁극적으로 최저생계비 수준으로 떨어질 수밖에 없는 것으로

---

6) R. Bin Wong, *China Transformed: Historical Change and the Limits of European Experience*, Ithaca and London: Cornell University Press, 1997, p.17.

7) Andrew Appleby, "Grain Prices and Subsistence Crises in England and France, 1590~1740," *Journal of Economic History* 29-4, 1969, pp.864~887; Wong, 1997, pp.16~17.

가정했다. 유럽도 18세기까지는 유한한 성장의 세계에 머물러 있었다. 토머스 맬서스(Thomas Robert Malthus: 1766~1834)는 애덤 스미스보다 약 반세기 후에 태어난 인물이다. 하지만 그에게도 자원증가는 한정되고 그나마도 인구증가 때문에 인간사회의 경제성장은 한계가 있을 수밖에 없다고 가정했다.[8] 19세기 이후 유럽은 전혀 다른 세계였다. 생산력과 자본의 무한정한 확장이 가능한 산업자본주의 시대로 접어들기 때문이다.

페르낭 브로델에 따르면, 애덤 스미스는 스코틀랜드의 작은 핀 공장에서 일어나고 있던 분업의 효과에 주목했지만, 기계가 전혀 새로운 경제를 탄생시킬 것을 통찰하지는 못했다. 그보다 더 후대의 인물인 데이비드 리카도(David Ricardo: 1772~1823)의 이론틀 안에도 기계에 대한 통찰은 없었다.[9] 이들 고전경제학자들은 탁월한 선견지명을 가진 인물들이었지만, 산업혁명으로 말미암아 19세기 유럽이 18세기와는 전혀 다른 세계를 만들게 되는 사태를 설명할 수 있는 인식 패러다임을 발전시키지는 못했다.

19세기에 유럽과 중국은 왜 그토록 다른 운명을 겪게 되는가, 그리고 무엇이 그토록 다른 차이를 가져왔는가 하는 것은 우선, 생산력의 질적 도약인 산업혁명이 왜 유럽에서 일어나고 중국은 왜 그러한 도약을 이루지 못했는가라는 문제로 집약된다. 이 질문에 대한 해답을 찾기 위해서는 '원시산업화'(proto-industrialization)라는 개념에서부터 출발해야 한다. 그것은 프랭클린 멘델스가 만들어낸 개념이며, 산업화의 반대 개념이다.[10] 원시산업화는 농업사회 단계에서 농민들이 원거리시장을

---

8) Wong, 1997, pp.17, 49~50.
9) 페르낭 브로델 지음, 주경철 옮김, 『물질문명과 자본주의 III-2: 세계의 시간 하』, 까치, 1997, 746쪽.

목적으로 한 가내수공업이 발달한 상태이다. 한마디로 농촌형 공업(rural industry)의 발전이다. 반면에 산업화는 도시형 공업(urban industry)이 발전한 상태를 가리킨다. 16~18세기의 중국은 유럽 못지 않게 원시산업화가 진행되어 있었다. 문제는 원시산업화를 이룬 사회가 모두 산업화 단계로 이행하지는 않는다는 것이다. 유럽은 그 이행을 이루었다. 중국은 이행하지 않았다. 왜 그런 차이가 발생했는가 하는 것이 결국 19세기 세계체제에서 중국과 유럽의 엇갈린 운명을 해명하는 열쇠가 될 수 있다.

그렇다면 중국과 달리 유럽이 산업화, 즉 산업혁명을 이룩할 수 있었던 이유를 해명해야 한다. 유럽 산업화의 역사적 기초는 무엇보다도 식민주의와 뗄 수 없는 관계가 있었다. 유럽의 산업혁명을 가능하게 한 역사적 원시축적은 식민주의적 팽창의 역정을 떠나서는 해명될 수 없는 문제이다. 또한 유럽의 식민주의에 대한 추적은 15~16세기에 시작된 '바다'의 발견, 이른바 '해양 실크로드'(maritime silkroad)의 발견과 개척에서부터 시작하지 않으면 안 된다.

3. 바다의 발견과 유럽의 전 지구적 해양지배

유럽에서 포르투갈이 리스본을 중심으로 전 지구적 해양 네트워크를 건설하기 시작한 것은 1400년대 초였다. 장차 중국을 중심으로 동아시

---

10) Franklin Mendels, "Proto-Industrialization: The First Phase of the Industrialization Process," *Journal of Economic History* 32-1(1972), pp.241~261; Mendels, "Des industries rurales a la protoindustrialization: Historique d'un changement de perspective," *Annales: Economies, Societes, Civlizations* 39, 1984 September-Octover, pp.977~1008; Wong, 1997, p.38.

아에 존재한 거대한 문명권과 경쟁할 만한 새로운 문명이 서유럽에 형성되는 단초였다. 그 시점은 중부 유라시아(Middle Eurasia)에 존재했던 또 하나의 세계의 중심에서 노마드 문명이 쇠퇴하는 신호탄이었다. 1227년 유라시아 몽골 제국의 건설자 칭기즈 칸이 죽었다. 그의 사후 몽골 제국은 넷으로 분할된다. 그중 하나가 차가타이 제국이었다. 1370년 이래 차가타이의 지배자는 티무르(Timur: Tamerlane)였다. 그는 위대한 제국을 건설했지만, 1405년 사망했다. 중국을 지배한 몽골 제국 원(元)을 멸망시킨 명나라를 정복하러 나섰다가 자신이 죽고 말았다. 티무르의 사망과 함께 중부 유라시아는 전 지구적 권력구조에서 더 이상 중심부의 하나를 구성하지 못한다.[11]

세계적인 경제 네트워크에서 유라시아를 육로로 가로지르는 실크로드는 중요성을 상실해갔다. 유럽이 전 지구적 해양 네트워트를 구축하게 된 것과 깊은 관계가 있다. 당시엔 분명해 보이지 않았을 것이다. 하지만 티무르의 사후 수십 년 안에 지구 전체의 모든 곳으로 통하는 '바다'의 발견이 이후 세계사에 펼쳐지는 제국의 경제학과 지정학을 송두리째 변화시키게 된다. 그 변화의 귀결이 19세기 중엽 아편전쟁에서 영국이 이끄는 해양 함대에 중국이 무릎을 꿇은 일이다.

하지만 그 종착역까지는 약 4세기라는 오랜 세월이 흘러야 했다. 그 기간 유럽은 과학에서도 산업에서도 중국을 앞지르지 못했다. 오히려 열등한 위치에 있었다. 과학과 기술, 그리고 경제적 생산력에서 18세기까지의 유럽은 중국과 인도를 포함한 아시아에 비해서 특별히 우월하지 않았다는 데 이제 많은 학자가 동의하고 있다. 다만 유럽은 대양을 뻗어나가 해양을 제압하는 힘으로 식민주의를 발전시켰다. 식민주의

---

11) John Darwin, *After Tamerlane: The Global History of Empire since 1405*, New York: Bloomsbury Press, 2008, pp.4~6.

팽창에서 유럽의 지배적 위상은 궁극적으로 유럽의 동양 지배에 이르는 긴 우회로 같은 것이었다.

해양패권에 바탕을 둔 식민주의는 유럽이 마침내 동아시아에 대한 패권을 확보하는 데 결정적인 역사적 기반이었다. 그런 의미에서 동양에 대한 유럽의 패권은 오래전부터 준비되어온 것이었다고 할 수도 있다. 그 식민주의는 15세기에 시작되었다. 그리고 16세기에 본격화했다.

1) 16세기 포르투갈과 스페인의 아시아 진출

유럽이 대서양과 인도양을 건너 팽창하는 데 개척자 역할을 한 것은 포르투갈인들이었다. 포르투갈 왕국은 대서양의 변경에 위치한 작고 약한 나라였다. 하지만 강점도 있었다. 지중해와 서유럽 북부를 연결하는 길목에 위치한 훌륭한 항구인 리스본을 갖고 있었다. 지중해와 대서양은 유럽의 두 중요한 해양경제권을 구성하고 있었다. 리스본은 그 두 경제권이 만나는 곳이었다. 1400년경부터 포르투갈은 그러한 이점을 잘 활용하기 시작했다. 리스본은 곧 무역과 상업 정보가 집결하고 해운과 항해술에 관한 지식이 교환되는 유럽의 지식경제 허브가 되었다. 리스본은 대서양 지역의 섬들을 식민지화하는 교두보이기도 했다. 포르투갈은 1426년 마데이라(Madeira)를 점령했고, 1430년대에는 아조레스(Azores)를 식민지로 만들었다. 1434년에는 아프리카 서해안의 보자도르 곶(Cape Bojador)을 식민지화했다. 그때부터 벌써 제국 건설을 실험하고 있었던 것이다.[12]

포르투갈 사람 바스코 다 가마가 아프리카 대륙 남단 희망봉을 돌아 인도의 콜카타에 도달한 것은 1498년이었다. 당시 이 지역 무역권은 오

---

12) Darwin, 2008, p.51.

스만 터키를 비롯한 이슬람 세력이 지배하고 있었다. 이슬람 세력은 말라카 해협(Strait of Malacca)을 분기점으로 해서,[13] 그 동쪽으로는 중국과 일본, 그리고 그 서쪽으로는 아프리카에 이르는 무역권을 지배했다. 이 무역권은 또한 중동의 페르시아만과 홍해에서 지금의 시리아인 알레포와 지중해안의 알렉산드리아에까지 이르렀다. 동로마제국의 수도였던 콘스탄티노플(현재 터키의 이스탄불)을 오스만 터키가 장악한 것이 1453년이었다. 그러므로 바스코 다 가마의 인도 항해가 이루어진 15세기 말 당시 인도양이 이슬람 세력의 무역권이었던 것은 놀랄 일이 아니었다.[14]

아시아인들이 지배하고 있던 인도양 무역권에 서양세력이 침투하기 시작한 것은 1510년이다. 그해 포르투갈이 인도 서해안의 뭄바이 아래쪽에 있는 항구 고아(Goa)를 점령했다. 다음해인 1511년 말레이시아 반도 남서부에 있는 전략적 항구 말라카(Malacca)를 포르투갈이 점령했다.[15] 향료제도(香料諸島: Moluccas)는 지금의 인도네시아에 속한

---

13) 말라카 해협은 남중국해와 인도양을 연결하는 해협으로서 말레이시아의 클랑항으로부터 싱가포르에 이르는, 길이 800킬로미터, 너비 50~320킬로미터, 평균 수심 50미터로 좁고 얕은 곳이다. 오늘날 중국, 일본과 한국에 대한 중동에서의 원유수송의 핵심적인 통로이다. 세계 석유공급량의 50퍼센트와 액화천연가스 공급량의 3분의 2가 이 해협을 통해서 동아시아 3국으로 수송되고 있다. 이러한 지정학적 조건 때문에 오늘날에도 해적의 출몰이 잦고 테러 위협이 상존하는 것으로 평가되고 있다. 이장훈, 「항모 한 척이면 말라카 해협 장악: 미, 석유 수송로 보호 위해 군 주둔 필요 주장, 내심은 중국 목줄 죄기」, 『이코노미스트』, 2004년 6월 22일자.

14) 히메다 미쓰요시(姫田光義) 외 지음, 편집부 옮김, 『중국 근현대사: 아편전쟁에서 1982년까지』, 일월서각, 1984, 22쪽.

15) Frank, 1998, p.99. 포르투갈인들이 점령하기 전 말라카에는 10만 명이 거주하고 있었다. 포르투갈의 점령 후 말라카 인구는 2만 5,000명~3만 3,000명으로 줄어든다. 1600년경 동남아 전체의 인구는 2,300만 명으로 추산되는데, 이는 당시 중국 인구의 5분의 1 또는 4분의 1에 해당하는 규모였다. Frank,

17~18세기 유럽의 아시아 진출 상황

참고자료: 하메다 미쓰요시 외 지음, 편집부 옮김, 『중국 근대사: 아편전쟁에서 1982년까지』, 일월서각, 1984, 24쪽.

보르네오 섬 동남쪽에 있는 술라웨시(Sulawesi) 섬과 그보다 동쪽에 있는 뉴기니 섬의 중간 해역에 흩어져 있는 섬들로 구성되어 있다. 포르투갈은 말라카 점령을 발판으로 삼아 향료제도에 접근할 수 있었다. 1513년 포르투갈인들은 말라카 해협에서 북상하여 광주(廣州)에 이르러 중국에 통상을 요구했다. 이때는 거절당했다. 무력충돌을 되풀이했다. 1554년 마침내 마카오에서 중국 당국으로부터 통상을 허가받았다. 1557년에는 마카오에 포르투갈 거류지를 설치했다.

일본과는 1542년에 이미 통상을 시작했다. 당시 왜구의 활동 때문에 중국 상선들은 일본에 가지 못했다. 그 틈을 타 포르투갈은 일본과 무역을 독점했다. 마카오는 눈부시게 발전했다. 아시아의 비단과 향료를 유럽에 팔고 인도의 목면을 아시아에 파는 무역을 독점했다. 또 동아프리카의 상아를 인도의 목면과 교환했다. 인도와 필리핀 마닐라의 은과 중국의 생사를 교환하는 무역도 포르투갈이 도맡았다. 이렇게 해서 포르투갈은 막대한 상업이윤을 얻었다.[16]

포르투갈은 바스코 다 가마를 시작으로 동진(東進)하여 인도양을 통해 아시아에 접근한 것이었다. 스페인은 1519~21년 마젤란의 세계일주를 시작으로 서진(西進)한다. 멕시코를 경유해 태평양을 건너 아시아에 접근한 것이다. 멕시코에서 출발한 스페인 원정대가 필리핀에 당도한 것은 1565년이었다. 1571년 스페인은 마닐라를 거점으로 필리핀 전체에 대한 영유권을 선언한다. 스페인은 멕시코에서 생산한 은을 중국 상선들이 마닐라로 가지고 온 비단과 도자기와 교환했다. 요컨대 16세기에 포르투갈과 스페인이 주도하여 아시아에 대한 유럽인들의 '대항해시대'가 본격화되었다.[17]

1998, p.97.
16) 히메다 미쓰요시 외, 1984, 22쪽.
17) 히메다 미쓰요시 외, 1984, 23쪽.

2) 17세기 네덜란드와 영국의 아시아 해양 패권

16세기 인도양에서 말라카 해협에 이르는 해상 무역권은 포르투갈이 독차지했다. 17세기에는 네덜란드와 영국이 그것을 나누어 차지하게 된다. 네덜란드가 '네덜란드 동인도회사'를 건립한 것은 1602년이었다. 이 회사는 1605년 포르투갈로부터 향료제도를 빼앗는다. 1618년에는 자바 섬에 바타비아를 건설하여 포르투갈을 대신해 이 지역을 지배하기 시작했다. 네덜란드 선박은 1600년 일본에도 처음 닻을 내렸다. 1609년에는 본격적인 네덜란드 무역선단이 일본에 당도한다.[18]

영국도 1600년 동인도회사를 설립했다. 영국 튜더 왕조(Tudor Dynasty)의 다섯 번째이자 마지막 황제인 엘리자베스 여왕(Queen Elizabeth I: 1533년 출생, 재위 1558~1603)은 아프리카 남단 희망봉에서 남아메리카 남단 마젤란 해협(Magellan Straits)에 이르는 대서양 영역은 제외하고, 인도양과 태평양 영역에 대한 무역독점권을 동인도회사에 부여했다.[19] 영국 동인도회사는 인도양과 동남아 해역에서 포르투갈을 몰아내고 이 무역권에서 네덜란드와 주도권을 다투는 일에 전력투구한다. 인도에서는 포르투갈을 몰아내는 데 성공했다.

동남아시아 지역에서 향료무역 독점권을 포르투갈에게서 먼저 빼앗은 것은 네덜란드였다. 영국은 네덜란드와 향료무역 쟁탈전도 벌인다. 영국 역시 네덜란드에 이어 1613년 일본과 무역을 시작했다. 그러나 동남아 해역과 동아시아에서 영국은 네덜란드에 밀렸다. 영국이 결정적

---

18) L.M. Cullen, *A History of Japan, 1582~1941: Internal and External Worlds*, Cambridge: Cambridge University Press, 2003, p.33.

19) 마젤란 해협은 남아메리카 남단, 그러니까 칠레의 남쪽에 있는 해협으로서 대서양의 비르헤네스 곶에서 태평양의 필라르 곶까지 이르는 해역이다. 1520년 마젤란이 발견했다. 이후 1914년 파나마 운하가 개통되기까지 대서양과 태평양을 연결하는 유일한 항로였다. 이 해역의 중심지는 푼타아레나스이다.

인 패배를 인정한 것은 1623년이었다. 향료무역에서도 영국은 네덜란드에 밀리게 된다. 영국은 1623년 이후 동남아 지역에 향료무역뿐 아니라 일본을 포함한 동아시아 전반의 해상무역을 이득이 없는 것으로 판단한다.[20]

그 대신 영국은 인도 경영에 주력했다. 영국은 인도 농민들을 상대로 강제적인 전대제도(前貸制度)를 부과하여 목면(木棉)을 값싸게 대량으로 생산했다. 인도 농민들의 고혈을 빨아댄 이 제도를 인베스트먼트(Investment)라 했다. 영국인의 입장에서는 농민들에게 미리 돈을 주는 투자였기에 그런 이름이 붙었을 것이다. 이를테면 조선 후기 국가가 백성들을 상대로 봄에 쌀을 꾸어주었다가 가을에 그들의 고혈을 빨았던 환곡제도 비슷한 것이었다. 포르투갈과 네덜란드가 번갈아 동남아시아 향료무역을 지배하는 데 진력했다면, 영국은 인도 목면을 새로운 상업이윤을 창출할 무역상품으로 개발한 것이다.[21]

17세기 후반부터는 영국도 네덜란드가 지배하던 중국과의 무역에 적극 참여한다. 17세기 중엽까지 차의 최대 소비국인 영국에 중국차를 공급한 것은 네덜란드 동인도회사였다. 그러나 1668년 영국은 중국차를 직접 수입하는 무역에 나선다. 1720년대에 이르면 중국차는 영국 동인도회사와 중국의 무역에서 가장 중요한 상품이 된다.[22]

3) 18세기 유럽의 대아시아 무역: 프랑스와 영국

18세기 유럽의 대아시아 무역질서의 특징은 인도에서 프랑스와 영국의 치열한 경쟁이다. 뒤늦게 대아시아 무역에 뛰어든 프랑스는 처음에는 영국과 마찬가지로 향료무역에 관심이 많았다. 그러나 네덜란드 해

---

20) Cullen, 2003, pp.33~34.
21) 히메다 미쓰요시 외, 1984, 23쪽.
22) 히메다 미쓰요시 외, 1984, 25쪽.

군력이 여전히 막강했다. 그것이 프랑스의 동남아시아 진출을 막았다. 프랑스는 관심을 인도로 돌렸다. 그곳에서 영국과 목면 무역 주도권을 다투었다. 1757년 프랑스는 콜카타 북쪽에서 인도 무굴 제국과 연합해 벌인 플라시(Plassey) 전투에서 영국에게 대패한다. 이후 프랑스의 식민주의 활동 무대는 인도차이나 방면으로 옮겨간다.[23]

18세기 영국은 중국과의 무역에서도 주도적인 역할을 하게 된다. 18세기 후반 미국이 독립함에 따라 영국은 아메리카 대륙에서 최대의 식민지를 잃었다. 영국은 이제 동인도회사를 통해 인도 경영을 강화하고 중국 무역을 확대하는 데 몰두했다. 1785년 영국정부는 중국차에 대한 수입관세를 대폭 낮추어 중국차의 수입을 늘렸다. 자국소비 수준을 넘어 유럽 전역에 중국차를 공급하는 역할도 강화했다.

플라시 전투에서 프랑스의 도전을 물리친 후 영국은 인도에 대한 식민지지배를 더욱 강화한다. 1765년 영국 동인도회사는 인도인들에 대한 징세권을 뜻하는 디와니를 획득했다. 이어 1769년 지대징수권과 민사재판권을 포함한 지주적 권익을 뜻하는 자민다리를 휘두르기 시작한다. 인도 농민들의 희생을 바탕으로 목면과 비단을 값싸게 대량으로 생산하는 식민주의 경제질서의 제도적 장치를 완비한 것이었다.[24]

이렇게 생산된 영국 동인도회사의 인도 면화는 대량 수출되었다. 18세기 말에는 영국에서 생산된 모직물 수출액을 능가하기에 이른다. 인도목면은 중국에 대규모로 수출되었다. 그후 양자강 델타 지역 농민들이 가내수공업에 의한 수직면포(手織棉布), 곧 남경목면을 생산하는 가내수공업의 원료는 인도 목면이었다. 인도 목면은 영국의 대중국 무역에서 중요한 수단이 되었다. 하지만 중국차의 수입도 그만큼 많아져서 그

---

23) 히메다 미쓰요시 외, 1984, 23쪽.
24) 히메다 미쓰요시 외, 1984, 26쪽.

비용을 대기에도 바빴다. 따라서 영국이 획득한 은이 대량으로 중국으로 유출되는 상황은 크게 개선되지 않았다.

4. 스페인 식민주의와 아메리카

1) 스페인 식민주의와 아즈텍·잉카 제국의 멸망

대항해시대를 연 포르투갈인들의 주요 활동은 아시아에서의 무역중개상 역할이었다. 이와 달리, 스페인인들의 활동은 아메리카 대륙에 집중되었다. 스페인의 해외활동의 또 다른 근본적 특징은 무역 자체에 머무르지 않고 정복과 식민주의 활동을 전개한 것이었다. 포르투갈의 주요 활동무대는 문명이 이미 발전하고 인구가 많은 유라시아라는 구대륙의 구세계였다. 스페인의 무대는 아메리카라는 신대륙의 신세계였다.

신대륙의 사회들은 구세계의 정복자들에게 두 가지 결정적인 약점을 안고 있었다. 첫째, 인구학적이고 문화적인 요소였다. 구대륙 사회들에 비해서 원주민사회의 인구가 상대적으로 적었다. 군사적 조직화 수준도 낮았다. 무기와 군사기술의 열세는 두말할 나위가 없었다. 이들은 또한 구대륙에서 온 정복자들이 어떤 목적과 동기로 출현했는지 이해하지 못했다. 구대륙인들의 전략과 책략 같은 것도 이해할 수 없었다. 구대륙과 신대륙이 문화적으로 단절되어 있었던 데에서 비롯된 문제였다. 둘째, 생물학적인 문제였다. 신대륙 사회는 유럽이라는 구대륙에서 온 정복자들이 가지고 온 병균에 면역력이 없었다. 이것은 멕시코 지역 아즈텍 문명사회와 안데스 지역 잉카 문명이 모두 삽시간에 유럽인들에 의해 정복당하고 만 결정적인 요인으로 평가된다.[25] 여기에 또 하나의 불행한 요소가 겹쳐 있었다. 신대륙이 금과 은이라는 많은 보물을

---

25) Darwin, 2008, p.59.

갖고 있었다는 점이다. 탐욕스런 유럽인들에게 정복과 착취적 파괴활동을 유인하는 좋은 이유가 되었다.

콜럼버스가 신대륙에 가까운 카리브해 바하마(Bahamas)에 상륙한 것은 1492년 10월 12일이었다. 콜럼버스는 이어 1498~99년과 1502~1504년 두 차례 추가원정에 올라 오늘날의 콜롬비아와 베네수엘라 지역, 그리고 중앙아메리카를 탐험한다.[26]

신대륙 사회에 대한 최초의 대정복자는 에르난 코르테스(Hernán Cortés)였다. 그는 1519년과 1521년에 원정을 벌여 오늘날 멕시코 지역에 있던 아즈텍 제국(Aztec Empire)을 정복했다. 아즈텍은 옥수수가 주요작물이었다. 또 많은 보물을 갖고 있었다. 인구는 1,200만에 달했다. 처음에 아즈텍 문명을 파괴한 것은 군사기술 격차와 문화적 차이였다. 그러나 아즈텍 문명 자체를 멸망시킨 것은 구대륙에서 정복자들이 지니고 온 병균들에 대한 면역결핍이었다고 존 다윈은 주장한다. 생물학적 사태였다는 것이다. 코르테스가 등장한 1519년에서 16세기 말 사이에 멕시코 인구는 1,200만 명에서 단 100만여 명으로 줄고 말았다. 90퍼센트가 사라진 것이다.[27] 문화적 차이 등으로 얼결에 당한 첫 패배를 만회할 수 있는 이차적 저항을 무력화하는 데 치명적인 요소였다는 것이 다윈의 해석이다.

남아메리카 안데스 지역에 있던 잉카 제국(Inca Empire)은 멕시코의 아즈텍 제국에 비해서 정복자들의 발이 늦게 닿았다. 대서양의 풍향 속성상 유럽인들이 가장 쉽게 접근할 수 있었던 카리브해의 섬들로부터 멀리 떨어져 있었던 탓이다. 잉카 제국도 번성하는 사회였다. 제국의 수도 쿠스코(Cuzco)에는 10만에서 30만 명의 인구가 있었다. 그러나

---

26) Darwin, 2008, p.57.
27) Darwin, 2008, pp.59~60.

이 제국도 정복자들의 표적이 되자마자 순식간에 멸망한다. 1532년 스페인 사람인 프란시스코 피사로(Francisco Pizarro)가 167명의 대원을 거느리고 이 제국에 당도한다. 피사로는 코르테스와 마찬가지로 기습 전술을 활용했다. 총과 기마(warhorse)는 모두 잉카 제국인들이 알지 못했던 전혀 새로운 무기였다.[28]

그해 11월 16일 피사로는 오늘날 페루 북부의 카하마르카(Cajamarca) 광장으로 잉카 제국의 황제 아타후알파(Atahualpa)를 유인했다. 얼마 안 되는 이방인들이 잉카 제국 전체를 삼키려는 야심을 갖고 있다는 것을 잉카의 황제는 상상하지 못했다. 필요하다면 언제라도 쉽게 잡을 수 있다고 생각했거나 보물을 주고 사서 용병으로 고용해 쓸 수 있다고 생각했다. 황제가 광장으로 들어간 지 몇 시간 내에 황제는 피사로의 포로가 되었다. 그를 따르던 신하들은 살해당했다. 수천 명에 달했던 잉카 군대도 총으로 무장한 얼마 안 되는 피사로의 기병대가 혼란에 빠뜨려 괴멸시켰다. 이로써 잉카 체제 전체가 정치적 혼란 속에 빠져들었다. 결국 제국은 무너지고 말았다. 잉카 제국은 전능자로 신격화된 황제에 집중된 중앙집권적 정치질서였다. 총으로 무장한 이방인들에게 그 전능한 황제가 붙잡히자마자 제국의 구조 전체가 순식간에 붕괴하고 만 것이었다. 잉카인들은 정복자들에게 효과적인 이차적 저항을 할 수도 없었는데, 그것은 아즈텍 제국과 마찬가지로 유럽인들이 갖고 온 병균이 그들을 생물학적으로 괴멸시켜 나갔기 때문이라고 다윈은 주장한다.[29]

아메리카 원주민 문명을 결정적으로 파괴한 것이 무엇인가에 대해서 하워드 진은 존 다윈과 다른 견해를 제시한다. 원주민 사회가 면역결핍

---

28) Darwin, 2008, pp.60~61.
29) Darwin, 2008, pp.61~62.

으로 몰살되기 전에 이미 살육과 노예화와 노예노동으로 철저하게 파괴되었다는 해석이다. 몇 가지 예를 들어보자. 1492년 10월 콜럼버스가 33일간의 항해 끝에 카리브해 바하마에 도착해 만난 아라와크 인디언 사회를 콜럼버스 원정대는 완전히 파괴했다. 그들로부터 금을 빼앗고 저항하자 죽였다. 살아남은 사람들은 '노예사냥'으로 희생되었다. 금과 노예의 노다지라는 콜럼버스의 보고에 고무받은 스페인 왕은 1495년 1,200명의 군대를 추가로 카리브해에 보낸다. 이들은 1,500여 명의 남자와 여자와 어린이들을 노예로 사로잡는다.[30]

"콜럼버스가 상륙한 지 불과 2년 만에 하이티에 살고 있던 25만의 인디언 중에 절반이 유럽인들에게 살해되거나 불구가 되거나 자살을 해 죽었다. 더 이상 쉽게 금을 찾을 수 없다는 것이 분명해졌을 때, 유럽인들은 더욱더 노예사냥에 치중했으며, 이들을 엔코미엔다(encomiendas)로 알려지게 되는 대농장의 노예로 삼았다. 라 카사가 히스파니올라(Hispaniola)에 도착한 것은 1508년인데, 그때 이 섬에 살고 있는 인디언은 6만 명에 불과했다. 그것은 콜럼버스가 이 섬에 상륙한 1494년에서 1508년 사이, 그러니까 약 15년 만에 300만여 명의 인디언이 유럽인의 습격으로 인한 전쟁과 노예화, 그리고 광산에서의 노예노동으로 죽어갔다는 것을 말했다."[31]

하워드 진은 오늘날 미합중국이 '신대륙 발견자'로서 콜럼버스를 기리기 위해 '콜럼버스의 날'을 제정하여 기념하고 있는 것을 심오하게 왜곡된 '기억의 정치'의 한 예로 간주한다. 아메리카 신대륙에서 원주민

---

30) Howard Zinn, *A People's History of the United States, 1492~Present*, Revised and Updated Edition, New York: Harper Perennial, 1995, p.7; 이삼성, 『20세기의 문명과 야만: 전쟁과 평화, 인간의 비극에 관한 정치적 성찰』, 한길사, 1998, 59쪽.

31) 이삼성, 1998, 60쪽.

들 그리고 아프리카에서 노예로 끌려온 인간들에 대한 수세기에 걸친 '제노사이드'와 반인류적 범죄의 원조라고 할 인물에 대한 영웅화가 아무런 거부감 없이 너무나 자연스럽게 이루어져온 것이다. 다윈이 지적한 대로 아즈텍 문명과 잉카 문명의 파괴에 생물학적 요인도 무시할 수 없을 것이다. 그러나 그것은 말 그대로 이차적인 피해였다. 더 근본적인 문제는 콜럼버스 이래 유럽인들이 그 땅의 사람들에 대해서 아무런 가책을 느끼지 않고 행한 일차적인 반인류적 범죄들이라는 사실을 잊어서는 안 될 것이다.

2) 아메리카 대륙의 은과 세계경제

1502년 스페인 정복자들이 아메리카 대륙에서 금과 은을 발견하여 첫 번째 골드러시가 일어난다. 추가적인 탐험과 정복을 부추긴 중요한 원인이었다. 원주민들에게서 탈취한 보물은 추가적인 원정과 정복활동을 준비하고 실행하는 자금원이 되었다. 카리브해 섬들에 대해 탐험활동을 벌인 세력은 처음에는 스페인의 왕실이나 자본가들이었다. 그러나 카리브해를 넘어 아메리카 대륙에서 정복사업을 추진한 세력은 황금에 굶주린 집단들이었다.[32]

아즈텍과 잉카가 멸망한 후인 1540년대에 아메리카 정복자들은 대규모 은 광맥들을 확보하기에 이른다. 멕시코의 자카테카스(Zacatecas)와 오늘날의 볼리비아 지역의 포토시(Potosí)였다. 1500년대 후반 두 지역 식민지총독부는 매년 대량의 은괴를 스페인으로 보낼 수 있었다. 스페인으로부터 신대륙으로 대규모 이민이 발생했다. 아메리카의 은은 아프리카로부터 수많은 노예들을 수입하는 자금줄이 되었다. 신대륙에 수많은 교회가 세워지고 식민지통치체제가 갖추어진다. 1620년 무렵

---

32) Darwin, 2008, p.58.

신세계와 스페인은 경제적으로 문화적으로 하나로 통합된다.[33)]

식민주의를 통해 유럽이 아메리카 대륙에서 확보한 은괴는 유럽 경제와 문명의 전개에 어떤 역할을 했을까. 어떤 사회든 금과 은은 그 자체로서 내재가치를 가진 화폐 역할을 하게 마련이다. 화폐가 갑자기 많이 유통되면 약이 될 수도 있지만 독이 될 수도 있다. 한편으로 경제에 윤활유 역할을 해준다. 그러나 다른 한편으로는 그것으로 구매할 수 있는 자원과 용역이 한정되어 있는 상태에서는 물가앙등과 인플레이션을 일으켜 경제를 망가뜨릴 수 있다.

유럽에 아메리카의 은은 운 좋게도 약이 되었다. 당시 세계경제의 메트로폴리스였던 아시아 지역과 무역에 적극 참여할 수 있는 수단이 되어주었기 때문이다. 그 덕분에 유럽으로 흘러들어간 은도 유럽 경제의 혈맥을 이어주는 화폐 유통의 순기능을 했다. 결국 아메리카의 은은 활발한 해상활동과 상업 자본주의의 활동무대를 제공했다. 은이 제공한 기회를 바탕으로 해서 유럽은 무역을 통해 아시아 문물을 수입할 수 있었고, 점차로 유럽 나름의 수입 대체산업을 일으키는 기반을 마련했다. 나아가 자신의 산업을 발전시킬 수 있는 토대를 쌓을 수 있었다.

그래서 프랑크에 따르면, 대서양을 넘나드는 유럽인들의 해상활동이 그들에게 진정한 경제적 이익을 가져다주게 된 것은 아메리카의 금과 은으로 만든 금화와 은화로 동양과 무역을 할 수 있게 된 이후의 일이었다. 1500년 이후 유럽인들은 아시아 경제와의 관계를 통해서 새롭고 유익한 경제 번영의 기회를 갖게 된 것이었고, 식민주의를 통해 아메리카 대륙에서 확보한 다량의 금과 은이 그 고리역할을 했던 것이다.[34)]

반면에 유럽이 아메리카 대륙에서 확보하여 중국으로 유입시킨 은은

33) Darwin, 2008, pp.62~63.
34) Frank, 1998, p.261.

중국 경제와 정치질서를 붕괴시킨 궁극적인 요인의 하나였다. 아타르 알리의 명제에 대한 반론을 통해 프랑크가 제시하는 주장이다. 알리에 따르면, 16~17세기에 이미 유럽 경제가 부상하여 아시아의 부가 유럽으로 유출되었다. 아시아의 지배계층의 수입이 줄어들었다. 하층민들에 대한 착취는 더 심해졌다. 하층민의 유효수요는 축소되었고, 정치사회적인 저항과 혼란이 확산되었다. 그래서 아시아 제국들의 수명이 단축되었다는 것이 알리의 해석이었다.[35]

프랑크도 아메리카의 은이 아시아에서 파괴적인 역할을 했다는 결론에 도달하지만, 알리와는 전혀 다른 전제에서 출발한다. 16~17세기를 포함하여 18세기까지도 세계경제에서 생산과 무역의 중심부는 중국이었고 유럽은 주변부였다. 따라서 그 시기에 유럽인들이 아메리카 대륙에서 확보한 은은 중국에 유입되었다. 이것이 전혀 다른 성격의 문제를 유발함으로써 중국의 쇠퇴에 일조했다는 것이 프랑크의 생각이다.

그에 따르면, 플랜테이션 경제를 포함한 농산물 수출에 집중하는 경제들은 공통된 패턴이 있다. 하층민들은 더 많은 착취를 당하게 된다. 지배층의 부와 소득이 줄어서가 아니다. 확대된 시장을 목표로 농업이 상업화됨에 따라, 생산성을 극대화하여 더 많은 소득을 올리려 노력하기 때문이다. 이를 위해 지배층은 농업노동자들을 포함한 하층민들을 더욱 쥐어짠다. 이들 경제형태에서 일반적인 현상이다. 지배층은 해외로부터 유입된 더 많은 부를 차지하면서 동시에 하층민은 더 착취한다. 그래서 사회계층 간 양극화가 더 심해진다. 17~18세기 중국과 인도에서 전개된 상황은 본질적으로 그런 시나리오였다고 프랑크는 해석한다.

---

35) Athar M. Ali, "The Passing of Empire: The Mughal Case," *Modern Asian Studies* 9, 3(1975), pp.385~396; Frank, 1998, p.266.

경제적 수축이 아니라 팽창으로 말미암아 사회적 양극화가 초래되는 경우에는 두 가지 결과를 피할 수 없게 된다. 첫째, 하층민의 유효수요가 제한되어 경제팽창 자체에 제동이 걸린다. 경제적 수축이 뒤따르게 된다. 둘째, 사회적 양극화로 정치사회적 긴장이 깊어진다. 민란의 확산은 그 단적인 지표이다. 1760년대 이후 아시아 제국들은 모두 그러한 상황을 겪기 시작했다. 페르시아의 오토만 제국에서 그 과정이 가장 빨리 왔다. 그 다음이 인도였다. 그리고 마침내 중국이 그 과정의 마지막 희생물로 되었다는 것이다.[36]

5. 영국 식민주의 경제의 삼각구조

1) 아프리카 노예무역, 아메리카 플랜테이션, 영국 면방직산업

자본주의가 도약의 기틀을 마련하는 단계를 자본의 원시축적이라 한다. 유럽의 원시축적은 역시 식민주의와 뗄 수 없는 관계에 있었다. 아프리카인들을 노예로 만들어서 자신들이 이미 식민지로 만든 아메리카 대륙에 끌고 간다. 북미 대륙을 포함한 아메리카 대륙에서는 이들의 노예노동을 바탕으로 대규모 플랜테이션 산업이 번창한다. 이곳에서 재배된 대표적인 원자재가 면화였다. 면화는 영국으로 수입되어 면방직 산업의 원료가 되었다. 영국이 생산한 면직물은 다시 아프리카와 아메리카 대륙을 주요 시장으로 삼아 수출된다. 아프리카 대륙과 아메리카 대륙 그리고 유럽이 하나로 연결되어 한 시스템으로 작동하는 삼각구조가 성립한 것이다.

홉스봄에 따르면 식민지무역이 영국에 면산업을 창조했고 또 계속해서 그것을 팽창시켰다. 이 식민지무역은 비인간적인 노예무역(slave

---

36) Frank, 1998, pp.266~267.

trade)과 또한 뗼 수 없는 관련을 가지며 발전했다. 노예무역 및 노예제와 면산업은 동전의 양면이었다. 18세기 영국의 면산업 중심지는 영국에서도 식민지들과의 무역을 주로 담당한 항구들, 이른바 식민지무역항(colonial ports)들이었다. 브리스틀과 글래스고, 그리고 리버풀이 대표적이었다. 특히 리버풀에서 면산업이 발달했다. 리버풀은 동시에 노예무역의 중심지이기도 했다.[37] 영국의 자본주의 산업발전에서 면산업과 노예무역의 역사적인 얽힘을 증거해준다. 나중에 리버풀을 대신하여 영국 면산업의 중심지로 된 것은 랭커셔였다. 랭커셔의 면산업 역시 아메리카 대륙의 노예제와 긴밀한 관계를 유지했다. 1790년대 이후 미국 남부의 노예 플랜테이션들이 확장되고 유지된 것은 영국 랭커셔의 면공장들이 요구하는 원면 수요가 하늘을 찌를듯 팽창을 계속했기 때문이었다.

1750년에서 1769년 사이에 영국의 면직물 수출량은 10배 이상 늘었다. 수출은 갈수록 내수시장보다 더 중요해졌다. 1814년이 되면, 영국 면방직산업에 대한 국내시장 수요가 3이라면 수출시장은 4에 달했다. 1850년이 되면 그 차이는 8 대 13으로 확대된다. 영국 면방직산업 팽창을 주도한 것은 내수시장이 아니라 해외 수출시장이었던 것이다. 해외 수출시장의 핵심은 영국이 시장을 독점한 식민지역이었다. 1789년에서 1815년에 걸친 나폴레옹 전쟁 기간 영국은 유럽 시장에 접근할 수 없었다. 영국의 해외 식민지들은 그 상황에서 수출시장으로서 더욱 중요했다. 나폴레옹 전쟁이 끝나면서 유럽도 영국 자본주의 발전에 일시적으로 중요해진다. 하지만 날이 갈수록 식민지가 시장으로서 가진 중요성은 커져갔다. 1820년에 유럽에 대한 영국 면제품 수출량은 1억 2,800

---

37) E.J. Hobsbawm, *The Age of Revolution: Europe 1789~1848*, London: Weidenfeld and Nicolson, 1962, p.34.

만 야드였다. 미국을 제외한 아메리카 대륙과 아프리카, 아시아에 대한 수출량은 8천만 야드였다. 그러나 1840년이 되면 유럽은 2억 야드인 반면, 이른바 '저발전지역들'에 대한 영국 면제품 수출량은 5억 2,900만 야드로 된다.[38]

노예무역으로 확보한 노예노동으로 아메리카 대륙에서 유럽인들은 대규모 플랜테이션을 경영할 수 있었다. 이들 대농장은 브라질, 카리브 해, 북아메리카 남부에 걸쳐 있었다.[39] 블라우트의 연구에 따르면, 유럽 인들이 아메리카 대륙의 플렌테이션에서 고용해 착취한 노예노동력은 언제나 1백만 명에 달했다.[40] 노예노동은 유럽인들이 은과 함께 농작물 을 대량 생산할 수 있게 했고, 동시에 유럽의 상품들을 아메리카 대륙 에 들여와 팔 수 있는 시장도 제공했다. 유럽이 이중으로 부를 축적하 는 수단이었다. 유럽 상품은 아시아에서는 경쟁력이 없었다. 그 시기에 아시아 상품으로부터 유럽 산업을 보호하고 육성하는 데 불가결한 시 장의 역할을 대행한 것이 아프리카와 아메리카 대륙의 인간과 자원에 대한 착취 시스템이었다.

아메리카 대륙에서 확보한 화폐는 아시아와의 무역에 유럽이 참여할 수 있었던 핵심수단이었을 뿐 아니라 유럽에도 물론 흘러들어가 유럽 의 상업과 산업을 촉진시켰다. 아프리카와 아메리카 대륙 간 노예무역 의 이윤, 그리고 노예를 활용한 아메리카 대륙의 플렌테이션 산업에서 얻은 이윤은 다시 유럽에 투자되었다. 산업이 활성화되면서 대량생산 된 유럽 상품들은 아프리카와 아메리카 대륙 시장에 다시 흘러들어가

---

38) Hobsbawm, 1962, p.35.

39) Frank, 1998, pp.277~278.

40) J.M. Blaut, *The Colonizer's Model of the World: Geographical Diffusionism and Eurocentric History*, New York and London: Guilford Press, 1993, p.195; Frank, 1998, p.278.

더 많은 이윤을 창출했다. 유럽, 아프리카, 아메리카 대륙 사이의 그 유명한 삼각관계였다. 유럽이 장차 아시아를 능가하는 산업 중심지로 떠오르게 된 바탕은 3대륙 사이 자본 창출과 순환의 과정이었다. 마르크스가 "피와 땀으로 얼룩진 자본"(capital dripping with blood and sweat)이라고 이른 것은 바로 이 시기 유럽의 자본축적 과정을 정확하게 표현한 것이었다.[41]

일찍이 애덤 스미스는 이 시기 유럽의 경제성장에서 아메리카 대륙이 차지하는 위상을 주목했다. 그는 유럽인들의 실질소득과 부를 늘려준 것은 아메리카라고 말했다. "아메리카 대륙 발견 후에 유럽의 대부분이 개선되었다. 농업과 제조업에서 영국, 네덜란드, 프랑스, 독일, 그리고 심지어 스웨덴, 덴마크, 러시아까지도 상당히 진보했다." 그에 따르면, 아메리카 대륙의 발견이 유럽의 모든 상품들에 "새로운 채워지지 않는 시장"을 열어주었다. 그래서 "새로운 분업과 기술개선을 가능하게 했다." 아메리카가 유럽의 성장과 번영에 "가장 본질적인" 기여를 했다는 것은 이미 애덤 스미스의 시대에 애덤 스미스가 내린 평가였다.[42]

2) 영국 식민주의 경제의 삼각구조 제2라운드: 인도

아프리카-아메리카-유럽이라는 식민주의 경제 삼각구조가 영국을 중심으로 한 유럽 산업발전의 원동력이었다면, 인도가 영국 식민지로 된 이후 영국은 또 다른 식민주의 경제 삼각구조를 바탕으로 더한층 경제 도약을 이룩하게 된다. 인도의 반(半)노예노동이 영국을 위해 면화라는 원자재를 생산해주었다. 영국 면산업은 그것을 발판으로 더욱 팽창했다. 다만 인도의 경우는 노예공급이 인도 자체 안에서 이루어진 셈

---

41) Frank, 1998, p.278.
42) Adam Smith, *The Wealth of Nations*, New York: Random House, 1937(originally 1776), pp.202~416; Frank, 1998, pp.278~279.

이어서 삼각구조의 두 축, 즉 한편으로는 노예공급, 또 다른 한편으로는 노예노동에 의한 플랜테이션이 인도라는 같은 장소에서 해결된다는 특징이 있었다. 인도는 물론 영국 면방직산업의 시장이라는 역할도 동시에 담당해주었다. 식민주의에 의한 영국 면방직산업 발전은 장차 중국과의 최종 대결에서 승리하는 발판이 된다.

인도가 유럽인들의 식민지가 되기 전까지 유사 이래 유럽이 동양에 팔 수 있었던 것은 별로 없었다. 유럽은 언제나 더 많은 것을 동양에서 사와야만 했다. 그럼에도 불구하고 유럽이 산업혁명 이전에도 무역수지 균형을 유지한 것은 노예무역과 아메리카 식민지에서 노예노동으로 생산한 금과 은과 면화, 그리고 해적 행위와 같이 모두 강도적인 활동들에 의한 것이었다.[43]

영국이 인도를 식민지로 만들면서 상황은 달라지기 시작했다. 인도는 전통적으로 면직물 수출국이었다. 인도가 영국 식민지로 된 후에도 처음 얼마 동안은 영국 동인도회사가 장려하는 가운데 인도 면산업은 유지되었다. 그러나 랭커셔를 중심으로 영국에서 면산업이 본격화된 이후 인도 면산업은 체계적으로 억압당했다. 식민지 인도는 탈산업화를 강요당한 것이다. 인도는 머지않아 랭커셔 면직물의 소비시장으로 전락했다. 1820년 영국이 인도에 수출한 면직물은 1,100만 야드였다. 불과 20년 후인 1840년에는 기하급수적으로 늘어 1억 4,500만 야드가 되었다. 홉스봄은 이것을 세계사적 차원의 분수령으로 파악했다.

인도가 영국 식민주의에 희생된 역사적 기점은 1757년이다. 당시 인도에서 가장 번영한 지역이 벵골의 플라시였다. 여기서 벌어진 플라시 전투에서 인도 무굴 제국은 영국에 패배했다. 아미야 박치는 그 이후에 비로소 인도의 경제적 몰락이 시작된 것으로 보았다.[44] 프랑크에 따르

---

43) Hobsbawm, 1962, p.35.

면, 인도의 경제와 정치 안정은 그 이전에 이미 흔들리기 시작했다. 그 결과 유럽인들이 인도를 유린할 틈을 주게 된 것이라고 본다. 인도의 주력 상품이었던 벵골의 비단과 면직물은 1730년대 초에 이미 쇠퇴하고 있었다는 릴라 무커지의 평가 등이 그러한 해석의 근거이다.[45]

경제 혼란과 함께 무굴 제국은 정치적 혼란에 빠져들었다. 유럽의 상인세력, 해군, 그리고 정치권력이 그 틈을 파고들었다. 식민지화된 인도의 자원은 영국이 오토만 제국과 중국 등 다른 아시아 세력을 침탈해 그 쇠퇴를 더욱 촉진시키는 발판이 된다. 인도의 쇠퇴와 식민지 전락은 유럽이 부상하고 아시아 전체가 몰락하는 상승적 연쇄작용의 시초가 된 것이었다.

다음 희생자는 이슬람 세력인 오토만 제국이었다. 오토만 제국의 경제팽창은 17세기 말에 절정을 이루었다. 18세기 초반에 시작된 침체는 1760년 이후 가속화한다. 19세기 들어서 오토만 제국 면직산업은 유럽에 의해 완전히 파괴된다.[46]

청나라의 쇠퇴는 그 뒤에 왔다. 18세기, 아니 심지어 19세기 초까지도 유럽은 중국과의 무역에서 이득을 보지 못하고 있었다. 중국 경제는 그만큼 자족성과 생산성을 유지하고 있었다. 중국도 17세기 중엽에는 명청 교체기의 혼란 속에서 경제적 어려움이 있었다. 그러나 대만문제를 완전히 해결하여 중국에 통합한 이후 무역에 대한 제한을 해제하면서 중국의 경제적 붐이 시작되었다. 18세기에는 의심할 여지 없이 경제

44) Amiya Bagchi, "Comment," in Aniruddha Roy and S.K. Bagchi, eds., *Technology in Ancient and Medieval India*, Delhi: Sundeep Prakashan, 1986; Frank, 1998, pp.267~268.
45) Rila Mukherjee, "The Story of Kasimbazar: Silk Merchants and Commerce in Eighteenth-Century India," *Review* 17, No.4, pp.499~554; Frank, 1998, p.268.
46) Frank, 1998, pp.271~273.

성장과 인구증가를 누렸다. 1720년대엔 은의 유입이 급격히 줄었으나 1760년 이후 다시 증가했다. 1780년대에는 특히 많은 은이 중국으로 유입되었다. 청의 건륭제는 영국 국왕 조지 3세에게 보낸 국서에서 "당신의 대사가 스스로 볼 수 있다시피 우리는 모든 것을 보유하고 있다. 이상하고 신기한 물건들이나 당신 나라 상품들은 우리에게 필요가 없다. ……우리 생산물과 교환하여 외부 오랑캐들의 상품을 수입할 필요가 없다"고 밝혔다. 1793년의 일이었다.

그러나 바로 그 18세기 말 유럽인들은 중국해에서 중국 무역상들을 앞지르기 시작했다. 그리고 19세기에 들어서면서 중국은 유럽과의 무역에서 수입초과 국가로 전락한다. 이 무역역조의 핵심원인은 영국인들이 인도에서 재배한 아편이었다.[47] '인도 면화와 아편-영국의 면방직산업-중국 시장'이라는 새로운 경제적 삼각구조가 인도에 대한 영국의 식민지배를 기초로 구축된 것이다. 영국이 19세기 중엽 중국 경제와 사회를 붕괴시키는 토대는 바로 이 구조였다. 그 새로운 삼각구조의 본질적 내용은 말할 것도 없이 '아프리카 노예무역-아메리카의 노예노동에 기초한 플랜테이션-영국 면방직산업'이라는 유럽 식민주의 경제의 원형 속에 이미 존재한 것이었다. 피로 점철된 유럽의 무역 시스템이 유럽의 궁극적인 아시아 식민지화의 기초였던 것이다.

3) 아프리카의 세계체제 편입과 노예무역의 중단

영국을 포함한 유럽 국가들의 노예무역이 중단된 것은 19세기에 들어서였다. 이매뉴얼 월러스틴에 따르면, 1450~1750년이라는 3세기에 걸쳐 유럽 국가들이 서아프리카를 상대로 벌인 노예무역은 유럽이 주도하는 세계경제체제와 그 외부에 놓여 있던 아프리카 사이의 거래였다.

---

47) Frank, 1998, pp.273~274.

이 상황은 18세기 중후반에 해당하는 1750~60년 시기에 바뀌게 된다. 유럽이 산업혁명 초기에 들어서면서 아메리카 대륙의 설탕과 면화에 대한 수요가 폭증했다. 그럴수록 그 생산을 위한 노예 노동에 대한 수요도 커졌다. 아프리카 노예에 대한 수요가 많아짐에 따라 수요공급의 법칙이 작용해서 노예의 가격이 높아졌다. 서아프리카에서 유럽인들이 노예를 가져오기 위해서는 무기와 같은 비싼 상품을 지불해야 했다.[48]

유럽 무기가 서아프리카 사회에 대량 유입되면서 아프리카에는 국가 건설이 가속화된다. 1805~20년 무렵이 그런 때였다. 더 강력한 국가권력이 개입한 노예거래에서는 노예가격이 비싸질 수밖에 없다. 유럽에서는 나폴레옹 전쟁이 끝나면서 유럽 국가들의 전 지구적 팽창이 본격화되었다. 아프리카, 중동, 아시아, 그리고 오세아니아가 체계적으로 새롭고 단일한 전 지구적 자본주의 체제로 편입되기 시작한다. 이제 아프리카도 세계자본주의체제의 외부가 아니라 그 주변부의 일부로서 편입되었다.[49]

세계자본주의체제에 주변부로 편입된 이상, 아프리카도 그 자체 안에서 세계의 메트로폴리스인 유럽 경제에 봉사하지 않으면 안 되었다. 그 결과 세계체제 바깥에서 허약한 아프리카 사회들을 상대로 무시해도 좋을 만큼 미미한 값만을 치르고 노예를 확보할 수 있는 시절은 끝나게 되었다. 다같이 통합된 세계체제 안에서 통용되는 비용을 치러야만 했고 그러기에는 노예무역은 더 이상 수지가 맞지 않았다. 아프리카도 노동력이 노예로 계속 빠져나가는 상황에서는 세계체제의 일부로서 기능할 수가 없었다. 어떤 지역이든 생산성이 없는 주변부가 존재하는 것은 세계질서의 메트로폴리스에게 이득이 되지 않았다. 영국은 세계

---

48) Immanuel Wallerstein, "Africa in a Capitalist World," *The Essential Wallertein*, New York: The New Press, 2000, p.61.
49) Wallertein, 2000, p.61.

체제가 제대로 작동할 때 가장 이득을 보는 패권국가였다. 영국은 가장 먼저 노예무역을 폐지하는 조치를 취한다. 아프리카인들로 하여금 이제 세계체제의 일부로 편입된 아프리카 지역 자체 안에서 세계시장을 위해 비교우위가 있는 자신의 농작물을 생산하도록 했다. 서아프리카 지역에 대해 영국은 예를 들면 팜오일(palm oil) 같은 것들을 생산하도록 권장했다.[50]

노예무역과 관련된 앞서의 논의와 함께 월러스틴의 해석을 종합하면 이런 얘기로 된다. 인류 역사에서 최악 최장의 조직범죄라고 할 노예무역은 애당초 유럽이 운영하는 세계체제의 경제적 필요에 따라 전개되었다. 유럽 경제의 원시축적구조와 불가분한 관계를 갖고 있었으며, 제1차 산업혁명의 진전에서도 중요한 역할을 담당한 식민주의 경제 삼각구조의 한 축이었다. 유럽인들에 의한 노예무역은 19세기 초반에야 비로소 "합법이 아닌 것"으로 된다. 그것이 종식을 고한 과정을 고찰하면, 유럽 근대문명의 정신적 성장이 노예무역을 끝낸 것이 아니었다. 다만 유럽 주도 세계자본주의체제가 그 외부에 있던 아프리카 경제를 주변부의 하나로 포섭하면서 이루어진 변화, 즉 경제적 국면 전환의 결과였다는 것이다.

세계인권과 그 사상의 역사에 대한 연구로 저명한 미셸린 이샤이는 유럽의 노예무역에 대해 이렇게 말한다. "유럽인에게 아메리카 대륙의 정복은 그 광대한 자원으로 인해 특히 중요했으며, 자원의 착취에 필요한 막대한 노동력은 아프리카 현지에서 조달했다. 많은 유럽인이 식민지의 원주민을 미개하다고 여겨 아프리카인의 노예화, 아메리카 인디언의 말살 또는 정복, 그리고 여타 원주민들의 억압을 정당화했다."[51]

---

50) Wallertein, 2000, p.61.
51) Micheline Ishay, *The History of Human Rights: From Ancient to the*

분명 아프리카인들에 대한 유럽인의 노예화를 비판하고 있는 내용인
데, 읽기에 따라서는 유럽인들의 눈에 아프리카인이 미개하게 보였으
므로 유럽인들은 그들을 노예화했다는 얘기처럼 들릴 수도 있다. 근본
적으로는 유럽인들이 아프리카인들을 미개하게 생각했기 때문에 그들
을 노예화한 것은 아니다. 그들의 경제적 가치 있음을, 그리고 동시에
그들의 약함을 발견했기 때문에 그들을 노예화한 것이다. 아프리카인
들을 노예화하면서 유럽인들은 스스로 미개와 야만의 구현자가 된 것
이다.

6. 산업혁명의 의미와 그 역사적 시점

1848년경 세계경제에서 영국이 차지한 위상을 에릭 홉스봄은 다음
과 같이 요약한다. 영국은 1백만 마력의 증기기관을 이용하고 있었다.
1,700만 개의 방적기에서 매년 2백만 야드의 면직물을 생산했다. 거의
5,000만 톤의 석탄을 채광했다. 연간 무역고는 1억 7천만 파운드에 달
했다. 1780년 영국의 무역고는 프랑스를 간신히 추월한 정도였지만 이
제 프랑스의 두 배였다. 영국의 면직물 소비는 당시 미국의 두 배에 달
했고 프랑스의 네 배였다. 선철(銑鐵) 생산에서는 당시 경제 선진국들
의 생산량을 모두 합한 것의 절반을 차지했다. 국민 1인당 철 사용량에
서 영국은 당시 제2의 산업국가였던 벨기에의 두 배, 미국의 3배, 프랑
스의 네 배 이상이었다. 요컨대 영국은 "세계의 공장"(workshop of the
world)이 되어 있었다.

Globalization Era, Berkeley: University of California Press, 2004; 미셸린
이샤이 지음, 조효제 옮김, 『세계인권사상사』, 도서출판 길, 한국어 개정판,
2005, 138쪽.

세계 지배를 향한 유럽의 도정에서 식민주의는 핵심적 경로였다. 하지만 식민주의 그것만으로 유럽이 인도와 중국 같은 유서 깊은 문명들을 정복한 것은 아니었다. 19세기에 유럽이 동아시아를 굴복시킨 또 하나의 결정적인 고리가 있었다. 산업기술의 힘이었다. 바다에서는 철갑을 한 흑선(黑船)이었고, 지상에서는 철도였다. 둘 모두 증기기관이 움직이는 것이었고, 동력은 석탄이었다. 기선(汽船)과 기차(汽車)는 유럽의 우월성을 표상하는 새로운 물질문명의 가시적인 증거였다. 천두슈가 말한 '미스터 사이언스'를 상징하는 것이었고, 전(前) 근대의 군사력과 근대적 군사력을 날카롭게 가르는 분단선이었다.

식민주의는 기선과 기차 없이도 세계문명의 주변지역들에서 가능했다. 그러나 유서 깊은 인류 문명의 본거지의 하나이며 바로 얼마 전까지도 세계경제의 메트로폴리스였던 중국을 그 유럽 식민주의의 발 아래 굴복시킨 힘은 산업혁명이었다. 다만 식민주의는 유럽이 장차 산업혁명을 이룩할 수 있는 역사적 토대였음을 기억해야 한다. 어떻든 그러한 산업혁명의 진원지는 영국이었다. 이제 우리의 질문은 산업혁명이 왜 영국에서 시작되었는가. 그 시기에 중국에서는 무슨 일이 일어나고 있었는가 하는 것이다.

이 문제를 해명하기 전에 우리는 먼저 산업혁명이 정확하게 무엇을 말하는지를 명확히 해야 한다. 산업혁명의 개념은 모든 학자에게 반드시 동일한 것은 아니었다. 우선 산업혁명이라는 개념을 누가 언제 가장 먼저 사용했느냐에 대해서 논란이 있었다. 영국의 경제사가 모리스 돕은 그의 1963년 저서에서 프리드리히 엥겔스를 지목했다. 앞서 언급한 바 있는 1845년의 글에서 엥겔스가 "산업혁명이 영국에게 갖는 중요성"을 프랑스의 정치혁명과 독일의 철학혁명에 비유한 말이다. 돕은 아울러 1820년대에 이미 프랑스 저술가들 사이에 그 용어가 널리 사용되었다고 지적하기도 했다.[52]

그후 페르낭 브로델은 엥겔스보다 더 일찍 산업혁명이란 용어를 사용한 인물을 찾아냈다. 혁명가 오귀스트 블랑키의 형인 프랑스 경제학자 아돌프 블랑키였다. 그는 1837년 이렇게 말했다. "와트와 아크라이트라는 두 천재적인 사람들의 두뇌로부터 탄생한 산업혁명(Revolution industrielle)은 탄생하자마자 영국을 지배하게 되었다."[53] 하지만 이 개념을 역사가들의 고전적인 용어로 정착시킨 사람은 영국의 경제학자이자 사회개혁가였던 아널드 토인비였다.『역사의 연구』로 유명한 역사가 아널드 조지프 토인비의 삼촌이다. 그는 1880~81년에 옥스퍼드 대학에서 강의했다. 그의 사후 제자들이 그의 강의 내용을『산업혁명 강의』란 제목으로 출간했다. 산업혁명이라는 개념은 그 후 일반적인 역사 개념으로 자리잡았다.[54]

이때 산업혁명이라는 말은 여러 가지 광범한 의미로 사용되었다. 반드시 산업기술에만 국한되어 쓰이는 말이 아니었다. 농업, 인구, 무역, 산업기술, 신용 금융제도 등 여러 요소 중에서 어느 것을 강조할 것인가에 따라 혹자는 산업혁명이 17세기에 시작했다고도 하고, 혹자는 1688년 명예혁명을 결정적 요소로 보기도 했다. 18세기 후반 영국의 대대적인 경제회복기에 일어난 현상으로 이해하기도 했다. 산업혁명의 의미를 어떻게 정의하느냐에 따라서 산업혁명의 발생 시점은 다르게 해석될 수밖에 없다. 산업혁명에 대한 정의는 크게 세 가지 부류로 압축할 수 있다.

52) Dobb, 1963, p.258.
53) Adolphe Blanqui, *Histoire de L'economie politique en Europe depuis les Anciens justqu'a nos jours*, 1837, II, p.209; 브로델, 1997, 744, 936쪽.
54) 브로델, 1997, 744쪽.

1) 페르낭 브로델과 광의의 산업혁명

페르낭 브로델은 산업혁명을 "저축률이나 투자율의 증가 등을 포함하는 어떤 개별분야의 진보때문이라기보다는 불가분의 전체, 즉 각 개별분야가 지력(智力)에 의해서든 우연에 의해서든 각각 다른 시기에 발전해온 결과 다른 분야들에게 도움을 주게 되면서 형성한 상호의존과 상호해방의 전체"로 파악했다. 다른 많은 사람과 마찬가지로 산업혁명을 매우 광범한 의미로 사용한 것이다.[55]

그래서 브로델은 "유럽 최초의 산업혁명"을 심지어 11~13세기로 거슬러 올라가 찾는다. 물레방아와 풍차의 개발을 가리켜 그 개념을 쓰고 있다.[56] 이어서 "아그리콜라와 레오나르도 다 빈치 시대의 산업혁명"을 말한다. 또한 영국 최초의 산업혁명이 존 네프와 함께 1560~1640년에 전개되었다고 본다.[57] 이어 브로델은 영국 산업혁명의 가장 중요한 요소로 농업을 들면서, 인구증가, 기술, 면직업, 원거리 교역의 승리, 국내 수송 증대 등 여러 분야에서 일어난 변화의 총체로 해석한다.[58] 그에게 기술적 변화는 "불충분한 필요조건"일 뿐이었다.

이러한 해석은 아마도 모든 것을 장기적인 역사과정의 소산으로서, 그리고 많은 영역에서 전개되는 변화들의 총체로 해석하는 브로델식 역사해석 경향의 전형적인 표현일 것이다. 이것은 많은 것을 설명에 끌어들여 여러 가지 측면을 보게 해준다. 하지만 18~19세기 유럽에서 진행된 기술적 산업적 변동의 의미를 명확하게 포착하기 어렵게 한다. 중국에서도 그러한 종류의 산업혁명은 있었다고 할 수 있으며, 따라서 19세기 유럽에서는 일어났지만 중국에서는 일어나지 않은 역사적 변동

---

55) 브로델, 1997, 754쪽.
56) 브로델, 1997, 754쪽.
57) 브로델, 1997, 758~769쪽.
58) 브로델, 1997, 769~810쪽.

의 성격을 이해하는 데 적합하지 않다.

2) 광물 에너지 자원론과 19세기 산업혁명론

브로델식의 광역적 역사해석과 정반대의 위치에서 산업혁명을 정의 하는 경향도 있다. 또 다른 극단에서 매우 좁은 의미로 해석하는 관점 이다. 최근 많은 학자가 목탄(木炭) 대신 석탄이라는 광물 에너지와 증 기기관과 같은 기계동력장치를 이용한 19세기의 공장형 산업화를 산업 혁명의 핵심으로 이해한다. '광물 에너지 자원론'이라 할 수 있는 이 관 점에서는, 19세기 유럽이 애덤 스미스가 말한 성장의 한계를 뚫고 도약 하게 된 가장 결정적인 요인은 세계사에 유례없는 규모로 광물자원을 에너지로 활용하게 된 사실이었다. 열 에너지 원료로서 석탄의 이용, 그 리고 새로운 기계적 에너지 형태로서 증기의 이용이 19세기 유럽을 유 라시아의 다른 지역들로부터 분리시켜 초기 산업화 과정을 진수시킨 열쇠였다고 본다. 이 해석은 특히 1980년대 이후 학자들의 주목을 받았 다.[59)]

유럽 경제의 19세기적 전환이 단순히 '자본주의'의 문제만이 아니라 는 점을 강조하고, 산업혁명과 자본주의를 혼동하는 경향에 대한 강한 반발에서 제기된 해석이기도 했다. 일반적으로 말하는 자본주의는 유 럽에서 19세기의 산업혁명 이전에 이미 존재했던 것이라고 할 때, 19세 기 유럽 경제의 변동은 자본주의만으로 설명할 수는 없다. 자본주의라

---

59) E.A. Wrigley, *Continuity, Chance and Change: The Character of the Industrial Revolution in England*, Cambridge University Press, 1988; Wrigley, "The Limits to Growth: Malthus and the Classical Economists," in Michael S. Teitelbaum and Jay M. Winter, eds., *Population and Resources in Western Intellectual Traditions*, Cambridge University Press, 1989; Wong, 1997, p.50.

는 '생산관계'의 변동이 반드시 산업혁명으로 표상되는 '생산력'의 변화를 자동적으로 초래하는 것은 아니라는 주장을 광물 에너지 자원론은 담고 있다.

E.A. 리글리와 R. 웡은 19세기에 유럽에서만 일어나고 중국에서는 일어나지 않았던, 그래서 유럽과 아시아 사이에 그 많은 차이를 초래한 경제적 변화의 가장 분명한 지표를 광물 에너지 자원(mineral sources of energy)에서 찾는다. 광물 에너지 자원은 다시 화학적 에너지와 전기 에너지의 이용으로 이어진다. 이 모든 것이 19세기에 압축적으로 일어났다. 그것이 스미스와 맬서스가 살았던 한 세기 전의 '제한된 성장의 세계'로부터 유럽을 이탈시킨 원동력이었다는 것이다.[60] 1990년대 이후 일본의 많은 경제사가도 이 견해에 동조했다. 19세기 영국 산업혁명의 역사적 원인을 주력 에너지원이 석탄으로 변화했다는 데에서 찾은 것이다. 일본 경제학자들은 이것을 자원론(資源論)이라 부르고 있다.[61]

19세기에 본격화된 광물 에너지 이용을 중심으로 산업혁명을 이해하는 것은 광물자원의 역사적 중요성을 강조한 의미가 있다. 그러나 산업혁명의 실제 전개과정을 지나치게 협소하게 설명하는 것이라는 의문도 따른다. 산업혁명을 11세기로부터 시작된 일련의 장기적인 역사발전의 결과로 보는 브로델의 설명은 지나치게 폭넓은 문명사적인 개념이다. 자원론은 또 너무 협소한 개념이다. 18세기 말 이후 유럽에서 전개된 산업혁명의 역동성을 지나치게 단순화한 것이라는 비판을 받을 수 있다.

---

60) Wong, 1997, pp.52, 56.
61) 미와 료이치 지음, 권혁기 옮김, 『일본경제사』, 보고사, 2004, 38쪽.

3) 에릭 홉스봄과 기계화된 공장체제로서의 산업혁명론

1962년에 출간된 『혁명의 시대』에서 에릭 홉스봄은 산업혁명에 대해 지나치게 문명사적이지도 않고 지나치게 협소해보이지도 않는 적절한 정의를 제시했다. 홉스봄은 산업혁명을 "기계화된 공장체제의 창조" (creation of a mechanized factory system)라고 정의했다. 이러한 기계화된 공장체제의 성립은 상호 연관된 세 가지 효과를 만들어낸 혁명이었다. 대량생산이 가능하게 되었다. 생산비용을 급격하게 줄였다. 그 결과 기존의 한정된 수요를 충족시키는 데 그치지 않고 끊임없는 시장 팽창을 필요로 하게 만들었다.[62] 이 세 가지 요건을 충족시키는 산업혁명이 결정적으로 시작된 시기를 홉스봄은 영국에서의 1780년대로 잡는다. 그 이전의 많은 역사가가 1760년대를 꼽는 데 비해 홉스봄은 그보다 20년 뒤의 일로 보는 것이다. 물론 그것은 시작을 의미한다. 홉스봄 역시도 영국에서 산업혁명이 완성된 시점은 철도의 건설과 대규모 중공업이 출현하기 시작한 1840년대라고 파악한다.[63]

홉스봄이 파악한 대로 제1차 산업혁명은 1780년대에 기계화된 공장 생산체제가 영국 면방직산업에 등장한 것을 가리킨다. 그렇다고 해서 그 시기에 영국 면방직산업 전체가 본격적이고 높은 수준의 기계화단계에 접어든 것을 뜻한 것은 아니다. 영국 면방직산업이 본격적으로 기계화단계에 돌입한 것은 1815년 이후였다. 칼 폴라니는 영국에서 산업혁명이 가장 활발하게 전개된 시기를 1795~1835년 시기로 보았다.[64]

석탄과 증기기관의 광범한 사용이 산업혁명의 핵심적 원동력이 된 것은 1840년대에 철도건설과 함께 전개되는 중공업 발전, 즉 제2차 산

---

62) Hobsbawm, 1962, p.32.

63) Hobsbawm, 1962, pp.28~29.

64) Karl Polanyi, *The Great Transformation: The Political and Economic Origins of Our Time*, Boston: Beacon Press, 1957, p.77.

업혁명 단계였다. 그러한 중공업 발전 투자수요를 초래하고 또 가능하게 만든 것은 그 이전 면방직 산업분야에서 일어난 제1차 산업혁명이었다. 증기 엔진 장치를 개발하고 사용하기 시작한 것은 석탄 채광산업이었다. 1815년이 되면 광업 이외의 다른 산업에서도 널리 이용된다. 그러나 1830년까지도 여전히 '산업'과 '공장'이라 하면 거의 전적으로 영국의 면방직 분야를 가리키는 말이었다.[65]

즉 증기기관이나 석탄이 산업혁명의 질적 도약을 초래하는 데 중요한 요소였지만, 그 이전에 '기계화된 공장생산체제'로서의 산업혁명이라는 현상은 이미 면방직공업을 중심으로 전개되고 있었다. 면방직산업에서의 기계화된 공장체제가 심화되고 확장되면서 자본재 생산 분야인 중공업의 발전이 가능해졌다. 중공업 발전단계에서 증기기관과 석탄 에너지는 본격적인 제 역할을 시작하게 된다.

7. 산업혁명과 과학의 우월성 문제

1) 찰스 싱어 등의 『기술의 역사』와 "1500년 분수령"론

프랜시스 베이컨은 1620년 당시 기술문명의 핵심적인 항목들로 인쇄술, 화약, 그리고 나침반 등 세 가지를 꼽았다. 그런데 베이컨은 그 세 가지 모두 중국인들이 최초로 만들어냈다는 사실은 언급하지 않았다고 존 페어뱅크는 꼬집었다.[66] 과학과 기술에서 아시아는 언제부터 그리

---

65) Hobsbawm, 1962, p.37.
66) John King Fairbank and Merle Goldman, *China: A New History*, Cambridge: Harvard University Press, 1992, 1998; 존 킹 페어뱅크·멀 골드만 지음, 김형종·신성곤 옮김, 『신중국사』, 까치, 수정증보판, 2005, 18쪽. 페어뱅크는 11세기와 12세기의 중국은 유럽에 비해서 문명 대부분의 측면에서 유럽에 앞서 있는 선구자였다고 말한다. "18세기와 같은 가까운 과거에는"

고 왜 서양에 뒤지기 시작했는가? 이것은 사실 매우 유서 깊은 문명사적 질문이다. 1954년 조셉 니덤은『중국의 과학과 문명』이라는 방대한 연구서를 출간했다. 니덤이 밝혀낸 것은 산업혁명 이전에 중국의 과학과 기술이 유럽에 비해 오히려 많은 경우 훨씬 앞서 있었다는 사실이었다.[67] 그렇다면 과학과 기술의 오랜 우월성에도 불구하고 산업혁명과 그리고 그것과 긴밀히 연관된 군사기술혁명은 왜 유럽에서 일어났는가가 문제였다.

과거에 일반적인 해석은 이렇다. 1500년을 분수령으로 과학과 기술에서 서양이 우월해진다. 급기야 17세기에 유럽에서 과학혁명이 일어난다. 이것이 유럽이 산업혁명과 군사기술에 우월성을 선점한 이유이다. 1957년 찰스 싱어 등 일단의 서양 학자들이 집필한『기술의 역사』는 그런 일반적인 해석을 대표한다. 이들도 세계문명사에서 오랜 기간 중국이 우월한 과학기술의 중심이었다는 조셉 니덤의 주장을 전적으로 받아들인다. 이들은 니덤의 연구를 참고하여 수십 가지의 발명과 발견이 중국에서 이루어진 후 유럽에서 채용되기까지 걸린 시간을 추적했다. 대부분 무려 1천 년에서 1천5백 년의 시차가 있었다. 그외의 경우에도 시차는 3백 년에서 6백 년에 이르렀다. 발사형 대포(projectile artillery)와 이동식 금속 활자(movable metal type)가 시차가 가장 짧았다. 하지만 이들 역시 1백 년이나 중국이 앞섰다. 싱어 등은 이렇게 결론지었다. "서양의 제품들이 결국 우월성을 차지하게 된 것은 대체로 모방과

중국과 유럽이 생활조건이나 삶의 쾌적함 면에서 일반적으로 비슷한 수준이었다고 평가했다. 하지만 19세기와 20세기의 중국은 유럽에 비해서 훨씬 뒤떨어지게 되었다고 그는 말했다. 그의 질문 역시 중국은 왜 뒤처지게 되었는가라는 것이었다. 페어뱅크·골드만, 2005, 18~19쪽.

67) Joseph Needham, *Science and Civilization in China*, Cambridge: Cambridge University Press, 1954.

그에 바탕을 둔 기술과 모델을 개선함으로서였다."[68]

그런데 찰스 싱어 등은 1500년경에는 이미 동양과 서양 사이의 균형이 깨져서 서양이 우월해져간 것이 확실하다고 주장했다. 그 이후 과학기술 발전에 대해서는 전적으로 서양에 집중한다. 1500년 이후에는 유럽이 해군과 군사기술에서 엄청난 우월성을 갖게 되었고, 유럽이 극동을 통제하게 되는 것은 필연적인 결과였다고 본다. 비단과 도자기에서는 유럽이 그후에도 한동안 중국에 뒤떨어져 있었지만 17세기 유럽은 다른 세계에 비해서 기술력이 더 높았다고 했다. 이들 서양 학자들은 유럽 특히 영국이 갖고 있던 "자유주의적인 사회체제"와 "종교적 통일성"을 포함한 "문명"적 차이들에서 그 이유를 찾았다.[69]

찰스 싱어 등에 따르면, 유럽의 산업혁명은 멀리는 14~17세기에 유럽에서 전개된 문화혁명인 르네상스, 더 가깝게는 18세기에서 19세기 초에 이르는 정치문화혁명인 근대적 계몽(Enlightenment)에 뿌리를 둔 장기적 준비가 그 바탕이었다. 유럽 산업혁명을 장기적인 문명적 준비와 그 우월성에 바탕을 둔 것으로 해석하고 있는 것이다. 요컨대 르네상스가 내포하는 그리스 문명과 유대주의 및 기독교 정신문명이 내포한 합리주의와 과학의 부흥이 유럽 산업혁명의 기원이라는 것이 그간 기존의 정설이었다.[70]

2) 18세기 동서양의 과학수준

프랑크의 해석은 일반적인 견해를 대표하는 찰스 싱어 등의 주장과

---

68) Charles Singer, et al., eds., *A History of Technology*, Vol.2, Oxford: the Clarendon Press, 1957, p.756; Frank, 1998, p.187.
69) Charles Singer, et al., eds., *A History of Technology*, Vol.3, 1957, pp.709~711, 716; Frank, 1998, p.187에서 재인용.
70) Frank, 1998, p.224.

매우 다르다. 1750~1800년 무렵까지도 중국과 인도 등 아시아 지역들이 경제와 기술에서 유럽보다 앞서 있었다고 본다. 그렇다면 1800년을 전후한 시기 유럽이 경제적·기술적 도약을 하게 된 것은 유럽이 과학, 기술, 제도에서 훨씬 이전부터 예외적인 '준비'를 갖추고 있었기 때문이라고 할 수 없게 된다.

프랑크에 따르면, 찰스 싱어 등은 1500년 이전에는 중국이 서양보다 앞섰다고 인정하면서도 그 시기에 대해서부터 진실의 일부를 감추고 있다. 유럽 중심주의적 해석에서 벗어나지 못하고 있다는 것이다. 서기 500년에서 1500년 사이 1천 년에 걸쳐 동아시아, 동남아시아, 남아시아, 그리고 서아시아 사이에서, 특히 중국과 페르시아 사이에서 지식과 기술이 오고간 역사를 찰스 싱어 등은 언급하지 않는다. 동양에서 개발된 기술들을 서양이 습득하고 누릴 수 있게 되는 데에는 이슬람 세계의 매개적 역할이 있었다는 것을 그들의 역사서술에서 생략해버린 것이다.[71]

찰스 싱어 등의 관점의 하나는 19세기 이전 17세기에 이미 유럽이 과학혁명을 선도했으며 이것이 산업혁명의 기반이 되었다고 하는 주장이다. 이에 대한 반론에 앞서 프랑크는 먼저 조셉 니덤의 연구를 상기시킨다. 니덤은 1954년 저서의 방대한 분량을 1964년 발표한 글에서 간략하게 요약한 바 있다. 이 글에 따르면, 17세기에 일어났다는 유럽의 과학혁명은 유럽만의 고유한 업적이 아니었다. 중국은 서양에 앞서 화약, 종이, 인쇄, 나침반 등을 발명했다. 뿐만 아니라, 코-퓨전 및 산화철(co-fusion and oxygenation iron), 강철기술, 기계화된 시계, 드라이브 벨트, 원형운동을 직선운동으로 전환하는 체인 드라이브 방법, 환절(環節) 아치, 철제 체인 현수교(iron-chain suspension bridges),

---

71) Frank, 1998, p.187.

심층 착암장비(deep-drilling equipment), 외륜선(外輪船: paddle-wheel boats), 앞돛과 후미돛(foresails and aft sails), 방수실(watertight compartments), 선미(船尾) 방향타 항해기술(sternpost rudders in navigation) 등 많은 과학기술이 중국에서 개발되어 있었다.[72] 중국사회는 과학적 탐구를 잘 수용하고 지원했다. 이러한 기술혁신과 그 적용은 근대 초기에 이르기까지 계속되었다는 것이 니덤의 주장이었다. 천문학과 우주론(cosmology)에서도 그리고 해부학, 면역학, 약학 등의 의학 분야에서도 중국의 수준은 선진적이었다. 중국인들은 발명을 하더라도 그것을 실제 적용하는 방법을 알려고 노력하지 않았다는 것이 서양에서 지배적인 인식인데, 이 역시 잘못이라는 것이 니덤과 프랑크의 주장이다.

프랑크는 총과 조선능력 등 군사력에 직결되는 분야에서도 1500년 이후에도 중국이 유럽에 못지않았거나 더 우월했다고 주장한다. 18세기 후반 이전에 유럽은 총포를 포함한 지상 군사력에서 아시아보다 우세하지 못했다는 윌리엄 맥닐과 카를로 치폴라의 연구를 인용한다.[73] 조선 분야에서도 마찬가지였다. 16세기 유럽에서 조선은 첨단기술 산업이었다. 그 이전까지 중국 선박들이 더 크고 더 좋고 더 많고 또 더 멀리 항해할 수 있었다는 사실은 모든 학자가 동의한다. 문제는 16세기 이후이다. 여기서도 프랑크는 니덤의 연구결과를 상기시킨다. 17세기 후반인 1669년 한 유럽인 관찰자는 "중국에서는 세계의 나머지 전체에

---

72) Joseph Needham, "Science and China's Influence on the World," in Raymond Dawson, ed., *The Legacy of China*, Oxford: Clarendon Press, 1964; Frank, 1998, p.193.

73) William McNeill, *The Age of Gunpowder Empires 1450~1800*, Washington, D.C.: American Historical Association, 1989; Carlo M. Cipola, *Canones y Velas. La Primera Fase de la Expansion Europea 1400~1700*, Barcelona: Ariel, 1967; Frank, 1998, p.195.

있는 배들보다 더 수가 많으며, 이것은 많은 유럽인에게 믿을 수 없는 일일 것"이라고 주장했다. 17세기와 18세기의 유럽인 항해사들은 당시 중국 선박들의 질적 우수성을 놀라워했다. 니덤은 "중국의 항해술이 명백히 기술적으로 우월했다는 결론을 피할 수 없다"고 말했다.[74]

인쇄술은 프랑크가 말하고 있는 것처럼 과학과 기술을 포함한 지식 전파를 위한 서비스 산업이다. 그래서 인쇄산업의 발달은 그 사회의 문화적 합리성과 사회적 개방성을 나타내는 지표로 통한다. 중국인들은 유럽을 포함한 다른 곳들에 비해 500년 가량 앞서서 목판 인쇄를 개발하고 사용했다. 중국은 컬러 인쇄를 1340년에 이미 시작했다. 1580년 대에는 오색인쇄(five-color printing)가 중국에서 출현했다. 17~18세기 중국과 일본에서는 오색인쇄가 서양에서보다 훨씬 광범하게 사용된다. 여기서 프랑크는 이동식 금속활자가 한국에서 유래해서 곧 세계 다른 지역으로 퍼져나갔다는 점을 특기한다.[75]

프랑크에 따르면, 제철기술에서도 중국과 인도를 포함한 아시아는 16세기와 17세기뿐 아니라 18세기 말에 이르기까지도 유럽에 뒤지지 않았다. 예를 들어 제강기술(steel-making)은 16세기와 17세기에 일본, 인도, 페르시아에서 고도로 발전해 있었다. 1790년 영국이 인도에서 수입한 우츠 강철(wootz steel)은 스웨덴제 강철과 그 질이 같았다. 영국제 강철에 비해서는 더 우수했다. 18세기 말 인도에는 1만여 개의 용광로가 있었다. 이들은 영국 셰필드에서보다 같은 품질의 강철을 더 빠르고 더 싸게 만들 수 있었다.[76]

---

74) 콜린 로넌이 편집한 니덤 저서의 축약본. Colin A. Ronan, *The Shorter Science and Civilization in China: An Abridgment of Joseph Needham's Original Text*, Vol.3, Cambridge: Cambridge University Press, 1986, pp.210, 272; Frank, 1998, p.198.
75) Frank, 1998, p.200.

로즈 머피는 군사력, 경제적 번영과 팽창, 기술적 성장, 그리고 정치적 통합력을 종합해 서양과 동양의 힘의 균형을 비교했다. 그는 유럽과 중국의 균형이 유럽 쪽에 기울기 시작한 시점을 1815년으로 잡았다. 인도는 그보다 일찍 유럽에 비해 쇠퇴한 것으로 보았다.[77] 프랑크는 머피의 주장에 동조한다. 아시아의 우세는 적어도 1800년까지는 지속되었다고 보고 있는 것이다.

3) 물질세계에 대한 철학과 국가권력의 태도

19세기 유럽에서 산업혁명이 진행될 때 중국의 산업은 정체되어 있었다는 것은 분명한 사실이다. 유럽과 중국에서 지배적인 철학이 실용적인 학문과 과학에 대해 어떤 태도를 갖고 있는가가 그 차이를 설명할 수 있다고 많은 사람은 생각한다. R. 웡은 이 일반적인 사고를 비판적으로 검토한다.

중국 송나라 때는 일련의 기술혁신이 집중적으로 발생한 시기로 꼽힌다. 이런 일은 인류역사에 흔하지 않았다.[78] 그러한 기술혁신은 어떤 역사적 조건에서 가능했을까? 조엘 모키르는 문화적 가치와 정치권력의 성격이라는 두 가지 측면에서 중국과 유럽을 비교했다. 문화적 가치의 차원은 그 사회의 지배적인 종교가 물질세계를 바라보는 시각, 그리고 기술자들의 사회적 지위와 물질적 보상 수준 등의 요소들이다. 정치의 차원에서는 열린 시장에서 교환가치를 증대시키는 기술적 변화들에

---

76) G. Kuppuram and K. Kumudamani, *History of Science and Technology in India*, Delhi: Sundeep Prakashan, 1990; Frank, 1998, pp.202~203.

77) Rhoades Murphey, *The Outsiders: Western Experience in India and China*, Ann Arbor: University of Michigan Press, 1977; Frank, 1998, p.225.

78) Joel Mokyr, *The Lever of Riches*, Oxford University Press, 1990; Wong, 1997, p.53.

국가권력이 우호적인가, 아니면 그러한 변화들에 부정적이며 또한 이를 억압할 힘이 있는가가 초점이다. 모키르에 따르면, 기술혁신의 가능성이 높은 사회에서는 시장적 가치를 지닌 기술적 변화들이 환영받고 존중되며 기술적 변화를 위해 노력하는 문화적 가치가 지배한다. 또한 국가권력이 약해서 그러한 변화를 억압하지 못한다. 중세 말과 근대 초기 유럽은 그러한 특성을 가졌다. 덕분에 18~19세기 유럽은 증기기관과 면방직 기계 등의 발명이 폭발하는 변화를 볼 수 있었다.[79]

모키르는 중국은 1400년 이전에는 세계적인 차원에서도 많은 기술을 발전시킨 위대한 혁신자였다고 인정한다. 그러나 1400년 이후에는 그러한 창조력이 쇠퇴했다고 보고 그 이유를 물었다. 그가 스스로 찾은 답은 두 가지였다. 중국의 지배적인 철학이 물질세계를 바라보는 시각에 변화가 있었다. 또 국가권력이 기술적 진보에 점차로 적대적으로 되었다. 모키르의 해석은 어떤 의미에서 근대문명을 중국이 아닌 유럽이 달성한 것에 대한 전통적인 인식을 대변한다. 철학과 사상, 즉 그 사회의 정신문명 전반이 과학적 사유와 창의적인 사고에 긍정적인가 부정적인가, 그리고 그 사회의 국가권력이 그러한 창의적 사유와 실용화를 촉진했는가 저해했는가라는 문제의식과 그에 대한 전형적인 답인 것이다.

그 사회의 철학적 전통과 정치권력의 성격이 문명 발전에 영향을 미친다는 것을 부인하기는 힘들다. 그러나 19세기에 들어 유럽과 중국의 운명이 갑작스럽게 엇갈리게 된 것에 철학과 국가의 역할이 그토록 결정적이었는가에 대해서는 논란이 있다. R. 웡에 따르면, 중국의 철학이 물질세계와 경험주의에 대해 더 적대적인 방향으로 전개되었는지가 우선 분명치 않다. 17세기 말에서 19세기 초에 이르는 시기에 중국 철학은 경험적 탐구를 강조하는 전통을 발전시킨다.[80] 실제로 18세기 중국

---

79) Mokyr, 1990, p.180; Wong, 1997, p.54.

에서는 고증학이 발전했다. 건륭제 중엽에 특히 그러했다. 건륭제 때 편찬된 『사고전서』(四庫全書)의 지도원리는 송나라 시대 이래의 사변적인 유학(儒學)에 대한 비판정신이었다. 청나라 고증학은 유학의 경전들을 '역사'로서 인식하고 그것을 회의의 대상으로 삼았다.[81]

벤저민 엘먼도 중화체제 후기에 중국 철학의 변화방향을 같은 시각에서 이해했다. 광범위한 상업적 성장이 있었던 시기에 중국에서는 "경학(經學)에서 고증학(考證學)을 의미하는 박학(朴學)으로 특징짓는 학문적 변동"이 일어났다고 엘먼은 주장한다.[82] 중국 문인관료들의 학문적 관심이 의리(義理)에 기초한 도덕적 판단인 경학에서 정확한 기술적 연구인 고증학으로 옮아갔다. 18세기 말 고증학이라는 새로운 학문의 중심은 당시로서는 새로운 현상이었던 '구역간 무역'(區域間 貿易)이 집중적으로 발달한 강남지역이었다. 우연의 일치만은 아닐 것이다.

17세기 초 명조의 멸망에 곤혹을 느낀 중국인들은 불교적·도교적 추상성이 미묘하게 혼합된 이학(理學)이 중국 학문이 빠져 있는 근본문제라고 보았다. 중국이 현실에서 이민족 지배에 휩쓸리게 된 역사적 사태의 사상적 원인이라고 파악했다. 송대와 명대의 유교해석을 지배했던 성리학과 같이 "경험적으로 입증할 수 없는 사상"에 불만을 갖게 된 것이다. 송대부터 풍미한 이학은 이른바 원리의 학문이었으며, 도덕원칙을 강조하는 데 얽매여 있었다. 명나라 말기에 여러 당파는 도덕을 내세워 상대방을 공격했고, 그 결과 정부 기능이 마비되곤 했다. 그에 대한 비판의식이 성장한 것이다.

청조에서는 일부 정통학자들도 경학을 버리고 고증학이나 수리천문학(數理天文學)으로 방향전환했다. 고증학은 훈고(訓詁: 문자의 뜻풀

---

80) Wong, 1997, p.54.
81) Spence, 1990, p.104.
82) 페어뱅크·골드만, 2005, 275쪽.

이)와 함께 위작판별을 말하는 변위(辨僞)를 중시했다. 과거로부터 성역으로 간주되어온 유교 경전들에서 위조의 흔적들을 밝혀내기에 이르렀다. 유교 경전도 더 이상 신성불가침한 것이 아니었다.[83] 청대 중국에서 이 같은 사상적 변화는 경험주의의 약화가 아니라 그 강화인 것은 의심할 여지가 없었다.

일본에서도 17세기 말부터 고전적인 유교 경전에 대한 검증을 시도하여 간과할 수 없는 성과를 낸 고학(古學)의 학풍이 전개되었음은 제1권에서 밝힌 바 있다.[84] 이토 진사이(伊藤仁齊: 1627~1705)와 오규 소라이(荻生 徠: 1666~1728)의 학문은 그런 점에서 청나라의 고증학과도 기본 정신에서 통하는 것이었다. 고증학은 중국 근대학문의 기초가 되었다. 고증학적 전통의 연장선에서 금석문에 몰두했던 학자들은 1890년대에 상대(商代)의 유물인 갑골문(甲骨文)의 중요성을 발견해낸다. 이러한 근대적 학문경향이 서양에 비해 때늦은 바가 있었다는 것은 분명했다. 말기 청조가 서양의 침략에 대응하는 데 이렇다할 도움이 되지는 못했다. 그렇지만 그것이 중국 고고학의 발전에 가진 의의는 결코 적지 않았다.[85] 청대의 고증학이 중국 근대학문의 기초가 되는 학문적 발전이었음은 의심할 수 없다.

R. 웡은 또한 중국의 국가권력이 시장가치를 지닌 기술적 변화를 억압했다는 데 대해서도 반론을 제기했다. 중국의 국가는 사회에서 일어나는 기술적 활동들을 감시하고 통제할 수 있을 만한 침투력이 없었다. 기술적 변화를 국가가 우려하지도 않았다. 중국의 국가가 경계한 이단은 도덕적이고 정치사회적인 질서에 집중된 것이었다. 그래서 철학적

---

83) 페어뱅크·골드만, 2005, 275쪽.
84) 미나모토 료엔(源了圓) 지음, 박규태·이용수 옮김, 『도쿠가와 시대의 철학사상』, 예문서원, 2000, 72~73쪽.
85) 페어뱅크·골드만, 2005, 277쪽.

풍토와 국가의 태도를 중심으로 중국에서 기술적 변화조건을 설명하기는 어렵다는 것이 R. 웡의 주장이다.[86]

4) 과학과 산업혁명의 상관성과 홉스봄의 견해

그렇다면 산업혁명이 영국에서 시작된 것은 오랜 세월에 걸쳐 과학문명이 유럽에서 먼저 발생했기 때문이라고 설명하는 것은 지나치게 단순한 주장이 된다. 그럼 18세기에 이르기까지 다양한 과학기술 분야에서 동양이 서양에 비해 근본적으로 열등하지 않았음에도, 19세기에 산업혁명과 군사기술혁명을 유럽이 선도하게 된 이유를 어떻게 설명해야 할 것인가?

산업혁명을 과학기술문명 자체의 직접적인 연장으로 이해하는 일반적인 해석에서 벗어나야 한다는 것이 그 질문에 대한 근본적인 해답의 출발점이다. 특정한 시점, 특정한 지역에서 산업혁명을 뒷받침하는 기계화·공장화를 촉진시킨 사회경제적인 역사적 조건들이 무엇인가로 질문의 방향을 바꾸어야 한다는 얘기이다. 프랑크와 함께 홉스봄도 과학전통이나 정신문명의 성격이 아닌 역사적 조건에서 해답을 찾는다.

홉스봄에 따르면, 영국이 산업혁명의 선두주자가 될 수 있었던 것은 과학과 기술에서 우월했기 때문이 아니었다. 우선 영국은 다른 유럽 국가들과 비교하여 과학이나 고등교육수준에서 앞서가기보다는 뒤처져 있었다. 자연과학에서는 프랑스가 앞서 있었다. 영국에서는 반동적 보수파들이 과학을 의구심을 갖고 바라보았다. 프랑스에서는 수학과 물리학이 앞서 있었을 뿐 아니라 1789년 혁명 이후 과학을 더욱 존중했다. 사회과학에서도 경제학 이외에는 영국이 앞서지 못했다. 경제학은 주로 앵글로-색슨적인 학문으로 시작했다. 그러나 영국이 이 분야에서

---

86) Wong, 1997, p.55.

도 타의 추종을 불허하는 1인자가 된 것은 산업혁명 이전이 아니라 그 이후였다.

산업혁명 이전인 1780년대만 해도 반드시 읽어야 할 경제학자는 영국의 애덤 스미스만이 아니었다. 오히려 케네(Quesnay), 튀르고(Turgot) 등 프랑스 중농주의자들과 국가소득 분석가들이 못지않게 중요한 경제학자로 통했다. 실제 중요한 창의적인 기술발명에서도 프랑스가 영국에 앞서 있었다. 1804년 발명된 자카르 방직기(Jacquard loom)는 영국에서 개발된 그 어떤 것보다 더 발전된 것이었다. 조선(造船)에서도 프랑스가 더 우수했다. 과학기술교육을 포함한 교육 분야에서도 영국의 수준은 프랑스 혁명 후 에콜 폴리테크닉이나 프러시아 기술교육제도에 비하면 조롱거리에 불과했다.[87]

홉스봄이 제1차 산업혁명의 중심 분야로 파악한 면방직산업에서의 기술혁신은 어떤 성격을 띤 것이었는가. 그에 따르면, 산업혁명에 필요한 기술들은 지적인 세련이 필요한 것은 거의 없었다. 필요한 기술적 발명은 지극히 소박한 것들에 불과했다. 영리한 장인들이 자신의 작업장에서 실험할 수 있는 수준이었다. 또는 목수, 기계수리공, 그리고 열쇠기술자들이 건설적인 능력을 발휘하는 수준 이상은 아니었다. 1784년에 제임스 와트(James Watt)가 개발한 회전식 스팀 엔진이 당시 개발된 것으로는 과학적으로 가장 세련된 수준의 기계였다. 그러나 이마저도 1700년대 내내 이미 존재했던 물리학적 지식에 근거했다. 정확하게 정리된 이론을 기초로 만들어진 것도 아니었다. 스팀 엔진에 대한 '이론'이라 할 만한 것이 정립된 것은 실제 그것이 발명된 지 한참 지난 후인 1820년대 프랑스 수학자이자 물리학자인 사디 카르노(N.L. Sadi Carnot)에 의해서였다.[88]

---

87) Hobsbawm, 1962, pp.29~30.

산업혁명에 실제 기여한 기술혁신이란 다른 지역들에서는 찾아볼 수 없는 질적으로 우월한 과학과 기술적 진보에 기초한 것이 아니었다. 현실 산업에서의 필요와 요구에 의해서 현장 기술자들이 임기응변으로 실험하면서 개발해낸 것에 불과했다. 그러므로 산업혁명은 본질적으로는 과학과 기술의 문제가 아니었다. 그보다는 대량생산체제를 요구하는 산업이 왜 영국에 가장 먼저 들어서게 되었는가, 그리고 그에 필요한 조건들을 왜 영국이 더 일찍 갖추게 되었는가의 문제였던 것이다.

산업혁명이 유럽에서 전개된 이유를 선진적인 과학문명이 유럽에서 먼저 발전했기 때문이 아니라는 설명은 사실 카를 마르크스의 역사해석에서 전형적으로 나타난 것이기도 하다. 그에 따르면, 자본주의 생산양식(capitalist mode of production)이 먼저 발전함으로써 국내외적 시장을 향한 대량생산의 필요성이 증폭된다. 이에 부응하여 자본주의 생산양식은 두 단계를 거치면서 생산조직이 질적으로 변화한다.[89]

첫 단계는 분업(分業: division of labor)의 발전이었다. 이전에는 장인 하나가 상품의 생산과정 전체를 책임졌다. 이제는 그 과정을 세분화해서 여러 사람이 나누어 담당했다. 이 분업의 효과로 생산성이 급격하게 증가한다. 그러나 18세기 말부터 시장이 더욱 팽창하면서 그 정도의 생산성으로는 부응할 수 없었다. 기술적으로 더욱 효율적인 생산수단이 필요했다. 이로써 오늘날 자본주의의 상징처럼 간주되는 기계화된 생산체제가 발전했다. 이것이 바로 자본주의 생산양식이 그 내적인 필요에 의해서 촉진시킨 생산성 도약의 두 번째 단계였다.

결국 마르크스의 역사인식에서 기계문명의 발전은 "시장의 필요에

---

88) Hobsbawm, 1962, pp.30~31.

89) Anthony Giddens, *Capitalism and Modern Social Theory: An Analysis of the Writings of Marx, Durkheim and Max Weber*, Cambridge: Cambridge University Press, 1971, p.34.

따른 결과"였고, 그것이 곧 산업혁명이었다.[90] 다른 말로 하면 마르크스에게 과학기술 문명은 자본주의적 생산의 기원이 아니라 자본주의 전개의 결과였던 것이다.

8. 영국 산업혁명의 역사적 조건

산업혁명기 영국 산업의 핵심은 면방직산업이었다. 도시형 공장체제로 전환되면서 고용창출 효과에서 면방직산업은 다른 산업의 추종을 불허했다. 1833년 면 관련 산업의 고용인원은 150만 명에 달했다. 어떤 산업도 그에 비교가 되지 않았다. 경제 전반에 대한 혁신적 파급효과에서도 면방직산업에 필적할 만한 것이 없었다. 양조(釀造: brewing) 산업은 기술과 과학, 그리고 기계화 정도에서 가장 앞섰지만 영국의 경제 전반에 대한 파급효과는 거의 없었다. 면방직은 또한 영국 수출 산업의 중심이었다. 면방직 제품의 수출 상황이 영국 경제 전체의 팽창과 수축을 결정했다. 1816~48년 기간에 영국 수출총액의 40~50퍼센트를 차지한 것이 면직물이었다. 영국 경제에 미치는 영향에서 농업이 그에 비견될 만했다. 그러나 농업은 이미 영국 경제에서 쇠퇴기에 접어들고 있었다.[91] 따라서 영국의 산업혁명은 곧 면방직산업이 기계화된 공장생산체제로 전환한 것을 의미했다.

영국 면방직산업은 왜 기계화된 공장생산체제로 변화하게 되었는가? 기계화된 공장체제를 추동하는 데 필요하고 우호적인 역사적 조건으로는 다음과 같은 요소들을 생각해볼 수 있다. 첫째, 그 산업제품에 대한 수요가 내수시장에 그치지 않고 무한대인 경우이다. 이것은 해당 사회

---

90) Giddens, 1971, p.34.
91) Hobsbawm, 1962, p.38.

만이 아니라 다른 사회들, 즉 해외시장이 폭넓게 확보되어 있을 때 가능하다. 둘째, 도시형 공장생산체제가 성립하려면 우선 농업중심사회에서 인구의 대부분을 차지하는 농민들이 땅에 결박된 상태에서 풀려나 도시 프롤레타리아로 이동하는 사회적 조건이 마련되어야 했다. 셋째, 도시 프롤레타리아가 형성되어 값싼 노동력이 풍부하게 제공되는 조건 속에서 공장생산체제를 구성했다고 하더라도, 기계화된 공장생산구조로 진화해나가기 위해서는 인건비절감 압력이 지속적으로 존재해야 했다. 과거에 비해선 노동력이 풍부하지만 추가적인 인건비절감의 압박속에서 상대적인 노동력 부족현상이 존재할 때 인간의 노동력을 기계로 대체할 인센티브가 있게 된다. 넷째, 석탄과 같은 새로운 에너지 연료가 광범하게 사용되는 환경이 필요했다. 이것은 특히 중공업분야가 건설되는 단계인 제2차 산업혁명에서 중요한 역할을 하게 된다. 다섯째, 산업분야에서 이루어진 기술혁신과 기계화가 군사기술혁명으로 연결되기 위해서는 국제질서에서 그 수요가 있어야 한다. 근대 유럽 국제관계가 끊임없는 전쟁의 연속이었다면 그것은 군사기술혁명의 추가적인 인센티브였다고 할 수 있다. 또한 일반 산업분야와 군사영역의 기술혁신은 서로 영향을 미쳐 상승작용을 하면서 산업혁명을 더욱 촉진하는 역할을 했다고 가정할 수 있다.

1) 영국 식민지가 제공해준 해외시장

해외시장에서 영국은 절대적인 우위를 차지했다. 식민주의를 통해 확보한 해외의 배타적 시장과 그것이 수행한 역사적 역할에 대해서는 이미 앞에서 살펴보았다. 서인도제도와 북미라는 식민지를 갖고 있었을 뿐만 아니라 북미가 18세기 후반에 독립하면서부터는 인도를 식민지화함으로써 대체 해외시장을 확보할 수 있었다. 영국은 1757년 플라시 전투에서 무굴 제국을 무너뜨리고 인도를 식민지화했다. 이후 영국

의 산업팽창을 위한 시장확보문제는 확실하게 해결되었다. 이렇게 유
럽 식민주의가 더욱 발전해가는 시기에 아시아의 경제적 쇠퇴가 시작
된다. 아시아 산업의 위축은 유럽의 산업이 더욱 팽창할 수 있는 공간
을 만들었다. 아메리카 대륙의 발전도 또한 유럽의 산업에 새로운 세계
시장확대를 의미했다.[92]

2) 토지로부터 농민의 분리: 인클로저와 프롤레타리아의 등장

18세기 유럽 농촌사회에서는 중대한 사회혁명이 진행되고 있었다.
일부 농민층을 남겨두고는 대부분의 농촌인구의 삶이 토지로부터 분리
되어간 것이다. 농촌 노동자들이 토지로부터 완전히 유리(遊離)되어
'농업노동자'로 되는 프롤레타리아화 과정이 전개된 것이었다. 19세기
에는 이들이 도시로 이동하면서 도시화(urbanization) 과정이 일반화
되었다.

1760년에서 1830년 사이에 존재한 인클로저법(Enclosure Acts)이
담당한 역사적 역할의 본질은 영국 농촌에 남아 있던 고대로부터의 집
단경제적인 유산들을 완전히 쓸어낸 것이었다. 이후 농업은 농촌공동
체의 자급자족이 아니라, 전적으로 시장을 목표로 한 산업이 된다. 그래
서 인클로저는 농업의 상업화와 불가분한 사태였다. 영국에서는 이제
'농민,' 즉 프랑스, 독일, 러시아에 존재하는 형태의 농민은 더 이상 남
아 있지 않았다.[93]

중세의 농촌에서 땅이란 사적 영역이 아니었다. 농민들 모두에게 열
린 공간이었다. 공동경작과 가축의 공동방목이 이루어지는 곳이었다.
땅에 대한 비상업적 태도와 자급자족적인 농업형태가 그 핵심이었다.

---

92) Frank, 1998, p.311.
93) Hobsbawm, 1962, p.31.

그러한 중세적 유산이 제거되었을 때, 영국 농촌에 남은 것은 소수의 지주계급과 상업적 소작농, 그리고 대다수의 고용된 노동자들이었다.[94] 농촌 인구의 절대 다수가 농업 프롤레타리아트로 된 것이다. 이들은 도시에서 자신들을 끌어들이는 유인만 있으면 언제라도 떠날 수 있는 존재였다. 이미 토지로부터 철저하게 분리되었기 때문이다.

인클로저로 인해 대다수 농민들이 토지에서 분리된 프롤레타리아트가 되면서 영국 농촌의 상업화는 더욱 진전되었다. 과거에 공동의 목초지였던 땅들도 경작지로 개발되었다. 농업 생산력은 크게 늘어났다. 농업기술이 질적으로 발전한 것은 1840년대였다. 하지만 그 이전에 이미 영국 농업은 기술혁명이 아닌 사회혁명, 즉 농민들을 토지로부터 추방하는 급진적인 사회적 변동을 통해 급격한 생산성 증가를 달성하고 있었다. 영국 농업이 뒷받침할 수 있는 인구 규모는 그만큼 확대되었다. 산업혁명기에 급격한 인구증가를 영국경제가 감당할 수 있게 된 원동력이었다.[95]

인클로저와 농민층의 토지로부터의 분리라는 현상을 유럽에서 자본주의 생산양식의 기원으로 정립한 인물은 카를 마르크스였다. 그는 일찍이 "자본주의 생산양식(the capitalist mode of production)의 초기 형성"은 "생산수단으로부터 농민층의 추방(the expropriation of the peasant from his means of production)이라는 과정을 내포한 것으로 파악했다. 그는 이 과정을 "피와 불의 언어로 인류 역사에 기록된 사태"로 묘사했다.[96]

농민들이 토지로부터 추방당하여 임금노동자로 전락하는 과정은 마르크스에 따르면, 그것이 가장 전형적으로 이루어진 영국의 경우 15세

---

94) Hobsbawm, 1962, p.48.
95) Hobsbawm, 1962, p.48.
96) Giddens, 1971, p.31.

기 말부터 이미 시작되고 있었다. 중세가 끝나고 왕권이 강화되면서 봉건 귀족층의 권력은 사양길에 접어든다. 토지의 주인인 봉건영주들은 점차로 교환경제에 눈을 돌린다. 당시 모직물 산업이 급속하게 성장하면서 모(wool)의 가격이 천정부지로 치솟고 있었다. 농민들에 의한 농작물 생산보다 양을 길러 모를 생산하는 것이 더 큰 이득이었다. 양을 치는 데는 넓은 땅 안에 훨씬 적은 수의 목동들만 고용하면 충분했다. 농업이 가능한 땅들도 목축지로 전환하고 그 땅에 의지해 살던 농민들을 추방해버린 것이다. 바로 인클로저 사태였다.[97]

이 사태는 16세기에 종교개혁(Reformation)이 진행되면서 권력을 상실한 가톨릭 교회가 권력이 강해진 왕족들과 돈을 가진 자들에게 교회의 땅을 헐값으로 넘기면서 더욱 확산된다. 교회로부터 땅을 넘겨받은 이들은 세습적인 소작농민들을 쫓아내고 토지 단위를 대규모로 하여 목축에 치중했다.[98]

영국에서는 그 결과로 16세기 초부터 생산수단에서 분리되어 "자유로운" 임금노동자로서 시장에 내던져진 부유(浮游)하는 농민계층, 즉 프롤레타리아트가 형성되기 시작했다고 마르크스는 분석했다. 일반적으로 정치경제학자들은 이 현상을 두고 인간이 봉건적 제한으로부터 자유를 획득하는 과정으로 설명하곤 했다. 마르크스는 그러한 시각을 비판하면서 농민들은 그 자유를 "신성한 재산권에 대한 가장 몰염치한 유린"과 "인간에 대한 가장 잔인한 폭력"을 대가로 획득한 것이라고 역설했다.[99]

---

97) Giddens, 1971, pp.31~32.

98) Giddens, 1971, p.32.

99) Giddens, 1971, p.32.

3) 토지 대 인구비율과 영국의 노동력 부족

중국과 인도의 경우 토지자원에 비해 인구의 비율은 높았다. 유럽은 상대적으로 인구밀도가 낮았다. 아메리카 대륙을 식민화하면서 유럽인들이 상당수 식민지로 이주했다. 토지자원 대비 인구의 비율은 더욱 낮아졌다. 반면에 아메리카의 은의 생산과 시장확대로 산업생산 수요는 높아졌다. 이것은 유럽의 노동단가를 상대적으로 더 높였다. 노동비용을 절감하기 위한 기계적 발명이 더 절실해진 것이다.[100]

수나라 양제 때인 609년 중국의 등록된 총인구는 4,600만 명으로 추산된다.[101] 명나라 초기인 1390년경에는 6,500만에서 8천만 명 사이였다. 그로부터 약 200년 후 중국 인구는 두 배로 늘었다. 1573년경 중국의 총인구는 1억 5,000만으로 추정된다. 그 이후 1세기는 명청교체기를 포함한 혼란기를 포함한다. 그래서 1685년경 중국의 총인구는 1억 명으로 줄어 있었다. 명청교체기 혼란의 한가운데 있던 산동지방은 1573년 560만여 명에서 1685년 210만여 명으로 줄었다. 거의 3분의 1 수준으로 떨어진 것이다. 이후 중국 인구는 다시 빠르게 증가한다. 1749년엔 1억 7,700만여 명이었다. 이때 산동지방은 무려 2,400만여 명으로 10배나 증가했다. 1767년엔 2억 900만여 명, 그로부터 채 10년이 안 된 1776년엔 2억 6,800만여 명, 그리고 역시 14년 밖에 지나지 않은 1790년 중국의 총인구는 3억 100만여 명에 달하게 된다.[102]

콜린 클라크가 1977년에 작성한 표에 따르면, 1600년 세계 총인구는 약 5억 명이었다. 1800년엔 8억 9,000만 명이 된다. 1600년 유럽 전체

---

100) Frank, 1998, pp.286~287.

101) Wei Zheng et al., *Sui Shu*(History of the Sui dynasty), Beijing: Zhonghua shuju, 1973, ch.29, p.808; David A. Graff, *Medieval Chinese Warfare, 300~900*, London: Routledge, 2002, p.148.

102) Spence, 1990, pp.93~94.

의 인구는 8,300만 명, 중국은 1억 5,000만 명, 일본은 1,800만이었다. 1650년엔 세계 총인구 5억 1,600만 중, 유럽 9,000만 명, 중국 1억, 일본 2,200만 명이었다. 1700년에는 세계 총인구 6억 4,000만 명 중, 유럽 1억 600만, 중국 1억 5,000만, 일본 2,600만 명이었다. 1750년엔 세계 총인구 7억 3,000만 명 중, 유럽은 1억 3,000만 명, 중국은 2억 700만, 일본은 여전히 2,600만이었다. 1800년엔 세계 총인구 8억 9,000만 명 중에서 유럽은 1억 7,300만, 중국은 3억 1,500만, 일본은 1700년 이후 동일한 2,600만 명이었다.[103]

필립 리처드슨에 따르면, 1800년 영국의 인구는 1,100만에 불과했다. 러시아 인구는 4,000만 명이었다. 그리고 1850년에 이르면 중국의 인구는 4억을 넘어섰다. 18세기 내내 중국의 연평균 인구증가율은 0.7퍼센트 또는 0.8퍼센트에 달했다. 그러나 과도한 인구증가가 중국 경제를 압박하면서 위기에 처한 중국은 인구증가에도 제동이 걸린다. 19세기 중엽 연평균 인구증가율은 0.4 또는 0.3퍼센트로 떨어진다.[104]

1600년에서 1750년간을 떼어서 보면, 세계인구 중 유럽 인구가 차지한 비율은 18~19퍼센트로 변동이 없었다. 반면에 아시아 인구가 세계 인구에서 차지하는 비율은 60퍼센트에서 66퍼센트로 증가했다. 이미 인구밀도가 매우 높은 아시아에서 그 기간에 매년 평균 0.6퍼센트의 인구증가율을 기록한 것이다. 유럽의 연평균 인구증가는 0.4퍼센트에 그쳤다. 나중에 리비-바치가 작성한 통계에 따르면, 같은 기간 유럽의 인구증가율은 그보다 더 낮은 0.3퍼센트에 불과하다.[105] 아시아 인구증가

---

103) Colin Clark, *Population Growth and Land Use*, London: Macmillan, 1977, table 3.1; Frank, 1998, p.170.

104) Philip Richardson, *Economic Change in China, c.1800~1950*, Cambridge: Cambridge University Press, 1999, p.20.

105) Massimo Livi-Bacci, *A Concise History of World Population*, Oxford:

율의 절반 또는 3분의 2에 그친 것이다.

1600년에서 1800년 사이 세계 총 인구증가율은 약 80퍼센트였다. 이 가운데 유럽은 대체로 2배로 증가한 반면 중국은 3배로 증가했다. 특히 중국의 경우 1650년에서 1750년간의 불과 1세기 동안에 1억에서 2억으로 100퍼센트 증가했고, 이어 나머지 반세기 만에 1억 인구가 더 늘었다.

청조의 중국이 불과 1세기 반 만에 보인 급속하고 집중적인 인구증가는 중국의 경제와 기술진보에 어떤 영향을 미쳤는가? 인구증가가 경제에 미치는 장기적인 영향에 대해서는 크게 세 가지 시각이 있다. 첫 번째 시각은 토머스 맬서스의 인구론이다. 맬서스의 인구론은 한계효용체감의 법칙(law of diminishing returns)에 기초한다. 인구증가는 한정된 자원에 압박을 준다. 그 결과 궁극적으로는 인구성장을 제한하게 된다는 것이다. 맬서스 사후 세계사는 기술적 진보를 통해 한정된 자원의 문제를 해결했다. 이에 따라 맬서스적 시각은 설득력을 잃었다.

에스터 보스럽은 맬서스에 대한 반대명제를 제출한다.[106] 보스럽은 기술진보가 자원의 희소성문제를 해결한다는 주장에 그치지 않고 한걸음 더 나아갔다. 인구증가는 자원에 압박을 가함으로써 기술진보 필요성을 증가시켜서 기술개발을 앞당긴다고 주장했다. 그 결과 인구증가는 효용증대(increasing returns)를 가져온다고 했다.

로널드 리 등은 이들 양 극단의 주장을 절충 또는 종합하려고 시도했다. 인구와 기술이 상호 영향을 미치는 방식을 여러 개의 시나리오로 나누어 고찰한 것이다.[107] 프랑크는 이들에 대한 비평을 통해 중국과

Blackwell, 1992, p.68; Frank, 1998, p.308.
106) Esther Boserup, *Population and Technological Change: A Study of Long-Term Trends*, Chicago: University of Chicago Press, 1981; Frank, 1998, p.299.

유럽에서 인구문제가 기술진보에 미친 상이한 영향을 다음과 같이 분석했다.

1400년 이후 세계 경제팽창은 큰 인구증가를 초래했다. 생산증가도 가져왔다. 이것은 아시아에서 더 많은 인구증가를 낳았다. 특히 17세기 중반에 두드러졌다. 당시만 해도 세계경제의 주변부였던 유럽에서는 인구증가와 생산증가가 덜했다. 18세기 중반인 1750년까지도 유럽에서는 인구증가율이 낮았다. 1600~1750년 기간 유럽의 인구증가율은 그 후 1세기인 1750~1850년 기간 인구증가율의 4분의 1에 불과했다. 그 결과 1인당 임금 수준은 아시아에 비해 유럽이 더 높은 수준을 유지했다.

경작 가능한 토지자원과 인구의 비율에 관한 통계에서도 그것이 확인된다. 바이로치의 연구에 따르면, 1800년경 아시아에서 경작된 농지 1헥타르당 인구 비율은 유럽에 비해 3~4배 높았다. 중국은 농지 1헥타르당 3.6명, 인도는 3.8명이었다. 이에 비해 1700년경 프랑스는 1.1명, 영국은 1.5명이었다. 참고로 1880년 일본은 헥타르당 5.0명이었다.[108]

유럽의 임금수준이 아시아에 비해 높을 수밖에 없었음을 말해준다. 노동비용이 더 높았다는 얘기다. 더구나 유럽은 프런티어가 있었다. 아메리카 대륙으로 인구가 빠져나갔다. 나중에는 오스트레일리아도 유럽의 인구를 빨아들이는 새로운 프런티어로 등장했다. 니얼 퍼거슨에 따르면, 1600년대에서 1950년대 사이에 영국을 떠나 해외로 이주한 사람들의 숫자는 2,000만 명이 넘었다.[109] 식민지의 존재로 인해 유럽에서

---

107) Ronald Demos Lee, "Malthus and Boserup: A Dynamic Synthesis," in David Coleman and Roger Schofield, eds., *The State of Population Theory, Forward from Malthus*, Oxford and New York: Basil Blackwell, 1986; Frank, 1998, p.299.

108) Frank, 1998, p.308.

토지자원 대비 인구의 비율은 더욱 낮아졌다. 유럽의 인구증가가 자원에 대한 압박으로 나타날 위험을 제거해주는 안전 밸브 역할을 했다. 유럽에서 노동력 절감을 위한 기계장치에 투자를 늘리는 요인이 되었다. 18세기에 일어난 유럽 경제성장률의 80퍼센트는 생산성 향상에서 비롯된 것으로 평가된다.[110]

4) 19세기 유럽에서 원가절감 압력의 점진적 상승

그처럼 18세기 영국 면방직산업의 기계화는 아시아에 비해 상대적으로 토지 대비 인구비율이 적은 것과 관련이 깊었다. 19세기에 들어 영국 산업의 기계화를 촉진한 요인은 또 다른 차원에서 인건비절감 압박이 가중된 데 있었다.

미국 남부 등에서 노예 플랜테이션이 확대되면서 원면 가격이 떨어졌다. 영국 면방직산업은 원가가 절감되어 이익을 얻었다. 그러나 1815년 이후 유럽 전반에 산업혁명이 확산되면서 경쟁이 더욱 치열해졌다. 그 결과 이윤율이 급속도로 떨어졌다. 1784년과 1832년 사이에 면사 1파운드 생산에 드는 원면의 비용은 30분의 1로 줄었다. 그러나 면사 1파운드의 가격은 90분의 1로 하락했다. 그 결과 이윤은 무려 200분의 1로 줄어들었다.[111]

이 상황에서 영국 면방직산업이 선택한 것은 더 많은 원가절감이었다. 원가절감의 현실적인 방도는 인건비절감이었다. 인건비절감은 두

---

109) Niall Ferguson, *Empire: The Rise and Demise of the British World Order and the Lessons for Global Power*, New York: Basic Books, 2002, p.45.
110) Ian Inkster, *Science and Technology in History: An Approach to Industrial Development*, London: Macmillan Press, 1991, p.67.
111) Hobsbawm, 1962, p.41의 자료 참조.

가지 방법이 있었다. 하나는 임금을 줄이는 것이었다. 노동자들을 굶어 죽이지 않고 임금을 줄이기 위해서는 생계비의 핵심인 농산물 가격을 낮추어야 했다. 이를 위해서는 소수의 대지주들에게 유리하게 되어 있던 농업보호정책을 타파해야 했다. 그래서 '옥수수법'(Corn Laws)이 1846년에 폐지된다.

그 전인 1834년 '빈민법'(Poor Law)이 제정되었다. 빈민법 이전의 영국 법률에서는 가난한 노동자에게 최소한의 생존비용을 보장해야 한다는 개념이 없었다. 노임은 주는 대로 받아야 하는 것이었고, 일자리가 없는 경우에만 정부의 구제를 기대할 수 있었다. 즉 일하는 빈민에게 최소생계비를 보장할 법적 장치가 존재하지 않았다. 빈민법은 일하는 빈민의 임금이 최소생계비에 미치지 못할 경우 부족분을 보충할 수 있도록 정부의 구제를 받을 수 있게 한 것이었다.[112] 농업을 보호하기 위해 농산물가격을 높게 유지했던 제도들을 폐지하는 문제와 얽힌 매우 정치적인 사안이었다. 그만큼 오랜 시간이 걸렸다. 이미 오래전 산업혁명 단계에 들어선 자본주의 발전의 그늘에서 고통받고 있던 영국 빈민 노동집단에게는 지극히 때늦은 제도적 개선이었다.

따라서 면방직산업 자본가들은 고용된 노동자들에게 생계비 수준의 임금을 보장하면서 인건비를 줄이는 방법을 찾아야 했다. 동일한 생산량에 필요한 인력을 줄이는 것이 답이었다. 그것은 기술혁신과 기계화라는 근본적인 해결책을 요구했다. 19세기 초부터 영국 산업은 그런 조건에서 기계화를 향한 절박한 압력에 직면했다. 실제 1815년 이후 면방직산업에서 진행된 기계화는 거대했다. 그러나 이런 변화를 전례 없는 기술혁명으로 볼 수는 없었다. 기존의 기계장치 또는 약간 개선된 기계장치를 산업 전반이 채용한 것에 지나지 않았다. 면방적(cotton spinning)

---

112) Polanyi, 1957, p.79.

등의 기술에서 새로운 특허는 1800~20년 기간 39개, 1820년대 51개, 1830년대 86개, 그리고 1840년대에는 56개였다. 영국 면직물산업은 기술적으로 1830년대에 대체로 안정화된 것으로 평가된다. 그러나 실질적인 혁명적 수준의 기술변화가 일어나는 것은 19세기 후반에 가서였다.[113]

어떻든 면방직산업 기계화는 자본가들이 인건비에서 이중적인 절감 효과를 볼 수 있게 했다. 인간의 노동을 기계로 대체할 수 있다는 사실 외에도 기계화로 인해 여성과 어린이들의 노동으로 성인 남성의 고용을 대신할 수 있었기 때문이다.[114] 초보적인 수준의 기계화된 공장생산 체제가 지배하던 시점에서도 영국 면방직산업의 노동력의 태반은 이미 여성과 아동으로 메꾸어져 있었다. 1789년 영국 더비셔(Derbyshire)에 있던 세 군데 아크라이트 공장 노동자들은 모두 1,150명이었다. 이들 중 아동이 전체의 3분의 2를 차지했다.[115] 당시 공장은 군대 병영이나 교도소와 같았다. 그것은 각종 빈민들을 커다란 공장에 한데 모아 규칙적으로 작업하는 기율을 만들어내야 했던 초기 공장 자본가들의 고충을 반영하는 것이기도 했다.[116]

5) 제2차 산업혁명과 석탄산업의 역사적 조건

영국 산업혁명의 두 번째 국면은 석탄산업을 기초로 한 중공업 분야가 본격적으로 성장한 것이었다. 석탄 같은 화석 연료를 사용하는 강력

113) Hobsbawm, 1962, p.42.
114) Hobsbawm, 1962, p.40.
115) Michel Beaud, *A History of Capitalism 1500~1980*, Translated by Tom Dickman and Anny Lefebre, New York: Monthly Review Press, 1983, p.67.
116) Mantoux, *La Révolution industrielle*, p.430; Beaud, 1983, p.66.

한 기계동력장치들이 실제 유럽에서 발명되고 광범하게 활용되었을 때, 유럽의 산업혁명은 비로소 완성될 수 있었다. 이 변화야말로 기선전함(汽船戰艦)과 같이 군사기술혁명을 가져올 수 있었다. 동서양 간 힘의 균형의 결정적인 변화는 그 결과였다.

이 단계에서 석탄산업은 대량수송수단이 필요해졌다. 철을 중심으로 한 금속산업이 발전하고 증기기관이 본격적으로 활용된 배경이었다. 이것들이 모두 결합함으로써 철선(鐵船)이 실용화되고 철도산업이 시작될 수 있었다. 철선과 철도산업은 제2차 산업혁명의 집약적 표현이었다. 요컨대 석탄 에너지 사용은 유럽 산업혁명의 본격화 국면이 제2차 산업혁명의 기본조건이었다. 그렇다면 유럽 산업혁명의 역사적 조건을 찾고 있는 우리가 던질 수밖에 없는 질문은 석탄 사용이 유럽에서 본격화된 역사적 조건이 무엇이냐 하는 것이다.

18세기까지도 세계 어느 곳에서든 석탄을 본격적으로 이용하지 않았다.[117] 그러나 영국은 숲이 상대적으로 부족했다. 도시가 성장하기 시작하면서 영국에서는 가정용 연료로 석탄이 사용되기 시작했다. 16세기 말부터 석탄산업은 급속히 커졌다. 그러나 18세기 초까지만 해도 석탄 채굴은 원시적 수준의 근대산업이었다. 18세기 말에 이르자 비로소 영국의 석탄생산 능력은 비약적으로 발전하기 시작한다. 1800년이 되면 영국은 1,000만 톤의 석탄을 생산했다. 당시 세계 석탄생산량의 90퍼센트에 해당했다. 이 분야에서 제2인자였던 프랑스는 100만 톤에도 미치지 못할 때였다.[118]

석탄이 중국이 아닌 유럽에서 먼저 경제성 있는 연료로 정착된 것은 목탄 생산을 위한 목재 공급이 영국에서 더 일찍 난관에 봉착했기 때문

---

117) Frank, 1998, p.202.
118) Hobsbawm, 1962, p.43.

이었다. 중국에서도 목탄 공급부족이 문제가 되기는 했다. 그러나 중국은 석탄 개발에 필요한 자본이 부족하기도 했지만, 석탄이 여전히 상대적으로 목탄보다 더 비싸 경제성이 없었다.[119] 페르낭 브로델도 같은 분석을 제시했다. 18세기 이후 중국에서는 여전히 목탄 사용이 경제적이었다. 반면에 유럽, 특히 영국에서는 목탄 가격은 오르고 석탄 가격은 내렸다. 그래서 쇠를 목탄이 아닌 석탄으로 제련하는 것이 더 싸졌다.[120] 중국은 또한 목탄을 이용한 철 제련기술에서 다른 지역들에 비해 수세기나 앞서 있었다. 중국은 거대한 운하체제를 비롯한 대규모 기반시설들을 건설하고 유지하기 위해 앞선 수력공학 기술들을 개발해 사용하고 있었다. 새로운 에너지원에 대한 필요가 덜 절박했다. 더욱이 중국에서는 석탄 매장지역들이 잠재적 산업중심으로부터 훨씬 멀리 떨어져 있었다. 그만큼 석탄자원 개발비용이 유럽에 비해 컸던 것이다.[121]

이런 요인들이 겹쳐서 석탄산업은 영국에서 가장 먼저 본격화했다. 이 산업은 거대한 동력을 가진 증기기관을 대규모로 필요로 했다. 이제 방대한 양의 석탄을 실어나를 새로운 수송수단도 필요해졌다. 철도는 석탄 수송에 새로운 수단을 제공하면서 동시에 석탄산업과 함께 증기기관이라는 새로운 동력을 활용할 수 있었다. 그래서 철도는 광산의 아들, 특히 북부 영국의 광산의 아들로 불린다. 이렇게 등장한 철도는 그것 자체가 새로운 산업을 촉발했다. 더 나아가 산업혁명을 본격화시킨 중공업을 발전시킨 원동력이었고, 산업혁명 그 자체를 상징하는 무한

119) Frank, 1998, p.288.

120) Fernand Braudel, *The Perspective of the World. Vol.3 of Civilization and Capitalism 15th~18th Century*, Berkeley and Los Angeles: University of California Press, 1992, p.569; Frank, 1998, p.202.

121) Kenneth Pomeranz, "A New World of Growth: Markets, Ecology, Coercion, and Industrialization in Global Perspective," Unpublished manuscript, 1997; Frank, 1998, p.202.

한 팽창의 영역이었다.

15~16세기 대항해시대의 개막은 제1차 해양혁명이었다. 제2차 해양혁명은 증기와 철(steam and steel)의 결합으로 탄생했다. 증기를 동력으로 한 철선이 목선을 대체한 것이다. 처음엔 증기 피스톤 엔진에서, 나중에는 디젤과 증기터빈으로 발전했다. 철선이 실용화됨에 따라, 배는 목선에 비해 10배나 커질 수 있었다. 목선의 최대 크기는 5,000~6,000톤이 한계였다. 철선 타이타닉(Titanic)은 5만 톤급이었다. 엔진을 사용하게 되면서 선박은 바람의 영향을 받지 않고 항해할 수 있게 되었다. 속도에서도 철선은 목선에 비해 3배까지 빨라졌다.[122]

이 해양혁명은 산업혁명의 일환인 제련술, 정밀공학, 기계설계에서 수준이 급속하게 향상된 결과였다. 철이 처음으로 배 건조에 이용된 것은 1830년대였다. 증기 엔진이 처음 등장한 것은 1698년으로 거슬러 올라가지만, 그때의 증기 엔진은 너무 크고 비효율적이어서 일부 광산에서만 이용되었다. 증기기관이 실용성을 갖기 시작한 것은 제임스 와트(James Watt)가 1769년 설계를 개선해 효율성을 네 배로 향상시킨 후였다. 이후 증기기관은 빠르게 확산된다. 1776년에서 1850년 사이 증기기관의 연료효율은 12배 증가했다. 증기 사용 비용이 크게 떨어졌다. 1800년에서 1850년 사이에 영국에서 증기기관 사용이 100배로 늘어났다. 이러한 발전으로 1860년대에 기선 화물선이 실용화된 것이다. 제1차 세계대전 이전에 이미 매년 대서양을 횡단하는 사람들의 수는 200만 명을 넘게 된다. 순전히 기선 덕분이었다.[123]

최초의 근대적인 철도는 영국 더럼(Durham)의 석탄광산과 해안을 연결하기 위해 1825년에 놓였다. 그 어떤 것보다 새로운 시대의 힘과

122) Buzan and Little, 2000, p.280.
123) Buzan and Little, 2000, pp.280~281.

속도를 표상하게 된 철도는 급속도로 퍼져나갔다. 미국에서는 1827년, 프랑스는 1828년, 독일과 벨기에는 1835년, 그리고 러시아는 1837년 처음으로 철도를 갖게 되었다. 아직은 짧은 철도들이었다. 그러나 철도산업 초창기인 이 시기에 달성된 시속 100킬로미터의 속도는 훗날의 증기기관차에 의해서도 더 이상의 질적인 변화가 없을 정도로 이미 성숙한 수준이었다.

철도산업은 응당 철과 석탄을 포함한 자본재산업의 혁명적 팽창을 가져왔다. 철도시대의 첫 20년인 1830~50년 기간에 영국의 철 생산량은 68만 톤에서 225만 톤으로 3배 증가했다. 석탄 생산량도 같은 기간에 1,500만 톤에서 4,900만 톤으로 3배 이상 늘었다. 1830년에는 세계 전체에 영국의 리버풀과 맨체스터를 연결하는 철도를 포함해 수십 마일의 길이에 불과했다. 그러나 1840년에는 4,500마일, 1850년에는 그 다섯 배에 달하는 2만 3,500마일로 늘었다. 이 시기에 세계의 철도 대부분은 영국의 자본, 영국의 철, 영국의 기계와 노하우로 건설되었다.[124]

6) 혁명과 전쟁의 18~19세기 유럽: 군사장비 수요의 폭증

17세기 중엽에서 19세기 중엽에 이르는 청의 융성기 200년 동안 동아시아는 전쟁이 없었고 평화를 구가했다. 중국 내부 일부 지역의 반란이나 변강의 산발적인 평정작업이 예외였을 뿐이다.

같은 기간에 유럽의 상황은 매우 달랐다. 1775년 북아메리카 대륙의 영국 식민지에서 발발한 독립전쟁을 필두로 혁명과 길고 폭력적인 전쟁들이 잇따랐다. 유럽 국가들 간에 전쟁들이 벌어졌을 뿐 아니라 발칸과 같은 유럽 주변지역과 인도와 같은 식민지역들에서도 전쟁이 이어졌다.[125] 이 때문에 산업혁명의 진전으로 발전된 기술과 지식은 전쟁에

---

124) Hobsbawm, 1962, pp.44~45.

서 실용화될 수 있는 군사기술로 빠르게 전환되었다. 그것은 대량수송 수단과 더 파괴적인 기계화된 무기들을 개발하는 데 활용되었다. 발전된 군사기술은 역으로 일반 산업의 기계화를 촉진했다.

특히 1789년 프랑스 혁명 이후 1815년까지 전개된 나폴레옹 전쟁은 유럽에서 군사부문을 포함한 기술혁명에 중요한 계기였다. 유럽 국가들은 수송장비를 비롯해 새로운 기술을 개발하기 위한 경쟁에 더 많은 투자를 했다. 기술개발에 힘입어 유럽은 나폴레옹 전쟁 기간에 빠른 속도로 공장생산체제로 노동력을 이동시켰다. 유럽이 "세계의 공장"으로 변해간 것은 이와 깊은 관련이 있었다.[126]

9. 유럽 근대국가의 성격과 상업자본주의

여기에서 채택한 설명체계는 산업혁명을 자본주의 자체와 동일시하여 모든 것을 자본주의 발전의 문제로 환원시키는 것을 피하려 한 것과 관련이 깊다. 그럼에도 기계화된 공장생산체제의 발전으로 정의한 산업혁명의 보다 포괄적인 역사적 조건으로서 '상업 자본주의'의 문제를 빠뜨릴 수는 없다.

아시아 문명권들에 비해서 유럽에서 상업자본주의가 발전하고 나아가 그것이 산업자본주의로 심화될 수 있었던 역사적 요인을 주목해야 한다. 여기에서는 특히 유럽 국가들이 저마다 자국민의 상업활동과 산업활동을 장려하고 뒷받침한 경향과 그 역사적 이유들을 주목하고자 한다.

첫째, 유럽 국제질서의 성격에서 유래하는 유럽 국가들 간의 중상주의

125) Jeremy Black, *Western Warfare 1775~1882*, Bloomington: Indiana University Press, 2001.
126) Frank, 1998, pp.316~317.

적 경쟁이다. 유럽 근대 국제관계사는 비교적 균등한 힘을 가진 여러 나라들 사이의 권력경쟁이었다. 16세기 말에서 18세기 초에 이르는 시기 유럽에서 지배적인 정치경제철학은 중상주의(重商主義: mercantilism)였다. 중상주의는 한 국가의 권력을 그 사회의 부와 동일시하고 국제무역에서 상업적 우위를 추구하는 경제사상과 그 정책이다. 유럽에서 근대국가가 확립되는 과정은 전 지구적 규모에서 다른 나라들과 부의 축적을 위해 경쟁하는 과정이었다. 그것은 곧 상인들의 활동을 보호하고 육성하는 것과 긴밀한 관계를 갖고 있었다.[127]

둘째, 유럽 근대국가는 그 성장과정에서 중국의 통일왕조들과 달리 대안적 재정수입원을 개발할 절실한 필요에 직면해왔다. 유럽의 근대국가들은 중세시대를 거치며 성장했다. 중세의 유산이 강하게 남아 있는 역사적 상황 속에서 유럽 근대국가는 존재했다. 중세사회는 교회들이 권력을 가진 사회였다. 권력이란 곧 징세권(徵稅權)이다. 고대 이래 주요 생산수단인 토지에 대한 징세권을 중세에는 교회가 갖고 있었다. 근대에 들어서도 국가는 토지에 대한 징세권을 교회와 나누어 가져야만 했다.

중국은 일단 통일왕조가 성립하면 전쟁비용은 많이 들지 않았다. 반면에 유럽에서는 1789년 프랑스 혁명 이후 1815년 나폴레옹이 몰락하기까지 4반세기를 전쟁 속에서 보낸 것을 보더라도 18~19세기 초 유럽은 전란의 시대였다. 그만큼 전쟁비용을 대기 위해 국가의 재정팽창이 필요했다. 중국의 중앙집권적 전제군주와 달리 유럽의 군주들은 토지를 비롯한 재정원천들에 대한 조세를 늘리기 위해서는 귀족세력과 교회, 그리고 도시의 이익집단들과 끊임없이 갈등하고 협상해야만 했다. 유럽의 근대국가가 입헌군주제로 전환되어간 것은 이와 무관하지

---

127) Wong, 1997, pp.140~141.

않다는 것이 R. 윙의 주장이다.[128] 이 문제에 대해서는 R. 윙에 앞서 G. 서번 등이 근대 유럽의 부단한 전쟁과 민주주의 발전의 역사적 관련성을 지적한 바 있다.[129]

어떻든 이러한 상황에서 유럽 근대국가는 기존의 것들 이외의 재정 원천을 개발해야 할 강한 인센티브를 갖고 있었다. 그것이 상업분야였고 또한 국가권력이 뒷받침하는 국제무역이었다.

셋째, 해상 무역활동에 대한 유럽 국가들의 적극적인 인식과 정책을 들 수 있다. 재정수입원 확보가 유럽의 국가들이 해상활동 팽창에 집중한 유일한 이유는 아니지만 역시 중요한 요인이었던 것은 분명했다. 스페인과 포르투갈이 15세기 말엽 신세계로 진출했을 때, 스페인의 초점은 가톨릭 교회와 긴밀히 연관된 새로운 사회질서를 수립하는 것이었다. 처음부터 정치적 지배가 목표였다. 그러나 포르투갈은 아시아에서 다른 접근방식을 택했다. 주로 상업적 이익을 추구했다. 아시아에서 향신료를 위주로 무역 네트워크를 지배하는 데 집중했다.

16세기 말이 되면 네덜란드가 포르투갈을 대체하여 대아시아 무역을 지배하기 시작한다. 동남아시아에서 향신료 무역은 네덜란드의 힘의 기반이 되었다. 그러나 17세기에 이르러 향신료 교역의 경제성이 떨어지면서 네덜란드의 해상력은 쇠퇴한다. 대신 지역적으로는 인도 등의 남아시아, 그리고 품목에서는 면직물에 중점을 둔 영국의 해상권력이

---

128) Wong, 1997, p.130.

129) G. 서번은 그런 맥락에서 서구 근대국가의 민주화는 군사적 성격의 업적(a martial accomplishment)이었다고 주장한다. G. Therborn, "The Rule of Capital and the Rise of Democracy," *New Left Review*, Vol.103, 1977; David Held, "The Development of the Modern State," in Stuart Hall, David Held, Don Hubert, Kenneth Thompson, eds., *Modernity: An Introduction to Modern Societies*, Oxford: The Open University, 1995, p.78.

부상한다. 영국의 해상활동도 주로 상업적인 것이었다. 그러나 18세기 중반을 거치면서는 이 지역에 대한 정치적 지배도 함께 추구하게 된다.

유럽 국가들이 이러한 해상활동을 후원하여 추구한 목표는 재정수입이었다. 아시아에 진출한 자국 무역회사들에게 국가가 부여하는 독점권이 그 재정수입원이었다. 스페인과 달리 네덜란드와 영국은 해외 영토들에 대한 직접적인 정치적 지배를 회피하고 대신 국가가 공인한 회사들(chartered companies)에게 군사력을 포함한 국가형태의 권력을 위임했다. 이로써 식민통치에 따르는 비용은 최소한으로 줄이면서 해외팽창으로부터 재정수입을 극대화하려 노력했다.[130]

중국의 지배자들에게도 송(宋)나라 때인 10세기와 12세기 사이에는 경제가 상업적 팽창을 하는 시기여서 상업이 점차로 더 중요해지는 수입원이었다. 농업에서의 수입은 줄어들었다. 13세기는 과도기였다. 이 시기 중국을 지배한 몽고인들은 상업에 대한 조세를 경감하는 대신 부유한 농업지역에 대한 조세를 늘렸다. 14세기부터는 중국의 국가재정은 기본적으로 농업에 의존하는 패턴이 굳어졌다. 명조(明朝)는 농업적 사회질서를 중시했다. 상업이 끼어들 자리는 더욱 좁아졌다. 16세기에 들어 상업이 다시 팽창하기 시작하면서 토지에 대한 세금을 책정하고 거두어들이는 방법이 바뀌었다. 그러나 농업에 대한 조세는 여전히 국가행정의 중심으로 남았다.[131]

중국 통일왕조들은 광대한 토지에 대한 절대적인 조세권을 안정적이

---

130) 네덜란드와 영국은 해외에서는 동인도회사와 같은 민간회사에 무역독점권을 부여했지만, 국내적으로는 특정회사들에게 독점권을 부여하는 것을 피했다. 국내 조세정책은 엘리트 집단들과의 협정을 통해 해결했다. 이것은 네덜란드와 영국의 경제가 다른 나라들에 비해 더 역동적으로 되어간 이유로 꼽힌다. Wong, 1997, pp.130~131.

131) Wong, 1997, p.131.

고 독점적으로 행사할 수 있었다. 중국의 국가권력은 농업분야에서 유럽 국가들의 상상을 초월하는 효율성을 갖고 조세정책을 수행했다. 상업과 무역은 중국에서 재정수입원으로서 크게 주목받지 못했다. 중국의 전제군주들이 농업분야 이외의 재정수입원, 특히 상업분야에 대해 상대적으로 무관심하고 심지어 경계하기조차 했던 것은 놀라운 일이 아니었다. 명 성조 때 정화(鄭和: 1371~1434)가 서양 근처에까지 항해한 경험이 있었지만, 곧 망각되었다. 중국은 철저하게 농민적인 제국으로 머물렀다. 해금령은 그것을 상징한다. 이것은 청 왕조에게도 계승되었으며 근본적인 변화가 없었다.[132)

넷째, 유럽 금융제도의 발전에서 국가의 역할이다. 유럽 국가들은 대안적인 재정수입원으로서 상업자본주의적 활동을 장려했을 뿐 아니라, 상업자본주의가 원활하게 작동하는 데 필수적인 금융제도들, 즉 은행, 주식회사, 특허회사 등이 발전하도록 지원했다. 중국의 국가권력은 재정이 부족하면 농업분야에 추가조세를 부과했다. 그렇지 않으면 청조 말기에 그랬던 것처럼 하급 관직을 대가로 기부금을 받는 방법을 동원했다. 매관매직이었다. 유럽 국가들은 재정이 부족할 때 상인들로부터 신용대부를 받았다.[133) 말하자면 공채를 발행한 것이다. 중국이 아닌 유럽에서 근대적인 금융제도들이 발달한 것은 당연한 결과였다.

산업자본주의가 발달하는 데 중요한 요소는 중공업이었다. 중공업은 자본집약적인 규모의 경제이다. 그만큼 거대 자본을 조달하는 것이 필수적이다. 유럽의 상업자본주의 질서는 자본을 동원하고 집중하는 데 필요한 금융제도를 발전시키고 있었기 때문에, 산업자본이 필요할 때 그것을 조달하는 역할을 해낼 수 있었다.[134) 이러한 조건들이 광물 에

---

132) 저우스펀(周時奮) 지음, 김영수 옮김, 『중국사 강의』, 돌베개, 2006, 206, 368~374쪽.
133) Wong, 1997, pp.132~133.

너지를 채용한 기계들로 이루어진 공장생산체제에 바탕을 둔 산업자본
주의로 이행하는 것을 촉진한 것이다.

10. 중국에는 왜 산업혁명이 없었는가: 원시산업화와 인볼류션

영어에 인볼류션(involution)이란 단어가 있다. 본래 의미는 어떤 상
태에서 다람쥐 쳇바퀴 돌 듯 제자리걸음만 하며 정체되어 있거나 퇴화
하는 현상을 말한다. 또는 무언가 밖으로 확산하지 않고 안으로 말려서
안에서만 빙빙 도는 상태를 가리킨다. 18세기까지 중국이 유럽 못지않
은 경제적 융성을 누릴 수 있었던 바탕은 농촌 가내수공업, 즉 원시산
업화에서 상당한 발전을 이루었기 때문이다. 그러나 중국은 그 단계에
서 공장형 산업화로 도약하지 못했다. 말하자면 원시산업화 수준에서
멈춰선 채 그 안에서만 맴맴 돌았던 것이다. 왜 그랬는가?

최근 일부 학자들은 그 근본적인 이유의 하나를 인볼류션의 개념에
바탕을 두고 설명을 시도한다. 이 개념은 원래 문화인류학자인 클리퍼
드 거츠가 포착한 것이다.[135] 그것을 거츠가 인류학에서 사용한 의미는
다음과 같다. 농촌에서 수공업이 일정한 수준으로 발전하게 되면 하층
농민들의 최저생계비가 보장된다. 그렇지 않으면 불가능했을 결혼이
늘어나고 또한 새로운 노동자들도 유입된다. 인구는 급격히 증가한다.
값싼 노동력이 풍부해지는 것이다. 노동비용은 최저수준으로 유지된
다. 이런 상황에서는 생산성을 늘리기 위해 자본투자를 할 인센티브가
없다. 임금이 낮기 때문에 원시적인 기술이 오히려 더 많은 순익을 남

---

134) Wong, 1997, pp.57~58.
135) Clifford Geertz, *Agricultural Involution: The Process of Ecological Change in Indonesia*, University of California Press, 1963; Wong, 1997, p.38.

긴다. 저급기술은 노동집약적이므로 값싼 노동력이 결정적으로 중요하다.

거츠는 인도네시아가 이런 원시산업화의 함정에 빠졌다고 갈파한 바 있다. 데이비드 레바인은 "인볼류션이라고 할 수 있는 일종의 악순환"이 중국의 경우에도 작동한 것으로 해석했다. 이 악순환에서 벗어나는 길은 기계적 동력장치(powered machines)에 기초한 도시형 산업이 등장하는 것이었다. 하지만 중국은 이 출구를 찾지 못했다는 것이다.[136]

11. 중국 사회와 농민의 토지 결박의 지속

원시산업화의 굴레에 갇힌 인볼류션의 상태로부터 벗어날 수 있는 조건의 하나는 농촌형 공업에 지속적으로 값싼 노동력을 제공하는 수많은 인구가 토지로부터 분리되는 것이었다. 이들이 농촌에서 토지라는 전통적 생산수단으로부터 분리된다는 것은 농촌에서 더 이상 살 수 없거나 적어도 농촌사회에서 지극히 주변화된다는 것, 결국 농촌 프롤레타리아로 전환되는 것을 말한다. 그렇게 되면 그들은 도시로 흘러들어가서 도시 프롤레타리아트로 거듭날 수 있는 것이었다. 그러나 중국의 농촌에서는 이러한 분리가 광범하게 일어나지 않았다. 농촌 공업에 종사하는 인구도 여전히 토지로부터 완전히 이탈하지 않고 있었다. 적어도 부분적으로 계절적 농업노동에 종사함으로써 토지에 계속 얽매여 있었다. 유럽에서는 인클로저로 인해 농민 대다수가 토지로부터 완전히 분리되었다. 이들 대부분은 19세기가 되면 도시로 이동해 도시 프롤레타리아로 변신한다.[137]

---

136) David Levine, *Family Formation in an Age of Nascent Capitalism*, Academic Press, 1977, pp.33~34; Wong, 1997, pp.38, 41~42.

중국에서 농촌 수공업의 발달은 반(半)프롤레타리아들만을 양산했다. 절반은 가내수공업 노동자이지만 다른 절반은 일정하게 농업에 연관되어 있는 노동자들로서 이들은 여전히 농촌에 머물러 있었다. 농촌형 공업에 종사하는 중국인들은 흔히 농업에도 계속 종사했다. 농촌에서 농민과 노동자 간의 계층적 분화가 유럽에서처럼 뚜렷하지 않았다. 때문에 농업 자체에만 종사하는 사람들과 날카롭게 분리되는 사회적 정체성을 발전시키지 못했다. 토지로부터 그리고 농촌으로부터 자신을 분리시키고 전혀 다른 도시적 환경으로 이동할 수 있는 정신적 준비가 되어 있지 않았던 것이다.[138]

R. 윙은 그 이유의 하나를 중국의 토지상속제도에서 찾았다. 중국에서는 유럽과 달리 농민이 모든 자식들에게 대체로 균등하게 토지를 상속해주었다. 이것이 대대로 지속되면 토지소유자들의 평균적인 토지소유규모는 줄어든다. 그만큼 더 많은 농민이 땅을 삶의 기반으로 삼아 살아가게 된다. 중국의 토지제도 자체가 농촌인구 대다수를 보다 효과적으로 땅에 결박해둔 것이었다. 또 유럽보다 토지매매가 활성화되어 있었다. 그래서 농민들은 땅을 늘릴 수도 있었고 자영농민이 소작농으로 전락할 수도 있었다. 역으로 소작농이 자영농이 될 수도 있었다. 즉 농촌 안에서 사회적 유동성이 유럽에 비해 더 높았다. 이런 이유들이 결합하여 대다수 농촌인구를 땅에 결박시키는 상태를 유지했다. 그 결과 중국에서 농촌 반(半)프롤레타리아들은 일정한 시점에 도시로 전격 이동할 수 있는 대규모의 뚜렷한 계층을 형성하지 못했다.

---

137) Charles Tilly, "Demographic Origins of the European Proletariat," in David Levine, ed., *Proletarianization and Family History*, Academic Press, 1984; Wong, 1997, p.43.

138) Wong, 1997, p.43.

12. 중국 여성의 사회적 조건과 산업화

중국 농촌사회에서 여성의 지위를 단적으로 표상하는 것은 여아살해 (female infanticide) 관습이었다. 때문에 상대적으로 여성이 적었다. 그 피해는 고스란히 빈곤층 노동자들에게 집중되었다. 혼인 적령기의 여성들이 이들 반프롤레타리아들에게는 차례가 가지 않았다. 가난한 농촌 노동자들은 일반적으로 결혼을 하지 못했다. 그래서 이들은 자신들의 재생산에도 실패한다. 다만 농촌 반프롤레타리아 계층이 지속적으로 공급되는 데에는 지장이 없었는데, 그들보다 나은 조건에 있던 사람들이 계속 하향 이동했기 때문이었다.[139]

여아살해에서 단적으로 표현되는 전통시대 중국 농촌 사회질서에서 여성의 위치를 주목할 필요가 있는 것은 그것이 중국 경제가 원시산업화의 수렁에서 빠져나가지 못한 것과 무시할 수 없는 연관이 있다는 해석이 가능하기 때문이다.

유럽에서는 산업혁명기 도시에서 공장제 산업에 인력을 제공한 주요 계층이 여성과 아동이었다. 이들이 값싼 노동력을 풍부하게 제공함으로써 대량생산체제를 가속화시켰다. 면방직산업 등에서 여성과 아동이 노동력의 주력이 된 것은 또한 역으로 산업공정의 기계화가 이루어졌기 때문에 가능한 것이기도 했다. 따라서 기계화된 공장체제와 여성의 노동력화는 상호 상승작용을 일으키면서 산업혁명을 진전시켰다. 여성이 산업혁명의 주요 동반자였던 것은 농촌과 가정의 결박으로부터 여성이 해방되어 있었기 때문에 가능한 일이었다. 기계화된 생산 시스템이 여성의 산업활동 참여를 가능하게 만들었고 또한 촉진시켰다. 여성이 가정과 토지의 구속으로부터 확실하게 탈출할 수 있는 역사적 조건

---

139) Wong, 1997, p.47.

을 제공한 것이다. 결국 가정으로부터 여성의 해방과 기계화된 공장생산체제는 상호지원관계에 있었다.

중국에서는 농촌과 가정에 대한 여성의 속박을 풀어헤치는 과정이 전개되지 않았다. 여러 이유가 있겠지만, 수전 만의 연구에 따르면, 중국의 국가정책과 사회문화적 이념이 중요한 요인이었다. 중국 사회는 성(gender)과 여성의 합당한 위치에 대한 구래의 고정된 관념을 고집하고 있었다. 청조 중국의 국가와 사회를 지배한 관념은 남자는 밖에서 논을 갈고, 여자는 집안에서 길쌈을 한다는 성별 분업의 패러다임이었다. 안정되고 자족적인 가정경제를 유지하는 것과 함께 여성을 가정 안에 안전하게 가두어둘 수 있는 생활양식이었다. "밖으로 나돌아다니는" 여성은 사회에서 경멸당했다. 그러한 여성은 경제적으로도 실업과 빈곤의 굴레에 갇혀 있게 마련이었다. 중국의 국가는 이 패러다임에 기초한 가내산업(home industry)을 농촌에서 유지하는 것을 의무로 삼았다.[140]

중국의 전통적인 가내산업 패러다임 안에서 여성의 위치는 여성들이 밖에 나다니는 것, 심지어 들에 나가 일하는 것 자체도 어렵게 만들었을 전족(纏足)이라는 사회적 관습에 압축되어 있다. 아델 필드는 1877~87년 사이에 광동지역에서 10년간 머물렀다. 그의 관찰에 따르면, 부유층 여성들은 6살에서 8살 사이에 전족을 시작했다. 빈곤층 여성은 13~14세가 되어서 전족을 시작했다. 여성이 밖에서 노동할 능력에도 영향을 미치는 전족을 어렸을 때부터 할 수 있었던 것은 부유층뿐이었다.[141] 하지만 중요한 것은 부유층이나 빈곤층이나 여성들은 대체

---

140) Susan Mann, "Household Handicrafts and State Policy in Qing Times," Jane Kate Leonard and John R. Watt, eds., *To Achieve Security and Wealth: The Qing Imperial State and the Economy, 1644~1911*, Ithaca: Cornell University East Asia Program, 1992, pp.75~95.

141) Howard S. Levy, *Chinese Footbinding: The History of a Curious Erotic*

로 결혼할 나이가 되기 전에 전족을 했다는 사실이다. 북부 중국에서는 많은 여성이 전족을 한 채로 들에서 일을 했다고 한다. 여성의 발을 전족으로 속박하여 "밖으로 나다니는 것" 자체는 막되, 필요한 들일은 여성에게도 시켰다는 말이 된다. 그러나 특히 농촌공업이 발달한 남중국에서 전족은 분명히 가내수공업의 유지와 긴밀히 연관되어 있었다.[142]

수전 만에 따르면, 같은 시기 도쿠가와 일본의 농촌 여성은 남성과 마찬가지로 들에 나가 일하는 것이 보통이었다. 중국과는 대조되는 현상이었다. 일본 여성들은 또한 흔히 결혼 전에 자신의 고향이 아닌 마을에서 1년 또는 2년을 일하며 보냈다.[143] 이처럼 일본사회에서 여성은 가정으로부터 비교적 자유로웠다. 때문에 훗날 메이지 시대 일본의 기업들이 값싸고 풍부한 노동력으로서의 여성노동자들을 쉽게 도시의 공장으로 이끌어들일 수 있었을 것이라는 추정도 가능해진다. 그만큼 일본의 산업화를 더 용이하게 만든 중요한 요인의 하나가 되었을 것이라는 해석이 가능하다. 이에 대해 수전 만은 조심스럽지만 주목할 만한 연구주제의 하나라고 생각한다. 토머스 스미스에 따르면, 도쿠가와 시대 일본 농촌에서 2차 산업과 3차 서비스 산업이 발전하면서 여아살해의 비율이 줄어들었다.[144] 농촌 사회 여성들이 집 밖에서 돈을 벌 수 있

Custom, New York: Walton Rawls, 1966, pp.213~274; Mann, 1992, p.92.

142) Rev. Justus Doolittle, *Social Life of the Chinese*, 2 vols, New York: Harper and Brothers, 1967; Mann, 1992, p.92.

143) Susan B. Hanley and Kozo Yamamura, *Economic and Demographic Change in Preindustrial Japan, 1600~1868*, Princeton: Princeton University Press, 1977, pp.254~255; Mann, 1992, p.90.

144) Thomas C. Smith, *Nakahara: Family Farming and Population in a Japanese Village, 1717~1830*, Stanford: Stanford University Press, 1977, pp.152~156; Smith, *Native Sources of Japanese Industrialization, 1750~1920*, Berkeley: University of California Press, 1988, pp.85, 93;

는 기회가 늘어나면서 여성의 사회적 지위가 상대적으로 개선되어갔다는 것을 말해준다.

중국에서는 유교적 가치관과 여성의 노동양식, 그리고 가족체계가 긴밀히 결합하여, 여성이 가내노동에 결박되어 있는 상태가 오래 계속되었다. 중국의 국가정책은 여성을 가정에 묶어두었을 뿐 아니라 남성에 대해서도 농촌의 대가족체제에 묶어두는 관습을 유지했다. 도쿠가와 시대 일본에서는 부모의 상속자만이 가정에 남아 부모를 봉양했다. 그러나 중국의 대가족체제에서는 상속자의 부부만이 아니라 모든 며느리들이 시부모의 집에 남아 있었다. 그녀들은 사실상 시부모의 하녀들로 되고 말았던 것이다. 여성과 남성 모두가 농촌 경제질서 안에 속박되는 효과를 낳았다. 원시산업뿐 아니라 무역과 장인 길드 체제가 번성한 청 말기 이후에도 중국 대가족의 큰아들과 큰며느리들은 농촌 가내공업 육성에 대한 청의 국가정책의 가장 완고한 지지자로 남아 있었다. 그들이야말로 그 농촌 사회질서의 최대 수혜자들이었기 때문이다.[145]

원시산업화와 함께 상업화가 절정에 달했던 17~18세기에도 중국은 여전히 농촌의 가내수공업을 우선하는 정책을 폈다. 같은 시기 유럽에서도 농촌 가내공업의 경쟁력은 값싼 여성노동력이었다. 유럽이 달랐던 점은 국가가 값싼 여성노동력에 기초한 농촌 가내공업과의 경쟁으로부터 도시 길드(장인조합)를 보호하고 육성하는 정책을 폈다는 사실이었다.[146]

중국에게도 18세기는 분명 상업화된 경제가 상당히 팽창한 시기였다. 필립 리처드슨은 상품의 유통이 절대적 규모에서나 일인당 규모에서나 어떤 유럽 국가의 경제보다도 높을 정도로 사적이고 다변화된 시

Mann, 1992, p.90.

145) Mann, 1992, p.90.

146) Mann, 1992, p.89.

장경제가 중국에 존재했다고 말한다. 또한 지배세력의 유교적인 정치경제철학에서 가장 중요한 목표였던 사회안정도 경제팽창과 함께 유지되었다.[147] 이 같은 안정 속의 시장팽창에도 불구하고 산업자본주의는 말할 것도 없고 상업 자본주의조차 중국에서는 그 기미를 보이지 않고 있었다. 광범위한 원시산업화가 근대적인 공장형 산업의 발전으로 진전되지 않았던 것이다. 그 방향으로 변화를 촉진할 만한 어떤 제도도 등장하지 않았다. 중국은 애덤 스미스적 성장 한계인 농업적 동학 안에 갇혀 있었다. 여기에 덧붙여 증가하는 인구는 맬서스적인 위기에까지도 근접해가고 있었다. 이로 인해 18세기 말의 중국은 경제적으로 유럽에 뒤처지기 시작했다. 미래가 제기할 경제, 정치, 그리고 군사적인 도전을 감당할 능력을 잃어가고 있었던 것이다.[148]

147) Richardson, 1999, p.16.
148) Richardson, 1999, p.16.

제2장 근대 서양의 정치혁명과 동아시아
• 중국·조선의 정치적 인볼류션과 근대적 괴물 일본의 탄생

1. 근대 유럽의 정치혁명과 전쟁의 국민화

19세기에 들어 유럽이 동아시아를 지배하게 된 힘의 원천을 프랑크와 홉스봄, 그리고 R. 웡 등은 서양에 내재한 어떤 정신문명적 우월성에서 찾지 않았다. 또한 헤겔식의 '역사이성'이나 마르크스의 유물사관이 시사하는 목적론적 역사법칙처럼, 서양문명이 일정한 법칙과 논리에 따라 사실상 미리 예정된 코스를 따라 전개된 사태로 파악하지도 않았다. 더욱이 과학과 사상과 문명에서 오래 준비된 사회와 그렇지 않은 사회의 차이로 이해하지도 않았다. 18세기 후반에서 19세기 초반에 이르는 특정한 기간에 서양과 아시아가 놓여 있던, 우연도 아니지만 역사적 필연이랄 수도 없는, 사회경제적인 역사적 조건들에서 동서양 문명권의 운명이 엇갈린 것으로 파악했다.

더욱이 도덕적 우열을 따지자면 서양 근대문명의 성립과정은 결코 자랑할 만한 것도 되지 못했다. 인류역사에서 가장 흉악한 집단범죄이자 국가범죄의 하나라고 해야 할 노예무역을 포함한, 에릭 홉스봄이 강도적인 활동으로 묘사한 식민주의도 유럽의 '성공'과 뗄 수 없는 관련이 있었던 것이다.

그러나 우리는 동양에 대한 서양의 문명적 점령이 한 가지 점에서 명백한 정신적 요소를 갖고 있음을 인정하지 않으면 안 된다. 산업혁명과 함께 유럽 근대문명의 다른 한 축을 구성하는 정치혁명이 그것이다. 유럽에서 정치혁명은 산업혁명과 시간적으로 맞물리면서 함께 전개되었다. 경제에서 산업혁명이 '성장의 한계'에 갇힌 전 근대적 경제질서로부터 인간을 해방시키는 효과가 있었듯이, 정치혁명은 전 근대적 정치질서로부터 인간을 해방시켜 신민(臣民)은 시민(市民)으로 변신하고 있었다. 바로 그 시기 동양에서는 전 근대적 경제질서와 함께 전 근대적인 정치질서가 지속되었다. 인간은 여전히 절대적인 정치적 위계 속에서 신민으로 남았다. 국가 권력과 인간의 관계에 근본적인 혁신을 이룩할 정치적·사회적 계기가 마련되지 않았던 것이다. 그것이 서양과 동양의 궁극적인 문명적 역학관계 변동에 갖는 의의를 결코 과소평가해서는 안 될 것이다.

프랑스 혁명이 유럽에서 국가의 성격과 국제관계 및 전쟁의 성격에 가져온 본질적인 변화는 일찍이 카를 폰 클라우제비츠가 1793년의 시점에서 다음과 같이 갈파했다.

"모든 상상을 초월하는 힘이 등장했다. 전쟁은 갑자기 모든 인민의 사업으로 되었다. 자신들을 시민이라고 생각하는 3,000만 인민 모두가 전쟁을 자신의 일로 생각하게 된 것이다. ……인민들 모두가 전쟁의 참가자가 되었다. 이제까지와는 달리 정부와 군대만이 아니라 국가 전체가 총력을 기울이게 되었다. 이제 동원할 수 있는 자원과 노력은 모든 재래의 한계를 초월하게 되었다. 전쟁이 수행되는 치열성을 이제 그 무엇도 방해할 수 없게 되었다."[1]

---

1) Carl von Clausewitz, *On War*, edited and translated by Michael Howard and Paret Peter, 1976(Originally 1793), Book 8, Chapter 3; Geoffrey Best,

역사에 남는 위대한 업적으로 된 나폴레옹의 군사력과 군사적 업적의 가장 근본적인 원천은 인민과 국가권력 사이의 관계에 근본적인 변화를 가져온 사회정치적 변동에 있었다. 클라우제비츠는 그러한 변동의 실제적인 체감효과를 역사현장에서 기록한 것이었다.

혁명 이후 프랑스에서 국가와 인민, 전쟁과 인민의 관계에 일어난 근본적 변화는 이제 혁명국가 프랑스와 다른 나라들 간의 갈등 속에서 유럽의 모든 나라에 파급되었다. '나폴레옹 현상,' 즉 위대한 군사적 영웅의 탄생은 근본적으로 사회혁명이 가능하게 만든 전쟁의 국민화(nationalization of the war)에 그 뿌리를 두고 있었다. 국민적 정서와 활동의 총체적인 군사화(militarization of national feeling and activity)는 그것과 동전의 양면이었다. 혁명과 그것이 촉발한 민족주의적 활력을 등에 업고 나폴레옹이 전개한 정복전쟁은 1806년 이후 다른 유럽 국가들 안에서도 전쟁의 국민화와 국민정서의 군사화를 촉진시켰다. 특히 1812~13년 겨울 전쟁의 국민화 현상, 또는 전쟁과 민족주의의 결합은 유럽 전체로 확산된다. 이를 바탕으로 하여 전 유럽에 나폴레옹의 프랑스에 대한 연합전선이 형성된다. 마침내 나폴레옹의 몰락을 가져오는 힘이 되었다.[2] 클라우제비츠는 그것을 또한 현장에서 증언했다.

"보나파르트 이후, 전쟁은 다시 인민 전체의 관심사로 되었다. 처음엔 프랑스에서 그러했고 이어서 프랑스의 적국들에서도 그렇게 되었다. 전쟁은 전적으로 다른 성격을 띠게 되었다. 어떤 의미에서는 전쟁의 진정한 본질, 그것의 절대적인 완성에 다가갔다. 정부와 백성들이 보이는 열정과 치열함에서 모든 제한이 사라졌다. ……전쟁은 더 이상 전통적

War and Society in Revolutionary Europe 1770~1870, Montreal & Kingston: McGill-Queen's University Press, 1998(1982), p.63.
2) Best, 1998, p.65.

인 제한으로 구속받지 않았다. 전쟁은 모든 원초적인 분노를 완전히 발산했다. 이러한 사태는 인민이 국가대사에 직접 참여할 수 있게 됨으로써 발생한 것이었다. 인민의 참여는 프랑스 혁명이 모든 나라의 내적인 조건에 가한 충격으로 가능해졌고, 또한 프랑스가 모든 다른 나라들에 제기한 위협으로 말미암은 것이었다."[3]

이제 유럽에서 전쟁은 국가권력과 민중이 하나가 되어 수행한다는 점에서 민족적 총력전(total war)이 되었다. 이러한 세계사적 추세는 20세기 초 한국에서도 단재 신채호가 지적하고 있었다. "여러분은 혹 어딘가 산속 석굴에서 영웅 하나가 나타나 이 나라 산하를 정돈할 줄로 믿는가? 고대에는 한 나라의 원동력이 항상 한두 명 호걸에 달려 있고 국민은 그 지휘를 따라 좌우될 뿐이었다. 오늘에 이르러는 한 나라의 흥망은 국민전체 실력에 달려 있고 한두 호걸에 달린 문제가 아니다."[4]

19세기 유럽에서는 정치통합과 민족주의의 발전과 함께 산업화도 이룩되었다. 그 결과 전쟁의 양상은 총체적인 파괴를 지향하게 되었다. 그런 의미에서도 총력전이 되어갔다. 내적 정치통합에서 시작된 국제적인 민족주의적 경쟁이 국가들의 조직 역량에서 총력전을 가능케 했다면, 산업화는 물량 동원과 파괴역량에서 또한 총력전의 토대를 제공했

3) Clausewitz, 1976, Book 8, Chapter 3; Best, 1998, pp.65~66. 리처드 로스크 랜스 역시 그 점을 주목한 바 있다. Richard N. Rosecrance, *Action and Reaction in World Politics: International Systems in Perspective*, Boston: Little, Brown and Company, 1963. p.17.

4) 신채호, 「소회일폭(所懷一幅)으로 보고동포(普告同胞)」, 『단재신채호전집 하』, 형설출판사, 개정판, 1977, 93쪽; 한영우, 『한국민족주의역사학』, 일조각, 1994, 59쪽. 신채호에 따르면, 과거의 영웅은 무력가일 뿐이었으나, 근세의 영웅은 무인, 종교가, 정치가, 실업가, 문학가, 철리가(哲理家), 미술가 등 모든 직업에 종사하는 사람들을 가리키는 것이었다. 한영우는 신채호의 영웅관은 '민주주의적 영웅관'으로서 그의 국민공화사상에 바탕을 두고 있는 것이라고 이해한다. 한영우, 1994, 58~60쪽.

다. 19세기 유럽의 내적 변화가 세계질서에 초래한 중장기적인 결과는 두 가지였다. 하나는 19세기 말에 더욱 불붙은 식민지 확장과 20세기 초의 식민지 재분할 경쟁이다. 다른 하나는 식민지 재분할 경쟁과 긴밀히 연관되어 전개된 20세기 전반 두 차례에 걸친 총력전인 세계대전들이다.

유럽의 국민 단위의 정치통합에 기초한 국민국가(nation-state)의 건설은 민족주의를 수반하면서 자신들 사이의 파괴적인 경쟁으로 치닫기도 했다. 그러나 국내 정치사회 혁명에 의한 정치통합을 이룩하기 전 단계에서도 유럽 사회들은 이미 식민주의로 말미암아 인종주의적 민족주의에 바탕을 둔 국민통합의 길을 걸었다. 동아시아로 진출하기 이전 유럽 국가들의 비유럽 지역에 대한 식민주의는 유럽 사회들의 계층 간 정치통합에 기여했다. 영국의 국가권력과 부르주아지는 식민지 착취를 통해 획득한 잉여를 자국 노동자들과 일부 나누어 가졌다. 세계체제에서 영국 노동자들은 노동귀족이었다는 마르크스와 엥겔스, 그리고 레닌으로 이어지는 제국주의론은 사실 놀라운 주장이랄 것도 없다.[5] 에릭 홉스봄은 유럽인들이 동아시아를 압도하기 전에 이미 아프리카와 아메리카 대륙을 식민지화하는 제국주의를 통해 서양의 백인들이 부유층과 중산층과 빈곤층을 막론하고 모두 공유하게 된 '우월감'(sense of superiority)을 주목한다. 이들은 유럽 본국에서 각자의 지위가 어떻든 식민지에서는 모두 지배자의 특권을 누렸다. 다카르(Dakar)나 몸바사 (Mombasa)에서는 백인이라면 가장 하급의 관리도 주인(master)이었다. 런던이나 파리에서는 존재조차 인정받을 수 없었을 사람들이 비유럽지역에서는 '신사'로 받아들여졌고 그렇게 대우받았다. 백인노동자도

---

5) V.I. Lenin, *Imperialism: The Highest Stage of Capitalism*, New York: International Publishers, 1969, pp.104~108.

비유럽 사람들에게는 사령관이었다.[6)]

식민주의의 경험은 민족주의와 함께 내부 정치혁명을 통해 국민을 창조하면서 이룩한 계층 간 정치통합을 더욱 공고히 해주었다. 제국주의 경영으로 얻은 식민지잉여를 물질적으로 공유할 수 있게 된 덕분만이 아니었다. 비유럽지역 다른 인종들에 대한 공동의 지배자로서 우월감의 정체성을 공유하게 됨으로써 그들 모두는 이 새로운 세계질서 속에서 귀족적 정치공동체의 성원임을 확인하게 되었던 것이다.

식민주의로 구축된 유럽 중심적 인종주의는 18~19세기를 거치며 유럽 사회들이 이룩한 정치혁명으로 인해 정신적·문명적인 차원을 또한 확보하게 되었다. 과거의 군주 한 명만이 자유로웠던 정치질서에서 소수만이 자유로운 귀족정치질서를 거쳐 이제 유럽에서 그리고 유럽에서만 만인이 자유로운 사회로 나아갔다. 이 상황에서 문명과 야만의 구분은 동양적 전제사회와 서양적 민주사회 사이의 구분으로 집약되었다. 문명인은 동아시아를 포함한 야만의 사회들을 지배할 권리가 있는 것이었다. 그 지배는 착취가 아닌 문명의 전파로 간주되었다. 유럽인들의 제국주의와 인종주의가 정치적 차원이 중심이 된 문명·야만의 구분과 결합하면서 포괄적인 도덕적 정당화의 세례를 받게 된 것이다.

2. 영국의 근대 정치혁명의 기원과 전개

유럽의 근대와 관련해서 영국은 산업혁명을, 프랑스는 정치혁명을 대표한다는 프리드리히 엥겔스(1820~95)의 말을 제1장에서 언급했다. 하지만 사실 영국은 산업혁명뿐만 아니라 정치혁명에서도 프랑스보다

---

6) Eric Hobsbawm, *The Age of Empire, 1875~1914*, New York: Vintage Books, 1987, p.71.

1세기 이상 앞서 있었다. 근대 정치혁명은 장차 산업혁명의 기초가 되는 사회경제적인 계급적 기반, 즉 상공업 부르주아지와 프롤레타리아트의 성장과 거의 뗄 수 없는 관계가 있다. 이러한 사회변동은 프랑스보다 영국에서 먼저 일어났다. 따라서 근대적인 정치변동 역시 영국에서 먼저 시작된 것은 결코 놀랄 일이 아니다.

사회 전체의 계층적 구성의 질적인 변화는 사상의 변동을 동반하는 것 또한 자연스러운 일이다. 서양의 현실 역사에서 근대 정치혁명과 궤를 같이한 사상적 변동의 요체는 무엇인가. 많은 사상가와 마찬가지로 월터 딘 번햄은 자연법(natural law) 및 자연권(natural rights) 사상과 결합한 사회계약론(theory of social contract)의 등장에서 그것을 찾는다. 계몽기 유럽에서 많은 철학자가 계약이론을 다양한 형태로 제기했다. 그중에서도 서양 근대정치의 향방에 가장 큰 영향을 미친 것은 17세기 후반에 활동한 존 로크(John Locke: 1632~1704)의 계약론이었다.[7]

로크가 말한 자연법은 언제나 어느 곳에서나 모든 인간에 공통된 인간 본성의 법(law of human nature)이다. 인간은 본성적으로 자신의 생명, 자유, 그리고 재산을 보호하려 한다. 그래서 모든 인간은 생명, 자유, 그리고 재산에 대한 '자연권'을 갖는다. 이것이 자연권인 이유는 정부가 제정한 것이 아니라 신이 창조한 권리이기 때문이다.[8]

정부가 성립하는 이유는 자신의 생명, 자유, 재산뿐만 아니라 다른 사

---

7) Walter Dean Burnham, *Democracy in the Making: American Government and Politics*, Englewood Cliffs, NJ: Prentice-Hall, 1986, Second Edition, p.31.

8) 자연권 사상에 대한 현대 철학의 태도는 냉소적이거나 적어도 회의적이다. 레오 스트라우스는 이러한 일반적인 철학적 관념을 적극적으로 비판하면서 자연권 사상의 복권을 시도했다. Leo Strauss, *Natural Right and History*, Chicago: The University of Chicago Press, 1953.

람의 생명, 자유, 재산까지도 통제하려는 일부 인간들이 어디에나 있게 마련이기 때문이다. 대부분의 사람들은 이들 악한 사람들의 횡포로부터 스스로 보호해야 했다. 일련의 규칙, 즉 법을 강제하기 위한 계약을 체결했다. 이 계약을 통해 정부가 세상에 출현한 것이다.[9]

로크는 원시인들이 그러한 계약을 실제로 맺었다고 주장했다. 다만 문제는 오늘날 우리도 그러한 계약을 맺었느냐 하는 것인데, 로크는 우리 대부분은 법을 준수하는 행위를 통해 사회계약에 암묵적으로 참여하고 있는 것이라고 보았다. 무엇보다도 그 계약에 참여하여 생명, 자유, 재산을 보호받는 것이 합리적이기 때문에 그렇게 한다는 것이다. 그런데 중요한 것은 정부가 인간의 생명, 자유, 그리고 재산을 보호할 때만 그 계약에 참여하는 것이 합리적이라는 점이다. 우리가 계약에 참여하는 것은 전적으로 그 자연권을 보장받기 위해서이기 때문이다. 따라서 정부의 정통성은 인간의 자연권을 보호하는 역할을 할 때만 존재한다. 이 자연권을 유린하는 정부는 사회계약을 파괴하는 것이다. 그러므로 정통성을 상실한다. 그때 사람들은 반란을 일으킬 수 있는 자연권(a natural right of rebellion)을 갖는다.[10]

여기서 유의할 것은 반드시 이러한 사상의 혁명이 먼저 일어나고 정치혁명이 그것에 뒤따르는 것은 아니라는 점이다. 로크가 그의 자연법 사상과 사회계약론을 밝혀 이후 세상에 영향을 미친 것은 『제2 시민정부론』(Second Treatise of Civil Government)을 통해서였다. 그가 이 책을 저술한 것은 1690년이었다. 1688~89년 사이에 영국 명예혁명 (Glorious Revolution: 1688~89)이 일어난 직후였다. 번햄에 따르면, 정부는 사람들 사이의 계약에 의해 성립한 것이라는 사상을 로크가 처

---

9) Burnham, 1986, pp.31~32.
10) Burnham, 1986, p.32.

음 발명한 것은 아니었다. 다만 그 개념을 다듬어서 명예혁명이라는 특정한 사태에 그 개념을 적용한 데에서 그의 역할이 특별했다. 또한 그 전인 1640년대에 영국 정치질서는 이미 부르주아지가 주도적으로 참여한 의회가 국왕을 처단하는 사태가 벌어지고 있었다는 사실을 유념할 필요가 있다.

현실역사에서 역동적인 변화들이 있고 난 후에 사상이 뒤따르는 것처럼 보이는 경우가 많다. 로크의 사회계약론의 경우 명예혁명과 그의 사상 사이의 관계가 그러했지만, 그 점을 더욱 강조해주는 현실역사의 사건은 또 있다. 정부는 시민들의 계약이라는 관념의 사상사적·정치사적 기원을 번햄은 로크가 태어나기 12년 전인 1620년 영국 청교도들(Pilgrims)의 행동에서 찾는다. 지금의 미국 매사추세츠 주의 플리머스(Plymouth)에 식민지를 건설한 그들은 그해 11월 메이플라워호에서 한 협약에 서명한다. "엄숙하고 상호적으로 계약하여 우리들 자신을 하나의 시민정치체(a civil Body Politic)로 통합한다"고 했으며, 또한 "식민지의 일반선(the general Good)을 가장 충족시킬 것으로 생각되는" 법과 규정을 만들어서, 여기에 "복종하고 따를 것"을 약속했다. 사회계약이 현실에서 성립했던 것이다.[11]

존 로크의 선배 격인 토머스 홉스(Thomas Hobbes: 1588~1679)도 개개 인간의 생명권을 강조하는 사상혁명의 주요 인물이었다. 레오 스트라우스에 따르면, 홉스가 서양 자연법사상과 국가이론에 새 시대를 연 업적은 일반적으로 인정되고 있는 것보다 훨씬 큰 것이었다.[12] 홉스에게 자연권의 요체는 인간의 생명권이었다. 그의 사회계약론은 한편

---

11) Burnham, 1986, p.32.
12) Leo Strauss, *The Political Philosophy of Hobbes: Its Basis and Its Genesis*, Translated from the German Manuscript by Elsa M. Sinclair, Chicago: The University of Chicago Press, 1952, pp.1~2.

으로 이 생명권과 함께 평화롭게 살 권리인 평화권을 보장받기 위해 자연상태에서 인간이 누렸던 여타 자유와 권리를 포기해야 한다는 논리를 폄으로써 국가권력을 합리화한 인물로 통한다. 하지만 홉스의 요점은 개인의 생명권 보장이야말로 공동체와 국가가 정당하게 성립할 수 있는 필수적인 요건이라는 데 있었다. 따라서 사회계약으로 성립한 국가가 개인들의 생명권을 보장하지 못한다면 그 사회계약은 무효라고 했다. 그에게는 어떤 상황에서도 자기방어를 포함한 개인의 생명권은 사활적인 인권이었다. 홉스가 사망한 해인 1679년 영국 의회는 인신보호법(Habeas Corpus Act)을 제정해 반포한다. 국가가 개인의 자유를 침해하지 못하도록 한 것이었다.[13] 그해는 1649년 의회에 의해 처형된 찰스 1세의 아들 찰스 2세가 국왕일 때로서, 의회가 강력한 힘을 발휘할 때였음은 주목할 필요가 있다. 부르주아지가 등장하면서 전개된 사회변동이 사상혁명과 함께 근대적인 정치질서 변동을 이끌어내고 있었던 것이다.

홉스와 로크가 살았던 시대 유럽 국가들의 정치질서는 전반적으로 절대주의적 군주제(absolutist monarchy)였다. 이 시대에 영국에서 가장 먼저 그러한 사회계약 사상이 등장하고 또한 명예혁명을 통해서 현실 정치에 투영되기에 이른 것은 왜일까. 유럽이 중세를 벗어나 근대로 이행하는 것은 이 이행기의 지적, 예술적, 그리고 정치사회적 변화를 가리키는 르네상스(Renaissance)와 깊은 관련을 갖는다. 르네상스 시대는 중세 말기인 14세기 말 이탈리아에서 시작하여 유럽으로 퍼져나가 마침내 위에서 언급한 사회계약 사상이 출현한 17세기까지 걸쳐 있다. 기독교가 인간 정신을 지배하기 이전 그리스-로마 고전시대의 휴머니

---

13) Micheline Ishay, *The History of Human Rights: From Ancient to the Globalization Era*, Berkeley: University of California Press, 2004; 미셸린 이샤이 지음, 조효제 옮김, 『세계인권사상사』, 길, 2005, 158~161쪽.

즘 문화가 부활하면서 인간 정신이 종교로부터 해방의 계기를 맞은 시기이다.

한편 정치질서에서는 교황과 교회의 권위와 봉건영주들의 지방권력에 의하여 왕권이 제한을 받았던 중세와 달리, 이제 군주는 중앙집권화를 통해 절대 권력을 추구하고 또 구축하는 데 성공한다. 로크가 말한 "자신의 생명, 자유, 그리고 재산뿐만 아니라 남의 생명, 자유, 그리고 재산까지도 지배하려는 일부 악한 인간들"의 역할을 중세에는 봉건적 토지귀족과 교회가 떠맡았다. 그들의 권력이 쇠퇴한 근세로 들어서면서는 군주가 그 공백을 메우며 절대권을 확립함으로써 악당의 대표 역할을 자임하려 했던 셈이다.

영국에서도 절대주의적 왕권이 성립한다. 하지만 왕권 절대주의 추세가 가장 미약했던 곳이 영국이었다. 영국에서 나름대로 강력한 절대주의 국가를 구축하려 시도한 것은 왕권신수설(王權神授說)의 열렬한 주창자로서 1625년 즉위한 찰스 1세(Charles I: 1600년 출생, 재위 1625~49)였다.[14] 찰스 1세의 야심과 노력에도 불구하고 영국 절대주의는 유럽과 달리 허약했으며, 또한 명예혁명이라는 무혈혁명으로 곧 무너지고 만다. 페리 앤더슨에 따르면, 그 가장 근본적인 원인은 왕, 즉 국가가 강력한 억압적 능력을 확보하는 데 필요한 여건들이 유럽의 다른 절대주의 국가들과 달리 영국에서는 성립하지 않았기 때문이다.

첫째, 봉건적 토지귀족과 국가로부터 자율성을 누릴 뿐 아니라 그들과 동맹할 필요를 느끼지 않는 독자적인 강력한 부르주아지가 영국에 가장 먼저 광범하게 형성되어 있었다. 특히 런던에는 무역과 제조업이 집중적으로 발전해서 1630년대에는 이미 유럽에서 가장 번성하는 도

---

14) Perry Anderson, *Lineages of the Absolutist State*, London: Verso, 1979, p.139.

시가 되어 있었다. 찰스 1세의 치세 때(1625~49)는 약 1세기 전인 헨리 8세(Henry VIII: 1491년 출생, 재위 1509~47) 때에 비해서 런던의 상공업은 7~8배 급성장해 있었다. 그 결과 상업 자본주의와 농업 자본주의가 네덜란드 다음으로 가장 발전했다. 이 흐름 속에서 영국에서는 토지귀족 계급도 농업의 상업화 등 자본주의 생산양식에 적응해가고 있었다.[15]

둘째, 왕과 국가를 중심으로 한 지배계층들 내부의 억압적 계급동맹이 성립하지 않았다. 16~17세기 영국 농촌에는 번성하는 지주계층(gentry)이 있었다. 농업의 상업화가 진행되면서 이들 지주계급은 농민들의 노동력 착취에 의존하는 영농 대신, 상업적 영농에 나선 농민들에게 토지를 대여해주었다. 그 결과 영국 농촌에는 비교적 부유한 자영농(yeomanry)과 토지로부터 유리된 농촌 임금노동자 계층이 전통적인 일반 농민 대중과 함께 주요 계층으로 성립했다. 이 구조 안에서 농촌 지주계급은 농민들과 직접적인 착취관계에서 벗어나게 된다. 더 이상 농민들의 반란을 우려할 필요가 없었다. 따라서 강력한 강제력을 가진 중앙집권적 국가기구에 지주계급이 의존할 이유가 없었다. 아래로부터의 심각한 사회적 위협이 존재하지 않았기 때문에 군주와 지주계급의 동맹이 촉진되는 사태가 벌어지지 않은 것이다.[16]

페리 앤더슨의 이 같은 지적은 배링턴 무어의 주장을 상기시킨다. 무어는 1966년의 저서에서, 영국의 경우 지주계급이 일찍부터 상업적 영농에 참여했으며, 이렇게 상업화된 지주계급이 군주 절대주의를 견제했다고 보았다.[17]

---

15) Anderson, 1979, pp.138~139.
16) Anderson, 1979, p.139.
17) Barrington Moore, Jr., *Social Origins of Dictatorship and Democracy: Lord and Peasant in the Making of the Modern World*, Boston: Beacon

셋째, 영국에는 일부 해군 이외에 대규모 상비군을 유지할 필요가 없었다. 그러므로 이 나라에서 조세 수준은 유럽대륙의 다른 나라들에 비해 현저하게 낮았다. 17세기 초 프랑스에 비해 3분의 1 또는 4분의 1에 불과한 수준이었다. 그나마 세금 부담도 농촌의 일반 농민이 떠맡지 않았다. 16세기 중엽에 농민 반란이 있었지만 그 이후로는 영국 농촌에서 농민 반란으로 인한 사회적 불안정이 해소되었다. 농촌 귀족은 불안에 떨 이유가 없었다. 때문에 농민을 억압하기 위한 국가와의 동맹에 나서지 않았다.[18]

넷째, 농민을 포함한 백성들에게 부과되는 조세 수준이 낮았던 만큼 강력한 조세 수탈을 위해 지방 농촌 사회에 침투적인 관료체제가 성립하지 않았다. 또한 중세 이래 지방 농촌사회는 지방 귀족이 관할하는 전통이 근대에 들어서도 유지되었다. 그 결과 군주와 국가는 지방을 통제할 수 있는 국가기구를 확립할 수 없었다.[19]

상대적으로 불리한 이 같은 환경 속에서 절대주의 국가를 기도한 찰스 1세의 노력은 위기에 직면한다. 그는 자신과 동맹하지 않는 농촌 지주계층과 상공업 부르주아지 대부분을 왕이 주도하는 동맹체에서 배제시킨다. 영국에서는 이들의 대표자들도 참여하는 의회(Parliament)가 군주의 조세권을 통제하고 있었는데, 찰스 1세는 이 의회를 우회하여 조세권을 행사하려 했다. 의회는 강력하게 반발했다. 그럼에도 그는 의회의 통제 밖에 있는 조세원을 개발하기 위해 가능한 모든 봉건적 또는 새로운 형태의 봉건적 수단들을 동원했다.[20]

조세권을 둘러싼 국가와 의회 사이의 긴장과 갈등은 강력한 상비군

Press, 1966, p.419.
18) Anderson, 1979, pp.138~139.
19) Anderson, 1979, p.139.
20) Anderson, 1979, pp.140~141.

의 결핍이라는 영국 국가의 취약점과 결합하여 마침내 영국 절대주의의 몰락을 이끌어낸다. 1641년 아일랜드에서 가톨릭 세력이 반란을 일으킨다. 이를 진압하기 위해 갑자기 대규모 군대가 필요했다. 이 군대를 누가 통제할 것인지를 두고 국가와 의회가 내전을 벌이게 된다. 국왕과 의회 사이의 제1차 내전은 1642~45년에 벌어졌다. 1648~49년에 제2차 내전이 벌어졌다. 이 두 번째 내전에서 패한 찰스 1세는 붙잡혀 재판을 받았다. 그는 국가반역죄(high treason)로 유죄판결을 받고 처형되었다. 의회를 통해 영국 국가의 절대주의화를 좌절시킨 것은 상업화한 지주계층, 자본주의적 도시(런던), 장인(匠人) 계층과 자영농민 세력이었다. 요컨대 영국의 절대주의는 성숙하기도 전에 부르주아 혁명(a bourgeois revolution)에 의해 매장된 것이었다.[21]

올리버 크롬웰(Oliver Cromwell: 1599~1658)의 주도하에 군주제가 폐지되고 공화정이 성립했다. 크롬웰은 1653년에서 1658년 그가 사망할 때까지 이 공화정의 영수인 '영국의 보호자'(Lord Protector of England)라는 직위를 갖고 있었다. 그러나 1660년 군주제가 회복된다. 찰스 1세의 아들 찰스 2세가 국왕으로 즉위했다. 찰스 2세의 뒤를 이어 1685년에 즉위한 제임스 2세(James II: 1633~1701, 재위 1685~88)는 다시 의회를 무시하고 군주의 절대권과 함께 가톨릭교를 국교로 재확립하려 기도한다. 이에 의회가 대항하여 전개한 것이 명예혁명이었다. 제임스 2세는 폐위된다. 이후 영국에서는 절대주의가 발붙일 수 없었다. 명예혁명은 1689년 영국 권리장전(English Bill of Rights)을 낳았다.

영국 권리장전의 제1항과 제2항은 의회의 동의 없이 왕권으로써 법률의 효력을 정지시키거나 법률을 집행하는 것을 "불법"으로 규정했다.

---

21) Anderson, 1979, p.142.

제5항은 국왕에게 청원하는 것은 신민의 권리이며, 그러한 청원을 이유로 투옥하거나 소추할 수 없다고 했다. 제6항은 평화시에 의회의 동의 없이 상비군을 징집하고 유지하는 것은 위법이라고 했다. 제7항은 프로테스탄트인 신민은 법률이 허용하는 범위 안에서 자기방어를 위해 무기를 소지할 권리를 갖는다고 규정했다. 제8항은 의회 의원에 대한 자유선거를 명시했다. 제9항은 언론의 자유, 그리고 의회에서 의원들의 발언에 대한 면책권을 규정했다. 제10항은 과도한 벌금, 그리고 잔인하거나 비정상적인 형벌을 금지했다. 제11항은 배심원을 정당한 방법으로 구성하고 선출할 것을 규정했다. 특히 반역죄로 소추된 자의 심리를 맡은 배심원은 자유 토지 소유자로 한정했다. 제12항은 유죄판결이 나기 전에 벌금이나 재산몰수를 하는 것을 불법으로 규정했다.[22]

이 권리장전이 부르주아 혁명의 소산이라는 것은 제11항의 경우에서도 잘 드러난다. 명예혁명이 낳은 권리장전과 함께 영국은 기본적으로 안정된 의회민주주의(parliamentary democracy)의 길을 걷게 된 것으로 간주된다. 영국은 이처럼 처음부터 약체였던 절대주의 경향에 맞서서 왕권으로부터 자유로운 상업화된 농촌 지배층과 도시 부르주아지가 연합하여 의회 민주주의를 확립해갔다.

3. 프랑스 절대주의 국가와 자유주의 혁명

영국이 여러 차례에 걸친 정치혁명을 통해서 의회 민주주의를 정립해가고 있던 17세기에, 장차 유럽 대륙의 정치적 미래를 결정하게 될 프랑스에서는 절대주의가 강화되어간다. 그리고 마침내 급진적 혁명의 격동을 통해 부르주아 민주주의 혁명이 달성된다. 프랑스는 왜 그러한

---

22) 이샤이, 2005, 160~161쪽.

경로로 근대 민주주의로 향하게 되었는가.

먼저 프랑스에서는 영국에서 실패한 절대주의적 군주제가 제대로 성립했던 이유를 파악해야 한다. 페리 앤더슨에 따르면, 영국과 달리 프랑스에서는 강력한 중앙집권적 국가를 구성하는 데 유리한 지배계층 내부의 계급동맹을 군주가 구축할 수 있었다. 프랑스의 토지귀족과 부르주아지는 모두 국가와 긴밀하게 결합하고 연대해 있었다는 것이다.

첫째, 프랑스 토지귀족의 지위는 점차로 중앙집권적 국가에 통합되어갔다. 15세기 말에서 16세기에 걸쳐서 프랑스는 이탈리아, 스페인 등과 끊임없이 전쟁에 휘말렸다. 농촌은 황폐화되었다. 계속된 전쟁에 시달린 농민들은 특히 16세기 말인 1590년대에 귀족계급, 즉 전통적 지주계급에게 위협적인 저항세력이 되어있었다. 귀족계층은 아래로부터의 위협에 직면하여 중앙의 군주와 연대하지 않으면 안 되었다. 도시에서도 불만에 찬 법률가들과 성직자들이 평민 대중과 연합하여 귀족과 왕권에 도전했다.[23]

여기서 우리는 프랑스 토지귀족이 영국에서와 달리 농민과 대립하고 억압적 국가와 연대한 이유에 대한 배링턴 무어의 설명을 상기할 필요가 있다. 무어에 따르면, 영국에서는 지주계급이 일찍부터 인클로저를 통해서 농민을 그들이 소유한 토지에서 몰아냈다. 토지에서 분리된 농민들은 도시로 흘러들어가 프롤레타리아트로 변모한다. 이들은 도시 부르주아지 계급의 성장을 촉진하는 요인도 된다. 그 결과 농촌에서는 지주계급이 농민과 직접 부딪칠 여지가 적어졌다. 반면에 프랑스에서는 지주계급이 상업화한 경우에도 영국과 달리 농민 수탈을 강화하게 된다. 그들은 여전히 중세기적인 농업기술에 의존했고, 그만큼 농민들의 노동력 수탈에 의존했다. 농민들은 계속 토지에 결박된 상태에서 지

---

23) Anderson, 1979, p.93.

주계급에게 수탈당해야 했다. 프랑스 농민과 지주계급 사이에 적대관계가 발전한 이유였다. 그것은 프랑스 농민이 영국과 달리 반봉건 급진혁명의 길로 나아간 궁극적인 원인의 하나가 된다.[24]

앙리 4세(Henry IV: 1553년 출생, 재위 1589~1610)는 전술적으로 가톨릭교를 수용하면서 귀족들을 규합하여 농민반란을 진압하는 데 결국 성공한다. 그는 또한 1562~98년 기간 프랑스를 휩쓴 내전인 종교전쟁(Religious Wars)을 끝낸다. 프랑스에서 지배적인 종파였던 가톨릭과 위그노(Huguenots)로 알려진 프랑스의 칼뱅파 개신교도들 사이에 벌어진 이 전쟁은 가톨릭을 지원하는 스페인의 필립 2세(Philip II: 1527~98, 재위 1556~98)와 개신교를 지원하는 영국의 엘리자베스 1세(Elizabeth I: 1533~1603, 재위 1558~1603) 사이의 대리전이기도 했다는 평을 듣는다. 이 전쟁을 끝낸 것은 1598년 4월 앙리 4세가 발표한 낭트 칙령(Edict of Nantes)이었다. 프랑스 사상 처음으로 개신교를 이단이 아닌 하나의 종파로 인정하여 관용한 것이었고, 개인들에게 보편적인 "양심의 자유"를 인정한 것이었다. 이렇게 종교전쟁이 끝났을 때, 왕권은 더욱 강화되어 있었다.[25]

1622년 추기경으로 됨과 동시에 1624~42년 기간 루이 13세의 수석장관(chief minister)으로 활동한 리슐리외(Cardinal de Richelieu: 1585~1642)는 1624년부터 프랑스 전역에 대한 군주의 직접 통치권을 확립하는 행정개혁을 단행했다. 남서부 지역에 잔존한 위그노 세력을 소탕했을 뿐 아니라 연이은 귀족들의 반란 음모도 분쇄했다. 귀족의 성채들을 무너뜨리고 귀족들의 결투 관행을 금지했다. 전국 지방에서 군주를 대신해 사법권, 경찰권, 재정권을 행사하는 감독관 체제(*intendant*

---

24) Moore, 1966, pp.52~55.
25) Anderson, 1979, p.93.

system)를 수립했다. 이들 감독관들은 주로 17세기의 중간급이나 하급 귀족들 중에서 충원했지만, 봉건시대처럼 세습적이 아니었고 군주가 임면권을 행사했다. 이들의 권한은 프랑스 전역 깊숙이 침투했고, 이 나라의 새로운 절대주의 국가의 권력을 대표했다.[26]

둘째, 영국에 비해 상대적으로 저발전한 프랑스 부르주아지는 중앙집권적 국가권력구조에 종속적으로 편입되었다. 이들에게는 국가관료기구의 관직을 구입하는 것이 생산적인 산업활동보다 더 확실한 투자였다. 그 결과 프랑스의 자본은 제조업이나 무역으로부터 빠져나가, 자본가들이 절대주의 국가와 결탁(collusion with the absolutist state)하는 작업에 다량 투입되었다. 부르주아지는 그들의 부를 매관매직과 훈장 구입에 쏟아부었다. 그 결과 관직이 제공하는 면제와 특권을 통해서 프랑스의 부르주아지는 전통적인 귀족계급의 일부로 동화되어갔다. 또한 국가는 스스로 왕립 제조회사와 무역공사(貿易公社: public trading companies)를 설립해서 이들 관료화된 부르주아지에게 사업활동의 출구를 제공했다. 1640년대에 영국 부르주아지는 의회를 발판으로 왕권에 도전했다. 그러나 그후 프랑스에서는 150년 동안이나 부르주아지의 반란은 출현하지 않았다. 앤더슨은 프랑스 부르주아지가 국가와 동맹을 맺은 덕분이라고 해석한다.[27] 그만큼 프랑스 절대주의 국가는 영국과 달리 성공적으로 구축되었다.

그렇다면 우리는 1789년 프랑스 혁명에서 부르주아지의 역할은 어떻게 설명할 것인가라는 문제에 직면하게 된다. 그것은 다른 말로 하면 프랑스 부르주아지는 어떻게 해서 국가로부터 분리되고 독자적인 정체성을 획득했으며 결국 절대주의 국가의 궤도 밖으로 튀어나가게 되었

---

26) Anderson, 1979, pp.95~96.
27) Anderson, 1979, p.97.

느냐 하는 것이다.

페리 앤더슨에 따르면, 절대주의 국가에 대한 종속적 의존상태에서 프랑스 부르주아지를 해방시킨 것은 국가가 통제하는 영역 바깥에서의 상업경제의 발전이었다. 무역에 종사하는 선박소유자들을 포함한 상공업계층이 수적으로 크게 팽창했다. 그들과 함께 법률가와 언론인들이 성장했다. 이들은 모두 국가의 궤도 바깥에서 번성했다. 부르주아 계급 전체의 정치경제적 이해관계는 질적으로 변화할 수밖에 없었다.[28]

프랑스에서 마침내 부르주아지와 절대주의 국가의 정면충돌을 초래한 것은 무역과 상공업계층의 이익을 고려하지 않은 국가의 대내외정책, 그리고 그와 함께 국가가 악화시킨 재정위기를 앞에 두고 국가와 귀족, 국가와 부르주아지의 이익이 첨예하게 대립하게 되었기 때문이다. 프랑스 국가는 영국과 달리 유럽 대륙 안에서 소규모 영토확장을 꾀하는 영토적 군사주의(territorial militarism)에 집착했다. 국가 전반의 방위를 위한 합리적 전략이나 해외 식민지 개척은 우선순위에서 그 다음이었다. 그 결과 상공업계층이 중시하는 해상 상업적 권력 확대는 자주 희생되었다.

그 대표적인 사례는 1740년대에 프랑스가 영국과의 대립을 무릅쓰면서 오스트리아 계승전쟁(The War of the Austrian Succession: 1740~48)에 가담한 일이었다. 오스트리아 합스부르크 왕가가 마리아 테레사(Maria Theresa: 1717~80)를 계승자로 정하자, 프랑스는 여자는 계승자가 될 수 없다는 구실을 내세우며 비난했다. 마침내 프러시아와 연합해서 오스트리아를 공격했다. 영국과 네덜란드는 오스트리아를 지지했다. 결국에는 모든 나라가 원상태로 복귀하면서 전쟁은 끝난다. 그러나 최대 피해자는 프랑스 상공인 계층이었다. 영국은 우월한 해군

---

28) Anderson, 1979, p.110.

력으로 카리브해에서 인도양에 이르기까지 모든 곳에서 프랑스 화물선을 파괴했다.[29]

1756~63년의 7년전쟁도 프랑스 상공인들로서는 합리적인 이해가 불가능한 무모한 전쟁이었다. 프랑스가 오스트리아, 러시아, 스웨덴 등과 함께 프러시아를 공격했다. 영국은 프랑스 견제를 위해 프러시아를 지원했다. 나중에 포르투갈은 영국 편에서, 그리고 스페인은 프랑스 편에 가담한다. 프랑스가 카리브해에서 일부 식민지를 회복하긴 했으나, 영국은 해상전쟁에서 우세를 점했다. 때문에 캐나다, 인도, 서아프리카, 그리고 서인도제도가 모두 영국의 손아귀에 들어갔다. 이로써 프랑스가 전 지구적 차원에서 상업 제국주의(mercantile imperialism)를 주도할 기회는 완전히 사라졌다.[30]

미국 독립전쟁(1775~83)은 프랑스가 영국에 복수할 기회를 주었다. 프랑스가 개입함으로써 미국 혁명은 성공했다. 하지만 프랑스가 얻은 것은 없었다. 프랑스 절대주의 국가가 재정위기에 봉착하게 된 결정적인 이유가 되었을 뿐이다. 1788년 프랑스의 국가 채무는 너무 커져서 이자를 갚는 데에만 일 년 예산의 절반이 소요되었다. 재정적자를 감당할 수 없었던 루이 16세는 마침내 귀족과 성직자들에게도 토지세를 부과했다. 이들이 참여한 의회는 격렬하게 저항했다. 국왕은 의회를 해산한다. 그러나 유산계급 전체가 강력히 반발하자 의회를 다시 원상회복시키는 소동을 벌였다. 의회는 조세제도를 변경할 때는 반드시 삼부회(三部會: Estates General)의 승인을 거치도록 요구했고, 국왕은 이 요구에 항복했다.

1789년 곡물부족사태가 확산된다. 광범한 실업사태가 발생하고 대중

---

29) Anderson, 1979, pp.110~111.
30) Anderson, 1979, p.111.

들의 삶은 기아지경에 떨어진다. 이때 삼부회가 소집된다. 이 과정에서 귀족계층이 절대주의 국가에 등을 돌렸고, 이와 함께 프랑스는 곧 부르주아 혁명 단계로 나아간다. 결국 1789년의 혁명은 프랑스 절대주의 국가가 이익을 대변해주던 계급들에게 조세를 부과할 능력을 상실하면서 비롯된 것이라고 앤더슨은 해석한다. 왕권과 귀족계급 사이의 연대가 융통성을 상실한 덕분에 그 둘 모두의 몰락을 초래했다는 것이다.[31]

프랑스 혁명은 자유를 향한 인류의 정치혁명의 역정에서 또 하나의 중요한 문서를 낳았다. 1789년에 발표된 '인간과 시민의 권리선언' (Déclaration des droits de l'Homme et du citoyen)이 그것이다. 이 선언의 제1조는 "모든 사람은 출생과 더불어 그리고 그 이후 계속해서 평등한 권리를 누린다"고 선언했다. "공공의 효용에 입각한 경우에만 사회적 구분이 허용될 수 있다"고 했다. 제2조는 모든 정치적 결사의 목적은 "인간의 자연적이고 침해할 수 없는 권리"를 보존하는 데 있다고 말하고, 그 권리를 "자유권, 재산권, 안전권, 그리고 압제에 대한 저항권"으로 정의했다. 제3조는 주권재민(主權在民)의 원칙을 천명했다. "어떤 단체나 개인도 명백하게 국민으로부터 나오지 않은 권력을 행사할 수 없다"고 했다. 제4조는 자유란 "타인에게 피해를 주지 않는 한 무엇이든 행할 수 있는 권리"라고 정의했다. 그러므로 "각자가 자연권을 행사할 때에 발생하는 유일한 제약은 사회공동체의 다른 구성원들도 같은 권리를 행사할 수 있도록 보장해야 한다는 것뿐"이라고 했다. 또한 "입법에 의해서만 그러한 권리를 제한할 수 있다"고 선언했다.[32]

제6조는 입법은 "일반의지"를 표현한다고 밝혔다. 모든 시민은 "직접 또는 그 대표를 통하여" 일반의지의 형성에 기여할 자격이 있다고 했

---

31) Anderson, 1979, pp.111~112.
32) 이샤이, 2005, 154쪽.

다. 또한 입법은 사람을 보호하든 처벌하든 "모든 사람에게 동일해야 한다"고 했다. 제7조는 죄형법정주의를 규정했다. "사람은 법에 정한 경우에만, 그리고 법에 규정한 절차에 의해서만 고소, 체포, 또는 구금할 수 있다"고 했다. "자의적인 명령을 제정, 전달, 시행하거나 또는 남에게 시행토록 한 사람은 처벌받아야 한다"고 규정했다. 동시에 "법에 의해 소환되거나 체포된 시민은 그것에 복종해야 한다. 이에 저항할 경우 스스로 유죄를 인정하는 것"이라고 했다.

제9조는 "모든 사람은 유죄 선고를 받을 때까지는 무죄로 추정된다"고 선언했다. 무죄추정의 원칙이다. 제11조는 "사상과 의견의 자유로운 소통"을 "가장 중요한 인권"의 하나로 정의했다. 이를 위한 언론과 출판의 자유를 천명했다. 다만 "법이 정한 경우에는 그 자유의 남용에 대해서 응분의 책임을 져야 한다"고 했다. 제12조는 정당한 "공권력"에 대해 정의했다. "인간과 시민의 권리를 보장하려면 공권력이 요구된다"고 밝히고, 그 공권력은 "그것을 위임받은 사람의 이익을 위해서가 아니라 만인의 이익을 위해서 설립된 것"이라고 했다. 이어서 제13조는 "공권력의 유지와 행정의 비용을 위해서는 공공의 부담이 요구됨"을 지적하면서, 이러한 부담은 "모든 시민의 능력에 따라 평등하게 배분되어야 한다"고 밝혔다. 제15조는 사회공동체는 "모든 공직자에게 그들 업무상의 책임을 물을 권리"를 갖는다고 선언했다.[33]

17세기에 전개된 영국의 의회혁명이 그 세기에 활동한 홉스와 로크의 사상과 함께 했듯이, 18세기 말에 전개된 프랑스 혁명의 사상적 기반이 된 계몽사상가들의 활동은 18세기에 이루어졌다. 몽테스키외(Baron de Montesquieu: 1689~1755), 장 자크 루소(Jean-Jacques Rousseau: 1712~78), 볼테르(François-Marie Arouet Voltaire:

---

33) 이샤이, 2005, 155쪽.

1694~1778), 디드로(Denis Diderot: 1713~84) 등이 그러했다. 이들은 모두 사상과 양심의 자유, 그리고 그것을 보장하는 것으로서 의사표현의 자유를 인권의 가장 중요한 요소로 강조했다.[34]

프랑스 절대주의 국가는 영국에 대한 정치적 보복을 위해 미국 독립혁명을 지원했다. 미국 혁명은 프랑스의 도움을 받아 성공했다. 그 성공은 훗날 프랑스 혁명이 낳은 인권선언을 닮은 독립선언서(1776)를 생산했다. 결국 프랑스 절대주의 국가의 미국 혁명 개입은 이중으로 자신의 몰락을 재촉한 셈이 되었다. 한편으로는 프랑스 국가 재정파탄을 초래해서 지배적 사회계급들 내부의 연대를 더욱 파괴하는 결과를 초래했다. 이미 국가의 영역에서 벗어나 독자적 정체성을 발전시키고 있던 상공업 부르주아지뿐만 아니라 귀족과 국가의 연결고리도 해체시키는 촉매제가 된 것이다. 다른 한편으로는 성공한 혁명의 사상적·정치적 파급효과로 인해 프랑스 혁명에 긍정적인 영향을 미쳤다. 그 역시 프랑스 절대주의 국가의 종말을 촉진시킨 근대적 정치혁명의 중요한 계기를 구성했던 것이다.

4. 미국 자유주의 정치혁명의 경로와 그 한계

미국이 자유주의 혁명을 향해 나아간 기초는 물론 1776~83년에 걸친 독립전쟁이었고, 그 전쟁에서의 승리였다. 그러나 배링턴 무어가 일찍이 갈파했듯이, 그 혁명의 매듭을 지은 것은 1861~65년에 전개된 내전(American Civil War), 즉 남북전쟁이었다. 무어의 역사해석에서 독특한 점은 그처럼 1861~65년의 미국 내전(남북전쟁)을 미국의 근대적 정치혁명의 결정적인 국면으로 파악한다는 점이다. 무어에 따르면, 이

---

34) 이샤이, 2005, 153쪽.

내전은 남부 플랜테이션 지주계급이 미국 국가를 장악한 상태를 북부 상공업 부르주아지가 전복시킨 사건이었다.

무어에게는 미국이 자유주의 정치혁명으로 나아간 것은 반드시 필연적인 것은 아니었다. 그가 파악하는 신생국가 미국의 19세기 사회계급 구성은 지역적으로 명확하게 구분되는 크게 세 집단으로 이루어져 있었다. 북부에는 금융업과 상공업이 번성하여 부르주아지와 프롤레타리아트가 성장하고 있었다. 남부에는 노예제도에 근거한 플랜테이션 지주계급이 장악하고 있었다. 무어는 이들을 남부 융커들(Southern Junkers)이라 불렀다. 이 둘 외에 프런티어였던 서부에서 노예노동이 아닌 가족노동에 기초한 독립적인 자영농 계층이 성장했다.

19세기 초까지는 남부 융커들은 서부의 자영농민들을 북부의 부르주아지에게 함께 대항할 수 있는 동맹자로 간주했다. 당시 북부 부르주아지는 서부 자영농들에게 토지를 헐값으로 제공하는 조치들을 찬성하지 않았다. 그러한 조치들은 북부 산업지역에 묶여 있는 노동자들의 서부 이주를 촉진하여 북부 산업에 필요한 노동력을 감소시킬 것이라며 두려워했다. 서부 자영농에게 토지를 값싸게 제공하기 위한 법안들은 주로 남서부 정치인들의 지지를 받았다. 서부와 북부의 관계는 결코 우호적이지 않았다.[35]

그러나 19세기 중엽 이전부터 남부-서부-북부의 갈등과 동맹의 구도는 이미 변화하기 시작하고 있었다. 남부 융커들은 서부 자영농민층이 더욱 팽창하는 상황을 노예제도에 바탕을 둔 자신들의 경제양식에 대한 위협으로 인식하기 시작한다. 서부 농업이 상업화하면서 남부에서 생산된 농산물과 경쟁하기 시작하자, 그 변화는 더욱 가속화했다. 남부 융커들을 지지기반으로 하는 정치인들은 서부에서 농민들에게 땅을

---

35) Moore, 1966, p.129.

제공하기 위한 법안들을 일제히 거부하기 시작했다. 노예제도에 의존하지 않는 상업적 농업이 팽창하는 것에 반대했기 때문이다. 남부 농업에 대해 경제적으로뿐만 아니라 노예제라는 자신들의 사회경제적 삶의 양식 자체에 대한 도전으로 인식하게 된 것이다. 서부 농민에게 땅을 쉽게 제공하려는 1852년의 홈스테드법(Homestead Bill)을 미 상원에서 좌절시킨 것은 남부 플랜테이션 세력이었다. 1860년에는 펜실베이니아 출신 민주당 대통령이었던 제임스 부캐넌(James Buchanan, Jr.: 1791~1868, 재임 1857.3.4~1861.3.4)이 유사한 법안에 대해 거부권을 행사했다. 그 법안의 통과를 미처 막지 못했던 남부 출신 의원들은 대통령의 거부권 행사에 환호했다.[36]

남부 융커 세력이 서부에 대해 적대감을 발전시킴에 따라, 북부 부르주아지는 서부와 연대할 기회를 갖게 되었다. 하지만 금방 그렇게 되지는 않았다. 북부 부르주아지는 여전히 서부 농민들에게 값싼 땅을 제공할 경우 북부에서 값싼 노동력을 확보하는 것이 어려워질 것임을 알고 이를 경계했기 때문이다. 동부가 결국 서부와 연대를 선택한 것은 보호무역주의에 대한 서부의 지지를 획득하기 위해서였다. 남부 플랜테이션 세력은 자신들이 노예노동을 이용해 대량으로 값싸게 생산하여 국제경쟁력을 가졌던 원면 수출의 확대를 위해 자유무역을 주창하고 있었다. 북부 산업이 값싼 노동력 유지에 필요한 풍부한 농산물을 철로를 통해 서부로부터 공급받게 됨에 따라 북부와 서부 사이에 경제적 상호의존이 깊어져간 것도 북부가 서부와 동맹을 선택하는 데 긍정적으로 작용했다. 결국 서부 농민들은 북부 부르주아지가 원하는 보호무역주의를 지지하고, 북부는 서부 농민들의 값싼 땅에 대한 열망에 부응하는 조치들에 찬성하는 거래가 성립했다. 이렇게 해서 "철(공업지대)과 밀

---

36) Moore, 1966, p.129.

(농업지대)의 결혼"(marriage of iron and rye)이 성립한 것이었다. 1860년 선거에서 공화당의 슬로건은 "농토(farm)에 한 표를! 관세(tariff)에 한 표를!"이었다.[37]

그렇다면 영국을 비롯한 유럽 국가들에 비해 공업이 뒤늦게 시작한 미국에서 북부 부르주아지가 남부 융커들과 동맹하지 않고 서부 농민층과 연대하게 된 것은 서부 프런티어라는 출구가 있었기 때문에 가능했다고 할 수 있다. 그것이 미국이 파시즘이 아닌 민주적 자본주의의 길로 나아간 중요한 계기였던 것이다. 무어는 1860년대에 북동부 부르주아지도 노예제를 폐지하고 흑인들을 미국 사회에 통합할 진정한 준비가 되어 있었다고 보지 않는다. 위와 같은 사회경제적 동인으로 인하여 서부와 동맹할 필요가 없었다면 북부 부르주아지는 남부 융커들과 동맹했을 것이고, 그 결과 흑인들의 노예상태는 더욱 연장되었을 것이라고 무어는 판단한다.[38]

그러나 무어는 위의 설명만으로는 북부와 남부가 노예제를 이슈로 하여 분열과 전쟁으로 치달은 이유를 충분히 설명해주지는 못한다고 본다. 그것은 전쟁의 사회경제적 배경을 밝힌 것에 불과하다. 그는 북부와 남부의 갈등이 극단으로 발전한 것은 네 가지 요인들이 얽혀 상승작용을 했기 때문이라고 보았다.

첫째, 북부와 서부가 동맹하여 노예제에 의존하지 않는 농업이 미국 전역에 확산될 것에 대한 남부 융커들의 공포감이었다. 다같이 상업화된 자본주의적 농업이지만 노예제에 대해 양립하기 힘든 입장을 가진 상이한 경제체제들이 발전해갔다. 북부-서부와 남부 사이의 상호불신과 증오는 노예제 문제를 매개로 하여 문명적 차이의 수준으로 깊어진

---

37) Moore, 1966, p.130.
38) Moore, 1966, pp.131~132.

다. 둘째, 남부에서 생산된 면이 미국 북부가 아니라 주로 영국으로 수출됨으로써, 북부와 남부의 무역에 대한 이해관계가 달랐던 점도 여전히 중요한 요인의 하나였다. 미국 북부 산업도 남부의 원면을 필요로 했지만, 아직은 남부는 영국과 경제적 이해관계가 더 긴밀했다. 셋째, 미국 사회 안에 북부 상공업 부르주아지를 위협할 만한 급진적인 노동운동이 존재하지 않았다는 것도 중요했다. 넷째, 미국의 안보에 대한 강력한 외세의 위협이 존재하지 않았다. 지배계급들이 대외적인 국가안보와 국내 사회안정을 명분으로 억압적 엘리트 동맹을 형성할 요인이 그만큼 적었다. 1871년 독일과 1868년 일본에서 나타나는 농업 엘리트와 상공업 엘리트 사이의 전형적인 타협과 연대가 그런 이유 때문에 미국에서는 존재하지 않았던 것이다.[39]

무어는 동시에 미국의 자유주의 혁명이 영국이나 프랑스에 비해 상대적으로 미완성으로 남았다고 보았다. 그에 따르면, 그 이유는 적어도 두 가지였다.

첫째, 영국과 프랑스의 정치혁명 과정에서는 상층계급에 대한 하층계급의 폭력이 빈발했다. 그러나 미국의 경우에는 발생하지 않았다. 미국에서는 하층계급의 폭력이 발생하지 않은 이유를 무어는 다시 두 가지로 파악했다. 미국의 도시들에는 좌절감에 빠진 빈민 프롤레타리아트가 밀집해 있지 않았다는 사실이 그 하나였다. 서부 프런티어가 그들에게 출구를 제공한 것도 한 요인이었다. 미국의 농촌인 남부에서 수탈에 시달리고 있는 것은 프랑스의 경우에서 보이는 농민이 아니라 흑인노예들이었다는 점이 또 다른 이유였다. 그들은 반란을 일으킬 능력이 없거나 그럴 의사가 없었다. 산발적인 노예반란이 없었던 것은 아니지만 정치적인 효과가 거의 없는 것들이었다. 흑인 노예들은 어떤 혁명적

---

39) Moore, 1966, pp.136~141.

충동도 발산하지 않은 채로 있었다.[40]

이와 함께 미국 자유주의 혁명에 한계를 부과한 두 번째의 커다란 요인으로, 무어는 남북전쟁이 종결된 후 전개된 계급동맹의 양상을 주목했다. 전쟁 후 서부에서는 급진적인 농민운동이 전개되었다. 동북부 산업지역에서는 노동운동이 급진화하기 시작했다. 이에 대처하는 과정에서 북부 부르주아지와 남부 플랜테이션 세력이 연합을 하기에 이르렀다. 북부에서 부자와 재산과 특권을 보호하는 정당으로 통하던 공화당은 전쟁을 정당화하고 남부를 지배하기 위해 자신이 과거에 내세웠던 구호들, 즉 재산도 없이 억압받아온 흑인 노동계급의 권리를 대변한다고 했던 주장들을 모두 철회했다. 무어는 이것을 미국판 "테르미도르 반동"(Thermidor)이라고 불렀다. 미국의 민주주의 혁명을 완성할 "제2의 미국 혁명"(the Second American Revolution)은 그렇게 해서 좌절되고 말았다.[41]

남북전쟁의 종결방식과 그후 북부-남부의 지배 엘리트 동맹은 미국 자유주의 혁명을 그처럼 미완성인 채로 남겨두었다. 남부가 패배한 후 노예해방령이 남부 융커 세력에게 강제되었지만, 흑인을 실질적으로 차별하는 명시적인 법률들인 짐크로 법(Jim Crow Laws)들이 남부 전역에서 일반화되었다. 그것이 사라지기 전까지는 또 한 세기가 더 흐른 뒤의 광범한 저항운동이 필요했다.

그럼에도 미국이 민주주의를 향하여 나아가는 역정에서 노예제도를 타파하는 것은 근본적인 필수요건이었다고 할 때, 남북전쟁을 통해 미국사회가 그 과업을 이루었다는 사실은 미국의 자유주의 혁명에서 중대한 역사적 의미를 갖는 것이었다. 그 미완성 상태로 인해 미국은 훗

---

40) Moore, 1966, pp.141~142.
41) Moore, 1966, pp.148~149.

날 자주 반동적 요소들에 의하여 혼란을 겪어야 했다. 그럼에도 미국 연방정부를 노예제도를 강제하려는 세력의 손아귀에서 완전히 해방시킴으로써, 그러한 반동적 세력들에게 중요한 제도적 발판을 제거했다는 사실만으로도 이 전쟁과 그 결과는 큰 의의를 갖는다는 것이 배링턴 무어의 평가이다.[42]

이렇게 해서 어떻든 영국과 프랑스, 그리고 미국은 서로 경로는 다르지만 궁극적으로는 모두 파시즘이 아닌 자유주의적 정치혁명(liberal revolutions)의 길을 택했다. 이를 바탕으로 해서 민주적 자본주의(democratic capitalism)로 나아간다. 영국에서는 런던을 중심으로 국가로부터 독립적인 부르주아지의 세력이 가장 먼저 번성했다. 국가가 절대 권력을 구축하기 전에 이미 그러했다. 농촌을 지배하는 토지귀족도 농업의 상업화가 일찍 진전되는 바람에 농민에 대한 직접적인 수탈에 의존하는 영농에서 벗어나 있었다. 그 결과 농민수탈을 위해 중앙집권적 국가 관료기구와 연대할 일이 없었다. 이것이 영국 국가의 절대주의 국가 구축에 저항하는 강력한 힘이 되었다. 영국에서 자유주의적 정치혁명이 성공하게 된 원인이었다.

프랑스는 자유주의 혁명이 성공하기 전에 영국과 달리 강력한 절대주의 국가의 국면을 거쳐야 했다. 그럼에도 결국은 자유주의 혁명으로 나아갔다. 페리 앤더슨은 그 궁극적인 이유를 상공업 부르주아지가 더한층 성장함으로써 이들이 절대주의 국가에 종속적으로 의존하는 상태에서 벗어날 수 있었다는 데에서 찾았다. 또한 국가와 전통적 귀족계급 사이의 균열이 발전함으로써 국가가 재정적 위기와 함께 정치적 위기에 봉착하게 된 것도 그 혁명의 성공을 도왔다. 아울러 주목할 것은 영국과 프랑스 모두에서 국가의 영역에서 자유로운 부르주아지의 성장과

---

42) Moore, 1966, p.153.

함께 발전해간 사상혁명이 자유주의 정치혁명과 궤를 같이했다는 사실이다.

대륙에서 프랑스가 주도한 자유주의 정치혁명은 여러 도전에 직면했다. 19세기 초에는 급진적 공화주의에 바탕을 둔 새로운 프랑스의 세력팽창을 경계한 영국이 러시아, 스페인, 프러시아 등 보수적인 왕정국가들과 함께 참여한 비엔나체제가 그 도전의 실체였다. 20세기 전반에는 독일과 이탈리아가 주도하는 파시즘의 파도가 영국과 프랑스의 자유주의 질서에 심대한 위협을 제기한다. 그러나 영국과 프랑스의 자유주의 혁명은 1770년대의 독립혁명에 이어 1860년대 남북전쟁을 통해 자유주의 혁명을 미완성상태로나마 매듭지은 미국의 힘과 결합하여 그 도전들을 극복한다. 이들 나라에서 성공한 자유주의 혁명은 서양 정치문명 전반을 민주적 자본주의가 지배하게 되는 역사적 기반이 된다.

5. 근대적 정치질서 변동에 관한 두 가지 시각

자유주의 혁명을 포함하는 근대적인 정치변동이 왜 서양에서 먼저 진행되었는가를 포괄적으로 이해하기 위해서는, 근대적인 정치변동은 어떤 상황에서 일어났는가에 대한 일반적인 설명의 틀이 필요하다.

근대적 정치변동에 관해서 1950년대부터 1970년대에 이르기까지 지배적이었던 학문적 패러다임은 근대화이론(modernization theory)이다. 이 관점은 모든 사회를 전통적 사회와 근대적 사회로 이분했다. 전통사회는 정치적 권위가 관습과 세습에 기초하며, 경제질서는 산업화된 시장경제 이전의 자급자족적 단계에 머물러 있는 사회이다. 또한 전통적 가치와 특권을 존중하는 사회이다. 반면에 근대적인 사회는 정치질서에서는 민주정이든 독재체제든 효과적인 관료적 지배를 구현하며, 경제질서는 산업화된 시장지향적인 사회이다. 근대사회도 사회적 위계 또는 계급이 있지만, 기본적으로는 보편적 시민권이 확립되어 있고 다만 전통적 권위가 아닌 업적에 기초해서 사회적 위계가 결정되는 사회이다.

이러한 근대화이론에서 근대적 정치혁명은 전통적이던 사회가 경제질서와 문화적 가치관에서 이미 부분적으로 근대화되어 있음에도 정치질서는 여전히 전통적 구조에 머물러 있을 때 그 둘 사이의 불균형 때문에 발생한다고 설명된다.[43] 그 대표적인 예는 찰머스 존슨(Chalmers Johnson)의 1966년 저서이다.[44] 그는 이 책에서 무역, 여행, 통신의 발전은 전통적 가치관을 붕괴시키는 반면에 경제와 정치질서에서의 변화는 그에 비해 크게 미치지 못할 때 혁명적인 변동이 발생하기 쉽다고 했다. 근대적인 가치와 전통적인 정치사회적 구조 사이의 불균형에서 정치혁명의 원인을 찾은 것이다.[45]

근대화이론가들은 근대화를 산업화와 같은 경제적 변화를 수반하는 것으로 정의한다. 그러나 근대화가 초래한 사회적 긴장 속에서 정치변동이 일어나는 원인을 설명할 때, 경제적 요인에 중점을 두는 것을 회피한다. 가치관, 교육, 기대치 등의 변화가 경제적 변화 못지않게 중요하다고 본다. 따라서 근대화이론은 사회경제적인 계급관계를 중심에 놓고 정치변동과 그 향방을 설명하지 않는다. 주로 변동하는 사회 전체와 국가 사이의 갈등으로 파악한다.[46]

근대적인 자유주의적 정치혁명의 근원을 찾고자 할 때 문제는 근대

---

43) Jack A. Goldstone, "Comparative Historical Analysis and Knowledge Accumulation in the Study of Revolutions," in James Mahoney and Dietrich Rueschemeyer, *Comparative Historical Analysis in the Social Sciences*, Cambridge: Cambridge University Press, 2003, p.57.

44) Chalmers Johnson, *Revolutionary Change*, Boston: Little, Brown, 1966.

45) Goldstone, 2003, p.57.

46) Goldstone, 2003, p.58.

화가 곧 민주화는 아니라는 데 있다. 근대화이론은 어떤 의미에서 전통사회를 벗어나 산업화된 근대사회로 진입하면 민주화라는 정치발전도 곧 뒤따를 개연성이 높다고 가정하는 경향이 있었다고 할 수 있다. 하지만 1960년대까지는 산업화단계에 들어선 발전도상국가들도 민주화의 길목에서 좌절하거나 군부 권위주의체제로 퇴보하는 경우들이 종종 나타났다. 근대화가 곧 민주화가 아닐 가능성이 더 높게 부각되었다. 이후 세계 비교정치학의 관심은 근대화보다는 민주화와 권위주의의 문제로 옮아갔다고 할 수 있다.

현대 세계에서의 민주화 문제를 포함하여 근대 세계의 정치변동의 원인과 방향에 대한 오늘의 학문적 시각은 다종다기하다. 하지만 필자는 근대화이론의 전성기 이후 현재에 이르기까지 서양의 근대적 정치변동과 비서양 세계에서의 민주적 정치변화의 가능성이라는 문제들에 대한 학문적 논의들을 크게 보면 두 가지의 조류로 압축해볼 수 있다고 판단한다. 하나는 문화주의(culturalism)적 시각이다. 다른 하나는 비교역사적 분석(comparative historical analysis), 그중에서도 특히 비교역사적 사회계급분석 또는 사회구조분석으로 불리는 연구경향이다.

1) 문화결정론과 새뮤얼 헌팅턴의 서양 예외주의

근대화이론은 산업화를 근대화의 주요 측면의 하나로 파악하면서도, 경제중심적인 해석을 거부하는 것이 일반적이었다. 따라서 마르크스주의에서 말하는 경제적 하부토대(economic infrastructure)를 중심으로 분석하지 않는다. 대신 그 반대개념인 상부구조(superstructrue), 즉 정치, 법과 제도, 그리고 문화와 이데올로기 등의 요소들을 역사변동의 주요 요인으로 간주하는 경향을 보인다. 서양이 근대적인 정치변동을 통해 자유 민주주의 정치질서를 확립하게 된 원인에 대해서도 서양의 전통적인 문화적 토대를 강조하기 쉽다.

새뮤얼 헌팅턴(Samuel P. Huntington)은 그 전형적인 예를 보여준다. 그는 1968년에 『변동하는 사회에서의 정치질서』를 저술한 대표적인 근대화이론가이기도 했다.[47] 그에게도 근대화와 민주화는 동일한 것이 아니다. 헌팅턴은 우선 근대화 자체는 산업화라는 물질문명의 변동을 뜻하지만, 민주주의라는 정치적 삶의 양식은 그러한 물질문명과 근본적으로는 무관한 정신문명적 요소라고 주장한다.[48] 그렇다면 근대 서양에서 자유주의 정치혁명이 성립하게 된 서양문명적 요소란 무엇을 말하는가. 헌팅턴은 그것을 일곱 가지로 요약한다.[49]

① 그리스-로마 고전시대의 문화유산이다. 그리스 철학과 합리주의, 로마법, 기독교, 그리고 라틴어 등이다. ② 기독교문명, 그중에서도 프로테스탄티즘의 문화를 헌팅턴은 부각시킨다. 2000년대에 출간된 『우리는 누구인가』라는 책에서 헌팅턴은 서양 민주주의 문명의 가장 중요한 정신적 기원으로서 프로테스탄티즘을 더욱 강조한다.[50] ③ 유럽의 언어들이다. ④ 서양의 역사에서 교회의 권위와 세속의 왕권이 분리되어 공존함으로써, 정신적 권위와 세속적 권위가 이원적으로 구분되어 왔다는 점을 꼽는다. 이슬람 문명과 중국, 그리고 일본에서는 다같이 신적인 권위와 세속 권력이 통일되어 있었다. 신(God)과 카이사르(Caesar)가 동일체였다는 것이다. 그 둘 사이의 분리는 힌두교 사회의 경우를 제외하면 서양만의 고유한 역사적 전통이라고 헌팅턴은 강조한

---

47) Samuel P. Huntington, *Political Order in Changing Societies*, New Haven, CT: Yale University Press, 1968.

48) Samuel P. Huntington, "The West, Unique, Not Universal," *Foreign Affairs*, November/December 1996, pp.29~30.

49) Huntington, 1996, pp.30~33; 이삼성, 『세계와 미국: 20세기의 반성과 21세기의 전망』, 한길사, 2001, 768~770쪽.

50) Samuel P. Huntington, *Who Are We?: The Challenges to American National Identity*, New York: Simon & Schuster, 2005.

다. ⑤ 로마 사회에 기원을 두고 있는 '법의 지배'라는 전통이다. ⑥ 사회적 다원주의와 그 표현으로서의 시민사회의 존재이다. 그는 6~7세기에 수도원과 길드(장인조합) 등에서 서구 시민사회의 전통이 시작된 것으로 보았다. 그리고 이런 전통은 다른 문명권에서는 찾기 어렵다고 말한다. ⑦ 9세기 이후 이탈리아에서 시작된 도시자치의 전통이 유럽 전역으로 확산되면서 서구에서는 일찍부터 의회를 비롯한 대의기구(代議機構)들이 발전했다는 점이다.

헌팅턴은 근대 서양의 민주주의 정치혁명의 근본적인 뿌리가 그처럼 서구만의 고유한 문명적 전통 속에 뿌리박은 것이라고 주장하고 있는 것이다. 그러한 주장은 서양 이외의 나머지 세계에서 민주주의적 문명이 성립하고 뿌리내릴 가능성에 대해 대단히 중요한 결론을 내포한다. 비서양 세계가 서양처럼 근대화라는 물질문명의 변동을 겪는다 해도 정신문명의 영역인 민주주의적 삶의 양식이 비서양 세계 모두에 보편화되는 것은 아니게 되는 것이다. 그에게 근대적인 자유주의 혁명이란 산업화를 포함한 경제사회적인 변동과 함께 서양의 전통적 문명에만 고유한 문화적 요인들이 결합하여 성립한 것이기 때문이다.

따라서 헌팅턴의 관점에서는 동양이 아닌 서양에서 자유주의 혁명이 전개된 것은 너무나 당연한 일이 된다. 또한 산업화를 통해 사회경제적 계급구조가 서양 사회들과 비슷해진 후에도 아시아나 라틴 아메리카, 중동, 그리고 아프리카의 사회들에서 민주주의적 전통이 뿌리내린다는 보장은 없다. 그래서 헌팅턴에게 자유주의적 민주주의는 보편화될 수 있는 문화가 아니라 서양문명에게만 고유한 것이다. 말하자면 '서양 예외주의'(Western exceptionalism)적인 역사해석이다.

2) 비교역사적 사회계급분석과 사회구조적 분석

인간사회의 역사와 그 변동을 분석할 때, 사회계급을 중심에 놓는 연구경향은 말할 것도 없이 마르크스주의가 선도적이었다. 마르크스는 어떤 사회든 계급관계의 패턴(patterns of class relations)이 정치를 결정하는 것으로 보았다. 이후 마르크스주의자들은 전 근대에서 근대로 이행하는 사회들의 계급을 분석할 때, 전통시대의 지주계급과 농민에다가 노동자와 자본가계급을 추가로 상정했다. 그리고 그들 사이의 계급관계, 즉 그 계급들 사이의 이해관계를 둘러싼 갈등과 연합의 구조는 기본적으로 동일한 것으로 간주했다.

1966년에 출간된 배링턴 무어(Barrington Moore, Jr.: 1913~ 2005)의 『독재와 민주주의의 사회적 기원: 근대 세계의 형성에서 지주와 농민』은 한편으로는 근대화이론에 대한 도전이었다.[51] 그것은 동시에 전형적인 마르크스주의 학문의 계급분석 경향에 대한 일대 혁신이었다. 부르주아지의 의의와 역할은 무어에게도 의심할 바 없이 중요했지만, 모든 사회에서 다 동일한 역할을 하는 것이 아님을 보여주었다. 또한 노동자보다는 전통적 사회계급에 속하는 농민의 역할을 부각시켰다. 마르크스주의 학문은 부르주아지와 지주계급은 필연적으로 갈등하는 것으로 보는 경향이 강했다. 하지만 무어는 부르주아지가 지주계급과 연합하여 대중을 억압함으로써 파시즘체제로 나아갈 수 있음을 논증했다.

말하자면 무어는 산업화 과정에서 신흥 사회계급들과 함께 전통적 사회계급들이 상호작용하는 패턴의 다양성을 주목했다. 사회계급들의 권력과 갈등의 구조는 사회마다 다를 수 있었다. 그에 따라 사회들이 근대화로 나아가는 경로는 자유주의 혁명, 파시즘, 그리고 공산주의 혁명 등으로 나뉘는 것이었다. 무어의 이 같은 논의는 근대화의 경

---

51) Barrington Moore, Jr., *Social Origins of Dictatorship and Democracy: Lord and Peasant in the Making of the Modern World*, Boston: Beacon Press, 1966.

로를 대체로 획일적인 방식으로 정형화했던 근대화이론에 대한 반론이기도 했다.[52] 무어의 이 연구는 또한 인간의 자유와 함께 근대화 과정에서 인류가 겪어내야 했던 고통과 대가에 대한 치열한 탐구이기도 했다.[53]

한 사회가 자유 민주주의적 정치혁명을 통해 근대로 나아갈 가능성을 결정하는 것은 "강력한 독자적 부르주아지"가 성장했느냐 하는 것이었다. 무어는 그의 저서 서문에서, 영국, 프랑스 그리고 미국에서 "부르주아 혁명"이 성공함에서 핵심적인 요소는 "그 사회 안에서 민주적 자본주의로의 발전을 가로막는, 과거로부터 상속된 장애물들을, 독자적인 경제적 기반을 갖고 공격하는 집단이 발전한 것"이라고 말한다.[54] 그 집단은 곧 강력한 부르주아지를 의미했다.

"부르주아 없이 민주주의 없다"(No bourgeois, no democracy)는 무어의 단언은 다음과 같은 맥락에서 나왔다. "독일 역사에서 한 가지 지속적인 특징은 도시의 약함(weakness of the towns)이었다. 중세 말에 남서부 독일에서 도시들이 잠시 융성했던 일을 빼고는 독일에서 도시는 쇠퇴했다. 그 이상의 증거를 들여다보거나 아시아 쪽의 자료를 논의하지 않더라도 우리는 활기차고 독립적인 도시 시민계급(a vigorous and independent class of town dwellers)이 의회민주주의의 성장에 불가결한 요소였다는 마르크스주의 명제에 강하게 동의할 수 있다. 부르주아가 없으면 민주주의도 없는 것이다."[55]

---

52) Goldstone, 2003, pp.60~62.

53) George Ross, Theda Skocpol, Tony Smith, and Judith Eisenberg Vichniac, "Barrington Moore's Social Origins and Beyond: Historical Social Analysis since the 1960s," in Theda Skocpol, ed., *Democracy, Revolution, & History*, Ithaca: Cornell University Press, 1998, p.6.

54) Moore, 1966, p.xv.

무어의 분석틀에서 부르주아지가 허약하여 독자적으로 생존할 수 없는 곳에서는 두 가지의 길이 남았다. 약한 부르주아지가 강력한 토지귀족과 연대하여 농민과 노동계층 등 대중과 적대적이 된 곳에서는 파시즘이 발전했다. 대표적인 사례로 무어는 일본을 집중적으로 분석했다. 그러나 독일도 같은 경로를 걸은 것으로 자주 언급했다. 허약한 부르주아지와 프롤레타리아트가 전통적 지주계급이 아닌 농민과 연합할 때는 공산주의 혁명이 전개되었다. 무어는 이 경우로 주로 중국을 논의했지만 러시아도 같은 패턴에 속한 것으로 간주하여 자주 언급했다.

근대적 정치변동의 상이한 경로들에 대한 배링턴 무어의 비교역사적 분석에 대해서는 크게 두 가지 방향에서 비판적 보완의 노력이 전개되었다. 하나는 국가의 자율성(autonomy of the state)이라는 개념을 바탕으로 해서 테다 스카치폴 등이 제기한 비판이었다. 그녀는 프랑스 혁명, 러시아 혁명, 그리고 중국혁명 등 근대에 일어난 세 개의 대혁명들을 분석했다. 무어의 분석이 정치변동 과정에서 국가의 역할을 소홀히 했다고 비판하면서, 그녀는 성공적인 구조적 분석의 열쇠는 "국가조직들(state organizations), 그리고 그들이 국제환경과 국내의 계급적 및 경제적 조건과 어떻게 관계되어 있는가에 초점을 맞추는 것"이라고 주장했다.[56]

스카치폴은 고전적 마르크스주의가 "군사화된 국제적 국가체제(a militarized international states system)에서 좋든 싫든 국가들이 행정적이고 강제적인 제도적 장치들을 통해 행사하는 자율적 권력"을 예상하지도 충분히 설명하지도 못했다고 보았다. 그녀는 위의 세 대혁명

---

55) Moore, 1966, p.418.

56) Theda Skocpol, *States & Social Revolutions: A Comparative Analysis of France, Russia, & China*, Cambridge: Cambridge University Press, 1979, p.291.

들에 대한 분석에서 국가의 자율적 영역을 강조하면서 이렇게 주장했다. "미래의 혁명들에서도 과거와 마찬가지로 국가는 중심적 역할을 할 것이다. 프란츠 노이만(Franz Neumann)이 말했듯이, 정치권력을 위한 투쟁, 즉 강제적 기구들, 경찰, 사법부, 군대, 관료기구, 그리고 외교정책을 통제하기 위한 투쟁이 역사적 진보의 수행자(에이전트)이다."[57]

잭 골드스톤은 정치혁명의 발전과 그 결과를 결정하는 요인들에 대한 사회구조적 분석에서 테다 스카치폴이 기여한 핵심을 국제적 외압(international pressures)과 국가와 엘리트 사이의 갈등(state-elite conflicts)이라는 요인들을 강조한 것에서 찾았다.[58] 그러나 배링턴 무어의 비교역사적 분석이 근대 정치혁명들과 그 경로의 다양성을 해명하는 데서 이룩한 이론적 업적을 스카치폴의 비판이 무효로 만드는 것은 아니다. 무어의 설명틀, 그리고 앞서 영국과 프랑스에서의 정치혁명에 대한 페리 앤더슨의 설명에서도 국제적 외압과 국가와 지배 엘리트의 갈등이라는 변수들은 어떤 형태로든 검토되고 있는 것이 사실이다. 더욱이 무어의 분석은 혁명 자체만이 아니라 그 정치변동의 결과로 사회들이 세 가지의 다른 경로를 걷게 되는 요인들에 특히 주목하고 해명하고 있다는 점에서, 스카치폴의 연구는 비판적 보완일망정 비판적 부정의 근거는 되지 않는다.

국가와 그 자율적 역할에 무게를 두는 연구경향은 전쟁 속에서 국가의 군사조직의 발전과 그 운명이 민주주의와 독재의 기원에 대해 미친 영향에 주목하는 연구에서도 엿보인다. 브라이언 다우닝의 연구는 그 한 예이다. 그는 근대 초기 유럽 국가들의 정치질서가 입헌주의의 길을 걷게 되는지 아니면 독재의 길을 가게 되는지를 결정한 요인으로서 전

57) Skocpol, 1979, pp.292~293.
58) Goldstone, 1979, p.65.

쟁과 그 안에서 국가조직의 향배를 들었다. 전쟁의 강도와 그에 따른 국내적인 자원 동원체제와 관련한 국가의 반응이 중요했다는 것이다. 그는 프러시아, 프랑스, 영국, 스웨덴, 네덜란드, 그리고 폴란드 등 여섯 나라의 경우를 분석했다. 그에 따르면 이들 여섯 나라는 근대 초기에는 모두 중세적인 입헌정부(medieval constitutional government)라 할 수 있는 공통된 정치제도를 갖고 있었다. 그러나 그 후 치러야 했던 전 쟁이 비교적 가벼웠던 영국은 입헌주의 수립에 유리했으며, 지극히 치 열하고 지속적인 전쟁에 시달린 프러시아의 경우는 권위주의체제로 발 전하기 쉬운 환경 속에 놓여 있었다고 본다. 아울러 그는 전쟁에서 전 개된 혁신이 정치변동에 중요한 변수였다고 주장한다.[59] 결국 근대 유 럽 사회들의 정치질서의 향방을 결정한 변수들로서 전쟁이라는 국제적 요인과 그 상황에서 국가의 고유한 역할을 주목한다는 점에서 스카치 폴의 연구가 불러일으킨 문제의식과 닿아 있다고 할 수 있을 것이다. 그러나 그 결과로 무어가 시도했던, 역사를 그 깊은 다양성과 함께 큰 그림으로 포착해내는 개념적 작업으로부터 멀어지는 경향이 없지 않은 것 또한 사실이다.

한편 디트리크 루시마이어 등은 무어의 분석에서 가장 취약한 부분이 민주화과정에서 프롤레타리아트, 즉 노동계급의 역할을 철저히 무시했 다는 점이라고 주장했다.[60] 예를 들어 그들은 독일의 부르주아지가 영 국 부르주아지에 비해서 정치변동 과정에서 덜 개방적이고 덜 자유주의

59) Brian M. Downing, "War and State in Early Modern Europe," in Skocpol, ed., 1998, p.26.

60) Dietrich Rueschemeyer, Evelyne Huber Stephens and John D. Stephens, *Capitalist Development & Democracy*, Polity Press, 1992; 루시마이어 외 지음, 박명림·조찬수·권혁용 옮김, 『자본주의 발전과 민주주의: 민주주의의 비교역사 연구』, 나남출판, 1997, 60쪽.

적인 태도를 가졌던 이유를 이렇게 설명한다. (독일) 부르주아지가 정치참여의 권리를 위해 싸울 때는 노동계급도 이미 발흥하고 있어서 그들은 이들 노동계급으로부터도 위협을 느끼고 있었다는 것이다.[61]

루시마이어 등은 특히 역사상의 정치변동과정에서 가장 일관되게 민주화를 지원한 세력은 노동계급이었다는 사실을 부각시킨다. "노동계급은 가장 일관된 친(親)민주주의 세력이었다. 노동계급은 그들의 정치적 통합을 실현하는 데 강한 이해관계를 갖고 있었다. 그들은 농촌 하층계급보다도 지배계급의 헤게모니로부터 더 절연되어 있었다. 노동계급이 친민주주의적인 태도를 보이지 않은 예외적인 경우는 노동계급이 초기에 권위주의적인 카리스마적 지도자들에 의해서나 국가기구를 장악한 헤게모니 정당에 의해 동원되었던 곳에서만 발견된다."[62]

이러한 비판과 동시에, 루시마이어 등은 배링턴 무어의 저작이 갖는 여전한 의의를 이렇게 인정한다. "비교역사 연구양식을 거시적 사회구조와 발전을 분석하는 가장 적절한 연구방법으로 재확립함으로써 사회과학을 변모시키는 데 기여했다."[63]

사실 서양의 근대적인 민주주의 정치질서의 확립과정에서 부르주아지와 함께 노동계급이 수행한 역사적 역할에 대해서는 일찍이 프레드릭 왓킨스가 주목한 바 있다. 필자도 대학 학부 시절에 읽고 감명을 받았던 왓킨스의 『서양의 정치전통: 근대 자유 민주주의 발전 연구』는 1948년에 처음 출간되었고, 국내에는 1963년 번역 출간된 바 있다.[64]

---

61) 루시마이어 외, 1997, 123쪽.
62) 루시마이어 외, 1997, 32쪽.
63) 루시마이어 외, 1997, 61쪽.
64) Frederick M. Watkins, *The Political Tradition of the West A Study in the Development of Modern Liberal Democracy*, Cambridge, MA: Harvard University Press, 1948; 프레드릭 왓킨스 지음, 조순승 옮김, 『서양의 정치전통』, 을유문화사, 1963.

왓킨스는 이 저서에서 근대 자유주의 정치질서를 시간차를 두면서 자각(自覺)을 거쳐 발전한 여러 사회계급들 간의 긴장과 균형에 의하여 이룩된 것으로 파악했다. 첫 번째 단계는 중산계급의 대두였다. 그는 "17세기 말에 이르기까지는 서구의 중산계급은 유력하고 자존하는 집단으로서 그 기반을 확립했다. 이들은 자신들의 중요성을 의식하고, 적대적 압력에 직면해서 자신의 이익을 유지하려는 결의를 갖고 있었다."[65] 두 번째 단계는 농민계급의 각성이었다. 왓킨스가 이해하는 보수주의 정치사상의 핵심은 중산계급혁명의 영향으로부터 농촌사회의 전통과 제도를 보호하려는 것이었다. 그는 서양의 근대 보수주의의 역사가 프랑스 혁명의 폭발 직후부터 시작된 것으로 본다. 그처럼 계몽사상의 발전과 중산계급 혁명 뒤에야 비로소 일어난 보수주의의 반동은 그 나름으로 서양 근대사회의 다원성과 복합성을 유지하고 균형을 이루는 데 기여했다고 왓킨스는 해석했다.[66]

왓킨스는 이어서 "도시 프롤레타리아 계급의 각성은 근대 자유주의의 발전에 있어서 세 번째로 큰 단계였다"고 주장했다.[67] 프롤레타리아트의 계급적 각성을 의미하는 사회주의 철학은 사회주의의 건설보다는 오히려 원래 근대 자유주의의 정치적 이상을 현실에서 실현시키는 계기로 작용했다는 것이 왓킨스가 제시한 논지의 핵심이었다. 그에 따르면, 근대 자유주의는 도시 프롤레타리아의 각성과 함께 비로소 그 완성을 위해 나아갈 수 있게 된 것이었다. 그는 그 점을 다음과 같이 명확히 했다.

"도시 프롤레타리아의 각성과 더불어 근대 자유주의의 발전 단계가

---

65) 왓킨스, 1963(1988 개정판), 89쪽.
66) 왓킨스, 1963(1988 개정판), 132쪽.
67) 왓킨스, 1963(1988 개정판), 156쪽.

시작되었다. 자유주의란 그 당시 의미에서는 입헌 민주정치의 이상과 방법에 대한 신념이었다. 이러한 자유주의 개념에서는 정부는 서로 상충되는 견해를 가진 사람들의 자유로운 협상에 의해서 형성되는 일반의지에 입각할 때 비로소 합법적인 것이다. 이것은 인구의 대부분이 의회정치의 과정에 참여할 의욕과 능력이 있어야 할 것을 요구한다. 혁명적 사회주의는 제3의 대계급, 즉 노동계급을 정치적으로 자각시켰다. 그래서 계몽주의와 보수주의적 반동으로 싹튼 정치참여에의 일반적 욕구 창조를 완성했다. 이제 나머지 문제는 자유협상의 원칙도 정치참여에의 일반적 욕구와 같은 정도로 일반적인 지지를 받도록 하는 데 있었다."[필자의 문장수정][68]

결국 왓킨스는 근대 서양의 자유주의의 실질적인 본질은 "상이한 사회세력들의 상반되는 주장들 간에 협상과 타협을 이룩함으로써 사회정의를 성취하려는 의식적인 노력"이었다고 파악했다. 그는 이 같은 협상과 타협의 정치사상이 근대 서양에서 실제 발전한 자유주의의 요체임을 강조했다. 그 의미를 더 분명히 하기 위해 왓킨스는, 소수파의 폭력적인 저항에 대해 자유주의적 국가권력이 어떻게 타협적 자세를 취하는가를 예증하고자 했다. "공동체의 일부 세력이 자신의 권리가 침해되었다는 생각에서 강력한 태도로 불법적인 행위마저 불사하는 경우에도, 국가는 강제적 조치를 무한히 계속하기보다는 불평의 원인에 대해 재협상함으로써 조정책을 찾는 것이 자유주의 사회의 정상적 경향이다. 미국에서 금주령이 번번히 위반되었을 때, 미국정부는 경찰력을 증강하지 않았다. 금주령 조항이던 헌법 제18조를 폐기하는 쪽을 선택했다." 왓킨스에게는 이것이야말로 "비타협적인 소수자에 대한 자유주의적 태도의 전형적인 모습"이었다.[69]

---

68) 왓킨스, 1963(1988 개정판), 179쪽.

6. 중국 전통질서의 질곡: "황제는 어떻게 할 수 없는 것"

서양 사회들이 산업혁명과 정치혁명을 이룩하며 나머지 세계를 지배하는 것을 '백인의 도덕적 의무'로 삼고 있던 19세기에 동아시아 사회들은 어떤 정치적 환경에 있었는가? 중국과 조선은 정치통합이 아닌 그나마 존재했던 통합력마저도 해체되는 과정에 들어가고 있었다. 다만 일본은 서양의 충격 속에서 정치질서 개편을 통해 자기 나름의 방식으로 정치통합을 모색하게 된다. 일본에서 진행된 정치통합은 서양에서 같은 시기 진행되고 있던 권력과 개인 간의 공존이라는 의미에서의 민주적 정치통합과는 거리가 있었다. 그러나 적어도 엘리트의 통합을 이루었다. 이를 통해 분산되고 파편화되었던 힘을 통합하여 '국가'를 건설하고 권위주의적인 형태지만 '국민'을 만들어내는 데 성공한다. 그것은 장차 일본 '민족'이 구성되는 토대가 된다.[70]

하지만 그것은 위로부터의 혁명으로 불리는 '낙하산 근대화'였다. 서세동점의 물결을 헤쳐 나가는 데는 효율적인 정치체제를 구축한 것이었지만, 장기적 시야로 보면 파괴적인 군국주의를 낳은 초국가주의 질서로 나아가는 서막이었다. 일부 내용과 외피에서 근대성으로 무장한 괴물의 등장을 예정하고 있었던 것이다.

청조는 강희제(재위 1661~1722)에서 옹정제(재위 1723~35), 그리고 건륭제 치세(재위 1735~95)에 이르는 약 1세기 반에 걸친 태평성세(太平盛世)를 구가했다. 그러나 중국의 정치와 사회는 건륭제 중기 이후부터 이미 이완현상을 보이며 쇠락의 기미를 보이기 시작했다.[71]

---

69) 왓킨스, 1963(1988 개정판), 202쪽.
70) 가노 마사나오(鹿野政直) 지음, 김석근 옮김, 『근대 일본사상 길잡이』, 소화, 2004.

청조 말기 중국의 불행은 그러한 이완과 쇠락이 세계 정치권력구조에서 서양 제국주의가 본격화하는 세계사적 대변동과 때를 같이하고 있었다는 사실에 있었다. 대개 역사는 내우와 외환이 항상 맞물리게 마련임을 보여준다. 19세기 중국이 특히 그러했다.

전제적 정치질서의 융성과 쇠락이라는, 수천 년간 지속된 전통적 체제의 봄, 여름, 가을, 겨울의 전형적인 순환이 지속되고 있었다. 서양에서는 그 전통적 사슬의 고리를 끊는 정치혁명이 진행되었다. 그러나 중국에서는 과거 수천 년간 그랬던 것처럼 융성했던 왕조가 과거의 예를 따라 쇠락의 길을 걸었다. 그 쇠락을 관리하는 전제군주와 그 밑에서 국가권력을 자신들의 특권적이고 폭력적인 도구로 소유하는, 즉 국가권력을 사유화(私有化)한 부패한 국가 관료계층과 특권 사회계층이 민중을 착취하는 것도 여전했다. 인내의 한계에 도달한 민중의 반란이 이어지는 것 또한 그 사이클의 전형적인 패턴이었다.

제1장에서 유럽에 산업혁명이 진전되고 있을 때, 중국에서는 그렇게 하지 못했던 근원적이고 구조적인 원인의 하나를 원시산업화 단계에서의 경제적 인볼류션(involution)이라는 현상으로 설명할 수 있음을 보았다. 전통적 경제질서의 악순환 구조를 말한 것이다. 인볼류션은 진화(evolution)의 반대 개념이라 할 수 있다. 앞으로 나아가지 않고 제자리에서 헛바퀴질만을 계속하는 현상이다. 정치적 차원에서도 그 개념을 적용할 수 있을 것이라고 생각된다. 유럽에서는 산업혁명과 맞물리면서 정치혁명이 성숙해가고 있을 때, 중국은 전통적인 일인 지배 왕조체제의 구조에 영원할 듯 갇혀 있었다. 경제뿐 아니라 정치질서에서도 진화의 기미를 나타내지 않고 제자리에서 뱅글뱅글 돌기만 하는 인볼류션 현상에 결박되

---

71) 표교열, 「제1·2차 중영전쟁」, 서울대학교 동양사학연구실 편, 『강좌 중국사 V: 중화제국의 동요』, 지식산업사, 1989, 12쪽.

어 있었던 것이다. 민중의 반란이라는 밑으로부터의 자극에도, 외세가 제기하는 자극에도 진정으로 반응하지 않는 일종의 무탄력(無彈力) 또는 저탄성(低彈性)의 질서가 견지되고 있었던 것이다.

전통적 왕조체제는 초기에는 나름대로 생명력으로 넘쳐나기도 했다. 통치체제를 정비하고 정착시키기 위해 국가 관료기구의 기강을 세우는 등 국가경영에 혁신을 도입하며 많은 노력을 기울인다. 하지만 시간이 흐르면서 황실과 지배층은 부유하지만 국가는 가난해진다. 국가 관료기구는 비대한 지배층의 민중에 대한 통제 불능의 수탈기구로 전락해간다. 민중은 반란을 일으키고, 왕조는 기강이 해이해진 군사력을 긁어모아 간신히 반란을 진압한다. 경우에 따라서 외세의 힘을 빌려야 할 때도 있게 된다. 세계는 변하고 이에 대처하고 국가경영을 일신하기 위해서는 새로운 가치관과 새로운 질서를 창조할 필요성이 절실해지지만, 기존의 황실과 국가와 사회지배층은 그렇게 할 수 있는 생명력이 없다.

점증하는 위기의식 속에서 황실의 안위, 그중에서도 현재 실권을 장악한 핵심 권력층이 당장의 권력유지에 집착한다. 그 사이 위기는 걷잡을 수 없이 심화되고 국가권력과 민중의 괴리는 극대화한다. 이 조건 속에서 새로운 이념과 제도로 무장한 외세가 압박해오면 전통적 질서와 그 관리자들은 자기혁신이나 창조적 위기 대응력을 발휘하는 경우가 매우 드물다. 중국의 원시산업화가 산업혁명으로 무장한 서양 제국주의의 경제침탈에 무력하게 무너졌듯이, 중국의 정치질서도 새로운 이념과 제도로 충일한 생명력을 갖춘 서양세력의 압박 속에서 창조적인 자기변화의 능력을 보이지 못한 채 자멸해갔다. 전통적 패턴의 인볼류션, 즉 기존의 틀에서 밖으로 튀어나가는 진지한 노력은 포기한 채 전통적 제도를 끝까지 붙들고 늘어졌다. 청조가 고루하기 짝이 없는 과거제도로 국가관리층을 충원하는 패턴을 포기한 것은 왕조가 망하기

일보 직전이었던 1905년이 되어서였다. 조선 왕실도 갑오농민전쟁에 일본군대가 궁궐을 장악하여 친일개화파 관료들을 앞세워 개혁을 촉구함에 따라 비로소 새 제도들을 도입한다.

18세기 말 미국의 독립혁명과 뒤이은 프랑스 혁명을 중심으로 서양에 정치혁명이 휩쓰는 과정에 대한 긴 역사서술을 마치면서 R.R. 팔머는 그 모든 민주혁명의 궁극적인 원인이 무엇인가라는 질문을 던진다.[72] 그는 스스로 답하기보다 먼저 "어디에서든 불평등이 혁명의 원인이다"라고 한 아리스토텔레스의 발언을 상기시킨다. 그는 이어서 『미국의 민주주의』로 유명한 알렉시스 드 토크빌(Alexis de Tocqueville) 역시, 중세 이래 프랑스와 미국, 그리고 전 유럽의 모든 역사의 코스는 더 발전된 "조건들의 평등"(equality of conditions)을 향해 나아가는 것이었다고 말한 것을 상기시킨다. "조건들의 평등을 향한 점진적인 진전은 섭리이다. ……그것은 보편적이고 지속적이며 끊임없이 인간의 통제능력을 우회하면서 전진한다. 모든 사태와 모든 인간이 그 진전에 기여한다"고 한 토크빌의 말을 또한 상기시킨다.[73]

그렇다면, 서양에서 산업혁명과 함께 정치혁명이 전개될 때, 동아시아가 정치적으로도 전통질서의 악순환에서 벗어나지 못했던 데에는 전통질서가 약하면서도 아직은 민중 내부의 "조건의 평등"을 향한 열망과 운동이 충분히 강력하지 못했기 때문이라고 말할 수도 있게 된다. 평등을 향한 열망도 있었고, 봉기도 있었지만, 전통적 질서는 간신히나마 기존의 구조를 지탱할 힘은 갖고 있었던 셈이다. 중국 태평천국의 난과 조선 갑오농민혁명의 시점에서는 서양 제국주의나 일본 제국주의와 같

---

72) R.R. Palmer, *The Age of Democratic Revolution: A Political History of Europe and America, 1760~1800*, II, *The Struggle*, Princeton: Princeton University Press, 1964, p.573.

73) Palmer, 1964, pp.573~574.

은 외세가 나서서 기존의 전통적 질서를 지탱하는 데 도움을 주기에 이른다. 말하자면, 동아시아에서는 평등을 향한 열망과 그에 바탕을 둔 반란들이 전통질서를 무너뜨릴 수도 있는 지점에 이르렀을 때는, 제국주의세력이 일단은 기존의 전통질서를 지탱하여 반란세력을 분쇄하고 전통질서 자체를 붕괴시키거나 약화시키는 것은 훗날로 미루는 패턴을 보였다. 그런 의미에서 제국주의는 중국과 조선과 같은 동아시아 사회에서 전통질서에 대한 위협도 제기했지만, 그 악순환을 지원해주는 역할도 담당했던 것이다.

어떻든 제국주의의 도전 앞에서도 19세기 동아시아 국가들에서 전통질서의 악순환은 영원히 되풀이되는 계절의 순환을 따르듯 했다. 18세기 말 중국은 그 영구적 사이클에서 또 하나의 만추(晩秋)의 주기에 접어들고 있었으며, 마침내 엄동(嚴冬)을 향하여 나아가고 있는 것처럼 보였다. 건륭제 말기인 1790년대를 풍미한 백련교(白蓮敎: the White Lotus)의 반란군들은 중국 관리들의 부패와 착취가 "인민을 반란으로 몰아가고 있다"고 말하고 있었다.[74]

18세기 말 이후 중국은 특히 민중의 삶에서 더욱 유능한 국가경영이 필요해질 무렵이었다. 인구는 폭발적으로 늘어나는 데 비해 경작지 면적을 포함한 경제적 자원증가는 소걸음이거나 정체되고 있었다. 18세기 중엽인 1741년 청나라 인구는 1억 4천만이었으나 50여 년 후인 1799년에는 3억이 되었다. 반세기 만에 2배 이상 늘어난 것이다. 그로부터 또 50년이 지난 1850년에는 4억 3천만으로 되었다. 백 년 만에 인구가 3배가 넘게 증가한 것이었다. 반면에 순치제(재위 1644~61) 말기

---

74) Arthur Hummel, ed., *Eminent Chinese of the Ch'ing Period*, 2 vols, Washington, D.C., 1943, vol.1, p.223; Jonathan D. Spence, *The Search for Modern China*, New York: W.W. Norton, 1990, p.114.

에서 건륭제 말까지의 140년간에 중국의 경지면적은 5억 무(畝)에서 9억 무로 증가하는 데 그쳤다. 인구가 3억에 달한 18세기 말인 건륭제 말기 일인당 평균 경지면적은 4무였으며, 인구가 4억으로 증가한 19세기 초인 도광제(道光帝: 1782년 출생, 재위 1820~50) 시기에 일인당 평균 경지면적은 2.25무였다. 당시 일인당 최저생활을 위한 평균 경지면적은 4무로 평가되고 있었다. 이렇게 볼 때 건륭제 말기에 이미 경지가 부족했다. 도광대(代)에 이르러서는 상황이 더욱 악화되어 전 인구의 3분의 1은 기아나 반기아(半飢餓) 상태에 놓였다.[75]

국가경영의 효율성에 대한 필요는 크게 커졌지만, 중국의 국가능력은 악화일로를 걸었다. 전형적인 왕조 말기 증상을 드러내고 있었다. 획기적인 정치적 쇄신이 필요할 때에 청조는 전통적 질서마저 붕괴하는 국가해체 과정에 들어섰다. 그러므로 19세기에 중국이 처하게 된 문제의 본질을 평가하기 위해서는 청조 역시 흥망성쇠를 거듭했던 과거 왕조들의 말기적 패턴을 드러냈다는 사실을 지적하는 것만으로는 부족할 것이다. 서양이 전통적 정치질서 순환의 고리를 끊고 새로운 정치질서와 새로운 문명을 창조하고 있었다는 사실이 동시에 중요하다. 동서양의 역학과 균형은 상대적인 문제이다. 따라서 서양이 정치적으로도 역동적인 변화를 겪고 있던 시점에서 중국에서는 과거의 전통적인 왕조 융성과 쇠퇴의 패턴이 정확하게 되풀이되고 있었던 것은 그만큼 중대한 문제가 되는 것이다. 그 점을 주목할 때 19세기가 하나의 왕조로서의 청조(淸朝)의 무덤일 뿐만이 아니라 중국이 세계의 중심에 선 중화질서 자체의 무덤이었던 이유를 이해할 수 있는 것이다.

서양에서 정치혁명으로 국가와 정치의 효율성이 증대되고 있을 무렵, 중국은 관료적 전제군주제가 지속되었다. 군주 일인의 능력과 성향

---

75) 표교열, 1989, 14~15쪽.

에 따라 국가운명이 좌우되는 구조에서 벗어나지 못했다. 동양 정치질서의 후진성은 서양도 마찬가지로 봉건제이거나 전제군주의 시대일 때에는 문제가 안 되었다. 서양 문명이 사회혁명을 통해 새로운 정치문명을 건설해가고 있을 때에 중국과 조선은 과거의 질서와 그 치명적인 문제점들을 구태의연하게 지속하고 있었다는 사실에 문제의 본질이 있었다. 결정적인 전환의 시기에 중국은 전제군주제의 전형적인 폐해를 답습하고 있었다는 사실은 건륭제 말기의 화신(和珅: 1750~99)사건이 표상한다.

건륭제는 1775년 황궁 경비대의 청년장교 화신에게 매료된다. 그 분명치 않은 배경은 많은 소문의 재료가 되었다. 이후 청나라 역사에 전례가 없을 정도로 막강한 권한이 화신 한 사람에게 집중되었다. 그는 곧 조세담당 대신이 되었으며 동시에 북경수비대 사령관이었다. 그밖에도 많은 직책을 독차지했다. 또 그의 아들은 건륭제의 10번째 딸에게 장가들었다. 화신은 그 권한을 사리사욕을 위해 최대한으로 남용했다. 황제는 그에 대한 어떤 견제도 허용하지 않았다. 화신은 관리들의 부패를 부추겨 천문학적 규모의 재산을 축적하고, 그 돈으로 자신의 파당을 이끌었다. 백련교도의 난과 베트남과의 전쟁 등 건륭제 말기에 있었던 여러 군사작전들에 필요한 군비를 뺑튀기했다. 그 재물을 자신의 재산으로 빼돌렸다. 백련교도의 진압을 주도한 그의 작전들은 잔악하기 이를 데 없었다. 그 시대 중국이 안고 있던 국가경영 파탄의 상황을 더욱 악화시켰다. 관료집단의 기강을 어지럽히고 민심 이반을 심화시키는 데 중요한 역할을 했다.[76] 전통적인 전제적 군주체제 아래서 황제가 그런 인물을 계속 신임하는 한, 그 인물로 인한 국가존망의 위기가 악화되는 것을 막을 장치는 없었다.

---

76) Spence, 1990, pp.114~116.

만주족이 세운 청조는 이전의 중국 왕조들을 사로잡은 폐악들을 대단한 주도면밀함과 통찰력을 발휘하여 사전에 차단하는 데 오랫동안 놀랄 만큼 성공했다. 황실 황자(皇子)들, 변강의 군사령관들, 이민족의 침노, 지방 호족, 조정의 환관들, 황후와 그 친척들, 관료사회 내부의 파당들, 이 모든 것들을 청조는 절치부심하며 경계했다. 그래서 황제의 손에 권력이 집중된 상태를 유지할 수 있었다. 그러나 그런 모든 성공적인 노력에도 막을 수 없었던 것은 제국 구조 자체의 핵심이었던 황제 자신이 늙어서 판단력을 상실하는 일이었다.[77] "황제는 어떻게 할 수 없었던 것"이라고 한 존 페어뱅크의 말은, 다른 세계는 정치혁명을 겪고 있는 때에 중국은 제자리걸음으로 수천 년 이어져온 전제군주제 정치질서를 답습하고 있는 상황이 제기하는 딜레마의 본질에 대한 평범하면서도 정곡을 찌르는 지적이다.[78]

7. 아편전쟁 후 중국 왕조의 중흥 노력과 전통의 질곡

1860년대 초 청 왕조는 전형적인 내우외환에 시달리면서 심각한 내부 분열을 겪었다. 영불연합군의 북경 침공을 맞아 열하로 도망친 이른바 열하파(熱河派)가 있었다. 북경에 남아서 연합군과 협상하여 '북경조약'을 체결하고 외국군을 철수시켜 사태를 매듭지은 것은 공친왕(恭親王) 일행이었다. 이들은 북경파(北京派)로 불렸다. 이 두 파당 사이에 치열한 권력투쟁이 벌어졌다. 안정을 희구한 민심은 북경파를 지지한다. 공친왕과 서태후(西太后, 慈禧太后: 1835~1908)는 민심을 등에

77) Edwin O. Reischauer and John K. Fairbank, *East Asia: The Great Tradition*, Boston: Houghton Mifflin Company, 1958, 1960, pp.391~392.
78) Reischauer and Fairbank, 1958, 1960, pp.389~393.

업고 신유정변(辛酉政變)을 일으킨다.[79] 공친왕이 서태후와 결탁하여 북경으로 돌아온 열하파들을 체포하고 처형하여 정권을 장악한 쿠데타였다.

서태후는 함풍제(咸豊帝: 1831년 출생, 재위 1850~61)의 두 황후 중의 하나였고 공친왕은 함풍제의 동생이었다. 영불연합군의 철수 후에도 열하에 남아 있던 함풍제는 1861년 8월 병으로 죽는다. 공친왕세력은 서태후의 5살짜리 친아들을 즉위시킨다. 그가 동치제(同治帝: 1856년 출생, 재위 1861~74)였다. 서태후는 어린 황제의 섭정이 되었다. 그렇게 해서 공친왕은 실권을 잡았고, 서양세력에 대해서는 유연한 자세를 취했다.[80]

1860년 북경조약으로 중국과 불평등 조약체제를 완성한 서양 열강들은 막 확보한 기득권을 지키기 위해 청조를 도왔다. 청조는 1854년 이래 큰 세력을 이룬 태평천국군의 도전을 받고 있었다. 서양 제국주의세력의 도움을 받아 청조는 1864년 태평천국군을 가까스로 평정한다.[81]

1861년 신유정변 이후 공친왕은 실권을 가진 군기대신이었다. 서태후의 지지를 받으며 공친왕 등 청조 지배층이 추진한 자강운동(自強運動)을 '양무운동'(洋務運動)이라 부른다.[82] 양무운동은 1894년 청일전쟁 때까지 계속된 것으로 본다. 1895년 청일전쟁에서의 패배로 파국을 맞으며 종결된다. 여러 민중운동과 제2차 아편전쟁으로 내외의 위기에 직면했던 청조가 자강과 부강을 표방하며 군사력과 근대산업을 일으켜

---

79) 표교열, 1989, 62쪽.

80) 박혁순, 「양무운동의 성격」, 서울대학교 동양사학연구실 편, 『강좌 중국사 V: 중화제국의 동요』, 지식산업사, 1989, 166쪽.

81) Spence, 1990, pp.179~182.

82) '양무운동'이라는 용어가 사용된 것은 1940년대 이후이며, 1956년 모안세(牟安世)의 『양무운동』(上海人民出版社)이 출간된 이후 널리 쓰이게 되었다. 박혁순, 1989, 163쪽.

위기를 극복하려 했다.[83]

1860년대에 전개된 양무운동의 제1단계는 군사공업을 일으키는 것이었다. 1861년 1월 양무파의 우두머리로서 공친왕은 "근본적인 책략은 자강에 있으며, 자강의 책략은 반드시 먼저 병사를 훈련시켜야 하는 것"이라고 말하면서 총포를 구입하고 훈련을 강화할 것을 주장한다. 또한 이홍장(李鴻章)은 "중국이 자강하려면 외국의 이기(利器)들을 공부해야 하며, 외국의 이기를 공부하려면 반드시 기계를 가지고 해야 한다"면서 군사공업을 일으켜 무기를 제조하고 군사력을 강화할 것을 주창했다.[84]

양무운동에 대한 평가는 역사적으로 변모해왔다.[85] 양무운동의 업적은 '동치중흥'(同治中興)으로 표현된다. 안으로는 민중반란을 진압하고 흔들리던 청조 지배체제를 어느 정도 안정시키는 데 성공했기 때문이다. 하지만 다른 한편으로는 실패였다.[86] 1884년 프랑스와 벌인 청불전쟁에서 대패했으며, 이어 1894~95년 청일전쟁에서도 참패했다. 중국의 반식민지 상태는 악화일로를 걷게 된다. 요컨대 양무운동에도 불구하고 청조는 그 운동으로 의도했던 중화제국 질서 재건은커녕 그 붕괴를 맞이했다. 그러므로 실패라고 하지 않을 수 없었다.

양무운동의 성격과 업적을 두고 20세기 중국과 세계 역사학계는 크게 부정적 비판과 긍정적 평가 사이에서 진동해왔다.[87] 우선 양계초(梁啓超)는 양무운동의 대표적 인물인 이홍장이 청조의 조정만 알고 국민과 국가를 알지 못했으며, 서양의 부강의 원인을 두고 단지 총포만을

---

83) 박혁순, 1989, 163쪽.
84) 왕소방 지음, 한인희 옮김, 『중국외교사, 1840~1911』, 지영사, 1996, 157쪽.
85) 박혁순, 1989, 164~165쪽.
86) 박혁순, 1989, 164쪽.
87) 박혁순, 1989, 164~165쪽.

알았을 뿐 그 근본을 알지 못했다고 비판했다.[88] 이 견해는 양무운동에 대한 비판적 인식의 고전이 되었다.

1930년대 이래 '반식민지 반봉건사회론'에 입각한 양무운동 평가 역시 매우 비판적이었다. 제국주의 열강과 결탁한 봉건계급이 봉건적인 지배기구 유지에만 급급했고 본질적 개혁은 외면한 것으로서 봉건적이고 매판적인 자구운동(自救運動)이라고 비판했다. 이 관점에 따르면, 양무운동세력은 제국주의 열강의 중국침략에 대해서는 타협과 양보로 일관했다. 그들이 추진한 공업화정책도 사적 이익 추구에 집중된 것이었고, 서구 자본주의세력과 결탁한 매판사업에 불과한 것으로 보았다. 그래서 중국 민족자본의 발전을 왜곡했다는 것이다. 1940년대 이래 중국 공산당의 표준적인 역사해석이다.[89] 1980년대에 출간된 한 중국 근대외교사 교과서 역시 양무파의 군사공업이 "외국 침략자들의 협조"를 얻어 이루어진 것이란 사실을 주목했다. 자강을 표방했던 양무운동 제1단계는 "국내외 반동파들이 태평천국 혁명 뒤 계속적으로 중국 민중을 억압하기 위해서 진행한 일종의 군사적인 합작 형태"라고 정의했다.[90]

1950년대 이래 중국에서 일반화된 전면적인 부정적 해석과는 달리, 구미 학계는 양무운동을 근대화운동이라는 관점에서 바라보았다. 그것이 실패한 원인에 대해서도 양무운동 자체보다는 중국의 전통적인 유교적 사회체제가 부과한 한계 때문이라고 인식하는 경향이 있었다.[91]

---

88) 梁啓超, 『戊戌政變記』, 신민총보, 1906; 박혁순, 1989, 164쪽.
89) 范文蘭, 『中國近代史』, 延安, 1946; 牟安世, 『洋務運動』, 1956; 張國輝, 『洋務運動與中國近代企業』, 北京, 1979; 박혁순, 1989, 164쪽 참조.
90) 왕소방, 1996(원저는 1985년에 출간), 158쪽.
91) Mary C. Wright, *The Last Stand of Chinese Conservatism, the T'ung-chih Restoration*, 1862~72, SUP, 1957; 박혁순, 1989, 164~165쪽.

중국에서도 1976년 마오쩌둥 사후 4인방(四人幇)이라 불린 문화혁명 주도자들을 숙청하고 4대 현대화노선을 채택한 후 양무운동에 대한 평가가 달라지기 시작한다. 1980년대에 일부 학자들은 양무운동을 긍정적으로 평가하고 나섰다.

이시악(李時岳)은 양무운동을 변법 및 신해혁명과 함께 근대적인 개혁운동의 하나라고 보았다.[92] 양무파들이 자본주의적 공업을 중국에 도입함으로써 중국사회를 봉건제에서 자본주의 단계로 전환하는 계기를 마련했다고 주장했다. 양무운동이 기초로 삼았던 관독상판제도(官督商辦制度)는 그전에는 비판의 초점이었다. 이제는 매판으로 매도당하기보다 오히려 민족자본을 보호하고 육성한 기능을 한 것으로 평가되었다.[93] 국권론적(國權論的) 시각에서 양무운동을 긍정적으로 재평가해야 한다는 주장도 나왔다. 이런 견해에서 양무운동은 매판과는 거리가 먼 것이었다.[94] 중국 근현대사에 대한 국내 역사학계의 대표적인 학자인 민두기도 양무운동이 기술뿐 아니라 제도개혁에도 관심을 가졌다고 이해했다. 양무운동이 1898년의 무술변법운동과 달리 지엽말단적인 서양기술 도입에 그쳤다는 주장을 비판하면서, 민두기는 그 운동의

---

92) 李時岳, 「中國近代史主要線索及其標志及我見」, 『歷史研究』 84-2, 1984; 박혁순, 1989, 165쪽에서 재인용.

93) 李時岳·胡濱, 「論李鴻章的洋務思想」, 『吉林大學學報』 81-3, 1981; 박혁순, 165쪽에서 재인용. 관독상판제도는 1872년 윤선초상국이 설립되면서 채택된 것으로, 양무운동기의 대표적인 기업형식이었다. 상인들이 기업을 설립·운영케 하고 정부의 자금을 지원하는 등 각종 특혜를 부여하되 관료의 감독을 받게 한 것이다. 전통시대에 관이 상인자본을 통제하는 것을 연상시키는 제도로서 기업경영에 관이 개입하여 부패와 비능률을 초래하고 관료집단이 사적 이익을 위해 상인자본을 침탈하는 도구로 전락했다는 비판을 받기도 했다. 그러나 이 시기 중국의 성공적인 공업화의 실패 원인을 관독상판제도 자체로 전가하는 것은 옳지 않다는 의견도 있다. 박혁순, 1989, 190~191쪽.

94) 溝口雄三, 1985; 박혁순, 1989, 165쪽 참조.

근대적인 성격을 인정하고 높이 평가했다.[95]

　그러나 일본의 중국사상사 연구자들 중에는 그와 다른 전통적인 해석도 여전하다. 미조구치 유조(溝口雄三)와 함께 특히 근현대 부분에서 도쿄대의 중국사상사 연구를 대표하는 무라타 유지로(村田雄二郎)는 양무운동 또는 자강운동을 "지방에서 실력을 쌓은 한인 관료층이 중앙 정부에서 발언권을 강화하면서" 펼치기에 이르는 "식산흥업노선"(殖産興業路線)으로 정의한다.[96] 증국번과 이홍장 등을 대표로 하는 양무파 관료들의 사상에 대해 무라타는 "간단히 말하면 도(道)는 중국 고유의 것이 우수하므로 기(器)의 영역에 한해서 외국의 우수한 기술과 지식을 받아들이자는 형태"라고 파악한다. 결국 물질문명에 한하여 서양을 받아들이자는 주장이었고, 따라서 1898년 장지동(張之洞)의 『권학편』(勸學篇)에서 중체서용(中體西用)이라는 개념으로 정식화되었다는 것이다.[97]

　무라타는 양무운동세력의 철학적 지평의 한계를 이렇게 총평한다. "과거(科擧) 엘리트인 그들에게 도, 즉 중체가 무엇보다 유교를 의미한다는 사실은 말할 필요도 없다. 배외적 수구파와 달리 서양의 기술과 도구의 우수성을 인정한 그들도 중국 '도'의 보편성과 절대성을 확신했다는 점에서 유교의 교도라는 사실은 변함이 없었다. 18세기 말엽 이후로 유교 사회의 동요, 그리고 다가오는 대외적 위기에도 불구하고 중체서용적인 유교 옹호의 사고는 그리 간단하게 포기할 수 있는 것이 아니

---

95) 민두기, 『중국 근대 개혁운동의 연구: 강유위 중심의 1898년 개혁운동』, 일조각, 1985, 36~40쪽; 박혁순, 1989, 196쪽.

96) 무라타 유지로(村田雄二郎), 「중국 근대 혁명과 유교 사회의 반전」, 미조구치 유조 외 지음, 동국대 동양사연구회 옮김, 『중국의 예치 시스템: 주희에서 등소평까지』, 청계, 2001, 247쪽.

97) 무라타 유지로, 2001, 247쪽.

었다."98)

페어뱅크 등 서양의 주요한 중국 연구자들도 양무운동의 근대적 성격에 대해 기본적으로 회의적인 견해를 유지했다는 사실을 유의해야한다. 페어뱅크의 중국근대사 교과서는 "관료의 감독과 상인의 경영"을 의미하는 관독상판제도는 실제로는 관료주의에 의해서 기업을 불구로만들었다고 비판했다. 또한 관리이든 상인이든 이 새 기업에 이윤을 재투자하는 대신 그것을 빨아내는 데에만 열중했다고 보았다. 따라서 재투자를 통한 공업의 자립적 성장은 결코 진행되지 못했다고 평가했다. 그래서 "관부의 후원을 받은 많은 사업의 초기 전망은 밝았지만 19세기말 중국의 공업화는 전반적으로 실패했다"는 것이 페어뱅크의 인식이다.99)

어떻든 중국은 전통적인 지배집단이 주체가 되어 양무운동을 벌임으로써 내우외환을 극복하려 했다. 서양 제국주의에 반식민지화되어 있는 상태에서나마 왕조의 위기를 수습하고자 했다. 중국의 역사학도 양무운동을 긍정적으로 재평가하는 움직임이 있음도 보았다. 그러나 큰틀에서 양무운동이 근대적인 제도개혁과는 거리가 있는 중체서용의 원칙에 서 있었다는 것을 부인하기는 어려워 보인다. 현실적으로도 양무운동이 결국 실패작이었다는 것을 부정할 수도 없다. 그 실패의 원인에 대한 다양한 논란을 떠나서 필자는 그 중요한 원인의 하나를 전통적 왕조체제의 속성과 연관해 이해할 필요가 있다고 본다.

이홍장 등 이른바 청조의 개명된 관료들은 기존 왕조체제의 틀 안에서나마 중국의 중흥을 꾀하기 위해 노력했다. 문제는 그것이 전통적인왕조체제의 틀 안에서 이루어지는 것일 수밖에 없었다는 사실이다. 양

---

98) 무라타 유지로, 2001, 247~248쪽.
99) 존 킹 페어뱅크·멀 골드만 지음, 김형종·신성곤 옮김, 『신중국사』, 까치, 수정증보판, 2005, 269쪽.

무운동이 나름대로 근대적인 제도개혁을 추구한 측면이 있더라도, 왕조체제 자체의 틀 안에 머물러 있는 노력이었다는 사실은 부정할 수 없는 사실이었고, 그것은 치명적인 한계였다. 이 점은 양무운동에 의한 부국강병의 대표적인 사업으로 이홍장이 추진한 북양함대가 일본과의 대결을 앞두고 직면하게 되었던 전통의 질곡에 의해 확인된다.

당시 청조는 두 차례 연속으로 어린 소년황제들의 제국이었다. 실권은 이들의 섭정으로서 영리하고 아름답지만 무식했던 서태후가 장악하고 있었다. 펄 벅(Pearl Sydenstricker Buck: 1892~1973)은 선교사였던 부모를 따라 중국에서 자라고 남경대학 교수를 역임한 미국의 여류작가이다. 1931년에 중국 농촌을 무대로 쓴 소설 『대지』(*The Good Earth*)로 1938년에 미국 여성 최초로 노벨문학상을 수상했다. 그녀의 작품에는 서태후를 주인공으로 한 것도 있다. 『제국의 여인』(*Imperial Woman*)이라는 작품이다. 서태후가 함풍제의 후궁이 되면서 자신의 진정한 사랑을 감춘 채 청조 말기 중국의 최고 권력자로 변화해가는 모습을 그렸다.[100]

제국주의 질서가 제기하는 엄중한 위기 앞에서 서태후의 최고관심은 어떤 대가를 치르더라도 만주족에 의한 통치권력과 그 영화를 유지하는 데 있었다고 평해진다. 당시 천진(天津)의 총독으로서 청조의 외교를 떠맡고 있던 이홍장은 끊임없이 공금을 빼서 서태후에게 사치스런 선물과 무조건적 충성을 표현하는 아첨을 해야 했다. 일본이 청과의 일전을 염두에 두면서 해군력을 확장하는 데 여념이 없던 1888~94년 기간, 이홍장은 일본의 군비확장에 대응해 북양함대를 건설하고 있었다. 그러나 이홍장은 서태후에 대한 충성을 보여주기 위해 북양함대 건설

---

100) 국내에는 『연인 서태후』(이종길 옮김, 길산, 2007)라는 제목으로 번역되어 있다.

을 위한 기금을 빼돌려 서태후의 여름 궁궐을 짓는 데 유용하지 않으면 안 되었다.[101]

이 사태가 장차 청일전쟁과 그로 인한 중화제국의 몰락을 초래한 결정적인 원인의 하나였다는 사실은 구체적으로 짚어둘 필요가 있다. 1884년 청불전쟁 후에 이홍장은 북양함대 건설에 나섰다. 마침내 1888년에 완성된 이홍장의 북양함대는 당시로서는 최대급인 7,335톤급 전함들인 정원(定遠)과 치원(致遠)이 주력함이었다. 독일 조선회사 크룹(Krupp)으로부터 구입한 것들이었다. 신식 순양함과 어뢰정 등 대소 함정 50척으로 이루어진 함대의 총 규모는 5만 톤에 달했다. 그 시기 일본 해군력을 능가하는 수준이었다.[102]

영국 조선회사 암스트롱(Armstrong)으로부터도 철선 순양함을 구입했고 교관도 초빙했다. 그러나 곧 이홍장에게는 해군력을 더 확충할 비용도, 그것들을 제대로 운영할 자금도 남지 않게 된다. 해군 경비로 책정된 예산을 서태후의 환갑을 축하하기 위해 바다처럼 넓은 호수를 가진 초대형 호화 정원 이화원(頤和園)을 건설하는 비용을 충당하는 데 유용해야 했기 때문이다. 1880년대 말의 일이었다. 해군은 3,600만 태을, 미화로 5,000만 달러가 필요했다. 하지만 해군은 이미 한 푼도 없었다. 그 결과는 거의 코믹한 수준이었다. 마침내 일본과 전쟁에 돌입한 1894년 9월, 이홍장은 독일에서 구입한 전함에 장착된 포에 사용할 포탄이 전혀 없으며, 영국에서 구입한 순양함들에 쓸 화약도 없다는 것을 발견하게 된다.[103]

---

101) John King Fairbank, *The Great Chinese Revolution, 1800~1985*, New York: Harper Perennial, 1987, p.111.

102) 고지마 신지(小島晋治)·마루야마 마쓰유키(丸山松幸) 지음, 박원호 옮김, 『중국근현대사』, 지식산업사, 1998, 46쪽.

103) Fairbank, 1987, p.118.

원대한 포부로 큰 돈을 들여 장만한 중국 북양함대가 사실상 쓸모없는 고철로 변해가고 있는 사이에, 일본 해군력은 급속하게 성장했다. 기동력이 뛰어난 10척의 중소 신예 함정들을 구입했다. 또 자력으로 순양함과 철갑함 다수를 건조했다. 1894년까지 55척에 총 톤수 6만에 이르는 대해군을 건설할 수 있었다. 청나라의 북양함대는 1문도 갖고 있지 않은 최신예 속사포를 155문이나 갖추었다. 그 결과 1894년의 시점에서 북양함대는 일본 해군에 비해서 주력함의 평균 시속이 1해리 늦고, 평균 선령(船齡)도 2년 낡았으며, 포의 발사속도도 4~6배 늦은 열세에 놓이게 되었다.[104] 자원배분의 우선순위가 국가와 사회 전체를 위해 정해지지 않고 황제와 황실을 위해 결정되는 전통적 왕조체제는 여기서도 유감없이 그 속성을 발휘했고, 그 결과는 치명적이었다.

청의 국가 경영자들은 사고방식에서도 전통적 세계를 벗어나지 못했다. 1864년 일본이 기선과 대포를 제작할 능력을 배우는 것을 본 이홍장은 청 조정에 과학과 기술과목을 과거시험에 포함시킬 것을 건의한 일이 있었다. 정부는 이를 받아들이지 않았다. 당시 황제를 가르치는 임무를 맡은 자로서 국가이념을 대변하는 대학사의 위치에 있던 왜인(倭仁)은 "나라를 확립하는 길은 예와 의를 강조하는 것이지 기술이 아니다"라고 말하면서 이홍장의 건의를 일축했다. 당시 청조를 지배하던 정치적 지식인들의 현실 인식 수준을 드러낸 일이었다. 이러한 태도는 사실 고전만을 경전으로 가르치고 배우던 중국의 대부분의 학자와 젊은이들의 기득권과 일치했다. 그 결과 근대적 학문은 과거시험과목에서 계속 배제되었다. 1905년에 가서야 그 같은 시대착오적인 과거제도가 폐지되기에 이른다.[105]

---

104) 고지마 신지·마루야마 마쓰유키, 1998, 46~47쪽.
105) Fairbank, 1987, p.113.

존 페어뱅크에 따르면, 아편전쟁이 발발한 1840년에서 청일전쟁에서 일본에 패배한 1895년까지 55년 동안 청조는 왕조를 지탱하기 위해서 외세에 유화책으로 일관했다. 뿐만 아니라 바로 그 외세로부터 무기를 받아서 양자강 유역뿐 아니라, 북서부와 남서부의 중국과 중앙아시아 쪽에서 전개된 민중반란을 억압하는 데 열중했다.[106] 당시 중국의 명목적인 주권은 북경의 청조에 있었다. 그러나 실제 중국의 모든 주요도시를 망라하고 있던 항구들은 지방권력자들이 장악하고 있었다. 중국은 이들 부패한 관리들이 주도하는 "관료적 자본주의"의 나라였다.[107]

8. 청조 말 중국 부흥을 위한 마지막 노력과 전통의 질곡

서양 제국주의의 반식민지로 전락한 중국은 급기야 일본의 본격적인 대륙 침략의 신호탄이었던 청일전쟁에서 패한다. 중국의 국가는 중체서용이라는 양무운동의 정신적 한계를 깨닫고 한 차원 높은 제도적 변화를 시도한다. 무술변법으로 불리는 정치개혁 시도가 그것이다. 그러나 이 역시 전통적 중국 왕조의 질곡이라 할 황실 중심의 권력구조와 그와 영합한 전통적 엘리트 집단의 반동으로 좌절된다. 그리고 그 개혁의 중심에 서 있던 젊은 황제는 독살당하고 만다. 이 역시 중국 왕조체제가 마지막 순간까지 정치적 인볼류션이라 할 전통질서의 악순환 증상으로 효과적인 정치적 변화를 할 수 없었음을 보여준 또 하나의 증거였다.

1860년에서 1870년대에 걸쳐 중국에서 전개된 양무운동은 제도는 중국적 전통을 유지하면서 기술에서 서양을 배워 부국강병을 이루겠다

---

106) Fairbank, 1987, pp.119~120.
107) Fairbank, 1987, p.121.

는 것이 그 기본정신이었다. 동치제(재위 1861~74)의 재위 기간에 청조는 양무운동으로 한동안 중화제국 건재에 대한 희망을 과시하기도 했다. 그래서 동치중흥이라 불리기도 했다. 하지만 청조의 정치는 왕조 말기증상에 빠져들어가고 있었다. "소년왕과 외척의 발호"라는 망국의 공식이 작동했다. 불과 다섯 살에 등극한 동치제의 재위 기간 동안 청나라 권력은 그의 어머니 서태후에게 있었다. 동치제는 16세 때인 1873년 공식적으로는 친정을 하게 되었다. 그러나 실권은 여전히 서태후가 쥐고 있었다. 동치제는 그의 나이 18세 되던 1874년 천연두에 걸려 요절하고 말았다. 서태후는 자신의 여동생(순친왕의 부인)의 네 살배기 아들을 동치제의 후계자로 선택했다. 그가 청나라 11대 황제로 등극한 광서제(光緒帝: 1871년 출생, 재위 1874~1908)였다.

서태후가 실권을 장악하고 이홍장이 그 외교를 주관한 가운데 청조는 생존을 위해 안간힘을 썼다. 하지만 그들의 기본정신이었던 양무운동과 중체서용은 청일전쟁에서의 패배로 그 한계를 여실히 드러내었다. 이제 27세가 된 광서제는 서태후의 그늘에서 벗어나 1898년 여름 북경에서 새로운 정치적 실험을 전개한다. 이제 서양에서 기술만 배우는 데 그치지 않고 중국의 법과 제도를 근대적으로 혁신해야 한다는 변법자강(變法自強)의 정신을 전면에 내세웠다. 변법의 이론가였던 캉유웨이(康有爲)의 이상과 27세의 젊은 황제 광서제의 짧았던 권력이 결합한 것이 이른바 '무술변법'(戊戌變法)이었다. 광서제는 그해 6월 11일부터 9월 21일까지 103일에 걸쳐 200여 건의 명령과 지시를 공포한다.

그것은 정치, 군사, 경제, 교육, 문화의 모든 차원에서 엄청난 혁신을 가져올 수 있는 구상과 시책들이었다. "국가 재정 예산을 편성하고 매년 수입과 지출을 공표한다"고 했다. "언론을 개방하고 신민이 글을 올려 시정을 논의하는 것을 장려하고 신문사와 학회를 자유롭게 설립하도록 한다"는 내용도 있었다. 또한 "수도에는 대학당을, 지방에는 고등,

중등, 소학당을 설립하여 중국과 서양의 학과를 함께 배우게 한다"고도 했다. 이러한 교육 혁신 정책은 14세기 이래 중국 과거시험에서 사서오경(四書五經)의 내용을 바탕으로 문장을 짓게 하는 "팔고문"(八股文) 제도를 버리고 정치와 경제에 대한 시책을 논하는 '책론 시험'(策論 試驗)을 시행하겠다고 한 것과 불가분한 것이었다. 저우스펀의 표현에 의하면 "이 모든 것을 황제의 권력에 의지하여 실현했더라면 중국은 100일 안에 당시 세계에서 가장 현대적으로 관리되는 나라가 되었을 것"이다.[108]

하지만 무술변법은 "100일 유신"으로 끝나고 만다. 이화원에서 정세를 관망하던 서태후는 처음엔 광서제가 하는 일을 지켜보고 있었다. 곧 무술변법의 개혁대상으로 되어 분노하고 있던 군부 지도자들이 서태후 주변에 몰려들었다. 1898년 9월 21일 서태후는 이들을 배경으로 광서제를 권좌에서 끌어내렸다. 이후 광서제는 1908년 죽을 때까지 연금상태에 놓인다. 담사동(譚嗣同)을 포함한 6명의 유신 인사들은 형장의 이슬로 사라졌다. 캉유웨이를 포함한 2명의 주도자는 해외로 도주했고, '황제당'으로 찍힌 40여 명의 관리들은 파직당했다.[109]

저우스펀은 변법개혁 실패의 현실적 원인을 두 가지로 지적했다. 황제가 개혁 저항세력의 반란을 통제할 수 있는 무력을 장악하지 못했다는 것이 그 하나였다. 저항세력을 견제하는 데 필수적인 또 다른 토대인 중국 사회 내부로부터의 보편적인 인정과 호응이 존재하지 않았다는 것이 다른 하나였다. 그는 이 문제의 심각성을 특히 과거시험에서 팔고문을 버리고 정치 경제에 대한 대책을 논의하는 책론을 채택한 개혁 방향이 중국 사회 기득권층에 던진 충격에서 찾았다. "이럴 경우, 수

---

108) 저우스펀(周時奮) 지음, 김영수 옮김, 『중국사 강의』, 돌베개, 2006, 465~467쪽.
109) 저우스펀, 2006, 466쪽.

많은 권세가와 고관대작, 수백 명의 한림(翰林), 수천 명의 진사(進士), 수만 명의 거인(擧人), 수십만 명의 수재, 수백만 명의 동생(童生) 등 전국의 지식인들이 기꺼이 기득권을 버리려 하겠는가? 이 방안이 실행되지 못한 것은 수백만 구시대 엘리트들의 기득권을 빼앗으려 했을 뿐만 아니라 제국의 모든 사회 조직 논리를 철저하게 부정하려 했기 때문이었다."[110]

광서제가 죽은 지 정확하게 1세기가 지난 후 중국 역사학계는 그의 죽음이 독살에 의한 것이었음을 법의학적으로 밝혀낸다. 중국의 '청사(淸史)편찬위원회'는 2003년 중국 중앙방송(CC-TV), 청 서릉(西陵) 문물관리처, 원자력과학연구원, 베이징 시 공안국(公安局) 법의학 감정센터 등으로 광서제의 사인 규명을 위한 합동조사단을 구성했다. 그 후 5년간 작업을 진행한 이 조사단은 광서제의 유해와 두발 성분 검사를 통해 체내에서 1그램(g)당 2,404마이크로그램(μg: 100만 분의 1g)의 비소 성분을 검출했다. 정상인의 유해에서는 0.59마이크로그램만이 검출된다. 광서제와 생활환경이 유사했던 부인 융유(隆裕) 황후의 유해에서 검출된 비소는 9.2마이크로그램으로 정상인보다 약간 높은 수준이었다. 이를 근거로 조사단은 광서제 사인을 독살로 결론을 내렸다. 『인민일보』(人民日報)의 자매지 『경화시보』(京華時報)가 2008년 11월 3일 보도한 내용이다. 비소는 궁중에서 독살에 주로 사용됐던 비상(砒霜)의 주성분으로 알려져 있다.[111]

---

110) 저우스펀, 2006, 468~469쪽.
111) 장세정, 「청나라 말 비운의 황제 광서제 독살 사실 100년 만에 밝혔다」, 『중앙일보』, 2008년 11월 4일자.

9. 20세기 초 중국 왕조시대의 종언

제임스 게일(James S. Gale)은 캐나다에서 태어나 25살 되던 해인 1888년 12월 조선에 선교사로 부임한 인물이다. 그는 1897년 일시 미국으로 출국한 것을 빼고는 1928년 은퇴해서 아내를 따라 영국으로 떠나기 전까지 한국에서 평생을 보냈다. 그가 1909년에 출간한 『전환기의 조선』이라는 책에서 그는 당시 중국을 가리켜 이렇게 말했다. "서쪽에는 아편을 맞고 깊이 코를 골고 있는 중국이 있다. 언제인가 중국이 잠에서 깨어 세계의 거인이 될 날이 올까?"[112]

중국이 잠을 깨는 것은 전통 왕조의 부흥을 통해서가 아니라 그 파괴를 통해서였다. 제국주의 국가들이 1900년의 의화단 사태를 진압하고 중국 청조를 압박해 맺은 신축조약으로 중국 국가 재정은 바닥났다. 청조는 끊임없이 제국주의 열강들과 타협하여 수많은 이권을 강탈당했다. 청조는 더 이상 중국인들에게 어떤 정통성도 누릴 수 없었다. 20세기 첫 10년 기간의 청조에 대한 현대 중국 역사학의 평가는 이러하다. "제국주의자들은 한편으로 청국 정부를 중국을 통치하는 도구로 이용하거나 부추겼으며, 또 다른 한편으로는 서로 쟁탈하여 부단히 중국에 대한 침략을 확대했다. 청국 정부는 더 한층 제국주의에 의지하여 국가의 이익을 팔아먹고 그들의 지지를 획득하여 자신들의 봉건 통치를 유지했다. 중국의 민족적 위기는 날로 심화되었고, 백성들의 생활은 더욱 고통스러워졌다. 동시에 중국인들은 제국주의의 흉악한 면모를 더욱 분명히 볼 수 있었다. 청국 정부가 매국적인 정부이며 제국주의의 도구임을 보다 분명하게 인식하게 되었다."[113]

---

112) James S. Gale, *Korea in Transition*, Cincinnati: Jenning & Graham, 1909; J. S. 게일 지음, 신복룡 역주, 『전환기의 조선』, 집문당, 1999, 107쪽.

그 역사적 귀결은 새로운 반란과 혁명의 물결이었다. 1903~1905년 사이에 많은 혁명단체가 우후죽순처럼 생겨났다. 그 가운데 가장 유력한 것은 화흥회(華興會), 과학보습소(科學補習所), 광복회(光復會) 등이었다. 하지만 이들은 지역적인 유대를 기반으로 활동해온 한계가 있었다. 1904년 일본 유학생 황흥(黃興)이 그의 고향 호남성에서 송교인(宋敎仁) 등과 함께 조직한 화흥회는 명확한 강령도 없이 지역성이 농후했다. 1904년 10월 절강(浙江)과 안휘 일대를 근거지로 채원배(蔡元培)가 도성장(陶成章)과 함께 조직한 광복회도 지역적 범위를 벗어나지 못했다. 이들이 지역적 유대의 틀을 넘어 전국적인 혁명적 통일조직으로 발전한 것은 1905년 중국동맹회(中國同盟會)의 결성이 분수령이었다.[114]

1905년 8월 20일 일본 도쿄에서 화흥회, 광복회, 흥중회(興中會) 등이 스스로를 해체하고 쑨원(孫文: 孫中山)을 중심으로 중국동맹회를 결성했다. 결성식에 참가한 100여 명의 동맹회 회원들이 쑨원을 총리로 추대한다. 헤럴드 시프린이 지적한 대로 쑨원은 중국의 사대부들과 같은 학문적 배경을 가진 인물이 아니었다. 탁월한 혁명사상가도 아니었다. 레닌과 같은 강력한 지도력을 갖지도 못했다. 하지만 다양한 사회적 활동을 배경으로 혁명을 이끌 수단가 또는 경영가로서의 능력을 가진 인물이었다. 회원들이 그를 지도자로 삼은 것은 그가 일본과 해외 화교들의 재정적 지원을 동원할 수 있고 중국의 비밀결사들과 연계하여 청조를 타도할 리더십을 갖춘 것으로 믿었기 때문이다.[115]

이 결성식에서 중화민국(中華民國)이라는 국호가 결정되었다. 강령도 마련했다. 오랑캐를 몰아내어 중화를 회복하고, 민권을 보호하는 민

---

113) 왕소방, 1996, 472쪽.
114) 임계순, 『청사(淸史): 만주족이 통치한 중국』, 신서원, 2001, 670~673쪽.
115) 임계순, 2001, 673쪽.

국을 수립하며, 토지의 균등분배를 실현한다는 '삼민주의'(三民主義)가 그것이었다. 쑨원의 삼민주의가 본격적으로 소개된 것은 1905년 11월 26일에 발행된 중국동맹회의 기관지 『민보』(民報)의 권두 발간사를 통해서였다.[116] 이후 동맹회는 6년간 아홉 차례의 무장봉기를 일으킨다. 마침내 1911년 10월 신해혁명(辛亥革命)이 폭발한다. 왕소방은 그 의미를 이렇게 요약했다. "중국에서 2천 년간 이어져온 봉건 왕조체제가 전복되고 청조 왕조의 전제 군주제도도 막을 내렸다."[117] 저우스펀의 표현을 빌리면, "만고불변으로 인식된 군주제가 진시황부터 따지면 2,132년간, 청 왕조만 해도 267년이나 이어져왔다. 이전까지 중국인은 왕조의 교체만 알았지 시대의 변천은 알지 못했다."[118]

신해혁명이 성공하여 청 왕조가 무너지는 모습도 이미 생명력을 잃은 고목 쓰러지듯 했기 때문에 특별히 드라마틱할 것이 없었다. 19세기 중엽 이래 청 제국은 영국을 비롯한 서양 열강들의 공격에 이미 모래성처럼 무너져 있던 형국이었다. 그 이전 이천 년 동안 중국적 세계질서의 변방 또는 경계지점에 있던 일본에 의해 청일전쟁에서 중화 '제국'의 폐막은 이미 완성된 상태였다. 청조의 말로가 차라리 허수아비 쓰러지는 모습이었던 것만큼 그것을 무너뜨린 신해혁명이라는 것도 대단하게 조직적인 것이 아니었다. 저우스펀은 "1911년의 혁명은 심지어 정변이라고조차 부를 수 없는 것이었다"고 표현한다. "북경에서 한참이나 떨어진 무한(武漢)에서 폭탄을 만들던 혁명 당원이 부주의로 폭탄을 터뜨린 사고 때문에 기밀이 탄로나게 되자 황급히 일으킨 거사였기 때문"이다.[119]

---

116) 임계순, 2001, 674쪽.
117) 왕소방, 1996, 472쪽.
118) 저우스펀, 2006, 473쪽.
119) 저우스펀, 2006, 471~472쪽.

실제 사태의 발단은 1911년 10월 9일 한커우(漢口)의 러시아 조계(租界) 내의 아지트에서 젊은 혁명 당원들이 폭탄을 만들다가 터진 데서 비롯했다. 이 사건이 쉽게 묻혀지기엔 폭발의 규모가 너무 컸다. 경찰이 본격적인 조사를 시작했다. 젊은이들은 신속하게 봉기를 일으키지 않으면 조직이 드러나고 수많은 동지들이 목숨을 잃게 될 것을 알았다. 맨 먼저 행동에 돌입한 것은 무창(武昌)의 제8 공병대대였다. 이들은 폭발사건 다음날인 10월 10일 무기고를 장악하고 반란을 일으켰다. 이것이 신해혁명의 봉화였다.[120)

하지만 저우스펀의 표현대로 이렇게 얼결에 시작된 혁명은 "그것을 이끌 지도자도 안배되어 있지 않았고, 사전 준비나 계획도 없었다. 일단 벌어진 혁명적 상황을 지탱하기 위해 얼결에 리위안홍(黎元洪)에게 혁명군 총지휘 역할이 맡겨진다." 그러나 다행히도, 이런 긴급한 상황에서 청 왕조의 총독은 싸우지도 않고 도망을 친다. 그래서 요행히 무한이 혁명군의 손에 들어왔다. "그들이 어떻게 할지 여전히 고민하고 있을 때에 각 성(省)에서는 속속 '독립'이라는 진보가 날아들었다. 무창봉기가 마치 기계의 가장 중요한 부분을 뽑아버린 듯 왕조 전체가 순식간에 절반은 무너지고 절반은 비바람에 심하게 흔들렸다."[121)

청 왕조 몰락의 결정타는 무창봉기 후 한 달여 만인 1911년 12월 초 남경에서 혁명군이 승리한 사태였다.[122) 실패한 무술변법의 생존자 캉유웨이는 그때에 이르기까지도 여전히 입헌군주론을 역설하고 있었다. 100일 유신의 실패로 해외에 망명했던 그는 동남아와 미국, 캐나다 등의 해외 중국인들로부터 자금을 끌어모아 중국의 개혁을 촉구하는 일

---

120) Spence, 1990, p.263.
121) 저우스펀, 2006, 472쪽.
122) Spence, 1990, p.266.

에 매달렸다. 1900년엔 서태후를 몰아내기 위한 두 차례의 허술한 무장 봉기를 지휘했다가 실패하기도 했다. 무장봉기 실패 후에는 비폭력적인 방법으로 광서제를 연금상태로부터 풀어내 복위시키는 데 노력을 집중했다. 하지만 그의 노력은 무위에 그쳤다. 1908년 11월 14일 비운의 광서제가 연금상태에서 죽음에 따라, 캉유웨이의 입헌군주론적 개혁론은 더 이상 현실적인 근거도 없어져버렸다. 되돌릴 수 없이 확산된 반만(反滿) 기류로 말미암아 어떤 수준에서든 전통적 권위의 복원을 내포하는 제한된 개혁론은 전면적인 변화를 요구하는 중국의 정치세력들에게 더 이상 설득력을 갖지 못했다.[123)]

광서제가 죽은 지 하루가 채 안 되어 서태후도 숨을 거두었다. 그녀는 죽기 이틀 전에 당시 겨우 세 살이었던 푸이(溥儀, 宣統帝: 1906~67)를 후계자로 지명했다. 이 어린 황제의 섭정(攝政)을 맡은 이는 광서제의 황후로서 이제 황태후가 된 융유였다. 그녀는 서태후와 같은 여걸도 아니었지만 권력을 행사할 기회도 주어지지 않았다. 신해혁명을 당하여 그녀가 한 일은 어린 아들을 대신해 황제의 퇴위식을 준비하는 일이었다.[124)] 곪을 대로 곪아 스스로 터져버리듯한 모습으로 청 왕조는 망하고 새 시대가 시작되었다. 하지만 중국인들에게 그것은 한 세대에 걸친 또 다른 긴 시련의 시작이었다.

베르나르도 베르톨루치(Bernardo Bertolucci)가 감독하고 존 론(John Lone)이 주연한 영화 「마지막 황제」(The Last Emperor)가 그린 푸이의 일생은 청조의 멸망과 뒤이어 중국이 겪게 되는 운명의 단면을 표상한다. 푸이는 1934년 정식으로 만주국 황제에 오른다. 평민이 되었다 다시 황후가 된 그의 부인 완정(Joan Chen 분)은 허수아비 황

---

123) Spence, 1990, p.258.
124) 저우스펀, 2006, 471쪽.

제인 푸이보다 만주국의 본질을 더 정확하게 인식한 것으로 그려진다. 일본의 주도하에 만주국이 아편 증산을 추진한 가운데 완정도 아편중독자가 된다. 완정은 어떻든 푸이와의 사이에 아이를 낳고 싶어했다. 그러나 푸이와 완정은 더 이상 사랑하는 관계가 아니다. 푸이는 마네킹 황제의 역할에 빠져 있었으며 완정에게 냉담했다.

마침내 완정은 궁정의 한 만주인 경비장교와 사랑을 나누고 임신한다. 그녀는 푸이에게 사실을 고백하고 이것이 모두 푸이를 위한 일이라고, 그의 후계자를 낳기 위한 것이라고 당당하게 말한다. 하지만 그녀의 소망은 한갓 헛된 것이었다. 아이의 아버지는 일본인들에 의해 살해된다. 아이가 출생하던 날 일본인 의사는 주사를 놓아 아이를 살해한다. 그리고 푸이에게는 완정이 아이를 사산했다고 보고한다. 완정은 만주국 궁정을 떠난다. 푸이는 이를 뒤늦게 알고 완정이 타고 떠나는 차를 뒤따라 달린다. 소용없는 일이었다. 아마도 이 장면이 중국의 마지막 황제가 살아낸 시종일관 허수아비 제왕으로서의 생애와 함께 근대 중국의 식민지적 운명의 비극성을 그려낸 이 영화의 클라이맥스일 것이다.

10. 정조와 그의 죽음을 통해서 본 18세기 말의 조선

1725년에 즉위하여 1776년까지 50여 년 조선 국왕의 자리에 있었던 영조(英祖)는 노론과 소론이 싸우는 가운데 노론세력의 도움으로 왕이 된 인물이었다. 그럼에도 그는 노론에 의한 신권(臣權)의 득세를 억지하기 위해 노론과 소론 사이에 탕평책(蕩平策)을 썼다. 어느 한 파벌의 전횡을 막으려 애쓴 것이다. 그러나 1728년 벌어진 무신란(戊申亂, 일명 이인좌란)에 소론 파벌이 연루되어 있었다. 그 후 노론세력이 조선의 중심세력이 된 것은 피할 수 없었다.[125]

노론세력의 영수 우암(尤庵) 송시열(宋時烈: 1607~89)의 유언에 따라 1704년 충북 괴산 화양동(華陽洞)에 세워진 만동묘(萬東廟)는 조선 후기 200년간 조선 지식인층의 성지(聖地)였다. 만동묘는 명의 마지막 황제 휘종과 임진왜란 때 조선에 원군을 보낸 명 황제 신종을 모시고 제사지내는 사당이다. 존명배청(尊明排淸)의 소중화주의자들이 조선 사회를 지배한 것이었다. 노론세력이 주축을 이룬 조선 사대부층은 조선 전체에 1,000여 개에 이른 서원을 근거로 조선 사회를 지배했다.

1762년 영조의 아들이자 정조(正祖)의 아버지인 사도세자(思悼世子: 1735~62)가 그의 나이 27세 때에 뒤주에 8일간 갇혀 있다 사망에 이르게 된 것도 노론세력이 주도한 일이었다. 노론에 속한 구선복(具善復)은 사도세자가 갇힌 뒤주의 감시책임을 맡은 포도대장이었다. 그는 뒤주에 갇힌 사도세자를 조롱했으며 당시 세손이던 정조는 그 모습을 보고도 아무것도 할 수 없었다. 영조의 뒤를 이어 1776년 정조가 즉위하면서 노론세력 일부를 처단했다. 노론 벽파(僻派)의 영수(領袖) 노릇을 하던 홍인한(洪麟漢)과 정후겸을 사사시킨 일이 그것이었다. 그러나 구선복은 징치하지 못했다. 그가 왕위에 올랐을 때, 구선복은 병조판서였다. 병권을 장악하고 있는 노론세력 신하들의 나라인 조선에서 그는 그들을 쉽게 벌하지 못했던 것이다.[126] 정조가 구선복을 처형한 것은 1786년이고 비명에 간 아버지 사도세자를 장조(莊祖)로 추존한 것은 1799년이었다. 정조는 남인세력을 등용하여 노론의 전횡을 막았다. 노론세력이 서학 탄압을 주창할 때에도 정조는 서학문제를 적당히 덮어두려 했다. 서학과 가까웠던 남인 세력을 어느 정도 보호할 필요를 느꼈기 때문이다.[127]

125) 이이화, 『조선후기의 정치사상과 사회변동』, 한길사, 1994, 53~54쪽.
126) 한국방송공사(KBS), 「韓國史傳」, 2007년 10월 27일.

1800년 6월 28일 정조는 여러 달에 걸친 투병 끝에 사망했다. 그간 한국 역사학계에서는 정조가 당시 노론 벽파의 영수였던 심환지(沈煥之: 1730~1802) 등 신하들에 의해 독살되었다는 의견이 유력했다. 그런데 1796년 8월 20일부터 1800년 6월 15일까지 정조가 심환지에게 보낸 친필 편지 299통이 발견되고 그 내용 일부가 2009년 2월 초 세상에 공개되면서 독살설을 부정하는 목소리가 높아졌다. '정조 어찰첩(御札帖)'으로 알려진 이 새로운 자료는 한국 학계에 어떻든 상당한 충격을 주었다.

이 편지들 속에서 정조는 자신의 질환을 밝히고 그 고통을 호소하는 인간적인 면모를 드러낸다. 정조는 죽기 두 달 전에 심환지에게 보낸 편지(1800년 4월 17일자)에서부터 자신의 병세를 자세히 썼다. "나는 갑자기 눈곱이 불어나고 머리가 부어오르며 목과 폐가 메마르네. ……그 고통을 어찌 형언하겠는가?" 또 사망하기 13일 전인 1800년 6월 15일 심환지에게 보낸 마지막 편지에서도 정조는 병으로 인한 고통을 호소했다. "뱃속의 화기가 올라가기만 하고 내려가지는 않는다. 여름 들어서는 더욱 심해져 그동안 차가운 약제를 몇 첩이나 먹었는지 모르겠다. ……차가운 온돌의 장판에 등을 붙인 채 잠을 이루지 못하고 뒤척이는 일이 모두 고생스럽다." 단순한 정적관계라면 발설할 수 없었을 내용들이다. 이처럼 내밀한 서찰들을 통해서 정조는 노론세력의 대표와 함께 인사(人事)와 정책을 논했다. 일종의 밀서를 통한 공작정치로 해석될 수 있는 것이었다.

이를 두고 한국 학계의 해석은 분분하다. 우선 정조와 노론세력의 관계에 대해 새로운 해석 가능성이 시사된다. 성균관대 한문학과 안대회는 "편지로 볼 때 정조의 사인은 병에 의한 자연사로 보는 것이 타당하

---

127) 이이화, 1994, 69쪽.

다"고 해석했다.[128] 단국대 사학과 김문식은 "이번 서찰이 '독살설이 잘 못됐다'고 결정적으로 증언하는 것은 아니다"라고 보았다. 다만 적어도 심환지가 음모에 관여됐다는 의혹은 벗을 수 있을 것이라고 밝혔다.[129] 정조와 노론세력 사이의 관계를 적대적인 것으로 보는 데 대한 조심스 런 회의처럼 들린다.

그런가 하면, 이 서찰들은 주로 정조가 적대세력을 인식하고 다루는 방식, 즉 그의 정치 리더십의 스타일을 드러내는 것으로 해석하는 경향 도 보인다. 국사편찬위원장 정옥자는 "백성에게는 덕치에 기반한 왕도 정치(王道政治)를 할 수 있지만, 정조가 현실 정치를 논할 때는 파워게 임을 할 수밖에 없었다"고 설명한다. 탕평정치는 공허한 이상론이 아니 라 현실 정치의 치열한 싸움 속에서 구현됐다는 것이다. 정옥자는 아울 러 "역사를 흑백논리로 보면 실제 모습을 이해할 수 없다"고 전제하고, "정조는 적과 동지를 나누지 않고 다양한 세력을 포용하고 설득했던 것"이라고 해석했다. 가톨릭대 국사학과 박광용도 비슷한 맥락에서, "심환지는 결국 끝까지 정조에 적대적인 세력이 됐지만 그런 인물도 끌 어안으려 했던 것이 정조의 진정한 정치력이었다"고 주장한다.[130]

하지만 정조 독살설을 주장해온 대표적인 학자인 이덕일의 견해는 다르다. 그는 정조 어찰첩의 발견이 노론에 의한 정조 독살설을 뒤엎을 근거가 되는 것은 아니라고 반박한다. 그는 편지가 발견된 것만으로 정 조와 심환지가 측근이었을 것이라고 보기도 어렵지만 측근이므로 암살

---

128) 김재중, 「정조 '호로자식·젖비린내' 표현 다혈질: 어찰첩 통해 본 정조의 리 더십」, 『경향신문』, 2009년 2월 10일자.
129) 배노필, 「200년 만에 열린 블랙 박스…다시 써야 할 정조시대 역사: 적대파 로 알려진 노론 심환지와 밀서 교환」, 『중앙일보』, 2009년 2월 10일자.
130) 배노필, 「정조, 파워게임…적까지 포용하고 설득」, 『중앙일보』, 2009년 2월 11일자.

하지 않았을 것이라고 보는 것도 틀린 말이라고 주장한다.[131] 이덕일은 정조가 심환지에게 자신의 병세까지도 숨기지 않았던 것에 대해 이렇게 해석한다. "정조는 재위 24년인 1800년 6월 28일 세상을 떠났다. 6월 14일 어의가 진찰을 해서 병세가 드러났다. 이미 알려진 병을 감출 필요가 없었던 것이다. 심환지는 노론 벽파의 원칙론자이지만 대화가 되는 상대다. 노론 벽파가 사회를 장악하고 있는데, 전부를 적으로 돌릴 수는 없지 않나? 서로 이익이 있으니 편지를 주고받는 핫라인을 개설한 거다. 편지를 보면 심환지가 어떤 부분은 정조의 뜻대로 움직이고 어떤 부분은 그렇지 않았다는 것을 알 수 있다. '편지를 주고받는 사이니 측근'이라는 말이 맞으려면, 심환지는 정조가 죽자마자 몰락해야 된다. 하지만 승진을 하고 정순왕후(貞純王后)와 함께 정조의 24년 치세를 모두 뒤집어버린다."

이덕일에 따르면, 정조와 노론세력의 관계를 해명하는 데 그동안 풀리지 않았던 의문점의 하나는 그가 심환지라는 적대세력의 영수에게 국왕의 건강을 관할하는 내의원 제조를 맡기고 있었다는 사실이다. 이번에 발견된 정조의 어찰첩은 오히려 그 문제를 해명할 실마리를 제공한 것이라고 이덕일은 말한다. "비밀편지는 심환지가 왜 왕의 병 치료를 담당하는 내의원 제조로 계속 있을 수 있었는가를 밝혀주었다. 그래서 심환지의 혐의가 더 커진다." 요컨대 심환지는 노론세력으로서 정조와 적대하면서도 한편으로는 정조와 소통하는 인물이었기 때문에 정조의 생명을 좌우할 수 있는 거리에 있었던 것이며, 바로 그 위치에 힘입어 심환지는 마음만 먹으면 정조에게 치명적인 위해를 가할 수 있었다는 해석으로 보인다.

---

131) 김태희, 「심환지가 정조 측근이라 독살 아니라면 박정희가 김재규 손에 죽은 것은 뭔가?」, 『오마이뉴스』, 2009년 2월 18일자.

이덕일은 『순조실록』의 기록을 들어 정순왕후와 심환지 등 노론 벽파의 중심인물들이 정조를 독살했다는 정황을 상기시킨다. "정조가 죽지도 않았는데, 정순왕후가 언서(諺書)를 내려 도승지를 갈아치우는 인사권을 행사한다. 그리고 정조의 상태를 직접 보겠다고 간다. 조선은 대비가 오면 어의는 물론 남자 신하 전원이 밖으로 나가야 한다. 정순왕후만 있는 상태에서 곡소리가 났고, 정조가 죽은 후 정순왕후는 바로 언서를 내려 좌상 심환지를 영의정으로 삼는다."

노론세력이 정조를 독살했다는 시각이 제시하는 궁극적인 근거는 그 세력이 대표하는 당시 지배 이데올로기와 정조 사이에 서로 만날 수 없는 정치사상적 간극이 있었다는 점이다. 이덕일은 무엇보다도 정조가 당시 서학으로 알려진 서양사상까지도 포용하며 사상의 다원화를 추구한 근대적인 군주였다고 생각한다. "정조가 근대적 군주였다는 것을 증명할 수 있는 첫째 증거는 천주교에 관대했다는 점이다. 노론은 성리학만 유일사상으로 신봉하고 그 외는 이단으로 본다. 노론 벽파가 천주교를 수사하고 처벌해야 한다고 했을 때, 정조는 '정학(正學: 성리학)이 바로서면 사학(邪學: 천주교)은 저절로 소멸한다'면서 용인한다. '천주교 별로 나쁜 것 없던데'라고 하면 난리가 날 테니 돌려 말한 거다."

같은 맥락에서 이덕일은 "정조는 신분제의 틀을 바꾸고자 했던 사람이다. 정조의 문집 『홍재전서』(弘齋全書)를 보면 서북인(함경도, 평안도 사람)이 차별받는 것, 한 번 노비가 되면 영원히 노비로 차별받는 것, 여성의 재가를 허용하지 않는 것 등을 비판하고 있다"고 지적하면서, 정조가 그 시대 국왕으로서는 놀라울 정도의 선진적인 발상과 철학의 소유자였음을 말해주는 증거라고 이해한다.[132]

---

132) 김태희, 2009.

정조와 노론의 관계, 그리고 노론에 의한 정조의 독살 여부에 대해 정조의 어찰첩이 어떤 의미를 갖든, 분명해진 것은 정조가 심환지 등 일반적으로 개혁정치의 적으로 알려진 세력과도 소통했다는 사실이다. 그만큼 정조와 노론세력의 관계에 대한 새로운 해석의 가능성을 열어주고 있는 것은 사실이다. 심환지에게 보낸 정조의 서찰들은 또한 그가 정치력을 발휘하여 노론세력의 전횡을 막고 일정한 정치적 균형을 이루어냈음을 확인해주는 증거일 수도 있다.

그러한 정조가 세상을 떠나자, 조선 정치는 노론세력이 주도하는 척족 세도정치가 본격화하고 왕권은 실추된다. 전통적인 성리학적 세계관을 정신적 기반으로 삼고 있던 지배층도 정조시대에는 왕권에 의한 견제로 말미암아 서학과 실학에 상대적으로 관용했다. 그러나 정조 사후 조선 지배층은 서학과 실학파를 본격적으로 탄압하기 시작한다. 노론세력과 남인세력 사이에 정조가 나름대로 구축했던 정치적 균형이 깨지고 말았기 때문이다. 노론 세력은 황사영(黃嗣永)의 천주교 신앙을 빌미삼아 남인들을 표적으로 '신유사옥'(辛酉邪獄)을 벌였다. 정약용(丁若鏞: 1762~1836)과 이승훈(李承薰: 1756~1801) 등이 이 바람에 유배당했다. 조선은 이제 확실하게 노론이 전횡하는 세상으로 된 것이었다.

11. 19세기 조선 정치와 전통질서의 질곡

19세기 초 조선의 상황은 청나라에 비해 그 퇴락의 풍경이 결코 뒤떨어지지 않았다. 국가자원의 대부분을 장악한 사회지배층에게 세금도 군역도 부과할 능력을 상실한 조선의 국가는 사회지배층에 사유화된 폭력조직일 뿐, 외세로부터 나라와 민중을 보호할 능력을 갖고 있지 못했다. 조선 나름의 방식으로 전통질서의 악순환 구조로서의 정치적 인볼류션 현상이 심화되고 있었다. 이 상황은 놀라울 정도로 연속성을 보이며 1894~95년 갑오농민전쟁이 발발할 때까지 지속된다. 바로 그 농민전쟁 자체를 유발한 지속적이고 근원적인 조건으로 작용한 것이었다. 그 농민전쟁과 조선 왕조의 대응은 결국 조선 왕조의 몰락과 한반도 정치체의 독립성 소멸로 귀결된다.

다산(茶山) 정약용은 영조(英祖) 38년인 1762년에 태어났다. 정조(正祖: 재위 1776~1800)가 개혁정책을 펼치고자 했던 18세기 말 관직에 올라 경기암행어사(京畿暗行御史), 금정찰방(金井察訪), 곡산도호부사(谷山都護府使) 등을 역임했다. 정조의 왕권강화책의 성격을 띠고 있던 수원 화성 축조에 깊이 간여하는 등 정조의 개혁정치의 전면에서 활동했다. 정조가 죽은 다음 해인 1801년 신유박해로 경상도 장기현에 유배된다. 그 사이에 황사영의 백서사건(帛書事件)이 일어났다. 다산은 그 사건에 연루되어 전라도 강진으로 유배지를 옮겼다. 그의 형제들이 일찍부터 천주교와 관련이 있었기 때문이다. 순조 18년인 1818년까지 18년 동안 귀양살이를 해야 했다. 강진 부근에서 거처를 옮겨 다니다가 1808년 다산초당(茶山草堂)에 자리 잡고 불후의 저작들을 저술한다. 그가 전 48권에 이르는 『목민심서』(牧民心書)를 완성한 것은 1818년이었다. 바로 이해에 순조의 방면으로 귀양살이에서 풀려나 고향집으로 돌아갈 수 있었다. 말하자면 그는 19세기 초엽 약 20년간 낮은 자리에서 조선 사회 현장을 관찰하며 기록하고 대안의 질서를 사색한 지식인이었다. 정약용이 평생의 대표작이라 할 『목민심서』를 간행한 것은 1821년이었다.[133]

1992년에 고인이 된 작가 이병주(李炳柱)는 1972년 『관부연락선』이라는 제목의 장편소설을 간행했다. 한말에서 식민지시대와 해방을 거

---

133) 정약용 지음, 노태준 역해, 『목민심서』, 홍신문화사, 1981,

쳐 한국전쟁에 이르기까지 약 반세기의 시간을 배경으로 조선의 운명을 비교적 여러 시각에서 조명하려 한 일종의 역사소설이다. 이 작품의 작중 화자(話者)는 식민지시절 이상백(李相佰) 선생을 만나 그로부터 정약용의 『목민심서』를 받아든다. 이 부분에서 이병주의 의도는 정약용을 끌어들임으로써 19세기 조선의 실상을 우리로 하여금 곱씹어보게 만드는 데 있다. 『목민심서』란 다산 정약용이 행정의 개혁을 꾀하고 행정관의 태도를 고칠 목적으로 쓴 책이다. 행정의 개혁을 꾀하자니 당시의 행정을 비판하지 않을 수 없고 비판을 하자니 행정의 실태를 소상하게 기록하지 않을 수 없었다. 우리가 오늘날 이조 말 조선의 정치와 사회가 어떻게 병들어 있었는가를 적나라하게 직시할 수 있게 된 것은 무엇보다도 19세기 초반에 저술된 다산의 이 기록 덕분일 것이다.

이병주의 소설에서 식민지 말기 조선의 한 지식인은 이렇게 말한다. "(이상백 선생이 읽으라고 준 책을) 집에 와서 펴보니 정다산의 『목민심서』였어. 할 일은 없고 읽으라는 거니까 읽어보았지. 기가 막히더군. 어차피 망해야 할 나라였어. 문둥병에다 간질병에다 폐병에다 암에다, 전염병이란 전염병을 죄다 앓고 있는 것 같은 몽뚱어리를 어떤 명의인들 고칠 수가 있겠나. 난 우리나라가 잘도 망했다고 생각하자 울분이 터질 지경이었어. ……그런데 뭣 때문에 이 선생이 그것을 주었는지 알 수가 없단 말이다. 정다산 같은 박력 있고 예리하고 박식한 학자를 소개하는 데 의도가 있는지, 어차피 망할 나라였으니까 민족이니 조국이니 하는 관념을 말쑥히 씻어버리라는 데 의도가 있었는지……."[134]

이 소설에서 그 지식인이 주목한 내용은 우선 이조 말엽의 병역제도에 관한 정약용의 기록이었다. 첫째, 양반의 자제에겐 병역의무를 면제하게 되어 있다. 그러니 돈푼이나 있는 평민들은 돈을 주어 양반의 족

---

134) 이병주, 『관부연락선 1』, 한길사, 2006, 244~245쪽.

보를 사거나 거기에 끼이거나 해서 병역에서 빠졌다. 둘째, 낳은 지 3일 밖에 안 된 아이까지 군적(軍籍)에 등록하여 세포(稅布)와 세미(稅米)를 거두었다. 셋째, 60세가 넘으면 제대를 시켜야 하는데 군역을 필한 자의 나이를 억지로 내려서 강년채(降年債)라는 것을 징수하고, 사망한 자에게도 물고채(物故債)라고 해서 자손에게 징수했는데, 백골징세(白骨徵稅)가 그것이다.

조선의 국가가 양반 지배층에 대해서는 병역도 부과하지 못하면서 민중에게는 가혹한 수탈을 일삼았던 것은 병역에 관해서만 한정된 것은 아니었다. 춘궁기에 농민에게 곡식을 대여해주고 가을 추수기에 받아들이는 환상(還上) 또는 환곡(還穀)이라는 제도가 있었다. 이것이 또한 백성에 대한 상상력 넘치는 가렴주구(苛斂誅求)의 온상이었다. 다산은 이 제도의 운영과 관련된 8가지에 이르는 가렴주구의 양태를 팔란(八亂)이라는 것으로 정리했다. "인간의 두뇌로써 고안할 수 있는 최대한의 방법으로 백성을 수탈했던" 조선의 국가는 존 페어뱅크가 청조말의 중국 국가를 일러 "조직화된 부패로서의 정부"라고 말했던 것을 훨씬 능가하는 것이었다.[135]

이병주의 소설에서 주인공은 독백한다. "정약용은 반작(反作)이니 가분(加分)이니 허류(虛留)니 하는 이름을 달아 당시의 부패한 이도(吏道)와 백성의 처참상을 샅샅이 폭로하고 있다. 대강을 읽어도 눈앞이 캄캄해지는 느낌이었다. 황 군 말따라『목민심서』라고 하는 책은 참으로 슬픈 책이었다. 동서고금을 통해서 이처럼 이부진(理不盡)하고 무자비한 정치가 행해진 곳이 딴 곳에 또 있었을까." 이에 최 군이라는 다른 화자는 정약용은 철저한 허무주의자가 아닌가 하는 생각이 든다고

---

135) John King Fairbank, *The United States & China*, Cambridge: Harvard University Press, 1979, Fourth Edition, pp.115~117.

말한다. 그는 "철저한 허무주의자가 아니고서는 고칠 수 없는 병명을 그처럼 극명하게 도려내고 열거하지 못할 것이 아닌가" 하고 생각했기 때문이다.[136]

그러나 이 소설에서 이병주는 정약용을 허무주의자로서만 묘사하지는 않는다. 정약용이 허무주의자라는 최 군의 자조 섞인 규정에 황 군은 이렇게 말한다. "정다산은 결단코 허무주의자가 아니다. 생각해보라우. 마르크스는 과학적으로 자본주의 사회를 분석했지? 그것이 공산혁명의 불씨가 되잖았어? 정약용도 과학적으로 이조사회의 민생을 분석했지. 그게 동학란의 불씨가 되잖았겠어." 그래서 이 소설에서 정약용은 "그가 죽을 때는 허무주의자로서 죽었을 것"이지만, 그의 『목민심서』는 이조사회에 대한 과학적 분석을 통해 민중의 사회혁명의 불씨를 지핀 작품으로 암시된다.[137]

고대의 한반도에 성읍국가에 이어 연맹왕국이 등장하여 국왕이 나타나게 된 이후 조선이 망할 때까지 장구한 기간 이 땅 위의 정치질서는 국왕이 최고의 지배자로 군림하는 군주정치였다. 그러나 한국 사학계가 일반적으로 파악하고 있는 것처럼 실제로는 군주보다 귀족들이 실권을 행사하는 경우가 더 많았다. "군주정치가 명목적이었다면 귀족정치는 실질적이었다고 하여도 그렇게 지나친 말은 아니다. 한국의 정치사는 귀족정치가 대세를 이루어왔다. 부족장정치, 왕족정치, 문벌귀족정치, 양반정치가 그러한 예들이다."[138] 그러나 동시에 거시적으로 볼때 근세로 올수록 권력구조에서 귀족들이 차지하는 비중은 낮아지고 국왕의 그것은 점차 높아져왔다는 해석도 있다. "비근한 예로, 문벌귀족

---

136) 이병주, 2006, 247~248쪽.
137) 이병주, 2006, 249쪽.
138) 홍승기, 「한국 정치발전의 제시기」, 차하순 외, 『한국사시대구분론』, 소화, 1995, 315쪽.

정치와 양반정치를 비교할 때 왕권은 전자에서보다 후자에서 더 강화되었으며, 귀족들의 처지는 전자에 비하여 후자에서 더 약화되었다. 양반정치 단계에 오면 서로 권력을 나누는 데 있어서 국왕과 귀족이 각기 차지한 몫은 거의 균형을 이루는 데까지 간 것으로 보인다. 특히 조선 후기 영조·정조 시대의 탕평정치 아래서는 군주권이 강력해져서 그의 높은 지위가 오히려 그 균형을 깨는 데까지 이르기도 했다."[139]

그렇다면 이처럼 전반적으로 강화되어가던 왕권과 신권 사이의 균형은 19세기 중엽을 전후한 시기에 어떻게 되었는가. 사학자들의 연구를 종합하면, 대체로 귀족들의 힘은 분산되고 약화되어가는 반면에 왕권은 강화되어가는 추세에 있었다.[140] 그렇다면 응당 왕의 권위가 확립되고 국가권력의 집중도 더 가능해졌어야 한다. 그러나 19세기 조선 정치의 상황은 그게 아니었다. 왕실의 힘은 강해졌다고 할 수 있는지 모르나 왕권이 강화된 것은 아니었다. 양반귀족세력 전체와 왕권의 균형에서 귀족세력의 힘이 상대적으로 약화되면서도 그것이 곧 왕권의 강화를 의미하지는 않는 상황이 전개된 것이다. 곧 세도정치가 발전한 것이었다. 양반귀족세력 안에서 왕실을 장악한 몇몇 귀족문벌이 왕권을 대신했다.

19세기 조선 왕실의 상황에 대한 브루스 커밍스의 다음 지적은 그 점

---

139) 홍승기, 1995, 315쪽.
140) 조선 후기 양반귀족정치의 쇠퇴문제는 김용섭·정석종으로 대표되는 사회변동론과 바그너(E. Wagner), 한영국, 송준호로 대표되는 사회부동론(社會不動論) 간의 논쟁과도 연관성이 있다. 17세기까지 20퍼센트 이하의 점유율을 보인 양반층이 그 후에도 계속 유력한 지배층으로 존속했다는 것이 사회부동론이며, 조선사회 권력구조에서 양반층의 수적 증가 및 사회변동과 맞물리면서 귀족의 전반적인 지위하락이 진행되었다는 것이 사회변동론의 입장이라고 할 수 있다. 이태진, 「조선후기 양반사회의 변화」, 주보돈 외, 『한국사회발전사론』, 일조각, 1992, 166쪽 참조; 홍승기, 1995, 316~317쪽.

을 적절하게 포착했다. "19세기의 대부분에 걸쳐 조선에는 강력한 왕이 없었다. 어린 왕이거나 병약한 왕만이 있었다. 태후(太后: queen dowagers)와 그 족벌이 정부를 지배하고 조정을 배후에서 조종했다. 순조가 1800년에 왕이 되었을 때 그는 10살에 불과했다. 1834년에 왕위에 오른 헌종은 겨우 8살이었다. (헌종이 죽은 1849년) 59세였던 태후 김씨는 청예군의 셋째아들을 그 후계자로 지목했다. 1849년 당시 그는 19살이었다. 왕으로 책봉될 당시 그는 강화도에서 소를 몰며 쟁기를 손에 쥐고 있었다. 그가 25대 조선 국왕인 철종(재위 1849~63)이다."[141]

철종은 1852년부터 친정을 시작했다. 하지만 정치에 어두웠고 특별히 하는 일이 없었다. 철종대에서도 외척인 안동 김씨 일파의 전횡으로 삼정(三政)의 문란은 극에 달했다. 재위 기간 민생고 때문에 진주, 함흥, 전주 등지에서 대규모의 반란이 일어난다. 그 와중에서 동학과 천주교처럼 지배 이데올로기와 다른 사상이 급속도로 퍼져나간다.

19세기 조선은 말하자면 커밍스의 표현대로 소년왕(child kings)들의 시대였다.[142] 그것은 왕이 될 만한 인물들이 우연히 어리거나 병약해서가 아니었다. 척족이 한가운데에 있는 핵심 집권세력의 주도면밀한 선택이 개입한 탓이었다. 왕을 허수아비로 부릴 수 있는 족벌세력에 의한 세도정치, 즉 사회지배층 내부 핵심족벌들에 의한 국가권력 사유화가 그만큼 깊숙이 진행된 결과였다.

정조의 뒤를 이은 열 살배기 순조(純祖: 재위 1800~34)의 장인은 안동 김씨 김조순(金祖淳)이었다. 이후 조선은 안동 김씨의 세상이었다. 순조의 뒤를 이은 여덟 살짜리 헌종(憲宗: 재위 1834~49)의 외할아버

---

141) Bruce Cumings, *Korea's Place in the Sun: A Modern History*, W.W. Norton, 1997, pp.92~93. 철종은 원래 어린 시절이었던 1844년 가족과 함께 강화에 유배되어 있었다.

142) Cumings, 1997, p.92.

지는 조만영(趙萬永)이었다. 그가 힘을 쓰면서 자신의 동생 조인영(趙寅永)이 영의정을 차지하는 등 풍양 조씨(豊壤 趙氏)의 세도가 판을 치게 되었다. 헌종의 뒤를 이어 왕이 된 열아홉 살짜리 소몰이 떠꺼머리 총각 철종의 장인은 안동 김씨 김문근(金汶根)이었다. 조선은 안동 김씨의 세상으로 도돌이표가 되었다. 김문근의 형제들인 김흥근(金興根)과 김좌근(金左根)이 연이어 영의정에 올랐다.[143]

노론세력은 자신들이 배후조종할 수 있는 소년들을 왕으로 옹립하고 이들을 안동 김씨와 풍양 조씨 등 자기 파벌 안의 주요 가문들과 국혼(國婚: 왕의 혼인)으로 묶어두었다. 즉 19세기 조선의 소년왕들은 노론세력의 주도면밀한 척족정치 게임의 한낱 허수아비에 지나지 않았다. 이 점은 황현이 일찍이 날카롭게 주목한 바 있었다.

"지금의 붕당은 임금이 끼어들어 국혼의 편중을 가지고 당을 맺었다. 그리하여 노론은 대대로 외척이 되어서 권병(權柄)이 혹 옮겨갈까, 당국(黨局)이 혹 흔들릴까를 두려워하여 마침내 노론의 딸이 아니면 왕실에 들여보낼 수 없다는 말을 만들어서, 심지어 임금으로 하여금 한쪽 말만 듣고서 노론의 딸은 왕실로, 왕실의 딸은 노론에게만 혼인을 하고 감히 다른 데로 가지 못하도록 했다."[144]

정조의 뒤를 이은 순조가 장가를 들 때인 1802년 시점에서 노론 벽파의 중심인물은 김조순이었다. 영조의 계비로서 사도세자의 죽음에 관여한 바 있는 김대비(정순왕후)는 내내 정조를 괴롭힌 인물이었다. 정조 사후 김대비가 실권을 가지면서 그 계열세력인 김관주(金觀柱) 등의 경주 김씨계가 권력이 높았다. 그러나 곧 노론 내부에 전개된 권력투쟁에서 안동 김씨 계열인 김조순파가 승리를 거둔다. 이후 안동 김

---

143) 이기백, 『한국사신론』, 일조각, 1999, 269쪽.
144) 황현(黃玹), 『오하기문』(梧下記聞), 수권(首卷); 이이화, 1994, 71~72쪽에서 재인용.

씨는 순조를 김조순의 딸에 장가를 들이었으며, 1819년에는 안동 김씨와 정치적으로 밀착해있던 조만영의 딸을 익종비(翼宗妃)로 삼았다. 익종은 왕위에 오르기도 전에 죽고 말아서 실제 순조의 뒤를 이은 것은 헌종이었다. 헌종도 김조순의 딸에게 장가들었다. 철종 역시 이미 언급했듯이 안동 김씨 가문의 김문근의 딸에게 장가들었다.

국혼을 장악함으로써 척족 세도정치를 펴는 이 같은 전통과 전략은 노론의 대부(代父)로 불리는 우암 송시열의 유훈(遺訓)이기도 하다는 것이 이이화의 지적이다. "송시열은 '국혼을 잃지 말라'는 유언을 남겼다는데, 노론들은 위의 말에 따라 영조 이후 왕비를 대부분 자기 당색으로 삼았다. 이것이 권병을 잡는 지름길이었기에 노론들은 결코 국혼을 놓치지 않았다."[145]

여기에서 세도정치가 조선의 정치와 사회에 미친 폐해의 본질을 짚고 넘어가야 한다. 조선의 국가능력에 치명적인 타격을 주었기 때문이다. 그 폐해를 이이화는 세 가지로 요약했다. 첫째, 세도정치는 양반귀족계급 중에서도 특정 척족세력이 국가권력을 독점하는 체제이다. 따라서 다른 세력들은 산림으로 묻혀버리기 일쑤였다. 그 결과 경륜과 수양을 겸비한 인재들이 조정에 나올 수 없었다. 또 목숨 부지를 위한 보신책으로라도 은둔하는 경우가 많았다. 남인과 소론만이 아니라 안동 김씨와 풍양 조씨가 속해 있던 노론파 안에서도 조정을 멀리하는 풍조가 지식인들 사이에 퍼져 있었다.

둘째, 특정 세도가 문벌이 경제 이권을 독점했기 때문에 빈부 격차가 심해졌다. 세도가들은 매관을 통해 자본을 축적하고 이로써 대토지를 장악했으며 상권까지도 장악했다. 당파정치와도 달리 세도정치는 순전히 권력과 이권 독점이 핵심이었다. 따라서 매관매직으로 인한 국가권

---

145) 이이화, 1994, 71~72쪽.

력의 부패상은 극도로 심해졌다. 삼정의 문란은 결코 놀라운 일이 아니었다. 삼정이란 당시 국가의 가장 중요한 재정수입원이었던 토지관련 세제인 전정(田政), 병역의무 관련 세제인 군정(軍政), 그리고 국가가 봄에 농민에게 식량을 빌려주었다 가을에 높은 이자를 붙여 거두어들이는 환곡(還穀)을 가리킨다. 이 세 가지 모두가 민중의 고혈을 빠는 수탈의 온상이 되었다.

셋째, 당연한 결과로서 피지배층 사이에 사회적 불만이 고조된다. 19세기는 민란의 시대였다. 권력과 민중 간의 괴리와 모순이 19세기에만 있었던 것은 아니지만 세도정치 아래서 더욱 심화되고 구조화되었다.[146]

18~19세기에 조선 정치의 위로부터의 혁신 가능성은 두 차례 있었다. 18세기 말 정조의 개혁과 그 실패가 그 하나였다. 19세기 후반 대원군의 개혁과 그 실패가 다른 하나였다. 정조의 개혁은 조선 지식인사회였던 사대부들의 반발과 그들의 전통주의, 그리고 정조 자신의 한계와 그의 불행한 죽음으로 인해 실패했다. 대원군의 개혁 또한 사대부의 반개혁성과 함께 대원군 개혁의 전 근대적 한계, 그리고 대원군 자신의 중도하차로 실패하고 말았다.

전통적 지배 이데올로기를 고집하는 완고한 지배층은 사회의 모순과 그에 대한 내재적 비판을 담은 다른 세계관과 문물에 대한 탐구와 열정을 쉽게 용납하지 않았다. 1780년 5월 청나라 건륭제의 일흔 번째 생일을 축하하기 위한 진하별사(進賀別使)의 일원으로 연경(燕京)과 열하(熱河)를 주유하고 돌아온 박지원(朴趾源)이 저술한 『열하일기』는 새로운 세계인식과 조선의 소중화주의에 대한 내재적 비판으로서 당시 조선의 젊은 지식인들에게 엄청난 지적 충격과 자극을 던졌다. 많은 지

---

146) 이이화, 1994, 73~74쪽.

식인이 그것을 열독했다.

정조는 북학파의 인재들이 숨쉴 공간을 마련해준 상대적으로 개명한 군주였다. 하지만 북학파의 세계관을 인정하고 그것을 적극적으로 새로운 국가경영 비전으로 확립하기 위해 크게 노력했다는 증거는 그다지 보여주지 못했다. 정조는 그의 개혁주의적 업적에도 불구하고 『열하일기』가 내포한 새로운 세계관을 한편에서 억압했다. 정조는 문체를 정통고문(正統古文)으로 되돌리려는 '문체반정'을 시도했다.[147] 이에 대해 이덕일은 정조를 변호하여 말한다. "문체반정도 당시 시대의 맥락을 보고 이해해야 한다. 문체반정의 시작은 진산사건(전라도 진산에서 천주교도 권상연과 윤지충이 부모 신주를 불태운 사건)이다. 이 사건은 노론에게 정조를 돕는 남인을 몰아낼 호재였다. 정조가 불리한 현안을 반전시키려고 제기한 것이 문체반정이다."[148]

그럼에도 정조는 신권(臣權)을 내세우는 노론세력 중신들과 왕권(王權)의 생존을 위한 싸움으로 죽는 순간까지 힘겨워했던 인물이었다는 점을 간과할 수는 없다. 결국 그들의 손에 독살당했다는 의문을 불러일으킬 정도로 18세기 조선의 전통적 질서에서 정조 역시 사상과 행동에서 운신의 폭이 그다지 넓지 못했던 것이다.

노론세력이 확고하게 조선의 정치사상을 지배하게 된 것은 그들이 광해군을 몰아낸 인조반정 이후로 꼽힌다. 이들은 북학파의 새로운 세계관이 조선 지식인사회에 정당하게 자리 잡는 것을 저지했다. 일본 지식인들이 나가사키 항을 통해 난학(蘭學)의 형태로 서양의 학문과 문물을 부단히 접하고 일부 다이묘를 포함한 지도층과 지식인들 사이에

---

147) 김탁환은 사실(fact)과 소설(fiction)을 결합한 이른바 팩션(faction)의 형태로 18세기 말 조선의 그 같은 지적 지평의 한계를 구상화했다. 김탁환 장편소설, 『열하광인』(熱河狂人), 민음사, 2007.

148) 김태희, 2009.

서양 문물에 대해 증폭된 상상이 더해진 자유로운 찬미가 유행하고 있던 상황과는 대조적인 것이었다.[149]

그러한 상황 때문에 조선사회와 그 지식인들, 그리고 일반 민중은 19세기 중엽 이후 몰아닥칠 세계사적 도전에 대응할 수 있는 정신적·지적 준비를 갖출 수 없었다. 1820년대에 다산이 쓴 산문 중에 「김공후에게 보내는 편지」라는 글이 있다. 당시 조선 국가권력의 대리인들이라 할 지방관청과 백성의 관계가 어떠했는가를 그는 이렇게 서술하고 있다. "오륙 년 동안만 보더라도 무릇 수백 리의 지역에 걸쳐 새로운 관리들이 번갈아 오는데, 이는 오는 사람마다 한층 더 기괴망측한 자들이며, 이 고을 저 고을이 모조리 그리하여, 더러운 소문과 누추한 냄새를 차마 듣고 맡을 수가 없는 형편입니다. 이른바 그 관장(官長)이란 자들도 아전들과 함께 모리(謀利)만 일삼으며, 심지어 그들을 사주하여 온갖 교활한 짓으로 이끌므로, 천 가지 만 가지 (가렴)주구(誅求)와 억압에 백성들로서는 이제는 목숨조차도 이어가기가 어려워졌습니다. 법 아닌 법이 달마다 생겨나 이루 다 헤아릴 수가 없을 지경입니다."[150]

조선 국가권력의 최전방의 첨병들이라 할 아전들과 지방 수령들의 횡포가 그러했다. 그들의 탐학은 또한 중앙의 왕실 척족이나 대관들과 뗄 수 없이 연결되어 있었다. 다산은 그 풍경을 이렇게 적었다.

"먼 시골의 아전들 따위도 제각기 조정의 세도 재상들과 결탁되어 있으며, 어쩌다가 그의 편지 한 장만 내려와도, 기세가 더욱 우쭐해집니다. 그들은 서울 양반을 팔면서 상관이나 백성들에게 뽐내므로 고을 수령들마저 도리어 그들의 위세에 위축되어 감히 한 차례의 매조차 가하

<hr />

149) 이노우에 가쓰오(井上勝生), 「국민국가로의 길」, 아사오 나오히로(朝尾直弘) 외 편, 이계황·서각수·연민수·임성모 옮김, 『새로 쓴 일본사』, 창비, 2003, 315~318쪽.

150) 정약용 지음, 구인환 엮음, 『다산산문선』(茶山散文選), 신원문화사, 2004, 29쪽.

지 못하거니와, 시골 양반들이야 더욱 겁을 먹고 그들의 죄상을 캐내어 신고하지 못하는 실정입니다. 때문에 그들의 지반(地盤)은 더욱 굳어져 온갖 침해와 취탈을 제멋대로 하고 있습니다. 한 고을만 보더라도 이런 자들이 대여섯 명이나 되는 터이니, 양떼에게 덤벼드는 호랑이를 잡아 죽이지 않고 묘판(苗板)에 돋아나는 잡초를 뽑아 치우지 않는다면 어찌 양이나 모들이 순조롭게 자라날 수 있겠습니까. 그런데 도내(道內)를 순시한다는 감사들까지도 이르는 고을마다 매번 이들을 불러다가 만나보고 식찬(食饌)까지 차려 대접합니다. 이러한 대접을 받은 그들은 더 한층 어깨가 으쓱해져서 하늘도 모르며 땅도 모르고 갖은 행패를 부립니다. 아, 애석하도다. 그 깨닫지 못함이여! 한 도가 이렇다면 여러 도를 가히 짐작할 수 있는 바, 여러 도가 또한 이와 같다면 이 나라의 일은 장차 어떻게 하오리까?"[151]

조선의 국가권력은 사회 지배층의 주구가 되어 백성들을 수탈하는 데에 혈안이 되어 있었고, 수많은 백성이 탐관오리들의 가렴주구와 기아상황을 피해 유민(流民)으로 떠돌고 있었다. 백성들을 구제하는 문제는 물론이고 외적의 침입에 방비하는 일에도 국가는 아무런 대책도 없거니와 어떤 노력도 기울이지 않았다. 다산은 이를 한탄하면서 장차 전란의 도래를 예견했다.

"오늘 수많은 백성이 공포에 떨고 있고, 방대한 지역이 소동에 흔들리고 있어도 조정에서는 아무런 구제대책을 강구하지 않고, 다만 자신들의 권력싸움과 정권쟁탈에만 급급하고 있습니다. 큰 집이 한번 무너진다면 어찌 제비나 참새인들 날아 앉을 자리가 있겠습니까? 과연 백성들의 전하는 바가 사실이라면 실로 국가의 앞날의 전란(戰亂)에 대한 염려가 없지 않을 것입니다. ……하루속히 성곽을 수리하고 군사시

---

151) 정약용, 2004, 29~30쪽.

설을 정비하여 국가의 요새지마다 무력(武力)을 배치하여 방어 대책을 강구함으로써, 밖으로는 외적들의 침략을 미리 제지하고 안으로는 민심을 수습하여 국력을 단결시킬 것이요, 공연히 병을 속이고 의원을 싫어했다가 장차 불의의 환난을 당하지 않아야 할 것입니다. ……그러나 오늘 조정에서는 이렇게도 하지 않으며 저렇게도 하지 않고, 나라의 혼란 상태를 그대로 내버려두어 아무런 대책을 세우지 않으니 이는 도대체 어쩌자는 것인지 모르겠습니다. 탐관오리들의 횡포한 행위는 날마다 해마다 가면 갈수록 심해질 뿐입니다."[152]

다산은 『목민심서』의 병전6조(兵典六條)에서도 점잖은 말로 장차 외세에 의한 국난을 걱정하고 있었다. "동방(東方: 우리나라)의 풍속은 유순하고 근신하여 무예를 좋아하지 않았다. 익히는 바는 오직 활 쏘는 것뿐이었는데 지금에 와서는 그것마저도 익히지를 않으니 무(武)를 권하는 것은 오늘날의 시급한 일이다."[153]

진실을 알고 있고 대안의 비전도 없지 않았으나, 이 상황에서 다산이 할 수 있었던 일은 무엇이었는가. 그도 별 수 없이 술 마시는 일밖에 없었던 듯하다. 앞서의 산문을 그가 이렇게 맺고 있는 것을 보면 짐작할 수 있다. "이 몸은 병들어 언제 어느 날 죽을지도 모르며, 유형(流刑) 객지에서 뼈를 파묻어버리더라도 한이 될 것이 없으나, 다만 나라를 사랑하고 걱정하는 마음만은 등불처럼 빛날 따름입니다. 누구와 더불어 흉금을 털어놓고 이야기할 데도 없어 도리어 갑갑증만 더하더니, 마침 술잔이나 들고 취한 김에 붓 가는 대로 이처럼 몇 줄 적었으니 능히 짐작하여 용서하여주실 것을 바랄 뿐입니다."

물론 다산은 절망하여 술만 마시고 있었던 것은 아니며 그의 삶의 최

---

152) 정약용, 2004, 28~29쪽.
153) 정약용, 1981, 261쪽.

후까지 조선의 정치와 경제를 성찰하는 지적 작업을 포기하지 않았다. 그는 1836년에 세상을 떠났다. 그가 사망한 지 불과 몇 년 후 중국 중심의 세계질서는 아편전쟁이라는 사태를 당하고 동아시아 질서는 격변에 휩싸인다. 그가 걱정하던 사태가 전개되는 것이었다. 그러나 그가 우려했던 대로 조선의 정치는 기존의 구조와 틀 안에서만 회전할 뿐인 정치적 인볼류션 현상을 지속했다. 조선 전통질서의 악순환현상의 구체적 모습은 이 책의 후반부에서 '말기 조선'을 8개 시기로 나누어 차례로 짚어보게 될 것이다.

12. 일본의 근세와 근대: 쇄국과 개국

일본은 1630년대 이래 쇄국(鎖國: 사코쿠)의 나라였다. 하지만 쇄국의 진정한 목적은 무역 자체를 제한하려는 것보다는 무역에 묻어 들어오는 서양세계의 새로운 종교와 사상을 막는 데 있었다. 특히 에도 막부 3대 쇼군(將軍) 도쿠가와 이에미쓰(德川家光: 재위 1623~51)는 기독교인들에 대한 탄압을 강화했다. 그들이 믿는 신앙을 거부하도록 강요하기 위해서 잔인한 고문들을 합법화했다. 1623년 신앙 철회를 거부한 500명의 기독교인들이 처형되었다. 기독교 사상 전파가 가장 활발했던 나가사키(長崎) 근역에서 가장 광범한 탄압을 전개했다. 조지 파이퍼는 그러한 탄압은 에도 막부가 기대한 것과는 정반대의 효과를 냈다고 말한다. 기독교 탄압에 투입된 관료들의 상당수가 기독교인들이 잔인한 고문과 죽음의 시련까지도 견디어내는 능력을 그들이 믿는 종교의 힘으로 돌렸기 때문이다. 탄압에도 불구하고 일본에서 기독교로 개종한 인구는 그후 10년 동안 약 75만 명으로 늘었다.[154]

---

154) George Feifer, *Breaking Open Japan: Commodore Perry, Lord Abe, and*

에도 막부는 서양의 배들이 들락거리는 한 기독교 확산은 막을 수 없다고 판단했다. 서양 신부들을 데려오는 배들의 입항 자체를 막음으로써 기독교 전파를 막는 조치를 취한다. 포르투갈 선박은 입항하는 경우 파괴해버렸다. 일본인들은 더 이상 외국 선박에서 일할 수 없도록 했다. 서양 신부가 타지 않은 중국 배들만 입항을 허용했다. 네덜란드 상인들은 포르투갈인들에 비해 종교적으로 공세적이지 않았다. 그들은 비즈니스만 신경쓰는 종족으로 인식되었다. 나가사키 항 바깥 한 섬의 조그만 구역에 소수의 네덜란드인들의 거주가 허용되었다. 1636년 다섯 건에 달하는 쇄국칙령이 반포된다.

그러나 1637년 나가사키 만(灣)에 연해 있는 시마바라 반도와 인근 섬들에서 기독교인들이 주도한 농민반란이 일어났다. 4개월에 걸친 저항 끝에 1만 1,000명이 처형된다. 2만여 명은 항복하는 대신 불 속에서 자결하는 것을 선택했다. 쇼군의 군대가 들이닥쳤을 때 그 성에 살아남은 사람은 100여 명에 불과했다. 쇼군은 모두 3만 7,000여 명에 달하는 죽은 이들의 시체 위해 더 강력한 쇄국칙령을 써붙였다. "태양이 지구를 비추는 한, 어떤 기독교도도 일본 땅을 밟을 수 없다. 스페인 왕이든 기독교의 신이든 위반하는 자는 자신의 목으로써 대가를 치를 것이다." 말하자면 일본의 쇄국은 서양사상에 대한 쇄국이었다. 그 결과 르네상스와 계몽주의가 서양의 정신문명을 풍요롭게 하고 있는 동안에 일본은 동아시아의 다른 국가들과 마찬가지로 그 영향으로부터 차단되었다.[155]

일본의 쇄국은 서양, 특히 그 종교와 사상에 대한 쇄국이었다. 따라서 쇄국에도 불구하고 일본은 실질적으로는 중국과 긴밀한 무역관계를 가

American Imperialism in 1953, New York: HarperCollins, 2006, p.23.
155) Feifer, 2006, pp.24~25.

졌다. 서양에 대한 일본의 고립을 곧 세계 전체로부터 일본이 고립된 것을 의미하는 것으로 해석하는 것은 서양중심주의적 해석이라고 마리우스 잰슨은 지적한다. 실제로는 에도 막부의 모든 무역정책은 중국 상품에 최대한 접근하기 위한 것이었다. 에도 막부에게 대외무역과 나가사키 항은 너무나 중요했다. 무역에 필요한 자금을 만들기 위해 수출용 구리를 생산하는 광산지역에 보조금을 지급했다. 구리가 국내시장에서 유통되는 것은 금지했다. 네덜란드 상인들이 나가사키 항을 통해 교역한 내용도 사실은 중국을 필두로 한 아시아사회들과 일본 사이의 무역을 대신 중개해주는 역할이었다.[156]

그처럼 다른 아시아 사회들에게는 열려 있었지만, 근세 일본이 서양에게 철저하게 닫혀 있었다는 것은 분명했다. 참으로 오랜 세월 그러했다. 때문에 거의 모든 서양인은 일본의 서양에 대한 쇄국의 철벽은 무력이 아니면 무너뜨릴 수 없을 것으로 인식했다고 파이퍼는 해석한다.[157] 그 같은 역사적 배경 속에서 서양세력이 무력으로 일본의 개항을 위협하는 일은 언뜻 생각하기보다 훨씬 오래전부터 시작되었다. 1853년 7월에 4척의 군함을 이끌고 우라가(浦賀)에 내항한 미국의 페리(M.C. Perry)가 처음이 아니었던 것이다.

러시아는 1700년대 초부터 지시마(千島) 열도를 따라 남하정책을 준비하고 있었다. 18세기 중엽 러시아는 시베리아의 이르쿠츠크(Irkutsk)에 일본어학교를 세워 남하정책을 본격화한다. 이것은 일본에 러시아의 침략위기설을 낳았다. 일본은 이때 처음 '북방문제'라는 개념을 갖게 된다. 1780년대에 하야시 시헤이(林子平)가 러시아의 위협을 거론하며 서양에 대응하기 위해 해국(海國) 일본은 국방대책이 필요하다고 주장

---

156) Marius B. Jansen, *The Making of Modern Japan*, Cambridge: Harvard University Press, 2000, p.87.

157) Feifer, 2006, p.26.

했다. 그가 집필한 『가이코쿠헤이단』(海國兵談)이란 책이 일본사회에 준 충격은 적지 않았다.[158)

1792년 러시아 사절 라크스만(A.K. Laksman)이 네무로(根室)에 내항한다. 일본 막부는 그가 전달하고자 했던 국서를 수리하지 않았다. 다만 나가사키 입항허가인 신패(信牌)를 수여하여 제한적인 무역을 허용할 수 있다는 태도를 보였다. 그러자 러시아는 1804년 견일대사(遣日大使)로 레자노프(N.P. de Rezanov) 일행을 일본에 파견한다. 전에 라크스만이 일본에게서 받은 신패를 지참한 레자노프는 일본과 통상을 요구하는 국서를 갖고 나가사키 항에 입항한다. 그러나 이때 일본은 태도가 변해 있었다. 일본은 레자노프 일행을 나가사키 우메가사키에 반년간이나 유배자처럼 억류했다. 통상과 개방을 전면 거부한 행동이었다. 당시 막부 내각이 쇄국정책을 취하고 있었고 또한 나가사키를 매개로 일본과의 한정무역을 독점하고 있던 네덜란드의 태도 때문인 것으로 알려져 있다. 이에 대한 보복으로 러시아는 1808년 사할린과 지시마를 공격한다. 러시아와 일본이 벌인 최초의 전투였다. 이 전쟁이 일본에 야기한 충격과 위기의식은 컸다. 에도 막부는 이 사건을 천황의 조정에 보고한다. 막부 말기 천황 조정이 정치적 발언력을 갖게 되는 단서로 되었다고 평가된다.[159)

미국이 일본에 대해 개항을 요구한 일은 페리의 일본원정이 있던 1853년 이전부터 있었다. 1790년 이후 적어도 3척의 전함을 포함한 27척의 미국 선박이 통상을 요구하며 일본을 방문했다. 모두 일본의 거부로 목적을 이루지 못했다.[160) 1832년에도 에드먼드 로버츠(Edmund

---

158) 宮城公子, 「近世社會の轉換」, 朝尾直弘 外編, 『要說 日本歷史』, 創元社, 2000; 미야기 기미코(宮城公子), 「근세사회의 전환」, 아사오 나오히로 외편, 2003, 311~312쪽.
159) 미야기 기미코, 2003, 312~313쪽.

Roberts)가 당시 앤드루 잭슨 행정부로부터 일본과 통상조약을 맺으라는 명령을 받고 떠났다. 그러나 로버츠는 일본에 도착하기 전에 죽고 말았다. 1837년에는 중국 광동에서 미국 선적 모리슨호가 일본에 입항을 시도했다. 마찬가지로 거부당했다. 1846년에 새로 창설된 미국 동아시아 함대(U.S. East Asia squadron)가 제임스 비들(James Biddle) 제독의 지휘로 도쿄 만에 들어간다. 입항을 제지하는 일본 관리들과 격렬한 말다툼을 벌였다. 이때 비들은 막무가내로 일본 선박에 들어가려 했다. 일본 선원이 그를 넘어뜨렸다. 이번에도 역시 실패였다.

1840년대 미국은 일본에 본격적인 관심을 기울이기 시작했다. 첫째, 아편전쟁의 결과로 중국 상해가 개항됨으로써 다음 목표로서 일본이 더욱 부각되었다. 둘째, 1846~48년 기간에 미합중국이 캘리포니아의 항구들을 점령했다. 미국에서 태평양시대가 본격 개막했다. 1848년 재무장관 로버트 워커(Robert Walker)는 이렇게 말했다. "태평양 연안 지역을 얻음으로써 아시아가 갑자기 우리의 이웃이 되었다. 유럽 전체를 합한 것보다 더 많은 상업 통로를 통해 잔잔한 대양이 우리의 기선(汽船)들을 초대하고 있다." 셋째, 미국의 공업과 농업생산에 경제혁명이 진행되면서 새로운 시장이 절실해지고 있었다. 『헌츠 머천트 매거진』(Hunt's Merchant Magazine)은 1851년에 이미 "새로운 출구를 찾아야만 하는 자본이 계속 증가하여 미국에 잠재적인 위협이 되고 있다"고 경고하고 있었다.[161]

1840~42년의 아편전쟁, 특히 진강(鎭江)전투에서 청나라 정예부대인 만주 팔기병(八旗兵)이 가족과 함께 영국군에 의해 학살과 다름없는 전멸을 당한다. 일본 막부는 네덜란드 상인들과 중국 상인들을 통해

160) Walter LaFeber, *The Clash: U.S.-Japanese Relations Throughout History*, New York: W.W. Norton & Company, 1997, p.10.
161) LaFeber, 1997, pp.10~11.

그 사태를 정확하게 알고 있었다.[162] 일본은 또한 1797년 이후부터 미국의 정세를 잘 파악하고 있었다. 당시 네덜란드 상인들은 자신들의 무역선이 부족하자 미국 선박에 네덜란드 국기를 달아 나가사키 항에 입항시키고 있었다. 막부가 이것을 알게 되면서부터 일본은 미국 정세에 특별한 관심을 가졌다. 막부는 네덜란드 상인들로부터 독립전쟁을 비롯한 미국의 최근 역사와 상황을 전해 들었다. 쇼군 자신이 『일러스트레이티드 런던 뉴스』(*Illustrated London News*)를 정기구독하고 있었다. 서구와 미국의 철도산업에 관해서도 상당한 정보를 갖고 있었다.[163]

1852년 3월 미국 대통령은 매튜 페리에게 일본원정을 지시한다. 1853년 7월 페리의 흑선(黑船: black ships) 함대는 도쿄 만 우라가 상업지역 근처로 입항한다. 7월 8일(양력) 흑선이 처음 목격된 순간부터 서양인들이 일본을 침공한다는 소문이 삽시간에 퍼진다. 이때 일본인들 사이에 벌어진 소동은 "형언할 수 없는 수준"이었다고 기록되어 있다. 사람들의 소란법석이 전시 상황을 방불케 했다는 것이다.[164] 쇼군 도쿠가와 이에요시(德川家慶: 재위 1837~53)는 스트레스를 받아 열병이 발병했다. 백약이 무효로 건강이 약화되어가는 중에 이에요시는 간신히 회의를 소집하여 말하기를 흑선의 도래는 "천지가 열린 이래 최대 비상사태"라고 중얼거린다.[165]

하지만 1차 원정에서 페리는 미 대통령 밀러드 필모어(Millard Fillmore)의 통상요구서를 전달하고 힘을 과시한 것으로 만족하고 3일 만에 중국 해안으로 돌아간다. 페리는 일본 막부가 회답을 준비하는 기간이 길어질 것으로 판단했다. 그 사이에 보급품이 바닥나버리는 상황

---

162) 이노우에 가쓰오, 2003, 350~351쪽.
163) LaFeber, 1997, p.15.
164) Feifer, 2006, p.31.
165) Feifer, 2006, p.35.

을 그는 원하지 않았다. 무엇보다도 더 많은 미 해군 함정들이 풍부한
보급품들을 지참하여 중국 항구들에 대기하고 있었으므로 다음 해 봄
더 강한 함대의 면모를 갖추어 우라가에 돌아와 일본인들을 위압할 속
셈이었다.[166)

1차 일본 원정을 위한 페리 함대는 4척으로 구성되어 있었다. 1854년
1월 2차 일본원정에 나선 페리 함대는 2척의 증기 순양함, 4척의 전함,
3척의 보급선으로 구성되었다. 미국 해군력의 4분의 1을 점하는 것이
었다.[167) 병사 1,600여 명과 포 100여 문을 장착한 페리 함대의 군사력
은 당시 아시아에 파견된 서양 군사력으로서는 막강한 수준이었다.[168)
1854년 3월 요코하마에서 페리는 에도 막부를 상대로 협상을 시작하면
서 위협적인 함포외교를 전개했다.[169) 훗날 페리는 자신이 일본을 "반
미개의 나라"로 간주했으며, "외교의 일반원칙을 채택한 교섭과는 다른
군사적인 교섭"을 했다고 술회한다.[170) 마침내 그해 3월 31일 가나가와
조약(神奈川條約: Treaty of Kanagawa)이 체결된다. 그것은 다른 열
강에 대해서도 일본의 개방을 알리는 신호탄이었다. 1854년 10월 영
국이, 그리고 그 다음 해 2월 러시아가 일본과 유사한 통상조약을 체결
했다.[171)

---

166) Feifer, 2006, pp.151~152.
167) William R. Nester, *Power across the Pacific: A Diplomatic History of American Relations with Japan*, London: Macmillan Press, 1996, pp.26~27.
168) 이노우에 가쓰오, 2003, 353쪽.
169) Nester, 1996, p.35.
170) 『ペルリ提督日本遠征記 二』; 이노우에 가쓰오, 2003, 352~353쪽.
171) 미국의 그러한 행동양식은 그로부터 12년 후인 1866년 제너럴 셔먼호 (General Sherman) 사건, 1868년 오페르트-젠킨스(Oppert-Jenkins)에 의한 남연군묘(南延君墓) 도굴 미수사건, 1871년의 신미양요 사태 등으로 한반도에도 연장된다. 다만 그 시기 조선은 대원군집정기(1864~73)였다. 미

일본 막부는 자신들이 이미 파악하고 있던 상당한 국제질서 인식에 바탕을 두고 통상은 어쩔 수 없는 현실이라고 판단했다. 1858년 미일수호통상조약을 맺는다. 이어 네덜란드, 러시아, 영국, 프랑스와도 같은 내용의 수호통상조약을 맺었다. 안세이(安政) 5개국 조약이라고 불리는 것이다. 이 조약은 일본과 서양국가들 간의 경제력 차이를 감안한 산업보호조항을 담지 않고 일거에 자유무역을 시작한다는 약정이었다. 가나가와(紳奈川), 하코다테(箱館), 니가타(新潟), 효고(兵庫), 나가사키 등 다섯 개 항구를 개항했다. 외국인의 치외법권과 협정관세를 인정한 불평등조약이었다. 다만 일본은 일정한 거류지 이외에서는 외국인들의 활동을 제한하는 조항을 강경하게 주장해 관철했다. 국내시장에 외국인들이 직접 경제적으로 침략하는 활동을 막기 위한 것이었다. 그래서 일본 역사가들은 불평등한 통상조약에도 불구하고 그 조항 덕분에 일본이 "민족적 경제자립"의 기반을 유지할 수 있었다고 평가한다.[172]

개국문제는 이후 일본 정치변동에서 폭풍의 뇌관 역할을 했다. 당시 유력한 다이묘들 사이에서는 개국을 인정하는 의견이 대세였다. 사쓰마(薩摩)의 번주 시마즈 나리아키라(島津齊彬)를 포함해서 양이(攘夷) 주창자들까지도 의견을 바꾸어 개국을 주장했다. 섭가(攝家)의 공가들 역시 조약칙허는 어쩔 수 없는 것이라고 판단하고 있었다. 문제는

<hr>

국과 미국인의 거친 침략적 행태는 대원군 시기 조선의 쇄국정책과 관민의 강력한 저항에 부딪힌다. 그 결과 조선과 미국 간의 통상관계로 이어지지 않았다. 민비세력이 집권한 지 3년 만인 1876년 일본이 군함을 이끌고 와 조선과 강화도조약을 체결하고, 이에 다시 자극받은 미국이 1880년 일본의 중개로 조선과의 통상교섭을 구한다. 그러나 일본의 무성의 등의 이유로 실패한다. 그러던 중 1882년 청나라 이홍장의 중개를 청하여 조선과 조미수호통상조약(朝美修好通商條約)을 체결한다. 유영익, 『한국근현대사론』, 일조각, 1992, 5~11쪽.

172) 이노우에 가쓰오, 2003, 356~357쪽.

이때 겨우 성인이 된 젊은 고메이(孝明) 천황이 칙허에 저항한 것이었다. 오랫동안 소외되었던 하급 공가는 천황에 가담해서 칙허에 반대한다.

섭가와 다카쓰카사가(鷹司家)는 근세기 내내 관백(關白)의 직을 독차지하며 천황의 조정을 통제했다. 천황은 그 권세에 억눌려 지냈다. 그들이 천황의 의사를 묻지 않고 통상조약을 승인하는 칙허를 비준해버린 것에 대해, 이번에는 어린 천황이 반발하여 그 칙허를 거부하고 나선 것이다. 이 사태는 이제 천황이 오랜 세월 끝에 정치무대로 복귀한 것을 뜻했다. 천황의 거부에도 불구하고 막부는 통상조약을 조인한다. 이에 천황은 자신의 칙허 없이 조약을 조인한 막부를 질책하는 무오밀칙(戊午密勅)을 내린다.[173]

무오밀칙은 개국(開國)의 필연성을 인정하면서도 존왕양이(尊王攘夷)를 내세우는 다이묘들이 천황의 조정을 장악하고 막부를 압박해 막부개혁을 촉구하는 운동의 출발점이 되었다. 조슈 번(藩)을 포함한 유력 봉건영주들은 통상조약 체결 후에 경쟁적으로 타 지역과 물산 교역책을 추진했다. 서양식 군제개혁도 추진한다. 사쓰마 번과 조슈 번 등이 경쟁적으로 교토에 입성하여 존왕양이를 내세웠다. 막부권위에 대한 정면도전이었다. 이것이 1860년대 초엽 일본의 상황이었다.[174]

13. 일본에 허용된 국제적 자율성과 위로부터의 정치혁명

중국은 1840년 영국이 주도하는 서양 제국주의의 집중적인 공격을 받으며 반식민지화의 길을 걸었다. 이와는 다르게 일본은 당시 서양 제

---

173) 이노우에 가쓰오, 2003, 358~359쪽.
174) 이노우에 가쓰오, 2003, 360~362쪽 참조.

국주의의 일차적인 경제적 침탈의 대상이 아니었다. 매튜 페리가 1853년 7월 1차로 일본을 방문했을 때 그가 에도 막부에 전달한 미 대통령 필모어의 서신은 우호통상관계를 희망하는 것이었다. 하지만 그 구체적인 내용은 일본과의 무역 자체보다 미국 선박들의 항해에 필요한 시설들을 설치하려는 것이었다. 또한 그가 1854년 3월 제2차 일본 방문에서 거둔 성과인 가나가와 조약은 도쿄 근처의 시모다와 하코다테 두 항구를 미국에 개방하고, 시모다에 장차 미국 영사를 임명해 주재시킨다는 것이었을 뿐, 무역통상을 허용하는 구체적인 내용은 들어 있지 않았다.[175]

이를 두고 W.G. 비슬리는 당시 서양 열강 중에서는 일본에 대해 가장 관심이 많았던 미국조차 일본을 개방시키려 한 주요 목적이 통상 자체가 아니라 중국과의 통상을 위한 항해 활동을 뒷받침하는 것에 있었음을 웅변해주는 증거라고 말한다. 같은 맥락에서 김기정은 프랜시스 몰더를 인용하여 이렇게 지적한다. "일본의 개국을 주도했던 미국조차도 일본의 가치를 경제적 교환에 두었던 것이 아니라 중국 시장에 접근하는 중간 기항지나 미국 해군의 석탄 보급지, 그리고 미국 포경선의 조난시 적절한 피항지 정도로 인식했다."[176]

따라서 정치군사적인 측면에서도 일본에게는 상대적인 자율성의 공간이 주어졌다. 일본은 기본적으로 중국에 비해서 제국주의 열강의 주된 경제적 관심에서 비켜나 있었을 뿐 아니라, 일본이 유럽 중심의 세계 권력구조에 편입된 시기는 서양 열강으로부터의 외압(外壓)이 상대

---

175) W.G. Beasley, *Japanese Imperialism, 1894~1945*, Oxford: Clarendon Press, 1987, p.23.

176) Frances Moulder, *Japan, China, and the World Economy*, Cambridge: Cambridge University Press, 1977, pp.130~31; 김기정, 『미국의 동아시아 개입의 역사적 원형과 20세기 초 한미 관계 연구』, 문학과지성사, 2003, 72쪽.

적으로 이완된 때였다. 이로 인해 일본이 누리게 된 상대적인 자율성을 E.H. 노먼은 "숨쉴 공간"(breathing space)이라고 표현했다.[177] 몰더는 그 같은 자율성이라는 국제환경 변수에 더하여 국가 내부 정치통합 (political incorporation)의 전개라는 변수를 기준으로 중국과 일본이 겪게 되는 운명의 차이를 설명했다.[178]

페리의 원정에 뒤이어 영국과 러시아의 해군사령관들이 각각 1854년 10월과 1855년 2월에 일본과 협정을 맺지만, 그 역시 구체적인 통상 내용을 담지는 않았다. 그래서 서양의 무역업계는 서양 정부들이 일본 과 맺은 통상협정들의 가치를 폄하했다. 그들은 한결같이 일본에 대해 서도 중국에 준하는 통상조건을 갖춘 협정을 맺을 것을 촉구하게 된 다.[179] 말하자면 일단 일본을 무력으로 위협하여 개방시킨 다음에는 서 양 무역업계가 일본에 대한 통상조건에 깊은 관심을 나타낸다. 하지만 일본을 개방시키는 단계에서 서양 정부들이 일본에 보인 관심의 실체 는 실질적인 통상과는 거리가 있었다는 얘기이다.

중국을 경제적 반식민지로 만드는 전쟁을 강요하기 시작한 지 십수 년이 되도록 서양 열강은 일본에 대해서는 실질적인 경제적 침략을 시 도하지 않았던 것이다. 그만큼 일본은 중국과 달리 당시 국제질서에서 상대적인 자율성을 누릴 수 있었다. 문제는 일본이 그 자율성의 공간이 열려 있던 시기에 무엇을 했느냐 하는 것이었다. 결론적으로 말하면, 일 본은 그 자율성의 공간을 효과적으로 활용하여 국내적인 정치통합을 이루어낼 정치혁명을 했다. 위로부터의 혁명이 내포한 한계는 있었다. 하지만 다른 동아시아 국가들이 전통질서의 악순환이라는, 정치적 인

---

177) E.H. Norman, *Japan's Emergence as a Modern State*, New York: Institute of Pacific Relations, 1940, p.46; 김기정, 2003, 74쪽.
178) 김기정, 2003, 74쪽.
179) Beasley, 1987, p.23.

볼류션의 굴레에서 벗어날 기미를 보이지 않고 있는 동안, 일본은 스스로 제국주의 열강으로 발돋움할 국내정치적 토대를 마련했다. 일본에 상대적인 자율성의 공간이 허용되었던 결정적인 시기라고 할 수 있는 1860년대 중엽에서 1870년대 초에 이르는 시기에 일본은 신속하게 새로운 정치질서를 구축하여 정치통합을 이루고 '국민국가' 건설로 나아갔다.

이 무렵 일본에서 일어난 정치변동의 핵심은 반외세의 슬로건인 존왕양이를 주창하는 세력이 일본 국가권력의 중심으로 이동하면서 이들이 동시에 개국과 개화의 추진세력이 되었다는 사실이다. 조선의 맥락에 비유하자면 위정척사세력이 문명개화를 추진하는 세력과 정치적으로 통합된 형국이었다. 반외세 자주를 추구하는 것과 개방과 개혁을 지향하는 것이 모순이 아닌 통일을 이룬 것이다. 이것은 지배층의 정치적 통합을 가능하게 했다. 또 한편으로 지배층과 일반 민중 사이의 일정한 정치적 통합을 달성하게 했다. 근대적인 국민국가를 형성해 나가는 바탕이 된 것이다.

통합을 이루는 과정이 순탄치는 않았다. 에도 막부는 1854년 미국의 함포외교에 무릎을 꿇고 가나가와 조약에 서명했다. 미국에 두 개의 항구를 개방하고 최혜국대우를 부여했다. 1858년에는 미국, 영국, 네덜란드, 프랑스, 러시아와 일련의 조약을 강요당했다. 더 많은 항구를 개방했다. 1864년 혼슈의 남단에 위치한 조슈(長州) 번의 사무라이들이 그 같은 굴욕적인 통상조약들을 비판하면서 일본 본토인 혼슈와 규슈 사이에 있는 시모노세키 해협을 봉쇄하여 서양선박들의 통과를 막는 사태가 벌어졌다. 외세와 개국에 대한 저항이었다. 그러나 곧 미국, 영국, 프랑스 및 네덜란드 해군이 합동포격에 나선다. 사무라이들의 저항은 무너지고 만다. 이 사태로 막부 정권은 서양 열강과 더 많은 불평등조약을 맺어야 했다.[180]

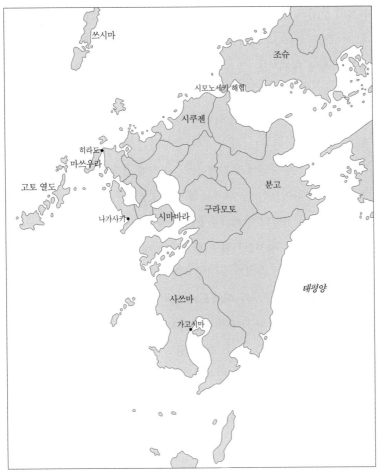

참고자료: L.M.Cullen, *A History of Japan, 1582~1941*, Cambridge: Cambridge University Press, 2003, p.35.

서양 제국주의 앞에서 250년 전통의 도쿠가와 막부체제가 무력하게 무너지며 굴복하는 상황을 사무라이 계급을 포함한 일본인 전체는 국

180) S.C.M. Paine, *The Sino-Japanese War of 1894~95: Perceptions, Power, and Primacy*, Cambridge, UK: Cambridge University Press, 2003, pp.78~79.

가적인 치욕으로 받아들였다. 그렇다고 해서 이들이 쇄국과 반외세를 끝까지 고집한 것은 아니었다. 그것이 중요한 점이었다. 반외세의 선봉에 섰던 조슈의 사무라이들은 무력한 막부체제에 대해서 뿐만 아니라 쇄국 자체에 대해서도 그 현실적 타당성을 회의하기 시작했다. 쇄국의 허울을 벗어던지고 부국강병의 새 정치를 구축해야 한다는 의식이 이들 사무라이 계층과 일본인 일반의 사고를 지배하기 시작했다. 이제 조슈의 사무라이들은 여전히 막부에 충성하는 자신들의 주군 다이묘를 인질로 잡고 막부정권에 도전했다.[181] 여기에 규슈 남단에 위치한 사쓰마 번의 사무라이들이 합세한다. 굴욕적인 불평등조약들이 확대되면서 이들 사무라이 집단의 반체제운동은 더욱 확산된다.

1866년은 일본 정치질서의 이원체제를 대표하는 막부와 천황가에서 각각 쇼군과 천황의 승계가 동시에 이루어지는 해이기도 했다. 7월 20일 스무 살의 쇼군 도쿠가와 이에모치(德川家茂: 재위 1858~66)가 죽고 그의 먼 사촌인 29살의 도쿠가와 요시노부(德川慶喜: 재위 1866~67)가 승계했다. 천황가에서는 같은 해 12월 25일 천황 고메이(孝明)가 36세의 나이로 죽었다. 15살 난 그의 아들 메이지(明治)가 새 천황이 되었다.[182] 막부체제는 일본의 지역적·사회적 파편화에 기초했다. 서양 제국주의의 도전과 막부정권의 무력한 항복은 일본인 전체에 지역과 사회적 계층을 초월한 국가적 치욕감을 불러일으켰다. 이것이 막부정권의 틀을 뛰어넘어 새로운 정치질서를 형성시킨 원동력이 되었다.

장차 중국과 조선의 왕실과 집권층은 서양과 일본 제국주의의 도전에 직면했을 때, 지리멸렬하면서도 전통적 권위구조를 유지하기 위해 외세를 동원해서라도 최후까지 권력에 집착하는 모습을 보인다. 일본

---

181) Paine, 2003, p.79.
182) Paine, 2003, p.79.

의 경우는 이 점에서도 예외적인 정치적 사태가 전개된다. 에도 막부 쇼군은 서양 제국주의에 대한 굴욕적 대응으로 효과적 통치능력을 상실하자, 일본 전체에 조성되고 있던 내전 위기를 피하기 위해 정치적 결단을 내린다. 스스로 권력을 포기한 것이었다. 1867년 11월 9일 쇼군 도쿠가와 요시노부는 스스로 물러났다. 대정봉환(大政奉還)이었다. 평화적인 방식으로 천황이 실질적인 권력을 장악하는 계기를 마련한 것이다. 메이지 유신(明治維新)의 시대는 그렇게 열렸다. 이것을 두고, S.C.M. 페인은 끝까지 기존질서와 권력에 집착했던 중국과 조선의 지배층과 근본적으로 대비되는 사태 전개였다고 지적한다.[183]

메이지 유신은 그처럼 일본 사회의 전통적 지배구조의 상층부에서 전개된 동학에 의해 이루어진 정치혁신이었다. 바로 그렇기 때문에 새 정치질서는 새로운 면도 있었지만, 전통적인 권위주의 구조를 크게 벗어난 것은 아니었다. 이에나가 사부로와 이노 겐지가 적절하게 지적했듯이, 일본의 새 국가는 "대중의 성장에 의한 것이 아니라 소수 지배계급에 의한 위로부터의 개혁으로 국민국가의 통일을 실현하려는" 정부였다. 또 "존왕양이에서 출발한 하급 사족 및 일부의 공가(公家) 귀족을 주된 세력으로 삼아 성립된 후 그들을 주요 관료로 삼아 운영"되었다. 따라서 유신정부는 상하존비와 지배자 전제(專制)라는 봉건적 의식에서 벗어나지는 못했다.

유신정부는 성립 직후인 1868년, 같은 시기 조선의 대원군 정부와 유사하게도, 우라가미(浦上)에서 기독교인 3,000여 명에게 비인도적인 박해를 가했다. 같은 해 언론과 출판에 대해서도 통제법령을 공포하여 신문 및 출판의 내용과 발행을 엄격히 규제했다. 1872년의 '출판조례'는 "함부로 법을 비판하는 것을 금한다"는 것이었다.[184]

---

183) Paine, 2003, p.79.

그러나 일본 사상사가들은 새 정부가 전제주의적 한계와 함께 "의심의 여지 없는 유신의 측면"도 갖고 있었음을 인정한다.[185] 중국과 조선의 지배층과 달리 일본의 정치지도자들은 국가안보를 확립하는 데 국내개혁이 갖는 사활적 중요성을 깊이 인식했다. 군사력과 경제력을 성장시키기 위해서라도 정치제도와 법제를 근대화하는 것이 중요하다는 사실을 깨닫고 있었다. 그리고 실천에 옮겼다. 서양 열강들과 불필요한 갈등을 일으켜 부국강병을 위한 일본의 국내개혁이 장애에 봉착하지 않도록 하기 위해 일본 안에서 외국인들에 대한 공격행위를 엄격히 금했다. 이를 실행하기 위해 체계적인 조치들을 강구했다. 이 역시 중국의 경우와 매우 다른 것이었다. 쇄국을 했던 막부시대에도 제한적으로나마 서양과 지속적인 교류를 해왔다. 그 결과 일본인들은 중국인들에 비해 서양을 더 깊이 있게 이해하고 있었기 때문이라고 S.C.M. 페인은 해석한다.[186]

메이지 유신 이후 일본 지배층의 자세는 1871년 이와쿠라 사절단(岩倉使節團: Iwakura Mission)에 집약된다. 당시 국가위원회(Council of State)의 부의장이라는 고위직에 있던 이와쿠라 도모미(岩倉具視: 1825~83)가 단장이었다. 메이지 정권의 주체세력이라 할 수 있는 조슈와 사쓰마 출신으로 신정부에서 가장 중요한 지도자급으로 활동하던 인물들이 이 사절단에 참여했다. 유럽과 미국을 1년 6개월에 걸쳐 돌아본다. 실제 지도자급 인사들의 사절단 경험은 이후 일본 지도층 전반의 세계인식에 심대한 충격을 주었다. 이후 일본 역사의 전개에 막대한 영

184) 이에나가 사부로(家永三郎)·이노 겐지(猪野謙二), 「근대사상의 탄생과 좌절」, 이에나가 사부로 엮음, 연구공간 '수유+너머' 일본근대사상팀 옮김, 『근대 일본 사상사』, 소명출판, 2006, 35쪽.
185) 이에나가 사부로·이노 겐지, 2006, 35쪽.
186) Paine, 2003, p.81.

향을 미친다. 서양 제국주의의 힘에 충격을 받은 중국 지도층도 서양 견문 사절단을 파견했다. 하지만 불과 소수의 하급인물들을 보내는 데 그쳤다. 일본의 경우는 그것과 크게 대조되었다.[187]

이토 히로부미(伊藤博文: 1841~1909)도 이와쿠라 사절단의 일원이었다. 그는 원래는 열렬한 배외주의자였다. 1862년 도쿄 근처 시나가와에 있던 영국 공사관을 불태우는 데 가담했다. 그러나 이토는 바로 다음해인 1863년 적으로서의 영국을 이해할 목적으로 영국을 방문한다. 그 견문에서 이토는 일본에서 서양인들을 강제로 몰아내는 것은 가능하지도 현명하지도 않다는 결론을 내렸다. 1871년 이와쿠라 사절단에 참여한 이토는 1882~83년에 유럽을 다시 방문했다. 서양 헌법을 배우기 위해서였다.[188] 그는 1885년 일본 최초의 근대적인 수상(首相)이 되어 최초의 근대적인 내각을 구성한다. 당시 일본 지배층 전체의 세계인식과 전략적 사유를 잘 보여준 현상이다. 이토 내각은 곧 근대적인 헌법 기초에 착수했고 1889년 새 헌법을 반포한다.

일본인과 마찬가지로 중국인도 한국인도 서양의 군사무기를 탐냈다. 그러나 일본 지도자들은 서양의 근대적인 교육, 법, 철학을 함께 포용하지 않고는 그러한 무기들을 생산할 힘을 갖출 수 없다는 것을 재빨리 인식했다. 이것이 일본이 중국이나 조선의 최고 위정자들과 달랐던 핵심적인 차이였다.[189]

1868년의 일본에서 250년에 걸친 유서 깊은 권력구조였던 막부체제는 정지된 반면 천황의 권력은 아직 상징적 수준에 머물러 있었다. 천황을 중심으로 한 실질적인 중앙권력의 창조는 진공상태를 새로운 내용으로 채워내는 작업이었다. 천황중심의 새 권력구조가 저절로 정통

---

187) Paine, 2003, p.82.
188) Paine, 2003, pp.82~83.
189) Paine, 2003, p.86.

성을 갖게 된 것이 아니었다. 중앙권력에서 소외되었던 사무라이 계급과 지식인, 그리고 일본의 중간층 전반으로부터 새로운 권력구조의 정통성에 대한 인정과 지지를 이끌어내야 했다. 새로운 세계관을 가진 새로운 정치적 주체세력이 요구되고 있었다.

동아시아의 다른 나라들이 정치적 인볼류션의 질곡, 즉 전통질서의 악순환의 구조에 여전히 결박되어 있을 때, 일본은 그 인볼류션의 안으로만 도는 소용돌이에서 탈각하기에 유리한 역사적 조건을 만났다. 중국과 달리 서양 제국주의의 즉각적이고 집중적인 공격에 놓이지 않았기 때문에 일본 지배층이 중국의 경우를 반면교사로 삼아 현실적이고 유연한 개방적 비전을 모색할 시간을 누릴 수 있었다. 그 역사적 공간 속에서 일본 지도층이 발전시킨 것은 단순히 부국강병을 위한 대외전략만은 아니었다. 국가권력과 민중 사이의 괴리를 제도화한 봉건적 유제들을 타파하는 데 필요한 근대적 사회철학을 그들은 신속하게 학습했다.

메이지 유신 정부의 수뇌부는 원래는 봉건질서의 폐지까지는 고려하지 않았다고 한다. 하지만 곧 봉건적 제도를 철폐하는 쪽으로 신속하게 가닥을 잡는다. 메이지 2년째인 1869년 다이묘들이 자기 관할하의 백성과 토지를 천황에게 반환하는 판적봉환(版籍奉還), 1871년에는 다이묘들이 지배하는 봉건적 영지(領地)인 번(藩)을 모두 폐지하고 그것을 중앙정부가 직할하는 행정조직인 현(縣)으로 전환시킨 폐번치현(廢藩置縣)을 급진 개혁파들이 주도하여 일방적으로 단행한다.[190] 봉건적 정치제도를 폐지하고 근대적인 중앙집권적 정치질서를 구축한 것이다.

---

190) 다카하시 히데나오(高橋秀直)「메이지 유신」, 아사오 나오히로 외 지음, 이계황·서각수·연민수·임성모 옮김, 『새로 쓴 일본사』, 창비, 2003, 374~379쪽.

이어 봉건체제의 핵심인 신분질서를 혁파하는 개혁을 단행한다. 1870년에 평민들도 성(姓)을 쓸 수 있게 되었다. 1871년 8월엔 평민들도 비로소 말을 타는 것이 허용되었다. 사무라이가 무례하다고 판단되는 평민을 죽일 수 있는 권한인 참사어면(斬捨御免)의 특권을 폐지한 것도 이때였다. 화족(華族) 및 사족(士族)과 평민 사이의 혼인을 또한 인정했다. 에타(穢多)와 히닌(非人) 같은 천민층을 평민으로 만드는 조치도 같은 달에 이루어졌다. 1872년에는 인신매매를 금지했다. 아울러 같은 해에 인민의 토지소유권을 인정하고 농민에게도 직업선택의 자유를 부여했다. 농민에게 가해졌던 봉건적인 구속을 해소하는 정책을 추진한 것이다.[191]

봉건적 신분질서의 타파를 위한 메이지 정부의 개혁은 철저한 것이라고는 할 수 없었다. 1870년에 반포된 신율강령(新律綱領)과 1873년의 개정율례(改定律例)는 사족과 관료에 대해 형법상의 특권을 인정하여 평민이 관료를 비방하는 것을 엄벌하는 내용을 담았다. 신분질서의 잔재들이 여전히 남아 있었던 것이다. 그럼에도 일본 역사에서 개혁의 의의는 분명히 있었다. 이에나가 사부로 등은 "개명정책의 연속적 실시를 통해 일본인의 생활 속에 근대적 사상을 뿌리내리게 한 커다란 효과는 일찍이 막번체제하에서 볼 수 없는 획기적인 의의를 지닌 것"이었다고 평가한다. 메이지 정부의 이 같은 봉건제 혁파의 정치적 조치들, 즉 정부의 "문명개화"정책은 일본 사상계에 다수의 근대사상가를 배출한 토양이었다. 그래서 일본 근대사상이 활발하게 전개되기 시작한다.[192] 말하자면 일본의 근대화과정은 정치가 사상을 선도하는 양상도 포함하고 있었다. 그런 점에서도 일본의 근대는 위로부터의 정치혁명이 이끌

---

191) 이에나가 사부로·이노 겐지, 2006, 36~37쪽.
192) 이에나가 사부로·이노 겐지, 2006, 37쪽.

였다는 얘기가 성립한다.

14. 일본에서 근대 정치혁명과 근대사상의 교차

일본 근대에서 봉건질서 타파를 포함한 정치혁명과 일본 지식인 사회의 근대적 사상운동의 상호관계는 물론 단순한 것은 아니었다. 1870년대에 이른바 문명개화의 근대적인 사상을 일본에 확산하는 데 지도적역할을 한 지식인 집단에 메이로쿠샤(明六社)가 있었다. 후쿠자와 유키치(福澤諭吉: 1835~1901)와 가토 히로유키(加藤弘之: 1836~1916)를 비롯하여, 니시무라 시게키(西村茂樹), 니시 아마네(西周), 쓰다 마미치(津田眞道), 나카무라 게이우(中村敬宇), 모리 아리노리(三有礼) 등이 함께 한 조직이었다. 이에나가 사부로가 "당대 사상계의 최고 수준에 있던 사람들을 망라하고 있었다"고 표현한 인물들이다. 이 조직은 1873년에 성립했지만, 이 회원들이 근대사상을 흡수하고 형성한 것은 그보다 훨씬 이전인 막부체제 말기[幕末]로 거슬러 올라간다.[193]

막부는 페리가 입항한 1850년대 중엽 이후 외교가 막중해짐에 따라 양학(洋學)을 육성했다. 원래 군사력을 충실히 하기 위한 군사과학과 그 응용기술을 발전시킬 목적에서였다. 그러나 막부의 주도로 양학을 접한 일본 지식인들의 세계관은 막부 지도층의 원래 의도와는 무관하게 사회과학과 철학의 영역으로 확장된다. 서양의 근대 정치와 경제를 이해하게 된 지식인들은 "국방의 목적을 달성하기 위해서는 단순히 서양의 근대적 군사기술을 도입하는 것만으로는 불충분하며, 반드시 정치와 경제를 근대적으로 재편성해야만 가능하다"는 것을 곧 깨달았다.[194]

---

193) 이에나가 사부로·이노 겐지, 2006, 37~38쪽.
194) 이에나가 사부로·이노 겐지, 2006, 38쪽.

막말 시기에 이루어진 근대사상의 대표적인 업적으로는 가토 히로유키가 1861년『인초』(隣艸)를 저술한 것이 꼽힌다. 이 책은 '상하분권'(上下分權)과 '만민동권'(萬民同權)의 정치체제가 군주악권(君主握權)과 호족전권(豪族專權)의 정체보다 훨씬 오랫동안 국가를 안전하게 하는 길이라고 주장했다. 후쿠자와 유키치가『서양사정』을 출판하여 유럽 국가들의 사회와 문화를 소개하기 시작한 것이 1866년이었다. 메이지 유신 초기 이들 지식인들의 근대사상 소개와 주창은 더욱 활발해진다. 가토 히로유키는 1869년『교역문답』을 출간해 봉건적 중농주의와 상업 경시 풍토를 비판했다. 그는 또 1870년『진정대의』(眞政大意)를 저술하여 입헌정치를 주창한다. 독립과 평등의 사상을 널리 유포시킨 것으로 평가되는 후쿠자와 유키치의『학문의 권장』이 출간되기 시작한 것은 1872년이었다.[195]

메이지 정부가 현실정치에서 봉건적 질서를 혁파하는 정책들을 선포하기 시작한 시기와 근대 계몽사상가들의 활동은 서로 겹치고 있다. 사상과 정책이 상호 영향을 미치면서 전개된 것으로 볼 수 있는 대목이다. 후쿠자와의『학문의 권장』초편의 첫 페이지는「하늘이 준 인권」이라는 제목 아래 이렇게 적고 있다. "'하늘은 사람 위에 사람을 두지 않고, 사람 아래에 사람을 두지 않는다'라는 서양의 격언이 있다. 이 말은, '하느님이 인간을 창조하실 때에는 누구에게나 모두 평등한 권리를 주셨다. 따라서 태어날 때부터 귀천이나 상하의 차별이 있는 것이 아니다. 인간은 모두 만물의 영장으로서 고유의 심신의 활동에 따라, 천지간에 존재하는 모든 물자를 이용하여 의식주에 유용하게 쓸 수 있다. 그리하여 누구에게나 거리낌없이, 또한 서로서로 폐를 끼치는 일 없이 각자가 안락하게 이 세상을 살아 나갈 수 있어야 한다'라는 것이 바로 하

---

195) 이에나가 사부로·이노 겐지, 2006, 39쪽.

느님의 참뜻이라는 의미이다."[196]

일본 지식인들이 서양과의 만남을 통해서 신속하게 깨달은 것은 봉건적인 신분제의 폐해였다. 가노 마사나오는 "국가의 운명에 관심을 갖고 그것에 관여하는 데 능동적인 인민," 즉 "국민"을 만들어내는 일을 신분제의 철폐 필요성과 긴밀히 연관시킨 논의들이 이 시기 일본 지식인들 사이에 광범하게 확산된 것을 매우 중요하게 보았다.[197] 가노는 후쿠자와 유키치가 자신의 출신지 나카쓰(中洲) 번을 배경으로 1877년에 쓴 『구번정』(舊藩情)이란 작품을 예로 든다. 이 책에서 후쿠자와는 "하나의 번에 인종이 다른 사람"이 있는 듯이 인간들을 갈라놓는 상황을 비판하고 있었다. 이런 상태에서는 일본이 전체로서 "구미에 대항할 수 없다는 위기감"이 18세기 후반 일본 지식인들의 근대의식의 핵심적인 요소였다고 가노는 파악한다.[198]

가노 마사나오는 역시 후쿠자와가 『학문의 권장』에서 16세기 말 오다 노부나가(織田信長)가 이마가와 요시모토(今川義元)를 상대로 벌인 오케하자마(桶狹間) 전투를 언급한 것을 주목한다. 후쿠자와는 이 전투에서 오다가 요시모토 한 사람을 쳐부순 것만으로 전쟁에서 승리를 거둘 수 있었던 이유를 "전제정치 하에서 인민은 손님[客分]처럼 있었기 때문"이라고 평했다.[199] 정치사회질서에서 지배층과 인민의 괴리라는 봉건질서의 근본적 한계를 극복해야 한다는 인식이 후쿠자와 등의 일본 근대사상이 이룩한 긍정적 요소의 핵심이었던 것이다.

부정적 측면에서 보면, 일본의 "근대 계몽사상"은 분명 계급적인 시

---

196) 후쿠자와 유키치 지음, 엄창준·김경신 옮김, 『학문을 권함』, 지안사, 1993, 19쪽.
197) 가노 마사나오, 2004, 36쪽.
198) 가노 마사나오, 2004, 35쪽.
199) 가노 마사나오, 2004, 37쪽.

각이라는 한계를 안고 있었다. 민중적 시각을 배척했던 것이다. 후쿠자와는 농민봉기를 매도했다. 그는 "지혜 없음의 극치는 부끄러움을 모르는 것인데, 자신이 무지하여 빈곤에 빠져 굶주리고 추위에 떨고 있을 때 자신의 죄로 돌리지 않고 함부로 주위에 있는 부자를 원망하며, 심한 자는 도당을 조직하여 봉기를 일으키는 등 날뛰는 경우가 있다"고 주장했다.[200] 가토 히로유키는 1874년 『국체신론』(國體新論)을 통해 인민의 권리를 주장해놓고도, "미천한 백성은 통상 신분이 없고 재산이 없기 때문에 진정으로 국가를 걱정하고 인민을 위해 노력하는 길을 모른다"고 했다.[201] 정작 인민의 권리를 부정하는 언사를 서슴지 않았던 셈이다.

메이지 정부의 계몽주의적 개명주의는 분명 그러한 한계를 안고 있었다. 하지만 1870년대의 일본에는 후쿠자와와 가토와 같은 계몽사상가보다 한걸음 더 나아가 메이지 정부가 여전히 갖고 있는 전제주의적이며 계급적인 성격을 정면으로 비판하는 자유민권사상이 등장한다. 1880년대에는 평민주의도 등장했다. 오이 겐타로(大井憲太郎: 1843~1922)와 우에키 에모리(植木枝盛: 1857~92)가 대표적인 자유민권파로 통한다. 그러나 넓은 의미에서는 이들의 자유민권사상도 일본 근대 계몽사상의 범주에 속하는 것으로 간주된다.[202]

이에나가 사부로와 이노 겐지는 1870년대 중엽에 이르기까지 일본의 자유민권사상 역시도 진정 근대적인 사상에는 미치지 못하는 한계를 갖고 있었다고 평가한다. 이들에 따르면, 그 무렵까지 일본의 자유민권론은 새 정치질서 속에서 몰락한 사족계층이 메이지 정부에 대해 갖고 있던 강한 불만을 현실적인 기반으로 하고 있었다. 그들은 여전히

---

200) 이에나가 사부로·이노 겐지, 2006, 45쪽.
201) 이에나가 사부로·이노 겐지, 2006, 38~40, 45쪽.
202) 이에나가 사부로·이노 겐지, 2006, 46쪽.

봉건적 성향을 탈각하지 못했다. 1875년 3월에 창간된 『효론신문』(評論新聞), 1876년 3월 창간된 『소모잡지』 등은 인민이 전제정치에 저항하고 압제정부를 전복할 권리를 주장했다.

그러나 그것은 무력으로 메이지 정부를 타도하려 한 사족의 반란 움직임을 옹호하려 한 것과 관련이 있었다. 이러한 경향은 한편으로는 정한론과 같은 해외침략주의와 맞물려 있기도 했다. 따라서 반드시 인민 대중의 민주주의적 자각에 기초한 것이라고 할 수는 없었다. 그럼에도 이들 자유민권론의 의의를 부인할 수는 없다. 일본의 근대 초기 계몽사상가들이 인민의 저항권과 혁명권을 의식적으로 부인해왔던 것에 비하면, 이들 자유민권론은 한걸음 더 앞으로 나아간 것이었기 때문이다. 인민의 저항권 개념을 일본 사상사에 처음으로 뿌리내린 의미를 갖는다고 평가되는 것이다.[203]

15. 일본식 근대화의 귀결: 초국가주의로의 행진

일본의 근대 자유민권사상은 그 역사적 업적에도 불구하고 1880년대 중엽 자기해체라는 근본적 위기를 맞는다. 일본의 근대 정치질서가 천황제에 기초한 절대적 국가주의 경향으로 확고하게 방향을 잡게 되는 것과 동시에 진행된 사태였다. 일본은 1880년대 말 대일본제국헌법을 공포한다. 천황에게 신성불가침의 지위와 절대적인 대권을 부여한 군권주의(君權主義) 국가체제를 확립한 것이다. 그 역사적 의미를 일본의 사상사가들은 이렇게 요약한다. "이후 태평양전쟁의 패배에 이르기까지, 부르주아 데모크라시의 범위에 머무는 한, 어떠한 진보적인 정치사상도 기본적으로 이 헌법체제와 양립할 수 없는 원리를 전개하기

---

203) 이에나가 사부로·이노 겐지, 2006, 56~57쪽.

란 불가능했다. 대일본제국헌법의 공포는 단지 정치사나 법제사에서만이 아니라 사상사에서도 획기적인 전환점이었다고 하지 않을 수 없다."[204]

이어 일본 메이지 국가는 1890년 전국의 소학교에 천황의 초상인 '어진영'(御眞影)을 '받들어 모시도록' 했다. 같은 해 10월에는 '교육칙어'(敎育勅語)를 발표했다. 사상사가들은 이것들 역시 신권적인 천황의 권위를 법률로 확정한 제국헌법의 공포에 맞먹는 역사적 사건이라고 본다. 칙어의 핵심은 '천황제 호지(護持)'를 지상명령으로 삼는 데 있었다. 더욱이 학교에서 '예배'의 대상으로 삼아 엄숙한 어조로 '봉독'(奉讀)하도록 했다. 그래서 "어진영에 대한 최상의 경례와 함께 국민의 천황에 대한 절대 복종의 태도를 관습적으로 육성하는 데 주효했다는 점에서도 커다란 역사적 의의"가 있는 것이었다.[205]

메이지 국가는 일정한 수준 근대적 개혁을 추진하면서도 근본적으로는 민권론의 발전을 억제하려 노력했다. 메이지 정부는 유교부흥을 꾀했다. 또한 민권론이 부르주아 민주주의 혁명을 완수한 영국·미국·프랑스 사상의 영향에 기반을 둔 사실을 주목하고, "절대주의적 경향이 강한 독일의 국권주의 사상"을 장려하고 나섰다. 1881년 새 헌법 구상의 책임을 맡고 있던 이와쿠라 도모미는 프로이센주의자인 이노우에 고와시(井上毅)의 건의를 받아들였다. 의회의 권한을 축소하고 행정권의 우위를 내세우는 프러시아를 모델로 한 헌법을 천황이 친히 제정할 것을 제안했다. 1883년 이와쿠라가 사망함에 따라 메이지 정부의 수장이 된 이토 히로부미도 이노우에 고와시를 중용했다. 이와쿠라 도모미의 흠정헌법 노선을 답습한 것이다. 그 결과 "프러시아 헌법보다 훨씬

<hr />

204) 이에나가 사부로·이노 겐지, 2006, 72~73쪽.
205) 이에나가 사부로·이노 겐지, 2006, 73~74쪽.

입헌적 요소가 희박한 바이에른·뷔르텐베르크 등 남부 독일국가들의 헌법을 모델로 하여 엄중한 경계 속에서 비밀리에 기초한 대일본제국 헌법을 하늘(천황)이 내리는 방식으로 국민에게 강요"하게 된 것이다.[206]

일본 천황은 근대에 창조된 것이 아니라 전통적 권위를 되살린 것에 불과하며, 따라서 전통적 보수주의의 한 형태일 뿐이라는 주장도 있다. 하지만 브루스 레이놀즈 등을 비롯한 많은 학자의 생각은 다르다. 천황가(天皇家)는 물론 오랜 역사를 가진 전통적인 권위이다. 그러나 메이지 정부가 1889년 헌법을 통해 신격화한 천황의 위상은 매우 근대적인 창조물이라는 것이 학자들의 인식이다. 이토 히로부미를 비롯한 메이지 시대의 건설자들은 근대 민족국가를 새롭게 창조하는 데 필요한 정치적 충성을 동원하는 일에 천황을 이용하고자 했다. 그래서 '천황제'를 의도적으로 구축했다고 본다. 신화로 치장된 천황제를 조작함으로써 일본 정치체제를 혁명적으로 전환시킨 것이었다.[207]

캐럴 글룩은 일본을 만세일계의 천황 중심의 정치체로 정의하는 "근대적인 신화"(modern myths)를 만들어내고 일본사회에 확산시킨 주도세력이 지방 관료들과 지방 유지들이었음을 논증하기도 했다.[208] 스티븐 블라스토스는 일본이 자신들이 근대에 새로이 창조한 것들의 정통성을 전통에서 구하는 경향에 대해 논했다. 근대 일본인들은 전통적 요소들 중에서 특정한 요소들을 선별하여 전혀 새로운 것을 만들었으

206) 이에나가 사부로·이노 겐지, 2006, 71~72쪽.
207) Bruce Reynolds, "Peculiar Characteristics: The Japanese Political System in the Fascist Era," in E. Bruce Reynolds, ed., *Japan in the Fascist Era*, New York: Palgrave Macmillan, 2004, p.160.
208) Carol Gluck, *Japan's Modern Myths: Ideology in the Late Meiji Period*, Princeton: Princeton University Press, 1985.

면서도 그 안에 전통의 요소가 있음을 근거로 전통의 계승일 뿐이라고 주장하는 논리를 내세웠다. "근대 천황제의 창조"의 경우에도, 전통과는 전혀 다른 것을 창조해놓고 전통의 계승이라 주장하는 것에 다름 아니라고 보았다.[209] 어떻든 근대 일본에서 권위와 권력의 일체를 소유한 존재로서의 인신적(人神的) 천황의 지위는 근본적으로 근대적인 혁신의 결과였다고 보는 것이 진실에 가깝다.

절대주의적인 천황제 국가를 창조한 메이지 정부의 행보는 1880년대 중반 민권사상과 그 세력이 궤멸한 것과 때를 같이했다. 자유당이 해체되고 자유민권론에 바탕을 둔 민주주의 공세가 소멸했다.[210] 정부의 극심한 탄압이 있었기 때문이었다. 주로 호농층의 지지를 받고 있던 자유당 간부들은 그러한 상황에서 당 조직에 대한 자신감을 상실하고 1884년 당을 해산한다. 이로써 민권운동은 완전히 와해되었다. 민권사상 역시 급속도로 후퇴해갔다.[211]

일본이 이 시기에 천황제 국가체제를 정비하는 것은 장차 군국주의로 나아가는 제도적 첫 걸음이었다. 유의할 점은 일본 근대사상사에서 민권주의 사상의 기초를 마련한 대표적인 인물들이 이 시기에 일본의 조선 침략 구상을 정당화하고 장려하는 언동을 하고 있었던 사실이다. 후쿠자와 유키치가 1887년에 편 국방론이 그 대표적인 것이다. 그는 조선과 일본에 관한 글에서 "방어선은 먼 곳에 펼치고 적이 우리의 본성(本城)에 가까이 오는 것을 허용하지 않는 것"이 상책이라 전제하면서, "일본섬 바깥의 먼 땅에까지 방어선을 펼치고, 신속하게 일본섬 바깥의 땅에서 적의 침입을 멈추게 할 방도가 매우 중요하다"는 주장을 펼치고

---

209) Stephen Vlastos, *Mirror of Modernity: Invented Traditions of Modern Japan*, Berkeley: University of California Press, 1998, p.12.
210) 이에나가 사부로·이노 겐지, 2006, 71쪽.
211) 이에나가 사부로·이노 겐지, 2006, 59쪽.

있었다.[212]

도쿠토미 소호(德富蘇峰: 1863~1957)는 후쿠자와보다 더 진보적인 민권사상인 '평민주의' 사상가였다. 장차 일본 사회주의 사상의 발판을 마련한 인물로 평가된다. 그는 나중에 변절하지만 그가 군국주의에 반대하고 평화로운 상업에 의한 발전을 주장하던 시기인 1893년에도 유독 조선 침략 구상은 지지하고 있었다. 「조선무역과 미쓰비시(三菱)」라는 글에서 그는 "미쓰비시로 하여금 조선에 자본을 투입하여 은행을 설치하고 이를 조선의 동인도회사로 만들어 조선을 일본 자본의 지배하에 예속시키려는 구상"을 하고 있었던 것이다.[213]

이에나가 사부로와 이노 겐지에 따르면, 후쿠자와를 포함한 자유민권론자들은 원래부터 국권주의적(國權主義的) 경향을 함께 갖고 있었다. 그렇지만 적어도 민권론과 국권론 사이에 일정한 균형을 유지했다. 그러나 1894년 청일전쟁 시기에 이르러서는 후쿠자와도 도쿠토미도 침략주의와 군국주의에 대한 완전한 지지자가 되어 있었다. 후쿠자와는 「일본국민의 각오」라는 글을 통해, "우리들의 목적은 오직 전쟁에 승리하는 것뿐, 전쟁에 승리하여 우리의 국권을 신장시키고 우리 동포인 일본국민이 세계를 떳떳하게 대하는 유쾌함까지 누릴 수 있다면, 내부의 어떠한 불평과 부조리라도 이를 논할 틈이 없다"고 했다. 이를 두고 이에나가 사부로와 이노 겐지는 자유민권론자들이 "국내 민주주의의 방기(放棄)를 공공연히 선언한 것"으로서 일본 사상계에서 국권과 민권 사이의 균형이 무너지고 국권주의가 완전히 승리했음을 말해준 것이었다고 평가한다.[214] 도쿠토미 소호는 1887년 『고쿠민노토모』(國民之友)라는 잡지를 창간하여 군국주의 반대를 주창했다. 그러나 청일전쟁이 가

---

212) 이에나가 사부로·이노 겐지, 2006, 97쪽.
213) 이에나가 사부로·이노 겐지, 2006, 96쪽.
214) 이에나가 사부로·이노 겐지, 2006, 97쪽.

까워지면서는 재빠르게 군국주의를 지지하고 침략정책을 부르짖었다. 그는 1897년에는 천황이 임명하는 참사관(參事官)에 취임한다.[215]

1898년(메이지 31) 일본에서 공포된 이른바 메이지 민법은 일본 근대 국가주의 체제의 정립에 또 하나의 획을 긋는 사건이었다. 이때 공포된 민법의 친족편(親族篇)과 상속편(相續篇)은 메이지 민법의 핵심이었다. 호주권을 강화하고 가독상속제도(家督相續制度: 가독은 가문을 상속받는 대표자를 의미)를 견지하며 부부의 불평등을 명확히 한 전근대적인 내용을 담고 있었다. 이것은 메이지 헌법과 함께 태평양전쟁의 패배에 이르기까지 효력을 유지한다. 근대적 가족제도를 거부하고 가부장제를 다시 강화한 이 메이지 민법은 결국 1889년에 공포된 군권지상주의(君權至上主義)의 대일본제국헌법과 짝을 이루어 천황제 국가주의 체제를 받치는 기둥이었다.[216]

요컨대 일본에 1890년대라는 10년간은 국가기구로서의 천황제와 가족제도로서의 가부장제를 각각 헌법과 민법에 의해 제도적으로 확립한 시기였다. 그것을 일본 국민 전체의 뇌리에 획일적으로 주입시켜 천황제 국가체제를 일상생활 속에서 구현해내는 역할을 담당한 것은 근대적인 전 국민 의무교육제도였다. 교육칙어를 핵심으로 하는 수신교육, 즉 유교주의를 기조로 하는 국민도덕교육의 강화를 위해 교과서도 변질되어간다. 메이지 초기에는 개명주의적 내용들을 담고 있던 교과서에서 점차로 그러한 내용들이 제거되었다. 대신에 철저하게 유교주의와 교육칙어에 바탕을 둔 내용들이 그 자리를 차지하게 된다.[217]

예컨대 1892년에 실험적으로 발간된 『소학수신서』(小學修身書)는 "군주는 한 나라의 주권자로서 최대의 위엄을 베푸는 자일진대……오

---

215) 이에나가 사부로·이노 겐지, 2006, 97~98쪽.
216) 이에나가 사부로·이노 겐지, 2006, 79쪽.
217) 이에나가 사부로와 이노 겐지, 2006, 83쪽.

로지 그 명령에 복종해야 한다"고 했다. "임금과 나라를 위해서라면 목숨이 아깝겠는가"라고도 했다. 또 군인과 관리를 공경해야 한다고 적고 있었다. 뿐만 아니라 전 근대적인 가부장제적 여성관을 복원시켰다. "여자는 언제나 나긋나긋하고 부드럽게, 바람에 흔들리는 버들가지 같아야 한다"고 썼다. "남편에 대해서는 공손하게 고개를 숙이고 온화하게 순종해야 한다"고 했다. "가부장과 천황, 그리고 정부에 대한 국민의 일방적이고도 무조건적인 복종의 심정을 배양하는 데 목적을 둔 것"이었다.[218]

이러한 방향으로의 교육에 대한 국가통제는 갈수록 강화된다. 1904년부터 사용된 최초의 국정 수신교과서는 충효주의를 더욱 강조했다. 그러나 천황신권론자(天皇神權論者)들은 이 역시 충분하지 않다고 여겼다. 1911년 개정된 소학교 수신교과서는 천황주의와 충효주의를 더 한층 강화한 내용으로 채우게 된다.[219]

천황제에 기초한 일본의 초국가주의 지향은 결국 20세기에 들어서 일본판 파시즘으로 행진하는 기초가 되었다. 배링턴 무어는 1930년대 초에서 패전에 이르는 약 14~15년의 시기를 일본 근대정치사에서 '일본판 우익 전체주의 체제'(Japanese version of a right totalitarian regime)의 시대로 정의했다.[220] 그에 따르면, 일본 파시즘의 뿌리는 일본 근대정치사의 제1기를 특징지었던 자유민권파의 이른바 '농본적 자유주의'(argrarian liberalism)의 궁극적인 실패로 거슬러 올라간

218) 이에나가 사부로와 이노 겐지, 2006, 84쪽.
219) 이에나가 사부로와 이노 겐지, 2006, 85~86쪽.
220) Barrington Moore, Jr., *Social Origins of Dictatorship and Democracy: Lord and Peasant in the Making of the Modern World*, Boston: Beacon Press, 1966, esp., Chapter Five, "Asian Fascism: Japan," pp.291~292.

다. 1889년 일본이 채택한 헌법은 부분적으로는 의회민주주의의 외관을 갖추었다. 하지만 그 실패로 인해 천황제를 골격으로 하게 된 것이었다.

이후로부터 파시즘 시기까지의 중간기를 무어는 일본 근대정치사의 제2기로 정의한다. 이 시기에 일본의 정치질서는 천황제 국가가 부과한 장벽과 민주세력 사이에 투쟁이 전개된다. 천황제 국가체제의 억압적 요소들은 마침내 1930년 전후 대공황의 시작과 함께 민주세력 파괴를 완성한다. 그와 함께 전쟁경제와 우익 전체주의를 특징으로 제3기가 시작된다. 일본 파시즘이 성립한 것이다. 비유하자면 동아시아에서 근대성으로 무장한 프랑켄슈타인의 괴물이 완성되어갔던 것이다.

제3장 동아시아 제국주의의 시대구분[1)]

• '제국주의 카르텔'로 본 근대 동아시아 질서

1. 근대 동아시아의 초상: 제임스 릴리와 칭다오

제임스 릴리(James Lilley, 1928~2009)는 자신을 '중국통'으로 부른다. 1950년 예일 대학을 졸업한 릴리는 그해 가을 동아시아에서 공산주의 세력의 팽창을 저지하겠다는 신념을 갖고 CIA에 입사한다.[2)] 이후 20여 년간 그는 동아시아에서 활약하는 첩보 전문가였다. 1970년대에는 헨리 키신저를 도와 미중관계 정상화 과정에 깊이 개입하기도 했다. 한국의 민주화과정이 전개되는 결정적인 시기인 1986년에서 1989년 봄까지 주한 미국대사를 맡았다. 이어서 1991년까지 주중 대사를 역임했다. 1989년 5월 2일 베이징에 처음 부임했으므로 릴리는 그해 6월 벌어진 역사적인 천안문사태의 와중에서 미중관계를 관리하는 위치에 있

---

1) 이 제3장의 글을 포함하여 이 책의 제7장까지는 다음의 논문을 발전시킨 것이다. 이삼성, 「동아시아 제국주의의 시대구분: '제국주의 카르텔'로 본 근대 동아시아질서」, 『국제정치논총』 제48집 3호, 2008, 57~92쪽. 이 논문은 그에 앞서 2007년 12월 14일 한국정치학회 연례학술회의(서울, 한양대)에서 발표되었다.
2) James Lilley, *China Hands: Nine Decades of Adventures, Espionage, and Diplomacy in Asia*, New York: PublicAffairs, 2004, pp.13~15.

었던 셈이다.

릴리는 어린 시절부터 동아시아와 인연이 깊었다. 1917년 이래 미국 석유회사 스탠더드 오일(Standard Oil)의 중국지사에서 일한 부모를 따라 1920년대 말에서 1930년대 초까지 중국 산둥 반도의 칭다오에서 유년을 보냈다. 칭다오 시절은 그에게 더없이 달콤한 추억으로 남아 있다. 부유했고 많은 중국인 하녀가 릴리 가족의 허드렛일을 도왔다. 일상생활에서 제임스 릴리는 그들 중국인 하인들과 함께 살았다고 할 수 있었다. 그러나 그들의 개인적 삶을 들여다볼 기회는 없을 정도로 서로 전혀 다른 세계를 살고 있었다고 릴리는 회상한다. 예를 들면 중국인들은 릴리 가족처럼 특권적인 시민들이 해수욕하는 해안가에 접근이 허락되지 않았다. 중국인들은 비관적 운명론에 젖어 있었으나 릴리의 가족은 중국인들의 불행과 절망을 의식할 기회가 없었다.[3]

칭다오의 일등시민들은 물론 미국인과 영국인, 그리고 독일인 등의 서양인들과 함께 일본인들이었다. 이들은 세계 일등시민계급으로서 이 도시에서도 특권을 공동으로 향유하고 있었다. 그다음 이등시민은 러시아 혁명을 피해 나라 없는 존재로 살고 있던 러시아인들이었는데, 이들은 주로 카페를 운영하거나 거리의 가난한 예술인들로 살았다. 몸을 파는 러시아 여성도 많았다. 일본의 저명한 소설가 요코미쓰 리이치가 1928년 상하이를 무대로 쓰기 시작한 작품이 있다. 제목이 『상하이』이다. 중국인으로 변장한 일본인 주인공 산키에게 상하이 항구의 스산한 밤안개 속에서 러시아 매춘부가 접근한다. 그녀가 산키에게 담배를 달라고 하면서 시작된 대화에서, 그녀는 자신에 대해 말한다. "돈도 없고 나라도 없죠."[4]

---

3) Lilley, 2004, pp.13~15.
4) 요코미쓰 리이치(橫光利一) 지음, 김옥희 옮김, 『상하이』, 소화, 1999.

근현대 중국과 동아시아

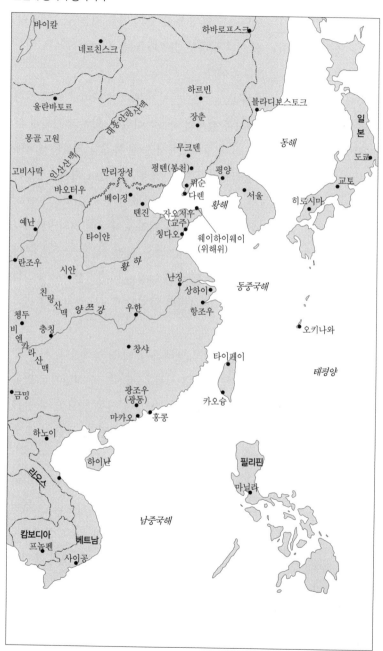

칭다오의 3등시민은 중국인들이었다. 릴리의 기억에 남아 있는 중국인들의 주된 이미지는 인력거를 옆에 두고 옷의 이를 잡는 모습이었다. 릴리는 언급하고 있지 않으나 아마도 그보다 낮은 단계에 한반도에서 흘러든 조선인들이 있었을 것이다.

19세기 중반에서 20세기 초에 이르는 시기 릴리가 태어난 중국 칭다오의 운명은 그 시기 동아시아 질서의 축소판이었다. 릴리의 가족과 같이 서양열강과 일본의 시민들이 칭다오에서 누린 특권의 핵심은 중국에서 범죄를 저질렀을 때 중국정부가 아닌 열강 자신들이 형사재판권을 행사하는 것이었다. 영사재판권으로 불린 "치외법권"(extraterritorial rights)이었다. 그리고 중국의 특정도시나 지역을 떼어내 치외법권지역으로 만드는 조차지였다. 실질적인 크고 작은 식민지들을 중국대륙 안에 확립한 것이다. 영국과 프랑스 등 유럽 열강이 아편전쟁에서 승리하여 빼앗은 이 특권들을 미국도 1844년에 일찌감치 중국으로부터 받아냈다.

중국은 1894~95년 청일전쟁에서 패배하여 더욱 약해진다. 서양 열강은 갖가지 구실을 붙여서 중국의 도시들을 자신들의 식민지로 만들었다. 칭다오의 운명은 그것을 대변했다. 1897년 산둥 반도의 한 읍에서 두 명의 독일 선교사가 중국인 마적단에게 살해된다. 독일은 그 일을 구실로 삼아 세 척의 순양함을 칭다오에 보냈다. 독일황제는 중국군대에게 칭다오를 떠날 것을 명했다. 중국군대는 독일황제의 명령을 따랐다. 그리고 독일군대가 칭다오를 점령했다. 중국은 칭다오와 그 주변 지역을 독일에게 99년간 빌려준다는 협정에 서명한다. 이후 칭다오는 항구 전체를 내려다보는 위치에 세워진 루터 교회를 비롯하여 독일식 도시로 탈바꿈했다. 이렇게 식민화된 도시는 독일인뿐 아니라 미국인, 영국인, 그리고 일본인 상인들과 군인들이 치외법권의 보호를 받으며 공유했다.

1914년 제1차 세계대전이 발발한다. 1902년 이래 정식으로 영국의 동맹국이었던 일본은 일단의 영국군대와 함께 독일의 식민도시 칭다오를 점령한다. 이어 일본은 산둥 반도 전체에 대한 완전한 통제권을 중국으로부터 빼앗는다. 1915년 일본은 중국으로부터 칭다오에 대한 권리를 부여받는 협정을 맺었다. 제1차 세계대전이 끝나자 중국은 산둥 반도를 돌려받으려 했다. 아울러 치외법권의 굴레를 떨쳐내고자 했다. 이는 미국 대통령 우드로 윌슨이 주창한 민족자결주의 원칙과도 부합하는 요구였다. 그러나 1919년 미국이 주도한 파리 평화회의가 중국에 통고한 것은 1915년 일본과 맺은 협정, 즉 칭다오에 대한 일본의 권리를 인정한 협정이 유효하다는 것이었다.[5]

미국을 포함한 열강은 중국의 반식민지적 상황을 유지하는 데 일본과 뜻을 같이하고 있었다. 나만 몇 년이 지난 후인 1922년, 영국과 미국은 중국 안에서 일본의 권력이 지나치게 커지는 상황을 경계하면서 칭다오를 중국에 반환할 것을 종용했다. 일본은 이에 응했고, 일본군대는 철수했다. 하지만 미국과 영국은 자신들과 일본이 중국에 대해 누리는 치외법권은 물론 유지했다.

제1차 세계대전 후 동아시아에서 미국이 주도하여 구성한 워싱턴 회의체제는 중국에 대한 공동지배의 규범이었다. 이때까지만 해도 일본은 그 규범을 일탈하지 않았다. 일탈하지 않는 한 여전히 일본은 미국 등과 중국에 대한 공동지배자로서 한 배를 타고 있었다. 1922년 일본군대의 철수에도 불구하고 칭다오에서 1만 5,000명의 거주민 수를 자랑하는 일본의 힘은 단연 첫째였다. 그들과 함께 미국, 영국, 독일, 캐나다에서 온 서양인들이 이 도시의 일등시민층을 구성하고 있었다.

칭다오에서 릴리의 가족을 중국 전체의 혼란과 폭력적인 사태들로부

---

5) Lilley, 2004, p.8.

터 절연시키는 것, 특히 중국의 운명을 슬퍼하고 제국주의적 지배에 저항의식을 가진 위험한 중국인들로부터 그들이 보호되고 있다고 느끼게 하는 것은 미국과 영국, 그리고 일본군대가 그들과 위험한 중국인들 사이에 방벽이 되어주고 있다는 의식이었을 것이다. 릴리와 그의 가족이 느꼈을 안정감은 물론 미국의 아시아 함대가 칭다오에 들러서 그 위용을 과시했을 때 새삼 강하게 확인되는 것이었다. 하지만, 미국함대가 방문하지 않던 평소에도 그의 가족과 다른 모든 일등시민의 칭다오 생활을 특징지었던 안정된 일상과 안락한 정신상태는 아시아 대륙에 대한 서양과 일본의 제국주의 지배질서에서 유래하는 안정감에서 비롯된 것이었음은 더 말할 필요 없을 것이다. 하나의 클럽, 하나의 카르텔이었다.

세월이 한참 흘러서 1937년 7월. 이 무렵 일본은 베이징과 텐진 사이의 루거우차오(蘆溝橋)에서 빌미를 만들어 베이징을 포함한 중국 중원에 대한 전쟁을 시작한다. 이후 베이징과 상하이를 포함한 중국의 한복판에서 가공할 전쟁범죄를 동반한 전쟁을 전개한다. 그해 12월 중순 마침내 양쯔강 유역의 중심지 난징(南京)을 일본군이 점령한다. 역사에 영원히 남을 대학살사태를 막 앞둔 시점이었다. 이때 미국은 텐진에 주둔해 있던 제15 보병연대(15th Infantry)를 철수시킨다. 일본과의 충돌 가능성을 미연에 피하기 위한 것이었다. 서로 불편하지 않도록 자리를 피해준 꼴이 되었다. 철수하는 미국 병사들이 텐진 시가를 행진했다. 그 지역에 주둔해 있던 다른 나라 군대들의 군악대들이 송별의 연주를 해준다. 거기서 일본 군악대도 행진하는 미군들을 위해 우정과 사랑의 세레나데를 연주해주고 있었다.[6]

---

6) Barbara W. Tuchman, *Stilwell and the American Experience in China, 1911~45*, New York: Grove Press, 1985(Originally 1970), p.180.

2. '제국주의 카르텔'과 근대 동아시아 질서 인식

1840년 어이없어 보이는 명분으로 시작된 아편전쟁이 곧 중국에 어처구니없는 패배를 안기면서 동아시아의 근대는 시작되었다. 서양 열강들에 의한 경제적·군사적, 그리고 문화적 점령으로 시작된 근대 동아시아 질서는 제국주의의 시대로 1세기에 걸쳐 계속되었다. 1945년 태평양전쟁의 종결과 함께 막을 내린다. 수천 년에 걸친 동아시아 문명 속에서 독립적인 정체성을 오랫동안 유지했던 한반도와 인도차이나의 약소사회들뿐만 아니라, 동아시아의 중심국가이자 세계질서의 중심에 있음을 자부해온 수억의 중국인에게도 그 시대는 정체성의 상실이나 혼란을 강요했다. 근대의 중간시기에 스스로 제국주의 클럽의 일원이 된 일본 사회의 구성원들도 극렬한 정체성 변동의 시련을 겪어야만 했다. 동아시아 사회들 그 어느 쪽에도 기념할 만한 소중한 기억보다는 지우고 싶은 상처가 많은 시대였다.

동아시아 근대 1세기에 대한 동아시아인들의 기억을 지배하는 것은 시대의 전체상에 대한 객관적인 전망이라고 하기 어렵다. '외상 후 스트레스 장애'에 시달리는 상처받은 정신의 과거인식의 성격을 띨 가능성이 높다. 그 시대에 대한 우리의 기억은 균형잡히기보다는 특정의 과장된 측면들에 의해 굴절되기 쉽다. 특히 아시아의 근대에 대한 세 가지 이미지 때문에 전체상보다는 특정부분들이 우리의 인식을 지배하는 경향이 있다고 생각된다.

첫째, 서양 제국주의의 물결이 해일로 다가와 휩쓸어버리기 전 동아시아 사회들이 머물러 있던 전 근대적 정체성(停滯性)에 대한 이미지이다. 이 책의 제1장과 제2장에서 다룬 주제에서 확인했듯이, 그것은 부인하기 힘든 역사적 사실이기도 했다. 그러나 경제적 정체와 전통적 정치질서가 서양의 경제와 정치에 비해 마치 지질학적 지층의 차가 있는 것처럼 규정하는 "서양은 문명, 동양은 미개"라는 단순화된 이분법적 이미지는 그 시대 안에서 서양 제국주의에 대한 전체적 인식을 굴절시키기 쉽다.

둘째, 서양 제국주의의 동점(東占)은 침탈과 폭력을 동반했지만, 일본 제국주의는 그것을 덮고도 남을 만한 고통을 다른 동아시아 사회들에 안겨주었다. 그 이미지가 동아시아 근대질서에 대한 우리들의 기억을 압도해왔다. 서양 제국주의는 먼저 중국을 집중공격하여 이른바 차식민지(次植民地)로 만들어버렸다. 전통적 동아시아 질서 안에서 중국 중심의 위계가 파괴되었다. 일본의 제국주의적 발전은 그 결과로서 가능한 것이었다. 또한 많은 부분 서양 열강은 일본을 이용하고 그것과 연합한 가운데 존재했다. 하지만 더 가까운 과거에 더 폭력적인 아시아 국가 내부의 제국주의로 인한 역사적 상처는 깊었다. 동아시아의 근대 전체에서 제국주의에 대한 전체적 평가는 그로 말미암아 굴절될 수밖에 없었다.

세 번째 요소는 이 상황을 더 심화시킨다. 근대의 최종단계를 장식한 것은 태평양전쟁이었다. 진주만과 원폭의 기억은 그 압축적인 표상이다. 그래서 일본과 미국의 치열한 갈등과 전쟁의 이미지가 근대 동아시아 국제질서 전체에 대한 우리의 인식을 강하게 틀지운다.

이 글은 근대 동아시아 국제질서의 전체상을 조망하려는 시도이다. 이러한 노력에서 꼭 필요한 것은 그 전체의 어떤 특정한 부분이나 특정한 시기가 전체에 대한 객관적 인식을 압도하는 경향을 경계하는 일이다. 이를 위해 이 글은 일정한 기준과 개념에 의거하여 한 세기 전체를 시대구분하고 각 시기별 특징을 비교적으로 분석해보려고 한다.

약 1세기에 걸친 동아시아 제국주의 시대의 내면에 대한 시대구분을 시도하는 데서 필자가 선택한 기준은 제국주의 국가들의 갈등과 협력의 구조이다.

근대 동아시아 제국주의 시대를 파악하는 데 기존의 일반적인 설명들은 제국주의 열강들 간의 경쟁과 갈등을 부각시켜왔다. 그와 달리 여기서는 근대 동아시아 질서가 제국주의 국가들 간의 경쟁 못지않게 '카르텔적인 제국주의적 협력의 체제'라는 성격을 띠고 있었다는 점에 주목하려고 한다. 이 시대에 대한 기존의 전형적인 인식과는 다른 관점이다. 근대 1세기의 동아시아 질서에 대한 기존의 일반적인 인식과 시대구분은 두 가지 특징이 있다고 생각된다.

첫째, 전 지구적인 제국주의 질서의 한 측면으로서 동아시아 근대질서를 보기 때문에 우선 동아시아 질서의 특질에 주목하는 독자적인 시대구분을 하는 경우를 찾기 어렵다. 전 지구적 제국주의 질서가 제국주의 열강들 간의 갈등과 분쟁으로 점철되어 있는 만큼 그 연장으로서 동아시아 질서를 보는 경우 이곳에서도 역시 열강늘 간의 갈등과 분쟁의 요소를 집중적으로 주목하게 마련이다.[7]

둘째, 서양 역사학계에는 제국주의의 피해자 측인 중국의 역사학과는 달리 근대 동아시아 질서를 제국주의 질서로 규정하는 것에 소극적이다. 존 K. 페어뱅크의 경우가 그 경향을 대변한다. 이 시기 동아시아에서 열강들 간의 경쟁과 갈등을 주로 보기 때문이기도 하고, 특히 미국의 경우 반(反)제국주의적 경향을 갖고 일본을 비롯한 다른 열강들과 경쟁하고 갈등했다는 측면을 강조하기 때문이기도 하다.

결국 근대 동아시아 질서에 대해 제국주의 열강들 간의 경쟁과 갈등

---

7) 전 지구적 차원에서 제국주의 문제를 보기 때문에 동아시아에서 제국주의가 전개되는 양상을 부차적으로 취급하는 경향은 에릭 홉스봄에게서도 나타난다. 홉스봄은 1875~1914년을 '제국의 시대'로 부르면서, 이 시기에 경제적 제국주의가 가미된 신제국주의의 시대가 되었다고 말한다(Eric Hobsbawm, *The Age of Empire, 1875~1914*, New York: Vintage Books, 1987, pp.60~62.). 그러나 동아시아 제국주의는 처음부터 아편무역을 포함한 전반적인 무역과 경제관계에서의 특권들을 목표로 삼는 경제적 제국주의였다.

못지 않게 협력과 연합을 특징으로 하는 "제국주의 카르텔"의 관점에
서서 그 양상의 변화에 초점을 맞추어 시대구분을 시도한 예는 찾아보
기 어렵다. 서양학계와 우리 학계에서의 일반적인 경향을 일별함으로
써 그것을 확인할 수 있다.

현대 중국 외교사가들은 아편전쟁의 결과로 영국이 중국으로부터 확
보한 '난징 조약' 이후의 상황을 '서양에 의한 중국의 반식민지화'로
정의한다. 1980년대에 간행된 한 중국외교사 교과서에 따르면, 난징조
약은 "영국이 강제로 중국과 체결한 최초의 불평등조약으로서 중국이
외국 자본주의의 반식민지가 되었음을 알리는 표시였다." 이 책은 난징
조약을 설명하는 절의 제목 자체를 아예 「중국의 반식민지화가 시작된
난징조약의 체결」이라고 붙여놓았다.[8] 1999년에 간행된 현대 중국의
대표적인 중국근대사 교과서 역시 "1840년 아편전쟁은 중국이 봉건사
회로부터 반식민지 반봉건사회로 나아가는 역사적 전환점"이었으며,
중국사회의 성격이 근본적 변화를 겪게 되는 시작이었다고 평가하고
있다.[9]

반면에 중국 근대사 연구에서 대표적인 서양학자인 존 페어뱅크는
반식민지라는 표현을 사용하지 않는다. 대신 난징조약이 중국의 대외
관계가 "조공관계에서 조약관계로의 이행"을 나타내는 것으로 본다.[10]
다만 그 조약체제가 중국과 서양열강 사이의 불평등조약이었다는 점을
인식한다. 그래서 페어뱅크는 1842~1943년에 이르는 100년간을 "(불

---

8) 왕소방 지음, 한인희 옮김, 『중국외교사, 1840~1911』, 지영사, 1996, 59~60쪽.
9) 李時岳・李德征 外, 『中國近代史』, 第四版, 北京: 中華書局, 1999, 33쪽.
10) John King Fairbank and Merle Goldman, *China: A New History*,
    Cambidge, M.A.: Harvard University Press, 1992, 1998; 존 킹 페어뱅크・
    멀 골드만 지음, 김형종・신성곤 옮김, 『신중국사』, 수정증보판, 까치, 2005,
    247쪽.

평등)조약의 세기"로 정의한다. 1842년은 난징 조약이 맺어진 해이다. 종료시점을 1943년으로 잡은 것은 미국과 영국이 불평등조약의 기둥 역할을 하던 치외법권을 그해에 포기했기 때문이다.[11]

페어뱅크 등 서양학자들은 그 질서가 내포한 부정과 함께 긍정이라는 이중성을 주목한다. 한편에서는 이 시기에 중국과 서양열강들 사이의 관계가 불평등했음을 인정한다. 이 조약체제가 5개에서 나중에는 80개에 이르는 조약항들의 강제개항, 치외법권, 협정관세, 그리고 최혜국대우 등 중요한 불평등 조항들로 이루어져 있다는 점을 분명히 지적한다. 그러나 동시에 이 시기에 비로소 중국인들의 삶에 개방성과 근대성이 도래하는 진보적인 전환이 이루어진 것으로 이해한다. 1842년 이전 청조 조공체제의 폐쇄성을 극복한 계기이자, "외국과의 접촉에 대한 개방성"을 상징하는 것이었다. 페어뱅크는 "조약의 세기는 중국역사로서뿐만 아니라 국제적 역사로도 이해되어야 한다"고 말했다. 중국사의 관점에서 보면 그 시기는 굴욕적인 불평등시대의 개막이었지만, 국제사의 시각에서 보면 중국과 세계가 비로소 진정한 개방적 소통을 시작한 출발점이었다고 인식하고 있는 것이다.[12]

현대 중국 역사학자들과 존 페어뱅크의 인식 차이는 근대 동아시아 질서를 페어뱅크가 시대구분하는 방식에서 재확인된다. 페어뱅크 등은 불평등조약의 세기를 세 개의 국면으로 구분했다.[13] 첫 번째 국면은 1840년대에서 1870년대까지 약 30년에 걸쳐 영국이 주도한 상업적인 "자유무역 제국주의"의 시대이다. 아편전쟁을 거쳐 조약체제를 확립한 이후 1860년대와 동치중흥(同治中興) 기간에 영국은 약화되고 있던 청조(淸朝)를 후원해주었다는 점을 페어뱅크 등은 중요시한다.

---

11) 페어뱅크·골드만, 2005, 250쪽.
12) 페어뱅크·골드만, 2005, 251쪽.
13) 페어뱅크·골드만, 2005, 251쪽.

두 번째 국면은 1870년대에서 1905년에 걸친 시기이다. 이 기간은 영국뿐 아니라 러시아, 프랑스, 독일과 일본 등 공업화된 열강들이 모두 중국 영토를 침범하면서 제국주의적 경쟁을 벌인 시기라고 정의한다.

페어뱅크 등이 말하는 세 번째 국면은 1900년대 초에서 1930~40년대까지를 가리킨다. 이들에 따르면, 그 시기는 "좀더 건설적인 국면"이었다. 이 시기의 중심인 1910년대와 1920년대는 중국에서는 군벌의 시대였다. 조약의 1세기 중에서 중국에 대한 서양의 영향력이 가장 강했던 시기도 바로 이 기간이었다고 본다. 이 시기에 조약항들 밖의 중국 내지(內地)는 군벌들이 휩쓸고 있었다. 페어뱅크 등에 따르면, 이 군벌들은 조약항 부근에서 외국이 군함을 정박시키는 상황을 잠재적으로 합리화해주는 역할을 했다. 그때 중국은 군벌시대였음에도 제한적이나마 시민사회가 번성했다. 아이러니컬하지만 조약항들에 정박한 외국 군함들이 상징하는 제국주의 바로 그것이 중국 시민사회의 번영을 지켜주고 있었다고 말한다.[14]

뒤이은 1930~40년대에 서양을 대표한 것은 미국이었다. 미국은 일본의 침략에 대한 중국의 저항을 물심양면으로 도왔다고 본다. 페어뱅크 등이 조약의 세기의 세 번째 국면을 "건설적이었다"고 말한 것은 그런 뜻이었다. 국민당정부와 공산당의 실체에 대한 무지와 어리석은 판단으로 인해 미국이 결국 중국 대륙에서 밀려나게 되었다는 점만을 뺀다면, 이 시기 미국과 중국의 관계는 부정적 요소보다는 긍정적 요소가 많았다는 것이 그들의 해석이다.[15]

요컨대 페어뱅크 등 서양학자들의 관점에서 볼 때 19세기 말에서 20세기 초에 이르는 시기에 미국은 기본적으로 일관되게 일본과 경쟁하거

---

14) 페어뱅크·골드만, 2005, 316쪽.

15) 이 점에 대한 페어뱅크 등의 인식은, 페어뱅크·골드만, 2005, 394~398쪽 참조.

나 일본을 견제하는 위치에 있었다. 미국이 그렇게 행동한 동기와 관련해서도, 중국에 대한 제국주의적 지배를 위해서였다기보다는 중국의 개방과 함께 중국의 독립성 보호를 위한 노력이었다고 평가하는 경향이 강하다.

이 시기 동아시아 제국주의의 본질적 양상에 대해서 국내 학자들의 견해도 대체로 페어뱅크 등 서양학자들의 일반적인 인식 패턴에 가깝다. 20세기 초 한미관계에 대한 국내의 대표적 연구자인 김기정은 19세기 말에서 20세기 전반에 이르는 시기 동아시아 질서를 "세계자본주의 체제의 구조적 파편화라는 관점"에서 바라보면서, "파편화의 구조적 변동에 편승하려 했던 역내국가(域內國家) 일본과 새로운 세계자본주의 체제의 패권국가로의 부상을 무색하고 있었던 미국과의 대립관계가 권력적 구조의 핵심이었다"고 파악했다.

그는 이어 "세계 자본주의체제의 분열과 통합을 두고 두 국가는 극명한 대립의 구조에 놓이게 되었다"고 보았다. 그 대립의 본질은 "문호개방원칙과 아시아 신질서의 대립"이었다고 정의했다. 또 그것은 "식민주의적 제국주의에 기반한 원칙과 탈식민주의에 근거한 세계통합의 원칙 사이에 벌어진 경쟁"이었다고 분석했다.[16] 세계자본주의체제론이라는 관점에 기초하여 20세기 전반 일본과 미국의 갈등을 구조적 필연성을 내포한 현상으로 이해한 것이다. 세계자본주의체제 안에서의 일본과 미국 사이의 구조적 갈등관계를 강조하면서, 일본을 제국주의로 하고 미국을 탈제국주의 세력으로 규정하는 이분법이 이 시기 동아시아 권력구조에 대한 김기정의 인식의 핵심이라고 이해된다.

미국 학계에서 이 분야의 대표적인 학자인 아키라 이리에의 관점은

---

16) 김기정, 「세계자본주의체제와 동아시아지역질서의 변동」, 백영서 외, 『동아시아의 지역질서: 제국을 넘어 공동체로』, 창비, 2005, 159쪽.

위의 견해들과 차이점과 공통점을 지닌다. 이리에는 먼저 특히 1920년 대에 미국과 일본이 '워싱턴 회의 체제'(Washington Conference System)라는 틀 안에서 질서의 급격한 변동을 억제하기 위해 상호 협력하는 질서를 구축했다고 보았다.[17] 이리에는 다른 학자들과 또 하나의 차이를 보인다. 미일 관계가 결국 돌이킬 수 없는 갈등과 대립으로 치닫게 된 원인을 반드시 "일본은 제국주의고 미국은 탈제국주의다"라는 관점에서만 보지는 않는다는 점이다. 일본 내부의 국제주의와 민족주의 사이의 균형이 1931년 만주사변(the Mukden incident)을 기점으로 군부 주도의 민족주의로 기울었다고 이리에는 파악한다. 그 결과 워싱턴 체제로 상징되는 기존의 국제질서에 일본이 도전하게 되었고, 미일 협력관계가 무너졌다고 본다.[18] 어떤 필연적인 구조적 변동의 문제라기보다는 일본 내부의 외교노선 충돌과 상이한 세력들 사이의 역학관계 변동에서 찾고 있는 것이다.

그런가 하면 이리에의 미일관계 해석은 페어뱅크 등의 일반적인 서

---

17) Akira Iriye, *The Origins of the Second World War in Asia and the Pacific*, New York: Longman, 1987, pp.2~3. 이리에가 지적하고 있듯이, '워싱턴 회의 체제' 또는 줄여서 '워싱턴 체제'라고 하는 이 개념은 1920년대에는 사용되지 않았으며, 그 이후에도 뚜렷한 법적 개념으로 인정되지 않았다. 다만 1921~22년의 일련의 워싱턴에서의 회의들 이후 국제사회에서 '워싱턴 회의의 정신(취지)'(the spirit of the Washington Conference)이라는 말이 유행했던 것은 사실이다. 그래서 이리에에 따르면 워싱턴 회의 체제는 명확한 메커니즘이라기보다는 하나의 정신상태(a state of mind)에 가까운 것이었다고 보고 있다(*Ibid.*, p.2). 어떻든 20세기 초 동아시아 질서와 그 안에서의 미일관계를 규명하는 데 워싱턴 회의 체제를 본격적으로 도입하여 논의한 대표적인 학자가 이리에였다고 할 수 있다. 이리에가 워싱턴 회의 체제에 대해 본격적인 논의를 시작한 것은 다음 저서를 참조. Akira Iriye, *After Imperialism: The Search for a New Order in the Far East, 1921~31*, Cambridge, Mass: Harvard University Press, 1965.

18) Iriye, 1987, pp.4~8.

양 역사학자들의 인식과 공통된 점도 있다. 그는 1910년대에 미국과 일본 사이에 근본적인 갈등이 존재했다고 주장하고, 그 갈등의 본질을 일본의 제국주의적 경향과 미국의 이상주의 외교의 대립으로 파악했다. 미국과 동아시아의 관계에 대한 일종의 의식사적(意識史的) 접근에 근거하여 이리에는 러일전쟁 이후부터 미일관계는 적대적 긴장관계에 들어섰다고 보았다. 그에 따르면, 러일전쟁 후 일본이 산업화된 제국주의 국가로 되면서 미국은 일본이 서양 문명에 도전하는 것으로 인식하기 시작한다. 그 결과 미국과 일본의 상호 적대의식이 발전하게 된다. 그것이 제1차 세계대전 기간에는 절정에 올랐다고 했다. 일본의 팽창주의에 대한 미국의 경계, 그리고 미국이 내세우기 시작한 '신외교'(New Diplomacy)라는 도덕주의적 접근이 1910년대 미일 간 긴장이 근본 원인이었다고 이리에는 서술한다.[19]

이리에는 일본이 청일전쟁과 러일전쟁에서 승리하면서 정치군사적 자신감이 점증했다고 본다. 그 결과 국가 정체성과 일본 전통의 고유성에 대한 자존의식이 성장했다고 했다. 19세기 후반 일본에서 서양화는 곧 미국화를 의미했지만, 20세기 초에 들어서면 미국보다는 유럽, 특히 독일적 모델을 추구하는 경향을 보인다. 그 결과 일본에서는 서양화가 진전될수록 오히려 일본적인 역사적 전통에 대한 자각이 본격화하는 이중성을 띠었다. 때문에 미국과 거리감이 커져갔다는 것이 이리에의 주장이다.[20]

이처럼 이리에는 한편으로는 다른 학자들과 달리 미일 사이에 본격적인 협력의 시기가 있었던 것을 지적하면서도, 일본의 제국주의적 경

---

19) Akira Iriye, *Across the Pacific: An Inner History of American-East Asian Relations*, Chicago: Imprint Publications, Inc., 1992(Revised Edition), esp., pp.110, 118, 131, 135~136.
20) Iriye, 1992, p.67.

향과 미국의 이상주의적 외교노선 사이의 갈등을 부각시킨다. 이 시기 동아시아 질서에 대한 서양학자들의 일반적 경향과 대체로 일치하는 인식을 동시에 공유하고 있는 것이다. 이러한 인식에서는 미국과 일본 사이의 제국주의적 연대 또는 제국주의 카르텔이라는 개념은 개입될 여지가 없는 것이 사실이다.

요컨대 아편전쟁 이후 100년간의 제국주의 시대 동아시아에 대해 페어뱅크 등 대표적인 미국학자들이 제시하는 인식 틀은 크게 세 가지 특징을 갖고 있다. 첫째, 제국주의 열강들 간의 관계를 기본적으로 경쟁이 지배하는 것으로 인식한다. 제1국면은 영국이 주도하는 자유무역 제국주의라고 규정함으로써 영국 이외의 다른 서양 열강들이 동아시아에서 전개한 활동을 논의에서 거의 배제한다. 그 결과 아편전쟁 과정과 이후 프랑스와 미국 등 다른 서양열강들이 중국 지배에 참여하기 위해서 영국과 함께 연합하여 공동 노력한 측면은 논의에서 사실상 빠지게 된다.

페어뱅크 등은 그들이 말하는 두 번째 국면에서 특히 제국주의 열강들 간의 세계 식민지 재분할경쟁을 강조한다. 그런 맥락에서 동아시아에서 열강들 간의 경쟁이 더욱 본격화한 것으로 서술한다. 이 시기 제국주의 국가들 간의 갈등을 강조할 뿐, 그들이 공동의 목적을 위해 서로 "연합"했던 부분은 논의에서 배제하거나 주변화시킨다. 페어뱅크 등은 미국이 일본과 전쟁에 돌입한 1940년대뿐 아니라 1930년대 전체를 세 번째 국면으로 분류한 후, 이 국면에서 미국이 서양을 대표하여 일본 제국주의를 견제했다고 강조한다.

둘째, 학자들은 일반적으로 동아시아에서 미국의 본질적 위치를 탈제국주의로 규정한다. 그로 인해 미국과 일본 사이에 "권력과 이익의 관점에서의 제국주의적 협력"이 존재했다는 관점은 끼어들기 어렵다. 1920년대에 이루어진 미국과 일본의 협력에 대해서도, 제국주의적 협력이 아니라 동아시아의 안정을 확보하고 중국의 독립을 지원하기 위한 이상주의적이며 국제주의적인 노력으로 해석한다. 이리에 역시 여기에서 예외가 아니다.[21] 페어뱅크의 경우 그가 구분한 세 국면 어디에서도 미국을 제국주의 열강으로 묘사하지 않는다. 제1국면에서는 영국이 주도한 질서였으므로 미국은 동아시아 제국주의의 지도에서 빠져 있다. 제2국면에서도 미국은 식민지 재분할경쟁에 참여하는 제국주의 국가군에서 사실상 빠져 있다. 제3국면에서는 미국은 보다 확실하게 아시아 대륙에 대한 일본 제국주의 야망의 견제자로서 설명된다.

셋째, 페어뱅크를 비롯한 서양 학자들은 아편전쟁 이후 중국의 쇠퇴와 일본 제국주의의 부상을 동아시아 질서 내적인 세력변동으로 취급하는 경향이 강하다. 그러나 근본적으로 말하면, 그것은 중일 사이의 역학관계 변동의 결과가 아니었다. 서양이 전쟁을 통해 중국을 자신들에게 종속적인 위치로 전락시키면서 자신들이 통제하는 동아시아 질서를 창조한 것이 먼저였다. 그 변화된 구조 속에서 일본이 중국을 압도하는 제국주의 국가로 부상하는 것이 가능해진 것이다. 일본이 중국을 굴복시킨 청일전쟁의 역사적 전제조건은 서양이 중국을 반식민지화한 아편전쟁과 그 후속적인 중화제국 해체 과정이었다는 것을 기억해야 한다.

서양학자들의 역사서술에는 일본 제국주의가 발전하고 마침내 아시아 대륙에 대한 침략주의로 나아간 근원적인 원인의 하나가 서양 제국주의에서 비롯된 것이라는 개념이 분명하지 않다. 애당초 중국에 대한 서양 열강의 집중적인 공격과 지배가 중국을 결정적으로 약화시켜 동아시아 권력구조와 균형을 근본적으로 변화시켰기 때문에 그 틈에서 일본이 아시아 대륙을 침략할 수 있는 지경에까지 발전해갔다는 인식

---

21) Iriye, 1987, pp.2~3.

은 서양 학자들에게서는 찾기 어렵다. 미국은 일본 제국주의로부터 중국을 보호하는 세력이었으며, 그 이전에 영국도 또한 청조를 내부 반란의 위협으로부터 지켜내는 역할을 했다고 본다. 쇠퇴하는 중국을 아예 '아시아의 병자'로 만들어버린 것이 서양의 역할이었다고 보기보다는, 중국은 원래 아시아의 병자였고, 서양이 한 일은 그 병자의 수명을 오히려 은혜롭게 연장해준 것이라고 해석하는 경향도 있는 것이다.

근대 동아시아 제국주의 질서에 대한 이 글에서의 시대구분은 존 페어뱅크와 멀 골드만, 아키라 이리에, 그리고 김기정 등의 논리와는 다르게 다음 세 가지 문제의식을 바탕에 둔 다른 관점에서 출발한다. 첫째, 제국주의적 경쟁 못지 않게 제국주의 카르텔적 성격이 그 시대 전반에 내재해 있었음을 주목한다.

둘째, 그 제국주의적 카르텔에서 일반적으로 논의되지 않거나 명시적으로 제외되는 미국의 참여방식에 주목하려고 한다. 19세기 말에서 20세기 전반에 이르는 시기 동아시아 질서 안에 미국이 서 있던 자리에 관하여 "일본은 제국주의, 미국은 탈제국주의"라는 기존의 일반적인 등식에 의문을 제기한다. 이 시대 미국의 행태 역시 "권력과 이익에 입각한 제국주의적 카르텔"의 관점에서 해석할 수 있음을 논증할 것이다.

셋째, 서양 열강이 중국을 먼저 공격하여 중국에 대한 공동지배의 제국주의 카르텔을 확립함으로써 동아시아에서 중국과 일본의 전통적 관계양상 또는 균형을 파괴했다. 그것이 1860년대까지의 상황이었다. 이 상황을 바탕으로 일본은 1870년대 이후 중화제국을 본격적으로 해체시키는 과정에 서양과 함께 참여하기 시작한다. 1890년대 중엽에는 아예 일본 자신이 주체가 되어 중화제국 해체과정을 완결하게 된다. 일본이 대륙에 대한 팽창주의로 나아갈 수 있는 기본 조건이 서양의 중국 침탈에 의해 먼저 마련되었던 것이다. 동아시아 제국주의의 시대에 대한 역사해석에서 일본 제국주의의 발전의 한 근원으로서 서양 제국주의의 의의와 역할을 주목하는 것이며, 이 글에서의 시대구분은 그 인식을 반영하게 될 것이다.

끝으로 결론에서는 이 시기 동아시아 질서에서 미국이 일본을 포함한 다른 열강들과 함께 제국주의 연합에 참여하여 행동한 궁극적인 지정학적 이유를 성찰해볼 것이다.

필자가 이 글에서 채택한 '제국주의 카르텔'이라는 개념은 일찍이 19~20세기의 전환기에 카를 카우츠키가 제기하여 레닌과의 사이에 전개된 '초제국주의'(ultra-imperialism) 논쟁과도 깊은 관련이 있다. 장차 선진 자본주의국가들 내부의 노동운동 및 사회주의의 도전 앞에서, 그리고 밖으로는 식민지 사회들의 저항에 공동대처하기 위해 열강들 간에 갈등보다는 협력이 주조를 이룰 것이라는 주장이 카우츠키의 초제국주의론의 골자였다.[22] 이러한 논리는 제국주의적 갈등이 필연적으로 폭력화하여 자본주의 국가들은 서로 전쟁을 하게 되고 그 결과 세계 자본주의는 멸망하게 될 것이라는 혁명적 신념과는 동떨어진 것이다. 그래서 레닌은 카우츠키의 초제국주의론이 노동계급의 혁명성을 훼손하고 약화시킬 것이라고 우려하여 그것을 강하게 비판했다.

카우츠키와 레닌의 논쟁은 1980년대에 미국의 대표적인 국제정치학자들에 의해서 부활했다. 바야흐로 미국 헤게모니 쇠퇴가 본격적으로 거론되기 시작하자, 탈헤게모니의 다극적 국제환경에서 선진 강대국들 간에 갈등이 우세할 것인가 협력이 우세할 것인지가 중대한 이론적 숙제로 부상한다. 신현실주의와 신자유주의라는 당시 주요 국제정치이론 주창자들은 이 문제를 두고 치열한 논전을 펼친다. 그것은 약 80년 전

---

22) Karl Kautsky, "Ultra-imperialism," *New Left Review*, 59(January/February 1970), originally published in German, 1914; Anthony Brewer, *Marxist Theories of Imperialism: A Critical Survey*, London: Routledge & Kegan Paul, 1980, esp., pp.122~126.

에 이루어진 레닌과 카우츠키 간의 초제국주의 논쟁을 직접 떠올리면서 전개되었다. 로버트 길핀은 다극적 질서에서 국제적 갈등의 심화를 예견하면서, 카우츠키에 대한 레닌의 비판을 인용했다.[23] 로버트 코헤인은 카우츠키의 예언이 20세기 전반부엔 어긋났지만, 20세기 말의 세계질서에선 오히려 적실성을 갖게 되었다고 주장했다.[24] 길핀과 코헤인도 저마다 세계질서 전망을 위한 개념적 기준을 카우츠키와 레닌의 초제국주의 논쟁에서 빌려온 것이었다.

필자는 이들이 사용한 '초제국주의'라는 개념이 근대 세계에서 전 지구적 차원과는 달리 적어도 근대 동아시아의 질서에서는 중국 지배를 위한 제국주의 열강들 간의 갈등과 연합의 양상을 이해하는 데 오히려 적실성을 띨 수 있다고 생각했다. 다만 '초제국주의'라는 용어 자체는 카우츠키나 레닌 등 20세기 초라는 특정한 역사적 시점에 집중한 특정한 제국주의 이론체계와 불가분한 점이 없지 않다. 때문에 그 용어를 그대로 사용하는 것은 적절하게 생각되지 않는 점이 있다. 그래서 행위자들이 한편으로 갈등하면서도 다른 한편 공동의 목적을 위해 상호협력하며 연합하는 양상을 광의적이고 중립적으로 가리키는 데 '카르텔'이라는 개념이 더 어울린다고 판단했다. 그래서 '초제국주의' 대신 '제국주의 카르텔'이라는 용어를 채택했다.

---

23) Robert Gilpin, *The Political Economy of International Relations*, Princeton: Princeton University Press, 1987, p.381.
24) Robert Keohane, *After Hegemony: Cooperation and Discord in the World Political Economy*, Princeton: Princeton University Press, 1984, p.43.

3. 근대 동아시아 질서 시대구분의 개념적 기준

제국주의 질서 역시 국제질서의 한 양상이다. 따라서 근대 동아시아 제국주의 질서의 시대구분도 케네스 왈츠가 고전적으로 제시한 바 있는 국제정치의 구조적 변화의 개념적 기준, 특히 '주요 행위자'의 구성에 관한 개념에서 출발할 수 있다. 다만 최소한의 개념적 보완을 위해 글렌 스나이더의 행위자 간 갈등과 연합의 차원을 추가할 필요가 있다고 본다.

왈츠에게 국제정치의 '구조'란 두 가지 요소로 이루어진다. 하나는 지도원리(organizing principle)로서의 무정부상태라는 개념이다. 다른 하나는 국가들 사이의 권력배분상태, 즉 결정적 영향력을 가진 강대국의 숫자가 몇인가라는 극성(極性: polarity)의 개념이다.[25] 그래서 그에게는 단극적 질서인가, 양극질서인가, 또는 다극적 질서인가가 결정적인 의미를 갖는다. 그러나 이 개념만으로는 부족하다. 글렌 스나이더는 왈츠와 같은 구조적 현실주의자들의 국제질서 개념을 비판했다. 구조적 현실주의자들이 '극성'의 차원에 치중하다 보니, 전통적 현실주의자들이 중시했던 동맹과 연합, 그리고 그것이 국제질서에 미치는 영향은 소홀히 하거나 아예 무시하는 결과를 낳았다. 설명의 경제성(parsimony)을 위해 국제질서의 설명변수에서 극성 이외의 다른 변수들에 대한 고려를 사실상 배제하고 만 것이다. 국제정치이론들이 국제체제의 일정한 본질적 요소들에 집중하고 그로부터 연역하여 모든 것을 설명하려 하는 바람에 국제질서에서의 구체적인 갈등과 협력의 양상으로서의 동맹이 주목을 받지 못했다는 것이 스나이더가 제기한 비

---

25) Kenneth N. Waltz, *Theory of International Politics*, Addison-Wesley Publishing Company, 1979, p.79.

판의 골자였다.[26)]

근대 동아시아 제국주의질서의 시대구분을 위해 여기서는 먼저 왈츠가 '결정적 영향력을 가진 강대국'으로 정의한 "주요 행위자들"의 구성과 그 변화를 첫 번째 기준으로 삼을 것이다. 두 번째 기준은 글렌 스나이더가 중시한 것으로서, 주요 행위자들 사이의 갈등과 연합의 패턴이다. 주요 행위자들 사이의 갈등과 경쟁 못지않게 그 행위자들 사이에 중국에 대한 지배나 통제를 목적으로 카르텔로 부를 만한 연합의 양상이 존재했다는 점을 주목할 것이다. 특히 20세기 전반부 전체에 걸쳐 주로 갈등과 경쟁의 관계로 서술되어온 미국과 일본의 관계도 역시 제국주의적 카르텔의 관점에서 해명할 수 있다는 점을 논증하고자 한다.

근대 동아시아 제국주의 질서의 구조를 이해하는 데에는 행위자의 수를 강조하는 왈츠, 행위자들 사이의 연합의 양상을 주목하는 스나이더의 관점과 함께 한 가지 차원을 추가할 것이 있다. 열강들과 그들의 표적이 된 사회들 사이의 관계양식이다. 극성과 동맹 패턴 그 자체로는 그 질서에서 약소국과 강대국 간의 관계가 지배와 수탈이 존재하는 제국주의적 질서인지 또는 전후 세계질서에서처럼 약소국의 독립성이 인정되는 질서인지 말해주지 않는다. 근대 동아시아 질서를 제국주의 시대로 인식한다는 것은 그것과 전후 질서 사이의 구분을 전제하는 것이다. 근대 동아시아에서 강대국들과 식민지 또는 반식민지 사회들의 관계

---

26) Glenn H. Snyder, *Alliance Politics*, Ithaca: Cornell University Press, 1997, p.3. 국제정치구조의 문제에 대해 왈츠와 스나이더의 논의에 대한 상세한 검토를 바탕으로 하면서 문화적 차원 등을 추가하여 전후 동아시아 질서의 구조적 특징을 파악하려 한 시도로, 이삼성, 「동아시아 국제질서의 성격에 관한 일고: '대분단체제'로 본 동아시아」, 『한국과 국제정치』, 제22권 4호(2006년 겨울), 41~83쪽.

에 대해서도 두 가지 해석이 가능하다. 그 차이는 중요하다.[27] 대개는 그 시대 강대국들이 제국주의국가로서 행동했다는 것을 전제한다. 그러나 특정 강대국만은 예외로 인정하는 경향이 있다. 이것은 그 특정한 강대국과 약소국들의 관계양식에 대한 예외적인 규정을 낳는다. 동시에 이 관점은 그 강대국과 다른 강대국들의 관계에 대한 해석에도 중대한 영향을 미친다. 당시 미국이 다른 강대국들과 마찬가지로 제국주의국가였는지 아닌지에 대한 논의는 이런 맥락에서 근대 동아시아의 질서를 규정하고 해석하는 데 결정적인 영향을 미친다.

존 페어뱅크를 포함한 많은 학자의 관점에서는 미국은 다른 제국주의 국가들과 구별된다. '미국 예외주의'적 인식을 취하는 것이다. 페어뱅크에게는 아주 엄밀한 의미에서 미국은 제국주의 질서에 포함되지 않는다. 미국은 당시 동아시아 질서에서 강대국 클럽에는 그 일원으로 포함시키지만, 제국주의 질서의 주요 행위자로는 취급하지 않는다. 이런 관점은 그 질서 안에서 다른 제국주의 열강들과 미국의 관계가 갈등적인가 연합적인 것인가에 대한 해석에 직간접적인 지대한 영향을 미친다. 페어뱅크 등은 일본은 제국주의국가로 보고 미국은 탈제국주의 세력으로 보는 경향이 강한 탓으로 주요 행위자들 사이의 관계양식을 더욱 갈등의 관점에서 바라보게 된다.

이 글에서는 미국이 중국에서 다른 제국주의 국가들과 함께 특권을 향유하면서 중국에 대한 진출과 통제의 목적을 위해 일본 등 다른 주요 제국주의적 행위자들과 긴밀한 연합을 형성하고 있었다는 사실을 주목

---

27) 중국은 서양열강들에 대해서는 반식민지화의 대상이었지만, 중화제국 안에서는 다른 소수민족 사회들에 대해 제국주의자의 위치에 있었다고 할 수 있으며 이에 대한 깊은 논의가 필요하다. 다만 이 글에서는 제국주의 질서의 의미를 중국을 포함하여 크고 작은 국가의 형태를 취하고 있던 사회들과 구미열강과 일본 등 제국주의 국가들 간의 관계로 한정하기로 한다.

한다. 열강들 상호 간의 관계를 '제국주의 대 탈제국주의'의 대립구도로 보지 않고, "제국주의 카르텔"의 관점에서 해석하려는 것이다. 미국을 제국주의 카르텔의 중요한 행위자로 보면서, 1세기에 걸친 근대 동아시아 제국주의 카르텔의 전개양상의 시대적 구분을 시도한다.

시대구분의 개념적 기준은 앞서 논의한 것에 기초하여, 첫째, 제국주의 열강의 구성, 둘째, 제국주의 열강들 간의 갈등과 연합의 구도, 셋째, 제국주의 열강들과 중국을 중심한 약소국사회들 간의 관계양상 등이다. 어떤 시기와 그 바로 뒤에 오는 시기를 구분 짓는 결정적 요소는 때로는 열강 클럽 구성 국가의 변화가 핵심적일 수 있다. 또 열강 구성은 변화가 없지만 열강들 사이의 갈등과 연합의 구도에 일어난 변화가 핵심적인 구분점이 될 수 있다. 한편 열강들과 중국 등 약소사회들의 관계양상이라는 요소 역시 중요한데 이것은 근대 동아시아 질서를 '제국주의 질서'로 규정한 데에 이미 반영되어 있다. 그 외에도, 특히 몇몇 시기에는 그 요소가 추가적인 역할을 하게 될 것이다.[28]

4. 동아시아 제국주의의 7단계 시대구분

1) 제1기(1840~60년대 말): 아편전쟁과 중국의 반식민지화

제1기는 제1차 아편전쟁(1840~42)과 1858년 및 1860년의 제2차 아

---

28) 예컨대 제1시기와 제2시기 중국과 제국주의 열강 간의 관계는 일정한 변화를 겪는다. 제1시기에는 서양열강들이 중국 자체를 반식민지로 만드는 데 집중한다. 제2시기는 서양열강들이 중화제국의 영토적 해체를 본격화하는 단계로 발전한다. 일본이 중화제국의 변방에서 중화제국 해체작업에 본격적으로 참여하는 행위자로 된다는 점에서도 약소사회와 강대국 간의 관계양식에 주목할 만한 변화가 온 것이라 할 수 있다. 제5시기와 제6시기에도 중국과 열강의 제국주의-반식민지적 관계의 양상에 제한된 수준에서 변화가 있었다고 할 수 있다. 이 점은 각각 해당 부분에서 설명하게 될 것이다.

편전쟁을 거쳐 1860년대 전체에 이르는 약 30년간의 시기이다. 이 기간 동아시아 질서는 영국이 주도하는 가운데, 서양 제국주의 열강이 침략전쟁과 불평등조약체제 부과를 통해서 중국을 반식민지 상태로 만들어내는 전환기적 단계이다. 중국이 서양 주도의 국제정치 권력구조에 편입되는 기간이다. 동시에 서양의 공격이 중국에 집중됨으로써 동아시아에 전통적으로 존재하여온 중국 우위의 질서, 즉 중화제국 질서 붕괴의 기초가 마련된다. 이 국면에서 중국 중심의 세계질서는 붕괴한다. 하지만 유의할 점은 이 단계에서는 조선과 베트남, 그리고 내륙아시아 사회들과 중국 사이에 존재한 전통적인 중화질서 체제가 흔들리기는 해도 공식적으로 해체되지는 않는다는 사실이다.

이 시기 제국주의 카르텔의 구성은 영국이 주도하고 미국, 프랑스, 러시아가 참여하며 지원하는 형태로 전개된다. 이들 서양 열강들은 중국을 굴복시켜 불평등조약체제를 부과하는 데 공동으로 노력하는 양상이 뚜렷하게 나타난다. 강하지만 몸집은 작은 다윗들이 실속은 없지만 덩치는 너무 커서 혼자서는 처치 곤란한 골리앗 같은 먹이감을 상대로 함께 공격하고 함께 나누는 모습이 여실하게 나타난다. 따라서 열강들 사이의 갈등의 조짐은 거의 표출되지 않는다.

2) 제2기(1870~95): 중화제국 해체와 그 완결로서의 청일전쟁

제2기는 1870년대 초를 기점으로 하여 1895년 청일전쟁으로 완결된다. 서양 중심의 세계권력구조에 편입되어 중국 자체가 약화되고 반식민지화되는 것이 제1기의 특징이라면, 그 중국을 정점에 두고 있는 동아시아의 위계적 국제질서, 즉 중화질서가 구체적으로 붕괴한 것이 제2기의 핵심이다. 중화제국의 몰락은 서양 세력들이 내륙아시아와 베트남 등 중국의 변방과 속방들을 중국으로부터 빼앗아 자신들의 식민지로 만들거나 독립시키면서 진행된다. 이 과정은 전통시대에 동아시아 질서의 변방에 있던 일본과의 청일전쟁에서 중국이 패하여 조선의 독립을 인정하고 자신의 영토인 대만까지 일본에 할양함에 따라 완성된다. 서양 열강들과 일본이 중국 자체와 중화제국에 대한 협공을 통해 중화제국을 붕괴시킨 국면이다.

이 시기까지도 동아시아에서 제국주의 열강들 간에 직접적인 충돌은 존재하지 않았다. 기본적으로 중국과 중화제국을 여러 각도에서 협공하는 양상이었다. 이 시기 제국주의 카르텔의 구성은 영국, 프랑스, 러시아, 미국에 더하여 일본이 주요 제국주의 행위자로 등장한다는 점에서 일단 구조적인 변화가 있었다. 또한 일본을 포함하게 된 제국주의 카르텔이 중화제국 자체를 영토적으로 해체시킨 점에서 제2기는 제1기와 차이를 보인다.

3) 제3기(1895~1905): 영미일 제국주의 카르텔과 러일전쟁

청일전쟁 직후 시모노세키 조약을 두고 제국주의 열강들 간에 분열과 새로운 연합이 전개되는 1895년의 시점에서 제3기는 시작한다. 이 시점에서 본격화하는 러시아의 위협에 대항하여 영국, 미국, 일본 등 세 해상세력들 사이에 제국주의 연합이 형성된다. 이 제국주의 연합은 1900년 중국의 의화단사건을 계기로 러시아가 10만여 군대를 이끌고 만주를 장악하면서 이를 견제하기 위해 본격적인 궤도에 오른다. 1902년 영일동맹을 기점으로 3대 해상세력 간의 제국주의 카르텔은 상당 부분 공식화된다. 이 대립구도는 러일전쟁에서 절정에 달한다. 일본은 영국과 미국의 군사외교적 지원을 받으며 마침내 러시아를 패배시킨다.

청일전쟁에서 중국이 패배한 후 중국대륙에는 거대한 권력공백상태가 출현했다. 특히 만주가 그러했다. 만주지역을 중심으로 중국, 그리고 청일전쟁의 결과로 중국으로부터 최종적으로 분리된 조선에 대한 지배권을 두고 기존 제국주의 열강들 사이에 러시아 대 영미일 간의 갈등과 연합의 새로운 패턴이 등장했다는 것이 제3기의 기본적인 특징이다. 또한 이 시기의 주요 포인트는 그간 동아시아 제국주의 질서를 주도해온 영국과 프랑스 등 서구 열강들에 못지않게 또는 그들보다 더 강한 동아시아의 제국주의 세력들로 러시아, 미국 그리고 일본이 부상했다는 사실이다. 러시아와 미국은 제1기에서부터 동아시아에 제국주의 세력으로 현존했으나, 제3기에 들어서 그 현존의 수준이 질적으로 강화된다는 것이 중요하다. 러시아는 1890년대에 추진된 시베리아 횡단철도를 바탕으로 만주에서 위협적인 세력으로 등장했다. 미국은 '섬 제국주의' 세력으로서 본격 등장한다. 일본도 청일전쟁에서의 승리를 바탕으로 제국주의 열강 클럽의 일원으로 정식 추가되었다고 할 수 있다.

4) 제4기(1905~20): 미일 주도의 제국주의 카르텔 정립기

일본이 러일전쟁에서 승리한 1905년 이후로부터 1920년까지에 걸친 약 15년간의 기간이 제4기를 구성한다. 청일전쟁의 경우와 마찬가지로 러일전쟁은 한 시대의 절정이었던 동시에 새 시대의 도래를 알리는 역사적 분수령이었다. 러일전쟁의 매듭과 함께 도래하는 제4기는 미국과 일본이 연합하여 동아시아 제국주의 질서를 주도하는 국면이다. 러일전쟁의 결과인 포츠머스 조약은 동아시아 제국주의 질서에서 러시아의 퇴장과 아울러, 한반도뿐만 아니라 러시아를 대체하여 만주를 영향권으로 확보하게 된 일본의 위상을 공식화한다.

이후 동아시아 질서는 미국과 일본의 권력정치적 흥정에 의해 재편된다. 1905년 가쓰라-태프트 협약과 1908년의 루트-다카히라 밀약이 그 상황을 상징했다. 일본이 조선을 식민지화하는 과정은 미국과 함께 일본의 공식적 동맹국인 영국이 주관하는 국제사회의 승인 속에서 전개된다. 이 시기 미일관계는 물밑 갈등 속에서도 흥정을 통한 타협과 상호 승인과 협력이 주를 이루는 제국주의 카르텔의 성격을 띠게 된 것이다. 미일 카르텔의 또 한 가지 중요한 현실적 바탕은 유럽에서뿐 아니라 동아시아에서도 독일의 위협이 점증함에 따라 미일 두 나라가 공유한 공동대응의 필요성이었다는 점도 유의해야 한다.

1910년대 동아시아 질서 역시 러일전쟁 후 미국과 일본이 공동으로 주도하는 제국주의 카르텔 체제의 연장이었다. 이 시기 동아시아에서 영국을 비롯한 유럽 열강들의 영향력은 유럽에서 세계대전이 준비되고 급기야 현실이 되면서 급격히 사라졌다. 그 빈 자리를 모두 미국과 일본이 메꾸었다. 동아시아 제국주의 질서의 양대 축으로서의 미국과 일본의 위상은 더욱 굳어진다. 영국의 역할은 급속하게 퇴조하여 미국에 대한 보조적 위치로 떨어진다. 그런 만큼 미국과 일본의 관계는 동아시아 질서의 바로미터가 된다. 이 상황은 1945년까지 이어진다.

이 시기 미국과 일본의 관계에 대해서 많은 학자는 근본적인 갈등이 존재함을 강조해왔다. 그러나 현실에서 전개된 양국의 관계는 근본적으로 타협과 공존을 위한 상호적응이었다. 중국에 대한 공동지배체제를 유지하기 위해서, 독일에 공동으로 대응하기 위해서, 그리고 기존에 확보된 두 나라의 제국주의적 기득권 유지를 위해서 두 나라는 갈등을 최소화하고 협력을 유지하기 위해 노력했다. 중국에서 일본의 제국주의적 특권을 미국이 인정해준 비밀협약인 1917년의 랜싱-이시이 밀약은 그 시기 동아시아 질서의 본질을 표상해준다.

5) 제5기(1920년대 전체): 수정제국주의 시기

1920년대 전체가 제5기를 구성한다. 제1차 세계대전 종결 이후 윌슨이 민족자결 등 신외교를 더욱 주창한다. 이어 1921~22년에 미국이 주도하여 워싱턴 회의 체제를 구축한다. 이와 함께 전개된 동아시아 제국주의 질서의 양상은 국제주의(internationalism)적 성격을 띤 수정제국주의라 할 만한 것이었다. 러시아 혁명의 성공은 식민지해방운동을 촉진했다. 이후 레닌주의는 세계 자본주의 질서에 대한 강력한 이데올로기적 도전이었다. 워싱턴 회의 체제는 자본주의 열강들이 그에 응전하는 과정에서 구축된 것이기도 했다. 그것은 미국이 1910년대에 제시했던 신외교의 논리를 바탕으로 구성되었다. 그러나 이 질서 역시 기본적으로 제국주의였다. 그 핵심은 아시아에서 미국, 일본, 영국, 프랑스를 비롯한 기존 제국주의 국가들의 식민지들에 대한 기득권을 상호존중하고 보호하는 것을 전제로 했다. 그런 점에서 제국주의 카르텔의 본질을 벗어난 것은 아니었다. 그러므로 동아시아판 "신성동맹"이라고 이를 만했다.

제5기 제국주의 카르텔은 구성원들의 면면과 각각의 영향력 정도에서 제4기에 비해 큰 변화는 없다. 다만 세계대전이 종결된 후인 만큼 영국과 프랑스가 동아시아와 동남아시아 지역에서 식민주의적 기득권을 관리하기 위해 워싱턴 회의 체제에 좀더 적극적으로 참여할 수 있었다고 말할 수 있다.

제5기의 근본 특징은 1920년대 동아시아 질서에서 열강들이 지역평화와 안정을 위한 '국제주의'적 협력을 증진시키는 동시에 중국에 대한 제국주의 지배의 내용을 부분적으로 수정하고 완화하려는 제스처를 취했다는 점이다. 그것이 과연 실질적 의미가 있었는가에 대한 논란은 가능하지만, 이리에를 비롯한 학자들은 그 점을 중요한 차이로 인식하고 있다. 이 점을 고려하여 시대구분에 반영할 필요가 있는 것으로 판단했다.

6) 제6기(1930년대 전체): 미일 제국주의 카르텔의 변화와 연속성

1930년대 전체가 제6기에 해당한다. 그 이전까지 동아시아 질서에서 반식민지화와 제국주의적 공동관리의 객체요 대상이었던 중국이 이제 동아시아 질서에서 나름의 의미 있는 국제적 행위자의 하나로 등장한다. 중국이 국민당 정권으로 통일되어 하나의 행위자로 성립한 것과 미국이 일본을 일정하게 견제할 필요성이 결합하면서 동아시아 제국주의 연합의 구조에 무시할 수 없는 변화가 일어난다. 이러한 변화와 함께 일본의 대륙침략도 노골적으로 전개되는 국면이다.

문제는 대부분의 학자가 이 시기 미일관계를 긴장과 갈등의 관계로 서술하고 있는 것과는 달리, 일본의 본격적인 대륙침략을 견제하기 위해 미국이 행동했다고 할 수 있는 내용이 거의 없었다는 사실이다. 이 시기에 오히려 일본의 전쟁노력에 필수적인 각종의 전략물자들을 지속적으로 공급해주는 데 결정적인 역할을 한 세력이 다름 아닌 미국이었다. 이 시기 미일관계에 대한 국내외의 대부분의 역사서술은 이 점을 빠뜨리고 있다. 그 결과 1930년대 미일관계의 성격에 대한 학문적 논의가 중대한 현실의 요소를 간과한 채 이루어져왔다고 하지 않을 수 없다.

제6기 제국주의 카르텔의 구성상의 특징은 중국의 위상 변화이다. 중국이 피압박 반식민지 국가의 위치에서 아직 벗어난 것은 아니었다. 하지만 통일정부로서의 위상을 인정받은 장제스 국민당 정권이 등장했다. 그에 따라 동아시아 질서에서 주요 행위자의 구성에 일정한 변화가 있었다. 이 점은 미일관계에도 영향을 미쳤다. 중국의 부활은 미국의 동아시아 정책 전반과 대일본정책에 새로운 옵션을 추가해주었다. 그럼에도 필자는 이 시기 미국과 일본의 관계가 제국주의 카르텔의 틀을 벗어난 것이라고 볼 수 없는 이유들을 논하게 될 것이다.

7) 제7기(1940~45): 미일 제국주의 카르텔의 파국과 패권전쟁

마지막으로 1940년경에서 1945년 태평양전쟁이 종결되는 시기까지가 동아시아 제국주의 질서 제7기를 구성한다. 서양 제국주의를 대표한 미국과 일본 사이에 존재한 동아시아 제국주의 콘도미니엄의 토대가 무너졌다. 그 토대는 중국에 대한 개방적 공동경영이라는 대전제였다. 일본의 군국주의적 요소가 미국과 전쟁까지 불사하는 수준으로 본격화했다는 것은 그 대전제를 무너뜨리는 일본의 중국 독점지배 야망이 노골화된 것을 뜻했다. 그것은 즉각적인 패권전쟁으로 이어졌다. 거꾸로 말하면 두 제국주의 열강은 상호 공존이 더 이상 불가능하다는 최종적인 판단이 서기까지는 미국이 일본의 대륙침략을 지탱해온 전략물자의 최대 수출국과 최대 수입국으로서의 제국주의 카르텔적 관계를 최후 순간까지 유지했다는 뜻이다.

많은 학자가 미일 관계가 파국에 이른 시점을 훨씬 이전으로 평가한다. 이 글에서는 1940년경을 전후한 때에 가서야 실질적으로 미일 제국주의 콘도미니엄이 회복불능의 붕괴상태에 들어서는 것으로 간주한 것이다. 근대 동아시아 제국주의 질서의 마지막 국면인 이 시기에 제국주의 열강의 구성은 변화가 없다. 다만 소련이 과거 러시아의 역할을 대신하면서 동아시아에서 이제는 미국의 연합국으로서 일본에 대항하는 세력으로 떠올랐다는 것은 특기할 필요가 있다.

제4장 아편전쟁과 중국의 반식민지화

• 동아시아 제국주의 시대 제1막

1. 아편무역과 아편전쟁의 역사적 기원

아편무역을 두고 존 페어뱅크는 "근대에 가장 오래 지속된 국제범죄의 하나"라고 말했다. 중국인들에게 아편무역은 서양의 상업 제국주의의 고전적 상징이자, 선량한 중국인들을 황폐화시키고 착취한 서양의 탐욕과 폭력의 상징으로 남아 있다.[1] 1917년에 이르기까지 1세기가 넘는 기간 동안 아편생산을 주도한 것은 영국의 인도총독부였다. 이들이 생산한 아편은 영국과 인도의 민간 무역상들을 통해 중국으로 운반되었다. 중국에 대한 아편무역에서 영국정부의 최대 경쟁자는 터키에서 생산된 아편을 취급한 미국인들이었다. 1858년까지는 중국 국내법상 금지되었던 아편무역이 지속되기 위해서는 이들 외국인들과 기꺼이 협력하는 중국인들이 또한 필요했다. 그래서 영국과 미국, 그리고 중국 세 나라의 상인과 관료들 사이의 공개적인 공모가 이 불법무역을 가능하게 했다.[2]

---

1) John King Fairbank, *The United States and China*, Fourth Edition, Cambridge, M.A.: Harvard University Press, 1979, p.162.

산업혁명이 진행되면서 서양은 거대한 해외 시장이 절실했다. 중국의 잠재적 시장은 엄청난 규모로 추정되었다. 이에 접근하려는 욕구가 서양의 동아시아 진출의 견인차였다. 당시 중국인구는 4억에 달했다. 18세기 말, 19세기 초까지만 해도 서양의 꿈은 실현되지 못했다. 중국의 차, 대황(大黃), 도자기 등에 대한 서양의 수요가 가죽, 면, 인삼 등 중국에 대한 서양의 주요 수출품 규모를 훨씬 웃돌았다. 18세기까지 서양의 산업경쟁력이 열세에 있었다는 것 외에도, 중국의 전반적인 빈곤과 조공체제라는 전통적인 무역관행이 서방의 자유무역과 달랐던 것도 중요한 요인으로 거론된다. 이로 인한 무역불균형문제를 역전시키기 위해 영국을 중심으로 한 서양 국가들이 모색한 전략이 아편무역을 본격화하는 것이었다.[3]

일찍이 포르투갈인들은 인도의 중부에서 생산되는 아편을 인도의 고아에서 마카오로 운반하여 팔았다. 영국은 인도목면의 대량생산에도 중국차의 수입으로 인한 비용을 상쇄하지 못했다. 이로 인해 지속되는 은의 대량 유출에 대처하기 위해 영국이 착안한 것이 포르투갈인들이 이미 개발해놓은 아편무역이었다. 영국은 동인도회사를 통해 아편의 생산과 수출 시스템을 체계화하고 확대했다.

영국 동인도회사가 중국에 대해 조직적으로 아편판매를 주도한 것은 1780년대였다. 아편은 곧 중국의 경제와 사회에 중대한 위협으로 떠오른다. 이에 대응해 중국은 1796년 아편수입금지령을 내린다.[4] 이후 영국의 아편무역은 밀무역으로 전환한다. 영국 동인도회사는 여전히 벵골 지역에서 아편생산과 유통의 전매권을 장악하고 있었다. 동인도회

2) Fairbank, 1979, p.162.
3) William R. Nester, *Power across the Pacific: A Diplomatic History of American Relations with Japan*, London: Macmillan Press, 1996, p.17.
4) 坂野正高, 『近代中國政治外交史』, 東京: 東京大學出版會, 1973, 118쪽.

사는 다만 자기 회사 직원들이 아편을 중국으로 운송하는 작업을 직접 맡는 것은 금지했다. 중국에 대한 아편 밀무역을 직접 담당하는 일은 '지역상인'(country traders)으로 불린 집단에게 맡겼다. 표면적으로만 중국의 법을 준수하는 것처럼 꾸몄던 것이다. 금지품목이기 때문에 관세도 없었다. 다만 아편의 선착장이 있는 광동의 중국 관헌들에게 주는 뇌물이 관세를 대신했다.[5]

청나라 강희제가 해금(海禁: 해상무역 금지조치)을 해제하고 광동무역체제를 세운 것은 1685년이었다. 중국인의 해외무역을 인정하고, 외국 배의 내항 통상을 허가한 것이다. 상해, 영파, 장주, 오문의 4개 항을 개방했다. 각 항구에 배치된 세관은 출입하는 선박을 감시하고 관세를 징수했다. 1757년부터는 외국무역을 광주(廣州) 한 개 항구로 한정한다. 훗날 아편전쟁 후 맺어진 남경조약으로 5개 항이 외국에 개방될 때까지 광주가 중국 유일의 개항장이었다. 그래서 광동무역체제로 불렸던 것이다.[6]

17세기 말 이후 중국의 대외무역이 활발해지면서 중국에 많은 아편이 유입되었다. 중국인들의 아편 흡연은 연해(沿海) 지역을 중심으로 빠르게 퍼져나간다. 1729년에는 청조가 아편의 흡연과 판매를 금지하는 조치를 내리지 않으면 안 될 지경에 이르렀다. 하지만 아직 아편수입을 금지하는 조치를 내리지는 않고 있었다.

영국은 1773년 아편거래를 공인했다. 나아가 인베스트먼트 방식을 통해 인도 벵골 지방에서 아편생산을 확대한다. 중국 사회에 이미 존재하고 있던 막대한 아편수요가 영국 등 구미 국가들의 대중국 아편무역 전략을 유인한 것이었다. 영국 등이 아편을 체계적으로 대량생산하여

---

5) 坂野正高, 1973, 118쪽.
6) 히메다 미쓰요시(姫田光義) 외 지음, 편집부 옮김, 『중국근현대사: 아편전쟁에서 1982년까지』, 일월서각, 1984, 28쪽.

중국으로 유입시킴에 따라 아편으로 인한 중국의 사회경제적 부작용은 더욱 심각해져갔다.

1796년 청조는 마침내 아편수입금지령을 내린다. 하지만 밀무역의 형태로 아편의 중국유입은 계속되었다. 1820년이 되면 영국의 대중국 수출품으로서 인도아편은 인도목면보다 더 중요해진다. 영국에서 중국으로 흐르던 은의 흐름도 이제 거꾸로 중국에서 영국으로 흐르게 되었다. 1820년대 중반이었다.[7]

이 시기에 영국과 인도 사이의 무역양상에도 중대한 변화가 일어났다. 18세기 중반에 시작된 산업혁명으로 영국에서 급속하게 성장한 면방직 자본가들이 의회에서 강력한 정치세력으로 등장했다. 그들은 절대 왕정체제에서 왕이 동인도회사와 같은 특정 회사들에게 부여한 무역독점권을 폐지할 것을 촉구하고 자유무역을 주창했다. 그 결과 영국과 인도 사이의 무역을 독점하고 있던 영국 동인도회사의 특권은 1813년 폐지된다. 영국 동인도회사의 몰락과 함께 운명을 같이한 것이 인도의 목면과 비단 생산이었다. 인도는 영국에 목면과 비단을 공급하던 수출국의 위치를 잃고 영국에서 생산되는 자본제 면포의 수입국으로 전락했다. 1830년대가 되면 인도의 수직면업(手織綿業)은 거의 괴멸한다. 인도 농민들은 이제 아편생산에만 매달려야 했다. 그렇게 해서 번 돈으로 영국제 면포를 수입하는 처지가 된다.

19세기의 영국 - 인도 - 중국 사이에는 다음과 같은 3각 무역관계가 정립되었다. 첫째, 인도와 중국 사이에서는 인도의 아편과 면화가 중국으로 수출되었다. 인도로부터 중국으로 가는 수출품의 49.6퍼센트가 아편이었다. 43.2퍼센트는 면화였다. 인도가 중국으로부터 획득하는 무역이윤의 대부분은 물론 영국의 차지였다. 둘째, 영국은 중국에서 다

---

7) 히메다 미쓰요시, 1984, 27쪽.

량의 차를 수입했다. 중국에서 영국으로 수출되는 상품의 95.2퍼센트가 차였다.[8] 그러나 아편무역으로 인한 이윤이 커서 중국의 은은 영국으로 흘러들어갔다. 셋째, 영국은 인도에 자본제 면직물을 수출했다. 인도 농민들은 아편과 면화를 생산하여 받는 대가로 그 비용을 지불해야 했다.

18세기 후반에서 19세기 초에 걸쳐 중국경제는 수축기에 들어섰다. 여러 가지 경제적 위기가 사회적 위기와 겹쳐 나타나면서 중국의 국력은 쇠퇴해갔다. 18세기 중국경제는 전반적으로 농업과 원시산업(농촌 가내 수공업)이 인구증가와 함께 팽창한 시기였다. 상업화도 전례 없는 수준으로 발전했고 다양성과 복합성이 증가했다. 사회적 유동성도 증폭되고 있었다. 그러나 경제성장 지속을 보장할 수 있는 발전된 메커니즘은 등장하지 않았다. 농업 부문 이외에 생산체제가 변화하고 있는 조짐은 눈에 띄지 않았으며 기술적 변화도 없었다. 가내 수공업에서 공장체제로의 전환이 이루어지지 않았던 것이다. 중국 금융시장은 자본의 축적에는 도움이 되지 못했고, 유통을 개선하는 기능에 머물렀다. 상인계층에도 의미 있는 부의 집중이 이루어지지 않았고 계층분화도 분명하지 않았다. 산업화 이전의 경제상태가 갖는 한계에 그대로 머물러 있었다는 점에서 애덤 스미스적 의미의 경제성장의 한계에 갇혀 있었던 것이다.[9]

18세기 후반 이후 유럽의 경제는 부상하고 있었다. 그러나 중국과 유럽 간의 무역에서 유럽의 우세는 아직 현실화되지 않았다. 이 시기 중국의 경제적 안정은 외국으로부터의 은괴의 유입에 크게 의존하고 있었다.[10] 다행히 1820년까지는 유럽의 은이 중국으로 유입되었다. 유럽

8) 加藤祐三, 『イギリスとアジア』, 122쪽; 히메다 미쓰요시, 1984, 28쪽.
9) Philip Richardson, *Economic Change in China c.1800~1950*, Cambridge: Cambridge University Press, 1999, p.20.

은 아직 중국의 산업을 압도할 만한 수단을 갖고 있지 않았다. 그러나 1700년에서 1820년 사이에 걸쳐 중국으로 유입되었던 은의 4분의 1 또는 절반이 1820~40년 사이, 즉 불과 20년 동안 해외로 빠져나갔다. 그 전에 영국에서 들어왔던 은 전체가 그 시기에 모두 상실되었다.[11]

이 시기에 유럽과 중국 사이의 무역수지가 급격하게 역전된 원인의 핵심은 아편이었다. 1820년 이후 은의 유출로 인한 중국경제의 위기는 심각했다. 화폐공급이 위축되면서 물가는 1820~50년 사이에 40퍼센트가 떨어졌다. 물자는 늘어나지 않는 상태에서 화폐공급이 증가하면 물가는 오른다. 인플레이션이 일어나는 것이다. 반대로 화폐공급이 줄면 물가는 떨어진다. 디플레이션 현상이 벌어지는 것이다. 17세기 중엽에도 한 때 은의 유입이 급감하여 화폐공급이 크게 위축됨에 따라 중국경제가 디플레이션 문제를 겪은 일이 있었다. 19세기 중엽 아편 때문에 동일한 문제가 발생했다.

당시 농민들은 화폐로 세금을 내고 있었다. 화폐 역할을 하는 은의 공급이 줄어들자, 화폐의 가치는 폭등했다. 당연히 농민들이 생산한 농산물의 물가는 폭락했다. 화폐로 책정된 세금을 내기 위해서는 이제 농민들은 자신들이 가진 생산물을 더 많이 내다 팔지 않으면 안 되었다. 청국 정부는 농민들에게 세를 경감하거나 화폐유통을 진작시킬 수단도 없었다. 18세기 말 이후 여러 반란들을 진압하는 비용으로 인해 국고는 바닥나 있었다. 신장과 사천 지역의 반란을 진압하는 데 1억 태을(tael)이 들었고, 1796~1806년 사이에 백련사(白蓮社: the White Lotus)의

10) Lai Chi-kong, "The Historiography of maritime China since c.1975," *Research in Maritime History* 9, 1995, p.7; Richardson, 1999, p.21.

11) L. Eastman, *Family, Field, and Ancestors: Constancy and Change in China's Social and Economic History 1550~1949*, New York, 1988; Richardson, 1999, p.21.

반란을 진압하는 데 1억에서 2억 태을이 소모되었다. 당시 청조의 연간 총수입이 1억 태을을 넘지 않을 때였다.[12] 이러한 상황에서 영국이 주도한 중국에 대한 아편무역과 그것이 중국경제에 던진 타격은 결정적인 것이었다.

영국이 인도 농민들의 희생과 아편을 통한 대중국 무역공세로 확립한 아시아 삼각무역체제는, 이미 몰락의 길로 들어서고 있던 중국의 정치적 및 사회경제적 쇠퇴를 더욱 촉진시켰다. 새로운 무역질서가 내포하고 있던 부조리에 중국은 반발한다. 영국과 다른 서양 열강들은 중국의 저항에 무력으로 대응한다. 그것이 아편전쟁이었다.

2. 아편전쟁의 발단

아편전쟁의 비교적 직접적인 발단은 세 가지였다. 첫째, 아편무역에 대한 중국과 영국 사이의 경제적 이해관계가 첨예하게 엇갈렸다. 중국으로서는 아편소비의 확산은 나라 안에서 커다란 사회문제가 되었을 뿐 아니라 중국과 서양의 무역수지가 적자로 돌아서고 급속하게 국부가 유출되는 원인이었다. 반면에 영국에게는 중국과의 무역수지를 역전시킨 일등공신이었다. 특히 1834년 영국의회가 동인도회사의 아시아 무역 독점권마저 폐지하자 영국과 미국의 수많은 상인이 대중국 아편무역에 뛰어들었다. 그 결과 중국에 대한 아편무역은 더욱 팽창했다. 그럴수록 아편의 중국유입은 증대했고, 중국이 입는 사회적·경제적 피해는 커져갔다.[13]

---

12) Richardson, 1999, pp.21~22.
13) Jonathan D. Spence, *The Search for Modern China*, New York: W.W. Norton, 1990, p.149.

둘째, 1830년대 말 아편무역을 둘러싼 영국과 중국의 갈등은 더욱 첨예해진다. 1836~38년 기간에 청 조정 안에서 아편을 허용할 것인가 금지할 것인가를 둘러싸고 격렬한 논쟁이 전개된다. 이때 영국과 미국의 무역업자들은 아편무역이 결국 허용될 것으로 보고 아편물량을 대규모로 축적했다. 1838년 중국의 도광제(道光帝: 재위 1821~50)가 내린 결정은 아편무역 자체를 금지하는 것이었다. 외국의 아편무역업자들은 절대절명의 위기에 처했다.[14]

셋째, 1839년의 시점에서 중국과 영국의 국가권력은 아편무역 문제에 사활을 걸고 강력하게 개입한다. 아편무역을 근절하라는 황제의 명을 받고 임칙서가 1839년 3월 광동에 부임했다. 5월 중순까지 그는 1,600명의 중국인을 체포하고 3만 5,000파운드의 아편과 4만 3,000개의 파이프를 압수한다. 그 다음 두 달 동안 임칙서는 1만 5,000파운드의 아편과 2만 7,500개의 파이프를 추가로 압수했다. 외국인들에 대해서는 도덕적 설득과 강제력을 함께 동원했다. 임칙서는 영국 빅토리아 여왕에게 도덕적 책임감에 호소하는 서한을 보냈다. "폐하의 영예로운 나라에서도 아편은 금지되어 있으며 위반자는 엄중하게 처벌된다고 들었습니다. ……악의 원천을 제거하기 위해서는 아편의 소비뿐만 아니라 그 판매와 제조를 금하는 것이 더 좋지 않겠습니까?" 그러나 실제 영국에서는 아편이 금지되어 있지 않았다. 당시 많은 영국인은 아편을 알코올보다 덜 해로운 것으로 인식하고 있었다. 임칙서의 도덕적 호소는 마이동풍이었다.[15]

임칙서는 외국의 아편무역상들에게 고용된 모든 중국인들에게 철수할 것을 명령했다. 아울러 영국의 아시아 무역 총감독인 찰스 엘리엇

14) Spence, 1990, pp.150~153.
15) Spence, 1990, p.151.

(Charles Elliot)을 포함한 광동의 외국인들 350명이 근무하는 작업장들을 봉쇄했다. 그후 6주 만에 외국업자들은 2만 상자의 아편을 중국당국에 넘긴다. 임칙서는 봉쇄를 풀고 16명만을 남기고 외국업자들을 풀어준다. 그는 560명의 인력을 동원해 3개의 거대한 참호를 파게 했다. 3백만 파운드에 달하는 아편을 거기에 파묻었다.[16]

중국이 강력히 대항하자, 영국 국가는 더욱 직접적으로 아편무역에 개입한다. 1839년 영국의 아편무역 총관리자는 명색은 민간기업이었던 동인도회사가 아니라, 아예 황실이 파견한 찰스 엘리엇이었다. 거기에는 두 가지 의미가 있었다. 중국의 아편무역금지는 영국의 기업체에 대한 도전에 그치는 것이 아니었다. 영국 국가와 황실에 대한 도전이었다. 영국 국가와 황실의 파견자인 아편무역 관리자는 유사시 영국 육군과 해군의 도움을 직접 요청할 수 있었다. 당시 영국의 헌법관습에서는 영국정부와 국왕이 전쟁을 수행하는 것 자체에는 의회의 동의가 필요없었다. 다만 전쟁비용을 지출하기 위해서 의회 동의가 필요할 뿐이었다.[17] 어떻든 그렇게 영국 국가가 직접적이고 사활적으로 개입하기에 이르렀다. 외무장관 헨리 파머스턴(Lord Henry John Palmerston)은 그 이전에는 영국 아편상인들에게 중국 국내법을 존중할 것을 권고했다. 그러나 찰스 엘리엇이 요청하자 파머스턴은 영국 상인들을 적극 지원하는 쪽으로 태도를 바꾸었다.[18] 영국의 군사적 대응은 그렇게 예정되어 있었다.

영국이 중국에 함대를 파견해 전쟁을 벌인 것은 아편업자들의 특권만을 위한 것은 아니었다. 19세기 초부터 1840년에 이르기까지 광동에

---

16) Spence, 1990, p.152.
17) 坂野正高, 1973, 164쪽.
18) Spence, 1990, pp.153~154.

서 30년간 계속된 무역관련 갈등을 일거에 해결하기 위한 것이었다. 서양학자들은 아편무역을 둘러싼 영국과 중국의 갈등은 단순히 무역과 상업에 관한 분쟁이 아니었다고 본다. 조공체제(tribute system)에서 평등에 바탕을 둔 조약체제(treaty system)로의 전환이라는 총체적인 국제관계의 문제였다고 이해한다. 중국적 국제질서 개념과 근대 서양적 국제관념의 충돌을 나타낸 것으로 인식한다.[19]

그럼에도 페어뱅크가 말하듯 "아편은 영국의 중국 침략의 생명선"이었다. 그런 만큼, 이 전쟁에서 영국 아편업자들의 역할은 지극히 중요했다. 그들은 영국정부와 군대가 전쟁의 목표와 전략을 짜는 데 참여했다. 영국 함대에 선박과 항해사와 통역관들을 지원해주었다. 숙식과 정보도 제공했다. 런던에서 병참장교들의 계산서에 대한 현금결제를 도운 것도 아편업자들이었다.[20]

이 전쟁에서 서양의 승리는 예정된 것이나 다름없었다. 그것이 좋은 일이었는지 아니었는지에 대해서는 페어뱅크와 같은 서양학자들은 궁극적으로 근대적 삶(modern life)을 어떻게 평가하느냐에 달려 있는 문제라고 주장한다.[21]

3. 아편전쟁의 전개

영국 의회는 중국에 선전포고를 하지는 않았다. 그러나 "만족할 만한 조치와 배상"을 받아내야 한다고 결정했다. 이를 위해 전쟁을 수행하는 데 필요한 모든 권한을 허용했다. 중국에 함대를 파견하고 인도에 주둔한 군대를 동원하며, 필요하다면 중국 선박들과 화물을 나포하는 것을

---

19) Fairbank, 1979, p.165.
20) Fairbank, 1979, p.165.
21) Fairbank, 1979, p.163.

승인했다. 전쟁의 총사령관은 찰스 엘리엇의 사촌인 조지 엘리엇 제독이었다. 540개의 대포를 실은 16척의 전함과 새로운 디자인의 무장 기선(汽船) 4척, 28척의 수송선에 4,000명의 병력을 싣고 출정했다. 1,000톤의 기선용 석탄과 병사들을 위한 1만 6,000갤런의 술과 함께였다.[22]

바로 그 시각에 임칙서는 광동에서 아편중독자와 아편업자들을 체포하고 조사하는 활동을 강화하고 있었다. 아편은 한 상자에 과거 500달러 하던 것이 이제는 3,000달러까지 치솟았다. 광동에서 추방된 영국 아편상인들은 마카오에 집결해 있었다. 임칙서는 이들에게 아편무역에는 종사하지 않겠다는 증서에 서명할 것을 강요한다. 그들은 거부했다. 임칙서는 그들을 마카오로부터 추방했다. 당시 홍콩은 거의 버려진 바위투성이 섬에 지나지 않았다. 영국은 그 상인들을 홍콩에 정착시키게 된다. 동아시아사의 새로운 페이지라 할 영국과 홍콩의 인연은 그렇게 시작했다.[23]

미국 상인들의 행동은 영국 상인들과 대조적이었다. 주중 미국 부영사 워런 델라노의 권고에 따라 미국 상인들은 중국 법을 어기지 않겠다고 서명한다. 일단 그렇게 해서 중국 항구에 합법적으로 접근할 권리를 얻었다. 그들은 중국 밀매업자들과 접촉하여 아편무역에 계속 종사했다. 미국 상인들은 이렇게 영국의 아편업자들과 중국 밀수업자들 사이의 중개인 노릇을 해서 이익을 챙겼다.[24]

무력충돌은 1839년 9월과 10월에 홍콩항과 광동의 바깥인 보그(Bogue)에서 영국과 중국의 전투용 거룻배들(war junks) 사이에서 벌어졌다. 중국 배들은 모두 침몰했다. 영국 측도 인명피해를 보았다.

---

22) Spence, 1990, p.154.
23) Spence, 1990, p.154.
24) Spence, 1990, pp.154~155.

그러나 조지 엘리엇 제독이 이끄는 영국 함대가 중국에 도착한 것은 1840년 6월이었다. 엘리엇의 전략은 당장 중국을 공격하는 것이 아니라 해상을 봉쇄하는 것이었다. 절강성 해안에 가까운 섬을 점령하여 이를 기지로 삼아 양자강 델타 지역으로 통하는 모든 해상교통을 차단한다는 계획이었다. 영국 함대는 아무런 저항도 받지 않고 북쪽으로 항해할 수 있었다. 북경의 해상관문인 천진으로의 출입을 통제할 수 있는 대고(大沽: Dagu)의 요새들 가까이 있는 북하(北河) 하구를 장악했다.

영국은 한 번 싸우지도 않고 중국으로부터 사실상 항복을 받아냈다. 당시 천진지역 총독은 기선(琦善)이었다. 그는 도광제의 두터운 신임을 받고 있었다. 기선이 1840년 8월과 9월 영국 측과 협상을 벌였다. 기선은 영국 측에게 천진지역을 떠나 광동으로 돌아가달라고 설득했다. 영국 함대는 광동에서 협상을 매듭지어주겠다는 기선의 약속을 받고 광동으로 돌아갔다. 싸우지 않고 영국 함대를 광동으로 물러나 있게 한 기선의 협상에 도광제는 감동했다. 기선은 도광제의 더 두터운 신임을 받아서 광서성과 광동성 모두를 관할하는 양광총독(兩廣總督)으로 임명되었다. 그 바람에 임칙서는 이리(伊犁)로 유배당했다.[25]

이상은 조너선 스펜스의 설명이다. 사태전개에 대해 반노 마사타카(坂野正高)는 좀 다르게 설명한다.[26] 기선은 대고의 해안에 천막을 치고 그곳에서 영국인들을 정중하고 교묘하게 응대했다. 교섭 결과 영국 측이 9월 17일 광동으로 물러가 있기로 약속한다. 기선은 영국과 교섭하는 모습을 취하면서 심복을 영국 함정에 파견했다. 영국 해군의 전력을 탐색한 것이었다. 그 진실을 조정에 보고했다. 영국 해군의 실력에

25) Spence, 1990, p.156.
26) 坂野正高, 1973, 165쪽.

대해 소상한 정보를 접한 청 조정의 핵심 인물들은 화평론을 제기한다. 그 결과 흠차대신(欽差大臣) 임칙서와 그를 도와온 양광총독 등정정(鄧廷楨)을 물러나게 하고, 기선을 흠차대신 겸 양광총독 서리로 임명했다. 그렇게 해서 기선은 광동순무(廣東巡撫) 이량(怡良)과 함께 영국과의 협상에 나서게 되었다는 것이 반노 마사타카의 설명이다.

반노는 또한 청 조정은 사실은 그보다 일찍 화평론으로 기울어져 있었다고 주장한다. 청 조정은 영국 외무장관 파머스턴의 항의문 원문을 검토한 결과 영국의 불만은 주로 임칙서의 행동에 대한 것이라고 해석했다. 임칙서 처벌과 무역재개 요구에 응하고 아편배상금을 지불하면 영국은 만족할 것이라는 판단을 하게 되었다고 본다. 이때부터 중국은 화평론으로 이미 기울어져 있었다는 것이다. 영국 해군의 실력에 관한 기선의 보고는 그러한 화평론으로의 경사를 더욱 굳히게 된 것일 뿐이라 했다.[27]

1841년 7월 20일 찰스 엘리엇은 양국이 네 개 항의 '예비적인 합의'(preliminary arrangements)를 맺었다고 공표한다. 첫째, 중국은 홍콩을 영국에 할양한다. 둘째, 중국은 영국에 600만 태을의 배상금을 지불한다. 셋째, 양국 관헌들은 대등하게 교섭한다. 넷째, 광동무역을 재개한다 등이었다. 그러나 사실은 달랐다. 그해 2월 12일에 예비조약이 아닌 '예비조약 초안'이 마련되었으며, 13일엔 영국 측이 그 한문 텍스트를 기선에게 보냈다. 하지만 이 초안에 기선은 서명하지 않았다. 그 초안의 내용은 이러했다.

첫째, 광동무역을 종래대로 행한다. 둘째, 쌍방 관헌들 사이의 문서왕복은 대등한 형식으로 한다. 셋째, 홍콩을 대영군주(大英君主)에게 급여한다. 그리고 넷째는 재판관할에 관한 내용이었다. 홍콩에서 중국인이 범한 범죄는 부근의 지방관에게 인도하되 쌍방이 함께 재판한다고

---

27) 坂野正高, 1973, 165쪽.

했다. 중국 안에서 영국인이 범한 범죄는 홍콩의 총관(무역감독관)에게 인도하고 홍콩에서 쌍방이 함께 재판하도록 하는 내용이었다. 이어서 다섯째, 영국 상선은 종래대로 (광동의) 황포(黃埔)에 정박한다. 여섯째, 중국 공행(公行) 상인이 영국 상인들에게 진 빚은 3년 안에 갚고, 3년 후에는 공행의 무역독점을 폐지한다. 일곱째, 아편무역을 금지한다. 다만, 반노 마사타카는 이 일곱째 조항은 홍콩에서는 아편무역이 가능하다는 뜻을 담은 것이었다는 해석을 덧붙인다.[28]

조너선 스펜스에 따르면, 당시 중국 황제 도광제는 항복문서라고 할 이 합의내용을 듣고 "격노하여" 기선을 파면하고 처형할 것을 명한다. 그러나 반노 마사타카는 사기를 친 것은 기선이 아니며 중국 조정과 황제의 정책이 바뀐 것일 뿐이라고 해석한다. 기선은 자신을 협상대표로 임명할 때의 청 조정이 취하고 있던 화평론의 연장선에서 행동한 것뿐이었다. 그가 홍콩 할양을 허용하는 것이 좋겠다는 내용을 담은 상주문을 작성한 것은 그해 1월 13일이었다. 이 상주문이 조정에 도착한 것이 1월 31일이었다. 그 사이에 청 조정의 분위기가 바뀌어 화평론을 배척하고 주전론(主戰論)으로 변해 있었다고 반노 마사타카는 분석한다. 중국 정부에서 주전론이 다시 강해진 이유를 반노는 이렇게 설명한다. 첫째, 영국 함대가 북경의 코 앞에 있는 천진의 대고에서 물러나 있었기 때문에 조정은 직접적인 군사적 위협을 느끼지 않게 되었다. 둘째, 광동지역에서 외세 배척의 기운이 높아지고 있었다.[29]

기선은 면직되고 사슬에 묶인 채 엄중한 신문을 받았을 뿐 아니라 가산을 몰수당했다. 사형을 언도받았다가 감형된다. 하지만 기선은 1843년에는 아예 사면을 받고 관계에 복귀했다. 그해에 티베트 주재대신이 되

---

28) 坂野正高, 1973, 167~168쪽.
29) 坂野正高, 1973, 169쪽.

었으며, 거기에서 다시 재산을 모았다고 한다. 1847년엔 사천총독이 되는 등 계속 활동하다가 1852년에는 다시 내륙아시아 지역에 유배당한다. 그러나 다시 하남순무에 임명되었고 1853년엔 태평천국군과 싸운다. 1854년에야 죽게 된다.

반노에 따르면, 기선은 오늘날 양 극단의 평을 받고 있다. 한편으로는 그를 중국 "최초의 외무대신"이라고 평한 외교사가도 있었다. 그러나 일반적으로는 당시로부터 청말에 이르기까지 '간신'이나 '매국적'(賣國賊)으로 불렸다. 아마도 도광제를 직접 비난할 수는 없었기 때문에 기선이 희생양이 된 것이라고 반노는 해석한다. 현대 중국 사학계에서 그에 대한 대체적인 평은 '투항파'(投降派)라는 것이다.[30]

영국 정부도 협상 결과에 만족하지 못하긴 마찬가지였다. 외무장관 파머스턴은 중국으로부터 더 나은 조건을 받아내지 못한 것에 불만을 품고 찰스 엘리엇을 해고하고 그 협정에 서명을 거부했다. 엘리엇에게 보낸 편지에서 파머스턴은 무력이라는 수단을 쥐어주었음에도 충분히 활용하지 못했다고 질타했다. 그가 임명한 새 전권대사는 헨리 포팅거(Henry Pottinger)였다. 파머스턴은 포팅거에게 중국 황제와 직접 새 협정을 합의해오라고 명했다. 포팅거가 중국에 부임한 것은 1841년 8월이었다.[31]

포팅거가 부임하기 전에 본격적인 전쟁 돌입의 빌미가 될 만한 사태가 이미 벌어지고 있었다. 중국 측의 기록에 의하면, 1841년 5월 30일 영국군 1,000여 명이 광주 근교에서 노략질을 했다. 이에 격분한 삼원리(三元里) 주민들은 영국을 물리치는 군대라는 뜻의 '평영단'(平英團)의 깃발을 들고 영국군을 공격했다. 그러자 네 곳의 향촌 주민들이 그들과 합세하여 영국군을 포위했다. 엘리엇은 이들을 구하고자 했으

---

30) 坂野正高, 1973, 169쪽.
31) Spence, 1990, pp.156~157.

나 자신들 역시 위험에 처해 있어 여의치 않았다. 엘리엇은 광주지부(廣州知府)를 맡고 있던 중국관리 여보순(余保純)에게 사람을 보내 영국군 구원을 요청했다. 당시 청 조정은 1841년 1월 말 홍콩 할양을 건의한 기선의 상주문을 받자마자 혁산(奕山)이란 자를 '역도들을 정벌한다'는 뜻의 정역장군(靖逆將軍)에 임명하여 광주에 파견해둔 상태였다.[32] 청조의 종실(宗室)인 혁산은 영국군을 "호되게 공격하여 깨끗이 소탕하라"는 도광제의 명을 받고 있었다. 여보순은 혁산에게 영국군의 뜻을 전했다. 그러자 혁산은 자신이 부여받은 임무와 어긋나는 명령을 여보순에게 내린다. 평영단에 가담한 백성들을 속이고 위협하여 해산시키라고 했다. 덕분에 영국군은 가까스로 포위망을 뚫고 도망했다.[33]

찰스 엘리엇의 죄목이 무력을 충분히 활용하지 않았다는 것이었던 만큼 새 전권대사 포팅거는 무력을 적극 활용할 자세를 갖추고 있었다. 그가 본격적인 공격을 개시한 것은 1841년 8월 말이었다. 영국함대를 이끌고 북으로 항진했다. 하문(아모이)과 영파(닝보)를 장악하고 주산(舟山)을 다시 점령했다. 1842년 늦은 봄, 인도에서 증원군이 도착했다. 이때 포팅거가 청나라의 항복을 받아내기 위해 구사한 전략도 해상 봉쇄였다. 중국의 주요 하천과 운하 교통로를 차단했다. 같은 해 6월 상해를 점령했다. 7월에는 양자강 하구에 위치한 진강(鎭江)을 장악했다. 중국의 대운하와 양자강 하류지역이 영국에 의해 차단된 상태가 되었다.[34] 양자강과 대운하가 만나는 지점에 있는 진강은 중국 수운의 요충지였다. 영국군이 진강을 장악함에 따라 중국 남북 간의 조운(漕運)은 단절되었다.[35]

---

32) 坂野正高, 1973, 168쪽.
33) 왕소방(王紹坊) 지음, 한인희 옮김, 『중국외교사, 1840~1911』, 지영사, 1996(원저는 1985년 출간), 56쪽.
34) Spence, 1990, p.157.

해상봉쇄전략은 즉각 효력을 나타냈다. 청나라는 영국에 화의(和議)를 요청했다. 그러나 포팅거는 이를 묵살하고 남경으로 진군했다. 남경성 바깥에 진을 치고 공격태세를 취한 것이 1842년 8월 5일이었다. 중국은 다시 평화를 간청했다. 영국이 이에 응하여, 8월 29일 영국 함정 콘웰즈(Cornwalls)호 선상에서 협상이 타결되었다. 이것이 '강녕조약'(江寧條約)이었다. 이 조약은 다음 해인 1843년에 추가로 맺어진 다른 조약들과 함께 남경조약(南京條約: Treaty of Nanjing)으로 불린다. 도광제는 1842년 9월 서명한다. 빅토리아 여왕은 같은 해 12월 말에 비준했다.[36] 영국군이 양자강에서 철수하기 시작한 것은 그해 10월 초였다.

4. 남경조약의 역사적 의미

1842년 8월에 맺어진 강녕조약에 이어 1843년에는 세 가지 보완적인 조약들이 맺어진다. 6월 26일 포팅거와 청국 흠차대신 기영(耆英) 사이에 과경세성명(過境稅聲明)이 체결되었다. 이어 7월 22일에는 '오구통상장정(五口通商章程): 해관세칙(海關稅則)'이 타결되어 시행되었다. 또 10월 8일에는 호문조약(虎門條約)으로 알려지게 되는 오구통상부점선후조관(五口通商附粘善後條款)이 체결된다.

이 전체를 뜻하는 남경조약을 중국의 외교사가들은 최초의 불평등조약이자 중국 반식민지화의 표지라고 정의한다.[37] 다음 여덟 가지 점에서 영국의 일방적인 특권을 담고 있었기 때문이다.

---

35) 왕소방, 1996, 57쪽.
36) Spence, 1990, 157.
37) 왕소방, 1996, 60쪽.

첫째, 남경조약 제3조에 따라 중국은 홍콩을 영국에 할양해야 했다. 영국이 홍콩을 선택한 이유는 당시 중국의 가장 중요한 통상창구였던 광주와 인접했기 때문이다. 홍콩을 점거함으로써 광주의 위상을 약화시키고 대신 홍콩을 중국의 통상 중심으로 발전시킬 수 있었다. 홍콩은 또한 포르투갈이 장악한 마카오를 견제하면서 중국의 동남 연해지역을 군사적으로 통제하는 데도 전략적인 가치가 있었다.

둘째, 남경조약 제2조에 따라, 상해, 영파, 복주(福州), 하문, 광주 등 5개 항구를 개방했다. 영국인들은 이들 항구에 거주하면서 무역을 할 수 있게 되었다. 아울러 호문조약에 따라 외국인들은 이들 5개 항구도시에서 건물과 토지를 임대할 수 있게 되었다. 외국인들이 장차 각 항구에 '조계'(租界)를 설치할 수 있었던 것은 그 조항에 근거했다. 왕소방에 따르면, 이는 외국인들이 중국에 '국가 안의 국가'를 형성한 것을 뜻했다. 그것 자체가 이미 중국 주권 침탈을 의미했을 뿐 아니라, 장차 열강들이 중국 침략을 본격화할 교두보를 내어준 것이었다.[38]

셋째, 남경조약 제10조에 규정된 협정관세제도였다. 영국 상인들이 중국에 대해 "수입·수출의 화물세와 군비 등을 납부하는 것은 공정하게 정한 예에 따라야 한다"고 규정하고 있었다. 이 조항에 근거해 오구통상장정은 모든 일반화물에 대해 5퍼센트의 세금만을 내도록 했다. 이 조항을 고치려면 영국의 동의를 거치도록 했다. 과경세성명 역시 같은 취지의 규정이었다.

협정관세는 중국 시장에서 서양 상품판매를 확대하는 핵심적인 장치였다. 중국은 자국의 농업과 공업생산을 선진 자본주의국가들로부터 보호할 수 있는 정책 자율성을 상실했다. 산업발전을 위한 중국의 자율적인 정책결정이 불가능해졌다. 중국 물자의 수출 역시 관세부과에 제

---

38) 왕소방, 1996, 61쪽.

한을 받았다. 중국은 서양 자본주의에 값싼 원료공급지로 전락하게 되었다.

넷째는 영사재판권이었다. 오구통상장정 제13조는 중국인과 영국인 사이에 벌어지는 민사소송에서는 먼저 영국 영사에게 조정권을 부여했다. 그다음에 영국 영사와 중국 관리가 공동재판권을 갖는다고 규정했다. 영국인이 죄를 범한 형사문제에서는 더욱 분명하고 일방적으로 영국의 법률에 따라 처리한다고 했다. 이 규정을 두고 왕소방은 이렇게 평가한다. "이때부터 중국에서 영국인들이 치외법권을 획득하기 위하여 오랫동안 획책했던 음모를 마침내 실현하게 되었다. 영사재판권 확립으로 중국은 사법에 의한 외국인 단속 권리를 상실했다. 또한 이때부터 외국인들이 중국에서 불법적인 행동을 하더라도 중국 법령의 구속을 받지 않게 되었다."[39]

다섯째는 군함의 정박권이었다. 오구통상장정 제14조와 호문조약 제10조의 규정이었다. 영국은 다섯 곳의 개항장에 언제든지 군함을 뜻하는 관선(官船)을 정박할 수 있게 되었다. 중국 영토 안에 외국의 무장력이 상시주둔할 수 있게 된 것이다. 왕소방은 "이때부터 자본주의 열강은 중국에 대해 수시로 그들의 함포정책을 집행함으로써 침략의도를 실현할 수 있게 된 것"이라고 해석했다.

여섯째는 일방적이고 무조건적인 최혜국대우(最惠國待遇) 규정이었다. 호문조약 제8조는 "장차 대황제는 새로운 은혜를 베풀어 각국에게도 영국인들이 균점하는 일체의 것을 허락하고 평등하게 대우한다"고 규정했다. 이때로부터 제국주의 열강 하나가 어떤 특권을 획득하면 다른 열강들도 똑같은 권리를 누리게 되었다. 왕소방은 이로 인해 "열강 간에는 보이지 않는 가운데 중국 침략에 대한 연합전선이 형성"되었으

---

39) 왕소방, 1996, 62쪽.

며, 그것이 중국에 끼친 해악은 "말할 수 없이 큰 것"이었다고 지적한다.

일곱째, 남경조약 제4조는 중국이 몰수하여 파괴한 아편에 대해 외국 아편상인들에게 중국이 배상할 것을 규정했다. 중국의 아편금지정책을 정면으로 부정한 것이었다. 영국이 아편금지 해제를 요구한 것을 청국 대표가 받아들이면서 이를 보증했다. 아편배상조항이 가능했던 것도 그 때문이었다. 이후 중국에서 아편금지는 중국 병사와 백성들에 대해서만 집행하되, 외국의 상선들이 아편을 소지하고 운반하는 것은 자유화되었다. 아편을 사실상 공공연히 개방한 것이었다. 밀수에 대해서도 간섭하지 않을 뿐 아니라 면세로 수입할 수 있다는 것까지 의미했다. 당시 영국 외무장관 에버딘(Aberdeen)은 아편무역에 관한 이 같은 합의에 대해 "적지 않게 만족했다"고 했다. "아편문제에서 영국 침략자들은 소기의 목적을 달성"한 것이었다고 왕소방은 말한다.

끝으로 거액의 배상금 지급문제를 짚어두어야 한다. 남경조약의 규정에 따라 중국은 영국에 아편관련 손해배상금 600만 태을과 함께, 1,200만 태을의 전비(戰費) 배상금, 그리고 중국인 행상(行商)들이 영국 상인들에게 진 채무 명목으로 300만 태을을 합해 도합 2,100만 태을의 배상을 하도록 했다. 왕소방은 이러한 것들은 모두 "영국이 중국인들로부터 강탈한 것"이었다고 말한다.

5. 세계전쟁으로서의 제2차 아편전쟁[40]과 천진조약·북경조약

1854년 영국은 미국 및 프랑스와 함께 중국에 대하여 보다 본격적인 아편의 합법화를 강요하면서 남경조약의 개정을 압박한다. 청조는 저

---

40) J.Y. Wong, *Deadly Dreams: Opium, Imperialism, and the Arrow War(1856~60) in China*, Cambridge, UK: Cambridge University Press, 1998.

항했다. 이에 영국은 1856년 다시 군사적 도발을 한다. 영국과 프랑스 연합군은 1857년 12월 광주를 함락시켰다. 1858년 4월 24일, 영국, 프랑스, 미국, 그리고 러시아 4국 공사들이 천진 근처 대고에 이르렀다. 그곳에서 청국 정부를 공동으로 협박하며 담판을 요구한다. 한 달여 후인 5월 20일 영국과 프랑스군대가 대고 포대를 공격해 함락시킨다.[41] 외세가 천진 주변의 전략적 요새들을 장악하자, 북경은 다시 위협에 직면한다. 놀란 청조는 서둘러 항복했다. 천진조약이 체결되었다. 이에 따라 아편무역이 완전히 합법화되었다. 이미 중국과 최혜국대우 조항을 포함한 통상조약을 체결한 서양 열국들은 영국이 천진조약으로 얻은 특권들을 모두 공유하게 된다.[42]

영국과 프랑스가 연합군을 편성하여 중국에 대한 전쟁을 수행한 것 외에, 미국과 러시아도 이 과정에 적극 참여했다. 영국과 프랑스는 미국과 러시아에 함께 전쟁에 가담할 것을 요청한다. 미국은 참전 권유를 받아들이지는 않았다. 하지만 윌리엄 리드(1806~76)를 전권대표로 파견하여 조약개정을 위한 협상에 동참했다.[43] 영국과 프랑스의 무력을 배경에 둔 상태에서, 더 많은 특권을 확보하기 위해 중국을 협박하는 열강 압박외교에 가담한 것을 뜻했다. 당시 중국 현장에 있던 미국 외교진은 한걸음 더 나아가 함포외교를 벌이고 있었다. 광동지역에 미국 거류민 시설을 구축하기 위해 미국은 현지 함대를 파견했다. 이것이 중국의 포격을 받았다. 1856년 11월 16일 미국 해군은 광동의 중국군 포대를 공격했다. 중국 현지에서는 미국 외교진과 해군이 중국에 공격적인 함포외교를 실행하고 있었던 것이다. 더욱이 당시 주중 임시대리공

---

41) 왕소방, 1996, 104~106쪽.
42) Spence, 1990, pp.179~181.
43) 坂野正高, 1973, 238쪽.

사를 맡고 있던 피터 파커(1804~84)는 영국과 공동 군사작전에 나설 것과 함께 대만을 점령하자고 본국에 건의하기까지 했다. 미 본국 정부는 이런 정도의 적극책은 위험하다고 판단하고 파커를 리드로 교체한 것이었다.[44]

미국은 현지 책임자들의 공격적 정책을 승인하지는 않았지만, 추가적인 특권을 중국으로부터 빼앗기 위한 열강 압박외교에 적극 참여했다. 현지 미국 관료들의 공세적 함포외교는 비록 미국 정부 자체의 정책으로 된 것은 아니었다. 그러나 미국의 고위 외교방침을 무력 위협으로 뒷받침하는 효과가 있었다고 할 수 있다. 미국이 중국을 압박하는 외교에 가담한 배경을 반노 마사타카는 이렇게 해석한다. 1850년대 들어서 미국은 캘리포니아 주에서 금광을 개발했다. 이때 태평양 항로도 처음 열었다. 미국, 중국, 유럽을 관통하는 세계일주 항로가 성립되어 세계시장을 하나로 연결할 수 있게 된 것이다.[45] 이로써 중국에 대한 미국의 경제적 관심은 구체적으로 증대했고, 동아시아 제국주의 카르텔에 미국이 더 적극적으로 가담하는 요인이 된다.

미국과 함께 러시아도 조약개정을 위해 중국을 압박하는 열강외교에 가담했다. 러시아도 무력행사에 참가하지는 않았다. 그러나 조약개정을 위한 교섭에 적극 참여한다는 방침을 세웠다. 반노 마사타카는 러시아가 적극적 자세로 나선 배경을 설명한다. 먼저 1851년 이리조약을 맺을 만큼 중앙아시아 진출에 깊은 이해관계를 갖고 있었다. 이를 위해서는 중국 문제에 적극 개입할 필요가 있었다. 1847년에는 동부 시베리아를 적극 개발하기 위해 이 지역에 총독을 임명했다. 러시아로서는 시베리

---

44) 坂野正高, 1973, 238쪽. 피터 파커는 1855년에서 1857년까지 주중 공사직을 맡았다. 그는 1844년 미국이 중국과 망하조약(望廈條約)을 체결하는 과정에 참여한 인물이었다.

45) 坂野正高, 1973, 238쪽.

아 개발을 위한 획기적인 발걸음으로 평가되는 사건이었다. 1854년부터 러시아는 군대를 파견해 아무르 강 북안(北岸) 일대를 점령했다. 1855년 9월부터는 중국과 동부국경 획정을 위한 교섭을 진행했다. 러시아는 전통적으로 중국과는 육로무역을 주로 했지만, 아편전쟁의 결과 5개 항구가 개방된 이후 중국-러시아 간 육로무역이 큰 타격을 입었다. 이후 러시아는 중국과의 해상무역을 강화할 방안을 찾고 있었다는 것이다.[46]

그 결과 중국과 천진조약을 맺어 특권을 공유하게 된 나라에는 영국과 프랑스와 함께, 미국과 러시아가 추가되었다. 1858년 6월 13일 러시아가 먼저 천진조약을 체결했다. 이어 6월 18일에 미국, 6월 26일에 영국, 그리고 6월 27일에 프랑스가 같은 특권을 빼앗는 천진조약을 맺는다. 외교적 압박과 군사행동에는 연합했으나, 조약체결은 각각이었다. 그 이유는 영국이 다른 나라들의 견제를 우려하여 프랑스, 미국, 러시아와 함께 담판하는 것을 원치 않았기 때문이다. 당시 중국의 대외무역 총액의 3분의 2를 영국이 점하고 있었다. 영국 자신의 이해관계가 특히 절실했던 것이다. 다른 나라들은 영국의 협상결과는 곧 최혜국대우의 공유로 이어질 것이므로 크게 개의치 않았다.[47]

이렇게 조약체결이 개별적으로 진행되는 과정에서 최대의 이익을 획득한 세력은 러시아였다. 러시아는 열강이 함께 제2차 아편전쟁을 통해 중국을 협박하는 과정에서 공포에 질린 중국과 열강들 사이에서 중재자를 자처하며 영토할양을 갈취해내었다. 청조는 영국 및 프랑스와 천진조약 교섭을 앞두고 러시아의 E.V. 푸티아틴(Efim Vasilevich Putiatin: 1804~83)에게 중재를 요청한다. 그 대가로 러시아에 영토를

---

46) 坂野正高, 1973, 239쪽.
47) 왕소방, 1996, 106쪽.

할양한다. 천진조약 체결 보름 전인 1858년 5월 28일 맺은 아이훈 조약(愛琿條約)이 그것이다. 흑룡강(黑龍江) 북안에서 외흥안령(外興安嶺)에 이르는 60만 제곱킬로미터의 영토를 중국이 러시아에 할양하고 우수리 강(烏蘇里江)의 우안(右岸)에서 바다에 이르는 지역을 러시아가 중국과 공동관리한다는 것이 그 내용이었다. 이어 러시아가 중국과 맺은 천진조약, 즉 중아천진조약(中俄天津條約)은 미확정된 국경을 양국이 공동조사하여 확정하도록 한다는 규정을 담았다. 우수리 강 유역 같은 공동관리지역도 러시아령으로 하려는 야심을 담은 것이었다.[48]

천진조약의 주요내용은 ① 외국공사의 북경 주재 ② 양자강 유역, 북부지역, 그리고 기타 지역에 있는 10개 항구의 개항 ③ 내지에서의 여행과 통상 및 전교(傳敎)의 자유 ④ 영사재판권 확대 ⑤ 양자강과 각 통상항에 군함의 진입권 ⑥ 배상금 지급(영국에 400만 냥, 프랑스에 200만 냥) 등이었다.[49]

천진조약 체결시 청조가 가장 꺼렸던 조항은 두 가지였다. 하나는 양자강 유역 내지(內地)에 대한 항해권과 내지여행권이었다. 둘째는 북경에 외국사절의 상주를 허용하는 일이었다. 먼저 중국 내지에서 민중혁명운동이 광범하게 전개되고 있었으므로 청조는 민중운동과 외세가 결합할 가능성을 우려했다.[50] 외국사절의 북경 상주는 전통적인 화이질서 관념에서, 중국 천자에게 궤배(跪拜)하지 않아도 되는 평등한 지위를 가진 이인(夷人)이 북경에 진입하여 상주한다는 것은 '천고에 일찍이 없었던 기문(奇聞)'에 해당하는 것이었다. 그것은 천조(天朝)의 존엄과 위신에 심대한 상처를 주는 것이었고, 인민통치에 큰 악영향을 줄

---

48) 표교열, 「제1·2차 중영전쟁」, 서울대학교 동양사학연구실 편, 『강좌 중국사 V: 중화제국의 동요』, 지식산업사, 1989, 59쪽.
49) 표교열, 1989, 57쪽.
50) 왕소방, 1996, 106~107쪽.

것으로 우려했다.[51] 외국사절의 북경상주를 청조는 다른 측면에서도 우려했다. 청조는 백성과 외국인들 사이의 접촉과 왕래를 금지하고 있었는데, 이 정책이 크게 위협을 받지 않을까 걱정했던 것이다. 외세와 중국 내 혁명세력의 접촉가능성을 무엇보다 두려워하고 있었던 것을 말해준다.[52]

당시 황제 함풍제(咸豊帝: 재위 1850~61)는 영국에게 모든 관세를 면제시켜준다는 조건을 제시하며 외국사절 북경상주 조항과 양자강 유역 개방 및 외국인의 내지여행권 조항들을 폐기하려 시도했다. 그러나 그것은 서양세력이 받아들이지 않을 무모한 시도였다. 다만 영국으로부터 공사의 북경상주권을 실제로는 행사하지 않겠다는 약속을 얻어내었다.[53]

천진조약은 그 비준을 둘러싸고 또 다시 중국과 서양 열강들 사이의 전쟁으로 나아간다. 그 핵심 원인 역시 외국사절의 북경 입성(入城) 여부를 둘러싼 갈등이었다. 영국은 특명전권대사 브루스(F. Bruce)에게 북경에서 비준서를 교환하도록 지시했다. 외국사절의 입경(入京)을 꺼린 청조는 이를 거절하고 조약 비준서를 상해에서 교환하려 했다. 영국과 프랑스는 평등한 지위를 가진 국가 사절인 공사가 북경에 입성하는 것은 당연한 권리라고 보았다. 영국과 프랑스는 다시 연합군을 편성해 북경의 관문인 천진 부근의 대고 요새를 공격했다. 의외로 청군의 반격을 받아 영국 군함 10척이 침몰하거나 크게 파손당했다. 89명이 사망하고 345명이 부상을 당했다. 함대사령관 호프(Sir James Hope) 제독도 중상을 입었다. 대고패전(大沽敗戰)이었다.[54]

---

51) 표교열, 1989, 58쪽.
52) 왕소방, 1996, 107쪽.
53) 표교열, 1989, 58쪽.

영국과 프랑스는 복수를 위해 1860년 2월 2만 5,000명의 대군을 편성해 파견한다. 이번에는 승리했다. 북경까지 점령했다. 여기에서 러시아의 측면지원이 결정적 역할을 했다. 북경에 주재하던 러시아 외교관 니콜라스 이그나티예프(Nicholas Pavlovich Ignatiev: 1832~1908)는 7월 말 대고 앞바다에 도착한 영불연합군에게 중요한 군사정보를 제공했다. 영불연합군은 그 정보에 따라 방어시설이 없던 북당(北塘)으로 상륙한다. 그래서 대고의 중국 요새를 후면에서 공격할 수 있었다.[55] 이그나티예프는 1859~60년 기간에 북경 조정에 러시아 특명전권대사로 파견되어 있었다.

영불연합군은 10월 북경을 함락했다. 이들 군대는 약탈과 방화, 강간을 자행한다. 그 대표적인 희생물이 건륭제 때 여름별장으로 지어진 원명원(圓明園)이었다. 정교한 건축물과 진귀한 서적, 그리고 보물이 많았던 원명원을 10월 6일부터 장교팀과 사병팀으로 나누어 약탈을 자행했다. 프랑스 병사들의 호주머니에는 심지어 백만 프랑까지 있을 정도였다 한다.[56] 영국군은 청조의 상징인 자금성(紫禁城: the Forbidden City)만은 파괴와 약탈의 대상에서 제외시켰다. 자금성마저 불태워버리면 이미 충분히 약해져 만만한 협상상대가 된 청조가 결정적인 타격을 입어 아예 붕괴해버리고 말 것을 우려했기 때문이었다.[57]

함풍제는 만주의 열하(熱河)로 피신해 있었다. 동생 공친왕(恭親王: 1832~98)에게 영국과의 협상을 일임했다. 이렇게 해서 1860년 북경조약(Convention of Peking)이 체결된다. 1858년의 천진조약을 재확인하는 내용이었다. 이로써 서양이 중국에 강요한 조약체제가 완성된다.

54) 표교열, 1989, 59~60쪽.
55) 표교열, 1989, 60쪽.
56) 표교열, 1989, 61쪽.
57) Spence, 1990, p.181.

천진조약을 강요한 데 이어 북경조약을 강제하기 위해 영국이 벌인 전쟁들은 카를 마르크스의 지적대로 국제법적 에티켓의 핵심요소의 하나인 전쟁선포 없이 진행되었다.[58] 이후 서양 세력은 태평천국군을 격퇴하기 위해 본격적으로 청조를 지원한다. 중국과의 조약체제라는 기득권을 지키기 위해서였다.[59] 영국을 비롯한 서양 세력이 태평천국의 도전에 직면한 청조를 전면적으로 지원하게 된 것은 1860년부터였다. 그 전까지는 1842년 맺어진 남경조약이 불충분하다고 본 열강들이 중국을 더욱 압박하여 완전한 조약체제를 중국에 강요하는 데 힘을 쏟았던 것이다.

6. 아편전쟁과 야만, 그리고 사회

존 페어뱅크와 조너선 스펜스 등 서양의 대표적인 중국사 연구자들에게 아편전쟁은 거의 '은혜로운 전쟁'(benevolent war)으로서 서술된다. 페어뱅크는 아편무역이 근대 국제범죄 중에서 최악의 것이라고 지적하면서도, 그것을 동양 근대화의 계기로 파악하고 세계사적 차원에서 그것이 갖는 긍정적 의미를 적극적으로 해석했다. 그 결과 서양의 역사교과서에서 아편전쟁이 전쟁범죄를 구성하는가에 대해 언급한 것은 거의 전무에 가깝다.

아편전쟁의 전개과정에서 발생한 영국인과 중국인들의 충돌의 직접적인 원인에 대해서도 서양의 역사서술에서는 중국인들의 도발을 강조하는 경향이 있다. 영국인들이 범한 야만적 행위는 우발적 사건 이외에는 전혀 언급하지 않는다. 조너선 스펜스도 예외는 아니다. 그는 1841년

---

58) Spence, 1990, p.183.
59) Spence, 1990, p.182.

5월 30일에 시작된 영국군과 중국인들의 충돌이 중국의 향촌 지도자들이 조직한 민병대들이 도발하여 영국 군인들이 살해되고 부상당한 데서 비롯된 것으로 설명한다.[60] 영국 군대의 노략질로 충돌이 벌어졌다는 왕소방의 설명과 매우 다르다. 페어뱅크와 골드만의 서술에서도 영국 군대의 약탈행위에 대한 설명은 없다.

반면에 중국의 외교사가인 왕소방은 이 전쟁과정에서 영국군이 자행한 민간인 학살과 약탈행위를 강조한다. 포팅거가 이끄는 영국 군대가 저지른 야만적 행위에 대해 왕소방의 『중국외교사』는 다음과 같이 서술한다. "영국군들은 지나가는 곳마다 중국인에 대해 대대적인 학살과 노략질을 자행했다. 몇 가지 예를 들면, 영파에서 백은(白銀) 17만 냥을 탈취했고, 군대를 위로한다는 명목으로 120만 은원(銀元)을 약탈했으며, 퇴각할 때는 수많은 부녀자를 잡아갔다. 또한 사포(乍浦)에서는 그들의 야만성을 드러내 살해당한 중국인이 수없이 많아, 심지어 '시체를 강에 버려 물이 흐르지 못할 정도였다.'"[61]

왕소방에 따르면, 영국군은 또한 상해에서도 50만 은원(銀元)을 약탈해 갔다. 진강에서는 중국수비대의 저항에 부딪쳐 영국 측 사상자들이 많이 발생했다. 성을 함락시킨 후 무고한 평민들을 대량 학살하여 보복했다. 엥겔스가 이 점에 주목하여 "영국군이 전투에서 그토록 극단적으로 잔혹한 수단을 쓴 것은 탐욕과 부끄러움을 모르는 사사로운 행동으로 이루어진 이 전쟁에 걸맞은 행동이었다"라고 한 것을 인용하고 있다.[62]

조너선 스펜스는 전쟁의 현실은 언제나 처참한 것이며 아편전쟁의 경

---

60) Spence, 1990, 157.
61) 朱翔青, 「乍浦之變」, 『埋憂集』 第10卷; 왕소방, 1996, 57쪽.
62) 恩格斯, 「英人對華的新侵略」, 『馬克思·恩格斯論中國』, 北京: 人民出版社, 1957, 67쪽; 왕소방, 1996, 57쪽.

우도 예외가 아니었다고 말한다. 영국군대와 중국군 사이에 벌어진 전투들에서 중국군은 "야만적이고 필사적으로(with savage desperation) 싸웠다"고 서술하면서, 패배가 확실해지자 자신들의 가족을 죽이고 함께 자결한 청나라 장수들이 수십 명에 달했다고 설명한다.[63] 그런데 장수들이 가족들과 함께 죽는 중국의 전쟁풍습의 야만성을 주목한 것일 뿐, 정작 영국인들이 범한 야만행위에 대해서 이 서양학자는 전혀 언급하지 않는다.

한편 현대 중국의 역사서는 이 아편전쟁에서 청의 관군은 무기력하고 비겁했던 반면 영국군은 중국 민중의 저항을 두려워했다는 점을 부각시킨다. 사포와 진강의 중국 수비군들의 경우처럼 관군들도 목숨을 건 저항 끝에 장렬한 희생을 치른 경우도 없지 않았다. 그러나 대체로 "청국 정부군의 침략군에 대한 공격은 싸우자마자 붕괴되거나 혹은 싸우지도 않고 도망치는 식"이었다고 왕소방은 서술한다. 반면에 "영국군에게는 중국의 민중들이 가장 두려운 대상이었다. 아편전쟁 기간 동안 침략군들이 지나간 대부분 지역에서는 침략자에 대한 무력저항이 있었다"는 점을 그는 특기하고 있다.[64]

반노 마사타카는 왕소방과는 또 다른 흥미로운 주장을 제시한다. 그에 따르면, 영국은 전쟁과정에서 대민(對民) 전술에 깊은 신경을 썼다. 중국 정부를 적으로 할 뿐 민중은 적으로 삼지 않는다는 선전을 되풀이했다. 약탈이라고 할 물자의 강제징발을 금하고 중국인이 요구하는 액수보다 많은 돈을 지불하는 등, 민심을 얻기 위해 노력했다. 쿨리[苦力]를 동원하는 것을 중지하고 짐 나르는 부대를 따로 편성해 운영했다. 그래서 당시 중국 민중은 영국군에 대해서는 두려워하기보다는 오히려

---

63) Spence, 1990, 157.
64) 왕소방, 1996, 57쪽.

호기심과 경이의 눈으로 바라보았다고 한다. 영국군이 전투하는 광경을 피하기보다는 둑이나 지붕에서 구경하는 사람들도 많았다는 것이다. 그런데 이러한 반노 마사타카의 주장은 주로 "외국인들의 종군기(從軍記)"에 기초하고 있다.[65]

아편전쟁 기간 청조는 끝까지 영국과 대결하기보다는 제대로 싸우기 전에 임칙서를 파면하고 화의를 청했다. 그 후의 전쟁 중에도 여러 차례 영국에 먼저 협상을 요청한 데에서 보듯이 매우 타협적인 자세를 취했다. 13개 조항으로 이루어진 남경조약의 체결과정에서도 그 구체적인 내용들에 대해 청조는 영국과 실질적인 담판도 하지 않은 채 거의 영국의 요구를 받아들인 것으로 평가된다.[66]

현대의 중국 외교사가들은 청조가 남경조약을 서둘러 타결한 배경을 주목한다. 아편전쟁을 계기로 무능하고 타협적인 청조에 대한 반청운동이 발전하고 있었으며, 청조가 이를 민감하게 받아들였다고 해석한다. 청조는 영국군의 조기철수를 이끌어냄으로써 반청운동이라는 대내적 안보문제에 힘을 집중하고자 했다는 것이다. 그 근거의 하나로 1842년 8월 1일 영국군 소탕 임무를 맡고 있던 양위장군(揚威將軍) 혁산이 황제에게 "반역의 오랑캐가 밖에 있고 비도(匪徒)들은 안에 있으니, 그들이 서로 결탁하면 손을 쓰기가 매우 어렵습니다"라고 경고한 일을 들고 있다.[67] 이를 근거로 왕소방은 "당시 통치계급이 얼마나 절박하게 화의를 구할 수밖에 없었던가를 설명하기에 충분하다"고 주장한다.

반노 마사타카는 청조를 지배한 화평론의 국내정치적 배경을 좀더 구체적으로 지적하고 있다. 전쟁으로 인해 국내불안이 이미 가중되고 있는 상황에서 청조가 두려워한 것은 특히 영국군 점령지에서 발생하

---

65) 坂野正高, 1973, 176쪽.
66) 왕소방, 1996, 59쪽.
67) 『籌辦夷務始末』, 道光朝 第57 卷3; 왕소방, 1996, 59쪽.

고 있는 상황이었다. 영국이 어떤 마을을 점령하면, 그 땅의 부유한 주민은 근교로 피하고, 그 밑에서 일하던 사람들은 아예 도망가버린다. 그 마을 주변에서는 토비(土匪)가 봉기한다. 패전으로 청조 관헌들의 위엄은 추락해 있고 곳곳에서 폭동이 일어난다. 폭동을 일으킨 군중이 관가에 난입하고 약탈하는 행위가 비일비재했다. 이러한 사정을 북경정부는 상주문의 형태로 들어오는 보고들을 통해 잘 알고 있었다는 것이다.[68]

왕소방에 따르면, 1842년 실제로 타결된 남경조약의 내용은 협상 때 영국정부가 자국 대표에게 관철하도록 지시한 특권들의 수준보다 영국에게 더 만족스러운 것이었다. 영국정부는 밀고 당기는 긴 협상을 예상하며 두 가지 방안 중에 하나를 관철시키는 전략을 짜고 있었다. 그런데 중국이 예상 외로 타협적으로 나옴에 따라 처음 목표보다 더 많은 것을 얻어냈다는 얘기였다. 조약 체결 후 외무장관을 포함한 영국정부 인사들은 결과에 크게 흡족해했다.[69]

7. 아편전쟁에서 서양 열강과 제국주의 카르텔

1차와 2차를 합하면 20여 년에 이르는 아편전쟁은 서양 열강이 중국을 반식민지화하여 자신들이 원하는 조건에서 중국을 지배하기 위한 노력이었다. 이 과정에서 주역은 물론 영국이었다. 그러나 중국을 최종적으로 굴복시키기까지는 영국만이 아니라 프랑스, 미국, 러시아 등 구미의 대표적인 제국주의 열강들의 합심 노력이 주효했다. 특히 애로 전

---

68) 坂野正高, 1973, 175쪽.
69) H.B. Morse, *The International Relations of the Chinese Empire*, Volume 1: The Period of Conflict, 1834~60, Shanghai: etc., 1910, p.668 and Appendix B; 왕소방, 1996, 62~63쪽.

쟁(Arrow War)으로 불리는 제2차 아편전쟁은 네 열강이 모두 참가하여 벌인 일종의 세계전쟁이었다. 20년에 걸친 이 아편전쟁 시기는 서양 제국주의의 동아시아 지배체제 확립과정이 제국주의 카르텔의 성격을 띤 것임을 적나라하게 보여주는 것이었다.

일반적으로 비서양 세계에 대한 서양의 식민주의나 제국주의적 진출은 매우 경쟁적이고 갈등적이었다. 포르투갈, 스페인, 네덜란드, 영국, 프랑스 등은 해외에서 식민지쟁탈을 위해 서로 전쟁을 벌이곤 했다. 이에 비해 서양 제국주의가 중국을 굴복시키기 위해 벌인 20년간의 전쟁의 과정은 매우 독특한 양상을 보여주었다. 서양의 중국 침탈 과정이 서양 식민주의 전개과정의 일반 패턴과는 달리 '제국주의 카르텔'의 관점에서 분석되어야 하는 중요한 근거의 하나이다.

요약하면, 아편전쟁 자체의 과정 안에서 서양 열강의 활동이 제국주의 카르텔의 성격을 띤다고 할 수 있는 요소는 적어도 두 가지였다. 첫째, 영국과 함께 다른 서양 열강들은 중국에 불평등조약체제를 강요하는 아편전쟁에 깊은 경제적 이해관계를 공유하고 있었다. 아편밀무역으로 이득을 보고 있는 세력은 영국만이 아니었다. 특히 미국의 무역회사들과 다른 외국회사들도 함께 아편무역에 뛰어들었다. 거의 대부분의 미국 무역회사들이 중국에 대한 아편밀무역에 가담한 것으로 추정된다. 이 아편시장의 3분의 1을 미국이 차지했다.[70] 그러므로 1839년 중국정부가 임칙서를 광동에 보내 아편밀무역을 차단하려 했을 때, 이에 반발한 것은 영국만이 아니었다. 당시 제해권을 장악하고 있던 영국이 서양 열강의 공동의 이해관계를 대변하여 선제적으로 행동에 나선 것일 뿐이었다.

미국을 비롯한 다른 서양 열강들이 영국이 1차 아편전쟁을 통해 확

---

70) Nester, 1996, p.17.

보한 중국대륙에서의 경제적·전략적 권리를 나눠 가졌다. 그 대표적인 메커니즘은 최혜국대우 조항이었다. 한 열강이 최고의 특권을 갈취해 내면, 나머지 열강도 그 최혜국 규정에 따라 그 특권을 함께 누릴 수 있었다. 영국은 이를 '자유무역 제국주의'라는 틀에서 허용했다. 영국은 중국이라는 거대한 대륙과 시장에 대한 침투와 지배에서 다른 서양 열강들과 함께 공동지배와 공동관리의 역할과 권리를 공유한다는 대전략을 갖고 있었던 것이다.

이런 가운데 미국 역시 다른 서방 열강들과 마찬가지로 1840년대와 1850년대에 중국과 조약을 맺어 영국이 얻은 조건들을 확보해냈다. 1844년 7월 3일 미국은 마카오 근처의 작은 마을 망하(望廈)에서 이른바 망하조약(왕샤조약)을 체결함으로써, 영국이 얻어낸 것에 덧붙여 치외법권을 중국으로부터 받아냈다. 1850년대에는 또한 중국과의 협약을 통해 아편무역의 합법화를 얻어냈다. 미국 상인과 선교사 집단을 보호한다는 명분으로 미국 해군함대도 중국의 해안을 순찰하게 되었다.[71]

둘째, 아편전쟁은 영국이 주도한 것이었으나 결코 영국만의 전쟁이 아니었다. 특히 제2차 아편전쟁에서 프랑스는 영국과 함께 연합군을 편성해 중국을 상대로 공동군사행동을 했다. 미국과 러시아는 직접 군사행동에 가담하지는 않았으나, 중국을 공동으로 협박하는 압박외교에 동참했다. 미국은 또한 현지 해군과 외교관들이 함포외교를 전개했다. 그럼으로써 영국과 프랑스의 군사행동과 중국에 대한 압박외교의 효과를 측면지원했다. 러시아는 또한 영불연합군에게 긴요한 군사정보를 제공하는 역할을 함으로써 제국주의 카르텔의 구성원으로서 지원역할을 톡톡히 했다.

---

71) Nester, 1996, pp.16~17.

8. 태평천국의 난과 서양 열강의 제국주의 카르텔

중국은 1840년대 이래의 외환(外患)과 함께 1850년대 들어 더욱 심각한 내우(內憂)로 시달려야 했다. 1851년 태평천국을 선언한 홍수전(洪秀全: 1813~64)은 광동성 화현(花縣)의 객가(客家: 하남, 산동, 안휘 등의 타향에서 광서지방에 흘러들어온 이주민들)의 중농 집안의 셋째 아들로 태어났다. 그는 어려서부터 과거의 초급 단계에 도전했다가 낙방한 사람이었다. 어느 날 병이 들었는데 환상을 보았다. 노인 하나와 중년남자 하나가 나타나 말하기를 악령을 물리쳐서 인류를 구하라고 했다. 1843년이었다. 그로부터 7년 전에 홍수전은 광주에서 외국인선교사가 만든 한문 종교서『권세양언』(勸世良言)이란 책을 입수했는데, 처박아두었다가 이때 비로소 정독했다. 환상에서 본 노인은 야훼의 신이고, 중년남자는 그의 아들 예수라는 것을 알게 되었다. 인류를 구하라는 명을 받은 홍수전 자신은 예수의 동생이 되었다. 홍수전 버전의 삼위일체 교리가 완성된 것이었다.[72]

홍수전은 1844년 광서성 동부 산악지대에서 '배상제회'(拜上帝會)라는 조직을 결성한다. 신자는 주로 객가의 농민들과 묘족(苗族)이었다. 배상제회는 1850년 금전촌에서 처음으로 반란을 일으켰다. 1851년 영안(永安)을 함락하여 태평천국을 칭했다. 홍수전 자신은 천왕(天王)이라 했다. 태평천국은 1852년에는 호남에 들어갔으며, 호남에서 강서, 강서에서 안휘로 이동했다. 이 사이에 남녀노소를 통틀어 50만에 달하는 대군으로 성장했다. 1853년 3월에는 마침내 남경을 점령했다. 이후 남경을 도읍으로 삼았다. 이때로부터 2~3년이 태평천국의 절정기였다.[73]

---

72) 坂野正高, 1973, 220쪽.

태평천국 군대가 남경을 함락할 당시 이 도시에 거주한 만주족 인구는 4만이었다. 이중 5,000명 정도가 전투병이었다. 만주족 군대는 전멸했다. 나머지 만주족들은 남자와 여자 그리고 어린이까지 모두 불태우거나 베어 죽였고, 또는 강물에 던져넣기도 했다.[74] 말하자면 1937년에 일본군에 의해 자행될 난징 학살의 원형이 19세기 중엽 서양 제국주의의 침략의 한가운데에서 한족 반란군과 만주족 사이에 전개된 것이다. 태평천국군은 이로부터 1864년까지 남경의 주인이었다.

태평천국군은 서양 제국주의의 침탈로 만주족 정권이 흔들리고 있는 틈을 타서 봉건질서에 저항해 일어난 민중의 봉기였다. 기존 사회 지배층의 이데올로기와 전혀 이질적인 사상을 지도이념으로 삼았다. 비슷한 상황에서 봉건 지배질서에 항거해 일어난 조선의 동학 봉기와 여러 가지 점에서 흡사하다. 다만 동학은 기독교를 비롯한 서학을 배척하면서 기존의 지배 이데올로기인 유교를 불교 및 선교와 함께 포용했다. 유불선(儒佛仙)의 통합을 내세웠기 때문이다. 태평천국은 홍수전 자신이 교주가 되어 스스로를 신격화한 사이비종교의 형태였지만 어떻든 서양의 종교적 형식을 전면에 내세웠다. 유자들이 떠받드는 공자상(孔子像)을 우상이라 하여 파괴했다. 전통적 지배이념을 훨씬 철저하게 부정했던 것이다. 기독교적 요소들 중에서도, 태평천국의 유일신 개념은 인격신적인 성격을 띠고 있었다. 또한 신약성서의 복음서들이 '사랑'을 강조한 것과는 달리 계율을 중시했다. 그런 점에서 태평천국의 종교이념은 신약보다는 구약(舊約)의 영향을 강하게 받은 것으로 해석된다.[75]

반노 마사타카에 따르면, 태평천국의 사상적 정체성은 반만주(反滿

---

73) 坂野正高, 1973, 220쪽.
74) Spence, 1990, p.174.
75) 坂野正高, 1973, 221쪽.

州), 반유교(反儒敎), 반지주지배(反地主支配), 반관료(反官僚)로 요약할 수 있다.[76] 태평천국은 만인평등주의와 동포애를 주창했다. 기독교적인 의미의 인류 보편에 대한 사랑[普遍愛]을 얘기한 것이라기보다는, 비밀결사적이고 수호전적인 동포의식 같은 것이라고 반노는 해석한다. 그러나 태평천국의 현실의 조직은 계층적이고 독재적인 색채가 적지 않았으며, 후기로 갈수록 그런 경향이 강해진 것으로 분석되고 있다.[77]

태평천국의 평등주의는 여러 가지 형태로 표현되었다. 우선 '천조전묘제'(天朝田畝制)는 모든 토지를 천왕의 소유로 했다. 농지를 비옥도에 따라 9등급으로 나누어 1년마다 배분했다. 수확물은 정부가 관리했다. 남경 지방에서는 이 제도가 어느 정도 시행이 되었다고 하지만 확실한 근거는 없었다. 프랑수아 마이클은 천조전묘제는 농업에 관한 토지법이 아니라 포괄적인 '전체주의적 통치체제' 수립을 목적으로 하는 것이었다고 해석했다.[78] 어떻든 기존 질서에 비판적인 평등주의 이념은 문자의 개혁으로도 연결되었다. 백화(白話)를 공문서에 사용했다. 과거제도를 시행하되, 유교의 고전이 아닌 태평천국 자체에서 출판한 서적을 근거로 했다. 여성에게도 수험자격을 부여했다. 시험응시에 필요한 식비를 포함한 일체 비용을 국가가 지급했다.[79]

태평천국의 평등주의와 관련해 많은 연구서가 특기하는 점은 여성에 관련된 부분이다. 우선 여성의 전족(纏足)을 금지했다. 중국 여성운동사를 연구해온 일본의 오노 가즈코에 따르면, 태평천국에서 여성의 역

---

76) 坂野正高, 1973, 221쪽.
77) 坂野正高, 1973, 222쪽.
78) F. Michael, *The Taiping Rebellion: History and Documents*, Volume 1: History, Seattle and London: University of Washington Press, 1966, pp.83~87; 坂野正高, 1973, 222~223쪽.
79) 坂野正高, 1973, 223~224쪽.

할은 태평천국이 중국 광서지방에 살고 있는 객가를 주요 기반으로 삼고 있었던 것과 관련이 있다. 객가의 사회경제문화에서는 여성이 전족을 하지 않고 들에 나가 남자와 평등하게 일했다. 노동에서 평등을 실현하고 있던 여성들은 예교(禮教)에 속박되는 일 없이 사랑도 대담하게 표현했다. 스스로 노동함으로써 자립생활을 유지해온 여성들은 또한 자신의 결의에 의해서 궐기하여 태평천국군에 가담했다.[80] 여성이 반란활동에 남성과 동등하게 적극적으로 참여했다는 사실에서도 태평천국군은 조선의 동학운동과 차이가 있다 할 수 있다.

그러나 태평천국은 1864년 7월 19일 증국번(曾國藩)이 이끄는 정부군에 이른바 천경(天京)이 함락되면서 괴멸하고 만다. 먼저 지도부가 분열된 것이 중요한 원인이었다. 또 한 가지 중요하게 꼽히는 점은 종교에서나 행동과 사회양식에서 중국인들의 수류문화에서 이탈해 있었디는 사실이다. 한족들에게 태평천국은 만주국가와 마찬가지로 이질적인 집단으로 비쳤다. 결혼한 남녀도 격리생활하게 만드는 극단적인 금욕주의는 그 단면이었다. 오노 가즈코에 따르면, 태평천국은 부부를 단위로 하는 가정을 해체시켰다. 남자와 여자를 완전히 분리시키는 조직방법을 택한 것이다. 혁명을 성취시키기 위한 전시체제(戰時體制)를 공고히 다지기 위한 것으로 풀이된다. 이러한 금욕주의는 "모든 욕망을 끊어버리고 거대한 적의 권력에 대항하여 불타는 에너지 전부를 집중시키고자" 하는 의지의 표현이었다고 오노 가즈코는 해석한다.[81] 하지만 그러한 전투적 금욕주의는 정상적인 인간의 정서와 모순되는 것이었다. 그 후의 새 연구들에 따르면, 1855년 1월부터는 남관(男館)과 여관(女館)의 구분이 폐지되었고, 결혼도 승인했으며, 부부생활이 공인되

---

80) 오노 가즈코(小野和子) 지음, 이동윤 옮김, 『현대 중국여성사: 태평천국에서 현대까지 』, 정우사, 1985, 16~20쪽.
81) 오노 가즈코, 1985, 20~21쪽.

었다. 가족생활이 부활되었다는 것이다. 이 무렵 사적인 상공업 활동과 사유재산제도도 부활된 것과 관련이 있을 것으로 보고 있다.[82]

태평천국이 처음에는 민중착취에 대한 분노를 발판으로 출발했지만, 곧 스스로 민중을 착취하는 전통질서의 악순환의 굴레를 답습하게 된다. 민중에 대한 또 하나의 세금강도집단으로 전락한 것이었다. 태평천국의 이데올로기는 중국의 전통적인 지식인들의 이념과 배치되었다. 그렇다고 태평천국이 중국의 전통적 유교질서에 대한 매력적인 대안으로서 서구적 합리주의를 실천한 것도 아니었다. 그들은 합리주의에 기초한 과감한 내부개혁 청사진을 만들긴 했다. 그러나 그 어느 것도 실행에 옮기지 못했다. 중국 지식인들은 태평천국보다는 청조(淸朝)를 지지했다.[83]

태평천국 괴멸의 또 한 가지 중요한 이유는 서양 세력의 향배였다. 당시 청조는 서양 제국주의의 침략을 팔다리의 병에 비유한 반면, 태평천국의 반란은 그보다 더 근본적인 화(禍)라는 의미에서 심장의 병으로 간주했다. 1861년 이후 중국 청조는 서양 제국주의에 대해선 유화정책을 취했다. 나아가 그들의 협력을 얻어내 국내 반란을 억압하는 데 훨씬 더 많은 노력을 기울였다. 이를 두고 페어뱅크는 1930~40년대에 일본 제국주의의 중국 본토침탈이 본격화된 상황에서도 국민당 장제스 정권이 일본과의 싸움보다 중국 공산당 억압을 더 우선하는 목표로 삼은 것과 흡사했다고 말한다.[84]

중국정부로부터 원하는 것들을 획득한 후 영국과 프랑스는 중국내전에 대해 중립적인 태도를 버린다. 자신들의 군대로 하여금 태평천국군

---

82) 坂野正高, 1973, 223쪽.

83) Spence, 1990, pp.175~178.

84) John King Fairbank, *The Great Chinese Revolution 1800~1985*, New York: Harper Perennial, 1987, pp.105~106.

대를 치도록 했다. 자국 상인집단을 통해 총과 대포를 중국군에게 팔았다.[85] 특히 상해마저 태평천국의 위협에 직면하게 되자, 서양 세력은 이미 자신들이 청조로부터 확보한 통상조약 권리들을 보호하기 위해 청조를 본격 지원하기로 결정했다. 이후 미국인과 영국인이 이끄는 용병과 기선이 청나라 정부군과 나란히 태평천국군대를 상대로 싸웠다.[86] 1862년 영국 정부가 청조에 가담하여 태평천국에 대한 '군사간섭'을 하면서 내세운 명분은 태평천국은 더 이상 '정치권력'이 아니라 '단순한 약탈집단'에 불과하다는 것이었다.[87]

현대 중국의 역사교과서에서 태평천국은 여러 가지 약점에도 불구하고 민중주의 또는 계급혁명주의와 반제국주의 운동이라는 관점에서 긍정적으로 평가되고 있다. 태평천국은 한편으로는 계급성의 한계를 포함해 여러 가지 내재적인 약점을 갖고 있있나는 점을 인정한다. 기독교를 간판으로 내건 자본주의 침략자들을 친구로 간주한 바람에 서양세력에 대한 경각심이 부족했다는 지적도 받는다. 그러나 태평천국의 기본정신은 "시종일관 민족독립을 유지하고 외국의 침략에 반대하는 것이었다"고 평가된다. 나아가 태평천국운동은 "근대 아시아 피압박 민족해방운동의 서막을 열게 되었다"고 본다. "19세기 중엽의 태평천국 혁명과 더불어 영국 식민주의에 반항했던 인도의 세포이 봉기와 네덜란드 정복자들에 대한 보로인들의 봉기는 모두 이러한 역사조류의 발원지에서 비롯된 것"이며, 따라서 "위대한 태평천국 혁명운동은 아시아에서 일어난 민중혁명의 선구적인 역할을 했던 것"이라고 높이 평가한다. 이 운동을 궁극적으로 붕괴시킨 것은 "태평천국군의 내재적인 약점들"과 함께 "국내외 반동세력의 연합진압"이라고 보았다.[88] 이 점에서도

---

85) Fairbank, 1987, p.106.
86) Spence, 1990, p.177.
87) 坂野正高, 1973, 225쪽.

태평천국운동은 조선의 동학혁명운동을 떠올리는 면이 있다.

전통적 왕조체제가 말기증상을 보이고 외환이 대륙을 휩쓰는 상황에서 전통질서에 대안의 질서를 자처하며 태평천국은 등장했다. 그러나 태평천국이 특히 후기에 보여준 모습은 대안세력의 실패 또는 미성숙을 상징하는 것이었다. 자신이 비판하고 분노했던 전통질서의 악순환의 소용돌이 속에 스스로 걸어 들어갔다. 그리고 거기에서 헤어나지 못했다. 그런 의미에서 19세기 중엽 중국의 모습은 위와 아래가 모두 정치적 인볼류션의 패턴이라는 점에서 닮은꼴로 끝나고 말았다고 할 수 있다.

9. 1860년대 미국 주도의 열강 합작과 제국주의 카르텔

1860년대 중국에서 서양 열강들 사이에 '합작정책'이란 것이 전개된다. 그 주역은 뜻밖에도 영국이 아닌 미국이었다. 1863년 6월 주중(駐中) 미국공사 앤선 벌링게임(Anson Burlingame)은 "서양 열강들의 공식적인 협력체제"를 구축하려 시도한다. 벌링게임의 활동은 당시 미 국무장관 윌리엄 슈어드(William H. Seward)와의 교감 아래 진행된 것이었다.[89] 이것은 매우 흥미로운 활동이었다. 영국 이외에도 중국에 대한 아편밀무역에 기득권을 가진 미국을 비롯한 서양 열강들의 지대한 관심 속에 시작된 아편전쟁이 동아시아에 제국주의 카르텔 시대 제1기의 막을 올렸다면, 벌링게임의 활동은 그 1기의 후반부인 1860년대 서양 열강의 행태를 더욱 제국주의 카르텔답게 해주었다.

---

88) 왕소방, 1996, 138~139쪽.

89) David L. Anderson, *Imperialism and Idealism: American Diplomats in China, 1861~98*, Bloomington: Indiana University Press, 1985, p.25.

벌링게임은 영국 공사 프레더릭 브루스(Frederick Bruce), 프랑스 공사 쥘 베르테미(Jules Berthemy), 러시아 공사 발루제크(L.D. Balluzeck) 등과 함께 다음과 같이 합의했다.[90] ① 각국은 조약항들에서 이미 확보한 조약권리(treaty rights)만을 주장한다. 또 중국의 주권이나 영토적 존엄을 훼손하는 양보를 요구하지 않는다. ② 중국 내정에 간섭하지 않는다. ③ 태평천국 반란세력을 포함하여 열강의 조약권리들을 해치는 무리들에 대항해 조약권리를 공동으로 수호한다. ④ 중국 정부에 도덕적 지원과 군사적 지원을 제공한다. ⑤ 각국은 전투현장에 외국군 장교들을 배치하지 않는다. ⑥ 영국인 셰러드 오즈번(Sherard Osborn)의 지휘하에 연합해군(a cosmopolitan naval force)을 구성하여 해적행위로부터 중국정부의 세수(稅收)를 보호한다. ⑦ 중국이 유럽식 군대를 조직하도록 지원한다. 이 합의사항들에 대해서 영국 공사 브루스는 이유는 달랐지만 전폭적인 지지를 보내며 동의했다.[91]

미국 학자인 데이비드 앤더슨에 따르면, 이 합작은 벌링게임이 동서 간의 평화적 화합(a peaceful East-West accomodation)을 위해 추구한 이상주의적 협력정책이었다.[92] 앤더슨은 벌링게임과 달리 국무장관 슈어드가 이 합작을 지시한 것은 권력과 이익의 관점에 기초한 미국의 외교 목표와 전략을 나타낸 것임을 인정한다. 미국이 열강 간의 경쟁이 아닌 협력을 모색하는 데 주역을 담당한 것은 당시 상황에서 미국이 동아시아에 다른 열강들에 비견할 만한 실질적인 해군력을 배치하기 어렵기 때문이었다고 본다. 그러나 중국 현장에서의 협력정책의 당사자인 벌링게임은 도덕과 우호라는 이상주의적 신념에 따라 중국에서 서

---

90) 이 합작 4인방 열강 외교관들은 이름의 이니셜이 같은 이유로 "4Bs"라고 불리었다.
91) Anderson, 1985, pp.25~26.
92) Anderson, 1985, p.25.

양 열강 간의 협력, 그리고 중국과의 협력을 추진한 것이었다고 앤더슨은 해석했다.[93)]

기존의 조약권리들 이외에 추가적인 권리를 요구하지 말자는 내용과 중국 정부를 지원하기로 합의한 점을 중심으로 보면, 그런 해석이 가능하다. 반면에 현대 중국의 외교사가들에 따르면, 이 합작의 일차적인 목적과 의의는 열강의 반식민지적 대리인으로 이미 전락한 청조를 중국 내 민족주의적 반란세력들로부터 보호하는 것이었다고 파악한다. 또 중국에서 열강들이 갖고 있는 특권을 보호하고 중국을 공동관리함에서 열강 각국이 갖고 있는 현재의 위치를 유지한다는 것이 이 합작정책의 본질이라고 보았다.[94)]

어느 쪽에서 보더라도, 이 합작이 서양 열강들의 중국 공동지배라는 대전제 아래 기존의 불평등조약체제와 서양 열강 공동의 특권적 지위를 공동으로 수호하면서 중국 내부 파트너인 청조를 민중운동이나 반란세력들로부터 지켜내자는 목적을 담고 있다는 사실은 확실하다. 더욱이 중국을 열강들이 공동으로 관리하고 지배한다는 공유된 목표를 확인하고, 이를 위해 열강 내부에 경쟁과 갈등을 지양하고 합작을 통해 서로의 이익을 보호하고 추구하는 합작이라는 점에서 '제국주의 카르텔'의 성격을 적절하게 표상하고 있다. 미국이 남북내전(1861~65)으로 국내에 관심이 집중된 가운데 그 같은 합작정책을 주도했다는 점도 유의할 만하다.

---

93) Anderson, 1985, p.24.
94) 왕소방, 1996, 160쪽.

10. 아편전쟁 후 동아시아의 만국공법: 중국과 일본

북경조약으로 서양과 중국 사이에 불평등조약체제가 완성된 후인 1861년 중국은 조선과 같은 기존의 조공국들과의 관계는 여전히 예부(禮部)의 관할하에 두었다. 그러나 서양 국가들과의 관계를 위해 중국 최초의 외교전담기구로서 총리아문(總理衙門)을 설치한다. 기존의 중화질서적 관계양식 안에 조약체제를 공존시키는 것을 의미했다.[95] 북경조약 협상을 담당하면서 서양 조약체계와 국제법 습득의 중요성을 인식한 공친왕은 국제법 번역서의 간행을 서둘렀다.

윌리엄 마틴(William Alexander Parsons Martin: 1827~1916)은 장로교 선교사 자격으로 1850년 중국 영파로 건너와 일생을 중국에서 보낸 사람이다. 그는 헨리 휘튼(Henry Wheaton)의 국제법 교과서를 중국인 조력자들의 교정을 받아 번역했다. 1864년 겨울 동문관(同文館)에서 『만국공법』(萬國公法)이라는 제목으로 300부가 처음 간행되었다.[96] 원래 번역서 초판본은 영문표지와 영문 서문이 있는 것과 순전히 한문으로 된 것 두 형태가 있었다. 동문관에서 300부를 찍은 것은 한문본이었으며, 영문 표지와 서문이 있는 것은 몇 부가 발행되었는지는 밝혀져 있지 않다.[97]

『만국공법』의 출간은 청나라 조정이 나서서 서양 국제법을 학습했음을 증거한다. 청조는 초판 300부를 각 지방 관아에 배포토록 했다. 당시

---

95) 강상규, 『19세기 동아시아의 패러다임 변환과 제국 일본』, 논형, 2007, 32~33쪽.

96) 강상규, 2007, 35쪽. 동문관은 1862년 북경에 설립된 것으로 외국어 번역 인재를 양성하기 위한 기관이었다. 후에 상해와 광주에도 설립된다. 저우스펀(周時奮) 지음, 김영수 옮김, 『중국사 강의』, 돌베개, 2006, 478쪽.

97) 김용구, 『만국공법』, 소화, 2008, 71쪽.

중국 관료집단은 서양 국제법 학습에 소극적이거나 저항적인 태도를 보여 제대로 배포되거나 보급되지 않았다. 이것은 『만국공법』이 발간된 지 10년이 지난 후에까지도 서양제도를 옹호하는 저술의 도입이나 유포에도 중국 관료층이 저항한 것과 같은 맥락으로 해석된다.[98] 그만큼 아편전쟁 후 중국 지도층 일반이 서양의 규범과 제도를 인식하는 태도에는 한계가 있었다. 1880년 일본을 방문한 윌리엄 마틴의 발언은 유의할 만하다. "중국인은 서양 국가들을 보고 익히지만 서양제국의 정치제도를 채택하여 자국의 체제를 바꾸는 것을 전혀 생각하고 있지 않다. 중국의 개항은 일본보다 십 년 정도 빨랐음에도 불구하고, 서양문화의 흡수가 일본보다 훨씬 뒤떨어져 있다."[99]

중국은 만국공법을 학습하고 활용하려 하면서도 그 질서를 전면적으로 수용하는 데 소극적이었다. 강상규에 따르면, "아편전쟁 이후 서세동점 현상이 점차 심화되어가는 와중에서 무려 20년 이상 중국 측은 국제법에 대한 관심을 전혀 보이지 않았다." 수천 년간 견지해온 자국 중심의 문명관 또는 세계관과 서양의 국제질서관이 근본적으로 충돌하는 것이었다는 점, 따라서 "청의 만국공법 활용이란 어디까지나 서양제국을 견제하면서 중화질서를 견지하기 위한 '현상유지'의 도구라는 차원에서 제한적이면서도 불가불 자가당착적인 관점에서 이루어질 수밖에 없었던 것"에서 강상규는 그 이유를 찾는다.[100]

중국은 자신에게 부과된 불평등조약체제의 실상, 그리고 그것이 무력으로 강요된 과정을 통해서 서양의 국제질서관과 국제법을 인식하게 되었을 것이다. 중국의 수천 년 역사에서도 국가들 사이의 권력의 질서

---

98) 김용구, 2008, 74쪽.
99) 伊原澤周, 『日本と中國における西洋文化攝取論』, 東京: 汲古書院, 1999, 281쪽; 강상규, 2007, 53쪽에서 재인용.
100) 강상규, 2007, 54~55쪽.

는 조공·책봉관계라는 나름의 외교적 규범으로 정당화되고 제도화되었다. 그 관계의 바탕은 불평등한 힘의 우열이라는 현실의 권력관계였음은 말할 것도 없다. 전통적 동아시아 질서 역시 본질과 함께 그것을 이념화하는 외피를 갖추고 있었던 셈이다. 서양에서 말하는 국제법 또는 만국공법이란 것도 그러한 본질과 외피의 틀일 뿐이라는 인식을 중국의 위정자들과 지식인들 모두 피하기 어려웠을 것이다.

서구인들의 관점에서 동아시아의 전통적인 조공체제는 불평등에 바탕을 둔 미개한 질서이고 서양의 국제법 체계는 주권적 평등에 기초한 말 그대로의 '만국공법'이었을지 모르지만, 중국의 입장에서는 피차 일반이라는 생각이 없지 않았을 것이다. 오히려 서양이 만국공법의 이름 아래 중국에 부과한 질서야말로 정치군사적 차원에서 뿐 아니라 경제에서까지 적나라한 이익의 관점에서 침탈적인 질서를 명분으로 감싸 강요하는 것이라고 인식했을 가능성이 많다. 중국인의 관점에서 변화의 본질은 중국과 서양 사이에 이미 존재해온 불평등관계의 역전(逆轉)이라는 사실이었을 것이다.

두 차례에 걸친 아편전쟁으로 서양세력이 중국에 부과한 변동의 본질에 대해 한국 동양사학계의 인식도 그 점을 투영하고 있다. 표교열(表敎烈)의 다음과 같은 평가가 그 한 예이다. "서구인의 관점에서 보면 제1차 중영전쟁의 결과는 중국이 중화적 질서에서 벗어나 새로운 국제질서로 편입되었다는 점이 중시된다. 국가 간에 평등한 주권을 인정하지 않는 '조공체제'에서 평등한 관계의 '조약체제'로 바뀌게 되었다는 것이다. 확실히 청조는 영국을 대등한 주권국가로서가 아니라 조공국의 하나로 대해왔고, 대등한 관계의 설정은 영국이 일관되게 추구해온 목표 중의 하나였다. 남경조약 중에서 지금껏 외교역할까지 맡아온 공행제(公行制)의 폐지와 양국 간의 대등한 문서격식의 규정은 그러한 평등관계의 실현이었다. 그러나 이는 제1차 중영전쟁의 결과 중 극히 일부에 지나지 않는다. 오히려 불평등한 관계의 설정이 압도적 비중을 차지하고 또한 본질적 측면이기도 하다."[101]

일본은 서양 제국주의의 일차적인 목표물에서 빗겨나 있었다. 또 중국이 당하는 과정을 지켜보면서 서양 제국주의와의 교류를 불가피한 대세로 인정했다. 그들과의 적극적인 교류를 절반은 자발적으로 선택했다. 이러한 일본이 만국공법을 중국과 다른 방식으로 받아들인 것은 오히려 자연스럽다고 해야 할 것이다. 중국은 일본보다는 훨씬 더, 서양세력과 그 제도문물에 대해 침략을 당하는 피해자의 관점을 갖기 쉬웠다. 그만큼 서양문물에 대해 의구심과 방어적 태도를 갖고 인식했을 것이다.

1860년대 중엽 두 권의 저서가 막말(幕末) 일본 지식인들의 세계인식 변화를 잘 보여주고 있었다. 마루야마 마사오는 1860년대 일본의 지적 풍토를 이렇게 요약했다. "막말의 2대 베스트셀러는 뭐니뭐니해도 후쿠자와 유키치의 『서양사정』과 휘튼의 『만국공법』이다."[102] 마틴이 한역(漢譯)한 휘튼의 『만국공법』이 일본에서 간행된 것은 1865년이었다. 이어 1868년에는 마틴의 한역본이 일본어로 번역되었을 뿐 아니라, 휘튼의 영문원저에서 직접 일본어로 번역한 것도 출간되었다.[103]

1860년대 초 중국에서 마틴이 헨리 휘튼의 국제법 교과서를 『만국공법』으로 번역할 때, 그의 의도는 다음과 같았다. 훗날 그가 회고록에서 밝힌 내용이다. "서양제국의 정치행동이 '도리'(道理)에 의해 좌우되는 것으로 무력이 유일의 법이 아니라는 것을 이 번역을 통해 중국인이 이해하길 바란다."[104] 마틴 역시 동아시아 전통질서의 국제규범은 무력이

---

101) 표교열, 1989, 44쪽.
102) 丸山眞男·加藤周一, 『飜譯と日本の近代』, 岩波, 1998, 119쪽; 강상규, 2007, 41쪽에서 재인용.
103) 강상규, 2007, 42쪽.

지배하는 것이었고, 서양의 국제질서는 '도리'에 바탕을 둔 법이 지배하는 것이라는 관념을 갖고 있었던 것이다. 이러한 인식은 서양의 국제법역시 근본적으로는 힘이 지배하는 제국주의 질서의 외피에 불과한 것으로 이해하는 것과는 크게 다른 것이었다.

한편 일본이 서양의 국제법을 받아들이는 방식은 두 가지 점에서 특기할 만한 것으로 강상규는 해석했다.[105] 첫째, 서양을 견문하고 돌아온 인물들이 주도하는 가운데, '만국공법'의 세계를 일본이 국제무대에 등장하는 규범으로서 긍정적으로 인식했다. 국학자들까지도 서양의 만국공법을 유교문명권에 내재했던 전통적인 "도리"의 관념과 상통하는 것으로 인식하는 경향을 보였다. 그러므로 막부 말기부터 일본 지식인들은 대체로 서양 국제법을 만국에 공통되게 적용될 수 있는 부편적 원리로서 긍정적으로 이해하여 받아들일 수 있었다고 해석한다.

둘째, 막부를 무너뜨리고 집권한 유신정부의 주체세력은 애당초 서양과 불평등조약을 체결한 막부를 비판하는 양이론(洋夷論)을 내세웠다. 그러나 집권 이후에는 현실 국제정치의 흐름을 받아들이고 서양세력에 대한 '개국화친'(開國和親)을 주장한다. 그 같은 국가정책 방향전환을 정당화하기 위해서 서양의 만국공법을 국제질서의 보편적 규범, 즉 '천하의 공법'(宇內の公法)으로 인정할 필요가 있었다. 유신정부는 1868년 1월 15일 '대외화친, 국위선양의 포고'를 발표하여 그러한 전향을 공식화한다. 이후 만국공법에 따라 외국과 교류할 것이며, 옛 막부가 맺은 조약과 채무를 포함해 그 외교관계를 계승할 것이라고 밝힌다.

일본의 대표적 지식인들이 '만국공법'을 받아들인 태도는 좀 다른 각

---

104) W.A.P. Martin, *A Cycle of Cathay*, New York: Fleming H. Revell, 1900; 강상규, 2007, 81쪽에서 재인용.
105) 강상규, 2007, 78~80쪽.

도에서도 이해할 수 있다고 생각된다. 일반적으로 일본의 근대사상에서 큰 대립축은 국권론(國權論)과 민권론(民權論) 사이에 존재한 것으로 풀이된다. 대내적으로는 국민과의 관계에서 그리고 국제적으로는 다른 나라들과의 관계에서 일본 국가의 권리와 독립, 즉 국가의 힘을 중시하는 국권론이 있었다. 그리고 다른 한편에는 어떤 형태로든 국가에 대해 인민의 권리를 강조하는 민권론이 있었다. 이들 가운데 민권론자들의 일부는 인터내셔널리즘에 경도되어 이른바 '만국공의정부'(萬國共議政府)를 세워 국가 간의 전쟁을 방지할 것과 궁극적으로는 국가의 소멸까지 주장하는 이들도 나타난다. 그러나 민권론자들의 경우도 그 대부분은 국권의 독립을 중시하고 민권 신장은 그러한 국권독립의 수단으로 여기는 경향이 적지 않았다.[106)

그런 만큼 후쿠자와 유키치를 포함하여 저명한 민권론자들도 만국공법을 '권력정치'의 틀에서 이해하는 경향이 강했다. 후쿠자와는 다음과 같이 설파했다. "화친조약이든 만국공법이든 매우 아름다운 것처럼 보이지만, 이는 단지 외면상의 의식과 명목일 뿐, 교제의 실상은 권위를 다투고 이익을 탐하는 것에 불과하다. 동서고금의 사실을 보라. 빈약무지한 소국이 조약과 공법으로 독립의 체면을 유지한 예가 없음은 누구나 다 아는 사실이 아닌가. 비단 소국뿐만 아니라 대국과 대국끼리도 서로 대립하고 서로 틈을 엿보다가 자그마한 기회만 있어도 절대 놓치지 않는다. 엿보고 노리되 아직 싸우지 않는 것은 오직 병력의 강약 한 가지에 달렸을 뿐, 따로 의지할 방편은 없다."[107) 후쿠자와는 "백 권의 만국공법은 많은 대포만 못하고, 몇 장의 화친조약은 한 광주리의 탄약

---

106) 이에나가 사부로(家永三郎)·이노 겐지(猪野謙二),「근대사상의 탄생과 좌절」, 이에나가 사부로 엮음, 연구공간 '수유+너머' 일본근대사상사팀 옮김,『근대 일본 사상사』, 소명출판, 2006, 62쪽.

107) 福澤諭吉,『通俗國權論』; 이에나가 사부로·이노 겐지, 2006, 63쪽.

만 못하다"는 말로 자신의 주장을 마무리하고 있었다.

자유민권론은 부르주아 데모크라시의 주장인 동시에 부르주아 내셔널리즘의 주장이기도 한 측면이 있었다. 다만 그것이 대외침략론으로 일탈할 위험성에도 불구하고, "국내의 민권신장이라는 민주주의 주장과의 균형 위에 서 있는 한에서는 근대 국민국가 건설의 도상에 선 일본 국민의 근대적 자각의 표현이라 할 만한 건강한 성격을 잃은 것은 아니"라는 것이 일본 사상사가들의 평가이다.[108]

어떻든 일본의 지도자들은 서양으로부터 만국공법의 논리를 재빠르게 배우고 수용했다. 그것을 자신에게 유리하게 활용하는 데에도 신속했다. 중국과 조선 등 주변 동아시아 국가들과 새로운 외교관계를 설정하는 일에서 특히 그러했다. 일본은 우선 메이지 유신을 단행한 직후인 1870년 10월 외무대승(外務大丞) 야나기하라 사키미쓰(柳原前光)를 중국 천진에 파견하여 조약체결을 요구한다. 당시 청조의 직예총독 이홍장과 양강총독(兩江總督) 증국번 등은 일본이 조공국은 아니므로 조약요구를 무조건 거부하는 것은 옳지 않다고 생각했다. 긍정적으로 대처하여 서양 열강에 공동으로 대처하는 방법을 모색하는 것이 유리하다고 건의한다. 총리아문이 찬성한다. 중국은 조약체결을 추진했다.

처음에 일본이 일방적인 영사재판권과 최혜국대우를 포함한 불평등 조약을 중국에 제시했다. 말하자면 서양의 '만국공법'이 표피상 전제한 듯 보이는 주권국가 간의 평등한 조약이 아니라 서양 제국주의가 중국에 적용한 현실의 만국공법을 정확하게 배워 똑같이 관철해보려 시도해본 셈이다. 그러나 일본이 아직 서툴렀던 것은 만국공법을 불평등하게 적용하려면 비대칭적인 힘이 있어야 한다는 사실을 깜박한 점이었다. 아직은 일본 정도는 힘으로 감당할 수 있다는 점을 의심하지 않았

---

108) 이에나가 사부로·이노 겐지, 2006, 63~64쪽.

을 청조는 당연히 반박했고 다른 초안을 제안했다. 결국 1871년 9월 일본은 중국과 최초의 근대적 조약인 일청수호조규(日淸修好條規)와 통상장정(通商章程)을 체결한다.[109]

11. 조약체제하의 중국에 대한 평가

남경조약과 북경조약으로 성립한 1860년대 동아시아 국제질서에 대한 평가는 크게 엇갈린다. 한편으로 그것은 '만국공법'체제로 되었다는 평가가 있다. 그러한 시각은 현대 중국의 역사학계가 중국을 반식민지로 만든 불평등조약체제로 정의하는 것과는 근본적으로 다른 시각이라 할 수 있다.

1990년대 말에 출간된 중국의 역사교과서는 1840년의 아편전쟁을 계기로 중국이 봉건사회로부터 '반식민지(半植民地) 반봉건사회(半封建社會)'로 전환하게 되었다고 적고 있다. 아편전쟁 이전의 중국은 독립자주적인 통일국가였으나, 전후에는 중국 영토가 열강에 의해 분할되기 시작하고 주권이 파괴되어 이미 독립 자주적 지위를 상실하게 되었다는 것이다. 아편전쟁 전까지 중국경제는 자급자족적인 자연경제가 지배하는 국가였다. 전후에는 서방 자본주의국가들이 중국의 상품생산을 붕괴시키고 원료를 약탈하는 가운데 중국의 자급자족적 자연경제의 기초를 파괴했다. 이에 따라 중국은 점차 세계식민주의 체계로 편입되어 갔고 세계자본주의적 부용(附庸: 세력권)으로 변화했다고 정의한다.[110]

한국의 동양사학계는 대체로 제1차 중영전쟁을 "불평등조약체제의 확립과정"으로, 그리고 제2차 중영전쟁을 그것의 확대·심화과정으로

---

109) 최희재(崔熙在),「중화제국질서의 동요」, 서울대학교 동양사학연구실 편, 『강좌 중국사 V: 중화제국의 동요』, 지식산업사, 1989, 209쪽.
110) 李侃·李時岳·李德征 外,『中國近代史』, 第4版, 北京: 中華書局, 1999, 33쪽.

파악하고 있다. 영국은 홍콩을 차지했다. 러시아는 흑룡강 유역의 방대한 영토를 할양받았다. 중국은 결코 적지 않은 영토적 주권침해를 강요받은 것이다. 상징적이고 심리적인 차원의 주권침해효과는 더욱 큰 것이었을 터이다. 많은 조약항에는 영사재판권과 함께 중국 영토 안에 외국인이 사실상의 주권을 갖는 조계가 설치되어 이들 역시 중국의 주권밖에 놓였다. 도합 16개의 개항장과 함께 외국인들의 내지여행권과 내지항해권을 보장했다. 그 결과 중국 내륙 깊숙이까지 서양의 상품시장과 원료시장으로 급격히 변모한다. 아편무역과 쿨리 무역이 합법화된 것은 그것 자체로서 이 전쟁이 제국주의적 논리의 관철인 점을 강조해주었다. 표교열은 제1·2차 아편전쟁의 결과를 "중국이 세계자본주의체제 속의 종속적 시장으로 편입되는, 이른바 반식민지화(半植民地化)의 길을 열었다"고 평가했다.[111]

재닛 아부-루고드는 유럽이 동양을 포함한 세계를 지배하기 전에 존재했던 세계체제의 게임의 법칙과 유럽이 세계를 정복하는 과정과 그 이후의 게임의 법칙은 달랐다고 말한다. 13세기와 14세기 초 세계체제에서는 어떤 단일한 세력도 전체를 주도하지 않았다. 몽골을 예외로 치면 대부분 참여자는 공존과 상호관용으로부터 이득을 보았다. "게임 규칙"의 변화는 "16세기 유럽의 신참자들에 의해 도입되었다. 기존의 참여자들은 이에 전혀 대비가 되어 있지 못했다."[112]

19세기 중국은 서양이 주도하는 새로운 게임 규칙의 마당으로 끌려나갔다. 새로운 게임 규칙은 과거의 것과 단절이기도 했지만, 반드시 완

---

111) 표교열, 1989, 62~63쪽.
112) Janet L. Abu-Lughod, *Before European Hegemony: The World System A.D. 1250-1350*, Oxford University Press, 1989; 재닛 아부-루고드 지음, 박흥식·이은정 옮김, 『유럽 패권 이전: 13세기 세계체제』, 까치, 2006, 393~394쪽.

전히 그런 것은 아니었다. 권력관계가 전복될 때마다 새로운 지배세력은 새로운 이념으로 질서를 정당화했다. 그렇다고 실제로 본질에서도 그만큼의 변화가 있는 것인지는 비판적으로 사유될 부분들이 있다는 것 또한 사실이다.

제5장 중화제국의 해체와 청일전쟁

• 동아시아 제국주의 시대 제2막

1. 반식민지시대 중국 황제의 정신승리법

남경조약은 중국을 반식민지 상태로 만든 조약이다. 그러나 남경조약의 중국어조문은 중국이 서양 열강에게 부여하는 불평등한 특권들을 "대황제의 은혜로 허락한 것"(大皇帝恩准)으로 표현했다. 열강들에게 중국이 허용한 권리들이 힘이 없어서 빼앗긴 것이라기보다는, 과거 흉노족을 포함한 변강의 이민족 등 이적(夷狄)들을 관리하기 위해 중화제국이 예로부터 구사하던 기미정책(羈縻政策)을 베푼 것이라는 인식을 나타낸 것이라고 모테기 도시오(茂木敏夫)는 설명한다.[1]

예를 들어, '편무적(片務的) 최혜국대우(最惠國待遇)' 조항은 불평등조약의 전형으로 꼽힌다. 한 열강에게 어떤 특권을 허용하면 다른 열강들은 모두 그 특권을 나눠 갖게 된다. 한 승냥이에게 자기 몸의 일부를 뜯기면, 다른 승냥이들에게도 모두 자동적으로 뜯겨주기로 미리 약속해주는 내용이기 때문이다. 중국은 이 조항을 "일시동인"(一視同仁)이라는 관념으로 정당화했다. 일시동인은 전통적인 덕치(德治)의 이념

---

1) 茂木敏夫, 『變容する近代東アジアの國際秩序』, 東京: 山川出版社, 1997, 33쪽.

이다. 교화의 대상인 오랑캐들을 동등하게 취급한다는 얘기이다. 황제의 은혜적인 배려는 누구 하나에게만 쏠리지 않고 똑같이 베푼다는 이념이었다. 이로써 많은 승냥이에게 뜯기는 입장임에도, 중국 황제는 오히려 윤리적 우월성의 의식을 강화하게 된다는 얘기이다.[2]

남경조약에서 열강에게 중국이 영사재판권을 허용한 것도 중국 황제가 오랑캐에게 은혜를 베푼 것으로 된다. 중국은 당초에 일방적인 영사재판권 허용을 중국인과 서양인 사이의 분쟁을 회피하는 좋은 수단으로 보고 오히려 환영했다는 것이 모테기의 해석이다. 어차피 서양 오랑캐[西夷]는 중국의 예와 법을 이해할 수 없는 이상, 그들에게 중국의 법을 강제하여 분쟁을 확대시키는 것은 득책이 아니라고 생각했다는 것이다. 더욱이 당나라와 송나라 때에 중국에서 죄를 범한 아랍인들을 그들 사회의 우두머리에게 넘겨 자신들의 법률과 관습에 따라 처리하도록 했다는 얘기가 『당률소의』(唐律疏義)에 있다고 한다. 이것을 확대해석함으로써 중국은 서양에 일방적인 영사재판권을 부여한 것을 정당화했다는 것이다. 황제에 의한 교화가 불가능한 중국문명의 바깥에 있는 사람들[化外の民]에 대해서는 방치하는 방법을 허용했다는 전통적인 논리를 내세워 정당화한 것이었다.[3]

모테기 도시오는 중화제국이 군사적 패배를 기미로 정당화한 것은 현상을 호도한 것에 불과하다는 점을 인정한다. 그러나 동시에 그러한 현상호도가 중국의 전통적인 질서의 이념에 의해서는 정당한 조치라는 명분을 내세울 수 있었다는 사실을 주목해야 한다고 보았다. 이념적 명분이 현실을 규정하는 역할을 했다고 했다.[4] 모테기의 얘기를 들으면, 중국의 황제와 지배층이 실제로 그렇게 믿었고, 따라서 빼앗겼으면서

---

2) 茂木敏夫, 1997, 34쪽.
3) 茂木敏夫, 1997, 34~35쪽.
4) 茂木敏夫, 1997, 36쪽.

도 오히려 그들이 느낀 윤리적 우월감은 더욱 높아졌다고 보아야 한다는 말이 된다.

모테기의 해석은 한편으로 일리가 있다. 그러나 지나친 면이 있다. 이념이 현실을 규정하는 부분이 없는 것은 아니나, 그 역할에 지나치게 과장된 의의를 부여했다고 생각된다. 현실을 이념과 명분으로 정당화하고 호도하는 데에도 상식적인 수준이라는 것이 있다. 현실과 그것을 호도하려 하는 이념 사이에 너무 현격한 차이가 있을 때, 그 이념이 현실을 규정하는 것은 한계가 있을 수밖에 없다. 그 이념을 활용하는 집단이 실제 그 이념을 진실로 믿었다고 볼 이유도 많지 않다. 대개의 경우 지배자들은 외세와의 싸움에서 패배와 굴욕을 겪은 상황이 그 사회와 민중에게 초래하는 피해를 호도하기 위해 명분을 내세울 수 있다. 하지만 그 논리가 터무니없을 때에는 그 명분은 현실을 규정하는 이념의 역할을 하는 것이 아니라 조롱거리가 된다.

그런 의미에서 중국 지도층이 남경조약을 기미라는 차원에서 정당화한 본질을 정확하게 포착한 것은 모테기의 설명보다는 루쉰(魯迅)의 『아Q정전』이라고 생각된다. 『동아시아의 전쟁과 평화』 제1권에서 필자는 병자호란 후 조선 사대부계층의 소중화주의를 논하면서, 루쉰이 그 소설에서 소개한 특이한 '정신승리법'을 인용한 바 있다. 현실에서 패배한 주인공 아Q는 '발상의 전환'을 통해서 스스로 승리자가 되며 그로써 정신적 만족감을 누린다는 내용이었다.[5] 동네 패거리에게 머리채를 잡혀 돌담벼락에 머리를 짓찧게 된 아Q는 자신을 혼내준 상대방을 '아들놈'이라 생각하고는, 아들놈에게 한 대 얻어맞은 셈치기로 마음먹는다. 그렇게 생각하자마자 그는 얻어맞는 자기보다는 때린 '아들놈'이 불쌍해지고 스스로 승리감을 맛본다는 얘기이다. 적어도 그에게는 이념이

---

5) 노신문학회 편역, 『노신선집 1』, 여강출판사, 2003, 108쪽.

현실을 규정하는 효과를 누렸다. 그러나 루쉰이 그린 아Q란 인물은 그의 소설 속에서 결국 어떤 존재인가. 가장 어리석은 존재이다. 자신을 속이는 존재이며, 그 버릇 때문에 결국은 형장의 이슬로 사라지는 인물이다.

루쉰이 아Q라는 인물을 통해 비판적으로 그리고자 한 대상은 일반적인 중국문학사적 논평에서는 "신해혁명 시대의 전 근대적인 중국의 농민상"이다. 1920년대 말 중국에서 전개된 혁명문학논쟁에서 당시 젊은 평론가 첸싱춘(錢杏邨)이 루쉰과 주고 받은 논쟁에서도 그렇게 확인된다.[6] 그러나 루쉰이 혹 남경조약의 중국어조문을 읽어보았다면, 애당초 『아Q정전』을 지어 그가 조롱하고자 했던 대상은 바로 "대황제가 은혜를 베풀어……" 운운한 대목이 아니었을까 생각되기도 한다. 어떻든 황제가 '은혜'를 내세우며 굴복해 받아들인 새로운 질서를 중국인들이 바라보는 태도는 황제가 원한대로 된 것은 아니었다고 생각된다.

아편전쟁이 시작된 1840년에서 1860년대 말까지는 중국은 서양의 반식민지상태에 놓이게 되었지만, 중화제국 자체는 건재했다. 중화제국 재건을 위한 양무운동도 시도되었고, 그에 바탕을 두고 제국 부흥의 희망으로 통하던 동치중흥의 시대도 있었다. 그런 의미에서는 중국 황제가 남경조약을 '기미'로 호도하는 일이 한편으로 일부 중국인들에게는 통했을지 모른다. 그러나 동아시아 제국주의 질서가 제2기에 들어서면서는 중화제국 자체가 서양 열강으로부터, 그리고 전통적 질서의 주변에 있던 일본으로부터도 도전을 받게 된다. 그 절정은 물론 청일전쟁이었다. 중국 지배자들의 '정신승리법'은 더 이상 누구에게도 통할 수 없는 상태가 된다. 아Q가 종국에는 아예 사라져버리듯이.

---

6) 히야마 히사오(檜山久雄) 지음, 정선태 옮김, 『동양적 근대의 창출: 루쉰과 소세키』, 소명출판, 2000, 54~55쪽.

2. 제2기 동아시아 제국주의와 중화제국의 해체

1870년대 초에서 1890년대 중엽에 이르는 시기 동아시아 제국주의의 전개 양상의 핵심은 중화제국 해체작업이 본격적으로 전개되어 마침내 완결되기에 이른다는 데에 있다. 속방들을 거느렸던 '중화제국'은 해체되고 원래 자신의 영토마저 뺏기고 상처투성이가 된 '반식민지 중국'만 남게 되는 것이다. 이 시기 동아시아 제국주의 질서의 성격을 설명하는 데 긴요하다고 생각되는 점은 크게 세 가지이다.

첫째, 기존의 제국주의 열강들인 영국, 러시아, 프랑스가 제1기에는 중국의 중심을 공격하여 청조를 굴복시킴으로써 중국에 불평등조약체제를 강제하는 데 집중했다. 그러나 제2기가 시작되는 1870년대에 들어서 서양 열강들은 각자 다른 지점에서 중화제국을 주변으로부터 협공하여 중국의 전통적인 속방들을 중국에서 분리시킨다. 그것들을 자신의 식민지로 만들어버리거나 최소한 독립시키는 작업을 전개한다.

둘째, 제1기에 서양의 반식민지로 되어 크게 약화된 중국과 전통적인 동아시아 질서의 주변국이던 일본 사이의 세력균형이 제2기에는 급속하게 변동한다. 그 권력관계 변화는 마침내 1894~95년 절정에 이른다. 일본이 전쟁을 통해 중국을 굴복시킴으로써, 조선의 공식적인 독립을 이끌어내고 중국 영토인 대만(臺灣)을 일본 자신의 식민지로 만들어버린다. 중화제국의 수명이 드디어 마침표를 찍게 되는 것이다. 청일전쟁은 중화제국의 해체를 완성한 것인 동시에 전통적 중화질서 안에서 중국과 일본이 지키고 있던 중심과 변방의 지위가 대등해지는 수준을 넘어서 전복된 것을 의미했다. 중화질서가 물구나무서기를 하게 된 형국이었다고 표현해도 무방할 것이다.

셋째, 청일전쟁의 결과인 시모노세키 조약은, 동아시아 제국주의 질서가 정착된 이후 한 열강이 단독으로 중국에 전쟁을 도발하여 영토 깊숙이 침략하고 승리한 후 대만과 함께 요동반도에 대한 영토 할양을 강제하는 심각한 내용을 담은 것이었다. 이를 저지하려 간섭하는 열강과 그 간섭에 가담하지 않은 열강 사이에 균열이 노정된다. 따라서 청일전쟁이 끝난 직후부터 시모노세키 조약이 최종적으로 성립하는 과정은 두 가지 의미에서 한 시대의 끝인 동시에 새로운 시대의 시작이라는 의미를 갖는다. 하나는 중화제국 해체가 공식화된 것이다. 다른 하나는 열강 클럽의 구성원들 사이에 균열이 표면화되지 않은 하나의 제국주의 카르텔의 시대로부터 열강들 내부에 갈등과 세력 연합이 공존하는 분열된 카르텔로 이행한 것이다. 러시아를 한편으로 하고, 그 러시아를 견제하기 위해 영국, 미국, 일본 사이에 삼국 제국주의 카르텔이 성립하게 되는 것이다.

1) 서양 열강에 의한 중화제국 해체작업

1870년대에서 1880년대 초에 이르는 시기는 중국이 한편으로 내부 반란들을 진압하여 내부안정을 이룩하고 양무운동이 일정한 성과를 달성하며 동치중흥의 분위기가 전개된 시기이다. 그러나 다른 한편으로는 중국 내륙에 대한 러시아와 영국 등 서양 제국주의의 침투가 확산 심화되는 가운데 내륙아시아권에서 중화제국 질서 붕괴가 구체화된다. 이어 일본의 압박 속에서 일본과 역사상 대등한 외교관계를 맺지 않을 수 없게 됨으로써 동아시아에서 조선을 제외한 중화제국체제의 근간이 무너진다. 나아가 일본과 대만문제가 발생하는데, 이는 중국에 대한 일본의 제국주의적 도전의 단초였다.

청조가 서양 제국주의와 충돌하고 태평천국의 도전으로 흔들리는 틈을 타서 청조 지배하에서 내내 차별대우를 받던 중국의 서북지방과 서남지방에 분포된 회민(回民: 회교도)들이 반란을 일으킨다. 회민반란은 1850년대 중반 이후 확산된다. 청조는 1864년 서양 열강의 지원을 받아 태평천국군을 진압하는 데 성공하고 이어 염군(捻軍)을 평정한다. 이후 청조의 최대과제는 회민반란 진압이었다. 1870년대 초부터 서남 서북의 회민 반란세력은 청조의 집중적인 공격을 받게 된다. 1872년 서남지역 회민반란이 진압되고 1873년엔 섬서·감숙 등 서북지역에서 회민반란세력이 일소된다. 그래서 1870년대 중반까지는 서남과 서북의 회민반란이 평정되기에 이른다. 이것은 이 시기에 중국에서 "중흥"(中興)의 의식이 풍미하게 된 배경이었다.[7]

그러나 태평천국의 난과 함께 20여 년에 걸쳐 중국 내륙을 유린한 회민반란은 중국 내륙에 대한 서양 제국주의 침투를 심화시키는 중요한 발판이 되었다. 청조가 서남과 서북의 중국 내륙에 대한 안정을 확보할 수 있었다 하더라도, 그 너머의 중앙아시아 지역에 전통적으로 중국이 확립하고 있던 중화제국 질서는 반란세력들의 장기적인 준동으로 동요하지 않을 수 없었다. 그 틈을 타서 러시아와 영국의 중국 내륙에 대한 침투가 본격화했다.

중앙아시아 각지는 종래 청조와 조공관계를 유지하거나 토착 지배세력인 벡(Beg) 챠사크 등을 통해 간접적으로 중국의 지배를 받고 있었다. 이들은 중국 변경 지역에서 반란세력의 준동으로 중국의 지배체제가 흔들리는 틈을 타서 청조 중심의 조공체제나 간접지배의 질서에서 이탈해갔다. 새로운 지도자들이 출현하여 세력을 규합해 변경에 대한 청조의 지배력 재건을 방해했다. 이러한 정세를 틈타 영국과 러시아는 경쟁적으로 중국 내륙에 대한 침투를 본격화했다.[8]

1866년 천산북로(天山北路) 주변인 이리(伊犁)에 회교도 반란세력인 아불 오글란 정권이 수립되어 중국과 러시아의 국경무역을 압박한

---

7) 최희재(崔熙在), 「중화제국질서의 동요」, 서울대학교 동양사학연구실 편, 『강좌 중국사 V: 중화제국의 동요』, 지식산업사, 1989, 212~213, 219쪽.

8) 최희재, 1989, 213~214쪽.

다. 그리고 천산남로(天山南路) 지역에서 코칸드 호족출신인 야쿱벡 (Ya ub Beg: 阿古柏)이 반란을 일으켜 카시가르를 거점으로 국가를 건설한다. 청조는 1873년 중국 내륙의 주요 반란들을 모두 진압했으나 신강(新疆) 지역에서는 야쿱벡이 주도하는 회란(回亂)이 확대되고 있었다. 청조는 신강 수복을 제일의 국가과제로 설정하고 전력을 기울인다. 1875년에는 천산북로 지역을 평정했다. 1877년에는 이리 지방을 제외한 신강 전역을 회복할 수 있었다.[9]

하지만 중국은 서양 열강이 그 혼란을 틈타 중화제국을 변강으로부터 무너뜨리는 작업은 궁극적으로 막지 못했다. 1870년대 초부터 그 과정은 본격화되었다. 중앙아시아의 혼란과 불안정한 상황을 틈타 러시아가 남진했다. 그러자 영국은 러시아를 견제한다는 명분으로 중국 내륙에 대한 개입을 본격화한다. 러시아는 1872년 야쿱벡과 통상조약을 체결했다. 영국은 러시아와 완충지대를 설정하고 그 일대를 상품시장으로 만들기 위해 1873년 야쿱벡과 통상조약을 체결했다. 서양 열강과 교섭상대가 된 야쿱벡을 중국이 다시 격퇴하자, 그 지역에서 러시아와 영국이 이미 확보한 위상과 중국 사이에 갈등이 본격화한다. 1871년 이리를 점령한 바 있는 러시아는 이리의 반환을 요구한 청조와 갈등했다. 영국도 인도와 버마에 대한 지배권을 바탕으로 중국 서남쪽 내륙지방에 대한 경제적 영향력 확대를 꾀함에 따라 그 지역에서 중국과 갈등했다.

먼저 청조는 1879년 러시아와 리바디아 조약을 맺었다. 러시아가 이리를 중국에 반환하는 대신 이리의 서부와 남부에 속하는 많은 영토를 러시아에 할양하는 내용이었다. 1881년 러시아와 맺은 페테르부르크 조약에 따라, 중국은 러시아에 대한 영토할양 범위를 축소하는 대신 러

---

9) 최희재, 1989, 214쪽.

시아에 많은 배상금을 지불해야 했다. 1884년까지 중국은 러시아와 7개 국경조약을 체결한다. 중앙아시아 지역에서 두 나라 사이의 국경을 확정했다.[10]

영국은 인도와 버마(지금의 미얀마)에 대한 지배력을 바탕으로 그와 가까운 운남과 양자강 내륙 연안지역을 포함한 중국 서남방에 대해 과거부터 주장해온 특권을 마침내 획득한다. 1870년대의 일이었다. 1875년 중국 내륙지역에 대한 영국의 진출을 보장하는 지부조약(芝罘條約)이 체결되었다. 운남지역과 양자강 내부유역을 포함한 중국의 서남쪽 내륙지방에 대해 영국이 주장해오던 이권을 대폭 인정해준 것이었다. 구체적으로는 버마-운남 간 영국 탐험대의 안전보장, 운남성 내 주요 도시에 대한 영국 관원의 주재권 허용, 사천(四川)까지의 통상을 위한 영국관리의 중경(重慶) 주재 허용, 양자강 연안 여섯 곳에 기항지 설정, 전 조약항에 조계(租界) 설치, 아편무역 공인, 중국 내지(內地: 감숙, 청해, 사천, 티베트)에서의 영국 탐험대 활동보장 등이 그 내용이었다.[11] 이로써 중화제국은 중국 내륙 지방에서부터 몰락하기 시작했다.

또 하나 특기할 것은 1870~80년대 인도차이나에서 프랑스 제국주의의 활동이었다. 기원전 3세기 이래 북베트남은 중화제국의 일부였다. 명나라 시대인 15세기 초(1406~28)에, 그리고 청나라 시기인 1789년에 이 조공국은 중국의 군사적 침략을 받았다. 그러나 나머지 전 기간에 걸쳐 조공관계를 대가로 중국과 평화를 이루어왔으며 이것은 1885년까지 지속되었다.[12]

---

10) 최희재, 1989, 214~217쪽.
11) 최희재, 1989, 216~217쪽.
12) John K. Fairbank, "A Preliminary Framework," in John K. Fairbank, ed., *The Chinese World Order*, Cambridge: Harvard University Press, 1968, p.14.

베트남 최남부 지역인 코친차이나(Cochinchina)를 프랑스가 완전하게 자신의 영토로 만든 것은 1867년으로 거슬러 올라간다. 그러나 프랑스가 북베트남의 중심인 하노이까지 침공하기에 이르는 것은 1870년대에 들어서였다. 1873년 소규모 프랑스 군대가 하노이를 점령했다가 물러간다. 북베트남은 중국황제에 원병을 요청한다. 북베트남에 중국군이 들어오자, 프랑스는 하이퐁에 군대를 보냈다. 특히 1882년 이래 월남문제를 두고 종주권을 주장하는 청나라와 인도차이나를 식민지화하려는 프랑스 사이의 대립이 첨예해졌다. 1883년 마침내 프랑스는 하노이 성을 장악했다. 베트남 정부는 그해에 통킹과 안남 등 베트남 남부를 프랑스의 보호령으로 공식 인정한다.[13]

이 과정에서 베트남의 지위를 두고 중국과 프랑스 사이에 치열한 외교적 공방이 전개되었다. 1884년 여름 마침내 청불전쟁(淸佛戰爭)이 벌어진다. 전쟁을 앞두고 있을 때, 이홍장은 프랑스와의 무력대결에서 힘의 열세를 의식하고 치욕을 감수하면서 협상을 선호했다. 그러나 그해 8월 모든 협상은 결렬되었다. 프랑스 함대는 중국 본토 공격에 나섰다. 복주(福州)에서였다. 프랑스 함대는 8척의 군함과 2척의 어뢰함(torpedo boat)으로 구성되었다. 70문의 대포와 수많은 기관총으로 무장했다. 중국 측 남양함대는 자강운동(自强運動)에 의해 건설한 11척의 전함으로 구성되었다. 그러나 2척을 빼고는 모두 나무로 된 목선이었다. 여기에 잡다한 구식 전선들이 덧붙어 있었다. 45문의 포를 갖추었지만 성능은 미미했다.[14]

13) Roy Jumper and Marjorie Weiner Normand, "Vietnam: The Historical Background," Marvin E. Gettleman, Jane Franklin, Marilyn Young, and H. Bruce Franklin, eds., *Vietnam and America: A Documented History*, New York: Grove Press, 1985, pp.11~12.
14) Jonathan D. Spence, *The Search for Modern China*, New York: W.W.

1884년 8월 22일 프랑스 함대는 오후 2시경 발포했다. 발포 1분 안에 중국사령관이 탄 기선(旗船: flagship)이 어뢰공격으로 침몰했다. 이어 몇 분 안에 대부분 중국 전함이 포탄에 맞았다. 1시간 내로 중국 측의 모든 배가 침몰했다. 중국 측 전사자는 521명이었다. 프랑스 측의 전사자는 5명에 불과했다.[15] 프랑스군은 그해 10월에는 대만을 점령했다. 1885년 2월에는 영파(寧波)와 팽호도(澎湖島)를 점령한다. 마침내 중국은 굴복한다. 프랑스가 베트남을 자신의 보호령으로 삼은 불월조약(佛越條約)을 중국이 공식 승인하는 내용을 담은 천진조약(이른바 월남조약)을 체결한다. 1885년 6월이었다.[16]

1885년은 또한 영국이 프랑스의 공세적 전략을 본떠 그때까지 중국이 자신의 속방으로 간주하던 버마를 영국의 보호국(protectorate)으로 선언해 식민지로 만든 해였다.[17] 동남아시아 전역에서 중화제국이 완전히 그리고 공식적으로 파괴된 것을 뜻했다.

2) 전통적 질서의 주변국이던 일본에 의한 중화제국 해체작업

이 시기 중화제국은 또 다른 방향에서도 위기에 직면한다. 바로 일본의 도전이었다. 일본은 1871년에 이미 중국과 대등한 외교관계를 수립했다. 그것은 동아시아 질서에서 중화제국이 규범적 차원에서 동요하고 붕괴되는 제2기의 이정표였다. 일본은 그로부터 머지않은 1874년 5월 중국 영토인 대만에 군대를 파견한다. 이른바 대만사건이었다. 당시 대만과 가까운 도서지역인 오키나와(沖繩)에는 류큐 왕국(琉球王國)이 건재해 있었다. 당시 류큐는 청나라와 일본 모두에게 조공을 바치고 있

Norton & Company, 1990, p.221.
15) Spence, 1990, p.221.
16) 최희재, 1989, 223~233쪽.
17) Spence, 1990, p.221.

었다. 그런데 1871년 말 류큐 표류민 살해사건이 벌어졌다. 대만 해안에 표류한 오키나와인 54명이 대만 토착민들에 의해 죽음을 당한 사건이었다. 이 일은 일본이 청조의 책임을 거론함에 따라 외교문제로 부상했다.

이에 청의 총리아문은 중국의 책임거론을 피하기 위해서 대만 토착민들을 '화외지민'(化外之民)으로 지칭하면서 애매하고 소극적인 태도를 보였다. 일본정부는 중국의 소극적 태도를 간파하고 출병결정을 내린다. 그러나 외국공사들이 항의했다. 일본정부는 원정을 일단 연기한다. 하지만 육군중장 사이고 쓰구미치(西鄉從道)가 군대출정을 강행했다. 정부는 이를 추인했다.[18] 이 무렵 대만을 점령해 가혹한 보복을 해야 한다고 주장한 인물은 당시 일본 외무성 고문인 미국인 찰스 리젠더(Charles W. LeGendre)였다.[19]

일본공사 야나기하라 사키미쓰(柳原前光: 1850~94)는 오키나와가 일본의 속국임을 전제하고, 자신들의 행동은 대만 무주지(無住地)의 토착민에 대한 정벌이기에 정당하다고 강변했다. 일본의 무력도발에 대한 중국의 대응은 무력했다. 이홍장은 처음엔 강경론을 폈다. 그러나 곧 무비(武備)가 부족함을 이유로 양보를 건의한다. 양국은 무력충돌을 피하고 합의를 도출했다. 그 내용은, 일본군대의 출병이 "보민"(保民)의 의거임을 중국이 인정하고, 피살난민에 대한 위로보상금을 뜻하는 무휼금(撫恤金) 10만 냥, 그리고 일본이 대만 점령지에 설치한 시설물의 대가 40만 냥을 청조가 일본에 지불한다는 것이었다.[20]

중국의 굴복으로 끝난 대만사건의 결말은 당시까지 진행되어온 중국

---

18) 최희재, 1989, 210~211쪽.
19) Walter LaFeber, *The Clash: U.S.-Japanese Relations throughout History*, New York: W.W. Norton, 1997, p.44.
20) 최희재, 1989, 211~212쪽.

양무운동의 실없음[無實]에 대한 반성을 제기했다. 또한 대내외적으로 청조 중흥의 허상을 분명히 드러내었다. 중화제국체제의 동요가 더욱 본격화한 계기가 되었다. 류큐에 대한 일본의 지배력이 중국으로부터 인정받는 결과도 낳았다. 류큐는 중화체제에서 완전히 이탈하게 되었다. 일본은 1879년 류큐를 류큐번(琉球藩)에서 오키나와현(沖繩縣)으로 개편하여 일본영토로 공식 합병한다.[21]

주목할 점은 일본의 대만출정이 사실은 일본 내에서 당시 고조되고 있던 정한론(征韓論)의 다른 표출이었다는 사실이다.[22] 일본에서는 메이지 유신 후 지위가 흔들린 사족(士族)들의 불만이 증대했다. 이를 해소하기 위한 방안으로 정한론이 구체적으로 부상했다. 정한론의 전제는 조선에 대한 종주권을 주장하는 중국에 대해 일본이 동등하거나 우월한 지위를 확인하는 것이었다. 일본은 1871년 중국과 대등한 지위에서 근대적인 조약을 체결함으로써 그러한 전제조건을 관철한다. 그해 일본이 중국과 체결한 중일수호조규는 영사재판권을 상호 인정하는 쌍무적인 것이었다. 호혜평등원칙에 입각했던 것이다.[23] 반면에 19세기 중엽 중국이 서양 열강과 맺은 통상조약들은 서양 제국들에게만 영사재판권을 인정하는 불평등한 것이었다. 일본 역시 서양 국가들과 맺은 조약에서는 서양에게만 치외법권을 부여하는 불평등조약을 감수하고 있을 때였다.

이에 따라 조선에 대한 일본의 관심은 적극적이 될 수 있었다. 그렇지만 일본도 중국이 양무운동을 바탕으로 일본을 만만치 않게 견제하고 있는 상황에서 조선에 대해 구체적으로 행동하기는 어려웠다. 청조와의 관계조정을 신중하게 추구하면서 기회를 노렸다. 그러던 차에 대

---

21) 최희재, 1989, 212쪽.
22) 최희재, 1989, 210~211쪽.
23) 김용구, 『세계관 충돌과 한말 외교사, 1866~82』, 문학과지성사, 2001, 207쪽.

만사건이 일어났다. 그때 청조의 대응자세가 무기력하게 허점을 드러냈다. 이에 일본이 적극적인 공세를 편 것이 대만출병으로 나타난 것이라고 해석된다.[24]

중화질서 속에 중국에도 일정하게 예속되어 있던 오키나와는 대만사건을 계기로 이제 일본의 일방적인 영향권이 되었다. 일본의 다음 목표는 조선이었다. 정한론이 크게 번성한 시점은 1873년 전후였다. 불평사족(不平士族)과 깊이 관련된 국내정치적 성격을 띠고 있었다. 1871년에 단행된 폐번치현(廢藩置縣)은 영주들이 지배하던 봉건적인 번체제를 중앙집권적 관료국가의 행정체제인 현으로 바꾼 것이었다. 이어서 1872년엔 국민징집령을 공포하여 국민개병제(國民皆兵制)를 실시했다. 기왕의 무사계급은 자고 나니 실업자 집단에 불과했다. 그들의 수가 무려 60만 명이었다. 정한론은 이 문제를 해결하기 위한 메이지 정부의 명분이었다고 해석된다.[25]

1875년 9월 20일 일본은 조선의 강화도 수역에 4척의 군함과 800명의 군대를 파견해 운양호사건(雲揚號事件)을 도발한다. 중화제국의 속방인 조선에 함포외교를 벌인 것이다. 다음 해인 1876년 2월 27일 일본은 강화부 연무대에서 조선과 강화도조약(또는 병자수호조약)을 체결했다. 그 제1조는 "조선국은 자주지방(自主之邦)으로서 일본국과 평등한 권리를 보유한다"고 선언했다. 조선이 실질적으로 중국 속방의 지위로부터 분리되는 것은 1894~95년의 청일전쟁의 결과로 맺어진 청일 간의 시모노세키 조약이라는 것은 누구나 아는 일이다. 그 조약의 제1조도 "조선의 독립에 대한 청국의 확인과 조공전례(朝貢典禮) 등의 폐지"를 담고 있었다.[26]

---

24) 최희재, 1989, 210쪽.
25) 김용구, 2001, 187쪽.

약 20년의 시차를 두고 있지만, 조선 독립을 제1조로 내세운 점에서 두 조약은 닮은꼴이다. 다만 시모노세키 조약에서의 조선 독립 조항이 더 실질적인 것이었고, 1876년의 유사한 조항은 다분히 선언적인 의미가 강했다고 할 수 있다. 그러나 1876년의 조약에도 일본이 함포외교를 바탕으로 하여 청나라의 전통적인 종주권 개념에 도전하는 "자주지방"의 조항을 포함시킨 것은 매우 역사적인 일이었다. 결코 단순한 선언의 의미만 있는 것은 아니었다. 일본이라는 새로이 부상하는 열강이 중화제국의 질서 한편을 허물어뜨렸음을 뜻했다.

1870년대 초에 시작된 서양 제국주의의 "중화제국 해체" 작업이 완성된 것은 동아시아의 전통적 질서의 일원이자 동시에 그 변방의 위치에 있던 일본이 전쟁을 통해 중국을 굴복시켰을 때였다. 중화제국의 마지막 남은 전선이던 조선은 청에서 분리된다. 모테기 도시오는 "일청전쟁에 패배해, 최후의 조공국 조선을 잃게 됨에 따라, 중화세계는 사실상 소멸했다. 중국 자신도 다른 나라들과 마찬가지로 '만국의 하나'일 뿐임을 사실로써 받아들이지 않으면 안 되었다."[27] 사실 청일전쟁은 단순히 중국을 만국의 하나로 만드는 데 그치지 않았다. 중국의 영토였던 대만이 일본의 식민지로 됨으로써, 중화질서가 물구나무서기를 한 꼴로 된 것이었다. 그런 의미에서 청일전쟁은 격변에 가까운 수준으로 중화제국 해체과정을 완성한 역사적 사건이었다.

3) 청일전쟁과 1880년대 이래 동아시아 제국주의 카르텔의 잠재적 변용

청일전쟁의 의의는 일본이 나서서 중화제국 해체를 완성했다는 사실에 멈추지 않는다. 이 전쟁 주변의 국제관계는 동아시아 제국주의 질서

---

26) 坂野正高, 『近代中國政治外交史』, 東京: 東京大學出版會, 1973, 411쪽.
27) 茂木敏夫, 1997, 81쪽.

가 제1기의 특징이자 표면상 제2기까지에도 지속되는 특징에 변동이 오고 있음을 암시하기 시작했다. 제국주의 카르텔은 그 열강 구성원들 모두가 적어도 동아시아에서는 중국이라는 거대한 대상을 상대로 공동으로 지배하거나 협공하는 양상을 띠어왔다. 그러나 청일전쟁의 전리품으로서 대만과 함께 중국 영토의 일부인 요동반도를 할양받는 내용을 담은 시모노세키 조약의 체결 과정에서 그때까지 유지되어오던 제국주의 카르텔 체제에 일대 변화가 노정된다. 삼국간섭을 주도하는 러시아를 한편으로 하고, 일본에 대한 간섭을 거부한 영국과 미국을 다른 한편으로 하는 두 제국주의 진영들 사이에 균열의 전선이 형성된다.

1895년 4월 하순에 벌어진 삼국간섭과 그에 대한 영국과 미국, 그리고 일본 사이의 삼각관계를 어떻게 평가할 것인가는 여전히 논란의 대상으로 남아 있다. 그럼에도 분명한 것은 일본의 단독적인 중국 영토 침략사태와 요동반도 할양을 강요한 조약체결을 앞두고, 이를 적극적으로 저지하려는 열강들이 있었던 반면에 영국과 미국은 최소한 불간섭의 태도를 취하는 상황이 벌어졌다는 사실이다. 1885년 청불전쟁에서 다른 열강들이 청과 프랑스 사이의 전쟁과 그 결과에 대해 간섭하지 않았던 것을 들어서, 영국과 미국의 태도를 이해할 수도 있을 것이다. 그러나 청불전쟁과 청일전쟁은 그 내용과 성격, 그리고 결과가 매우 달랐다.

청불전쟁에서 프랑스도 대만과 팽호 열도를 점령했다. 하지만 전쟁 중의 전술적인 행위로 끝났다. 청불전쟁의 애당초 분쟁 원인은 인도차이나에 대한 중국의 종주권 주장과 프랑스의 인도차이나 식민지화 목표 사이의 충돌이었다. 프랑스는 그 목표를 달성한 후 대만과 팽호 열도에서 철수했다. 1840~42년의 경우 영국은 단독으로 아편전쟁을 벌여서 중국으로부터 각종 특권과 함께 홍콩을 할양받았다. 그러나 그것은 중국을 반식민지로 만들어 동아시아 제국주의 질서를 처음으로 열어내는 행동이었다. 그로 인해 다른 열강들이 최혜국대우 조항을 통해 특권을 공유하는 새로운 기회의 시대를 열어냈다. 따라서 그것은 제국주의 질서가 정착된 후에 하나의 열강이 단독으로 중국을 침략하고 영토를 갈취하는 사태는 아니었다.

1850년대 제2차 아편전쟁 과정에서 러시아는 흑룡강 북안에서 외흥안령에 이르는 60만 제곱킬로미터의 영토를 중국으로부터 할양받은 일도 있었다. 그러나 이것은 영국과 프랑스가 연합군을 편성하여 중국과 전쟁을 벌이고 있을 때 벌어진 일이다. 러시아의 단독 갈취행위였다고 보기 어렵다. 또한 러시아와 함께 미국이 중국에 대해서 공동으로 압박외교를 전개하고 있는 과정에서 이루어진 일이었다. 또 하나 중요한 것은 당시 러시아는 중국에 대한 압박외교에 참여했을 뿐, 직접적인 군사행동에 가담한 전쟁 당사국은 아니었다는 점이다. 적어도 외관상으로는 러시아가 전쟁행위를 하여 중국으로부터 영토를 강탈한 것도 아니었다. 중국이 다른 열강들을 견제할 목적으로 러시아에 뇌물로 바친 것이었다는 해석도 가능한 사태였다.

청일전쟁과 일본의 영토할양 강요는 경우가 달랐다. 청일전쟁에서 일본의 중국 침략은 단독적이었다. 또 청나라 영토 깊숙이에 놓인 요동반도에까지 미쳤다. 그리고 일본은 전리품으로 대만과 함께, 중국의 본영토의 결코 적지 않은 부분이자 수도 북경을 위협할 수 있는 위치인 요동반도를 할양받는 조약의 비준 완료를 불과 며칠 앞두고 있던 시점이었다.

이 상황에서 일본과의 전쟁을 무릅쓰고 간섭을 한 나라와 그것을 거부한 나라들의 선택은 중대한 차이를 갖는 것이었다. 청일전쟁의 종결과 함께 동아시아에서 제국주의 동학의 한 축을 차지하게 되는 일본의 위상과 역할을 두고 간섭을 주도한 세력과 간섭을 거부한 세력 간의 균열은 결코 사소한 일이 아니었다. 실제 청일전쟁 이후 삼국간섭의 주도국인 러시아와 간섭을 거부했던 영국과 미국의 행보는 명확하게 구분된다. 러시아를 한편으로 하고, 그 러시아를 견제하기 위한 영국, 미국, 일본 사이의 세력연합이 모습을 드러내는 것이다.

그래서 동아시아 제국주의 시대구분의 제3기는 청일전쟁의 결과인 시모노세키 조약에 대한 간섭을 주도한 러시아와 불간섭 국가들 사이의 균열로부터 시작한다. 중화제국 해체가 완료된 시점인 동시에 제3기의 특징으로 러시아 견제를 위한 영미일 삼각 제국주의 카르텔이 전개되기 시작하는 시점이기 때문이다. 그러나 시모노세키 조약을 두고 열강들 사이에 나타나는 균열의 뿌리는 청일전쟁 이전에 이미 존재했다고 보아야 할 것이다. 1880년대 중엽 한반도를 두고 표면화하는 러시아와 영국의 대립 양상과 무관하지 않았다. 1885년에서 청일전쟁에 이르는 약 10년의 시기에 러시아와 영국의 관계에 대한 학자들의 논의는 일부 극단적인 차이도 드러내고 있어서 조심스러운 주제이다. 그럼에도 청일전쟁 이후 제국주의 열강들 사이의 새로운 갈등과 연합의 구도는 그 이전 시기인 제2기에 이미 암시되고 있었다는 사실은 주목할 필요가 있다.

3. 신제국주의와 제국주의 카르텔 내부의 분열과 연합

1870~90년대는 이른바 "신제국주의"가 발전한 시기로 불린다. 선진 자본주의국가들의 산업화가 진전되고 대량소비사회가 전개된다. 원자재 수요가 팽창했고 시장확대가 더욱 절박해졌다. 제국주의 열강들은 전 세계적인 식민지 분할경쟁으로 치닫는다.[28] 학자들은 구제국주의

---

28) Eric Hobsbawm, *The Age of Empire, 1875~1914*, New York: Vintage Books, 1987, pp.62~63.

(old imperialism)와 신제국주의(new imperialism)를 구분함으로써 그 차이를 강조해왔다. 해리 맥도프도 그렇게 구분하는 학자이다.[29] 맥도프는 대략 1875~1914년 기간에 전 세계적으로 신제국주의라 일컬을 만한 현상이 나타난 것으로 보았다.[30]

첫째, 19세기 전반까지는 서양 열강들의 팽창주의는 기존에 이미 장악하고 있는 영토들에 대한 지배력을 공고히 하는 데 집중되었다. 새로운 식민지를 획득하는 것은 부차적인 일이었다. 반면에 신제국주의는 그때까지 독립을 유지하고 있던 아프리카의 거의 대부분 지역과 아시아의 상당부분 그리고 태평양의 많은 섬을 식민지로 만들려는 활동을 크게 확대했다. 그 결과 전 세계적으로 식민지 영토는 그 이전에 비해 거의 3배로 증가했다. 둘째, 러시아를 포함한 기존의 전통적인 식민주의 제국들뿐 아니라 독일, 미국, 벨기에, 이탈리아, 그리고 급기야는 비서양 국가로서는 처음으로 일본까지도 식민주의 열강에 합류했다. 제국주의 국가들이 수적으로 크게 늘어난 것이다.

에릭 홉스봄도 1875~1914년에 걸친 약 40년의 시기를 "제국의 시대"로 부르면서, 두 가지 이유를 제시하고 있다. 첫째, 1876년에서 1915년의 시기에 지구 전체 넓이의 4분의 1 정도가 소수의 제국들에 의해서 분할되거나 재분할되었다. 이 시기에 대영제국의 영토는 400만 평방마일이 증가했다. 프랑스는 350만 평방마일, 독일은 100만 평방마일 이상, 벨기에와 이탈리아는 각각 100만 평방마일에 약간 못미치는 영토를 넓혔다. 미국은 10만 평방마일의 영토를 주로 스페인으로부터 획득했다. 이 시기에 일본도 중국, 러시아, 한국에서 역시 약 10만 평방마일

29) Harry Magdoff, *Imperialism without Colonies*, New York: Monthly Review Press, 2003, p.35.

30) Harry Magdoff, *Imperialism: From the Colonial Age to the Present*, New York: Monthly Review Press, 1978, esp., pp.34~35.

의 영토를 획득했다. 포르투갈은 예전부터 갖고 있던 아프리카의 식민지 영토를 30만 평방마일 정도 확장했다.

스페인은 주로 미국에 식민지를 잃었다. 그러나 아프리카의 모로코와 사하라 서부의 일부 영토를 새로 획득했다. 러시아는 주로 인접한 지역에 대한 팽창을 계속했다. 그러나 일부 영토를 일본에 상실하게 된다. 네덜란드는 이 시기에 새로운 영토를 획득하는 데는 실패했다. 그러나 오래전부터 공식적으로 소유해오던 인도네시아 섬들에 대한 실질적인 통제를 확대했다.

둘째, 제국과 황제가 존재한 고대부터 있어왔던 전통적인 제국주의와 달리, 경제적 성격이 가미된 제국주의가 본격화한 시기라는 것이었다.[31] 신제국주의가 전개되기 시작한 시점을 1870년대라고 할 때, 그러한 분석이 동아시아 제국주의 질서의 제2기의 양상을 설명하는 데, 세 가지 의미를 갖는다고 생각된다.

첫째, 기존의 전통적인 서양 제국주의 국가들이 아시아와 아프리카에서 원료공급지와 새로운 시장을 찾아 추구하는 새 식민지 획득 경쟁으로 인해 중화제국의 변방들도 영국, 프랑스, 러시아 등 전통적 열강들의 식민지 쟁탈대상으로 된다. 그것은 중화제국의 영토적 경계들을 본격적으로 해체시키는 압박으로 작용한다.

둘째, 맥도프가 신제국주의의 두 번째 특징으로 지적한 식민지 열강의 수적 확대의 일례인 일본의 제국주의화에 의해서 중화제국 붕괴가 최종적으로 완결된다.

셋째, 제2기의 완성을 이루는 청일전쟁의 성격에 관한 것이다. 이 전

---

31) Hobsbawm, 1987, pp.60~62. 1840년대에 시작된 동아시아 제국주의 시대는 처음부터 경제적 제국주의의 성격을 띠고 있었다는 점에서 에릭 홉스봄의 제국주의 인식이나 시대구분 방법은 동아시아의 맥락과는 어울리지 않는 면이 있음은 제3장에서 이미 지적한 바 있다.

쟁은 단순히 중국의 속방들을 제국주의 열강이 빼앗는 수준을 넘어서는 것이었다. 지정학적으로 중요한 중국의 속방을 누가 차지할 것인가를 두고 동아시아 제국주의 질서가 정착된 이래 여러 열강들 사이에 심각한 갈등이 본격적으로 벌어진 최초의 사태였다. 우선 조선을 속방으로 지키고자 하는 청국과 그것을 빼앗아 자신의 식민지나 영향권으로 만들려 한 일본의 전쟁이었다. 그런 점만을 보면 청일전쟁은 청불전쟁이나 버마를 둘러싼 영국과 중국의 갈등과 큰 차이가 없을 것이다. 그러나 청일전쟁의 역사적 의의는 그보다 한걸음 더 나아간다.

한반도 통제권을 둘러싼 러시아와 일본의 갈등, 그리고 영국과 러시아의 갈등이 착종하는 사태였다. 청일전쟁의 결과물인 시모노세키 조약을 둘러싸고 전개되는 삼국간섭의 주도자 러시아와 불간섭 진영 사이의 균열은 열강 간의 그 같은 갈등과 연합을 표출한 것이었다. 그 시점부터 중화제국은 공식적으로 해체되었을 뿐만 아니라 제국주의 열강들 간에 전에는 보이지 않던 갈등과 연합의 패턴이 현재화했던 것이다. 그런 점에서 시모노세키 조약을 둘러싼 삼국간섭 사태는 역사적 분수령의 하나를 구성하는 것이다.

4. 일본과 청일전쟁에의 길

청일전쟁이 끝난 후 1895년 4월 초 시모노세키에서는 이홍장과 일본 외상 무쓰 무네미쓰(陸奧宗光: 1844~97) 사이에 조약내용에 대한 협상이 진행된다. 무쓰 외상이 건넨 초안에 대해 그 달 5일 이홍장이 예비 회담으로 보낸 편지에서 "중국은 침략국이 아니므로 배상금을 지불해야 할 이유가 없다"고 항변한다.[32] 이홍장의 말은 옳았다. 침략국은 명

---

32) Mutsu Munemitsu, *Kenkenroku: A Diplomatic Record of the Sino-*

백히 일본이었다. 그러므로 청일전쟁의 원인과 발단에 대한 분석은 일본이 전쟁을 도발한 배경에서 시작하지 않을 수 없다.

청일전쟁의 직접적인 도화선은 분명 한반도였으며, 그 전쟁이 시작된 전쟁터 또한 한반도였다. S.C.M. 페인은 "극동에서 가장 전략적인 위치"의 하나라고 지목한 한반도의 지정학적 속성을 이렇게 요약한다.[33] 한반도는 중국, 일본, 러시아라는 동아시아의 주요 삼국이 만나는 지점이다. 그들은 저마다 한반도를 자국 안보에 사활적인 것으로 간주할 수밖에 없다. 한국은 동아시아 대륙에서 일본을 향해 돌기해 있는 곳이다. 또한 반대로 일본 편에서는 아시아 대륙으로 군대가 진출하는 가장 편리한 출발점이 된다. 러시아에게 한반도는 러시아가 갖고 있지 않은 따뜻한 항구들을 보유한 가운데 러시아를 위협할 수 있는 위치에 있다. 당시 러시아의 블라디보스토크항은 일 년 중 넉 달은 얼어붙는 곳이었다.

중국대륙에 대해 한반도는 또한 특별한 의미를 갖는다. 중국의 남방과 북방을 연결하는 해상공간은 황해이다. 전통적으로 황해는 중국 남부로부터 북경으로 쌀과 그밖의 중요한 물자를 실어 나르는 바다였다. 한반도는 그 황해의 동편을 에워싸고 있는 형국이다. 따라서 어떤 세력이 한반도를 지배하고 있느냐 하는 것은 곧바로 중국의 전략적 지형에 커다란 변수가 되었다. 한반도가 접경하고 있는 만주는 청나라의 고향이었다. 나중에 가서는 중국에서 가장 산업화된 지역으로 된다. 한반도가 중국에 대해 갖는 전략적 의미는 그만큼 더 가중된다.

동아시아의 세 강대국들이 저마다 한반도에 대해 갖고 있는 이 같은 안보 관심사는 한반도에서 살고 있는 한국인들을 향한 것은 아니었다.

Japanese War, 1894~95, Tokyo: The Japan Foundation, 1982, pp.183~184.

33) S.C.M. Paine, *The Sino-Japanese War of 1894~95: Perceptions, Power, and Primacy*, Cambridge, UK: Cambridge University Press, 2003, p.33.

그보다는 한반도를 지배하는 외세가 누가 될 것이냐 하는 것이었고 그 것이 자신들의 안보와 경제적 이익에 미친 영향에 관한 것이었다. 한국 인들의 불행은 외세가 창조해낸 태풍의 눈 가까이에 있는 땅에 살고 있 다는 것이었다. 그래서 페인은 외세가 움직일 때마다 한국인들은 황폐 화와 슬픔을 겪어야 했다고 평한다.[34]

한림대학교 아시아문화연구소는 청일전쟁 개전 100주년이 된 1994년 의 12월에 '청일전쟁의 역사적 재평가'라는 주제로 그것을 기념하는 국제학술회의를 열었다. 이 회의에서 모리야마 시게노리(森山茂德)는 일본을 청일전쟁으로 끌고 간 추동력이 무엇이었느냐를 두고 일본 학 계에서 진행되어온 연구와 학문적 논쟁의 흐름을 일목요연하게 요약 했다. 그리고 그것들을 각각 비판하고 종합하면서 자신의 해석을 개진 했다.[35] 그는 우선 기존의 주요 관점을 셋으로 분류했다. 첫째는 청일 전쟁은 일본 군부가 주도한 것이라는 설이다. 이토 히로부미(伊藤博 文)를 비롯한 일본정부 문관들은 군부에 이끌려갔다고 본다. '이중외 교론'(二重外交論)으로도 불린다. 일본의 대한정략(對韓政略)을 두고 군부와 문관들이 대립하는 가운데 군부의 뜻이 관철되었다는 설명이 다.[36] 다만 문관 중에서 무쓰 외상만은 군부에 동조하는 쪽이었다고 본다.

둘째 설은 일본은 군부와 정부가 일치하여 전쟁을 지향하고 있었으 며, 군부와 문관의 대립은 표면적인 것에 불과했다고 해석한다. 일본은

---

34) Paine, 2003, p.34.
35) 모리야마 시게노리, 「청일전쟁중 일본군부의 대한정략」, 김기혁 외, 『청일전 쟁의 재조명』, 한림대학교 아시아문화연구소, 1996.
36) 모리야마 시게노리에 따르면, 이 설을 대표하는 연구들은 다음과 같다. 信夫 淸三郞, 『陸奧外交—日淸戰爭의 外交史的 硏究』, 叢文閣, 1935; 信夫淸三郞 (藤村道生 校訂), 『增補 日淸戰爭』, 南窓社, 1970; 藤村道生, 『日淸戰爭』, 岩 波書店, 1973.

군부와 정부 모두 중국에 대한 전쟁준비를 위해 합심했다는 것이다. 모리야마에 따르면 이 관점에서의 청일전쟁은 "일본 제국주의의 아시아 침략"의 표현이다. 한국침략은 곧 한국의 식민지화를 추구한 것이라는 등식도 담고 있다.[37]

세 번째 설은 일본이 청나라에 대해 주도면밀한 전쟁준비를 했다는 인식을 거부한다. 일본은 상황에 이끌려서 전쟁에 돌입하게 된 것이라고 보는 것이다. 전쟁이 벌어질 경우에 대비한 대조선 정책도 확고한 것이 없었다고 본다.[38] 일본 군부의 대한정략 역시 명확하지 않았다고 한다. 그때까지 일본정부의 대한정책 기조는 대청(對淸) 협조노선이거나 청나라와 일본이 공동으로 한국내정을 개혁하자는 것이었다고 본다. 그럼에도 일본이 전쟁에 돌입하게 된 이유에 대해서는 의견이 다시 둘로 나뉜다. 하나는 이토 히로부미가 상황에 이끌려 전쟁노선으로 전환하게 되었다는 설이다.[39] 다른 하나는 일본 국내 '세론'(世論)이 강경해지면서 정부가 이에 끌려간 것이라는 설이다.[40] 결국 청일전쟁은 상

---

37) 모리야마는 이 설을 대표하는 연구로 나카쓰카 아키라와 박종근의 저서를 든다. 中塚明,『日淸戰爭の硏究』, 靑木書店, 1968; 朴宗根, 『日淸戰爭と朝鮮』, 靑木書店, 1982.

38) 이러한 주장의 대표적인 예로 모리야마는 다음을 든다. 高橋秀直,『日淸戰爭開戰過程の硏究』, 神戶商科大學 經濟硏究所, 1992. 다음 각주들에서 예시되는 오사와 히로아키(大澤博明)와 히야마 유키오(檜山幸夫)의 연구들도 같은 흐름에 속한다.

39) 이를 대표하는 논문으로 모리야마는 다음을 들고 있다. 大澤博明, 「天津條約體制の形成と崩壞--1885~94 (1)(2)」, 『社會科學硏究』, 第43卷 第3-4號, 東京大學, 1991; 大澤博明, 「伊藤博文と日淸戰爭への道」, 『社會科學硏究』, 第44卷 第2號(1992).

40) 모리야마는 이 같은 주장의 대표적인 예로 히야마 유키오의 다음 연구들을 들었다. 「日淸戰爭과 陸奧宗光의 外交指導」, 『政治經濟史學』, 第300號 (1991); 「伊藤內閣の朝鮮出兵決定に對する政略論的檢討 (上)(下)」, 『中京法學』, 第18卷 第1,2,3號(1984).

황에 임기응변 식으로 대응하다 전개된 사태라고 본다는 점에서 두 의견은 공통된다.

모리야마 시게노리에 따르면, 이 세 가지 설명 모두 문제가 있다. 첫 번째 설은 태평양전쟁때 군부가 일본 군국주의를 주도하고 민간인들은 그에 끌려 다닌 것에 불과하다는 시각을 청일전쟁에도 연장해 적용한 것이었다. 모리야마는 청일전쟁 때는 태평양전쟁 때와 달리 역사적 고유성이 있다고 말한다. 여러 사료가 발굴되어 군부주도설은 수정이 불가피해졌다는 것이다.

두 번째 이론은 일본 군부와 정부 문관집단이 다같이 전쟁을 지향하는 데 의견의 일치를 보고 있었다는 설명이다. '일본 제국주의'론에 근거하고 있다. 하지만 모리야마는 '일본 제국주의'라는 개념 자체가 매우 불명확하며, 일본정부가 굳건히 단결되어 있었다는 가정 역시 부적절하다고 주장한다.

그런가 하면 일본이 전체적으로 용의주도한 준비 없이 상황에 이끌려 전쟁에 돌입하고 말았다는 세 번째 설명방식 역시 타당하지 않다고 모리야마는 주장한다. 그에 따르면, 일본 육군은 1893년 군비확장계획을 완성했다. 적어도 청일전쟁 개전 직전이 되면 청나라에 대한 전쟁준비를 마친 상태였다고 본다. 이에 비추어 단순한 상황적 결정론은 설득력이 없다고 판단하는 것이다.

일본이 먼저 도발하여 청일전쟁이 벌어지게 된 이유에 대한 모리야마 시게노리의 분석은 크게 네 포인트로 요약할 수 있다. 첫째, 중국과 조선에 대한 일본 군부의 군략(軍略)과 정략(政略)이 반드시 통일되어 있지 않았다. 육군은 청과 조선에 대해 침략적인 군략과 정략을 정립하고 있었다는 것은 명확했다. 모리야마는 이 점을 군비확대(軍備擴大)의 전개와 연결해 설명했다. 일본 군부의 군비확대노선은 1882년 조선의 임오군란과 뒤이어 청나라가 조선에 종주권 강화정책을 취하면서 이에 대한 대응으로 발전한다. 일본 군부는 이를 계기로 '외정'(外征)을 고려한 본격적인 군비확대에 착수했다. 그전까지 일본에게 가상적은 러시아였다. 그러나 임오군란을 계기로 청나라가 당면한 가상적으로 부상했고, 군비확장의 더 강력한 모티브 역시 우선 청나라로 되었다는 것이 모리야마의 견해이다.[41] 이렇게 해서 추구된 일본의 군비확대는 육군의 경우 1893년에는 완성된다. 육군으로서는 언제라도 개전할 수 있게 된 것이다. 다만 해군은 여전히 준비부족이었다. 영국과 청국의 함대가 연합할 가능성에 대해서도 일본 해군은 깊이 우려하고 있었다.[42]

둘째, 임오군란과 갑신정변 이후 청일전쟁에 이르는 10년여의 기간에 일본의 군부뿐 아니라 정치권과 사상계 어느 분야 할 것 없이 한국에 대한 본격적인 개입을 통해 한국을 보호국으로 만들 필요가 있다는 시각이 자리잡았다. 갑신정변이 일본의 의도와 달리 좌절되면서 일본인들은 한국은 자력으로 독립을 유지할 수 없는 나라라는 인식을 굳힌다.[43] 조선이 어차피 독립을 유지할 수 없어서 외세에 지배될 수밖에 없다면 일본이 조선 지배에 나서야 한다는 의견이 대세였다. 일본이 그렇게 하지 않으면 조선은 청나라나 러시아의 영향권 안에 들 것이다. 그것은 일본의 이익에 위협이 된다는 논리였다.

청일전쟁 직전이 되면 일본은 조야를 떠나서 한국 내정 개혁론을 내세우며 한국에 대한 본격 개입 필요성에 의견일치를 보인다. 당시 일본의 정신적 지도자격인 후쿠자와 유키치(福澤諭吉)는 갑신정변을 계기로 '탈아론'(脫亞論)을 내세웠다. 한국에 대해서는 일본이 주도해 적극적으로 내정 간섭하여 보호해야 한다는 주장을 폈다. 한국에 대한 내정

---

41) 모리야마 , 1996, 172쪽.
42) 모리야마 , 1996, 185쪽.
43) 모리야마 , 1996, 186쪽.

간섭을 비판했던 자유민권파도 『자유신문』의 논설들을 통해 간섭을 긍정하는 입장으로 나아갔다.

이 시기 일본 언론과 지식인 사회에 대해 후지무라 미치오(藤村道生)는 "전쟁 열광"으로 표현한다. 그에 따르면, 당시 일본 언론들은 하나같이 강경한 논조였다. '자주적 외교'를 슬로건으로 정부의 결단을 촉구했다. 특히 『국민신문』은 "청일 개전을 실현하기 위해 현 내각을 타도하자"고 선동했다.[44] 후지무라는 특히 전쟁에 열광한 집단이 '사족'(士族)으로 불리던 무사계급이었음을 지적한다. 이들은 각지에서 의용병에 지원하고, 발도대(拔刀隊)를 편성한다.[45] 다야마 가타이(田山花袋)는 『도쿄의 30년』이란 저서에서, "유신의 변천, 계급의 타파, 사족의 영락으로 이렇게도 저렇게도 할 수 없을 것처럼 침체했던 공기가 오래 지속되다가, 거기에서 일시에 용출하는 것처럼 넘쳐 올랐던 청일전쟁의 분위기는 하나의 장거(長擧)였다"고 회상한다. "전쟁죄악론"은 아직 그 맹아조차 보이지 않았다고 그는 덧붙였다.[46]

모리야마는 이런 전쟁 열광과 일본의 한국 속방론에 박차를 가한 또 하나의 중요한 배경으로 1891년 러시아가 시베리아 철도부설에 착수한 것을 든다. 동아시아에서 러시아의 영향력 확장을 막기 위해서는 한반도를 일본의 군사적 근거지로 만들어야 한다는 인식이 커져갔다. 이를 위해서는 우선 조선에서 청나라를 몰아내야만 했다.[47] 그런 배경과 논리가 한국에서 청을 무력으로 몰아내고 한국을 보호국으로 만들기로 결정하는 중요한 계기였다.[48]

---

44) 후지무라 미치오 지음, 허남린 옮김, 『청일전쟁』, 소화, 1997, 111~113쪽.

45) 『東京日日新聞』, 1894年 6月 26日字; 후지무라 미치오, 1997, 163쪽.

46) 후지무라 미치오, 1997, 144쪽.

47) 모리야마 , 1996, 187쪽.

48) 森山茂德, 『近代韓日關係史硏究』, 東京: 東京大學出版會, 1987.

육군은 일찍부터 한국을 일본의 속방으로 해야 한다는 '한국속방론'을 내세우며 청나라와의 일전을 준비하고 있었다. 일본 해군의 지도자 격이었던 야마가타 아리토모(山縣有朋: 1838~1922)는 종래에는 달랐다. 일본, 청국, 영국, 그리고 독일 등 4국이 한국을 중립화하거나 청국과 일본이 한국에 대해 '공동보호주'가 될 것을 주창했다. 이로써 야마가타는 육군의 한국속방론과 거리를 두면서, '한국독립론'을 내세운 것으로 해석된다. 하지만 야마가타의 논법에서 한국의 명목적 독립이란 사실상 일본에 의한 보호국화를 의미했던 것은 말할 필요조차 없는 것이었다고 모리야마는 풀이한다.[49]

야마가타는 결국 1890년에 열린 제1회 일본제국의회에서 조선을 일본의 '이익선'(利益線)으로 규정하고 그 이익선을 보호할 필요를 역설한다. 시베리아 철도부설이 임박한 상황에 직면하면서 일본 해군도 육군주류의 입장에 접근해간 것으로 모리야마는 해석했다.[50]

조선을 가리킨 "이익선에 대한 통제가 일본 본토 안보에 결정적"이라는 메모랜덤을 당시 수상이던 야마가타가 작성한 것이 1890년이었다.[51] 청일전쟁 4년 전부터 육군과 해군을 포함한 일본 군부 전체가 조선정책에 대해 의견의 일치에 도달한 것이었다.

셋째, 이토 히로부미와 이노우에 가오루(井上馨) 등 주요 정부지도자들은 재정긴축파였다. 그래서 군부의 본격적인 팽창주의 노선과 거리가 있었다. 군부와 달리 민간 정치지도자들은 두 가지 상황을 두려워했다. 하나는 군비확장 계획 등 전쟁 준비가 다 갖추어지기 전에 한국 문제를 둘러싸고 일본이 청국과 대립으로 치닫게 되는 일이었다. 다른

---

49) 모리야마 , 1996, 187쪽.
50) 모리야마 , 1996, 180쪽.
51) Akira Iriye, *Japan and the Wider World: From the Mid-nineteenth Century to the Present*, London: Longman, 1997, p.11.

하나는 구미열강의 간섭을 초래하는 사태였다. 이러한 두려움 때문에 정치지도자들은 군부에 비해 신중했다. 그래서 두 집단 사이에는 긴장이 있었다. 그럼에도 "일본의 정치지도자들은 한국을 둘러싸고 언젠가는 청국과 싸우게 될 것"이라는 인식을 공유하고 있었다. "이노우에나 이토의 제안도 그러기 위한 시간 벌기"였을 뿐이라고 모리야마는 말한다.

결국 당시 무쓰 무네미쓰 외상을 통해 이토 히로부미 내각이 중점을 둔 대외정책은 "영국이 청국과 관계를 끊고 친일본적이거나 중립적이 되도록 변화시키는 것"이었다. 이런 목표를 가지고 일본정부는 아직은 취약한 일본 해군의 약점을 보완하기 위해 청일 분쟁에 대비해 영국 해군을 일본의 우방으로 만들거나 최소한 중립적인 태도를 취하도록 하기 위한 외교전에 총력을 기울인다.

이러한 일본정부의 외교목표는 쉽게 달성된다. 1891년 러시아가 시베리아 철도부설을 착수하면서 동아시아 진출을 본격화하는 움직임을 보인다. 영국은 러시아를 견제하기 위해 일본에 우호적인 태도를 취하게 된다. 영국은 일본이 추구하던 영국과 일본 간의 불평등조약을 평등한 것으로 바꾸려는 조약 개정 노력을 승인했다. 영국 킴벌리 외무장관은 1894년 7월 16일(양력), 영일 신조약을 조인하면서, 주영국 일본공사 아오키 슈죠(靑木周藏: 1844~1914)에게 "본 조약은 일본에게는 청국 대병을 패주시킨 것보다 훨씬 훌륭한 것이다"라는 축사를 건넨다. 후지무라 미치오는 일본이 중국에 전쟁을 도발할 경우 유럽 열강들이 간섭할 것이라는 두려움은 이것으로 완전히 사라졌다고 본다.[52] 요컨대 당시 이토 내각과 무쓰 외상의 외교는 근본적으로 "전쟁 수행에 유리한 국제환경을 만들어내는 데 진력하고 있었다."[53]

---

52) 후지무라 미치오, 1997, 114쪽.

일본이 청일전쟁 직전까지도 영국에게만 일방적인 영사재판권을 부여한 불평등조약체제에 놓여 있었다는 사실은 1892년 발생한 치시마칸 사건(千島艦事件)으로 말미암아 일본 국민들에게 특히 적나라하게 각인된 바 있었다. 그해 11월 30일 일본정부 소유의 750톤급 어뢰정[水雷砲艦]인 치시마호를 영국의 한 기선회사(The Peninsular and Steam Navigation Company: P&O) 소속 함정이 들이받았다. 이 사고로 치시마호가 침몰하면서 90명 승조원 중에서 74명이 죽었다.[54] 일본 사법부는 이 사건을 재판할 권한이 없었다. 따라서 일본정부는 손해배상 청구를 위해 요코하마(橫濱)에 있던 영국 영사관재판소(領事館裁判所)에 그 회사를 제소했다. 그러나 이 회사도 일본정부를 맞제소했다. 영국 영사관재판소에서 열린 일심(一審)은 영국 회사의 패소를 결정했다. 영국 회사는 불복하여 중국 상해에 있던 영국 고등재판소에 항소했다. 고등재판소는 영국 회사의 손을 들어주었다. 일본정부는 최종심인 영국 상원(上院)에 상소했다. 상원의 결정은 1895년 7월 3일에야 내려졌다. 일심 판결을 부활시켜 일본정부의 손을 들어주었다.[55]

결국 승소하긴 했지만, 일본정부는 약 3년에 걸쳐 영국 법정이 진행하는 소송에 시달렸으며 당시로서는 엄청난 액수인 12만 엔의 비용을 치러야 했다. 승소해서 영국 회사로부터 받아낸 배상금은 소송비용에 미치지 못하는 9만 1천 엔에 불과했다. 영국 상원은 일본정부의 소송비용을 영국 회사가 부담하도록 결정했지만, 영국 외무부가 개입하여 화해를 성립시킴으로써 그 정도의 배상금으로 만족해야 했던 것이다. 더욱이 일본정부는 그 대표로서 천황의 이름을 걸고 영국 법정에서 일개

53) 모리야마 , 1996, 185쪽.
54) 稻生典太郎,「千島艦事件」, 外務省外交史料館 日本外交史辭典 編纂委員會,『日本外交史辭典』, 東京: 山川出版社, 1992, 560쪽.
55) 稻生典太郎, 1992, 560쪽.

회사와 다투어야 했다. 이 점도 일본정부와 국민의 자존심에 큰 상처를 입혔다.[56] 일본에서 편무적 영사재판권 철폐를 요구하는 여론을 거세게 환기시킨 사건이었다. 어떻든 일본이 중국을 상대로 전쟁을 기획하고 있는 것이 분명한 시점에야 비로소 영국은 편무적 영사재판권 폐기를 포함한 조약개정에 응했던 것이다.

넷째, 전체적으로 보면 일본의 조야가 일치하여 조선을 두고 청나라와의 일전을 치르려는 의지가 있었다. 준비도 진행되고 있었다. 다만 구체적인 전쟁의 기회를 제공한 것은 일련의 상황전개였다는 것이 모리야마 시게노리의 주장이다. 1893년이 되면 해군의 군비가 약간 늦어지고 있는 것을 제외하고는 특히 육군의 경우 군비확장이 완성된다. 전시대본영조례(戰時大本營條例)가 정비된다. 전쟁 준비 자체는 순조로웠다. 그런데 적어도 세 가지의 상황이 전쟁 결정을 촉진했다고 모리야마는 해석한다. 첫째, 일본 제국의회에서 야당이 대외 강경노선을 촉구하면서 일본정부 역시 국면전환을 모색하게 되었다.[57] 둘째, 영국이 러시아 견제를 목적으로 일본이 원하고 있던 조약개정에 응했다. 영국이 일본에 적대할 가능성은 이제 사라진 것이었다. 셋째, 한국에서 갑오농민전쟁이 일어났다. 조선출병을 위한 적절한 계기가 마련되었다.[58]

청일전쟁 발발의 일본 쪽 추동력에 대한 모리야마의 인식과 관련해 마지막으로 빠뜨릴 수 없는 점은 당시 일본 군부가 한국에 대해 갖고

---

56) 稲生典太郎, 1992, 560쪽.

57) 후지무라 미치오에 따르면, 개진당(改進黨)과 국민협회 등의 야당들이 군소파들을 포함하여 '대외강경6파'(對外強硬六派)를 형성했다. 개진당의 목적은 연약외교(軟弱外交)를 반대하는 민중의 에너지를 번벌정부(藩閥政府) 타도로 발전시키는 데 있었다. 그러나 대외강경론은 개진당의 의도를 넘어 폭주함으로써 청일전쟁을 위한 여론통합을 가능하게 했다고 후지무라는 평가한다. 후지무라 미치오, 1997, 38~39쪽.

58) 모리야마 , 1996, 189쪽.

있던 인식이다. 그에 따르면, 청일전쟁 훨씬 이전부터 일본 군부는 한국을 "(일본)군대의 활동 장소, 즉 전장(戰場)"으로밖에는 생각하고 있지 않았다. 그 이상의 의미를 한국에 부여한다는 생각이 없었다. 또 일본은 에도(江戶) 시대 이래 '한국객대관'(韓國客對觀)이라고도 할 수 있는 것을 형성해오고 있었다고 했다. 그러한 "일본 중심의 상하관계적 국제질서"에서는 한국은 당연히 "일본의 세력권"으로서 자리매김되어 있었다고 모리야마는 설명한다.[59]

임오군란 이후 청일전쟁 이전까지의 10여 년간, 조선에 대해 정치적인 입김이 강한 쪽은 청나라였다. 일본군부가 당시 조선을 자신의 세력권으로 만든다는 것이 구체성을 갖는 것은 아니었다. 그러나 당시 세계질서에서는 물론이고 동아시아 질서에서도 날로 쇠퇴해가는 청나라쯤 조선에서 배제시키고 국가능력이라곤 거의 없는 조선을 자신의 세력권으로 만드는 것은 언제라도 가능하다는 인식이 일본 군부의 한국관을 형성하고 있었던 것이다.

모리야마 시게노리의 설명으로부터 특히 유의해야 할 점이 있다. 일본이 부담 없이 중국에 전쟁을 도발할 수 있었던 배경의 하나가 영국과 일본 사이의 외교적 접근이라는 사실이다. 영국은 러시아 견제를 목적으로 그때 이미 일본과의 사실상의 세력연합을 그들의 장기적인 동아시아 전략의 축으로 삼기 시작했다는 해석이 가능하다. 청일전쟁 이후에 더욱 본격화되는 영미일 삼각연합 카르텔의 단초가 전쟁 전에 이미 마련되고 있었던 셈이다. 이러한 영국의 전략은 19세기 말 일본 지도자들이 영국을 중심으로 한 "유럽 연합"(European coalition)에 일본도 가담하는 것을 장기 국가전략으로 삼은 것과 잘 부합했다.[60]

---

59) 모리야마 , 1996, 174쪽.
60) Iriye, 1997, p.14.

5. 동학농민전쟁과 조선 국가의 외세 청병

동학농민혁명은 1880년대에 심화되어간 조선의 부패한 전통질서의 악순환에 대한 민중적 저항의 폭발이었다. 농민반란은 1885년, 1888년, 1889년, 1890년, 1891년, 1892년, 그리고 1893년에 계속 있었다. 하지만 1894년의 동학혁명은 한반도 역사상 가장 커다란 농민반란사태였다. S.C.M. 페인은 농민군의 기세 앞에서 무력으로 이를 진압할 자신을 갖지 못했던 국왕 고종이 민씨(閔氏) 척족세력과 그들의 후원자 격이었던 이홍장의 대리인 원세개(袁世凱)의 촉구에 따라, 동학반란군을 진압하기 위해 중국이 군대를 파견할 것을 청하게 된 것이라고 서술한다.[61] 한국 역사학계 일각에서는 청나라의 조선 출병은 조선 국왕이나 내부세력이 주도한 것이 아니고 청나라가 원세개를 통해서 강요한 것이라고 주장하는 의견도 제기된다. 특히 이태진의 설명이 그러하다.[62] 그러나 필자는 이러한 주장을 잘못된 것으로 본다. 이 점은 이 책의 제10장에서 상술할 것이다.

고종과 조선 정부가 청나라에 군대파병을 요청한 1894년 6월 3일 이전 며칠 사이에 전개된 사태는 매우 중요했다. 중국과 일본이 반란진압을 위해 군대를 파견하려는 움직임을 파악한 동학 지도자들은 6월 1일 외세개입의 빌미를 주지 않기 위해 정부군과 휴전에 합의한다. 그러나 다음 날인 6월 2일 일본 정부는 중국이 조선에 군대를 파견하면 일본도 조선에 군대를 파병하기로 결정한다. 천황으로 하여금 중의원을 해산하게 했다. 정치적 반대를 차단하기 위해서였다.[63] 이처럼 조선이 외세

---

61) Paine, 2003, p.113.
62) 이태진, 「역사소설 속의 명성황후 이미지: 정비석의 역사소설 『민비』의 경우」, 『한국사 시민강좌 41』, 일조각, 2007, 124쪽.
63) Paine, 2003, p.113.

에 청병할 경우 청나라와 일본 모두의 군사개입을 초래할 것이 분명한 상황에서 조선 정부는 청나라에 군대출병을 요청했다.

조선이 중국에 청병한 사실을 접한 일본은 신속하게 전시체제로 돌입한다. 6월 5일 최초로 천황이 주재하는 대본영(大本營)이 수립되었다. 6월 7일에는 1885년에 청일 간에 체결된 천진조약에 따라 일본에 조선 출병을 통보한 중국은 서울과 아산의 중간 지점인 남양(南陽)에 2,000명의 군대를 파견한다. 중국의 통보를 받은 지 몇 시간 안에 일본은 역시 중국에 통보하고 군대를 조선에 파견했다. 조선 정부는 뒤늦게 일본에게 출병 자제를 요구했다. 하지만 2,000명이 넘는 일본 군대는 이미 서울로 진군하고 있었다. 동학혁명군이 정부군과 휴전함에 따라 중국과 일본 양국은 조선에 병력을 유지할 근거는 상실되어 있었다. 그러나 특히 일본은 영사관과 일본인들을 보호할 필요가 있다는 이유로 철병하기를 계속 거부했다.[64] 청나라를 조선에서 몰아내기 위해 전쟁을 도발할 준비를 하고 출동한 군대가 물러날 까닭이 없었다.

6. 1894년 9월 평양전투의 의미

1894년 7월 25일(양력) 미명(微明)에 한반도의 서해안에 있는 아산 근처 풍도(豊島) 앞바다에서 일본 함대가 청국 함대를 공격했다. 청일전쟁의 신호탄이었다. 일본 외상 무쓰 무네미쓰가 해군에게 자유행동을 허가하자마자 일이 벌어진 것이었다. 청국 순양함 제원(濟遠)과 포함(砲艦) 광을(廣乙)이 풍도 앞바다를 항해하고 있었다. 요시노(吉野), 아키쓰시마(秋津洲), 나이와(浪速) 등으로 구성된 일본 함대가 3,000미터 사정거리에서 속사포를 발사했다. 청 순양함 제원은 곧 포탄을 맞고

---

64) Paine, 2003, pp.113~114.

도주했다. 광을은 해안으로 끌어올려져 화약고가 폭발하면서 폐함이 되고 만다.[65]

해전이 한창인 마당에 청 수송선 고승호(高陞號)가 무장한 청국 병사들을 가득 실은 채, 청군의 구식 목조 포함선 조강(操江)의 호위를 받으며 접근해왔다. 일본함 나이와의 함장 도고 헤이하치로(東鄕平八郎) 대좌는 고승호에 대해 정지명령을 발했다. 그 배는 원래 영국 상선(商船)으로서 청군이 임대한 것이어서 선장은 영국인이었다. 청국은 일본군의 정지명령에도 항복을 거부했다. 그리고 만일에 대비해 영국인 선장을 구류(拘留)했다. 일본 쪽 도고 함장은 영국 상선이 청군에 불법점거된 것으로 간주한다. 정지명령 후 4시간이 지난 오후 0시 40분 포격을 개시해 격침시켜 버렸다. 일본함 나니와는 구명정을 내려 유럽계 선원들만 구조한다. 청군 장병 1,000명은 승무원과 함께 모두 익사하고 말았다. 청 포함 조강은 일본함에 추격당했고 곧 항복했다. 다음 날 프랑스 군함이 약 200명의 표류자들을 구조한다.[66]

이상이 일본의 저명한 청일전쟁 연구자 후지무라 미치오의 설명이다. 그가 빠뜨린 부분이 있다. 이 사태에서 살아남은 유럽인 고문관들이 증언한 바에 따르면, 일본군은 물에 빠져 있는 중국군을 기관총으로 쏘아 죽였다.[67]

이렇게 시작한 청일전쟁의 궁극적인 승패는 네 건의 전투가 결정지었다. 두 건의 주요 전투는 1894년 9월 중순(양력) 3일간에 벌어졌다. 그 하나는 평양에서 벌어진 육전(陸戰)이었다. 다른 하나는 평양전투 직후 요동반도 해안에 있는 해양도(海洋島) 근처에서 일본 해군과 청

---

65) 후지무라 미치오, 1997, 131쪽.
66) 후지무라 미치오, 1997, 131~132쪽.
67) LaFeber, 1997, p.49.

나라 북양함대(Beiyang Squadron) 사이에 벌어진 이른바 '황해해전'
이었다. 이 해전의 장소가 압록강에 가까운 곳이었기 때문에 압록강해
전으로도 불린다. 청일전쟁의 세 번째 주요 전투는 두 달여 뒤인 11월
말 압록강 유역에서 벌어진다. 마지막 주요 전투는 1895년 2월 중국 땅
만주에서 벌어졌다. 요컨대 한반도를 누가 장악하느냐를 결정한 것은
1894년 9월의 평양전투와 황해해전이었다.[68]

평양전투가 시작되기 전에 전세(戰勢)는 청나라에 유리한 것처럼 보
였다. 청나라 군대는 약 두 달에 걸쳐 평양을 요새화하고 있었다. 1만
3,000명의 군대가 참호와 해자로 둘러싸인 27개의 요새를 만들어두었
다. 이들 청나라 군대 중 8,000명은 황해를 건너왔으며, 나머지 5,000명
은 만주로부터 육로로 왔다. 당시 청군은 중국이 동원할 수 있는 최신
무기와 장비들로 무장하고 있었다. 하지만 군기(軍紀)는 서 있지 않았
다. 홍수로 도로가 유실되거나 하면서 보급품이 쉽게 바닥나는 바람에
군대의 사기는 크게 떨어져 있었다. 일사불란한 지휘체제와 치밀한 작
전계획도 없이, 막연하게 평양성에서 패전하면 압록강에서 싸운다는
전략만을 가진 형편이었다고 한다.[69]

일본군 규모는 1만 6,000명이었다. 그 주력은 한반도 서해안을 따라
해상으로 평양에 접근했다. 두 개의 소부대들이 육로로 접근했다. 또 한
부대는 원산에서부터 평양으로 진격했다. 네 방향에서 평양을 압박해
들어간 것이다. 9월 15일과 16일 사이에 1만 6,000명의 군대가 삼면에
서 평양을 공격한다. 일본군이 중국군 요새들에 접근하기 위해 대동강
을 건너고 있을 때가 일본군이 가장 위험하고 취약한 상태였다. 그러나
중국군은 구경만 하고 요새에 틀어박혀 기다렸다. 결과는 일본군의 대

---

68) Paine, 2003, pp.165, 179. 이 해전에 대해 후지무라 미치오는 황해해전이란
   용어를 선택했다. S.C.M. 페인은 '압록강해전'을 주로 사용한다.
69) Paine, 2003, p.166.

승리였다. 남서방면에서 평양으로 접근한 일본군 주력부대가 중국군 요새 공격에 채 가담하기도 전에 중국군은 패주하기 시작했다. 일본군 주력부대는 패주하는 중국군을 섬멸하는 역할을 맡았다. 중국군의 패배는 철저했다. 평양에서 160킬로미터나 뒤에 있는 압록강 지역까지 밀려나서야 겨우 다시 방어선을 구축했다.[70] 평양전투에서 중국군 전사자는 2,000명에 달했다. 일본군 전사자는 180명에 불과했다.[71]

일본은 1593년 조선 침략 때 평양에서 이여송이 이끈 명나라 군대와 조선 연합군에게 대패하고 그 후 수세에 몰리게 되었던 역사를 떠올렸을 것이다.[72] 1894년 9월의 평양전투 승리는 일본에게 그만큼 각별한 의미를 갖는 것이었다. 한반도를 둘러싼 중국대륙 세력과 전개했던 유서 깊은 경쟁에서 획기적인 전환점에 선 것이었다.

평양전투는 청나라 군대가 중화제국을 지탱하고 수습해낼 수 있는 능력을 더 이상 갖고 있지 않다는 것을 세계열강들에게 적나라하게 보여준 계기였다. 러시아 언론은 청군 장교와 병사들이 자신들의 작전지역을 이탈하는 양상을 보도했다. 값비싼 군수물자들을 그대로 남겨두고 도주하는 일도 허다했다.[73] 평양에서 중국군은 35문의 대포와 일본군이 갖고 있던 동종의 무기보다 더 우수한 연발총(magazine rifles) 수백 정, 후장포(後裝砲: breechloaders) 수백 정, 텐트 2,000개와 말 1,700필을 그대로 두고 도망쳤다. 일본 『아사히신문』의 보도였다.[74] 전쟁이 진행되면서 청국 군대 안에서 전개된 분열의 모습도 열강 언론의

---

70) Paine, 2003, pp.167~168.

71) 후지무라 미치오, 1997, 154쪽.

72) Paine, 2003, pp.166~167.

73) "China in the War with Japan," *Moscow Gazette*, No.303, 4 November 1894, p.3; Paine, 2003, p.170.

74) 「平壤分捕の大砲」(Artillery Seized at P'yongyang), 『朝日新聞』, 27 September 1894, p.1; Paine, 2003, p.170.

주목을 받았다. 미국의 『뉴욕타임스』는 청나라 군대 안에서 "한족 병사들과 만주족 병사들이 자주 서로를 공격했으며 치열한 유혈 전투가 서로 간에 벌어지곤 했다"고 보도했다.[75]

중국 화동사범대학 역사학과 교수 사준미(謝俊美)는 조선 전투에서 청국이 일본에 대패하게 된 원인을 여러 가지 각도에서 분석했다.[76] 이 책의 제2장에서 이미 19세기 내내 중국의 전통적 정치질서가 보여준 악순환, 즉 정치적 인볼류션의 현상을 언급한 바 있다. 사준미 역시 중화제국의 최종적 해체를 가져온 청일전쟁의 결과를 낳은 가장 일차적인 이유로 "청조 봉건정치의 부패"를 들었다. 양국은 처음부터 전쟁 준비 상태에서 큰 차이를 보였는데, 그것이 청조 봉건 정치의 부패상과 결합함으로써 더욱 근본적인 문제를 발생시켰다는 분석이다.

일본은 침략전쟁을 음모하여 오랫동안 준비해왔다. 전쟁을 지휘하는 대본영에는 당시 일본에서 근대 정치와 군사 등을 잘 이해한 일류 정치가와 군사전략가들이 모여 있었다. 반면에 사준미에 따르면, 중국의 경우는 전쟁에 대한 준비 없이 급작스럽게 당한 사태였고 전쟁 지휘도 일관성이 없었다. 일본에 선전포고를 한 후 일본의 침략에 단호히 대응할 것을 주장한 주전파는 광서제와 그의 스승 옹동화(翁同龢) 등 일부 관료들뿐이었다. 군기처(軍機處)를 장악한 손육문은 주화를 주장하며 전쟁을 회피했다. 서태후는 자신의 60세 생일을 위해 이화원을 조성하는 막대한 건축공사를 벌이며 전쟁이 빨리 끝나기만을 기다리는 형편이었다.

사준미는 또한 전쟁의 실제 총지휘자격이었던 이홍장이 군사를 경시

---

75) "Moukden in Anarchy," *The New York Times*, 4 January, 1895, p.5; Paine, 2003, p.169.

76) 사준미, 「청일전쟁시 조선투입 청군의 동원과 조선내에서의 전투상황」, 유영익 외, 『청일전쟁의 재조명』, 한림대학교 아시아문화연구소, 1996, 154~160쪽.

하고 외교를 중시하는 바람에 일본에 대해 소극적이고 타협적인 태도로 일관했다는 점을 꼽았다. 청일전쟁시 중국 쪽 군사조직의 실권자였고 지휘자였던 이홍장은 동학농민전쟁이 발단이 되어 조선문제로 청일 간에 분쟁이 생기자 곧바로 평화해결을 주장하면서 외교에 전력을 기울였다. 영국과 러시아의 중재로 일본의 전쟁도발을 막는 데 노력했다. 영국을 비롯한 열강들은 실질적인 중재에 소극적이었을 뿐 아니라, 영국은 특히 일본과 우호적인 조약을 맺고 있었다. 이렇게 일본의 전쟁준비는 본격화되고 있던 마당에, 중국은 군사적으로 적극적 준비를 하지 않았다. 섭사성(聶士成) 등 참모들은 아산만 등에 일본군의 침입을 사전에 차단하기 위한 조치를 건의했다. 그러나 이홍장은 묵살하고 아무런 조치도 취하지 않았다.

아울러 사준미는 "조선 내 청군의 자질과 소양"이 일본군의 수준에 크게 못미친 점도 조선에서 청군이 일본에게 참패한 원인의 하나라고 지적했다. 조선에서 일본군은 숫자도 많았지만 일본은 이미 징집제를 실시하여 엄격한 심사를 거쳐 선발된 병사들에게 정규훈련을 시켜 데리고 왔다. "충용"(忠勇) 교육과 군기 또한 엄격했다고 한다. 반면에 중국은 모병제로 모집한 병사들이었다. 체격이나 정신소양에서 근대적인 국방능력을 기대할 수 없는 집단이었다고 했다. 그만큼 군기도 해이했다. 평양전선에 배치된 청나라 군대 중에서 위여귀(衛汝貴)의 군대는 특히 군기가 떨어졌다고 한다. 강간과 약탈행위가 극심했다. 풍승아(豊升阿)가 이끈 군대는 "겁쟁이군"으로 통할 정도로 전투력이 없었다. 사준미는 "썩을 대로 썩은 군대가 일본의 침략에 맞서니" 승리한다는 것은 애당초 기대난망이었다고 분석했다.[77]

---

77) 사준미, 1996, 157쪽.

7. 황해해전과 일본의 서해 제해권 장악

일본군이 평양을 함락시킨 다음 날인 1894년 9월 17일에 황해해전
이 벌어졌다. 증기선 함대들 사이에 벌어진 해전으로는 역사상 처음이
었다.[78] 최초의 근대적 해전이었다. 청나라 함대와 일본군 함대 모두 증
기선이었다. 그러나 일본 함대가 더 첨단이었다. 배수량에서는 청국 함
대가 3만 5,000톤이었다. 일본 쪽은 4만 톤이어서 큰 차이는 아니었다.
그러나 함대의 평균 속력에서 청군 14노트에 비해 일본은 16노트였다.
실제 마력에서는 청군이 4만 6,000마력, 일본은 7만 3,000마력이었다.
일본이 훨씬 앞서 있었던 것이다. 중포에서는 청국이 21문인 데 비해
일본은 11문으로 더 약세였다. 하지만 소구경 속사포에서 일본이 크게
앞섰다. 청국은 6문에 불과했는데, 일본은 67문을 갖추고 있었다. 전투
결과는 일본의 압도적 승리였다. 청 함대는 전투력의 30퍼센트를 잃었
다. 살아남은 함대도 큰 피해를 입어 전의를 상실했다. 결국 서해에 대
한 제해권이 청국에서 일본으로 넘어갔다.[79]

8. 중국 영토에서의 전쟁: 여순 점령과 위해위전투

일본군이 압록강을 건너 중국 영토로 침략해간 것은 1894년 10월
24일이었다. 일본군은 승전을 거듭하며 진군했다. 10월 31일 만주의 안
동(安東)에 민정청을 설치할 수 있었다. 11월 6일엔 금주성(金州城)을
공략했다. 7일엔 대련만(大連灣) 포대를 점령했다. 여순을 향해 압박해
들어간 것이다.[80]

---

78) 후지무라 미치오, 1997, 155쪽.
79) 후지무라 미치오, 1997, 155~156쪽.

여순은 청나라 북양 육해군의 근거지였다. 그곳엔 수십 년에 걸쳐 요새가 구축되어 있었다. 수비 병력은 1만 3,000에 달했다. 하지만 지휘관은 이미 전의를 상실한 상태였다. 병사들은 약탈과 폭행을 일삼고 있다가 일본군이 접근해오자 싸우지도 않고 도주해버렸다고 한다. 그 결과 11월 21일 단 하루 만에 일본군이 여순을 점령하고 말았다. 청나라는 왕조의 연고지 만주에서 최대의 군사거점을 상실했다. 북양함대는 유일한 도크와 공창(工廠)을 잃어버렸다. 이후 함정의 수리도 불가능해졌다.[81]

후지무라 미치오는 여순점령 직전 청군에 의한 약탈과 폭행이 있었다고 언급했지만, 그는 또한 점령 후 여순에서 일본군이 자행한 범죄행위에 대해서도 지적했다. 일본군이 함락 다음 날부터 나흘 동안 비전투원, 부녀자, 유아 등 약 6만 명을 학살했으며, 살육을 면한 청국인은 도시 전체에서 겨우 36명에 불과하다는 1894년 11월 28일자 『뉴욕 월드』의 보도를 소개했다. 이 기사는 "일본은 문명의 피부를 벗고 야만의 골육을 보유한 괴수이다. 일본은 지금 문명의 가면을 벗어버리고 야만의 본체를 드러냈다"고 규탄하고 있었다. 여순에서 같은 상황을 목격한 영국의 『더 타임스』 기자는 급히 일본으로 가서 외상 무쓰 무네미쓰의 기자회견에서 질문했다. 일본군은 포로를 묶은 채로 살해하고, 평민 특히 부인들까지 살해한 것이 사실이며, 이것은 각국의 특파원들과 동양함대의 사관, 영국의 해군 중장까지도 목격했다고 밝히면서, 일본정부의 대책을 물었다. 후지무라 미치오는 "이 보도는 전 세계에 송신되어 일본 군국주의의 잔학성이 세계의 구석구석에까지 전해졌다"고 지적했다.[82]

<hr>

80) 후지무라 미치오, 1997, 165~166쪽.
81) 후지무라 미치오, 1997, 166~167쪽.

하지만 이러한 야만성에도 일본 지식인들은 이 전쟁의 결과를 문명과 평화의 승리라며 환호했다. 도쿠토미 소호(德富蘇峰)는 "영국풍의 자유주의를 지도원리로 삼아 서양 근대문화를 적극적으로 섭취하여 일본의 개명화를 추진하려던 메이지 초년 계몽사상의 정통적 후계자"라는 평을 듣는, 평민주의를 주창한 인물이다.[83] 그는 여순을 "지중해의 콘스탄티노플"에 해당하는 지정학적 가치가 있는 곳이라 평가하면서, "여순의 대승은 대일본 팽창사의 첫 페이지에 특서(特書)할 대사실"이라고 찬양했다. 그는 여순을 점령한 자가 청국과 조선의 운명을 지배한다고 주장하면서, 일본의 여순 점령은 "동양 평화를 담보하는 관건"이라 했다. 그래서 "일본은 영구히 여순을 점거해야 한다"고 역설했다.[84]

청일전쟁의 마지막 고비는 1894년 1월 말에서 2월 초에 걸쳐 산둥반도 북쪽 끝에 있는 군항(軍港) 위해위(威海衛)를 목표로 전개된 전투였다. 일본군은 1월 20일부터 25일에 걸쳐 산둥반도 영성만(榮城灣)에 상륙한다. 이어 2월 2일 위해위 요새를 점령하는 데 성공했다. 그러자 중국 북양함대는 유공도(劉公島)에 진을 치고 최후의 저항을 했다. 일본 함대는 4일과 5일에 걸쳐 청국 함대에 야습을 감행했다. 청국 전함들을 격침시키고 포대를 침묵시켰다. 청국 함대 참모장 유보섬(劉步蟾) 총병(總兵)은 자신이 승선해 있던 함정인 정원(定遠)을 폭파시키고 자살했다. 그러자 다른 함정에 타고 있던 병사들도 동요했다. 함장들은 병사들의 반란이 두려웠다. 그들은 배에서 내려버린다. 제독 정여창(丁汝昌)은 이홍장에게 급전을 보낸다. "함정은 침몰하고 진력을 다

82) 후지무라 미치오, 1997, 171쪽.
83) 이에나가 사부로(家永三郎)·이노 겐지(猪野謙二), 「근대사상의 탄생과 좌절」, 이에나가 사부로 엮음, 연구공간 '수유+너머' 일본근대사상팀 옮김, 『근대 일본 사상사』, 소명출판, 2006, 89쪽.
84) 후지무라 미치오, 1997, 167쪽.

한 뒤에 끝내려 결심해도 병사들의 심란한 소요로 지금은 어찌할 도리가 없다." 정여창도 자결했다. 청국의 해상 군사력은 이렇게 소멸해갔다.[85] 이홍장이 양무운동을 통해 구축하여 자랑해온 북양함대의 최후였다.

9. 1895년 3월 시모노세키의 풍경

청일전쟁의 승패가 분명해진 후인 1895년 3월 20일, 일본이 지정한 장소인 시모노세키(馬關, 下關)에서 중국과 일본이 평화협상을 시작했다. 중국 대표는 이홍장이었고, 일본 대표는 이토 히로부미 수상과 무쓰 무네미쓰 외상이었다. 이홍장은 이날 공식적인 평화협상에 들어가기 전에 휴전(休戰)을 먼저 실시하자고 제안한다. 첫 회의에서 인상적이었던 것은 일본과 이토 히로부미를 상찬(賞讚)하는 이홍장의 장광설이었다.[86]

그는 먼저 일본의 개혁을 칭찬하면서 이토 수상의 현명한 리더십 덕분이라고 말했다. 반면 자신의 능력 부족으로 중국은 효과적인 개혁을 할 수 없었다고 인정했다. 그래서 전쟁에서 지게 되었지만, 이 전쟁은 중국과 아시아에 두 가지 긍정적인 결과를 가져다 주었다고 말했다. 먼저 일본이 유럽 스타일의 군사적 조직을 잘 활용함으로써 황인종도 백인종에 비해 결코 열등하지 않다는 것을 세계에 보여준 것이라고 말했다. 또한 이 전쟁이 중국을 깊은 잠에서 깨어나게 했으며, 이로써 일본은 장차 중국의 진보에 크게 기여하게 되었다고 했다. 많은 중국인은

---

85) 후지무라 미치오, 1997, 188~189쪽.

86) Mutsu Munemitsu, *Kenkenroku: A Diplomatic Record of the Sino-Japanese War, 1894~95*, Tokyo: The Japan Foundation, 1982, pp.168~169.

일본을 증오하지만 이홍장 자신은 그래서 일본에 감사할 일이 많다고 느낀다고 했다.

이어서 이홍장은 일본과 중국은 아시아의 두 강대국이라고 말한 뒤, 일본은 지식과 능력에서 제일의 강국이고, 중국은 넘치는 자원을 갖고 있다고 말했다. 따라서 일본과 중국이 연합하면 서양 세력들에 대항하는 것은 쉬운 일이 될 것이라고 주장했다. 무쓰 일본 외상은 그의 회고록에서 이홍장의 연설을 들은 감상을 솔직하게 적어놓았다. 중국의 패배로 이홍장이 처하게 된 치욕적인 입장을 감추고 일본의 동정을 유발하기 위해 그런 말들을 한 것이 흥미로웠다는 소감이었다.[87]

이 에피소드는 수천 년간 지속된 동아시아 질서에서 중국과 일본의 위치가 바뀌고 동아시아 질서 자체가 공식적인 외교에서 전복되는 순간을 표상했다. 일견 비루해 보이는 이홍장의 발언에 이어 중국이 제시한 휴전 요청에 대해 일본이 준비한 답변은 냉정한 것이었다. 3월 21일 우선 휴전 조건으로 일본은 일부러 중국이 받아들이기 힘든 굴욕적인 조건을 내세웠다. 첫째, 대고(大沽)의 요새와 천진, 산해관과 그 요새들을 일본군이 점령한다. 둘째, 이들 지역에서 중국군은 모든 무기와 군사 장비를 일본군에 넘긴다. 셋째, 천진과 산해관을 잇는 철도를 일본군이 접수한다. 넷째, 휴전기간에 일본 측에 발생하는 모든 군사비용을 중국이 부담한다.[88]

이홍장은 3월 24일 회의에서 휴전 요구를 철회했다.[89] 그런데 예상치 못한 사건이 일어나 일본이 태도를 누그러뜨리게 되었다. 그날 이홍장이 일본인 괴한의 총에 맞아 부상을 당한 것이다. 일본은 이 일로 국제사회의 비난을 받아 다른 열강이 간섭하게 되는 사태를 우려하게 되

87) Mutsu Munemitsu, 1982, p.169.
88) Mutsu Munemitsu, 1982, p.169.
89) Mutsu Munemitsu, 1982, p.171.

었다. 일본은 서둘러 천황의 재가를 받아 중국과 휴전협정을 먼저 체결했다. 모든 전투지역에서 휴전하되, 대만과 팽호 열도(Pescadores Islands)와 그 주변 지역들은 휴전 대상에서 제외했다. 휴전에서 제외시킨 지역들은 일본이 아직 점령하지 못한 상태에 있는 곳들이었다. 평화협상에서 이 지역들을 할양받기 위해서는 추가적인 군사작전이 필요했던 것이다. 두 나라 대표가 마침내 휴전협정에 서명한 것은 3월 30일이었다.[90]

10. 시모노세키 조약: 일본과 중국, 그리고 조선

일본은 곧 바로 4월 1일 중국에 총 6개 항으로 된 강화(講和) 조건을 제시했다.[91] 제1항은 "중국은 조선의 완전한 독립을 인정한다"는 것이었다. 제2항은 중국이 일본에 할양해야 할 영토를 명시했다. 봉천성(奉天省)의 남쪽 지역, 즉 요동반도가 그 첫 번째였다. 압록강 하구에서 요하(遼河) 서쪽에까지 이어지는 것이었다. 요동만(遼東灣)의 동쪽에 위치한 봉천성과 황해의 북쪽지역에 놓인 모든 섬들을 포함했다. 이 지역을 중국 역사서는 '요남'(遼南)으로 표현하기도 한다.[92] 둘째는 대만과 인근 부속도서 그리고 팽호 열도였다. 제3항은 3억 태을(tael)을 전쟁 배상금으로 지불하라는 것이었다. 제5항은 무역과 상업적 특권을 요구했다.

이때 일본이 요동반도를 요구하게 된 것은 일본 육군이 주도해 제기한 것이었다. 조선과 북경을 통제하기 위한 군사상의 이유에서라고 했

---

90) Mutsu Munemitsu, 1982, pp.174~179.
91) Mutsu Munemitsu, 1982, pp.181~182.
92) 왕소방(王紹坊) 지음, 한인희 옮김, 『중국외교사, 1840~1911』, 지영사, 1996(원저는 1985년 출간), 299쪽.

다. 대만과 팽호 열도의 할양을 요구한 것은 일본 해군이 강력하게 요망한 사항이었다. 특히 1884년 청불전쟁 때 대만과 팽호 열도를 프랑스군이 점령함으로써 중국을 이기는 데 큰 도움이 되었다고 일본 해군은 분석했다. 이후 그들은 대만과 팽호 열도의 군사적 중요성을 인식하게 되었다. 특히 다른 열강이 대만과 팽호 열도를 장악할 경우 일본의 서부에서 중부까지 위협을 받게 된다고 판단했다고 한다.[93]

4월 5일 이홍장은 일본 측에 예비회답 성격의 서신을 보낸다. 이 편지에서 이홍장은 일본의 요구를 크게 조선, 영토할양, 군사배상금, 상업적 특권 등 네 가지로 묶어 정리했다. 그리고 먼저 조선 부분에 대해 이렇게 언급했다. 중국은 몇 달 전에 이미 조선의 완전한 독립을 인정할 의사를 천명한 바 있으므로 그 문제에 중국은 이견이 없다. 다만 일본도 조선의 독립을 인정하는 내용을 조약에 함께 포함시켜야 한다고 주장했다. 영토할양 부분에 대해서는 장차 양국 간 수세대에 걸친 갈등의 원인이 될 것이라고 경고했다. 또한 배상금문제에 대해서는 중국이 침략국이 아니므로 배상해야 할 이유가 없다고 했다. 상업적 특권 부분에 대해서는 중국이 유럽 국가들과 기존에 맺고 있는 조약들에 준하여 새로운 무역조약을 체결할 용의가 있으나, 최혜국대우 조치는 일본과 중국 사이에 상호적인 것이 되어야 할 것이라고 주장했다.[94]

당시 청조의 입장에 대해 왕소방은 이렇게 분석했다. 이홍장이 일본에 보낸 회답의 취지는 영토할양과 배상금문제에 대해 일본의 조건 완화를 애원하는 데 있었다. 특히 요동반도 봉천지역 할양에 난색을 표한 것이었다. 봉천지역은 청조의 발상지이자, 조종(祖宗)의 땅이었다. 만약 요동반도를 할양한다면, 이는 청조 정부의 체면에 큰 타격이었다. 수

---

93) 坂野正高, 1973, 411쪽.
94) Mutsu Munemitsu, 1982, pp.183~184.

도 북경에 대해 직접적인 위협이 된다는 것도 중시하지 않을 수 없었다. 그 대신 대만과 팽호 열도에 대해서는 할양할 의사가 있음을 내비친 것이었다.[95]

이홍장은 4월 9일 일본에 중국 쪽 초안을 보냈다. 그 제1항은 "일본과 중국은 다같이 조선의 독립을 인정한다"는 것이었다. 영토할양을 다룬 제2항에서는 봉천성의 일부만을 할양하며 남쪽에서는 대만은 언급하지 않았고 팽호 열도를 할양한다고 했다. 제3항에서는 배상금을 1억 태을로 했다. 제4항은 새로운 상업조약에 대한 내용이었다. 이 조약의 해석을 둘러싸고 양국 사이에 이견과 갈등이 발생할 경우 우호적인 제3국의 조정을 받도록 한다는 내용이 제5항으로 추가되었다.[96]

무쓰 외상은 이홍장이 이러한 중국 입장을 일본이 받아들일 것으로 믿지는 않았다고 확신한다. 다만 일본도 승전국이지만 초안을 그대로 고집하는 것은 모양새가 좋지 않다고 판단했다. 그러나 4월 10일 열린 회의에서 일본이 제시한 수정안에서도 제1항은 바뀌지 않았다. 조선의 독립을 중국만이 인정하도록 하는 내용이었다. 그 조항에 대해서는 일본이 초안을 변경할 수 없음을 분명히 했다. 다만 영토할양과 관련해서는 다소 수정했다. 요동반도의 할양 대상 지역을 다소 줄였다. 배상금도 2억 태을로 낮추었다. 이토 히로부미는 이러한 수정안을 중국에 전달하면서, 더 이상은 일본이 양보할 수 없다고 밝혔다. 중국은 받아들일 것인지 아닌지만 3일 안으로 답변하라고 요구했다. 최후통첩이었다. 그는 휴전기간이 10일밖에 남지 않았음을 상기시켰다. 이홍장은 회답 시기를 늦춰달라고 애원한다. 그러자 이토는 하루를 더 연장해 4일로 고쳐주었다.[97]

---

95) 왕소방, 1996, 293쪽.

96) Mutsu Munemitsu, 1982, pp.191~192.

4월 10일의 회의는 그렇게 끝났다. 이토는 중국 쪽이 일본의 단호한 의지를 충분히 이해하지 못할 것을 우려했다. 다음 날 반(半)공식적인 메모를 이홍장에게 전달했다. 그의 수정안은 일본이 받아들일 수 있는 최소 조건으로 최종적인 것임을 재삼 강조했다. 전쟁과 작전은 여전히 진행 중임을 상기시켰다. 또한 일본이 지금은 기꺼이 양보했지만 나중에도 그럴 것으로 기대해서는 안 된다고 경고했다.[98] 일본은 동시에 20여 척의 군함을 시모노세키에서 중국 대련(大連)으로 이동시켰다. 중국을 위협하기 위한 행동이었다.[99]

이홍장은 4월 11일 본국 총리아문에 전보를 띄운다. 이토 히로부미의 태도가 단호하여 바뀔 수 없는 것으로 보인다는 내용이었다. 북경 정부는 이홍장에게 조약체결의 전권을 맡긴다. 4월 14일 이홍장은 "우리가 현재 일본의 요구에 동의하면 북경은 구할 수 있다. 그렇지 않으면 무슨 일이 일어날지 예측하기 어렵다. 그러므로 본인은 더 이상의 지시를 기다리지 않고 조약을 체결할 수밖에 없다"는 메시지를 북경에 보냈다. 총리아문은 "협상의 길이 모두 막힌 것으로 보이면 이전의 지시대로 조약체결을 진행하라"고 회답했다. 이홍장은 4월 15일의 회의에서 이 사실을 숨기고 일본으로부터 양보를 조금이라도 더 얻어내기 위해 버티는 수법을 시도했다. 배상금을 2억 태을에서 1억 5,000만 태을로 낮추려고 노력했다. 이것이 불가능하자 이홍장은 2,000만 태을이라도 그에 대한 전별금(parting gift)이라 생각하고 줄여달라고 이토 히로부미에게 애걸했다.

무쓰 일본 외상은 그의 회고에서 "그러한 행위는 이홍장과 같은 존엄한 인물로서는 전혀 어울리지 않는 것이었다"는 소감을 어린아이 일기

---

97) Mutsu Munemitsu, 1982, pp.193~195.
98) Mutsu Munemitsu, 1982, p.195.
99) 왕소방, 1996, 295쪽.

장처럼 솔직하게 적어놓았다. 일본은 2억 태을에서 결국 한푼도 깎아주지 않았다. 그날 회의가 끝날 무렵 양측은 조약에 서명하기로 합의한다. 1895년 4월 17일 마침내 시모노세키 조약이 서명되었다. 중국이 조선의 독립을 인정하고 요동반도와 대만, 팽호 열도를 일본에 할양하며 2억 태을의 배상금을 지불한다는 내용이었다.[100]

중국이 배상하기로 한 평은(平銀) 2억 냥은 전례가 없는 거액이었다. 여덟 번으로 나누어 7년 안에 완납하도록 되어 있었다. 배상금이 완전히 납부되지 않거나 통상장정이 비준 교환되기 전에는 일본군이 위해위에서 철수하지 않는다는 규정도 조약에 포함되었다. 왕소방은 이 배상금 때문에 중국 백성들은 더욱더 빈곤한 처지에 빠지게 되었고, 중국의 사회경제 발전은 심각한 지체를 겪게 되었다고 말한다. 당시 청나라 정부의 연간 재정수입은 8,000만 냥 정도에 불과했다.[101]

시모노세키 조약 체결 소식이 전해진 중국 국내의 분위기에 대해 왕소방은 이렇게 적었다. "요남(遼南)과 대만을 일본에 팔아 넘기자, 현지 백성들 사이에서는 분노의 분위기가 더욱 격양되었다. 요남의 해성(海城), 개평(盖平), 수암현(岫岩縣) 등의 민중들은 '통곡소리가 들리지 않는 곳이 없고 분개하지 않는 백성이 없었다.' 그들은 청국 정부가 조약을 파기하고 다시 전쟁을 수행하도록 강력하게 호소했다. 대만 민중들은 시모노세키 조약이 체결된 뒤 사흘째 되는 날 '꽹과리를 치면서 철시(撤市)'를 하여 청국 정부의 매국 죄행에 항의를 표시했다. ……심지어 그들은 '고향마을과 함께 죽겠다'는 결심을 밝히기까지 했다."[102]

지식인계층의 조약 반대 움직임도 뜨거웠다. 당시 북경에서 중국 과

---

100) Mutsu Munemitsu, 1982, pp.197~200.
101) 왕소방, 1996, 296~297쪽.
102) 왕소방, 1996, 299쪽.

거인 회시(會試)에 참가하기 위해 18개 성(省)에서 올라온 거인(擧人) 1,200여 명은 광서제에게 올리는 상서를 집필하도록 강유위(康有爲)를 추천한다. 이때 강유위는 조약을 파기하고 천도(遷都)하여 변법(變法)을 실시할 것을 촉구하는 주장을 펼친다. 이것이 훗날 유명해진 '공차상서'(公車上書)였다. 각지 사대부계층의 시모노세키 조약 반대 목소리는 근대 중국 지식인들이 제국주의에 저항하는 최초의 대중적인 운동을 일으키는 기초가 되었다고 왕소방은 평가한다.[103]

11. 삼국간섭, 그리고 영국과 미국의 불간섭

청조는 자신의 군사력을 총동원해 치른 전쟁에서 패했다. 그리고 황제가 조약을 비준했다. 중국의 일반 백성들이 그것을 되돌릴 수는 없었다. 그러나 변수가 있었다. 다른 열강들의 견제와 간섭이었다. 일본이 중국에 강요한 영토 할양의 범위를 중국인들은 줄일 수 없었다. 하지만 일부 열강들은 그렇게 할 수 있었다. 러시아, 독일, 프랑스 등 세 열강이 참여한 삼국간섭(三國干涉: the Triple Intervention)이 중국인들을 대신해 일부나마 조약의 수정을 이끌어냈다. 이들 세 열강의 간섭은 시모노세키 조약에 대한 일본 천황의 비준일과 중국 황제의 비준 예정일 사이의 중간에 전개되었다.

일본 천황이 시모노세키 조약을 비준한 것은 1895년 4월 20일이었다. 전권대사로 임명된 내각 수석대신 이토 미요지(伊東巳代治)가 중국 황제가 비준한 조약문과 교환하기 위해 5월 2일 교토를 출발하게 되어 있었다. 그 무렵 러시아, 독일, 프랑스가 시모노세키 조약에 대한 반대의사를 일본 정부에 제출했다. 처음에 일본 정부는 응하지 않았다. 이

---

103) 왕소방, 1996, 299쪽.

무렵의 상황에 대해 무쓰 외상은 이렇게 회상하고 있다. "행복하게도, 천황 폐하는 동양의 평화를 확립하여 그것을 혼란시키는 원인이 재발하지 않도록 하겠다는 일념으로 그에 응하지 않았다."[104]

삼국간섭의 초점은 요동반도 할양이었다. 시모노세키 조약이 서명되던 4월 17일, 러시아는 독일과 프랑스와 함께, 일본의 요동반도 포기를 이끌어내기 위해 공동행동을 취하기로 합의했다. 러시아는 일본이 이 요구를 받아들이지 않을 경우 중국 대륙의 일본군과 일본 본토 사이의 교통을 차단하자고 제안한다. 삼국의 주일공사들은 4월 23일 일본에게 요동반도 포기를 권고하는 문서를 각각 발송했다. 아울러 청국 정부에게는 조약 비준을 연기하도록 통지했다.[105] 청국은 삼국간섭의 결과를 주시하며 비준을 미루고 있었다.

그런데 이처럼 본격화된 간섭의 주체가 영국을 포함한 사국간섭이나 미국까지도 포함한 오국간섭이 되지 않고 삼국간섭으로 그친 것은 그 이전에 결판이 나 있었다. 전쟁이 일본의 승리로 끝나고 1895년 3월 20일 일본 시모노세키에서 청일 간 평화협상이 시작되자, 청나라가 주력한 것은 다른 열강들이 중국의 이익을 위해 개입해줄 것을 요청하는 외교적 노력이었다. 청국은 일본이 협상에서 요구한 조약 초안을 영국을 포함한 대부분의 열강들에게 비밀리에 전달한다.[106] 한편 일본의 무

---

104) Mutsu Munemitsu, 1982, pp.201~202.

105) 왕소방, 1996, 302쪽.

106) Ian Nish, 「청일전쟁과 영국」, 유영익 외, 『청일전쟁의 재조명』, 한림대학교 아시아문화연구소, 1996, 232쪽. 이안 니시에 따르면, 청일 간의 평화협상이 시작된 것은 3월 20일이지만, 청나라가 열강들에게 영향력을 행사해줄 것을 요청하고 다닌 것은 그전부터였다. 한편 오영달은 일본이 강화조건을 이홍장에게 제시한 후 중국이 총리아문을 통해 북경 주재 영국 공사 N. 오코너에게 전달했다고 파악했다(The Earl of Kimberley to O'Conor, Foreign Office, April 1, 1895, Doc. 253; 오영달, 「중일전쟁에 대한 유럽열강의 외교정책: 영국을 중심으로」, 강성학 편저, 『용과 사무라이의 결투: 중

쓰 무네미쓰 외상이 주력한 것은 열강들 중에서 비교적으로 이미 일본에 우호적이었던 영국이 다른 열강들의 간섭을 견제해주도록 하는 것이었다.

이후 동아시아에서 서양 열강들의 선택은 대만과 함께 요동반도의 할양을 요구한 일본에 대해 어떤 태도를 취할 것인가로 집약된다. 이 과정에서 러시아 – 독일 – 프랑스 사이에 삼국 간섭의 연합이 형성되고 영국, 미국, 이탈리아 사이에 소극적인 형태로나마 일본에 우호적인 전선이 형성된다. 러시아가 노골적인 군사적 시위에 들어가며 간섭을 본격화한 데에는 독일이 갑작스레 정책을 전환해 러시아를 지원하고 나선 데 따른 것이었다.[107] 주일 독일공사 구츠미트가 "일본이 청국에 대하여 대륙영토를 요구하면 열강들의 개입을 초래할 위험이 있다"고 경고하고 나선 것은 3월 8일이었다.[108] 하지만 독일과 프랑스의 가담은 처음부터 분명한 것은 아니었다. 독일이 러시아를 지원하며 간섭에 가담한 것은 러시아도 뜻밖이었을 정도였고, 프랑스는 처음에는 간섭 정책 자체에 소극적이었다.[109] 그러나 어떻든 독일과 프랑스는 러시아가 주도한 간섭에 가담했다. 문제는 영국과 미국이었다.

(청)일전쟁의 국제정치와 군사전략』, 리북, 2006, 352쪽). 오영달은 또한 일본 정부도 4월 4일 열강 대표들에게 강화조건을 공식적으로 통보했다고 지적한다.

107) Mutsu Munemitsu, 1982, p.245.

108) 오영달, 2006, 351쪽.

109) Mutsu Munemitsu, 1982, pp.235, 244. 당시 일본 외상 무쓰 무네미쓰는 주이탈리아 공사 다카히라 고코로의 전문을 인용하여, 독일의 갑작스런 러시아 지원의 배경을 유럽 정치에서 프랑스와 러시아의 동맹을 교란시키고 두 나라를 구미의 다른 열강들로부터 고립시키기 위한 전략이었다고 분석했다. 또한 무쓰는 독일이 러시아를 너무 강하게 만들 정도로는 러시아를 지원하지 않을 것임도 파악하고 있었다. Mutsu Munemitsu, 1982, pp.241~242.

일본의 전략은 당연히 영국과 미국을 끌어들여 삼국간섭에 대응하는 것이었다.[110] 러시아도 독일과 프랑스와 함께 영국을 자신들에 동참시키기 위해 집요하게 노력했다. "러시아와 일본은 저마다 영국을 자국 쪽으로 끌어들이기 위한 치열한 경쟁"을 벌인 것이었다.[111] 당시 다카히라 고코로(高平小五郎) 주이탈리아 일본공사가 무쓰 무네미쓰에게 보낸 전문에서 밝히고 있는 것처럼, 일본은 영국과 미국, 그리고 이탈리아가 러시아의 간섭정책을 견제해줄 것을 크게 기대하고 있었다. 다카히라는 "만일 영국, 이탈리아, 그리고 미국이 함께 일본을 지원해준다면, 러시아를 견제하여 더 이상의 심각한 결과 없이 간섭을 해결할 수 있을 것임. 그 전제로서 일본은 이들 세 나라의 협력을 요구해야 하며, 그런 후에 이탈리아는 영국과 미국의 (일본에 우호적인 - 옮긴이) 참여(Anglo-American participation)를 기꺼이 모색할 것임"이라고 적고 있었다.

무쓰 외상도 물론 같은 의견이었다.[112] 실제 이탈리아는 1882년에 성립한 독일, 이탈리아, 오스트리아-헝가리 사이의 삼각동맹(Triple Alliance)에 얽매이지 않고 동아시아에서 일본에 대한 삼국간섭 참여를 거부한다.

이 상황에서 삼국간섭에 대한 영국의 반응이 무엇이었느냐를 두고 학자들의 해석은 차이가 있다. 영국의 불간섭의 성격과 배경을 둘러싸고 크게 묶으면 두 방향으로 의견이 나뉘고 있다. 한편에는 영국 런

---

110) 왕소방, 1996, 303쪽.
111) Keith Neilson, "Britain, Russia and the Sino-Japanese War," *The Sino-Japanese War of 1894-95 in its International Dimension*(Suntory-Toyota International Centre Discussion Paper, 1994); 최문형, 『한국을 둘러싼 제국주의 열강의 각축』, 지식산업사, 2001, 149쪽.
112) Mutsu Munemitsu, 1982, pp.241~242.

던 대학 명예교수 이안 니시의 해석이 있다. 니시는 당시 영국정부가 불간섭 결정을 내린 것은 요동반도 할양을 반대하지 않아서가 아니라 영국 정부 안의 분열과 수상 로즈베리(Archibald Philip Primrose Rosebery: 1847~1929)의 신병(身病), 그리고 정보부족 등 때문에 일어난 사태라고 말한다. 아울러 당시 동아시아에서 러시아에 대한 영국의 정책은 대립이 아닌 협력을 지향하는 노선이었다고 주장한다.[113] 그러면서도 영국 정부가 일본의 요동반도 할양 요구를 과도한 것으로 인식하지 않았기 때문이라는 등, 영국 정부가 불간섭을 선택한 배경에 관한 현실주의적인 해석도 내놓는다. 이 주제에 대한 세계 학계의 대표적인 학자인데, 다소 종잡기 힘든 점이 있는 입장을 취하고 있다.

당시 영국은 로즈베리 경을 수상으로 한 자유당 정부가 1894년 3월부터 1895년 6월까지 집권하고 있었다. 외무장관은 킴벌리(John W. Kimberley) 경이었다. 이안 니시는 우선 로즈베리 내각이 아시아 정책에 무지했다고 주장한다. "로즈베리 내각의 아시아 정책을 입안한 사람들은 청국, 일본, 조선에 대한 전문적 식견이 없었던 것 같다. 주조선 총영사 힐리어(Waler Hillier: 1849~1927) 경의 충고에 크게 의존했다"고 니시는 말한다.[114] 영국이 삼국간섭에 가담하지 않은 이유는 이렇게 설명했다. "영국이 수수방관, 다시 말해 엄정한 중립 고수정책을 취한 것은 로즈베리 내각이 매우 분열되었고, 중심이 없었기 때문이다. 로즈베리 수상은 4월 내내 와병 중이었고, 외교문서에 신경을 썼으나 건강상태가 안 좋았다."[115]

오영달은 영국의 불간섭 태도의 요점에 대한 이안 니시의 입장을 다

---

113) Ian Nish, 1996, 209~237쪽. 이 점에 관하여 오영달도 이안 니시의 관점을 따르고 있다(오영달, 2006, 358쪽).
114) Ian Nish, 1996, p.213.
115) Ian Nish, 1996, p.235.

음과 같이 요약하고 그에 동의를 표한다. "이 시기 영국의 입장은 삼국 간섭에 불참하여 일본에게도 일말의 호의를 보이면서도, 일본의 요구 에 대해서는 중립 입장을 견지함으로써 일본이 삼국의 요구를 수용하 지 않을 수 없게 하는 결과로 나타났다고 할 수 있다."[116)

그러나 이안 니시는 다른 해석이 가능한 근거들도 언급한다. 이에 따 르면, 영국은 일본의 영토 할양 요구가 지나친 것이기는 하지만 청이 받아들일 수 있는 수준이라고 인식했다. 따라서 군사적 위협으로 뒷받 침하는 외교적 압박을 일본에 가해서 철회시켜야 할 일은 아니라는 태 도를 영국은 갖고 있었다는 해석이 가능해진다. 그러한 인식은 영국이 러시아가 주도하는 삼국간섭에 부정적인 태도를 취한 이유의 하나가 되었다고 볼 수 있다. 그래서 이안 니시는 "영국이 러시아와의 친선을 바라면서도 삼국간섭에는 가담하지 않았던" 이유는 로즈베리와 그의 동료들이 "청에 대한 일본의 요구가 지나치기는 하지만 외교적 압력을 군사적 위협으로 뒷받침할 수 없기 때문에 영국은 일본에게 어떤 외교 적 압력도 가할 수 없다는 것을 깨달았"기 때문이라고 말한다.[117)

이안 니시는 같은 내용을 이렇게도 표현했다. "말은 안 했지만 영국 내각은 청이 그 조건(요동반도 할양)을 받아들여야 한다고 느꼈다. 군 사적 위협으로 외교적 압력을 뒷받침할 수 없기 때문에 영국은 일본으 로 하여금 일본의 요구 및 체결된 조약항목들을 철회하게 만들 실제적 방법이 없었다. 영국은 자국과 청나라와의 무역이 손해를 볼까 우려해

---

116) Ian Nish, "Britain and the Three-Power Intervention, 1895," in John W. M. Chapman & Jean-Pierre Lehmann, *Proceedings of the British Association for Japanese Studies*, 1980, Vol. Five, Part One, History & International Relations, University of Sheffield: Centre of Japanese Studies, p.23; 오영달, 2006, 357쪽.

117) Ian Nish, 1996, p.234.

서 계속 중립을 지킨 것이 명백하다."[118] 니시에 따르면, 킴벌리 외무장관은 또 주영 일본대사 가토 다카아키(加藤高明)에게 "대만의 할양을 요구하는 것이 청의 동북지역을 요구하는 것보다 논란을 덜 일으킬 것"이라고 조언하기도 했다.[119]

요컨대 이안 니시의 주장에는 양면성이 있다. 한편으로 영국의 불간섭 태도가 곧 일본의 요동반도 할양 요구에 대한 찬성을 나타낸 것은 아니라는 것이 그의 기본 입장이다. 그런가 하면 다른 한편으로는 일본의 영토할양 요구가 청나라가 받아들일 수 없을 만큼 터무니없는 정도는 아니라는 인식을 영국 정부가 갖고 있었다는 분석도 제시하고 있다. 그렇다면 이안 니시가 주장하듯이, 영국이 간섭에 가담하는 것을 거부하면서 내세운 이유들이 일본에 우호적인 척하면서 일본의 굴복을 유도한 전략이 아닐 수 있다. 러시아 등에게 자신의 불간섭 선택에 대한 정중한 변호를 위한 것이라고 해석할 수도 있는 것이다.

이안 니시와 다른 대표적인 해석은 최문형이 키스 닐슨(Keith Neilson)과 함께 제시하는 관점이다. 닐슨에 따르면, 영국이 불간섭을 택한 것은 이안 니시가 주장하듯이 영국정부가 정보부족, 수상의 신병, 내각의 분열 등과 같은 문제들 때문이 아니었다. 또한 당시 상황에서 영국이 일본이 요구를 철회하도록 촉구하기 위한 외교적 압력을 뒷받침할 군사적 압력수단이 없었기 때문도 아니었다. 킴벌리 영국 외무장관은 일본이 요동반도를 차지하는 것이 러시아에는 위협이 되지만 영국에는 해가 되지 않는다는 관점을 일관되게 견지했으며, 그런 의견을 숨기지 않았다.

닐슨이 인용하는 당시 킴벌리의 발언에는 다음과 같은 것들이 있다.

---

118) Ian Nish, 1996, p.234.
119) Ian Nish, 1996, 232~233쪽.

"일본의 요동반도 점령은 러시아의 이해, 특히 그들의 한국에 대한 이해를 위협하는 것일 뿐, 영국과는 아무런 상관이 없다. 우리의 이해는 주로 상해 주변 지역에 집중되어 있기 때문이다." "일본의 요동반도 침략이 청의 수도인 북경에 대한 위협이라고 여기는 것도 잘못이다. 수도를 북경에서 남경으로 옮기면 그런 위협은 사라질 것이기 때문이다."[120] 왕소방도 영국이 불간섭 결정을 통해 결과적으로 일본의 편을 들어준 것으로 보았다. 그는 영국의 입장에 대한『더 타임스』(*The Times*)의 다음과 같은 해설을 인용했다. "영국의 이익은 이 항복의 규정(일본에 대한 영토할양)에 의하여 어떠한 위협도 받지 않을 뿐 아니라 조약의 다른 규정들로 인해 영국의 이익은 오히려 촉진되게 될 것이다."[121]

닐슨이 인용한 킴벌리의 발언들이 사실이라고 할 때, 영국의 불간섭은 이안 니시가 주장하듯이 단순히 일본이 고립을 느껴 지나친 영토할양 요구를 스스로 철회하도록 유도한 외교적 전술이라고만 보기는 어려워진다. 일본의 요동반도 차지가 러시아에게는 위협이지만 영국에게는 손해될 것이 없다는 신념에 기초한 선택일 가능성을 시사한다고 볼 수 있기 때문이다.

영국 정부가 러시아의 간섭 가담 요청에 대한 영국 정부의 확고한 거부의사를 결정한 것은 4월 8일이었다. 킴벌리 외무장관은 그러한 뜻을 수상의 각서 형태로 런던 주재 러시아 대사 에고르 스탈(Baron Egor Egorovich Staal)에게 전달했다. 이 각서가 내세운 영국의 불참 이유에는, "만일 열강이 일본의 요구를 제한하려면 전쟁과 같은 군사작전에 의해 강압할 준비가 갖추어져 있어야 한다"는 것, 또 우호적 견해표현만으로는 어떤 목적을 이루는 데도 도움이 안 되고 군사력의 위협만이 필요

---

120) Neilson, 1994; 최문형, 2001, 149쪽.
121) 왕소방, 1996, 301쪽.

한데 영국은 그런 준비가 되어 있지 않다는 것과 함께, "일본의 절대적이고도 확대 일로의 전승으로 미루어 그들의 강화 요구(요동반도 영토 할양을 포함한 - 옮긴이)가 불합리하지 않다"는 내용도 있었다.[122]

최문형은 영국 단독이 아니라 삼국과 공동으로 간섭하자는 제안에 대해, 일본을 제압할 만한 군사력을 갖추지 못했기 때문이라는 영국의 거절이유는 설득력이 없다고 지적한다.[123] 그는 더 나아가 영국이 러시아의 제의를 거절한 진정한 이유는 일본이 요동을 차지하는 것이 동아시아에서 러시아의 세력팽창을 방지하는 데 도움이 되기 때문이라는 견해가 더 설득력이 있다고 주장한다.[124]

사실 영국의 불간섭 결정을 일종의 '불편부당'의 입장으로 등치시키는 이안 니시의 주장은 일종의 형식논리에 가깝다. 침략전쟁을 벌여 대만과 함께 요동반도를 독차지하려는 일본을 세 열강들이 저지하겠다고 이미 발 벗고 나선 상황에서 영국이 불간섭을 선언한 것은, 그것 자체로서 일본의 입장을 용인하고 일본의 편에 서는 모양새에 가까운 것이라고 보는 것이 타당하다.

월터 라페버는 일본의 도움 요청에 미국은 영국과 함께 깊은 침묵으로 답했다고 말했다.[125] 그러나 중국 역사가들은 미국이 보인 침묵이나 불간섭의 태도는 일본을 적극적으로 도운 것도 아니지만 삼국간섭을 지원한 것도 아니라는 데에 무게를 둔다. 왕소방은 미국의 태도는 엄밀하게 침묵이나 불간섭과 거리가 있었으며, 적극적인 것은 아니지만 일본의 편에 선 것이라고 이해했다. 그에 따르면, 미국정부는 주중 미국공사 덴비에게 훈령을 내려 청나라정부를 압박해 시모노세키 조약을 신

---

122) Neilson, 1994; 최문형, 2001, 150쪽.
123) 최문형, 2001, 150쪽.
124) 최문형, 2001, 151쪽.
125) LaFeber, 1997, p.51.

속하게 비준할 것을 촉구하게 했다. 또한 당시 미국 국무장관을 역임했던 존 포스터(John Foster)가 적극적으로 나서서 청나라 총리아문을 위협하는 태도로 이렇게 말한 것으로 기록한다. "만일 황제가 비준을 거부하면 그는 문명세계 앞에 체면을 잃게 될 것이다. 군기대신도 황제의 체면을 세워주지 못한 책임을 져야 할 것이다."[126] 이에 근거하면 미국은 일본의 요동반도 차지를 실질적으로 돕는 외교적 활동까지도 보여주겠다고 말할 수 있게 된다. 그것을 저지하기 위한 다른 서양열강들의 압박외교를 지원하지도 않았다는 해석이다.

청일전쟁이 일어나기 직전까지 영국과 일본은 양국 간의 불평등조약의 개정을 위한 30년에 걸친 협상을 계속하고 있었다. 전쟁 시작 직전인 6월 27일에 협상은 타결되었다. 일본의 오랜 숙원이 이루어진 것이었는데, 이를 두고 영국이 대일 우호노선을 분명히 선택함으로써 일본의 대중국 전쟁도발을 지원한 것이 아닌가라는 해석을 낳았다. 이에 대해 이안 니시는 당시 신조약 체결은 불가피했으며, 일본의 전쟁도발을 돕는 것과는 무관하다고 주장한다. "전쟁이 곧 발발하리라는 것이 일반적 인식이었기 때문에 일본의 선전포고를 좌절시키기 위해서 영국은 어떤 식으로든 서명을 지연할 수도 있었을 것이다. 실제로 킴벌리는 이런저런 핑계를 대며 한동안 서명을 거부했다. 그러나 조약 수정은 불가피했으며, 만약 정치적 이유로 그것을 연기하고 나중에 체결한다면, 영국은 일본이 전쟁에 이겼기 때문에 조약을 수정했다는 비난을 받았을 것이라는 반대 주장도 있었다."[127] 이어 이안 니시는 영국이 새 조약에 서명을 거부했더라도 이미 꽤 진척 중이던 일본의 침략에 어떤 영향도 미치지 못했을 것이라고 주장한다. 서명을 거부하는 것이 그 후 사건의 확산을 막

---

126) 丁名楠 等, 『帝國主義侵華史』, 北京: 人民出版社, 314쪽; 왕소방, 1996, 303쪽.
127) Ian Nish, 1996, 218쪽.

을 수 있었는가는 "아직도 해결되지 않은 문제"라고 말했다.[128]

그러나 후지무라 미치오는 영국 로즈베리 수상이 전쟁 개시 전에 남긴 비망록을 근거로 하여, "우리는 동아시아의 해양에서 러시아에 대한 방파제의 역할을 할 수 있는 강국(일본)을 약화시키고, 그 나라와 불화할 필요는 없다"고 결론지었다고 본다. "일본이 천진조약의 권리 내에서 행동"하여 조선에서 청일 양국이 권력의 형평을 유지한다는 조건을 전제로, 일본의 전쟁행위를 묵인할 방침을 정하고 있었다는 것이다. 일본의 다른 지도자들은 몰라도 무쓰 외상은 이 점을 정확하게 파악하고 있었다. 이것이 일본의 전쟁 개시와 깊은 관련이 있었다. 그래서 후지무라는 "청일 개전을 가능하게 했던 조건은 일본이 러시아의 남하에 대한 장벽으로서 유용하다고 판단하는 영국의 아시아 정책의 기본 노선에 의한 바가 컸다"고 판단한다.[129]

영국이 일본의 요동반도 차지를 진정으로 용인할 준비가 되어 있었느냐에 대해 기존의 논의가 어느 쪽으로든 명확한 해답을 제시했다고 보기는 어렵다. 분명한 것은 러시아와 영미일 사이에 청일전쟁 이전부터 이미 잠재하고 있던 갈등과 연합이 삼국간섭을 계기로 수면 위로 떠오르는 분수령이 되었다는 사실이다. 1885년 영국의 거문도 점령사태에서 이미 표면화된 바 있는, 러시아에 대한 영국과 미국의 경계는 삼국간섭 이후 동아시아 질서에서 여러 가지 형태로 러시아의 위협이 현실화되면서 본격적인 뿌리를 내린다. 그로부터 9년 후 영미일 연합이 러시아를 상대로 전쟁을 벌이는 상황에 이르게 된다. 그 사태전개의 양상이 1895년 4월 삼국간섭을 두고 벌어진 실질적 또는 상징적인 연합 패턴의 연장에 있는 것처럼 보인다는 것은 결코 우연이라고 할 수 없다.

---

128) Ian Nish, 1996, 219쪽.
129) 후지무라 미치오, 1997, 119쪽.

12. 일본의 요동반도 포기와 시모노세키 조약 비준

일본은 삼국 간섭에 저항했지만 결국 물러서게 된다. 러시아를 포함한 세 열강과 전쟁을 무릅 쓸 수는 없다는 판단 때문이었다.[130] 그렇다고 요동반도를 쉽게 포기할 수도 없는 상황이었다. 이 시점에서 일본 정부를 가장 고통스럽게 한 것은 청일전쟁에서의 승리로 중국 영토를 차지하게 된 것에 대해 열광하고 있던 일본의 '국민정서'였다. 무쓰 외상은 "외교정책의 요건과 국민정서를 조화시키기가 가장 어려웠다"는 말로 그 고민을 회고했다.[131]

이토 히로부미 내각은 러시아가 전쟁을 무릅 쓸 태세를 보이고 있는 점을 특히 두려워했다. 일본의 경제계는 더 이상의 전쟁을 원하지 않고 있었다. 이토는 열강들과의 전쟁에서 일본이 살아남을 수 있을지 의심했다.[132] 일본은 마침내 5월 5일 요동반도 점유를 포기한다는 성명을 발표한다. 그러자 이제는 중국이 삼국간섭의 힘을 빌려 시모노세키 조약의 비준 자체를 지연시키려 했다. 일본은 이에 강경하게 대응했다. 삼국간섭에 나선 열강들도 자신들의 목적은 이미 관철했으므로 이번에는 청국에게 압력을 가해 일본과 조약체결에 나서도록 촉구한다. 결국 5월 8일 청국 대표 오정방(伍廷芳)과 일본 대표 이토 미요지가 연대(烟臺)에서 비준된 조약문을 교환한다.[133]

무쓰 무네미쓰는 천황이 삼국간섭에 굴하지 않고 동양 평화의 초지로 일관했고, 그 결과 "아무런 불상사 없이"(without mishap) 중일 양국 간에 조약 비준서가 교환되었다고 말했다.[134] 하지만 이날 비준된

---

130) Mutsu Munemitsu, 1982, p.207.
131) Mutsu Munemitsu, 1982, p.252.
132) LaFeber, 1997, p.51.
133) 왕소방, 1996, 304쪽.

내용은 요동반도 할양이 빠진 수정된 내용이었다.[135] 일본 정부는 청국에게 요동반도를 돌려주는 대가로 3천만 냥(2억 달러)의 거액을 받아냈다.[136]

무쓰는 요동반도 할양을 포기한 데 대해 일본 국내 여론은 매우 비판적이었음을 언급하면서도, "단 2주일 만에 복잡한 외교문제들을 해결해 임박한 위기를 회피했으며 우리의 군사적 승리의 열매들이 우리 손에서 빠져나갈 순간에 그 결실을 수확할 수 있었다"고 자평했다. 그것은 일본정부가 주어진 기회들을 최대한 활용할 수 있었기 때문이었다고 무쓰는 주장했다.[137]

일본이 궁극적으로는 요동반도를 포기했지만, 두 가지 점에서 시모노세키 조약은 중화질서의 종언을 의미했다. 첫째, 중국의 영토인 대만과 팽호 열도가 전통적인 동아시아 질서의 변방이었던 일본의 차지가 되었다. 둘째, 중화질서의 마지막 남은 속방이자 그 질서 건재의 상징이었던 조선을 중화질서에서 분리시키는 것을 조약으로 공식화했다. 이를 또한 세계 열강이 다같이 공인했다는 점에서 중화질서의 종언은 최종적이었다. 또한 조선의 독립성을 중국뿐 아니라 일본도 인정하는 조항으로 수정하자는 이홍장의 제안이 일본에 의해서 거부됨으로써 조선의 독립은 곧 일본 영향권에 조선이 편입된 것을 의미했다는 점도 주목

---

134) Mutsu Munemitsu, 1982, pp.201~202.

135) LaFeber, 1997, p.51.

136) 왕소방, 1996, 304쪽; LaFeber, 1997, p.51.

137) Mutsu Munemitsu, 1982, p.254. 무쓰에 따르면, 요동반도를 포기하고 나머지를 취하여 위기를 피하려 한 것은 일본 천황의 칙령에도 충실한 것이었다. 즉 "이러한 상황 아래서는 도량 있는 조치를 취하고 전반적인 정세를 고려하는 것은 제국의 명예와 존엄을 훼손하는 것이 아니다'라고 선언한 천황의 칙령을 엄정하게 준수한 것"일 따름이었다. Mutsu Munemitsu, 1982, p.254.

해야 한다.

한편 러시아가 주도한 삼국간섭은 동아시아 질서에 또 하나의 중대한 의미를 던지는 것이었다. 한반도에 대한 일본 영향력을 견제하는 세력은 이제 더 이상 중국이 아니라 러시아로 대체된 것이었다. 이로 인한 러시아 영향력 증대는 영국과 미국을 일본과 본격적으로 연합시키는 결과를 초래한다. 이제 영국과 미국은 러시아 견제를 위해 일본 제국주의와 긴밀하게 협력하게 된다. 그 협력은 곧 한반도에 대한 일본 지배권을 승인하면서 미국과 영국이 일본과 함께 주도하는 동아시아 질서가 태동하게 되는 것을 뜻했다.

13. 굳어진 '문명과 야만'의 인식, 그 실과 허

일본 군부와 영락한 무사계급은 한국 속방론을 내세우며 청일전쟁의 열광적인 추동력이 되었다. 일본 지식인 사회는 문명과 야만의 이분법으로 청일전쟁과 한국 속방화를 뒷받침했다. "청일전쟁은 문명과 야만의 전쟁이다"라고 외친 후쿠자와 유키치의 주장이 대표적이었다. 그는 "안으로 어떤 불평 부조리가 있다 해도, 그것을 논할 겨를이 없다"고까지 주장했다.[138] 기독교계에서도 일본평화회는 해산하고, 전쟁을 지지하는 선언들이 쏟아져 나왔다. 당시 일본 기독교 교단 지도자인 우에무라 마사히사(植村正久)는 "이번 전쟁은 대일본 제국이 개진적 천직(開進的 天職)을 스스로 의식하고 이것을 세계에 펼칠 수 있는 기회"라고 주장했다.[139] 말하자면 미국인들이 말하던 "명백한 운명"(manifest destiny)의 일본판이었다. 우치무라 간조(內村鑑三)에게도 청일전쟁은

---

138) 『時事新報』, 1894年 8月 29日字; 후지무라 미치오, 1997, 144쪽.
139) 『福音新報』, 1894年 11月號; 후지무라 미치오, 1997, 144쪽.

"실로 의로운 전쟁"이었다. 그는 또한 "일본은 동양에서 진보주의의 전사"라고 규정했다.[140]

우에무라 마사히사와 우치무라 간조는 천황의 친필서명이 들어 있는 교육칙어(敎育勅語)에 대한 예배를 기독교도의 양심에 따라 거부한 인물들이었다. 그래서 19세기 말 일본의 양심을 대표하는 지성인들로 존경받고 있었다. 우에무라는 당시 소학교와 중학교 등에서 강요되어 행해지던 천황의 초상[影像]에 대한 경례와 칙어에 대한 배례(拜禮)를 "어린아이들의 장난과 다름없다"고 공격했다. 우치무라는 교육칙어에 대한 예배를 거부한 이른바 '불경사건'(不敬事件)을 일으켜 많은 논란을 불러일으켰다. 그는 결국 권력에 굴복하여 친구에게 예배를 대행하게 했다. 그럼에도 그는 재직하던 제일고등학교 교단에서 추방되었다.[141] 전쟁은 이런 양심적 지식인들에게도 진보적 문명을 아시아에 전파하기 위한 의로운 전쟁으로 인식되고 있었다.

서양의 언론과 지식인들 사이에서도 청일전쟁을 계기로 '일본은 문명, 중국은 야만'이라는 등식이 정착해가고 있었다. 청일전쟁의 초입이었던 1894년 9월 평양전투는 열강들에게 일본은 문명국이며 중국은 야만이라는 인식을 굳히는 구체적인 계기의 하나가 되었다. 서방 언론은 중국군이 일본군 포로를 처리한 방식을 대대적으로 보도했다. 1864년 8월 22일 전쟁포로를 보호할 것을 의무로 규정한 제네바 협정(Geneva Convention)에 서양의 많은 나라가 서명했다. 그로부터 반세기 후 벌어진 제1차 세계대전 기간에 유럽 국가들도 전쟁포로들에 대해 야만적인 범죄를 저지른다. 하지만 그 20년 전인 1894년 청일전쟁에서 서양 언론은 중국의 야만에 집중했다.[142]

---

140)『國民之友』, 1894年 8月 23日字; 후지무라 미치오, 1997, 144쪽.
141) 이에나가 사부로·이노 겐지, 2006, 75쪽.

확실히 중국군이 포로를 취급한 관행은 야만적이었다. 청국 군대에서 전과(戰果)에 대한 공식적인 포상은 획득한 적의 머리 숫자에 비례했다. 더욱이 중국군 자신이 먹을 것이 부족했다. 그 상황에서 포로를 처리하는 방법은 죽이는 것이었다. 그에 그치지 않았다. 포로의 창자를 꺼내기, 얼굴을 도려내기, 간을 꺼내기 등과 같은 잔인한 행위들이 서방 언론에 자주 목격되었다. 당시까지도 청나라의 형법체계는 그 전체가 "법제화된 고문체제"(a codified system of torture)로 통했다. 형틀(cangue), 복사뼈 부수는 장치, 손가락 깨부수는 장치 등이 고문에 여전히 합법적으로 이용되고 있었다.

1894년 가을 상해 주재 미국공사는 중국으로부터 간첩혐의를 받고 있던 두 일본인을 보호하고 있었다. 미국공사는 미 국무장관의 지시에 따라 그 일본인들을 중국 당국에 넘겨준다. 그 후 중국 당국에 의해 두 일본인이 겪은 일은 그해 11월 말 미국 언론에 상세히 보도되었다.[143] 손톱 뽑기, 혀 깨부수기, 성기 깨부수기(smashing of the groins), 수갑이 채워진 손목에다 뼈가 드러날 때까지 끓는 물을 붓기 등의 야만적 고문의 증거들이 드러났다. 훗날 일본이 식민지통치를 하면서 범하게 되는 악명 높은 고문 레퍼토리와 별반 다를 바 없어 보이지만, 적어도 중국에서의 처참한 인권 수준에 세계가 경악할 기회를 제공했다. 영국과 미국을 포함한 서양 열강이 동아시아에서 자신들의 제국주의적 활동뿐 아니라 일본 제국주의의 아시아 침략을 미화하고 정당화하는 근거로 활용하는 데 대단한 호재였던 것이다.

월터 라페버는 좀 다른 관점에서 청일전쟁이 보여준 중국과 일본 사

---

142) Paine, 2003, p.172.
143) "Our Naval Force in Asia," *The New York Times*, 28 November 1894, pp.1, 5; "The Shanghai Incident," *The New York Times*, 29 November 1894, p.1; Paine, 2003, p.173.

이 문명과 야만의 논쟁을 들여다본다. 청일전쟁의 개막을 알린 1894년 7월 25일 오후, 한반도 서해안 아산 앞바다에서 영국 상선 고승호를 일본 함대가 격침시킴에 따라 타고 있던 청나라 병사들 1,000명이 익사하게 된 것은 앞서 지적했다. 또한 유럽계 선원들은 일본군이 구조했지만, 물에 빠져 있는 중국군들에 대해서는 기관총으로 쏘아댔다는 것도 언급했다. 라페버가 주목한 것은 미국은 일본의 전쟁도발과 그 같은 야만적 행위에 대해서 어떤 비판도 제기하지 않았다는 사실이었다. 붕괴하고 있으면서도 서양에 저항적인 중국과 달리 서양화되고 있는 일본을 미국이 선호했기 때문이라고 라페버는 해석했다. 당시 미국 사회 일각에서는 "문명은 백인만의 전유물이 아니다"라고 했다. 아시아 국가인 일본도 이제 백인과 어깨를 나란히 할 수 있는 문명의 나라로 간주되기 시작하고 있었다. 많은 미국인에게 일본은 이미 "아시아의 영국"(the Great Britain of Asia)이었으며, 또한 "동양의 양키들"(Yankees of the East)이었다.[144]

일본은 평양전투를 자신이 문명국임을 세계에 알리는 기회로 적극 활용했다. 일본군은 평양에서 잡힌 중국군 포로 600명을 도쿄로 보냈다. 이들 중 부상당했거나 질병에 걸린 111명은 최고의 의료 서비스를 받았다. 적군 포로에게는 물론이고 자기 병사들에게도 의료 서비스를 제공하지 못하고 있던 중국에 대한 강력한 외교전이었다.[145]

하지만 S.C.M. 페인은 이처럼 '쇼 케이스'(showcase)로 일본이 포로들을 극진히 대우한 것은 일부에 불과했던 것으로 판단한다. 평양전투에서 잡힌 다른 중국군 포로들이나 그 후의 전투에서 잡힌 포로들에 대해서도 그렇게 했다는 증거는 전혀 없기 때문이다. 포로들을 수용하는

---

144) LaFeber, 1997, pp.49~50.
145) Paine, 2003, p.175.

시설에 대한 보도 자체가 없었다. 포로수용소에 대한 언론의 접근을 차단했거나 아니면 아예 포로수용소 자체가 없었던 것은 아닌가, 즉 아예 죽여버렸기 때문에 포로수용소가 필요없었던 것은 아닌가라고 페인은 의심한다. 전투 중에 일본군이 적을 깡그리 베어버린 일들에 대한 보도들이 많았다. 이를 근거로 페인은 아예 포로를 만들지 않는 것이 일본군의 일반적인 전투 관행이었다고 판단한다. 그는 다음과 같은 한 군사분석가의 말을 인용했다. "중국군은 대개 등 뒤에서 총에 맞거나 부상당한 채 발견되었다. 대개 무기를 갖지 않은 채였다. 옷도 반쯤은 벗은 채로였다."[146)

말하자면 민간인으로 위장하기 위해 군복을 찢고 무기를 버린 상태에서 일본군에 잡혔고 그 상태로 일본군의 총이나 칼에 맞은 것이라는 얘기다. 스튜어트 론의 연구는 이 전쟁에 참가했던 일본 군인들의 일기를 바탕으로, 포로를 만들지 않고 아예 죽이는 것이 일본군의 일반적인 관행이었다고 말했다.[147)

1894년 11월 만주 요동반도의 핵심 전략거점인 여순을 공격해 들어간 일본군은 도시의 입구에서 중국군에게 목이 베어진 일본군의 머리들을 목격한다. 이후 한 미국인 기자의 증언에 따르면, 일본 침략군은 "어린이들을 포함해 그들이 발견한 모든 것을 죽였다. 많은 경우 목을 베었다."[148) 부녀자와 유아들을 포함하여 6만 명을 죽인 여순학살사태였다. 무쓰 무네미쓰 외상은 그것을 보도한 『뉴욕 월드』지에 투고하여

146) N.W.H. Du Boulay, "Chino-Japanese War, 1894~95," London: typescript, ca. 1903, p.10; Paine, 2003, p.176.
147) Stewart Lone, *Japan's First Modern War: Army and Strategy in the Conflict with China, 1894~95*, London: St. Martin's Press, 1994, pp.158~159; Paine, 2003, p.176.
148) LaFeber, 1997, p.50.

그 보도는 "너무 지나치게 과장"되어 있으며, 피해자의 대부분은 청병 (淸兵)이 시민으로 가장한 자들이었다고 변명한다.[149]

당시 일본을 대표하는 지성 후쿠자와 유키치는 1894년 12월 14일 자신이 창간한 『시사신보』(時事新報)에 「여순의 살육, 근거 없는 유언(流言)」이란 제목의 글을 기고했다. 그는 이 글에서 일본군대는 아산이나 평양의 중국군 포로들을 인도적으로 대우한 "틀림없는 문명의 군대"라고 강변했다. 그는 이어 "원래 중국인이란 신의를 입으로 말하면서도 실제는 불신불의를 수치로 여기지 않는 것은 말할 것도 없고, 도저히 보통의 인간으로 볼 수 있는 인민이 아니다"고 주장했다. 또 일본군에 살해된 자들은 "그들이 전문으로 하는 사기수단에 의한 변장한 병사"이며, 일본군이 이들을 죽인 것은 "정당방위로 어쩔 수 없는 것이었을 뿐"이라고 했다.[150]

여순에서 일본군의 만행에 대한 보도에도 불구하고 미국과 일본의 관계는 더 돈독해졌다는 것이 라페버의 지적이다. 미국인들은 일본군의 살육행위의 책임을 중국의 야만성에 돌렸다. 이들은 중국의 야만성을 미국 군인들이 서부에서 마주했던 인디언들의 야만성에 비유했다.[151]

시모노세키 조약에 따라 중국으로부터 빼앗은 대만에 대한 일본의 식민지배는 격렬한 저항을 초래했다. 일본은 무자비하게 대응했다. 1897년에서 1901년까지 일본 대만총독부가 체포한 자가 8,030명, 살육한 자가 3,473명이었다. 메이지 35년, 즉 1902년에 이루어진 "대토벌"에서는 사형에 처한 자가 539명, 즉결처분으로 살육한 자가 4,043명이었다.[152] 오타니 다다시(大谷正)는 '문명 대 야만의 전쟁'을 표방하면

149) 고지마 신지(小島晋治)·마루야마 마쓰유키(丸山松幸) 지음, 박원호 옮김, 『중국근현대사』, 지식산업사, 1998, 48쪽.
150) 고지마 신지·마루야마 마쓰유키, 1998, 48쪽.
151) LaFeber, 1997, p.50.

서 중국을 상대로 일본이 도발한 전쟁이 결국 "야만적이고 무자비한 식민지 정복전쟁"으로 되는 과정을 밝혔다.[153]

청일전쟁 이래 확대되어가는 일본 제국주의의 동아시아 침략의 역사는 그러한 야만의 증폭의 기록이었다.[154] 그럼에도 청일전쟁은 '일본은 문명, 중국을 포함한 동아시아의 나머지는 야만과 정체'라는 인식의 틀이 정착되어가는 과정의 한가운데에 놓여 있었던 것은 분명했다. 이 전쟁으로 중국은 제국적 지위의 마지막 흔적들을 상실했을 뿐 아니라 문명의 논리에서도 동아시아에서 중화질서의 시대는 종언을 고한 것이었다. '중국 문명'의 관념이 사라져버린 동아시아 질서의 이념적 공백을 메우게 되는 것은 영국과 미국 등 대서양세력이 일본과 함께하는 제국주의 연합이 구축한 '문명의 동맹'이었으며, 그것이 거느린 새로운 도덕적 권위였다. 동아시아의 20세기는 그렇게 시작된다.

---

152) 고지마 신지·마루야마 마쓰유키, 1998, 49쪽.
153) 大谷正, 「日淸戰爭」, 井口和起 編, 『日淸·日露戰爭』, 近代日本の軌跡 3, 東京: 吉川弘文館, 1994, 50~74쪽; 이웅현, 「역사로서의 중일전쟁: 중일전쟁의 연구사」, 강성학 편저, 『용과 사무라이의 결투: 중(청)일전쟁의 국제정치와 군사전략』, 리북, 2006, 33쪽.
154) 1988년 일본의 '영화「침략」상영전국연락회'(映畵「侵略」上映全國連絡會)가 조직하고 모리 마사다카(森正孝)가 단장을 맡은 '남경대학살실태조사기록방중단'(南京大虐殺實態調査記錄訪中團)이 중국을 방문했다. 이때 입수한 중국 측 사료를 바탕으로 남경대학살과 그 후 점령지배정책과 함께 독가스전, 세균전, 인체실험 등의 만행을 입증하는 자료집이 1991년 편찬되었다. 森正孝, 高橋正博, 糟川良谷, 大石恒雄 編, 『中國側史料 日本の中國侵略: 南京大虐殺, 占領支配政策, 毒ガス戰, 細菌戰·人體實驗』, 東京: 明石書店, 1991.

제6장 반(反)러시아 영미일 연합과 러일전쟁

• 동아시아 제국주의 시대 제3막

1. 19세기 말 러시아의 내면 풍경

1895년 청일전쟁이 끝난 뒤 약 10년간 러시아는 동아시아 제국주의에서 태풍의 눈 같은 존재였다. 1905년 러일전쟁에서 일본에 패해 결정적인 행위자로서의 위상을 상실하고 무대에서 퇴장하기 전까지 러시아는 동아시아, 특히 한반도 주변과 만주를 포함한 북중국에 허리케인을 몰고 다녔다. 청일전쟁의 전리품으로 일본이 요동반도를 챙기려는 찰나에 러시아가 삼국간섭(Triple Intervention)을 주도하여 저지하는 바람에, 일본은 헛물만 켠 채 대륙진출의 야망을 10년이나 연기해야만 했다. 1896년 러시아는 조선에서 국왕의 아관파천을 유도하여 자신의 세력을 확립했다. 이로써 조선에서는 러일 각축의 난간 위에 종이제국이나마 대한제국으로 불린 명목상의 '자주독립국'이 존재하는 시대를 열기도 했다. 더욱이 러시아는 1900년 의화단사건을 기회로 활용하여 10만 대군을 만주에 파견해 남만주를 자신의 영향권으로 확보했다.

러시아의 이러한 허리케인 같은 행태는 응당 다른 열강들의 견제를 촉발했다. 그것은 영국, 미국, 일본 사이의 제국주의 카르텔 연합의 본격화를 가져왔다. 이 삼각 카르텔은 마침내 1904~1905년 러일전쟁에서 러시아의 패배와 함께 동아시아에서 러시아 위상의 추락을 초래한 국제적 기반이었다. 전쟁은 일본 혼자서 치렀다. 하지만 전쟁과 그 안에서 승리를 일구어낸 국제관계의 구도는 응당 일본 혼자만의 작품이 아닌 것은 말할 것도 없었다. 일본이 전쟁을 무릅 쓴 것은 조선과 함께 러시아를 대신해 만주를 자신의 영향권으로 만들고 싶었기 때문이다. 그런데 커다란 희생을 치르면서 전쟁에서 이긴다 해도 1895년 4월의 경우처럼 다른 열강들이 개입하여 다된 밥에 재를 뿌리며 일본의 대륙진출 야망을 물거품으로 만들어버리는 사태가 또 다시 벌어져서는 안 될 일이었다. 이에 대한 확신이 없다면 일본은 전쟁에 나설 이유가 없었다. 1904년 일본에게 그 확신을 준 것은 1902년 영일동맹을 포함한 영미일 카르텔의 성립이었다. 또한 그것이 바탕이 된 러시아의 국제적 고립이었다.

러시아는 그처럼 세기의 전환기 약 10년 동안 동아시아에서 나름대로 화려한 자신의 시대를 구가했다. 허리케인도 아무나 몰고 다닐 수 있는 것은 아니다. 또 특별한 계기도 필요하다. 러시아의 경우는 19세기 후반 나름대로 괄목할만한 산업성장을 이룩했으며, 그것을 바탕으로 구체적인 수단들을 구축했다. 그 대표적인 것은 1891년에 착공된 모스크바와 블라디보스토크를 연결하는 시베리아 횡단철도(Trans-Siberian Railway)였다. 그것이 완성을 본 것은 1903년이었다. 그러나 1890년대 말에는 이미 상당한 진척이 있었다.

젊은 마르크스주의자이자 나중에 레닌으로 불리게 되는 블라디미르 일리치 울리야노프(Vladimir Llyich Ulyanov: 1870~1924.1.21)가 동부 시베리아로 유형을 떠난 것은 1897년 2월이었다. 그는 모스크바에서 중부 시베리아의 예니세이 강변에 있는, '시베리아의 이탈리아'라고 불렸던 크라스노야르스크까지 이동한다. 그때 이미 크라스노야르스크까지는 횡단철도가 완성되어 있었다. 덕분에 유형지를 향한 레닌의 여행은 매우 근대적인 경험이었다.[1] 훗날 그의 사상은 마르크스의 서구 중심성을 되풀이하기보다는 식민지해방운동을 강조하면서 탈서구적인 경향을 갖게 된다. 사상적 모색기라 할 그의 젊은 시절, 모스크바로부터 유럽이 아닌 극동을 향하여 달린 근대 횡단의 경험과 완전히 무관한 일은 아닐지 모른다.

1891년 3월 31일 러시아 황태자 니콜라이(Nicholas)는 자갈이 가득 담긴 첫 번째 수레를 동쪽 종착역인 블라디보스토크의 제방에 손수 쏟아부었다. 서부와 동부에서 동시에 공사를 시작한 시베리아 횡단철도 착공식에서였다.[2] 러시아가 철도 건설을 시작한 것은 1830년대로 거슬러 올라간다. 1914년까지 러시아가 건설한 철도는 시베리아 횡단철도를 포함해 5만 킬로미터에 달하게 된다.[3]

1880년대와 1890년대는 러시아의 국가가 산업화를 위해 진력한 시기였다. 1890년대에 러시아의 제조업과 광업은 매년 8퍼센트의 성장률을 기록했다. 1907년에서 1914년까지도 연평균 6퍼센트의 성장률을 유지했다. 1890년에서 1913년 사이 러시아의 곡물생산은 35퍼센트 증가했다. 이 시기 러시아는 밀과 호밀 생산량 증가에 힘입어 세계 최대의 곡물 수출국이었다. 제1차 세계대전 5년 전까지 러시아의 곡물 수출은 연평균 1,150만 톤에 달했다. 나름대로 산업혁명이 진행되어 공장생산체제에서 생산된 농기구의 확산이 러시아 농업 생산성을 증가시킨 것이다.[4]

---

1) Robert Service, *Lenin: A Biography*, Cambridge: Harvard University Press, 2000, pp.111~112.
2) 앤드류 말로제모프 지음, 석화정 옮김, 『러시아의 동아시아정책』, 지식산업사, 2002, 71쪽.
3) Robert Service, *A History of Modern Russia: From Nicholas II to Vladimir Putin*, Cambrige: Harvard University Press, 2003, p.4.
4) Service, 2003, pp.4~5.

러시아는 1917년 볼셰비키 혁명이 일어나기 전까지 억압적인 차르 전제정치체제였다. 하지만 19세기 후반에 들어서면서 러시아 사회는 나름대로 근대화를 향해 나아가고 있었다. 1861년 러시아 황제는 농노해방칙령(Emancipation Edict)을 선포했다. 농민층에 대해 귀족이 자동적으로 행사했던 특권이 사라졌다. 농민들은 토지도 분배받았다. 이를 뒷받침하기 위해 지방정부를 개혁하고 사법제도를 개선했다. 또 교육기회를 확대했다. 대중교육이 크게 확산되었다. 덕분에 19세기 말 농촌인구의 4분의 1이 문맹을 벗어났다. 대도시에서는 문자해독 인구비율이 75퍼센트에 달했다. 군 복무제도도 합리화했다. 그전에는 군대에 한번 들어가면 25년을 묶여 있어야 했지만, 최대 6년으로 줄었다. 하지만 농민들은 여전히 불만이 많았다. 농노해방칙령으로 땅은 분배받았지만, 그 대금을 갚아나가야 했기 때문에 불만이 쌓이고 있었다. 귀족들과 달리 툭하면 체형을 감수해야 하는 계급적 차별도 여전했다.[5]

농노해방은 물론 러시아 자본주의와 프롤레타리아트 성장의 조건이었다. 농노해방 약 반세기 만에 러시아의 임금노동자 수는 4배로 증가했다. 1913년이 되면 대규모 공장에서 일하는 노동자는 240만 명이 되었고, 소규모 공장과 빌딩, 운수분야와 통신분야 등에 종사하는 노동자를 합하면 도시노동자계층은 1,100만에 달했다. 그만큼 중산층과 상류층 부르주아 계급도 성장했다. 문제는 잔인하다 할 만한 산업지역의 생활조건이었다. 농민들이 세계로부터 고립되어 살아가고 있던 것 못지 않게 노동자들도 세계로부터 고립감을 느끼며 살아가고 있었다. 빈곤의 심연에서 헤어나지 못했을 뿐 아니라 그들의 고용자들과 작업반장들과 경찰들로부터 핍박을 받으며 살았다. 노동조합을 결성할 수 없었

---

5) Service, 2003, pp.6~7.

고 언제나 자의적인 노동기율에 시달려야 했다.[6]

사실 이러한 상황은 러시아만이 아니었다. 다른 신흥 자본주의 열강들도 마찬가지였다. 후지무라 미치오(藤村道生)가 주목한 청일전쟁 전야 일본 자본주의 체제에서 노동자들의 삶의 조건 역시 가혹했다. 도쿄와 오사카에 이어 공장산업이 가장 번성한 지역에 속했던 아이치 현(愛知縣)에는 2만 3,000명의 노동자가 직물, 생사, 면방적, 도자기, 성냥제조업에 종사하고 있었다. 이중 1만 7,000명이 여성이었다. 그중에서도 섬유산업이 주종이었다. 여성 노동자 열에 여섯은 섬유공장에 다니고 있었다. 이들의 노동조건 중에서 우선 눈에 띄는 것은 노동시간이었다. 직물공장에서는 12~16시간, 제사공장은 11~17시간, 구식 방적공장은 15~17시간에 달했다. 작업개시 시간은 새벽 4시인 곳이 많았다. 노동자들은 취업 후 1년 동안은 급료가 없었다. 더욱이 1년 안에 퇴사하면 벌금을 물어야 했다. 그런데 무급으로 착취하는 1년 미만 노동자의 비율이 전체의 42.8퍼센트에 달했다. 돼지우리 같은 기숙사에 살면서 밥만 얻어먹고 착취당하는 노동자의 비율이 그만큼 높았던 것이다.[7]

후지무라는 당시 일본 자본주의는 그 같은 민중의 비참한 현실 위에 구축되어 있었음을 주목한다. 정부는 이들의 저임금을 유지하기 위해 곡물가격을 낮게 유지해야 했다. 저미가를 유지하기 위해서는 외국으로부터 값싼 쌀을 대량 수입할 필요가 있었다. 조선의 지배와 점령은 외국산 쌀의 안정적 공급을 위해서도 그리고 이른바 과잉인구를 식민의 명목으로 해외에 방출하기 위해서도 일본 국가가 추구하는 목표가 되었다.[8]

어떻든 러시아는 일본과 마찬가지로 후진 자본주의 산업발전의 전형

6) Service, 2003, pp.7~8.
7) 후지무라 미치오 지음, 허남린 옮김, 『청일전쟁』, 소화, 1997, 46~47쪽.
8) 후지무라 미치오, 1997, 50쪽.

이라고 할 수 있었다. 러시아는 일본과는 또 달리 전통적인 전제정치가 지속되고 있었다. 억압적이지만 근대적인 침투적 인민통제체제는 일본의 메이지 국가체제에 비해 저발전 상태로 남아 있었다. 더욱이 러시아의 비판세력은 유럽에서 발전하고 있던 프롤레타리아트의 체제비판 이데올로기를 가까이서 수입할 수 있었다. 19세기 말의 러시아는 바로 그 같은 역사적 공간 속에 자리잡고 있었다. 러시아의 1890년대는 나로드니키(Narodniki)와 자유주의자들과 함께 마르크스주의자들이 국가의 억압 속에서도 집요하게 조직의 뿌리를 내리기 시작하는 시기였다. "저항의 문화"(culture of opposition)가 사회 각층에 파고들었다. 19세기 러시아는 초급학교뿐 아니라 중학교와 대학교가 우후죽순처럼 확산되는 기간이었던 만큼 저항의 문화는 광범한 지식인층에 뿌리를 내렸다. 러시아 지식인들은 억압적인 차르 체제를 하루빨리 극복해야 할 러시아만의 수치스러운 질곡으로 인식했다.[9]

레닌이 차르 체제에 저항하는 급진적 마르크스주의 조직에서 활동한 혐의로 경찰에 체포된 것은 25세 때인 1895년 12월 5일이었다. 그는 우선 예비교도소에서 2년을 보낸다. 레닌과 함께 세인트 페테르부르크에서 노동계급해방투쟁연합에 가담했다 체포된 사람들은 1897년 1월 모두 동부 시베리아에서 3년 유형생활을 선고받는다.[10] 그래서 다음 달 레닌은 횡단철도를 타고 시베리아를 향해 떠났던 것이다.

레닌이 경찰에 처음 체포된 1895년 무렵, 16세의 조셉 스탈린은 그루지야의 트빌리시(Tbilisi)에서 로맨틱한 서정시를 쓰는 시인으로 통하는 젊은이였다. 막 마르크시스트로 개종해가던 중이었다. 「달에게」라는 전형적인 로맨틱 풍으로 지은 시가 당시 그루지야 문학동네에서는

---

9) Service, 2003, p.18.
10) Service, 2000, pp.107~109.

꽤 유명하게 회자되었다고 한다. 대충 우리말로 옮기면, "연분홍 새싹이 열리어 파르르 창백한 보랏빛으로 달려가네. 잔잔한 미풍에 깨어난 골짜기의 백합은 풀 위에 고개를 숙이네……"로 시작했다. 스탈린의 전기 작가 로버트 서비스는 이렇게 외국어로 옮기면 흔한 신파조 서정시로 생각되기 쉽지만, 당시 그루지야 토착 언어로 표현된 그의 시는 대단히 멋있다는 평가를 받았다고 한다.[11]

훗날 스탈린주의의 장본인으로서의 그와 1890년대 중엽 한 문학소년의 모습 사이엔 상당한 거리가 있어 보인다. 제국 러시아는 이 무렵 시를 쓰고 있던 소년과 시베리아에 유형을 떠난 20대 청년을 포함한 마르크스주의자들이 장차 조직하게 되는 혁명에 의해 1917년 무너진다. 하지만 그 10여 년 전에 먼저 벌어지게 되는 전쟁에서 일본에 의해 무너져 내림으로써 동아시아 무대에서 먼저 퇴장을 강요당한다.

하지만 그것은 일본 혼자만의 작품이 아니었다는 것이 중요하다. 영국과 미국의 해양패권과 그들이 거느리는 국제적 배경, 그리고 각종 차관의 형태로 두 나라가 제공한 막대한 전비 지원이 아니었다면 동아시아에서 일본에 의한 러시아의 퇴장은 불가능한 역사적 사건이었다. 이 장은 세기의 전환점에 서 있던 동아시아 질서에서 유라시아의 제국 러시아가 누린 화려한 10년과 그것에 마침표를 찍게 되는 세 해양 국가들 사이의 제국주의 카르텔에 관한 이야기이다.

2. 제3기(1895~1905) 동아시아 제국주의와 시베리아 횡단철도

톨스타인 베블렌(Thorstein Veblen)이 "물리와 화학기술"이라고 이

11) Robert Service, *Stalin: A Biography*, Cambridge: Harvard University Press, 2005, pp.38~39.

름 붙인 일련의 새로운 기술들과 새로운 에너지 원천들은 생산력의 비약적인 발전을 가져왔다. 전기, 화학산업, 그리고 석유를 기반으로 한 새로운 산업이 발전하면서 거대한 자본집중현상이 뒤따랐다. 이에 기반을 두고 급속히 산업화되어가는 나라들 안에서 경제력은 일부 거대 산업과 금융집단에 집중되어갔다. 국력의 불균등발전(uneven development)의 속도도 가속화했다. 열강들 사이의 국력 서열변동의 속도가 과거에 비해 훨씬 빨라질 수밖에 없었다.

자본주의 발전이 새 국면에 접어들면서 영국은 더 이상 세계경제체제의 주도자가 아니었다. 새로운 산업 강국들이 영국의 위상을 위협했다. 미국, 독일, 프랑스 그리고 일본이 그러했다.[12] 동아시아에서 러시아의 위상 또한 영국에 위협적인 것으로 다가섰다. 전 지구적인 정치권력질서에 구조적 변동이 일어나고 있었다.[13] 머지않아 동아시아 제국주의 질서에서의 변동 또한 불가피했다. 이러한 변동이 동아시아에서 구체화된 것이 1890년대였다. 특히 청일전쟁 종결 시점에서였다. 동아시아 지역에서 제국주의 역학관계의 변동은 러시아와 미국, 그리고 일본이 특히 중요한 지정학적 행위자로 부상하는 형태로 나타난다.

1895년 이후의 동아시아에서 제국주의 카르텔의 양상은 두 가지로 요약할 수 있다. 하나는 동아시아 제국주의 열강 내부 역학관계의 변동

---

12) Harry Magdoff, *Imperialism without Colonies*, New York: Monthly Review Press, 2003, pp.35~37.
13) 김기정은 이러한 "영국의 쇠퇴현상과 중심부의 구성적 다원화"를 앨버트 버거슨의 말을 빌려 "단중심부 구조(unicentric structure)에서 다중심부 구조(multicentric structure)로의 변동"으로 설명한다. Albert Bergesen, "1914 again?: Another Cycle of Interstate Competition and War," Pat McGowan and Charles Kegley, Jr., eds., *Foreign Policy and the Modern World System*, Beverly Hills: Sage Publications, 1983, p.258; 김기정, 『미국의 동아시아 개입의 역사적 원형과 20세기 초 한미관계 연구』, 문학과지성사, 2003, 79~80쪽.

이다. 러시아, 미국, 그리고 일본의 상대적인 부각으로 세력 재편이 전개된다. 좀 덜한 정도지만 독일도 동아시아의 그림에 등장한다. 삼국간섭의 일원이기도 했고, 칭다오를 포함한 산둥반도에 근거지를 마련하면서 영국, 미국 그리고 일본 등 동아시아 해상세력에게 위협으로 다가선다. 특히 러시아의 존재감이 증폭되면서 다른 열강들의 연합 패턴에 결정적인 영향을 주게 된다.

다른 하나는 동아시아 제국주의 제3기를 특징짓는 현상이다. 제국주의 카르텔 양상에서의 중대한 변화이다. 열강들 내부에서 러시아 등이 다른 열강들에게 위협적인 존재로 다가서면서 특히 영미일 삼국의 제국주의 카르텔 연합을 본격화시킨다. 전 지구적 해상제국 영국, 이제 명실상부한 동아태 국가로 거듭나기에 이르는 미국, 그리고 청일전쟁을 통해 제국주의 클럽의 일원으로 인정받은 일본은 다같이 중국 대륙에 대한 러시아의 영토적 팽창을 경계하면서 반(反)러시아 제국주의 콘도미니엄을 형성한다. 이 새로운 카르텔 양상도 근본적으로 중국에 대한 공동지배라는 목표와 연결되어 있었다. 영국과 미국이 러시아 견제를 목적으로 일본과 연합하게 된 사실은 19세기 말 이후 20세기 초에 걸쳐 한반도의 운명에 지대하고 결정적인 의미를 갖게 된다.

먼저 러시아를 보자. 1860~80년대 중반까지 러시아 외교정책의 기본방향은 서유럽, 중동, 그리고 중앙아시아에 대한 진출이었다. 이 시기 동북아지역에 파견되는 러시아의 정치인이나 외교관들은 매우 소수에 불과했다.[14] 그럼에도 이 시기부터 영국의 러시아 경계는 이미 시작되

---

14) 김용구, 『임오군란과 갑신정변: 시대질서의 변형과 한국 외교사』, 도서출판 원, 2004, 117쪽. 이 시기 동북아에 대한 러시아의 전반적인 무관심은 한반도에도 표현되었다. 러시아는 1884년 조선과 수호조약을 체결하지만, 대체로 한반도의 정치적·지리적 사실에도 무관심했고, 주로 외국 자료에 근거해 한반도를 바라보고 있었다. 1885년에 러시아가 조선에 파견한 관리는 '대리공사'(charge d'affaire) 수준이었다(김용구, 2004, 118쪽).

고 있었다. 1883년 11월 26일 영국은 조선과 영조수호통상조약(英朝修好通商條約)을 한양에서 서명했다. 이 조약은 조선 국왕을 독립군주라고 명기했다. 조선을 속방으로 여기는 청국의 적대적인 반응을 불러일으켰다. 하지만 국제법상으로 조선은 영국에 의해, 따라서 자동적으로 대부분의 열강들에 의해 승인받는 결과를 가져왔다.[15] 이 조약에 영국 대표로 참석한 사람은 주중국 영국공사 해리 파크스(Harry Parkes)였다. 그는 이 조약으로 영국이 의도한 목표의 하나를 "블라디보스토크에서부터 남쪽으로 영향력을 행사하려는 러시아의 의도를 저지하는 것"이라고 밝혔다.[16]

러시아는 일찍이 지중해와 인도 방향으로 남하를 꾀하여 부동항(不凍港)을 건설하려는 계획을 갖고 있었다. 하지만 영국의 거듭된 견제로 실패했다. 이에 러시아는 태평양 연안의 동아시아 지역, 특히 한반도에 부동항 건설을 노리고 있었던 것으로 영국을 비롯한 다른 열강들은 의심하고 경계했다. 1885년 4월 26일 영국의 윌리엄 도웰(William Dowell) 제독이 중국, 조선, 일본에 통보함과 동시에 함대를 이끌고 거문도(巨文島, Port Hamilton)를 점령한 사태가 그 대표적인 일이었다. 앤드류 말로제모프는 이 사태로 "부동항을 모색하던 러시아는 역사상 새로운 국면을 맞게 되었다"고 말한다.[17]

러시아가 실제 조선에 부동항을 확보하려고 구체적으로 노력하고 있는 상태에서 영국이 그러한 행동을 했는가는 많은 논란이 되어왔다. 말로제모프에 따르면, 1885년 이전까지 러시아가 블라디보스토크항에 불

---

15) Ian Nish, 「청일전쟁과 영국」, 유영익 외, 『청일전쟁의 재조명』, 한림대학교 아시아문화연구소, 1996, 210~211쪽.

16) Parkes to Granville, March 31, 1884, 『영국외무부 기록』(런던 공문서보관소 소장) 17/949; Ian Nish, 1996, 211쪽에서 재인용.

17) 말로제모프, 2002, 57쪽.

만을 갖고 있었다는 증거는 없었다. 또 블라디보스토크 이외에 조선에 따로 부동항이 필요할 만큼 당시의 러시아는 해군력도 자원도 보유하지 못했다고 주장한다. 1880년 이래 러시아가 한반도에 부동항 확보를 노린다는 설은 영국과 미국이 퍼뜨린 것이라는 게 말로제모프의 설명이다.[18] 다만 말로제모프도 러시아가 명확한 계획을 가진 것은 아니었으나 부동항을 모색하고 있었다는 것은 사실이라고 말하기도 한다.[19] 결국 말로제모프가 주장하는 요점은, 러시아가 한반도에 부동항을 모색할 욕망이 있었다 하더라도 구체적으로 계획을 세워 추진한 일은 없는 상태에서 영국이 선제적으로 한반도의 거문도 점령을 단행한 것이라는 얘기였다.

러시아의 동아시아 부동항 확보의 바람은 이렇게 다른 열강들의 사전 견제에 막혀 좌절되었다. 러시아가 동아시아 본격 진출을 위해 그 대안으로 추진하게 된 것이 시베리아 횡단철도 건설이었다. 말로제모프는 "거문도사건은 동아시아에서 러시아의 해군정책을 전환시켰고, 그럼으로써 시베리아 횡단철도 부설을 간접적으로 유도했다"고 확인한다. "영국의 거문도 점령은 러시아의 동아시아 함대가 동해에서 얼마나 쉽게 봉쇄될 수 있는가를 보여주었"기 때문이라고 했다.[20] 이렇게 다른 나라의 "중립 항구"를 이용할 수 없고, 따라서 저탄기지를 확보하지 못한 상태에서 러시아 동아시아 함대는 무용지물이 될 것이었다. 특히 영국이 중국연안에 배치한 이른바 '중국함대'(China Squadron)를 상대할 수는 없는 일이었다. 그래서 1887년 이후 러시아의 동아시아령에 대한 방어정책은 변화할 수밖에 없었다. 해군력보다는 육군력에 의존하

---

18) 말로제모프, 2002, 55~56쪽.
19) 말로제모프, 2002, 57쪽.
20) 말로제모프, 2002, 63쪽.

는 방향으로 선회한 것이다. 동아시아 함대는 최소한으로 줄였다.[21] 시베리아 횡단철도 건설은 그만큼 더 절실해졌다.

말로제모프는 러시아의 시베리아 횡단철도 건설의 또 다른 중요한 동기는 일본의 부상이라고 보았다. 1883년에서 1889년까지의 6년은 일본 해군이 눈에 띄게 발전한 시기였다. 이에 따라 1880년대 말에 이르면 일본 해군은 동해에서 러시아 해군을 방어적인 위치로 몰아넣는 데 충분한 수적·기술적 우위를 점하게 되었다는 것이 말로제모프의 평가이다. 일본 함대는 이제 러시아 해군이 동아시아를 드나드는 것을 쓰시마 해협에서 차단할 수 있었다. 그렇다면 러시아의 동아시아 함대는 쓸모없는 것이 되어버릴 형편이었다. 결국 일본 해군력의 발전은 러시아가 동아시아에서 해군 위주 정책을 버리고 대륙철도의 지원을 받는 육군력에 중심을 둔 전략으로 전환하는 중요한 계기가 되었다.[22]

러시아의 시베리아 횡단철도 계획을 촉진한 추가적인 배경으로 말로제모프는 몇 가지를 더 지적한다. 하나는 조선문제로 러시아가 청나라와 분쟁을 벌일 경우 병력과 군수보급품 수송을 위해 철도가 필요했다. 이미 영국과 러시아 사이에 부단히 긴장이 발생하고 있었다. 그 여파로 러시아가 청나라와 갈등을 벌이다 우발적인 군사적 충돌이 벌어질 수도 있었다. 대륙 깊숙이에서 러시아가 청과 갈등을 벌일 경우 동아시아 함대라는 해군력은 별 소용이 없었다. 따라서 러시아의 동아시아 영토를 방어하기 위해서도 육군력의 효과적인 배치와 활용에 시베리아 횡단철도는 필수적이었다. 아울러 철도는 러시아 극동지역의 잠재력을 개발하는 데 필수적인 정착민들을 흡인하게 될 것으로 기대했다.[23]

---

21) 말로제모프, 2002, 63쪽.
22) 말로제모프, 2002, 63~64쪽.
23) 말로제모프, 2002, 65~66쪽.

시베리아 횡단철도 건설 신호탄은 1886년 봄 차르 알렉산드르 3세의 칙령 공포였다. 그는 "가능한 한 시베리아를 최단거리로 횡단하는 철도를 건설하라"고 포고했다. 이후 시베리아 철도부설은 러시아에게 움직일 수 없는 사실로 되었다.[24] 그러나 이 철도건설계획이 구체성을 띠게 된 것은 1890년대에 들어서였다. 영국 등 다른 열강들의 러시아 경계가 본격화된 것도 이때였다. 1892~1903년 기간 동안 러시아 재무장관이었던 세르게이 비테(Sergei Yulievich Vitte)는 특히 1892년 말부터 시베리아 횡단철도의 경제적 및 전략적 중요성을 주목했다. 그해 11월 18일 작성된 보고서에서 비테는 첫째, 경제적 효과를 주목했다. 시베리아 횡단철도의 완공으로 청국 차를 신속하게 유럽으로 운송할 수 있다는 것이었다. 러시아는 청국에서 면화, 모직물, 금속제품 등의 판매에서 영국과 경쟁할 수 있게 될 것으로 보았다. 둘째, 시베리아 횡단철도는 러시아의 동아시아 함대를 강화시킴으로써 유럽이나 동아시아에서 정치적 분규가 발생했을 때 이 함대가 태평양 해역의 모든 통상활동을 지배하는 데 특히 중요한 의미를 갖게 될 것이라고 분석했다.[25]

당시 러시아에서 재무부는 무역, 통상, 육로 및 해상교통, 노동, 그리고 농업과 공업의 상당부분을 포함한 국가예산의 절반을 관장하는 막강한 부서였다. 비테는 중앙아시아의 철도개발에도 관심을 보였다. 뿐만 아니라 그는 무르만스크(Murmansk)에 부동항을 개설하여 이를 상트 페테르부르크까지 연결시키려는 계획, 리바우(Libau)의 군항 건설, 대규모 해군 창설, 러시아의 중공업 진흥 등 수많은 대규모 계획들에 깊은 관심을 가졌다.[26] 러시아가 블라디보스토크에 군항을 건설한 것

24) 말로제모프, 2002, 53~54쪽.
25) 말로제모프, 2002, 80~82쪽.
26) 말로제모프, 2002, 82쪽.

이 『동경일보』의 보도를 통해 일본에 알려진 것은 1892년이었다. 러시아 동양함대가 일본에 내항하여 시위하기에 이른 것도 그해 11월이었다.[27]

3. 미국 '섬 제국주의'의 전개와 동아시아

1880년대까지 미국의 경제성장 동력은 저개발된 국내시장, 즉 내부 변경지대(frontier)였다. 1861~65년 기간의 남북전쟁 이후 미국 동북부의 산업자본과 금융자본은 전쟁으로 폐허가 된 남부의 재건사업으로 커다란 이득을 보았다. 미국의 서부 또한 동북부의 금융자본가들로부터 돈을 빌려 농축산물을 생산했다. 동북부의 노동자들에게 싼값으로 식량을 공급했다. 동북부와 서부를 연결하는 아메리카 대륙횡단 철도 시스템에 막대한 투자가 이루어졌다. 이것이 미국의 급속한 성장의 발판이었다. 유럽 열강들이 아프리카와 아시아에 건설한 제국들로부터 얻고 있는 이득을 미국은 서부 변방지역(American West)으로부터 얻고 있었다.[28] 그래서 월터 딘 번햄은 일찍이 이렇게 갈파했다. "미국은 너무나 방대해서 해외 식민지가 필요없었다. 영토 내부에 미국은 이미 두 개의 커다란 식민지를 갖고 있었다. 미개척지 서부와 남북전쟁 후의 남부가 그러했다."[29]

그러나 1880년대에 들어서면서 서부 프런티어는 더 이상 미국의 경제성장을 견인하지 못했다. 1874~84년 사이 미국의 1인당 GNP 성장

---

27) 후지무라 미치오, 1997, 36~37쪽.
28) Kevin Narizny, *The Political Economy of Grand Strategy*, Ithaca: Cornell University Press, 2007, pp.41~42.
29) Walter D. Burnham, "The End of American Party Politics," *Transaction* 7, No.2(December 1969), p.16; Narizny, 2007, p.42.

률은 평균 3.8퍼센트였다. 1884~94년엔 평균 0.6퍼센트로 떨어진다. 1870년대부터 분명해진 미국 경제성장의 걸림돌은 과잉 생산능력이었다. 문제는 내부시장의 고갈이었다. 내전 후 남부와 서부 프런티어가 제공해주던 내부 식민지의 이점이 사라지고 있었다.[30] 1890년대에 미국이 경제성장을 계속하기 위해서는 새로운 시장을 개척해야만 했다.

미국이 중국을 궁극적인 목표로 하여 동아태 해상패권 경쟁에 본격 뛰어든 시기가 1890년대였다는 사실은 그런 점에서 놀라운 일이 아니었다. 미국의 "섬 제국주의"(insular imperialism) 시대가 전개되는 것이다. 섬 제국주의란 "주요 시장에 접근하는 전략적 디딤돌로서 잠재적 유용성이 있는 섬이나 섬 같은 지역(islands and enclaves)"을 미국령으로 만드는 것이었다.[31] 동아태지역에서 미국의 섬 제국주의의 구체적인 움직임은 1893년 하와이에서 시작했다. 당시 하와이엔 여왕 릴리우오칼라니(Liliuokalani)가 다스리는 원주민들의 정부가 있었다. 그러나 그 이전부터 이미 선교사 출신 미국인들이 하와이의 땅들을 사기적인 수법으로 자신들의 사유재산으로 만들어놓고 대규모 농장을 운영했다.

하와이의 총 인구는 약 11만 명이었고, 백인 미국인들은 7,200명에 불과했다. 그러나 이들 소수의 백인들이 하와이를 지배했다. 1893년 2월 백인 농장주들은 릴리우오칼라니 여왕의 정부를 아예 전복해버렸다. 그리고 신정부를 세웠다. 이때 무력을 동원해 쿠데타를 도운 세력이 있었으니 다름 아닌 미국정부였다. 당시 주하와이 미국대사 존 스티븐스(John Stevens)가 미국 전함 보스턴호 소속 해군에게 백인 쿠데타

---

30) Narizny, 2007, p.42.
31) Thomas J. McCormick, *China Market: America's Quest for Informal Empire 1893~1901*, Chicago: Ivan R. Dee, 1967, p.106.

세력을 돕도록 명령했다. 150명의 병력이 하와이에 상륙해 작전을 벌였다.[32]

미국정부의 지원을 받아 쿠데타로 등장한 신정부는 미국과 하와이의 합병을 추진했다. 협상이 시작되었다. 쿠데타 당시 미국 대통령은 공화당 소속인 벤저민 해리슨(Benjamin Harrison: 23대 대통령, 재임 1889~93)이었다. 공화당 행정부들은 함포외교를 선호하는 경향이 강했다. 그러나 1893년 3월 출범한 민주당 행정부의 대통령 그로버 클리블랜드(Grover Cleveland: 22대 및 24대 대통령, 재임 1885~89, 1893~97)와 국무장관 월터 그레셤(Walter Q. Gresham)은 비앵글로색슨 지역에 대한 미국의 영토적 팽창에 대해 유보적인 태도를 갖고 있었다.[33]

미국이 하와이 합병을 본격 추진한 것은 1897년에 윌리엄 매킨리(Wiliam McKinley: 25대 대통령, 재임 1897~1901) 대통령의 공화당 행정부가 다시 등장하면서였다. 매킨리 행정부는 세계시장에서 미국을 지배자의 위치로 올려놓는 것을 최우선 대외정책기조로 삼았다. 하와이는 아시아 시장에 대한 열쇠라고 인식했다. 하와이 합병 작업에는 매킨리 행정부에서 해군성 차관을 맡고 있던 젊은 시어도어 루스벨트(Theodore Roosevelt)가 깊이 간여했다.[34] 매킨리 대통령은 "우리가

---

32) Walter LaFeber, *The Clash: U.S.-Japanese Relations Throughout History*, New York: W.W. Norton, 1997, p.54.
33) 이 문제는 색깔이 다른 두 종류의 인종주의와도 결부되어 있었다. 제국주의적인 영토적 팽창을 반대하는 집단은 황인종과 흑인종을 흡수해야 하는 부담을 내세워 중미지역에 대한 미국의 영토합병을 반대했다. 반면에 적극적 제국주의자들은 하와이의 경우 미국인 백인들을 그들보다 숫자가 많은 하와이 원주민, 중국인, 일본인, 그리고 포르투갈인들로부터 보호하기 위해 합병이 필요하다고 주장했다. LaFeber, 1997, p.55.
34) LaFeber, 1997, p.55.

캘리포니아를 필요로 할 때보다 지금 훨씬 더 하와이가 필요하다"고 그의 개인비서에게 말한 것으로 알려졌다. 그는 또 덧붙였다고 한다. "그것은 명백한 운명(manifest destiny)이다."[35]

1898년 4월 말 매킨리 행정부와 함께 미 의회는 스페인에 전쟁을 선포한다. 스페인에 대한 미국의 전쟁은 쿠바와 서태평양의 필리핀에서 동시에 전개되었다. 그 둘 중에서도 미국의 주안점은 오히려 필리핀이었다. 미국은 1만 2,000명의 군대를 파견해 마닐라를 점령했다. 1898년 5월이었다. 미국이 하와이를 정식으로 합병한 것도 이 와중에서였다. 스페인은 그해 8월 마침내 미국에게 항복했다. 8월 파리에서 시작된 평화회담에서 미국은 쿠바와 푸에르토리코, 그리고 필리핀을 자신에게 양도할 것을 요구한다. 이에 따라 미국이 확보한 필리핀은 그해 9월 국무장관에 임명된 존 헤이(John Hay: 국무장관 재임 1898~1901)에 따르면, "중국과 조선, 프랑스령 인도차이나, 말레이반도, 인도네시아 도서들과의 무역의 관문을 지키는 태평양의 전초기지"였다.[36]

1898년 미국이 필리핀에서 스페인 세력을 몰아냈다고 해서 그 땅이 자연스럽게 미국의 식민지가 된 것도, 필리핀인들이 새 식민주의자를 환영한 것도 아니었다. 미국이 필리핀인들에게 독립을 부여할 의도가 없다는 것은 곧 명백해졌다. 미국이 "필리핀 반란"(Philippine Insurrection)이라고 부른 전쟁이 1899년 2월에 시작되었다. 1890년대에 스페인에 저항하는 혁명군에 가담했던 에밀리오 아기날도(Emilio Aguinaldo)가 이끈 저항이 치열한 게릴라전 형태로 전개되었다. 이에 대한 미국의 반혁명적 군사행동은 심오한 도덕적 문제들을 야기시켰다. 훗날 1960년대의 베트남 전쟁에서 다시 되풀이될 패턴을 예시하는 바가 있었다. 이 전쟁

---

35) LaFeber, 1997, p.60.
36) LaFeber, 1997, p.61.

에 참여한 미군 병사의 숫자는 자그마치 12만 6,468명이었다. 1902년 7월 4일 이 전쟁이 끝났을 때, 사망한 미군은 4,000명에 달했다. 부상자도 3,000명이었다. 전투 중 필리핀 군인 사망자 수는 공식적으로는 1만 6,000명이었다. 실제는 2만 명으로 추정되고 있다.[37] 일본에 의한 강제 합병에도 불구하고 당시 한반도에서는 없었던 전쟁과 대량희생이 필리핀에서는 미국 식민주의에 대한 저항 속에서 전개된 것이었다.

미국 주요 언론들은 필리핀 식민지화를 열렬하게 지지했다. 『뉴욕 타임스』는 미국이 필리핀을 "당분간" 소유하고 장악할 "중대한 필요성" (paramount necessity)이 있다고 주장했다.[38] 미국인들은 스페인이 물러난 필리핀에서 미국이 "제국건설"(empire-building)의 야망을 펼칠 기회를 보았던 것이라고 헨리 그라프는 평한다.[39] 일부 지식인은 반제국주의 동맹을 결성해서 필리핀에서 미국의 전쟁행위를 반대하는 활동을 했다. 그들은 이것을 '제국주의 전쟁'으로 불렀다. 이 단체의 칼 슈즈(Carl Schurz) 등은 매킨리 행정부가 의회의 동의를 얻지도 않고 필리핀과 전쟁을 시작했다고 말했다. 필리핀 주민들을 대상으로 한 유혈 전쟁을 중단하고 필리핀인들이 자유와 독립을 누릴 권리를 인정하라고 주장했다. 같은 단체의 무어필드 스토리(Moorfield Storey)는 "(필리핀) 루손에서 계속되는 전쟁은 매일 새로운 국가적 죄악을 더하고 있다"고 비판했다. 그는 필리핀에서의 제국주의 전쟁은 인종주의에 기초한 것이라고 주장하면서, 미군의 고문과 잔학성을 공개적으로 비판했다. 당시 미국에서 그는 예외적인 지식인이었다.[40]

---

37) Henry F. Graff, *American Imperialism and the Philippine Insurrection*, Boston: Little, Brown and Company, 1969, p.xiv. 민간인 사망자 수는 그 열 배를 넘었다.

38) Graff, 1969, p.ix.

39) Graff, 1969, p.xiii.

40) Richard E. Welch, Jr., *Response to Imperialism: The United States and the*

미 공화당 행정부의 대변인들은 필리핀에 대한 전쟁을 '명예,' '의무,' 그리고 '필요성'이라는 고상한 단어들로 포장했다. 하지만 상원의 유력한 인물들은 이 전쟁이 내포한 미국의 제국적 비전과 필리핀이 제공할 것으로 기대하는 현실적인 전략적·경제적 이득을 숨기지 않았다. 상원의원 앨버트 베버리지(Albert J. Beveridge)와 상원의원 헨리 캐벗 로지(Henry Cabot Lodge)가 대표적이었다.[41]

1898년 필리핀, 괌(Guam), 웨이크 아일랜드(Wake Island)와 함께 하와이가 미국의 공식영토로 되면서 미국은 갑작스럽게 태평양 국가(a Pacific power)가 되었다. 미국은 일본과 함께 태평양지역에서 동시에 식민주의 국가(colonial powers)로 등장한 것이다.[42] 토머스 매코믹은 미국의 섬 제국주의를 이렇게 요약했다. "미국이 하와이, 웨이크, 괌, 그리고 필리핀을 차지한 것은 주로 그것들 자체가 가진 경제적 가치 때문도 아니고 그들의 '명백한 운명'을 달성하기 위해서도 아니었다. 그들의 '심리적 위기'를 분출하기 위해서도 아니었다. 중국 시장에 침투하여 그것을 궁극적으로 지배하려는 것이 태평양지역에서 미국의 핵심적인 야망이었다. 이 야망을 실현시키기 위해서는 통합된 무역로가 필요했고, 석탄보급소와 통신 케이블과 해군기지 체제 구축이 필요했다. 미국에게 그 섬들이 필요한 궁극적인 이유였다."[43]

청일전쟁 시기 미국의 대통령이었던 그로버 클리블랜드는 그의 후임인 윌리엄 매킨리와 그의 국무장관 존 헤이에 비해 미국의 경제적인 국

Philippine-American War, 1899~1902, Chapel Hill: The University of North Carolina Press, 1979, pp.48~49.

41) Welch, Jr., 1979, pp.58~59.

42) Akira Iriye, *Across the Pacific: An Inner History of American-East Asian Relations*, Chicago: Imprint Publications, Inc., 1992(Revised Edition), p.74.

43) McCormick, 1967, p.107.

19세기 말 미국의 섬 제국주의 영역 (괄호 안 연도는 미국이 점령 또는 획득한 해)

알류샨 열도(1889)

팽호열도

보닌 제도

미드웨이 섬(1867)

웨이크 섬(1899)

하와이(1898)

필리핀
(1898)

마리아나 제도

괌(1898)

마샬 제도

존스턴 섬(1858)

하우랜드

킹맨리프(1858)

팔미라(1898)

길버트
제도

베이키 섬
(1897)

솔로몬
제도

사모아(1889)

피지 섬

참고자료: Walter LaFeber, *The Clash: U.S.-Japanese Relations Throughout History*, New York: W.W. Norton, 1997, p.60.

제경쟁력에 대한 자신감이 있었다. 따라서 자유방임적 자유주의를 신봉했다. 정치군사적 수단에는 상대적으로 부정적이었다.[44] 하지만 그런 클리블랜드 행정부조차도 미국의 아시아 함대를 1척에서 8척으로 늘렸다. 동아태지역으로 팽창하고자 한 미국의 의지를 구체적이고 상징적으로 표현한 것이었다.[45]

---

44) McCormick, 1967, pp.62~63.
45) LaFeber, 1997, p.49.

4. 일본과 군국주의의 준비

일본은 1890년을 전후한 시기에 군국주의로 나아가는 기틀을 세웠다. 러시아의 동아태 진출을 경계하면서 무력기반과 정치제도적인 체제정비를 이룩한다. 1889년 2월에 공포된 대일본제국헌법은 그것을 기초한 이토 히로부미의 말대로 "군권(君權)을 강고히 하고 그것을 가장 중시할 목적으로" 만들어졌다. 천황에게 무제한의 대권을 부여한 반면, 인민의 기본적 권리는 제한했다. 의회에도 본질적인 권력을 부여하지 않았다. 특히 군사대권은 히로부미의 말대로 지존의 대권이었다. 천황의 단독 고유권한으로 만들어버린 것이다. 군통수권 행사는 천황이 군참모총장과 군령부장의 보좌를 받아 행사하는 것으로 되어, 내각의 직무 밖으로 독립시켰다. 결과적으로 국방계획, 작전계획, 용병 등은 통수권 행사로서 내각의 권한에서 독립하는 것을 헌법상 보장했다. 이중정부와 이중외교의 헌법적 기초였다.[46)]

일본은 외교상으로는 1880년대 중엽부터 조선에서 청나라에 대해 타협적인 자세를 취했다. 그러나 내부적으로는 군비확장에 진력했다. 육군 편제를 독일식으로 바꾸었다. 상비군 외에 후비군(後備軍)을 설치했다. 동원가능 병력은 일거에 두 배 반으로 늘었다. 해군은 청나라 북양함대의 주력을 격파할 수 있는 능력을 목표로 했다. 4,200톤 급의 대형 군함을 건조하기 시작한 것이다.[47)]

1890년 수상 야마가타 아리토모(山縣有朋)는 제국의회에서 유명한 주권선·이익선 연설을 한다. 그는 '국가 독립 자위의 길'은 주권선(主權線)을 수호하고 이익선(利益線)을 보호하는 것이라고 선언했다. 주

---

46) 후지무라 미치오, 1997, 31~32쪽.
47) 후지무라 미치오, 1997, 29쪽.

권선의 바깥에 이익선을 배치했는데, 조선이 바로 일본의 이익선이라고 정의했다. 조선을 보호하는 것은 제국주의의 길을 향하는 열강들로부터 일본의 독립을 유지하는 불가결의 조건이라고 강조했다. 따라서 주권선 수호에서 한걸음 더 나아가 이익선까지 '보호'한다는 목적으로 일본의 군비를 더욱 확대해야 한다는 정책을 분명히 한 것이었다. 자유민권운동의 전통을 계승한 자유당 안에서도 군비확장론이 대두했다.[48] 아시아 대륙의 일부를 이익선이라는 이름 아래 자신의 영향권으로 만드는 목표를 무력으로 추진할 의지를 정부가 공식화한 것이었고, 일본 사회 전체에 그러한 합의가 형성되고 있었다.

당시 유력 언론으로 『일본』이라는 신문이 발행되고 있었다. 이 신문의 주필 구가 가쓰난(陸羯南)은 1891년을 일컬어 "실로 우리 동양 문제가 움직이기 시작한 해"라고 회상했다. 러시아 황태자 니콜라이 2세가 그해 3월 31일 블라디보스토크의 시베리아 철도 기공식에 참석한 후 일본을 방문했다. 그를 경호하던 일본 순사가 그를 저격했다. 황태자는 상처를 입었다. 이른바 오쓰 사건(大津事件)이었다. 이 일을 계기로 일본에서는 러시아의 동방정책에 관심이 집중되었다. 1892년 일본 의회는 천황의 칙어를 받들어 해군 확장 7개년 계획을 승인했다. 일본 정계와 언론 및 학계에 걸쳐 광범위하게 대외강경파가 형성된 것도 그 무렵이었다.[49] 그래서 일본 대외정책의 향방과 관련해서도 많은 학자는 1890년대 초를 하나의 분수령으로 파악한다. 1890년까지 일본의 국가 발전전략의 핵심은 개혁이었다. 반면에 1890년대 초를 기점으로 무력을 포함한 모든 수단을 동원한 대외팽창이 일본의 국가전략으로 되었다는 것이다.

---

48) 후지무라 미치오, 1997, 35쪽.
49) 후지무라 미치오, 1997, 36~39쪽.

1894년 여름은 일본이 과거에 서양 제국주의 국가들과 맺었던 불평등조약을 마침내 해소함으로써 국제질서에서 공식적으로 제국주의 국가들과 어깨를 나란히 하는, 제국주의 클럽의 회원이 된 때였다. 그해 7월 당시 이토 히로부미 내각은 무쓰 무네미쓰(陸奥宗光) 외상과 함께 영국과의 불평등조약을 해소하는 데 성공했다. 이에 따라 일본영토에서 서양 제국주의 국가들이 가진 치외법권이 폐지된 것은 1899년이었다. 일본이 자신의 관세정책에 대해서도 완전한 주권을 회복한 것은 1911년이지만, 1894년 영국과의 조약을 개정한 것이 중요한 출발점이었다. 이렇게 일본이 제국주의 열강의 정식회원으로 등록한 일을 마치 기념하려는 듯이 조약 개정 보름 후인 1894년 7월 24일 일본은 조선에서 중국군 수송선 한 척을 격침시켜 1,000여 명을 죽인다. 그로부터 1주일 후 일본군은 대규모로 한반도에 진격했던 것이다.[50]

5. 제3기 동아시아 제국주의 카르텔의 네 가지 양상

제3기 동아시아 제국주의 카르텔 체제의 핵심은 영국, 미국, 그리고 일본 등 세 열강이 러시아의 동아시아 진출 본격화를 계기로 중국에 대한 러시아 영향력 증대를 차단하기 위해 삼각 제국주의 연합을 형성한 데에 있다. 그러면서도 중국에서 제국주의 자체에 저항하는 사태가 발생했을 때에는 영미일과 함께 러시아를 포함한 세계열강 전체가 중국의 저항을 분쇄하기 위해 공동 출병하는 사태가 전개된 것이 또한 이 시기의 특징이었다.

이와 같은 제3기 동아시아 제국주의 카르텔의 양상은 다음과 같이 네 가지로 요약할 수 있다. 첫째, 제5장의 끝부분에서 이미 살펴본 바와

---

50) LaFeber, 1997, pp.48~49.

같이 청일전쟁의 결과인 시모노세키 조약(馬關條約)에서 일본에 중국 요동반도가 할양되는 문제를 두고 열강들 사이에 전개된 분열과 연합의 양상이다.

둘째, 19세기 말 동아시아에서 영미 양국과 일본 사이에 지정학적 연대가 깊어져간다. 그것은 두 가지 측면이 있었다. 하나는 일본과 미국 사이에 동아시아 해상패권 경쟁에서 러시아와 함께 독일을 견제한다는 공동의 목적을 위해 미국과 일본이 상호적응하며 연합하는 모습이었다. 다른 하나는 특히 만주 전역에서 러시아가 폐쇄적인 영향권을 구축해가는 상황에 직면하여, 미국과 일본은 지정학적이고 경제적인 이해관계를 공유하고 있었다는 점이다. 이 시기에 미국이 발표한 문호개방 선언들은 형식상으로는 중국에 개입한 모든 열강을 향한 것이었지만 내실은 만주와 러시아를 집중 겨냥한 것이었다. 이때 미국 문호개방선언에 대한 가장 적극적인 동조자는 훗날의 역사에서 보면 어처구니없는 아이러니이지만 다름 아닌 일본이었다.

셋째, 1900년에 중국의 반식민지 상태에 대한 청조 중국의 마지막 저항이었던 의화단사건이 터지자, 영국, 미국, 러시아를 포함한 서양 열강들과 일본이 공동 출병하여 대응한다. 당시 제국주의가 기본적으로 중국에 대한 공동지배의 카르텔이라는 점을 극명하게 재확인해준 모습이었다. 이 사태에 대한 열강의 대응과 관련해 아울러 주목할 것이 있다. 이 사태를 진압한 후에 제국주의 열강의 중국에 대한 자본진출 양상이 달라진다. 열강들이 저마다 개별적으로 중국과 협상하던 방식에서 벗어나 컨소시엄을 형성해 합작하는 양상을 보이기 시작한 것이다.

넷째, 러시아 견제를 위한 영미일 콘도미니엄이 1902년 영일동맹 체결에서 공식화된다. 이것은 일본이 러시아와 직접 전쟁에 돌입하는 국제적 기반이 된다. 러일전쟁은 그 토대 위에서 도발되었다. 전쟁의 전개과정 또한 영국과 미국의 일본 편들기를 분명하게 드러낸다. 러일전쟁

의 결과 일본이 러시아를 대신해 남만주의 주인으로 등장하면서 동아
시아 제국주의 제3기는 막을 내리고, 일본이 미국과 함께 동아시아 질
서를 주무르는 제4기로 이행한다.

6. 청일전쟁 후 미국의 일본 기울기

청일전쟁에서 일본이 요동반도를 점령한 후 그 땅을 할양받는 내용
의 시모노세키 조약 내용을 수정하기 위해 러시아가 주도한 열강의 간
섭이 전개될 때, 영국은 러시아의 동참 요청을 거절했다. 중국 동북부에
러시아 세력이 팽창하는 것을 막기 위해 조선과 만주에서 일본의 영향
력이 커지는 것에 대해 영국과 미국은 상대적으로 우호적이었다. 이러
한 영국의 자세에 대해서는 시모노세키 조약 체결과정에 대한 앞 장의
서술에서 이미 상술했다. 그러므로 여기서는 청일전쟁 후 미국의 친일
본적 태도에 주목하기로 한다.

청일전쟁 기간에 조선 국왕 고종이 1882년에 맺어진 조미수호통상
조약을 들어 미국의 도움을 요청했다. 그러나 아무런 소용이 없었다. 이
조약에서 미국은 조선이 제3자로부터 위험에 처하면 '우호적 노력'을
할 것을 엄숙하게 약속했다. 그러나, 고종의 탄원에 대해 당시 미 국무
장관 월터 그레섬은 일체 대구하지 않았다. 그레섬은 일본이 불의한 전
쟁을 수행하지 않기를 희망한다고 선언했지만, 바로 그날 미국은 조선
을 도울 의도가 없다는 뜻을 일본정부에게 전달한다. 전쟁이 임박해지
고 있던 7월 영국정부는 미 국무장관 그레섬과 대통령 클리블랜드에게
유럽 국가들과 함께 이 분쟁의 중재에 나설 것을 요구한다. 그들은 정
중하게 거절했다. 미국이 동아시아에서 보호하고자 하는 핵심적인 이
익은 중국시장이었기 때문이라고 월터 라페버는 해석한다.[51]

일본군이 1895년 가을 민비를 시해한 직후에 조선은 미국에 구조를

요청한다. 이번에도 미국은 냉담한 태도를 보였다. 청일전쟁에서 일본이 승리했음에도 러시아의 간섭으로 일본의 요동반도 장악이 무산된 후 조선에서는 러시아의 영향력이 증가했다. 이 상황을 반전시키기 위해 일본은 조선 조정에 대한 공격을 명했다. 그 과정에서 민비가 살해되었다. 이 사태를 당해 당시 조선조정에 관여하고 있던 호러스 알렌 (Horace Allen) 등 미국인들은 러시아 편을 들면서 친일세력으로부터 고종을 보호하려 했다. 그러자 미 국무부는 알렌을 질책하고 조선 내부 정치에 간여하지 말 것을 지시한다. 고종은 하인배차림으로 변장하여 궁을 탈출해 러시아 영사관으로 피신한다. 월터 라페버는 고종이 피신처로 선택한 곳이 미국영사관이 아니었다는 사실을 주목한다.[52]

러시아의 영향력은 더 커진다. 당시 조선에서 가장 중요한 미국인은 호러스 알렌 공사였다. 그는 미국회사가 조선 최대의 금광인 운산금광을 차지하도록 주선한다. 그래서 1897년부터 1939에 이르기까지 미국인들은 이 금광에서 1,500만 달러의 이윤을 남긴다. 1905년 이후 일본이 조선을 지배하게 된 정세변화에도 불구하고 그렇게 할 수 있었다.[53]

청일전쟁 기간 주중국 미국공사는 찰스 덴비(Charles Denby)였다. 1895년 6월 8일 덴비는 미 국무부가 보낸 지침을 접수한다. 그 내용은 당시 미국정부가 청일전쟁의 결과로 기대한 것의 본질이 무엇이었는지를 잘 요약하고 있었다. "이 전쟁의 결과로 본국(本國)은 조선에서는 물론이고 중국에서도 평등하고 자유로운 무역상의 이득(equal and liberal trading advantates)을 기대한다."[54]

1890년대 말 동아시아 질서에서 미국과 일본 사이의 지정학적 연대

---

51) LaFeber, 1997, p.49.
52) LaFeber, 1997, p.51.
53) LaFeber, 1997, p.51.
54) McCormick, 1967, p.63.

는 1898년 3월 중순 매킨리 미국 대통령의 대변지로 통하던 『뉴욕 트리뷴』의 다음과 같은 선언이 잘 대변하고 있었다. "러시아의 지배와 일본의 지배 중에서 문명세계의 대부분은 언제나 일본의 지배를 선택할 것이다. 슬라브 - 차르 - 코사크에 의한 지배는 전제와 무지와 반동을 뜻한다. 일본의 지배는 자유와 계몽과 진보를 뜻한다."[55]

이 무렵 미국 전략 사상가들의 동아시아에 대한 지정학적 사고도 일본과의 동맹을 강조하고 있었다. 아키라 이리에는 특히 앨프레드 마한 (A.T. Mahan)의 시각을 주목했다. 마한은 우선 아시아에서 세계의 미래가 결정될 것이라고 보았다. 이 아시아에서 해상세력인 영국과 일본, 그리고 대륙세력인 러시아와 프랑스 사이에 근본적인 갈등선이 있다고 보았다. 아시아 대륙의 안정은 이 두 세력들 간의 균형에 있는데, 미국의 역할은 그 균형을 유지하는 것이라고 했다. 그런데 그 시점에서 러시아의 세력이 팽창하며 균형을 파괴하고 있다고 했다. 따라서 미국은 응당 해양세력인 일본과 연합해야 한다고 주장했다. 마한뿐만 아니라 이 시기 많은 저술가는 러시아와 중국인들의 반외세주의를 미국이 직면한 최대의 위협이라고 역설하고 있었다.[56]

7. 1890년대 말 미일 세력연합을 촉진한 두 가지 요인

1890년대 말 일본이 미국과 연합하거나 서로 가까워질 수 있는 이유는 최소한 두 가지가 있었다. 하나는 동아태지역에서 해상패권을 두고 전개된 열강들 사이의 갈등구조에서 일본과 미국은 독일을 공동의 적으로 삼고 있었다는 점이다. 그런가 하면 같은 시기에 만주에서는 러시

---

55) LaFeber, 1997, pp.58~59.
56) Iriye, 1992, p.89.

아의 지배력이 부쩍 강화되고 있었다. 이로 인해 만주와 북중국 전체가 러시아의 배타적인 시장권으로 전락할 것을 가장 우려한 것은 미국이었다. 미국의 문호개방선언의 일차적인 동기는 만주에서 전개되는 러시아 세력의 팽창을 경계하고 그 위험설을 열강들에게 경고하는 데 있었다. 그만큼 미국은 일본을 통해 만주와 북중국에서 러시아 세력의 팽창을 견제하고 싶어 했다. 이 무렵 미국이 일본을 문명으로 추켜세우는 데에 열심이었던 것은 그만한 물질적이며 지정학적인 배경이 있는 것이었다.

1) 동아태 해상패권 경쟁에서 독일 견제를 위한 미국과 일본의 연대

미국과 일본은 동아태지역에서 독일을 공동의 적으로 인식하면서 상호협력했다. 일본과 미국이 1890년대 말 하와이문제를 둘러싸고 갈등을 피할 수 있었던 것은 중국대륙에 대한 러시아의 위협에 대해서 뿐만 아니라 동아시아 해상패권에 대한 독일의 도전에 대해 두 나라가 공동으로 대응할 필요를 느끼고 있었기 때문이다. 미국이 필리핀을 획득하는 과정에서도 일본은 미국에게 매우 협력적이었다. 1898년 미국이 스페인과 전쟁을 하고 있을 동안, 일본은 만주에서 러시아와 독일을 상대로 대치하고 있었다. 따라서 일본 역시 미국과는 우호관계를 유지하고자 힘썼다. 미국과 스페인이 전쟁에 돌입했을 때, 일본은 형식적으로는 중립을 선언했다. 그러나 필리핀의 마닐라 만에서 미국이 스페인이 아닌 독일함대와 격돌이 예상되자, 일본은 미국을 편드는 제스처를 취했다. 독일은 청일전쟁 후 일본이 요동반도를 획득하는 것을 방해한 삼국간섭 당사자의 하나였다. 일본은 그 독일이 필리핀을 장악하는 사태를 결코 원하지 않았다.[57]

---

57) LaFeber, 1997, pp.61~62.

일본도 필리핀에 관심이 전혀 없었던 것은 아니었다. 당시 일본령이 되어 있던 대만에서 필리핀의 거리는 쿠바와 미국 간 거리보다 짧았다. 매킨리 대통령이 1898년 중엽 필리핀을 장악하고도 이를 정식으로 미국에 합병하는 것을 주저하고 있을 때, 일본은 필리핀을 공동으로 지배하자고 제안했다. 미국은 거절했다. 그러나 일본은 크게 개의치 않았다. 독일이 필리핀을 지배하는 것보다는 미국이 필리핀을 지배하는 것이 일본에 유리하다고 판단했다. 일본이 청일전쟁의 전리품으로 중국에서 빼앗아낸 식민지 대만에서 항일 무장저항이 전개되고 있어 일본은 그 일로 골머리를 앓고 있었다. 일본이 필리핀에 크게 신경 쓸 여유가 없는 처지였다. 1899년 초 필리핀에서도 마침내 미국에 저항하는 반란사태가 벌어진다. 반란세력은 일본에게 도움을 요청했다. 일본은 거절했다.[58]

2) 러시아의 만주 지배력 강화와 미국 문호개방론의 충돌

청일전쟁 후 몇 년 사이에 만주에 대한 러시아의 지배력은 질적인 도약을 이루었다. 전쟁의 승리자 일본이 중국에서 갈취하려 했으나 러시아가 주도한 열강 간섭으로 중국의 땅으로 남아 있던 남만주지역은 머지 않아 러시아의 확고한 영향권으로 되고 말았다. 러시아는 청일전쟁이 진행되고 있던 1894~95년 기간에 동아시아 정책과 관련해 중대한 결정을 내린다. 시베리아 횡단철도를 만주를 관통하는 철로와 연결시킨다는 구상이었다. 이 구상은 만주에서 일본의 영향력을 삼국간섭으로 제거한 후인 1896년에서 1898년 사이에 실천에 옮겨졌다.[59] 동청철도(東淸鐵道: 만주횡단철도, Chinese Eastern Railway)의 추진은 청

---

58) LaFeber, 1997, p.62.
59) 말로제모프, 2002, 164쪽.

국 이홍장과 러시아 재무장관 비테, 외무장관 로바노프(A.B. Lobanov-Rostovskii) 사이의 비밀협상 타결로 가능해졌다. 1896년 6월 3일이었다. 일본을 가상적으로 한 중러 사이의 비밀방어동맹을 체결하고 러시아가 청에게 군사지원을 제공하는 대가로 만주관통철도의 조차권을 획득한 것이다.[60]

동청철도는 트랜스바이칼 지역 러시아 동아시아령(領)의 여러 기지들을 서로 신속하게 연결시켜주게 된다. 동청철도는 또한 북만주의 자원을 개발하고 러시아령 동아시아에 대한 새로운 식량기지를 확보해주었다. 러시아는 만주의 국경지역을 확고히 방어할 수 있게 되었다. 러시아는 청과의 방어동맹을 기화로 1897년 12월 여순(旅順)을 점령해 자신의 부동항으로 삼았다. 그리고 1898년 7월 6일 러시아는 다시 청나라와 협약을 체결해, 동청철도에서 여순과 대련(大連) 만까지 철로 지선을 러시아가 건설하는 권리를 획득했다. 이 지선이 곧 남만주철도(South Manchurian Railway)였다.[61] 러일전쟁에서 일본이 빼앗아 '만철'(滿鐵)로 불리며 일본 제국주의의 혈맥이 되는 철도였다.

이로써 1890년대 말이 되면 러시아는 여순을 부동항으로 확보하고 동청철도와 남만주철도를 통해 기름지고 인구가 조밀한 남만주에 대한 러시아의 경제적 침투를 확대하는 동시에, "여순이라는 부동항을 지원하고 유지"할 수 있는 기반을 마련했다. 그런가 하면 동청철도는 시베리아 횡단철도와 남만주철도를 연결함으로써 유럽령 러시아와 동아시아의 러시아 세력 중심지를 연결해주는 역할을 했다.[62] 요컨대, 동청철도, 여순항, 남만주철도는 러시아가 삼국간섭을 통해 일본이 남만주라는 전리품을 토해내게 만든 뒤에 그 지역을 자신이 대신 차지한 상황을

---

60) 말로제모프, 2002, 164~165쪽.
61) 말로제모프, 2002, 165~166쪽.
62) 말로제모프, 2002, 166쪽.

동청철도와 남만주철도

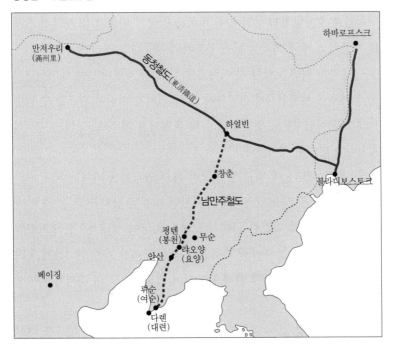

대표하는 3대 요소였다.

러시아의 이 같은 새로운 위상에 가장 위협을 느끼고 공세적인 비판을 전개한 것은 미국이었다. 러시아의 만주 장악에 가장 절치부심하면서 가장 흔쾌하게 미국의 비판에 동조한 국가는 일본이었다. 1899년 9월 6일에서 11월 21일 사이에 미 국무장관 존 헤이가 다른 열강들에게 중국 무역에 관한 문호개방선언(Declaration for an Open-Door Policy with Respect to Trade with China)을 보냈다. 이 선언은 중국 안에서 각 열강이 차지한 영향권역들 안에서 "미국의 상공업을 위한 무역과 운송에서 평등한 취급을 보장할 것"을 요구하고 있었다.[63]

---

63) LaFeber, 1997, p.68.

헤이는 1900년 7월 3일 두 번째의 문호개방선언을 발표한다. 이 공식적인 문호개방정책 선언에서 "미국은 중국의 영토적 및 행정적 실체를 보존하고 중국 제국의 모든 부분과의 평등하고 공정한 무역의 원칙을 수호하기 위해 노력할 것"이라고 밝힌다. 1890년대 말에 들어서면서 중국 자체가 해체위기에 직면하자, 중국 전체가 미국이 접근할 수 없는 폐쇄적인 식민지들로 열강들에 의해 분할되고 말 수도 있다는 미국의 위기감을 반영한 것이었다.[64]

데이비드 앤더슨에 따르면, 미국이 다른 열강들에 비해 중국에 대한 문호개방정책을 가장 강력하게 내세웠던 이유는 당시 영국 등 다른 열강에 비해 중국에 파견한 군대 규모에서 미국이 절대적으로 열세였기 때문이기도 했다. 당시 주중 미국공사 찰스 덴비가 가장 심각하게 우려한 것도 중국이 열강들에 의해 분할되어 미국의 시장이 파괴될 가능성이었다.[65]

그러나 주목할 것은 미국의 문호개방 촉구선언이 모든 열강을 대상으로 한 것이면서도 그중에서도 만주와 북중국에서 러시아의 폐쇄적인 행태를 견제하는 것이 가장 중요한 동기였다는 점이다. 1899년 이후 중국에서 배타적인 영향권을 구축한 나라는 주로 영국과 러시아였다. 1899년 4월 영국과 러시아가 저마다 중국으로부터 철도 독점권들을 확보하기 시작했다. 이 과정에서 영국은 러시아 세력의 급속한 팽창을 크게 우려했다. 미국과 일본의 인식도 영국과 같았다. 영국, 미국, 일본 세 열강에게 러시아는 공동의 위협이었다. 러시아는 자신이 관할하는 북중국 철도를 자국 이외의 다른 나라 화물이 이용하는 것을 차별하려고 했기 때문에, 다른 열강들의 경계심을 특별히 더 촉발하고 있었다.

---

64) David L. Anderson, *Imperialism and Idealism: American Diplomats in China, 1861~98*, Bloomington: Indiana University Press, 1985, p.171.
65) Anderson, 1985, p.166.

미국의 문호개방선언은 열강에게 다음과 같은 내용을 약속하도록 요구하고 있었다. "동일거리를 운송하는 자국 국적 열차의 상품에 부과하는 요금보다 '세력범위'를 통해 운송되는 다른 국적의 상품과 그 '세력범위' 안에서 부설되고 통제되거나 운영되는 철도에 더 높은 요금을 부과하지 않을 것이다." 이 선언에서 말하는 '세력범위'란 러시아와 영국을 비롯한 열강들이 중국의 주요지역에서 철도관할권을 기반으로 해서 확보하고 있는 영향권을 가리킨다. 말로제모프는 이 조항이 "동청철도와 남만주 지선의 번영을 희망한 러시아를 재차 공격"한 것이었다고 지적했다.[66] 다른 말로 하면 미국이 가장 우려한 것은 만주와 북중국에 대한 러시아의 배타적 지배력이 강화되는 사태였다. 그런 만큼 미국의 문호개방선언은 무엇보다도 북중국에서 러시아의 지배력 강화에 대한 대응이었다.

미국의 문호개방 보장촉구에서 일본이 가장 먼저 호응한 것은 그런 점에서 우연이 아니었다. 영국은 미국의 요구가 자신의 철도독점에 대해서도 위협이 될 수 있었기 때문에 즉각 호응하지는 않았다. 그러나 영국도 곧 여러 가지 단서를 단 후에 독일, 러시아, 프랑스, 그리고 이탈리아 등과 함께 헤이의 문호개방선언을 수용했다. 1900년 4월이었다.[67]

8. 의화단사건과 제국주의 연합 출병, 그리고 열강 컨소시엄

찰스 덴비가 주중국 미국공사로 근무한 것은 1885에서 1898년까지 13년간이었다. 그는 훗날 청일전쟁은 중국에게는 종말의 시작이었다고 회고했다. 중국이 이제 싸울 능력을 상실했다는 사실을 확인한 세계 모

---

66) 말로제모프, 2002, 172쪽.
67) LaFeber, 1997, p.69.

든 나라들이 노골적으로 중국 영토를 차지하려 덤벼들었다.[68] 청일전쟁 직후인 1895~97년 기간에 미국을 비롯한 서양 열강은 전쟁비용과 배상금 지불로 신음하는 청나라 정부로부터 차관으로 인한 이익과 철도 계약을 비롯해 각종 특권들을 확보하기 위해 발 벗고 나섰다. 특히 1897년 11월 중국에서 저마다 경제적 영향권을 획득하려는 열강의 경쟁이 더욱 치열해졌다.

산둥반도에서 두 명의 독일 선교사들이 중국인 강도에게 살해되는 일이 벌어졌다. 이를 구실로 독일은 즉각 군대를 보내 그동안 경제적·전략적 가치 때문에 탐내오던 산둥반도 남쪽 해안의 칭다오 근처 교주(膠州: 자오저우) 만을 점령했다. 1898년 3월 독일은 이 지역에 대해 99년간 조차(租借: lease)할 권리를 획득했다. 다른 유럽 열강들도 비슷한 구실을 내세워 독일을 따라했다. 같은 달 러시아가 여순(Port Arthur)과 대련(Talien)을 포함한 요동반도의 끝머리를 점령했다. 4월에는 프랑스가 광주(廣州)만을 점령했다. 영국은 위해위(威海衛: Weihaiwei)를 조차했다. 이어서 구룡(九龍: Kowloon) 조차지를 더욱 넓혀서 마침내 구룡반도 전체를 조차했다.[69] 일본은 조선에 대한 압박과 함께 중국 중부지역에 대한 경제적 침투를 강화하고 있었다.[70] 덴비가 본국에 보낸 전문에 쓴 것처럼, 중화제국이 쓰러진 폐허 위에서 중국은 '만국의 하나'로서의 위치마저 위협받고 있었다.[71]

여기서 유의할 점은 덴비가 묘사하는 것처럼 열강들이 중국에서 서로 싸우는 것은 아니었다는 사실이다. 그들은 중국의 영토와 특권을 나

---

68) Charles Denby, *China and Her People*, Boston: L.C. Pate & Co., 1906, Vol.2, pp.147~148; Anderson, 1985, p.164.
69) 여순과 대련은 오늘날 여대시(旅大市)로 통합되어 있다.
70) Spence, 1990, p.231.
71) Anderson, 1985, p.165.

뉘 갖기 위해 경쟁한 것일 뿐이었다. 서로 다른 특권과 다른 조차지를 차지하기 위해 경쟁한 것으로서, 그 결과는 열강들 간의 전쟁이 아니라 중국의 분할이었다. 중국은 열강의 갈등과 전쟁의 원인이 되는 식민지 재분할의 대상은 아직 아니었다. 열강의 분할 노력에 저항할 힘을 상실한 상태였지만 아직은 열강들이 나누어 가질 이권과 영토가 너무 많은 나라였다. 더욱이 중국과 광활한 국경을 맞대고 있는 또 다른 유라시아 국가인 러시아가 북중국을 본격적으로 지배하려고 나설 위험성 앞에서 다른 열강들은 공동으로 대응할 필요를 느끼고 있었다. 이것이 러시아를 제외한 다른 열강들 사이에 초제국주의적 협력이 작동할 수 있는 배경이 되어주었다.

제국주의 카르텔에 대한 진정한 위협은 사실 제국주의 내부의 갈등이 아니었다. 중국 내부로부터 분출되는 민족주의 운동의 도전이었다. 청일전쟁으로 청조가 더욱 힘을 잃은 가운데 1898년 6월에서 9월에 걸쳐 광서제가 강유위(캉유웨이) 등을 중용하여 이른바 '100일 개혁'을 전개했다. 그러나 이 때늦은 개혁운동은 서태후가 조정 안팎에서 개혁에 저항하는 보수세력들을 등에 업고 자금성에 복귀하여 실권을 장악함에 따라 좌절되고 만다. 개혁파들은 숙청당했고, 광서제는 영어의 몸이 되고 말았다. 이후 열강의 중국 분할 움직임은 더욱 노골화되었다. 중국 민족주의의 표출 양상도 격렬해졌다. 1900년 의화단 봉기는 반외세와 반서양의 이데올로기로 무장하고 있었다. 1900년 봄에 의화단 지도자들은 새로운 시대의 도래를 설파하며 급속히 세력을 확장했다. 그해 5월 의화단이 봉기했다. 그 주력은 젊고 가난한 농민세력이었다.[72]

의화권(義和拳)으로도 불리는 이 집단의 기원을 반노 마사타카(坂野正高)는 크게 보아 "농민의 자위조직(自衛組織)의 일종"이라고 말한

---

72) Spence, 1990, p.233.

다. 소년층이 많은 것이 특징의 하나였다. 반노는 이들을 권(拳)과 봉(棒)을 사용하는 "종교의례적인 무예자(武藝者) 집단"이라고 정의하기도 한다. 탄압자들은 이들을 사교적 비밀결사라고 규정했으나, 그들의 조직은 오히려 공개적이었다.[73] 과거 백련교 세력이 미륵이 세상에 내려온다(彌勒下生)는 관념을 근간으로 하는 것이었던 데 비해서, 의화단의 신앙 대상은 『삼국연의』(三國演義)와 『서유기』(西遊記) 등의 통속적인 소설과 연극의 등장인물이나 도교에서 말하는 신선류(神仙流)였다. 그래서 유교, 불교, 도교의 요소들이 혼재하는 토속종교적 색채가 강했던 것으로 평가된다.[74] 주로 12~18세에 불과한 젊은 여성들이 주력이 된 여성의화단도 곳곳에서 등장했다. 여성의화단의 지도자는 가난한 뱃사공의 딸이자 전직 매춘부였다고 한다.[75]

1895년 청일전쟁에서 패배한 후 중국에 대한 제국주의적 침탈은 더욱 극심해졌다. 1860년대 이래 기독교선교사들이 중국 내지 깊숙이에까지 침투하기 시작했다. 특히 1890년대 들어 외국인 선교사들의 활동이 더욱 강화된다. 1898년 무술변법 개혁의 실패 이후 청국 조정은 만주인 수구파들이 장악한 가운데 더욱 보수적으로 반동화한다. 이러한 상황 속에서 의화단의 활동은 1899~1900년 사이에 먼저 화북(華北) 지방에서 미증유의 배외주의적 폭동으로 발전한 것으로 풀이되고 있다.[76]

의화단의 분노가 외국인들에 대한 폭력으로 배출되자, 열강들은 거의 즉각적으로 군대를 파견해 공동으로 대응했다. 1900년 5월과 6월 서양 열강의 군대 일진이 북경을 향해 진군했다. 의화단은 이들을 격퇴해버렸다. 그래서 6월의 시점에서 당시 청조의 실권자 서태후는 세력이

---

73) 坂野正高, 『近代中國政治外交史』, 東京: 東京大學出版會, 1973, 469쪽.
74) 坂野正高, 1973, 469쪽.
75) Spence, 1990, p.233.
76) 坂野正高, 1973, 468쪽.

등등해 보인 의화단을 애국세력으로 규정하고 외세와의 전쟁을 선포하기까지 했다. 의화단이 내건 슬로건에는 반제국주의를 위해 청조(淸朝)를 지탱하자는 내용도 있었다.[77]

서태후가 처음에 의화단의 편에 서서 제국주의 열강과 싸우자고 나선 것은 사실은 위조된 외교문서 때문이었다는 해석도 있다. 반노 마사타카에 따르면, 제국주의 연합군이 북경으로 진격하기 위해 그 관문인 천진 근처의 대고포대(大沽砲臺)를 공격하여 점령한 6월 17일 아침 서태후는 열국 공사들이 보낸 한 건의 외교문서를 접한다. 서태후의 퇴진〔引退〕을 포함한 4개조의 요구사항이 담겨 있었다. 이날 왕공대신(王公大臣)들과 육부구경(六部九卿) 등 약 100여 명이 모인 제2차 정신회의(廷臣會議)가 열렸다. 그 전날 열린 제1차 정신회의에서는 광서제가 의화단을 '난민'(亂民), 즉 반란군으로 규정하면서, 조정이 이들을 진압하지 못하고 있는 것을 강하게 질책했다. 17일에 열린 정신회의에서 서태후는 전날의 광서제와 달리 열강에 대항해 싸울 것을 주장하는 주전론을 내세운다.[78]

이처럼 서태후를 주전론으로 몰아간 외교문서는 위조된 것으로 파악되고 있다. 어떤 관리가 군기대신(軍機大臣) 영록(榮祿)의 저택에 몰래 놓고 간 것을 영록이 깊은 밤에 집안을 산책하다 발견했고, 그것을 다음 날 아침 서태후에게 보이자 그녀가 비분강개해 선전포고를 결정하게 되었다는 것이다. 영록은 당시 군기대신인 동시에 북양오군(北洋五軍) 전체의 총사령관격이었다. 청조 군부 내부의 주전파들의 음모였을 가능성을 시사하는 대목이다. 이것은 반노 마사타카가 운육정(惲毓鼎)이 지은 『숭능전신록』(崇陵傳信錄)을 근거로 밝힌 내용이

---

77) Spence, 1990, pp.228~236.
78) 坂野正高, 1973, 472~473쪽.

다.[79] 청조가 대고포대 함락 소식을 접한 후 열린 제3차 정신회의에서 서태후는 열강에 대해 전쟁을 선포할 것을 결정한다. 청조가 선전포고를 정식으로 발한 것은 6월 21일이었다.

청조는 일면 전쟁을 감행하면서 다른 일면에서는 외교 교섭에 나선 것으로 풀이되고 있다. 7월 14일부터 영록이 청조를 대표해 열국 공사들과 협상을 진행했다. 한편 산동순무 원세개(袁世凱), 대학사와 양광총독을 맡고 있던 이홍장, 호광총독(湖廣總督) 장지동(張之洞), 양강총독(兩江總督) 유곤일(劉坤一)은 서태후의 전쟁 수행 명령을 무시하고, 의화단사건을 반란으로 간주하면서 질서유지에 나섰다. 특히 유곤일과 장지동 휘하에 있는 관리들은 그들 관할지역에 주재하는 열국 공사들과 '동남호보'(東南互保)의 양해를 맺었다. 그럼으로써 전쟁을 화북지방에 한정해 국지화(局地化)시켰다고 반노는 설명한다.

동남호보란 6월 27일 상해에서 이들 지방관들이 열국 영사들과 9개조를 담은 '보호남성상교장정'(保護南省商敎章程)과 10개조에 이르는 '보호상해조계성상장정'(保護上海租界城廂章程)을 조인한 것을 말한다. 유곤일과 장지동이 이 협약에 연명(連名)했다. 이들이 자신들의 관할지역과 절강성에서 외국인의 생명과 재산을 보호하는 책임을 지는 대신, 조약에 서명한 열강들은 이들 지역에 출병하지 않는다는 약속이었다.[80]

그렇다고 해서 동남호보에 가담한 세력들이 서태후에게 반기를 든 것은 아니었다고 반노 마사타카는 해석한다. 이들은 동시에 서태후의 청조정부에 충성을 유지했다고 본다. 당시 청조 안팎에는 서태후정권을 타도하고 광서제를 복권시키려는 세력들이 있었다. 당재상(唐才常:

79) 坂野正高, 1973, 473쪽.
80) 坂野正高, 1973, 474~475쪽.

1867~1900)은 이른바 보황회(保皇會)를 조직해 한구(漢口)에서 자립군(自立軍)을 구성하는 폭동계획을 세웠다. 장지동은 이를 사전에 적발해서 당재상을 처형했다. 이로써 장지동은 광서제를 중심으로 한 변법파(變法派)와 결정적으로 결별한 것으로 풀이된다. 결과적으로 볼 때, 서태후는 북경에서는 열강들과 전쟁을 벌이고, 남방지역에서는 외국인의 생명과 재산을 보호하는 자세를 취한 것이 되었다고 반노 마사타카는 해석한다. 전쟁과 평화의 양면전략을 동시에 수행한 모양새였다는 것이다.[81]

8개국에 이르는 제국주의 열강들이 의화단을 진압하고 청조를 굴복시키기 위해 군대를 보냈다. 미국에서는 대통령 재선을 위해 선거유세에 돌입해 있던 윌리엄 매킨리가 신속하게 군대 파병에 나섰다. 필리핀 마닐라에 미국이 건설한 군사기지에 주둔해 있던 2,500명의 병력을 북경에 급파한 것이다. 미국 시민 보호뿐 아니라 외국정부를 징벌한다는 목적으로 대통령이 의회 승인 없이 군대와 병선들을 파견한 최초의 헌법적 선례였다.[82] 아키라 이리에는 중국인들에게 미국이 다른 서양 열강들 못지않게 제국주의로 인식된 것은 이때의 역사적 경험이라고 말한다. 중국인들은 심지어 청일전쟁의 당사자인 일본보다 미국을 더 부정적으로 보게 되었을 정도라는 것이 이리에의 주장이다.[83]

미국이 군대를 급파한 후 영국은 일본도 파병해줄 것을 세 차례에 걸쳐 요청한다. 일본은 결국 가장 많은 병력인 2만 2,000명의 군대를 파견했다고 월터 라페버는 설명한다.[84] 반노 마사타카에 따르면, 연합군의 총병력은 약 2만이었고, 그중의 절반이 일본군이었다.[85] 일본의 파

---

81) 坂野正高, 1973, 474~475쪽.
82) LaFeber, 1997, p.69.
83) Iriye, 1992, p.83.
84) LaFeber, 1997, p.70.

병 규모가 1만 정도였던 셈이다. 어떻든 1900년 8월 4일 드디어 일본, 러시아, 영국, 미국, 프랑스 등 우선 5개국 군대로 구성된 다국적군이 천진에서 북경으로 출격했다. 이들은 열흘 만인 8월 14일 북경을 장악했다. 서태후와 광서제는 서안(西安)으로 도주했다. 청군 주요 사령관들은 자결해버렸다.[86] 서태후가 광서제를 동반하여 도주한 이유에 대해 반노 마사타카는 다음과 같이 설명했다. 무술변법 이래 열국은 광서제에 동정적이었다. 때문에 서태후는 자신만 북경을 떠나고 광서제는 북경에 남아 있다면 자신이 불리해진다고 판단했다. 그래서 서태후는 광서제를 강제로 끌고 함께 도망갔다는 것이다. 이 역시 운육정의 『숭능전신록』에 근거한 서술이다. 도망갔던 서태후가 광서제와 함께 북경으로 돌아온 것은 1902년 1월이었다.[87]

일본군은 파병된 외국 군대 가운데 가장 효과적인 전투를 벌였다는 평가를 받았다. 8월 북경 점령에 최대의 공을 세운 것이었다. 1900년 말 당시 부통령 당선자가 되어 있던 시어도어 루스벨트는 그가 "연합국 군대들"(allied forces)이라고 부른 북경 점령 외국 군대 가운데 일본 군대가 최고라고 찬양한다. 하지만 그는 나중에 일본군대가 중국에서 여성과 어린이들에게 자행한 잔혹행위에 혀를 차게 된다.[88]

한편 당시 상황을 찍은 한 사진은 청조 또한 결국 제국주의 열강들의 군대와 함께 의화단 토벌에 나선 상황을 잔인하게 증언하고 있다. 두 손이 허리 뒤로 묶여 있는 의화단원들이 목이 잘려나간 채 땅바닥에 나뒹굴고 있다. 그들을 처형한 사람은 가장 가까이서 시체들을 내려다보고 있는 청나라 군인들로 보인다. 그리고 그 뒤에서는 긴 칼을 허리에

---

85) 坂野正高, 1973, 474쪽.
86) Spence, 1990, pp.228~236.
87) 坂野正高, 1973, 474쪽.
88) LaFeber, 1997, p.70.

늘어뜨린 모양새와 군복 스타일과 신장 등으로 미루어 일본군으로 판단되는 군인들이 현장을 지켜보고 있다.[89] 바로 5년 전에 조선에서 친일 개화파 정권이 보낸 관군이 일본군과 함께 동학농민군 토벌에 나섰던 상황을 그대로 재연한 듯한 광경이다.

요컨대, 중국 내부로부터의 민족주의 저항에 직면한 제국주의 열강들은 러시아까지도 포함하는 연합군을 편성해 그 진압에 나섰다. 영미일 삼각 콘도미니엄과 러시아 및 독일 사이에 갈등과 경쟁이 있었지만, 중국의 반식민지화 자체를 위협하는 중국의 저항에 대해 제국주의 열강은 제국주의 콘서트(imperialist concert)라 할 만한 공동의 무력대응체제를 가동했다.

1860년대 주중 미국공사 앤선 벌링게임이 중국 지배에 참여한 서양 열강들과 합작을 이뤄낸 바 있다. 그 안에 태평천국의 반란을 진압해 청조를 지탱하는 데 힘을 모은다는 내용이 있었다.[90] 의화단의 경우는 중국 내부의 반란인 동시에 청조가 동조한 반란이었다. 총체적인 반외세 궐기였던 셈이다. 따라서 그에 대한 열강의 대응은 '태평천국군 반란 진압작전과 아편전쟁이 결합한 양상'을 보였다고 할 수 있다.

의화단사태 이전까지는 제국주의 열강들이 중국에 경제적으로 침투함에서 중국 정부와 개별적인 양자협정의 형태를 주로 취했다. 하지만 의화단사태 이후 열강들은 경쟁적인 차관계약(competitive loan contracts)을 점차로 회피했다. 대신 그들 서로 간에 협력적 컨소시엄(cooperative consortiums) 형태로 중국에 대한 자본진출 방식을 변화시켰다. 중국지배를 위한 제국주의 열강의 카르텔적 성격을 재확인해주는 것이었다.[91]

---

89) 신성곤·윤혜영, 『중국사』, 서해문집, 2004, 326쪽 그림 참조.
90) Anderson, 1985, pp.25~26.

9. 의화단사건 후 중국과 열강 사이의 신축조약

의화단사건은 결과적으로 서양 열강들과 일본이 중국 식민지화 사업을 더욱 강화하는 기회를 제공했다. 의화단사태를 매듭짓기 위해 1901년 9월 7일 신축조약(辛丑條約)이 체결된다. 협상의 중국 대표는 혁광(奕劻)과 이홍장이었다. 이들이 상대해야 했던 제국주의 카르텔은 '연합군'으로 무력간섭에 동참한 영국, 미국, 러시아, 독일, 프랑스, 일본, 이탈리아, 오스트리아 등 8개국과, 무력간섭에 참가하지는 않았으나 제국주의적 이해관계가 있던 스페인, 벨기에, 네덜란드 등 세 나라를 합해 모두 11개 나라였다. 왕소방은 이 조약의 주요 내용을 네 가지로 정리한다.[92] 첫째, 관평은(關平銀)으로 4억 5,000만 냥(미화 3억 1,800만 달러)에 달하는 거액의 배상금을 중국이 지불해야 했다. 이와 함께 중국 관세에 대한 제국주의 국가들의 통제가 확대된다.

둘째, 청국 정부의 무장해제와 함께 중국의 전략적 지점들에 제국주의 국가들이 군대를 파견해 영구 주둔할 근거를 마련했다. 청나라는 북경의 관문인 천진항 대고 포대(大沽砲臺)와 북경으로 통하는 해도(海道)의 각 포대를 모두 철거해야 했다. 북경에서 산해관(山海關)에 이르는 12곳에 제국주의 국가들의 군대 주둔을 허가했다. 열강은 이제 언제라도 북경을 단숨에 점령할 수 있게 되었다. 영국, 프랑스, 미국, 독일, 일본 등 다섯 나라는 1900년 사태 이전에 천진에서 이미 저마다 조계를 차지하고 있었다. 의화단사태 중에 러시아, 벨기에, 이탈리아, 오스트리아 등 네 나라가 추가로 천진에 조계를 설치했다. 영국, 독일, 일본

91) Marius B. Jansen, *Japan and China: from War to Peace, 1894~1972*, Chicago: Rand McNally College Publishing Company, 1975, p.177.

92) 왕소방(王紹坊) 지음, 한인희 옮김, 『중국외교사, 1840~1911』, 지영사, 1996, 400~403쪽.

은 기존에 갖고 있던 조계를 더욱 확장했다.

셋째, 열강들은 연합해 수도 북경 등에 '공사관 지역'을 설립했다. 이 것은 이후 제국주의 국가들의 중국 침략 거점이 된 것으로 왕소방은 평가한다. 열강들은 저마다 공사관의 경계를 정하고 그들만의 배타적인 거주지역으로 이용했다. 그 지역은 공사관이 독자적으로 관리하며 자위권을 갖게 되었다. 중국인들은 그 경계 안에 거주할 수 없었다. 열강은 그 지역에 군대를 상주시켜 공사관을 보호했다. 중국 수도 북경에 "국가 안의 국가"를 설치하게 된 것이라고 왕소방은 말한다.

넷째, 중국인들의 반제운동 진압을 청국 정부가 수행해야 할 가장 중요한 책무로 규정했다. 우선 의화단을 도와준 왕공 대신(王公大臣)과 각 지역의 문무 관리들에 대한 처벌을 명했다. 외국인이 피해를 당한 도시 출신 중국인들은 문무 고시에 5년간 응시할 수 없다는 규정도 포함시켰다. 아울러 "조약 당사국 국민을 적으로 취급하는 자들은 끝까지 처벌할 것이며, 각지 관리들은 그 진압에 책임을 져야 하고, 그렇지 않으면 일괄 파면하여 영원히 재임용하지 않는다"고 규정했다.

왕소방은 "중국 역사상 전례 없는 가장 굴욕적인 조약"이라고 평했다.[93] 월터 라페버는 이 조약의 가장 중요한 골자를 거액의 배상금 부과와 함께 "외국 군대들이 북경의 외국인구역과 중국 전역의 전략적 거점들에 군대를 영구 주둔시킬 권리를 획득"한 사실에서 찾았다.[94]

10. 의화단사건 후 러시아의 만주 점령과 영미일 카르텔

러시아에게 중국의 의화단사태는 만주를 점령할 절호의 기회였다.

---

93) 왕소방, 1996, 400쪽.
94) LaFeber, 1997, p.72.

당시 러시아 동아시아 정책의 총수였던 재무장관 세르게이 비테는 육군성에 요구해 동청철도 전 지역으로 15만 정규군의 파병을 추진한다. 1900년 7월 9일이었다. 러시아는 철도보호와 반란진압을 명목으로 시베리아와 여순 두 방면에서 군대를 발진시켜 만주의 요지들을 신속하게 점령하는 작전을 세운다. 7월 10일 영구(營口)의 철도점령에서 시작해 목단강, 삼성(三姓), 훈춘, 애혼(璦琿), 하얼빈(哈爾濱) 등을 점령하고 8월 27일 치치하얼(齊齊哈爾) 점령에 이르기까지 러시아의 만주점령은 일사천리로 진행되었다. 이로써 만주는 러시아의 차지가 되었다.[95] 러시아가 이때 만주에 실제로 투입한 병력 규모는 10만에 달하는 것으로 추정되고 있다.[96]

미 국무장관 헤이가 두 번째 문호개방선언을 발한 것은 의화단사태에 열강이 군대를 파견하는 상황이었던 1900년 7월 3일이었다. 이 선언은 "모든 열강은 중국의 영토적 및 행정적 존엄성"을 존중하고 지지할 것을 촉구했다. 러시아가 의화단사태를 이용해 만주지역을 식민화하는 기회로 삼지 말도록 경고하려는 것이 주목적이었다. 러시아는 처음엔 표면적으로는 미국의 문호개방선언을 수용했다. 하지만 그들 내부에서 강경론과 온건론 사이에 심각한 논란을 벌인 후인 1900년 8월 말 만주에서 군대 철수를 거부했다. 러시아는 영국과 함께 의화단사건 진압 후 죽어가는 청 제국의 노른자위들을 분할하기 위해 동분서주했다.[97]

하지만 미국 역시 중국에서 영토적 특권 욕심에서 완전히 자유롭지는 않았다. 1900년 12월 7일, 미 국무장관 헤이가 주일본 미국공사 파

---

95) 최문형, 『국제관계로 본 러일전쟁과 일본의 한국병합』, 지식산업사, 2004, 111~112쪽.

96) Alexei Ivanov, *The Russo-Japanese War 1904~1905*, Oxford: Osprey Publishing, 2004, p.3.

97) LaFeber, 1997, pp.70~72.

크스에게 보낸 훈령이 그 한 예였다. 이 훈령은 "미 해군이 복주 북쪽의 삼사만(三沙灣)을 연료저장소로 만들고자 한다"고 밝히고 일본정부가 이에 동의해줄 것인지를 파악하라고 지시했다. "미국의 이러한 중국 영토 점령 음모는 일본의 반대로 끝내 실행되지 못했다"고 왕소방은 서술하고 있다.[98] 일본은 그 지역이 자신의 식민지인 대만과 마주보고 있는 지역이어서 찬성할 수 없었다. 대만을 발판으로 일본이 중국 동남부에 진출하는 데 장애물이 될 수 있었다. 일본은 미국 자신이 주장한 문호개방원칙을 상기시키며 반대를 분명히 했다. 헤이는 뒤로 물러서야 했다.[99]

같은 시기인 1900년 여름 일본 역시 중국 남방에서 보다 적극적인 권익을 추구했다. 복건성 일부를 일본의 영토와 군사기지로 만들려고 계획한 것이다. 의화단사건 진압을 위해 가장 많은 지상군을 파견한 데 대한 보상으로서 그럴 권리가 있다고 일본은 주장했다. 하지만 이번에는 영국과 미국이 중국의 문호개방원칙을 내세우며 일본을 제지했다. '남방전략'으로 불리던 일본의 야심은 이렇게 해서 일단 저지되었다.[100] 남방전략의 좌절은 적어도 결과적으로 일본의 관심을 한반도로 다시 집중시키는 계기가 되었다고 할 수 있다. 영국과 미국은 복건성에 대한 일본의 관심을 차단함으로써 일본이 한반도와 그 북부인 만주에서 러시아 세력을 견제하는 데 힘을 집중하도록 유도한 셈이 되었다.

98) 왕소방, 1996, 390쪽.
99) LaFeber, 1997, p.72.
100) Peter Duus, *The Abacus and the Sword: The Japanese Penetration of Korea, 1895~1910*, Berkeley: University of California Press, 1995, pp.170~171.

11. 러시아의 만주 점령 후 일본의 대륙정책과 영일동맹

의화단 진압 후 러시아가 만주를 점령해 정치군사적 지배력을 강화해가자, 일본에서는 팽창주의적인 정치세력이 정권을 장악했다. 이토 히로부미는 상대적으로 온건론자에 속했다. 그는 1900년 10월 19일 이후 담당해온 수상직에서 1901년 6월 2일 물러난다. 이토를 대신해 수상이 된 인물은 강경파이자 이토의 정적(政敵)이며 이토 내각 바로 전인 1898년 11월 8일에서 1900년 10월 19일까지 수상을 역임한 야마가타 아리토모가 후원하는 가쓰라 다로(桂太郎)였다.[101]

가쓰라의 후원세력인 야마가타는 자신이 수상 재직 중이던 1900년 고위 군 장성만이 육군대신과 해군대신을 맡는다는 원칙을 수립해두었다. 민간 정치인은 군부를 감독할 자격이 없게 만들었다. 반면에 군부는 일본 정치에 거부권을 행사할 수 있도록 했다. 일본의 국정에서 민간 정치인집단의 역할을 제한하기 위해 그가 취한 또 하나의 중요한 조치는 관료집단을 정치인들로부터 절연시킨 것이었다. 일본의 고등고시제도는 1880년대에 도입되었다. 자신들을 천황의 종으로 인식하는, 일본에서 가장 우수한 엘리트 집단이 창조되었다. 1900년에서 1904년 시기에 야마가타와 그의 피후견인 가쓰라가 취한 일련의 조치들로 이들 엘리트 관료집단은 정치인들의 영향력으로부터 독립했다. 이제 관료집단이 정치인들보다 더 높은 권위와 권력을 지닌 세력으로 육성되었다. 월터 라페버가 보기에는 이것이 이후 반세기에 걸쳐 일본의 정치를 결정한 중요한 요인이었다.[102]

---

101) 우지 도시코 외 편저, 이혁재 옮김, 『일본 총리 열전: 이토 히로부미에서 고이즈미 준이치로까지』, 다락원, 2002, 567쪽.
102) LaFeber, 1997, pp.74~75.

가쓰라 내각에서 1901년 9월 이후 외무대신을 맡은 인물은 미국 하버드 대학에서 교육을 받은 미국통 고무라 주타로(小村壽太郞)였다. 팽창주의적 민족주의자였다. 일본의 중국정책은 미국식의 문호개방정책하고는 달라야 한다는 것이 고무라 주타로의 지론이었다. 자유무역 경쟁체제에서 경쟁력을 갖춘 미국이 문호개방을 추구하는 것은 자연스러운 일이었다. 일본은 산업력이 아직 열세였다. 따라서 일본은 만주를 자신의 배타적인 시장으로 확보하는 것이 필요하다고 생각했다. 일본에게 만주는 러시아 세력을 견제하고 일본에게 유리한 시장을 확보한다는 두 가지 목적을 위해 모두 필요했다.[103]

이러한 가쓰라-고무라 팀의 동아시아 정책 비전은 상대적으로 러시아에게 타협적이었던 이토 히로부미의 비전과 충돌했다. 이토는 만주에서 러시아를 견제하기 위해 일본이 영국과 미국에 의존해야 하는 상황을 불만으로 생각했다. 그래서 이토는 일본이 한반도 지배권을 확보하는 대가로 만주에 대한 러시아의 지배권을 인정할 준비가 되어 있었다. 이른바 만한교환론(滿韓交換論)이었다. 일본과 러시아는 1898년 로젠-니시 협정(Rosen-Nish Convention)을 체결했는데, 그 내용은 한반도에서 일본의 우위를 러시아가 인정해준 것이었다. 이토의 만한교환론은 러시아는 만주, 일본은 한반도를 각각 차지한다는 것인 만큼 로젠-니시 협정의 취지와도 부합하는 바가 있었다.[104]

반면에 가쓰라와 고무라는 한국은 물론이고 만주도 일본에게 필요하다고 보았다. 이를 위해 러시아와 전쟁이 불가피하다고 믿었다. 이를 위해 고무라는 영국과의 동맹, 그리고 미국과의 비공식적인 양해가 중요

---

103) LaFeber, 1997, p.75.
104) Peter Duus, 1995, p.175. 로젠-니시 협정에 대해서는 이 책의 제11장에서 상술한다.

하다고 인식했다. 1902년 1월 30일 마침내 영일동맹이 성립된 것은 일본에서 가쓰라-고무라의 대러시아 강경론이 승리한 것을 뜻했다.[105] 또한 그것은 일본이 국제무대에서 러시아를 외교적으로 고립시키는 데 성공한 것이기도 했다.[106]

영일동맹협정의 핵심은 "영국은 일본의 방위작전을 후원해줄 뿐 아니라 조선의 독립과 청의 영토보전을 유지하는 데 일본과 협력하도록 한다"는 것이었다.[107] 한반도와 중국에서 러시아 영향력 확대를 견제하기 위한 군사동맹이었다. 라페버도 한국에서의 일본의 특수한 이익(Japan's special interest in Korea)을 인정한 가운데, 조약국의 일방이 공격을 받으면 다른 일방이 원조한다는 것이 영일동맹의 핵심이었다고 강조한다.[108] 이 협정은 중국과 조선의 독립과 영토적 존엄을 유지하는 것과 함께 이 두 나라에서 모든 나라의 상업과 산업에 동등한 기회를 보장한다는 것을 목표로 내세웠지만, 영국이 조선을 일본의 영향권으로 인정하는 내용을 담고 있었다. "일본이 조선에 정치적·상업적, 그리고 산업상의 이해관계를 고유하게(in a peculiar degree) 갖고 있음"을 영국이 인정한 것이었다. 중국에 대한 영국의 문호개방정책을 일본이 지원하는 것을 전제로, 조선을 포함한 아시아 대륙의 일부를 일본의 영향권으로 인정해주는 내용의 동맹이었던 것이다.[109]

1922년까지 지속되는 영일동맹은 1905년 러일전쟁 종결 이후에는

105) LaFeber, 1997, p.76.
106) Ivanov, 2004, p.3.
107) Homer B. Hulbert, *The Passing of Korea*, London: William Heinemann Co., 1906; H.B. 헐버트 지음, 신복룡 역주, 『대한제국멸망사』, 집문당, 2006, 215쪽.
108) LaFeber, 1997, p.76.
109) W.G. Beasley, *Japanese Imperialism 1894~1945*, Oxford: Clarendon Press, 1987, p.77.

동아시아에서 영국의 역할이 미국에 의해 대체되면서 그 의미가 쇠퇴하게 된다.[110) 그러나 이 동맹협정이 그 시점에서 갖는 본질적인 역사적 의의는 일본이 이제 비로소 과거 청일전쟁의 결과 초래된 삼국간섭과 같은 사태를 우려할 필요 없이 러시아와 전쟁에 돌입할 수 있게 되었다는 사실이었다.[111) 중요한 것은 그 동맹이 존재하는 가운데 러일전쟁이 치러지게 되는 것이었다. 전쟁기간 동안 미국도 실질적으로 일본의 동맹국이나 마찬가지였다. 러일전쟁에서 일본이 공식적 동맹관계에 있던 영국보다 미국이 더 적극적으로 일본을 지원한 사실은 최문형의 연구가 잘 밝혔다. 미국의 대일본 지원의 핵심은 전쟁 시작 전부터 독일과 프랑스가 러시아 지원을 위해 개입하는 것을 막아준 것이었다. 만일 미국과 영국의 확고한 일본 지원이 없었다면 이 전쟁에 독일과 프랑스가 러시아 쪽에 가담했을 가능성을 배제할 수 없었기 때문이다.[112)

고무라 주타로는 장차 일본이 획득할 식민지를 과거 삼국간섭 같은 열강의 개입으로 무력하게 빼앗기는 사태를 이제는 방지할 수 있게 되었다고 믿었다. 영국으로서는 일본이 독일과 동맹을 맺는 것을 예방한 효과가 있었다. 영국으로서는 또한 동북아에서 러시아가 일본에 골몰하게 만드는 효과도 갖게 되었다. 당시 영국이 주력하고 있던 지역의 일부인 아프가니스탄과 인도에 러시아가 개입할 여력이 없게 만들 것

110) 영일동맹에 대한 대표적인 포괄적인 연구는, Ian Nish, *The Anglo-Japanese Alliance: The Diplomacy of Two Island Empires, 1894~1907*, London: Athlone Press, 1966; Ian Nish, *Alliance in Decline: A Study in Anglo-Japanese Relations, 1908~23*, London: Athlone Press, 1972; Sadao Asada, *Japan & the World, 1853~1952: A Bibliographic Guide to Japanese Scholarship in Foreign Relations*, New York: Columbia University Press, 1989, pp.94~95.
111) Beasley, 1987, p.78.
112) 최문형, 2004, 224~228, 250~252쪽.

이었다. 이제 서태평양지역에서 일본 해군은 세계 최강의 영국 함대와 통합해 전쟁을 기획할 수 있었다.[113]

헐버트는 그의 『대한제국멸망사』에서 영국과 일본의 동맹체결을 촉진한 요인의 하나를 당시 조선 정부, 즉 대한제국의 외교정책에서 찾았다. 한국이 일본과 영국 등 다른 열강들의 경계심을 촉발하는 행위를 하고 있었다는 것이다. 1900년 3월 30일에 체결된 '한러 거제도 비밀협약'이 1902년 초에 세상에 알려지게 된 것이 그 대표적인 것이라고 지적했다. 이 비밀협정은 "협정일로부터 마산포(馬山浦)와 거제도의 어느 지역도 외국에 매도되거나 영구 조차할 수 없도록" 하는 내용이었다. 이때 러시아 자신은 이미 이 지역에 저탄장을 마련해 전략적 교두보를 구축하고 있었다고 했다.[114] 실제로 1900년 3월 30일 '한러 간 마산포 조차에 관한 비밀협정'이 체결되었다.[115]

러시아는 영일동맹이 체결된 1902년 당시는 충격을 받고 일시 수세적으로 되어 만주에서 군대 일부를 철수시킨다. 하지만 1903년에 들어서는 군대 철수를 중단했다. 이에 영국은 미국과 함께 중국정부에 압력을 넣어 러시아의 철수를 종용하도록 했다. 중국은 그 압력에 응하지 않았다. 중국의 행동은 미국과 영국을 실망시켰다.[116] 1903년 러시아는 황제가 주도한 가운데 만주에 대한 강경책을 강화하고 있었다. 그해 5월 15일 그가 지시한 '뉴 코스'가 그것이었다. "만주에서 배타적 세력으로서의 우리의 권리를 지키는 것이 우리의 결의라는 점을 모든 사람에게 명백하게 시위해야 한다"고 차르는 지시했다.[117] 뿐만 아니라 러시아는

---

113) LaFeber, 1997, p.76.
114) 헐버트, 2006, 214쪽.
115) 최문형, 『한국을 둘러싼 제국주의 열강의 각축』, 지식산업사, 2001, 315쪽.
116) LaFeber, 1997, p.76.
117) 최문형, 2004, 185~186쪽.

같은 해 4월에서 6월 사이에 압록강변의 용암포(龍岩浦)를 비롯한 한 국 영토 여러 곳을 점령했다. 이 사태는 일본뿐 아니라 영국과 미국의 경계심을 더욱 촉발했다.[118]

러시아는 이때 조선의 독립을 원하는 세력이었는가? 이 시기 러시아 가 한반도에 대해 제시한 아이디어의 하나는 한반도의 분할이었다. 러 시아가 한반도 분할론을 처음 주장한 것은 1900년 여름이었다. 주일 러 시아 공사 이스볼스키(Isvolsky)가 1900년 7월 러시아와 일본 두 나라 가 한국에서 각자의 영향권을 수립하는 방안을 일본에 제안했다. 러시 아는 한반도의 북부를, 일본은 남부를 차지하자는 것이었다. 일본 원로 정치인에 속해 있던 이노우에 가오루는 이것을 긍정적으로 받아들였 다.[119] 야마가타 아리토모는 그보다 앞서 1896년 대동강과 원산을 잇 는 선으로 한반도를 분할해 갖자는 제안을 스스로 러시아인들에게 한 바 있었다.[120] 그 연장선에서 일본 정치권에는 여기에 긍정적인 세력이 있었던 것이다.

1896년은 조선에서 아관파천으로 러시아의 영향력이 커져 있을 때 였다. 일본은 수세에 몰려 있었다. 한반도를 분할해서 그 일부만이라도 차지하는 방안에 일본이 솔깃해할 수 있는 조건이었다. 그러나 1900년 이후의 시점에서 고무라 주타로는 러시아가 만주를 점령하면 일본은 한반도 전체를 차지해야 한다는 입장이었다. 조선의 분할은 더 이상 일 본 팽창주의자들에게 매력적인 선택이 아니었다. 이제 일본정부의 대 세는 최소한 한반도 전체에서 일본의 우월적 지위를 확보해야 한다는 것이었다.[121] 더욱이 월터 라페버가 앞서 지적한 바와 같이, 1901년이

---

118) 최문형, 2004, 184~185쪽.
119) Peter Duus, 1995, p.173.
120) Peter Duus, 1995, p.173.
121) Peter Duus, 1995, pp.173~174.

되면, 가쓰라와 고무라, 그리고 야마가타의 태도는 일본이 영국과 미국의 협력을 바탕으로 한반도뿐 아니라 만주에서도 러시아의 영향력에 도전한다는 전략으로 발전한다. 이런 일본 내의 동향으로 인해 1900년 7월 러시아가 제안한 한반도 분할론은 무산되었다. 라페버가 또한 지적한 바와 같이, 이들 가쓰라-고무라 팀은 일본이 러일전쟁에서 유리한 고지에 서게 되는 시기인 1905년 4월이 되면 그때까지 한반도에 한정되었던 일본 영향권 구축의 야심을 남만주지역까지로 확대한다.[122]

일본은 러시아와의 전쟁 준비에 박차를 가했다. 정부 안에서 보다 확실한 합의를 구축하기 위해 고무라 외상은 만주에서 러시아 군대를 철수시키는 문제를 두고 일단 러시아와 평화적인 해결책을 모색하는 제스처도 취했다. 1903년 8월이었다. 러시아 정부는 50일간 묵묵부답으로 있다가 10월에 회신했다. 그 내용은 일본의 강경파뿐 아니라 온건파에게도 충격적인 것이었다. 러시아 황제는 만주에 대한 러시아의 지배권을 주장했을 뿐 아니라 당시 한국에서까지도 일본의 권익을 제한할 것을 촉구하고 있었다.[123]

최문형이 지적한 대로 1898년의 상황에서 러시아는 만주에 집중했다. 그래서 한반도에 대해서는 일본의 우위를 인정하는 쪽이었다. 하지만 러시아는 의화단사건 이후에는 만주를 점령한 유리한 위치에서 한반도에 대한 일본의 우월적 지위도 부인하는 태도로 나온 것이다. 이렇게 되자 이토 히로부미를 포함한 상대적인 대러시아 화평파도 인내심을 잃고 말았다. 가쓰라 내각과 그 후원자인 야마가타 세력이 과거보다 강력해진 군부를 배경으로 더 팽창주의적인 대외정책을 확립했다. 조선을 장악하고 만주에서 러시아를 몰아내기 위한 군사적 행동을 취하

---

122) LaFeber, 1997, p.81.
123) LaFeber, 1997, p.77.

는 데 정치적 걸림돌은 더 이상 존재하지 않았다.[124]

일본 고무라 외상은 그가 러시아 정부와 나눈 대화와 그 결과에 관한 정보를 미국의 루스벨트 대통령과 존 헤이 국무장관에게 제공했다. 영국인들은 물론이고 미국인들도 조용하게 그러나 전폭적으로 일본을 지지하고 있음을 그는 잘 알고 있었다.[125]

12. 러일전쟁의 발발과 전개

알렉세이 쿠로파트킨(Alexei Nikolaievich Kuropatkin: 1848~1925)은 러일전쟁 때 러시아 측 육군 총사령관이었다. 전쟁을 앞두고 일본과 러시아의 전쟁준비 상황에 대해 쿠로파트킨은 그의 회고록에서 이렇게 비교했다. "일본군은 극동지역에서 우리의 육군과 해군력을 연구하는 수백 명의 비밀결사 첩보대원을 보유하고 있었다. 반면에 우리는 일본의 전쟁 준비에 관해 정보수집 임무를 맡은 참모본부 소속의 한 명의 장교밖에 없었다."[126] 그는 또한 1900년 의화단사건 진압을 위해 중국에 출동했을 때 일본군의 활동을 보고 깊은 감명을 받았다.

"1900년 페이츠리 성에서 우리 군대 편에서 싸웠던 일본군에게서 관찰된 행동은 무척 내 마음에 들었으며 그들의 가치를 평가할 수 있었다. 내가 일본에 잠시 머물렀던 바로 그때의 나라였는지 상상할 수조차 없었다. 25년 만에 일본인들이 모든 분야에서 성장한 것을 보고 놀라움을 금치 못했다. 모든 분야에 걸쳐 거대한 움직임을 볼 수 있었고 근면한 사람들이 행복을 느끼고 있었으며 자신의 국가에 대해 대단한 애국

---

124) LaFeber, 1997, p.77.
125) LaFeber, 1997, p.77.
126) 알렉세이 쿠로파트킨 지음, 심국웅 옮김, 『러일전쟁: 러시아 군사령관 쿠로파트킨 장군 회고록』, 한국외국어대학교출판부, 2007, 87쪽.

심을 지니고 있었고 또한 미래에 대한 희망을 갖고 있다는 것을 첫눈에 느낄 수 있었다."[127]

쿠로파트킨은 일본에 대한 경외감과 함께 두려움을 느끼고 있었던 것이다. 러시아 황제가 만주와 한반도에서 강경책을 추구하고 있던 1903년 쿠로파트킨은 국방장관이었다. 그는 그해 10월 28일 황제에게 올린 특별보고서에서 일본과의 충돌을 피하기 위해서는 남만주 점령을 철회하고 이 지역 북부에서 수비활동만 할 것을 건의한다. 또한 그에 따르면 러시아 국민은 물론이고 황제도 전쟁을 원하지 않고 있었다. 하지만 쿠로파트킨의 건의는 받아들여지지 않았다. 쿠로파트킨에 따르면 황제는 일본과의 전쟁을 피하기 위해 양보할 의사는 있었지만, "러시아의 자존심을 손상시키지 않는 방법"으로 일본과 타협을 할 수 있을 것인지가 관건이었다.[128]

쿠로파트킨은 그 후에 진행된 일본과의 협상이 실패한 이유를 러시아가 여전히 강경한 태도를 유지한 데에서 찾았다. 그 강경론의 배경을 쿠로파트킨은 이렇게 분석했다. "협상 실패는 일본이 완벽한 준비를 했고 (일본의) 군부가 (전쟁에 대한) 확고한 지지를 표했음을 파악하지 못한 (러시아의) 무지에서 비롯되었다. 우리는 반대로 전쟁에 대한 대비가 없었고 그래서 전쟁을 피하려 할 수밖에 없었다. (러시아 측 협상 대표를 맡은) 부왕 알렉세예프(Alexeieff) 제독은 외교관계에 대한 지식이 부족하여 일본의 자존심을 상하게 하여 협상을 망쳤다. 모든 것은 시간문제였다."[129] 요컨대, 러시아는 황제를 포함하여 전쟁을 원하지는 않았고 협상할 용의가 있었다. 그러나 일본의 전쟁 결의와 준비상황에 대한 무지로 인해 협상에서 유연성을 발휘하지 못했다. 그 결과 협상을

---

127) 쿠로파트킨, 2007, 87쪽.
128) 쿠로파트킨, 2007, 78~79쪽.
129) 쿠로파트킨, 2007, 79~80쪽.

망쳤고, 전쟁을 불가피하게 만들었다는 반성이었다.

일본이 천황이 주재하는 어전회의(Imperial Conference)에서 러시아에 대한 전쟁을 결정한 것은 1904년 2월 4일이었다.[130] 일본이 러시아에 정식으로 전쟁을 선포한 것은 2월 10일이다. 하지만 그 이틀 전인 2월 8일 밤, 요동반도의 러시아 군항 여순에 진치고 있던 7척의 전함과 6척의 순양함으로 구성된 러시아 함대를 일본 구축함들이 기습 공격했다. 전함 두 척과 순양함 한 척을 어뢰로 침몰시켰다.[131] 일본이 이 같은 기만적인 전술을 채용한 것은 당시 전반적인 군사력에서 러시아에 비해 자국이 약하므로 전면적이고 장기적인 전쟁은 불리하다고 판단했기 때문이다. 당시 일본 육군은 40만이었다. 러시아 육군은 약 100만에 달했다. 더욱이 러시아는 총동원령을 발동할 경우 350만으로 증강할 수 있었다.[132]

미국과 영국의 외교관들은 일본의 기습작전에 갈채를 보냈다. 전쟁이 시작되기 전부터 주한 미국공사 호러스 알렌은 조선인들은 일본을 주인으로 섬겨야 한다는 의견을 피력했다. 알렌은 1904년 1월 4일 미국무장관에게 보낸 전문에서 이렇게 말했다. "우리가 감상적인 이유 때문에 이 '제국'(대한제국)의 독립을 지탱하도록 돕는 것은 진짜 실수하는 일입니다. 이 사람들은 자치능력이 없습니다. 항상 그랬듯이 그들은 주인(overlord)이 하나 있어야 합니다. ……일본이 그럴 수만 있다면 한국을 갖도록 해야 합니다. 당신도 알다시피 나는 결코 일본 찬미자가 아닙니다만, (일본과 같이) 개화된 인종(civilized race)이 이 사람들의 행복과 억압적인 관료들의 통제를 위해 그리고 질서확립과 상업발전을 위해 이 정 많은 아시아인에 대한 관리를 떠맡는 것을 나는 전혀 반대

<hr>

130) LaFeber, 1997, p.78.
131) Ivanov, 2004, p.4.
132) Ivanov, 2004, pp.14, 35.

하지 않습니다."[133]

일본은 1904년 2월 12일 3,000명의 12사단 병력을 상륙시켰다. 그
달 28일까지는 다메토코 구로키 장군이 지휘하는 일본군 제1군이 모두
제물포에 상륙했다. 이들은 육로로 북진해 압록강변에서 쿠로파트킨
장군 휘하의 러시아 방어군과 최초의 육전을 치렀다. 4월 13일엔 러시
아 최고의 해군 지휘관으로 통하던 마카로프(S.O. Makarov) 제독이
그가 타고 있던 기선(旗船)이 기뢰(機雷)로 침몰하면서 죽고 말았다.
4월 25일에서 5월 2일 사이에 벌어진 압록강 전투에서 러시아군 사상
자는 3,000명이었다. 일본군 쪽 사상자는 1,000명이었다. 이 전투에서
승리한 일본은 러시아가 한반도 쪽에서 요동으로 증원군을 파견하는
것을 차단할 수 있었다.[134]

같은 해 6월 초에는 노기 마레스케(乃木希典) 장군이 지휘하는 일본
제3군이 대련항을 점령해 여순을 고립시켰다. 일본군의 전략목표는 남
만주철도 상에 있는 요양(遼陽)의 러시아 군사기지였다. 8월 10일
1894년 청일전쟁 때에 이어 또 한 번의 '황해해전'이 벌어졌다. 러시아
함대는 6척의 전함, 3척의 순양함, 14척의 구축함으로 짜여 있었다. 이
들이 여순항을 떠나 황해로 나아가 맞이한 일본 함대는 전함 4척, 순양
함 11척, 소함정 46척으로 구성되어 있었다. 러시아 측 사령관 비트게
프트(Vitgeft) 제독이 그의 지휘선이 파괴되면서 죽었다. 러시아 함대
는 후퇴하고 말았다. 러시아 쪽은 두 척의 순양함과 한 척의 구축함이
침몰했고, 한 척의 전함, 두 척의 순양함, 그리고 세 척의 구축함이 한
항구에 봉쇄되었다. 일본 측 손실은 한 척의 어뢰정뿐이었다. 이후 러시

133) Allen to Rockhill, January 4, 1904, Allen Papers, p.829, Press Copy
    Book, New York Public Library; Peter Duus, 1995, p.189.
134) Ivanov, 2004, p.4.

아 함대는 여순항에 봉쇄당해 갇히게 된다. 하지만 뒤이어 8월 9일에서 24일 사이 계속된 노기 장군의 여순항 점령작전은 실패로 돌아갔다. 10년 전 청일전쟁 때 중국군을 상대로 쉽게 여순을 점령했던 경험 때문에 과신해 충분한 정보 없이 덤벼든 결과였다고 평가된다. 일본군은 얻은 것은 별로 없이 1만 6,000명의 사상자만을 낸 채 여순을 포위한 데 만족해야 했다.[135]

8월 26일에서 9월 3일에 걸쳐 대대적인 '요양전투'가 벌어졌다. 33개 기병대와 170문의 야포로 무장한 12만 8,000명의 일본군과 148개 기병대와 609문의 야포로 무장한 15만 8,000명의 러시아군이 40킬로미터에 걸친 전선에서 긴 소모전을 벌이다 교착상태에 빠진다. 희생은 일본군 측이 좀더 많았다. 일본군 사망자는 5,540명, 부상자는 1만 8,600명이었다. 러시아군 사망자는 3,600명, 부상자는 1만 4,300명이었다. 하지만 러시아의 군대기강이 무너지기 시작했다. 일부 부대가 명령을 어기고 전선에서 후퇴했다. 10월 7~17일 사이 요양 남쪽의 하하(夏河, 샤허)에서 쿠로파트킨이 이끈 러시아군이 포위당한 여순을 구하기 위해 공세를 취했다. 하하전투였다. 러시아군은 1만 1,000명이 죽고 3만 400명이 부상당했다. 일본군 희생은 훨씬 적었다. 사망은 4,000명, 부상자는 1만 6,500명이었다. 러시아군은 그 희생에도 불구하고 여순의 포위를 풀지 못했다. 양쪽은 다같이 탈진한 상태가 되어 겨울로 접어든다.

1904년 11월 27일에서 12월 6일 사이에 여순에 대해 일본군이 새로운 공세를 시작했다. 새로운 중화기로 무장한 7사단이 고다마의 지휘하에 여순에 도착했다. 항구 전체를 내려다보는 위치에 있는 두 개의 전략적 고지들을 점령한다. 일본군 사망자는 1만 4,000명이었다. 러시아군 사망자는 5,000명이었다. 세 배에 달하는 희생을 치르고 얻은 결과

---

135) Ivanov, 2004, p.5.

였다. 여순항에 봉쇄되어 있던 러시아 함대는 일본군의 폭격을 받아 모두 침몰했다. 12월 하순에는 일본군이 여순에서 네 개의 고지를 더 점령했다. 여순의 러시아 사령부는 1905년 1월 2일 마침내 일본군에 항복해버렸다.[136] 1월 말에는 그리펜베르크가 이끈 러시아 제2군이 요양의 남서방면에서 공세를 취한다. 하지만 러시아 측이 큰 희생을 치렀다. 그리펜베르크는 지휘를 포기하면서 상관인 쿠로파트킨 사령관을 공개적으로 비난한다.[137]

1905년 1월에서 2월에 걸쳐 러시아의 많은 도시가 혼란에 휩싸였다. 경찰과 군대가 수백 명의 시민을 죽였다. 모스크바 총독이 암살되었다. 일본 정보부대가 핀란드와 발틱 지역 그리고 카프카스 지역의 반란세력들에게 무기를 공급한다. 이 와중에 1905년 2월 19일에서 3월 10일에 걸쳐 만주에서는 역사에 전례가 없는 대병력들이 동원된 전투가 벌어진다. 무크덴 전투(Battle of Mukden: 무크덴은 봉천, 지금의 선양)였다. 러시아 측은 보병이 27만 5,000명에 기병대가 1만 6,000명이었다. 야포는 1,439문, 기관총은 56문이었다. 일본군은 보병 20만, 기병 7,350명이었다. 924문의 대포와 174문의 기관총으로 무장했다. 3월 9~10일 사이 러시아 군대는 전면적으로 괴멸했다. 쿠로파트킨의 군대는 약 320킬로미터를 패주했다. 일본군이 그 이상 더 러시아군을 패주시키지 못한 것은 일본군 자신들도 지쳐 있었기 때문이다. 양측 모두 사상자가 전 병력의 30퍼센트에 달했다. 러시아군은 4만 명 사망에 4만 9,000명의 부상자를 냈다. 일본군 측은 1만 6,000명이 사망하고 6만 명이 부상당했다.[138]

---

136) Ivanov, 2004, p.6.
137) Ivanov, 2004, p.7.
138) Ivanov, 2004, p.7.

1905년 3월 20일 미국이 비밀리에 평화협상을 중재한다. 최후의 결전은 5월 말에 벌어졌다. '쓰시마 해전'(Battle of Tsushima)이었다. 이 전쟁의 결판을 낸 해전이었다. 발틱 해에서 출발한 러시아 함대가 7개월에 걸친 항해 끝에 쓰시마 해역에 도착한 것은 1905년 5월 27일이었다. 그 항해는 북해를 거쳐 일부는 아프리카 남단을 돌아서 그리고 일부는 수에즈 운하를 통해서 그 다음엔 싱가포르와 베트남을 돌아온 악몽 같은 여정이었다. 이 함대가 실어온 해군은 별 훈련을 받지 못한 상태로 질병에 시달렸다. 뿐만 아니라 거의 반란 직전 상태였다. 장교들은 거의 완전히 패배주의에 젖어 있었다.[139]

당시 일본 함대의 주력은 조선의 마산에 주둔하고 있었다. 도고 헤이하치로(東鄕平八郞) 장군의 제1분함대와 제2분함대는 마산포에 정박 중이었다. 제3분함대는 쓰시마에 부속된 오자키 섬에 위치해 있었다. 순양함이 대한해협과 순가르 해협에서 순찰 중이었으며, 동해와 남중국해 전반에 걸쳐 해상 첩보활동을 전개하고 있었다. 러시아 해군의 동향을 정확하게 파악할 수 있었다.[140]

실제 전투는 단 이틀 만에 끝났다. 러시아 측은 5척의 전함, 4척의 순양함, 5척의 구축함이 침몰당했다. 거기에 3척의 전함과 5척의 순양함, 그리고 2척의 구축함이 일본 해군에 나포되거나 항구에 봉쇄당했다. 4,800명의 병력이 사망하고 7,000명이 포로가 되었다. 1,800명이 봉쇄당한 함정에 억류되었다. 일본 측 피해는 상대적으로 매우 미미했다. 사망자는 110명에 불과했다. 부상자도 590명에 그쳤다. 결국 무크덴과 쓰시마에서의 패배로 러시아의 전쟁의지는 완전히 붕괴했다.[141]

---

139) Ivanov, 2004, p.8.
140) 로스뚜노프 외 전사연구소 편, 김종헌 옮김, 『러일전쟁사』, 건국대학교출판부, 2004, 426~427쪽.
141) Ivanov, 2004, p.8.

로스투노프(I.I. Rostunov)를 비롯한 구소련 전사연구소 연구원들이 펴낸 『러일전쟁사』는 러시아 패배의 원인을 이렇게 요약했다. "패배의 결정적 이유는 지휘부재였다. 사령관은 14시 30분부터 함대를 지휘하지 못했다. 지휘권이 이양된 것은 5시간이나 지난 후였다. 참모부도 제기능을 다하지 못해서 전투상황과 그 변화를 분석하지 않았다. 일본 함대 지휘부의 실수 등도 고려하지 않았다. ……실제로 러시아 함대는 블라디보스토크로 돌파한다는 오직 한 가지 목적만을 가지고 맹목적으로 장기함(將旗艦)만을 따랐다. 결과적으로 공격은 하지 않고 방어에만 급급함으로써 일본군이 자신의 계획을 실행할 수 있도록 도와주었다."[142]

1905년 5월 27~28일의 쓰시마 해전에서 일본이 대승리를 거두어 세계를 놀라게 했을 때, 미국의 시어도어 루스벨트 대통령은 "트라팔가 해전(Battle of Trafalgar)도 이에는 비할 바가 아니다. 도저히 믿어지지 않았다. 나는 너무 흥분해서 내 자신이 거의 일본인이 된 듯 느껴졌다. 나는 공식적인 업무마저 볼 수 없었다"고 말했다. 일본인 못지않게 기뻐하며 환호성을 지른 것이었다.[143] 러일전쟁에서 일본의 승리는 13세기 몽고족의 유럽 침략 이후 아시아 세력이 유럽 세력을 누른 첫 사건이라는 의미에서 충격적인 일이기도 했다.[144]

13. 러일전쟁의 종결과 포츠머스 협상: 한반도와 만주

1905년 6월 10~12일 일본은 러시아와 함께 미국의 중재 제안을 공

---

142) 로스뚜노프 외, 2007, 440쪽.
143) LaFeber, 1997, p.82.
144) Richard Connaughton, *Rising Sun and Tumbling Bear: Russia's war with Japan*, London: Cassell, 2003, p.10.

식 수용했다. 1905년 초부터 일본 육군은 전투에서 계속되고 있던 사상자(死傷者) 발생 수준이 높아서 병력 손실을 견뎌내기 힘들다고 경고하기 시작했다. 일본 정부도 전쟁으로 계속 높아가는 대외채무 수준을 깊이 우려해야만 했다.[145)

여순전투 때 일본군 진영에는 영국의 군사평론가 노리가드가 함께 하고 있었다. 노리가드는 1905년 봄부터는 일본군인들의 애국심도 꺾이고 있었다고 증언했다. 그에 따르면, 요코하마, 고베, 오사카 등 일본 내 주요 지역의 재향군인들은 빠른 시일 안에 전쟁이 종결되기를 원하고 있었다. 심지어 일본군 연대 중에서 위의 3개 군관구 병력으로 보충된 한 연대는 공격명령 이행을 거부하는 사태가 발생하기까지 했다.[146)

하지만 평화협상을 앞두고 일본은 유리한 고지를 점령하기 위한 최후의 조치들을 취했다. 7월 7일에서 8월 8일 사이에 일본은 사할린 섬을 점령했다. 그 후 비로소 미국 뉴햄프셔에 있는 시어도어 루스벨트 대통령이 직접 주재하는 가운데 포츠머스(Portsmouth)에서 협상이 시작되었다.

평화협상은 당시 일본 국민에게 알려지지는 않았지만 일본이 먼저 이니셔티브를 취한 것이었다. 기쿠지로 이시이 자작(子爵)이 밝힌 내용이다.[147) 루스벨트 역시 일본의 승리를 크게 반기면서도 일본이 동아시아 전체를 석권하는 것은 원하지 않았기 때문에 일본이 신호를 보내자 신속하게 평화협상 중재에 나섰다고 라페버는 주장한다.[148)

로스투노프 등은 당시 러시아는 전체적인 국력에서는 일본과 달리 장

---

145) Beasley, 1987, p.84.

146) 로스뚜노프 외, 2007, 478쪽.

147) Theodore Roosevelt, *Letters*, selected and edited by Elting E. Morrison, Volume IV, Cambridge, MA, 1951~54, pp.1201~1203; Okamoto Shumpei, *The Japanese Oligarchy and the Russo-Japanese War*, New York, 1970, p.119; LaFeber, 1997, pp.82 참조.

148) LaFeber, 1997, p.82.

기전에 임할 수 있는 여력이 있었다고 보았다. 러시아는 군사적 자원이 풍부했기 때문에, 쓰시마 해전에서 패배했음에도 장기적으로는 전쟁에서 승리할 수 있는 충분한 병력과 장비를 갖추고 있었다는 것이다. 그럼에도 러시아 정부는 평화협상에 임해 신속한 강화조약 체결을 원했다. 러시아 국내의 반체제 혁명세력을 진압하기 위해 차르는 하루빨리 전쟁을 끝내고 싶어했기 때문이라고 로스투노프 등은 분석한다.[149]

포츠머스 협상에서 러시아 대표는 시베리아 횡단철도의 건설자인 세르게이 비테 백작(Count Sergei Witte)이었다. 일본의 가쓰라 내각은 일본 대표로 이토 히로부미를 추천했으나, 이토는 사양한다. 일종의 광적인 전쟁 열기에 빠져 있는 일본 국민들이 협상이나 그 결과에 만족하지 못하리라는 사실을 노회한 정치인은 너무나 잘 알고 있었다. 실제 협상결과가 알려진 9월 5일, 협상결과에 불만을 품은 일본인들의 폭동이 도쿄에서 빈발한다. 그래서 고무라 외상이 대표로 나섰다. 고무라가 도쿄를 떠나기 전 일본정부는 그에게 협상목표를 둘로 나누어 제시한다. 먼저 "절대 기본적인" 항목은 두 가지였다. 한반도에 대한 지배권, 그리고 남만주와 그 핵심철로에 대한 통제권이었다. 다른 하나는 "비교적 기본적인" 항목들이었다. 여기에는 두 가지가 있었다. 하나는 배상금이었고 다른 하나는 사할린 전체를 획득하는 것이었다. 절대 기본적인 조건들을 일단 획득하면, 협상타결을 위해 불가피할 경우엔 '비교적 기본적인 항목들'은 포기할 수도 있다는 것이 당시 고무라에게 내려진 지시였다.[150]

---

149) 로스뚜노프 외, 2007, 479쪽.

150) U.S. Department of State, *Foreign Relations of the United States: The Lansing Papers, 1914~20*, Volume II, Washington, DC, 1940, pp.436, 450~451; Ian Nish, *Japanese Foreign Policy, 1869~1942. Kasumigaski to Miyaekezaka*, London, 1977, pp.115~117. 이상 자료는 LaFeber, 1997,

고무라가 한반도와 만주라는 절대 기본적인 두 가지 요구조건에 대한 러시아의 동의를 얻는 데는 긴 시간이 걸리지 않았다. 하지만 전쟁 배상금과 사할린 문제는 일본의 뜻대로 되지 않았다. 러시아 황제의 태도는 몇 개 전투에서 지기는 했지만 전쟁에서 진 것은 아니라는 것이었다. "러시아는 한 푼도 낼 수 없다"는 것이 그가 비테에게 내린 지시였다.

사할린을 양보하는 것도 있을 수 없다고 버티었다. 서태평양에서 러시아 함대를 제한하려 한 일본의 요구도 받아들이지 않았다. 고무라는 회담을 파기하고 도쿄로 돌아갈 준비를 했다. 그를 말린 것은 다름 아닌 일본의 군부와 이토 히로부미를 비롯한 원로 정치인들이었다. 수적으로 우세한 러시아 군대가 재차 밀고 내려와 전쟁이 재연되는 상황은 일본 군부로서도 감당할 수 없는 악몽이었다.

8월 29일 고무라는 비테에게 러시아가 사할린 문제를 양보하면 배상금 요구를 포기하겠다고 제안한다. 긴 침묵 끝에 비테가 받아들인다. 그래서 일본은 한반도와 남만주를 보호령으로 획득했다. 그리고 사할린의 남반부를 차지함으로써 동해로부터 러시아 세력을 제거하는 데 성공했다. 미국에서도 일부에게는 전쟁광으로 비치던 시어도어 루스벨트가 이 평화협상의 중재 역할로 노벨 평화상을 받는 아이러니와 함께 포츠머스 협상은 막을 내렸다.[151]

러일전쟁에서 일본의 승리는 이제 러시아가 동아시아 질서의 지배적인 관리자의 위치에서 퇴장한 것을 의미했다. 미국은 1890년대 이래 동아시아에서 필리핀을 식민지로 거느린 식민주의 국가가 되었고, 괌과 웨이크 아일랜드 등 태평양상의 여러 전략적 거점들을 차지한 '섬 제국

pp.83~423 참조.
151) LaFeber, 1997, pp.83~84.

주의' 국가로 떠올랐다.[152] 일본은 10년 전 청일전쟁에서 승리했지만 요동반도 획득은 러시아의 방해로 무산되었다. 대만을 얻는 데 그침으로써 일본은 여전히 섬나라로 머물러 있었다. 그 일본이 이제는 한반도와 함께 남만주를 보호령으로 거느리는 '대륙 세력'(a continental power)으로 되었다.

이제 일본과 미국이라는 두 신흥 제국주의 열강들이 구열강들을 대신해 동아시아 질서를 주관하는 새 시대가 열렸다.

14. 맺는 말: 만주국의 기원

일본이 공식적으로 만주국을 세운 것은 1932년이었다. 그러나 그 뿌리는 1905년 러일전쟁에서 승리한 순간으로 거슬러 올라간다.[153] 그때 이미 공식적인 요소와 비공식적인 요소들이 결합한 형태로 일본은 남만주를 자신의 영향권으로 확보하게 된 것이었다. 러일전쟁 승리로 러시아에게서 빼앗은 요동반도와 만철로 불린 일본 남만주철도회사가 소유한 토지들에 대한 장기조차가 그 공식적 기반이었다. 이 영역에 대해서는 일본은 공식적인 식민지 기구를 통해서 직접 지배했다.

그외 남만주 전 지역도 간접적인 방식으로 이제 일본의 영향권에 편입되었다. 각 지역의 중국인 권력자들과 서로 관계를 맺음으로써, 그리고 지역 전체의 시장에 대한 경제적 지배를 통해서 영향력을 행사했다. 또한 무엇보다도 남만주에 주둔할 수 있게 된 일본군대의 무력을 앞세운 위협은 남만주 지역 전체를 일본의 영향권으로 만드는 빼놓을 수 없

---

152) McCormick, 1967, p.106.
153) Louise Young, *Japan's Total Empire: Manchuria and the Culture of Wartime Imperialism*, Berkeley: University of California Press, 1998, p.3.

는 기반이었다.[154] 일본은 이처럼 러일전쟁의 결과로 남만주를 영향권으로 확보함으로써 마침내 대륙에 기반을 둔 제국으로 발돋움하게 되었다.

154) Young, 1998, p.3.

제7장 미일 제국주의 카르텔과 그 변용, 그리고 파국

• 동아시아 제국주의 시대 제4막에서 제7막까지

1. '연전연승' 이후 일본 제국의 내면과 나쓰메 소세키

후타바테이 시메이(二葉亭四迷)는 『뜬구름』으로 일본 근대소설의 지평을 열었다는 평을 듣는다. 그는 러시아 문학의 탁월한 소개자였다는 점에서도 일본 근대문학의 선구자로 꼽힌다.[1] 러일전쟁이 끝난 지 3년째이던 1908년 그는 이제 일본의 식민지가 되어 있는 랴오둥 반도 다롄(大連)을 방문했다. 「입로기」(入露記)라는 방문기에서 그는 그때의 감격적인 소감을 솔직하게 적었다.

"5년 만에 세 번째로 와서 보니, 대부두가 바다로 돌출한 모습이나 대하고루가 위연하게 넓은 길 좌우에 서 있는 모습은 옛날 그대로이되, 길을 가는 사람들은 모두가 우리 동포이다. 점두(店頭)의 간판은 모두가 네모진 우리 일본 글자이다. 나를 군사탐정으로 의심하여 수상한 눈길로 바라보는 사람은 하나도 없다. 아무 거리낌없이 활개를 치며 대로를 활보할 수 있다. ……나는 유쾌하여 견딜 수가 없을 지경이었다. 흥

---

1) 히야마 히사오(檜山久雄) 지음, 정선태 옮김, 『동양적 근대의 창출: 루쉰과 소세키』, 소명출판, 2000, 98~99쪽.

에 겨워 마시지도 못하는 술까지 마셨다. 아니 너무 마셔 괴로웠기 때문에 무라이(村井) 군을 재촉하여 집 밖으로 나갔다. 거리는 번화했다. 양쪽 상가에서 나오는 전등빛으로 휘황찬란하고, 유카타(浴衣) 차림의 사람들이 우르르 북새통을 이루어 몰려나갔다. 하이칼라에 트레머리를 한 여성을 동반한 사람도 적지 않다. 그 사이를 더러운 지나인 행상이 쉴새없이 목청을 높여 이상한 목소리로 좋아요 좋아요 라고 외치며 지나간다. 차도에는 마차가 달리고 인력거가 달린다. 당연하게도 마부나 인력거꾼은 모두 지나인인데, 빠른 말투가 (일본의) 항구 근처에 있는 지나인 마을 부근의 모습이어서 내지(內地)와 크게 다르지 않다. 나는 유쾌해서 도저히 견딜 수가 없다."[2]

그 일 년 후인 1909년 일본 근대문학에 역시 하나의 이정표를 세운 문학가인 나쓰메 소세키(夏目漱石: 1867~1916)도 남만주와 한반도를 여행한다. 1909년(메이지 42) 10월 21일부터 그 기행문을 『아사히신문』(朝日新聞)에 연재한다. 제목은 『만한기행』(滿韓紀行)이었다. 소세키는 당시 일본이 러시아에게 빼앗은 남만주철도회사(만철)의 총재를 맡고 있던 옛 친구 나카무라 제코(中村是公)의 초청으로 만주를 다녀온 것이었다. 히야마 히사오는 소세키의 만한기행문에 대해 이렇게 평한다.

"만철이 무엇을 하는 곳인지도 알지 못한 채, 또 끝까지 알려고도 하지 않고서, 가는 곳마다 만나는 구우지기(舊友知己)와의 교우록(交友錄)을 편안한 마음으로 써내려갔던 것이다. 여행 중 죽 붙어 다닌 위의 통증만이 이러한 동창들과의 만남을 위한 여행을 유쾌하지 않게 만드는 유일한 장해였다고 해도 과언은 아니다. ……나카쓰카 다카시의 『흙』을 읽으면서는 민중의 고민을 자신의 것으로 느낄 수 있었던 소세

2) 히야마 히사오, 2000, 97~98쪽에서 재인용.

키가, 어찌하여 다롄 부두의 쿨리나 잉커우(營口)의 매춘녀 그리고 푸순(撫順)의 석탄갱부를 보고서는 그와 같은 고민을 느끼지 않았던 것일까."[3]

소세키는 러일전쟁이 일본의 승리로 끝날 무렵에「전후문학계의 추세」를 발표한다. 그 전쟁이 향후 일본문학계의 향방에 어떤 영향을 미칠 것인가를 전망한 글이었다. 그보다 조금 전인 1905년 1월에 발표된『나는 고양이로소이다』(吾輩は猫である)는 소세키의 대표소설이라 할 수 있는데, 이 소설을 지배하는 것은 강한 염세주의였다. 특히 일본의 근대적 모습에 대한 냉소를 담고 있으며, 일본의 현상을 철저하게 비판했다는 평을 듣는다. 히야마 히사오는 그러한 염세주의자에게는 어울리지 않는 대단한 낙관주의를 러일전쟁에서 승리한 후 전후문학계에 대한 소세키의 전망에서 찾아낸다.[4]

그 글에서 소세키는 우선 "이름에 걸맞은 유럽 제일류의 완고하고 강력한 러시아를 적으로 하여 연전연승했기 때문에 그 영향은 정신계에도 비상한 원기를 줄 것"이라고 말한다. 이어서 다음과 같이 전망했다. "지금까지는 서양을 따를 수가 없고 무엇이든 비슷하게라도 서양을 베끼지 않으면 안 된다며 너나 없이 서양을 숭배하고 서양에 심취해 있었지만, 하루아침에 사태가 바뀌어 자신자각(自信自覺)의 길이 열리자 그러한 생각도 달라졌다. 일본은 어디까지나 일본이다. 일본에는 일본의 역사가 있다. 일본인에게는 일본인의 특성이 있다. 무리하게 서양을 모방해서는 안 된다. 서양만이 모범인 것은 아니다. 우리들도 모범이 될 수 있다. 서양을 이길 수 없는 것은 아니라고 생각한다."[5]

소세키는 같은 글에서 더 나아가 '야마토혼'(大和魂)까지 거론한다.

---

3) 히야마 히사오, 2000, 97, 101쪽.
4) 히야마 히사오, 2000, 102쪽.
5) 히야마 히사오, 2000, 102쪽.

그리고 "넬슨도 위대할지 모르지만 우리의 도고(東鄕) 대장은 그 이
상이다"라고 주장한다. 히야마 히사오는 이들 근대 일본 문학의 이정
표를 세운 지성인들이 기행문들을 통해서 드러낸 동아시아관에서 '제
국주의'의 그늘이 자연스럽게 드리워져 있는 것을 발견한다. 가라타니
고진(柄谷行人)에 따르면, 나쓰메 소세키는 "서양의 보편성을 인정하
지 않았지만, 그렇다고 해서 '동양'을 보편성으로 이념화시키려고 하
지 않았다. 그는 그러한 것을 넘어서는 보편성을 추구하려 했다."[6] 가
라타니 고진이 말하는, 소세키가 추구한 동서양을 넘어서는 보편성이
무엇인가는 분명치 않다. 다만 서양의 보편성에 대한 소세키의 부정
에서 러일전쟁은 중요한 한 가닥의 역할을 했다는 것은 부정할 수 없
다. 일본 근대의 대표적 지성들이 전쟁과 제국주의의 업적에 힘입어
서양을 넘어서고 일본적인 것을 내세우게 된 측면이 강했다는 것은
이후 일본의 근대정신사가 내포하게 되는 불건강성과 깊은 연관이
있다.

2. 제4기(1905~20) 미일 주도의 제국주의 카르텔

20세기 초가 되면 동아시아의 운명을 결정하는 것은 미국과 일본 사
이의 갈등과 협력이라고 월터 라페버는 요약한다. 1910년 전후가 되면
유럽 국가들은 유럽 대륙 자체 안에서 자신들 간의 전쟁을 향하여 나아
가기 때문이다.[7] 무엇보다도 러일전쟁은 일본과 함께 미국이 동아시아
의 지정학에서 양대 축으로 등장하는 역사적 계기였다. 미일 두 나라

---

6) 가라타니 고진 지음, 박유하 옮김, 『일본근대문학의 기원』, 민음사, 1997, 60쪽.
7) Walter LaFeber, *The Clash: U.S.-Japanese Relations Throughout History*,
   New York: W.W. Norton, 1997, p.41.

관계가 동아시아의 운명을 결정하게 되는 분기점을 라페버는 1910년 경으로 잡았다. 그러나 러일전쟁에서 일본이 승리하고 일본과 미국이 일련의 밀약을 통해 동아시아 국가들의 운명에 관한 권력정치적 흥정을 주도하기 시작한 것은 1905년부터였다.

청일전쟁은 일본에게 제국주의 열강 클럽의 정식회원권을 주었다. 하지만 러시아가 이끈 삼국간섭은 일본의 한계를 또한 드러냈다. 그 결과 조선에서 일본의 지배력은 상당기간 후퇴했다. 반면에 러일전쟁은 일본을 동아시아 지정학의 명실상부한 한 축으로 올려놓았다. 1904년 8월에서 10월 사이에 벌어진 요양전투 등에서 러시아군이 일본군에게 괴멸되어가는 모습을 보고 영국의 장군 이언 해밀턴 경(General Sir Ian Hamilton)은 벅찬 감회를 느끼며 다음과 같이 묘사했다. "나는 오늘 유한한 존재인 인간이 상상할 수 있는 가장 장엄한 장면을 목격했다. 전진하는 아시아와 뒷걸음치는 유럽이 안개의 벽에 새겨져 있었다."[8]

러일전쟁의 종결방식은 일본뿐만 아니라 미국의 세계적 위상에서도 분수령을 이루었다. 포츠머스 조약은 미국이 세계 주요 열강으로 우뚝 서는 계기였다. 미국은 1907년 대함대를 일본에 파견하여 동아시아에서 자신의 무력을 과시한다. 일본이 미국에 두려움을 느껴 영국과의 협력을 더욱 중시하는 경향을 낳을 지경이었다.[9] 어떻든 러일전쟁을 계기로 미국이 동아시아에서 자신의 존재감을 더욱 확대하게 된 것을 말해준다. 아시아 - 태평양지역에서 미국의 군사적 존재감은 1914년 파나마 운하가 개통되면서 더욱 본격화하게 된다.[10]

---

8) Richard Connaughton, *Rising Sun and Tumbling Bear: Russia's war with Japan*, London: Cassell, 2003, p.345.
9) Connaughton, 2003, p.345.
10) Akira Iriye, *Japan & the Wider World: From the Mid-Nineteenth Century to the Present*, London: Longman, 1997, p.40.

'러시아를 배제한 중국 경영'이라는 영미일 삼각 제국주의 카르텔의 대전제는 1905년 포츠머스 조약과 함께 러시아가 동아시아에서 철수함에 따라 새로운 국면에 들어선다. 영국은 러시아를 더 이상 위협으로 느끼지 않았다. 이제 독일에 대항하기 위해서 러시아를 영국과 미국의 협력자로 끌어들여야 했다. 독일은 1879년 오스트리아와 동맹을 맺은 데 이어 1882년 이후 이탈리아를 포함시켜 삼각 동맹체제를 이루면서 유럽에서 급격히 세력을 팽창해갔다. 영국은 1904년 프랑스와 협력체제를 구축한 데 이어 1907년 러시아와도 비공식적인 협력관계(entente)를 구축하기에 이른다.[11] 결국 러일전쟁 종결 얼마 후 독일 견제를 목적으로 영국, 러시아, 프랑스, 일본 사이에 영국을 매개로 한 사실상의 '사국 협력체제'(quadruple entente)가 형성되었다.[12]

영국은 그렇게 유럽에서 독일의 팽창을 견제하는 데 집중해야만 했다. 동아시아에 대한 영국의 힘의 집중도는 크게 떨어졌다. 그 공간을 미국과 일본이 채웠다. 영미일 삼각 카르텔에서 미일 제국주의 콘도미니엄으로 전환해간 것이다. 일본이 조선에 대한 지배권을 국제적으로 인정받는 것이 1905년의 가쓰라-태프트 밀약과 1908년의 루트-다카히라 밀약과 같이, 주로 미국과 맺은 비밀협약에 의한 것이었다는 점은 그것을 웅변해준다.

요컨대 러일전쟁 종결 후 동아시아 제국주의 질서의 관건은 미일 간의 관계를 어떻게 평가할 것이냐로 집약된다. 한편으로 이 시기 미국과 일본은 동아시아 해상패권을 두고 경쟁했다. 중국에 대한 일본의 영토

---

11) James Joll and Gordon Martel, *The Origins of the First World War*, Third Edition, Harlow (UK): Pearson Education Limited, 2007, p.54.
12) John A. White, *Transition to Global Rivalry: Alliance Diplomacy and the Quadruple Entente, 1895, 1907*, Cambridge, 1995; Joll and Martel, 2007, p.54.

적 팽창주의가 노골화됨에 따라 두 열강 사이에 긴장이 발전하는 것은 자연스러운 귀결이었다. 또한 1910년대에 아키라 이리에 등이 주목하는 미국의 신외교와 도덕주의적 접근은 그러한 미일 간 긴장을 발전시키는 데 중요한 근거가 될 수 있었다.[13] 이렇게 명백해 보이는 갈등의 추세 때문에, 대부분 학자가 이 시기 두 열강들의 관계를 협력보다는 갈등과 긴장의 관계로 묘사해온 것은 놀라운 일이 아니다.

그러나 여기서는 러일전쟁 이후 미일관계를 중국 지배를 위한 제국주의 콘도미니엄의 관점에서 해석한다. 일본에 대한 미국의 인식이나 의식 또는 이데올로기적 언술에 집중하지 않는다. 그보다는 미국의 실질적인 행동을 직시한다. 두 열강은 중국에 대한 공동지배라는 가장 중심적인 이익을 위해 상호적응하면서 협력적인 틀을 유지했다. 크게 보아 적어도 다음 두 가지 측면에서 그렇게 판단할 수 있다. 첫째, 러일전쟁 직후 미국과 일본은 몇 차례 비밀협약들을 체결한다. 동아시아에서 권력정치적인 상호 영향권 흥정을 통해 상호 적응하며 공존하는 구조를 개발해간 것이었다. 둘째, 1910년대 윌슨 행정부의 신외교와 도덕주의적 수사학에도 불구하고, 미국은 대륙주의를 추구하며 중국을 침탈하는 일본과 전략적 협력관계를 유지했다. 긴밀한 경제관계도 발전시켰다. 민족자결주의 등의 원칙은 동아시아에서 적용되지 않았다.

3. 한반도에 대한 미일 권력정치적 흥정: 가쓰라—태프트 밀약

러일전쟁 결과를 매듭짓는 포츠머스 조약이 체결되기도 전인 1905년

---

13) Akira Iriye, *Across the Pacific: An Inner History of American-East Asian Relations*, Chicago: Imprint Publications, Inc., 1992(Revised Edition), pp.127~128.

7월, 시어도어 루스벨트 대통령(Theodore Roosevelt: 재임 1901.9.14~1909.3.4)은 전쟁부 장관(Secretary of War) 윌리엄 하워드 태프트 (William Howard Taft)를 동경에 파견한다. 태프트는 훗날 루스벨트를 이어 미국 대통령을 역임하는 인물(재임 1909.3.4~1913.3.4)이다. 그는 일본수상 가쓰라 다로(桂太郎)와 비밀회담을 가졌다. 가쓰라 다로는 말기 조선의 운명이 최종적으로 처리되는 결정적인 시기들, 즉 을사늑약과 한일합병이 이루어지는 시기들을 포함해 세 차례(1901.6.2~1906.1.7, 1908.7.14~1911.8.30, 1912.12.21~1913.2.20)에 걸쳐 일본수상을 역임하는 인물이다.[14] 태프트와 가쓰라는 그 회담에서 필리핀에 대한 미국의 지배권과 한반도에 대한 일본의 지배권을 상호 인정하는 밀약을 체결한다.

비망록(메모랜덤) 형식으로 된 이 밀약은 "조선이 일본의 동의 없이는 어떤 대외조약도 맺을 수 없도록 의무화할 정도로 조선에 대해 일본군(日本軍)이 감독체제를 확립하는 것(the establishment by Japanese troops of a suzerainty over Korea)은 현재의 전쟁(러일전쟁)의 논리적 결과이다. 또한 그렇게 하는 것이 동양에서 영구적인 평화에 직접적으로 기여할 것이라는 취지로 태프트 장관이 말했다. 루스벨트 대통령도 이런 측면에서 그의 견해에 동의하리라는 것이 그의 판단이었다"라고 명시했다.[15]

유영익에게 이 가쓰라-태프트 밀약은 한반도에 대한 일본의 '종주권 설정'(宗主權 設定)을 용인함으로써 "조선왕조의 멸망을 재촉한 것"이었다.[16] 미국의 동아시아 정책에 필요한 일본과의 협력을 확보하기 위

---

14) 우지 도시코 외 편저, 이혁재 옮김, 『일본 총리 열전: 이토 히로부미에서 고이즈미 준이치로까지』, 다락원, 2002, 568쪽.
15) LaFeber, 1997, p.85; www.britannica.com/nobel/micro 참조.
16) 유영익, 『한국근현대사론』, 일조각, 1992, 22~23쪽.

해서 한반도를 흥정의 제물로 삼은 것이었다. 이러한 미국의 자세는 우연이 아니었다. 미국 대통령이 주도한 확고하고 일관성 있는 방침을 실행한 것이었다. 시어도어 루스벨트 대통령 자신이 1903년 5월부터 동아시아 문제를 직접 관장하면서 추진한 정책이었다.[17] 그 의미는 결코 조선과 필리핀에 국한되지 않았다. 전 동아시아적 차원에서 제국주의 구도에 변화가 온 것을 말해주고 있었다. 영향권 획정과 상호승인을 주고 받는 동아시아 제국주의 콘도미니엄의 밑그림을 미국과 일본이라는 두 신흥 열강들이 그려낸 것이었다. 근대 동아시아 질서 제1기에서 영국이 주도했던 제국주의 카르텔 체제를 미일 간 콘도미니엄이 실질적으로 접수하고 대체하는 신호탄이었다.

미국은 1882년 조미수호통상조약을 맺어 조선과 정식외교관계를 가져왔다. 가쓰라-태프트 밀약과 동시에 미국은 조선에 대한 외교승인을 철회한다. 일본의 조선지배 강화 움직임은 급물살을 탄다. 조선의 외교권을 일본이 장악하는 이른바 제2차 한일협약, 즉 '을사조약'이 1905년 11월 17일에 체결된다. 최문형과 유영익의 연구는 당시 미국의 동아시아 정책을 간명하게 요약했다. "미국은 만주를 자국의 진출목표로 설정하고 이 지역에 있어서 러시아의 우세를 견제하기 위해 일본을 강화할 필요가 있었으며, 일본 강화의 한 수단으로써 조선을 일본에게 넘겨주었다."[18]

---

17) Tyler Dennett, "President Roosevelt's Secret Pact with Japan," *Current History*, XXI, 1924, pp.15~27; Raymond A. Esthus, "The Taft-Katsura Agreement-Reality or Myth?" *Journal of Modern History*, XXX, 1959, pp.46~51; 유영익, 1992, 22쪽. 김기정도 가쓰라-태프트 밀약과 시어도어 대통령의 깊은 관련성을 상세히 지적했다. 김기정, 『미국의 동아시아 개입의 역사적 원형과 20세기 초 한미 관계 연구』, 문학과지성사, 2003, 188~195쪽.
18) 최문형, 『열강의 동아시아정책』, 일조각, 1979, 159~165쪽; 유영익, 1992, 22쪽.

4. 조선과 만주에 대한 미일 권력정치적 흥정: 루트-다카히라 밀약

러일전쟁 후의 동아시아에서 미국은 한편으로 일본이 러시아를 만주에서 몰아낼 수 있게 된 것을 분명 크게 기뻐했다. 미국 루스벨트 행정부의 동아시아정책은 일본이 러일전쟁에서 승리한 것을 계기로 남만주로 세력을 팽창하고 있을 때에도 변함이 없었다. 시어도어 루스벨트 대통령은 "일본의 중국정책은 우리도 이미 지지하고 있는 정책"이라고 말했다. 중국정부는 러일전쟁 직후 만주에서 러시아의 특권들이 일본으로 이양되는 것을 승인하지 말 것을 미국에 요청한다. 하지만 루스벨트 행정부는 거절했다. 정반대로 미국은 동아시아에서 먼로주의적 불간섭 정책을 취한다고 일본에 밝혔다. 일본의 팽창주의정책을 승인하는 태도를 취한 것이다. 당시 미국에게 일본은 동아시아에서 질서와 안정을 제공하는 나라였다. 미국의 경제활동 팽창에 유리한 조건이라고 인식한 것이다.[19]

다른 한편으로는 만주를 포함한 북중국의 문호개방문제에 대해서 미국과 일본의 시각은 깊은 차이를 내포하고 있었다. 한국과 만주에 대한 일본의 관심은 안정된 무역환경을 보장한다는 차원에 머물지 않았다. 광산과 철도의 개발을 단지 일본의 통제하에서 발전시킨다는 것에 한정하지도 않았다. 중국 전반에서 서양 열강들이 "조약항체제"(treaty port system)라는 느슨한 '영향권' 개념을 바탕으로 중국에 대한 공동경영을 생각하고 있는 것과 일본의 대륙구상은 달랐다.[20] 그 이유를 W.G. 비즐리는 크게 두 가지로 파악했다.

---

19) Iriye, 1992, p.110.
20) W.G. Beasley, *Japanese Imperialism 1894~1945*, Oxford: Clarendon Press, 1987, pp.83~85.

첫째, 일본의 산업 경쟁력은 서양 열강에 비해 아직 미성숙한 단계였다. 따라서 미국이 주장하는 수준의 문호개방체제에서는 일본이 확보한 영향권에서도 일본 산업은 경쟁력이 떨어졌다. 따라서 일본이 만주를 자신의 시장으로 만들기 위해서는 일반적인 조약항체제와는 다른 배타적인 정치적 통제를 동반하는 영향권 확립이 필요했다. 둘째, 만주에 대한 일본의 이해관계는 단순히 열린 시장 확보라는 것뿐 아니라 일본의 안보와 직결되는 정치군사적 차원의 문제이기도 했다. 따라서 러일전쟁 후 일본이 만주를 자신의 영향권으로 만들어나가고 있는 국면에서 그 지역을 어떤 종류의 영향권으로 확립할 것인가라는 중대한 선택에 직면했다.

일본은 처음에는 '조약항체제'를 넘어서서 정치권력을 확립하는 것은 영국과 미국의 반발을 살 것이 분명해 보였기 때문에 신중했다. 미국과 영국이 합심하면 국제 자본과 중국 시장에 대한 일본의 접근을 차단하거나 적어도 심각하게 방해할 수 있었다. 이 상황에서 일본이 선택한 것은 중국에 대한 지역적 분리접근이었다. 만리장성 이남의 중국에서는 무역과 투자에 관해 영국과 미국이 수립해놓은 기존의 규범에 따르는 정책을 취했다. 반면에 한국과 만주는 군사적이고 정치적인 지배를 꾀한다는 방침이었다. 그럼으로써 모든 다른 경쟁자에 비해 일본이 우월한 경제적 위치도 함께 도모해야 한다는 것이었다.[21]

조선뿐만 아니라 만주까지 일본의 배타적 영향권으로 되는 것은 미국과 영국이 문호개방선언을 할 때 의도한 바와는 분명 다른 것이었다. 만주지역에서 일본의 면직물 상품판매량은 급속하게 늘었고, 미국의 수출업자들은 밀리고 있었다. 일본의 철도 독점으로 인해 만주에 대한 미국의 투자기회도 제한받았다. 주로 시어도어 루스벨트 대통령과 윌

---

21) Beasley, 1987, p.85.

리엄 하워드 태프트 대통령 때의 미국이 라틴아메리카와 동아시아에서 다른 나라들에게 차관 제공과 같은 경제력을 수단으로 미국의 외교목표를 추구한 활동들을 일컬어 '달러 외교'(dollar diplomacy)라고 한다. 이 용어는 더 나아가 미국의 정부와 기업들이 경제력과 군사력을 동원하여 해외시장을 개방시키고 침투해 들어가기 위해 벌이는 노력 전반을 비판적으로 이르는 말이다. 1910년을 전후한 시기에 동아시아에 대한 윌리엄 태프트 행정부의 달러 외교의 성공 여부는 만주의 철도 문제와 긴밀히 연결되어 있었다. 결국 일본과 그리고 잔존한 러시아의 기득권 때문에 만주에 대한 미국의 달러 외교는 실패하게 된다.[22]

그럼에도 미국은 곧 조선뿐 아니라 남만주에서도 일본의 배타적인 영향권이 구축되어가는 것에 대해 실질적인 반대를 하지 않게 된다. 미국은 1908년 11월 일본에게 조선에 대한 지배권 인정을 재확인해주고 아울러 만주에서 일본의 특수지위를 인정해주는 협약을 체결한다. 루트-다카히라 협정(Root-Takahira Agreement)이다. 당시 미국 국무장관 엘리후 루트(Elihu Root)와 주미 일본 대사 다카히라 고코로(高平小平郎) 사이에 맺어졌다. 이것은 최근에 이르기까지 가쓰라-태프트 밀약에 비해 그간 국내 학계에서 거의 논의되지 않았다. 가쓰라-태프트 밀약이 일본에 의한 1905년 을사보호조약의 강제를 예정하는 것이었다면, 루트-다카히라 협정은 1910년 8월 22일 조선 제3대 통감 데라우치 마사타케(寺內正毅)와 대한제국 총리 이완용(李完用) 사이에 비밀리에 조인된 한일병합(韓日倂合)에 대한 국제사회의 승인을 미국이 사전에 보장하는 의미를 갖는 것이었다.

이 협약의 원문 제2항은 "태평양지역"(region of the Pacific Ocean)에서 두 나라는 "기존의 현상을 유지하고 중국에서의 상업과 산업을 위

---

22) Beasley, 1987, p.99.

한 기회균등 원칙을 옹호한다"고 했다. 제3항은 언급한 지역에서 두 나라가 "각자에 속하는 영토적 소유령(territorial possessions)을 상호 존중하기로 확고히 결의한다"고 했다. 또 제4항에서는 "미일 양국 정부는 모든 평화적 수단을 다하여 중국의 독립과 존엄성(the indepen- dence and integrity of China), 그리고 중국 제국에서 모든 나라들의 상업과 산업을 위한 평등한 기회의 원칙을 지지함으로써 중국에서 모든 열강의 공동이익을 보존할 것을 결의한다"고 했다.[23]

루트-다카히라 협약의 내용을 두고 그것이 만주를 일본의 영향권으로 인정해준 것이냐, 아니면 만주지역도 문호개방의 대상임을 확인한 것이냐에 대해 이견이 있었다. 그리스월드는 전자의 의견이고,[24] 베일리는 후자의 입장이다.[25] 월터 라페버는 그 문제에 대해서 그리스월드의 입장이다. 비즐리의 관점도 그러하다. 우선 라페버는 루트-다카히라 협정이 "태평양에서의 현상을 유지"하고, 중국의 독립과 "존엄성"을 존중하기로 합의했다고 표현한 것을 주목한다. 존 헤이의 문호개방선언에서 강조한 중국의 "영토적 존엄성"(territorial integrity)이라는 표현을 사용하지 않았던 것이다. 라페버에 따르면, 일본 고무라 외상이 다카히라 대사에게 특별히 지시한 결과였다. 일본의 주장인즉, "중국의 영토적 존엄성"을 운운하는 것은 불필요할 뿐만 아니라 중국을 모욕하는 표

---

23) *The China White Paper*(Originally Issued as *United States Relations with China With Special Reference to the Period 1944~49*, Department of State Publication 3573, Far Eastern Series 30, August 1949), Stanford: Stanford University Press, 1967, pp.427~428.

24) A. Whitney Griswold, *The Far Eastern Policy of the United States*, New Haven: Yale University Press, 1966, pp.129~131; 최문형, 『국제관계로 본 러일전쟁과 일본의 한국병합』, 지식산업사, 2004, 391~392쪽.

25) Thomas A. Bailey, "The Root-Takahira Agreement of 1908," *Pacific Historical Review*, IX, No.1, May 1940, p.34; 최문형, 2004, 391~392쪽.

현이라는 것이었다. 미 국무장관 루트는 일본 측 주장을 받아들였다. 그래서 "영토적"이란 형용사가 생략되었다. 라페버는 그 단어가 생략됨으로써 일본은 남만주를 중국의 통치영역에서 도려낼 권리를 얻게 되었다고 해석했다.[26]

라페버는 아울러 당시 루트 국무장관의 일본 인식을 주목했다. 국무장관이 되기 전에 미국에서 가장 영향력 있는 기업변호사였던 루트는 질서와 산업화를 제일로 쳤다. 그는 일본은 그 두 가지 미덕을 다 갖추었다고 보았다. 중국은 그 어떤 미덕도 없었다. 더욱이 1907년에 러시아와 프랑스가 이미 조선과 남만주에 대한 일본의 통제권을 인정해준 마당이었기 때문에 엘리후 루트는 일본과 또 하나의 행정협정에 서명해줌으로써 다른 유럽 국가들의 행렬에 가담하게 되었다는 것이다.[27]

비즐리에 따르면, 당시 미국은 중국보다는 일본과의 정상적인 경제 관계에서 더 많은 이익을 얻고 있었다. 미국이 볼 때, 중국은 더 이상 자립 능력이 없어 보였다. 상대적으로 덜 위험하고 더 우호적인 세력이 만주를 장악하는 것이 미국에게는 유리한 것이었다. 이런 상황에서 미국은 일본과 대립할 생각이 별로 없었다. 1910년 12월, 이미 대통령직에서 물러난 시어도어 루스벨트가 후임 대통령인 태프트에게 보낸 편지에서 다음과 같이 말한 것은 당시 미국의 입장을 정확하게 표현한 것이었다. "우리의 사활적인 이익은 일본이 우리나라를 방해하지 않도록 관리하는 것이다. 반면에 일본의 사활적인 이익은 만주와 조선이다. 따라서 만주에 관해서 미국이 일본에 적대적이라고 느낄 만한 조치를 취하지 말아야 한다. 만주와 관련한 미국의 이익은 사실 별 게 아니다. 만주를 두고 미국이 (일본과) 충돌하는 것은 미국 국민이 찬성할 만한 일

---

26) LaFeber, 1997, p.92.
27) LaFeber, 1997, p.92.

이 못 된다."[28]

1905년에서 1910년 무렵에 이르는 시기는 한국인들의 운명이 결정되는 시기였다. 이 시기 미국은 이미 조선뿐 아니라 만주에 대해서도 일본의 식민주의적 팽창을 용인하고 있었다. 뿐만 아니라 미국은 상대적으로 우호적으로 느낀 일본이 만주를 대신 차지하게 된 것을 다행으로 생각했다. 미국에게 중요한 것은 조선과 만주를 일본의 영향권으로 양보하는 대신에 미국이 동아시아에서 일본과의 협력을 어떻게 활용하느냐였다. 미국은 일본과 일련의 권력정치적 흥정을 통해서 일본과의 관계를 타협적으로 관리하면서 중국에 대한 공동경영이라는 일차적인 목적에 집중하고 있었다.

요컨대 이 시기 미국은 반식민지화된 중국에서 이미 확보한 제국주의적인 공동지배권을 보호하기 위해서 조선에 대한 일본의 식민지배를 인정하는 '거래'를 했다. 가쓰라-태프트 밀약과 루트-다카히라 협정 등에 나타나는 미일 제국주의 콘도미니엄의 성격을 그간 서양 학자들은 대체로 언급을 피해왔다. 언급을 하는 경우에도 일본의 주도에 의한 것으로서 미국이 조선과 친밀해지는 것을 막으려는 일본의 노력을 나타내는 것 정도로 치부했다. 이런 경향은 과거 미국의 대한반도정책에 대해 상당히 비판적인 학자에게서도 쉽게 발견된다.

한 예로 에드워드 올센은 1902년 영일동맹을 전후한 시기 일본이 제국주의 열강으로 도약하는 과정에서 "미국은 여러 가지 수단을 통해 일본의 입장에 섰고 어느 것도 한국의 입장을 돕는 것은 없었다"고 인정한다.[29] 그럼에도 불구하고 그에 따르면, 1905년과 1908년의 두 밀약

---

28) Beasley, 1987, p.100.
29) Edward A. Olsen 지음, 제정관·박균열 옮김, 『한미관계의 새 지평』 (*Toward Normalizing U.S.-Korea Relations: In Due Course?*), 인간사랑, 2003, 49쪽.

은 "미국이 한국과 연결될 수 있는 지정학적인 거래"를 "일본이 방해"하려는 책동의 결과였다. 또 같은 맥락에서 올센은 "제국주의 시기에 미국의 활동이 적극적으로 이루어지게 된 이후에도 한국에 대한 미국의 관심은 중국과 일본 때문에 빛을 보지 못했다"고 주장하기도 했다.[30] 그는 한반도에 대한 일본의 식민지화를 미국이 인정해준 것을 모두 일본이나 아니면 중국과 일본 두 나라의 탓으로 돌리고 있는 것이다. 근대 동아시아에서 미국의 손은 어디까지나 깨끗했다는 얘기다. 미국의 행동은 무관심 내지 순진함에서 비롯되었다는 신화를 끊임없이 재생산해온 많은 서양 학자에게 전형적인 언술이다.

5. 일본 대륙주의와 미국의 신외교, 그리고 랜싱-이시이 밀약

러일전쟁 이전의 일본은 조선지배와 남중국에 대한 경제팽창에 집중했다. 전쟁 승리 후 일본 제국주의는 만주 전체를 자신의 정치군사적 영향권에 편입하여 대륙세력으로 부상하려는 야망을 갖게 된다. 만주에서의 여러 특권에 만족하지 않고 만주를 자신의 지배하에 두려는 전략이었다. 이러한 대륙주의는 고무라 주타로 외무상이 러일전쟁 기간에 작성한 비망록에 이미 담겨 있었다. 반면에 1906년 1월에서 1908년 7월까지 수상 사이온지 긴모치(西園寺公望: 1849~1940)[31]가 이끄는 내각에서 외상을 맡고 있던 하야시 다다스(林董)는 주러시아 공사를

---

30) Olsen, 2003, 한국어판 서문, 19쪽.
31) 사이온지 긴모치는 2차에 걸쳐 수상에 재임했다. 제1차 사이온지 내각은 1906년 1월 7일~1908년 7월 14일이었다. 제2차 사이온지 내각은 1911년 8월 30일~1912년 12월 21일이었다. 우지 도시코, 2002, 568쪽. 사이온지 긴모치는 이토 히로부미의 후견을 받는 인물, 말하자면 꼬붕이었다. Beasley, 1987, p.94.

역임한 고위 외교관 구리노 시니지료(栗野愼一郎)의 시각을 취했다. 구리노는 서양 열강들과 협력함으로써 일본의 이익을 추구해야 한다는 입장이었다. 그는 구미 열강의 의심을 피하기 위해서는 일본은 극동에서 유일 패권에의 야심이 없다는 것을 분명히 해야 한다고 주장했다. 일본이 중국과 연합하여 서양세력을 반대하려 한다는 인식을 불식해야 한다는 것이었다.[32]

그러나 일본이 러일전쟁 이후 실제로 선택한 길은 고무라 주타로보다 더 나아간 대륙주의였다고 이리에는 평가한다. 군부가 주도하여 그렇게 되었다는 것이 이리에의 주장이다. 전쟁 승리로 남만주로 팽창하게 된 이상 만주를 일본의 영향권에 넣는다는 목표는 이미 달성된 것인데, 이제는 그 이상(以上)을 추구하는 것이 일본의 국가목표로 된 것이다. 일본 군부는 전쟁을 통해 요동반도에서 확보한 조차지들과 남만주 철도를 접수하기 위해 나섰다. 이제 만주는 일본의 국방체제에 편입되었다. 이를 바탕으로 일본을 명실상부한 대륙국가(continental state)로 정립한다는 것이 실제 일본이 추구하는 목표였다. 이러한 관점에서 구미 열강과 일본의 협력은 목표가 아닌 수단일 따름이었다. 1907년 일본 해군의 가상적에는 러시아와 함께 프랑스, 그리고 당시 태평양에 해군력을 대폭 증강하던 미국이 포함되어 있었다.[33]

이에 대한 미국의 대응과 동아시아 정책을 어떻게 해석할 것인가. 1910년에 만주와 중국 본토에 대한 영향력을 더욱 확대하려는 일본의 '대륙주의'(continentalism)가 미국의 문호개방노선과 갈등을 일으키는 것은 분명 자연스러운 일이었다. 문제는 이러한 갈등을 일본 제국주의와 미국의 반제국주의(또는 비제국주의) 사이의 갈등이었다고 볼 것

---

32) Iriye, 1997, pp.23~25.
33) Iriye, 1997, pp.24~27.

인가. 아니면 "제국주의 카르텔"이라는 틀 안에서의 갈등으로 인식할 것인가 하는 것이다.

이리에의 관점은 전자를 대표한다. 그에 따르면, 우드로 윌슨의 '신외교'(New Diplomacy)는 권력균형에 기초한 평화를 거부했다. 모든 인민의 공동이익을 촉진하는 대안적인 평화체제를 추구한 것이었다. 소수 강대국들의 현상유지적 정책을 폐기하고 모든 민족의 정의와 자결(自決)을 주창했다. 이러한 신외교의 이념은 1912년에 당선되어 1921년 초까지 미국 대통령으로 재임한 우드로 윌슨의 신념이었을 뿐 아니라 그의 전임자인 윌리엄 하워드 태프트의 가치관이기도 했다는 것이 이리에의 주장이다. 많은 학자가 외교적 이념과 미국의 실제 행동 사이의 모순을 지적하지만, 1910년대에 미국 지도자가 이러한 원칙들을 천명하고 있었다는 것만으로도 세계인들의 국제문제 인식에 커다란 영향을 미쳤다고 주장한다. 미국의 이상주의는 중국에서 점증하는 민족주의와 결합하여 일본의 대륙주의에 중대한 도전을 제기했다는 것이다.[34]

미국의 존재 자체가 이미 동아시아에서 당시 일본이 향하고 있던 대륙주의적 야망을 견제하는 가장 중요한 요인이었음은 분명하다. 그러나 일본의 중국지배가 중국에 대한 열린 공동관리라는 미국의 문호개방정책에 대한 심각한 도전을 제기하는 상황을 막으려 한 것은 미국의 이상주의 이전에 미국의 위치에 있는 어떤 강대국도 목표로 삼을 내용이라 할 수 있다. 미국은 제국주의질서 안에서 일본과 갈등하며 견제를 시도한 것이다. 그것 자체가 제국주의와 비제국주의의 충돌은 아니라는 점을 우선 유의해야 한다.

그렇다면, 1910년대 미일관계가 다음 세 가지 기준에 큰 틀에서 부합

---

34) Iriye, 1997, pp.39~40.

할 때, 1905년 가쓰라-태프트 밀약과 1908년의 루트-다카히라 협약을 통해 정립된 미일 간 동아시아 제국주의 콘도미니엄적 성격에 근본적인 변화는 없었다고 볼 수 있다. 첫째, 조선과 필리핀, 인도차이나, 그리고 중국에 대한 기존 제국주의 열강들의 기득권에 대한 포기를 주도하는 어떤 실질적 움직임도 없었다. 둘째, 미국은 일본과 정상적인 경제관계를 유지했다. 셋째, 갈등을 전쟁이 아닌 외교적 흥정으로 해결했다. 이 세 가지 기준에서 벗어나지 않았을 때, 1910년대 미일관계를 우리는 러일전쟁 후 미일 간의 제국주의적 기본 틀에 바탕을 둔 연대의 연장이었다고 보아야 할 것이다. 그것을 보여주는 미일관계의 상징적인 단면을 1917년 두 열강이 맺은 협약에서 확인할 수 있다.

비스마르크는 오래전에 "발칸(Balkans)에서 바보 같은 일이 일어나면 전쟁이 터지고 말 것"이라고 예언한 일이 있었다.[35] 1914년 6월 28일 발칸에서 세르비아의 슬라브 민족주의자들이 오스트리아의 황태자 프란츠 페르디난트 대공(Archduke Franz Ferdinand)을 암살하는 사건은 비스마르크의 예언을 현실로 만들어주었다. 오스트리아-헝가리 제국은 1909년 보스니아와 헤르체고비나를 합병했다. 러시아가 러일전쟁에서 일본에 패해 약해진 틈을 타서 오스트리아는 독일의 힘을 등에 업고 세계의 화약고로 불리던 발칸 지역에서 영향권 확대를 본격화한 것이었다. 페르디난트의 암살은 오스트리아에게 이번에는 세르비아 합병에 나설 좋은 구실을 제공해주었다.

7월 23일 오스트리아는 세르비아에 최후통첩을 발했다. 세르비아는 오스트리아의 요구를 충족시킬 만한 회답을 보냈다. 그래서 독일황제는 이제 전쟁할 이유는 없다고 말할 정도였다. 하지만 오스트리아는 7월

---

35) Barbara W. Tuchman, *The Guns of August*, New York: Bantam Books, 1976, p.91.

26일 세르비아의 회답을 거부했다. 이틀 후인 7월 28일 오스트리아는 세르비아에 전쟁을 선포하고 다음 날 세르비아의 수도 벨그라드를 폭격했다. 그날 러시아도 오스트리아 국경지역에 동원령을 내렸다. 그리고 7월 30일 오스트리아와 러시아는 동시에 총동원령을 발동한다. 7월의 마지막 날 독일은 러시아에게 12시간 안에 총동원령을 철회하라는 최후통첩을 보낸다.[36]

1914년 8월 1일 토요일 정오는 독일황제가 러시아에 보낸 최후통첩이 정한 시한이었다. 러시아의 응답이 없는 채 정오는 지나갔다. 한 시간 후 독일정부는 러시아 수도 상트 페테르부르크 주재 독일대사에게 그날 오후 다섯 시에 러시아에 전쟁을 선포하라는 지시를 전달한다. 오후 다섯 시, 독일황제는 총동원령을 내린다. 그날 황궁 정문 광장에는 노동자를 포함한 수천 명의 군중이 몰려와 황제의 명을 기다리고 있었다. 당시 유럽에서 가장 투철한 사회주의 이념으로 무장해 있었던 것이 독일노동자였지만, 러시아와 슬라브인들에 대해 독일노동자들이 갖고 있던 민족주의적 증오는 사회주의보다 더 깊었다. 황제가 총동원령을 내린 시각에 경찰관 한 명이 그 광장에 나타나 황제의 명을 발표했다. 그러자 군중은 순종과 복종의 표시로 「우리는 모두 신에게 감사한다」라는 제목의 애국가를 제창했다.[37] 제1차 세계대전은 그렇게 시작되었다.

전쟁이 시작되었을 때 일본은 영일동맹에 의해서 영국의 동맹국이었다. 일본은 곧 산둥반도의 독일 조차지 자오저우 만(膠州灣)을 함락했다. 이어 산둥 반도 전체를 점령했다. 일본은 "대전으로 유럽 열강이 동양에 손을 쓸 수 없는 사이에, 영국, 미국, 프랑스 삼국이 일본과의 동맹

---

36) Tuchman, 1976, p.91.
37) Tuchman, 1976, pp.93~94.

관계에 구속되어 있는 정세에 편승하여, 1915년 1월, 중국정부에 대해 5항목 21개조의 요구사항을 제출"한다.[38] 그 핵심은 관동주(關東州)의 조차기한과 남만주·안봉(安奉) 두 철도의 조차기한을 연장 받아서 남만주와 내몽고 동북지방에서 일본의 우월적 지위를 더욱 확고하게 하려는 것이었다. 아울러 산둥 성 지역에서 독일 이권을 가로채고 새로운 철도 이권을 확보하는 내용이었다. 일본은 정식 외교절차를 밟지 않고 당시 중국 대총통 위안스카이(袁世凱)에게 직접 제출했다. 일본은 중국에 군대를 추가로 파병함으로써 압박을 가했다. 마침내 1915년 5월 25일 21개조 요구 대부분을 담은 2개의 조약과 13개의 교환공문이 조인되었다.[39]

미국은 일본이 21개조 요구를 통해 중국을 지배하려는 시도를 한편으로는 반대했다. 미국은 중국의 "영토적 존엄성"을 지지한다고 되풀이 선언했다. 그러나 동시에 중국과 일본처럼 "영토적 근접성"(territorial contiguity)은 국가들 사이에 "특수한 관계를 만들어낸다"는 권력정치적 개념을 동원하여 중국에 대한 일본의 식민주의적 특권을 인정해주기에 이른다. 미국이 1917년 11월 일본과 맺은 이른바 "랜싱-이시이 밀약"(Lansing-Ishii Agreement)이 그것이었다.[40]

이 밀약의 본질에 대해 학자들은 미국이 "영토적 인접성"(territorial propinquity)의 개념을 끌어들여서 중국에 대해 일본이 주장하는 "특수한 이해관계들"을 정당화해준 것으로 파악해왔다.[41] 실제 미 국무장관 로버트 랜싱(Robert F. Lansing: 1864~1928, 국무장관 재임

---

38) 坂野正高, 『近代中國政治外交史』, 東京: 東京大學出版會, 1973, 525쪽.
39) 坂野正高, 1973, 526쪽.
40) Iriye, 1992, pp.132~133.
41) A. Doak Barnett, *China and the Major Powers in East Asia*, Washington, D.C.: The Brookings Institution, 1977, pp.158~159.

1915~20)이 일본의 대마특사 이시이 기쿠지로(石井菊次郎)와 서명한 이 협약문은 다음과 같이 말하고 있다. "미국정부와 일본은 영토적 근접성이 국가들 간에 특수한 관계를 창조한다고 인식하며, 따라서 미국정부는 일본이 중국에서, 특히 일본의 소유령(possessions)에 근접한 지역들에서, 특수한 이해관계들(special interests)를 갖는다는 것을 인정한다."[42] 다음 해인 1918년 일본은 만주와 내몽고에서 자국이 획득한 권리들을 영속화하고, 산둥 반도에서 독일이 갖고 있던 권리들을 일본이 대신 차지하는 데 대한 중국의 동의를 확보한다.[43]

미국은 1917년 독일에 함께 대항하면서 일본과 사실상의 동맹관계에 놓였다.[44] 당시 영국은 극동에서 독일을 견제하는 데 일본의 지정학적 역할을 여전히 중요하게 생각했다. 동아시아에서 독일을 견제하기 위해 영국과 미국이 부담해야 할 해군력 증강의 부담을 일본이 크게 덜어주었다는 인식을 갖고 있었다.[45] 제1차 세계대전 기간에 미국이 일본과 갈등적 요소들을 봉합하고 중국문제에 대해 랜싱-이시이 밀약에까지 이르게 된 중요한 배경의 하나였다. 결국 1905년에서 1910년대에 걸쳐서 동아시아에서 영미일 삼국은 독일견제라는 지정학적 필요성에 직면하면서 세력연합의 관계를 재확인하게 된 것이었다. 그 결과 일본은 미국의 신외교적 수사에도 불구하고 실질적인 미국과의 갈등 없이 중국에서 자신의 제국주의적 목표의 상당부분을 관철시켰다. 미국이 신외교를 주창함으로써 1910년대에 미국과 일본 사이에 정치적으로는

---

42) *The China White Paper*, 1967, pp.437~8.

43) Iriye, 1992, p.132.

44) Iriye, 1992, p.135.

45) Ian Nish, "Japan in Britain's View of the International System, 1919~37," in Ian Nish, ed., *Anglo-Japanese Alienation 1919~52: Papers of the Anglo-Japanese Conference on the History of the Second World War*, Cambridge: Cambridge University Press, 1982, pp.28~29.

상호불신과 경계심이 엄존했음에도 경제적으로 두 나라는 긴밀한 관계를 유지했다. 이 시기 미일 간의 긴장이 제국주의 카르텔 안에서의 갈등이었다고 할 수 있는 구체적인 근거의 하나가 된다.[46]

6. 1919년 동아시아의 민족자결운동과 윌슨의 민족자결주의

1919년 6월 28일 파리 베르사유 궁전의 '거울의 방'에서 독일과 연합국들 사이에 평화협정이 체결되었다. 그 이전에 동아시아의 한국과 같은 식민지 또는 중국과 같은 반식민지 상태에 놓인 민족들은 파리 평화회의가 민족자결의 원칙을 배려해 줄 것으로 일말의 기대를 갖고 있었다. 유영익은 한국의 3·1 운동이 우드로 윌슨이 천명한 민족자결주의에 걸었던 기대를 이렇게 표현했다. "3·1 운동 전개과정에서 큰 영향력을 발휘한 민중종교 대표자들과 학생들이 제1차 세계대전 종결기에 일어난 러시아 사회주의혁명과 미국 대통령 윌슨의 민족자결주의, 그리고 파리 강화회의 등 국제동향에 예민하게 반응을 보이면서 서구의 '근대적' 정치사상과 제도를 우리나라에 적용하려 한 사실은 특기할 만하다."[47]

이기백은 더 열정적으로 윌슨의 민족자결주의가 당시 한국인들에게 던져준 희망적 충격을 서술했다. "망명활동과 비밀결사에 의지하거나 혹은 교육활동이나 종교운동에 의지하던 민족운동을 전국적인 대규모 독립운동으로 표면화시키는 계기를 마련해준 것은 민족자결주의였다. 민족자결주의는 세계대전의 뒷처리를 위하여 팽창해가는 약소민족들의 민족운동에 호응하여, 미국 대통령 윌슨이 제창한 것이었다."[48]

---

46) Akira Iriye, *After Imperialism: The Search for a New Order in the Far East, 1921~31*, Chicago: Imprint Publications, 1990, p.26.
47) 유영익, 1992, 225쪽.
48) 이기백, 『한국사신론』, 일조각, 1999, 361쪽.

중국인들도 1919년 여름의 파리 평화회의를 앞두고 윌슨의 민족자결주의에 거는 기대가 남달랐다. 중국의 지식인사회는 아시아의 다른 지역에서와 마찬가지로 윌슨의 민족자결론에 큰 기대를 걸었다. 특히 유럽에서 독일과 오스트리아 제국의 정치군사적 붕괴를 가져오는 과정에서, 그 아래서 억압받던 유럽 약소민족들에게 민족자결주의 이념이 놀라운 위력을 발휘했다는 사실이 알려지면서 중국 지식인들은 큰 충격을 받았다. 전쟁기간 우드로 윌슨 대통령이 연설한 것들을 담은 책은 중국에서 금방 커다란 인기를 모았다. 상하이의 서점들은 한동안 수요를 감당할 수가 없을 정도였다.[49]

하지만 현실은 달랐다. 19세기에 미국은 아메리카 대륙 안에서의 팽창에 여념이 없었다. 그 19세기에 영국과 프랑스 등 선진 제국주의 국가들은 지구 전체를 분할해놓았다. 이미 분할이 완료된 세계 속에서 닫힌 식민제국들의 문호개방을 주장하고 그것을 민족자결이라는 보편주의적 이념으로 정당화하는 것은 미국에게는 이상주의 이념이기 이전에 목전의 현실적인 이익의 문제였다. 더욱이 동아시아를 포함한 전 세계에 걸쳐 있던 미국 동맹국들의 식민지들에 대해서는 민족자결의 원칙은 사실상 적용되지 않았다. 윌슨의 민족자결주의의 현실적인 적용 대상은 유럽에 한정되었다.[50] 독일과 소련의 중간에 위치한 중동부 유럽 지역의 소수민족들이 독립하여 독일과 소련의 팽창을 견제하는 효과를 미국과 영국은 기대했다. 윌리엄 애플먼 윌리엄스가 일찍이 지적한 대로, 우드로 윌슨은 말로는 이상주의를 주창하면서도 라틴 아메리카에

---

49) Robert T. Pollard, *China's Foreign Relations 1917~31*, New York: Arno Press & The New York Times, 1970(Originally 1933 by The Macmillan Company, New York), p.50.

50) Mansour Farhang, *U.S. Imperialism: From the Spanish-American War to the Iranian Revolution*, Boston: South End Press, 1981, p.97.

확립해온 억압적 장치들로부터 이 지역 국가들을 해방시킬 어떤 의도도 갖고 있지 않았다. 그의 시대에 영국과 프랑스가 제국주의적 특권을 포기할 의도가 없었던 것과 마찬가지였다.[51] 미국은 영국과 프랑스 그리고 일본 제국주의와 함께 아시아를 공동경영하는 전략을 취하고 있었다. 이 상황에서 미국은 결코 민족자결주의의 보편적 적용을 선택하지 않았다.[52]

패전국 독일과 오스트리아가 과거 중국에서 갖고 있던 이권들을 제거하는 것 외에, 중국이 파리 평화회의에서 추구한 목표는 세 가지였다. 첫째는 산둥 반도의 자오저우만 조차권을 포함한 독일 이권들을 일본이 차지했으나 이것을 중국에게 반환하도록 하는 것이었다. 둘째는 1915년 5월 일본이 중국에 강요해 맺은 21개조 요구 관련 조약들을 무효로 하는 것이었다. 셋째는 외국이 중국에서 누려온 특권들을 궁극적으로 폐지할 것을 목표로 하여 전반적으로 재검토하도록 하는 일이었다.[53]

과거에 열강들이 중국의 이권을 침탈하는 조약을 맺을 때 중국인들

---

51) William Appleman Williams, "Rise of an American World Power Complex," in Neal D. Houghton, ed., *Struggle Against History: U.S. Foreign Policy in an Age of Revolution*, New York: Simon and Schuster, 1968, p.14.

52) 미국은 1898년 스페인과의 전쟁을 통해 쿠바와 함께 하와이, 필리핀을 식민지로 만들었다. 이후 식민지 필리핀에서 일반 민중에 대한 식민지적 착취는 네덜란드 식민지 이스트 인디스(East Indies), 영국 식민지 말레이시아, 일본의 식민지 조선에서와 마찬가지 패턴을 보였다. 식민지 무역상과 투자자들, 그리고 식민지 정부에 협조하는 엘리트층은 혜택을 보았다. 그러나 필리핀인의 절대 다수에게 미국의 식민주의 지배는 경제적 재난이었다. 이러한 사정은 식민지 조선에서와 마찬가지로 1930년대에 증폭되는 농민들의 저항에서도 드러난다. Walden Bello, *People & Power in the Pacific: The Struggle for the Post-Cold War Order*, London: Pluto Press, 1992, p.39.

53) Pollard, 1933, p.56.

은 대체로 무기력하게 받아들였다. 이번에는 수많은 중국인이 열렬하게 파리에 파견된 중국 대표들의 활동을 지원했다. 중국 대표들은 여러 가지 방식으로 중국의 입장을 천명할 기회들은 가질 수 있었다. 그러나 실질적으로 열강을 설득해내는 일은 별개의 일이었다. 시간이 갈수록 중국 대표들에게 절망은 깊어갔다.[54] 어느 것 하나 이루지 못했다.

1919년 6월 28일 중국 대표단은 베르사유 궁전에 참석하는 대신에 언론에 성명서를 발표했다. "파리 평화회의는 산둥 문제 해결에서 중국에게 정의를 거부했다"고 선언했다.[55] 중국에서 열강들의 특권 전반에 대한 재검토를 요청한 중국의 입장도 무시되었다. 중국이 20세기의 가장 역사적인 세계회의에서 부분적으로 발언권을 행사했다는 긍정적인 의의도 인정받고 있지만, 파리 평화회의는 근본적으로는 중국은 여전히 제국주의 열강들의 반식민지에 불과하다는 치욕적인 현실을 중국인들이 새롭게 실감하게 된 계기였다.[56]

1919년 한국의 3·1 운동과 중국의 5·4 운동이 전개되고 있던 시기 영국·프랑스·미국 등 구미 열강과 일본 제국주의의 관계는 어떠했는가? 1918년 영국 국왕의 동생인 코너트 공작(duke of Connaught)은 일본 황실을 방문한다. 훗날 쇼와 천황(昭和天皇)이자 당시 황태자 신분이었던 히로히토(裕仁: 1901년 출생, 천황 재위 1926~89)도 1921년 영국 왕실의 초청으로 유럽을 공식 방문했다.[57] 영국과 프랑스뿐만 아니라 네덜란드, 벨기에, 이탈리아와 로마교황청을 방문했다. 히로히토

---

54) Pollard, 1933, p.60.
55) Pollard, 1933, p.82.
56) Pollard, 1933, pp.86~87.
57) Herbert P. Bix, *Hirohito and the Making of Modern Japan*, New York: Perennial, 2001, pp.103~122.

의 영국방문에 대한 답례사절로 다음 해 영국 황태자 에드워드 앨버트 (Edward Albert)가 또한 일본을 방문했다.[58]

당시 일본은 히로히토의 미국 방문도 고려하고 있었다. 그러나 일본에서는 신성한 존재인 황태자 히로히토가 매너가 자유분방한 미국인들과 마주쳤을 때 발생할 수 있는 의전상의 문제 때문에 취소된다. 일본 황실 참모들은 일본과 미국 사이의 국민감정 차이 또는 신문기자들을 포함한 미국인 일반인들의 거친 매너 때문에, 미묘한 문제들이 발생할 수 있다고 우려했던 것이다. 더욱이 유머감각이 없고 경직된 히로히토의 품성으로 보아 그러한 상황들을 품위 있게 넘길 수 있을지를 그들은 걱정했다. 결국 일본정부는 히로히토의 미국 방문은 포기했다.[59] 그런 의전상의 문제만 아니었다면 히로히토 황태자는 미국도 방문했을 터였다. 그만큼 일본과 구미 열강의 관계는 돈독했다. 제국주의 카르텔은 건재했던 것이다.

7. 제5기(1920년대 전체) 워싱턴 체제와 수정제국주의

1918년 제1차 세계대전 종결 후 미국은 전후처리원칙으로 특히 민족자결을 강조했다. 아울러 윌슨 행정부는 과거의 권력정치와 동맹의 정치를 비판하고 집단안보(collective security)의 질서를 주창했다. 이를 국제연맹(League of Nations)을 통해 구체화하려 했다. 국제연맹은 성립했지만 미국은 의회의 반대로 가입할 수 없었다. 하지만 어떤 의미에서 제한적으로나마 동아시아에 집단안보의 틀을 구축한 것이 1921년

---

58) 海野芳郎, 「皇太子渡歐問題」, 外務省外交史料館 日本外交史辭典 編纂委員會, 『日本外交史辭典』, 東京: 山川出版社, 1992, 281~282쪽.

59) Bix, 2001, p.106.

11월에서 1922년 2월 사이에 워싱턴에서 제국주의 열강들 사이에 일련의 조약들을 성립시킨 워싱턴 회의(Washington Conference) 체제였다.

이 워싱턴 회의 체제를 어떻게 평가할 것인가. 이리에는 미국이 신외교에 바탕을 두고 제국주의를 대체한 신질서를 구축한 것이었다고 평가한다.[60] 반면에 비판자들은 어떤 근본적 변화도 담지 않은 제국주의의 지속으로서 초제국주의의 다른 표현일 뿐이라고 평가한다.[61] 필자는 워싱턴 회의 체제하의 동아시아 질서를 미국이 주도한 '수정제국주의' 질서라고 이해한다.

뉴딜 이후의 미국 자본주의를 흔히 '수정자본주의'라 부른다. 자본주의 수정의 원동력은 경제공황으로 자본주의 내부 모순이 폭발한 사태였다. 러시아 혁명 이후 공산주의와 사회주의가 제기한 이데올로기적 도전도 그 배경이라고 지적할 수 있다. 1920년대에 미국이 동아시아에서 실험한 수정제국주의 역시 제국주의 내부의 모순과 갈등이 초래한 폭력적 결과에 대한 반성을 담은 것이었다. 러시아 혁명의 반제국주의 이념은 제3세계 민족주의와 결합했고, 그것은 기존 제국주의 질서에 심오한 도전이었다. 제국주의 열강이 동아시아에서 그러한 도전에 대응하여 구축한 것이 1920년대 워싱턴 체제로 압축되는 수정제국주의 현상이라고 볼 수 있다.

이리에에 따르면, 미국이 권력정치와 동맹에 바탕을 둔 제국주의 질서를 타파하려 노력한 것은 영일동맹의 연장을 포기시킨 데서 먼저 나타났다.[62] 그것을 '4개국 조약'(Four-Power Treaty: Quarruple

---

60) Iriye, 1990, esp., pp.13~22.

61) Bix, 2001.

62) 호소야 치히로에 따르면, 1920년대 들어서 영일동맹이 폐기되고 워싱턴 체제로 대체되었음에도 영일동맹의 정신은 1920년대 전반에 걸쳐 지속된다.

Treaty)으로 대체하고 또 이것을 9개국 조약(Nine-Power Treaty)으로 보완했다는 것이다. 특히 9개국 조약은 중국에서 열강들의 행동에 관한 새로운 지침을 선언한 것이라고 해석한다. 미국, 영국, 일본 등 서명국가들은 영향권을 배격하고 기회균등을 지지하며 중국의 주권과 독립, 그리고 영토적 및 행정적 존엄성을 엄숙하게 확인했다는 것이다.[63] 특히 이 워싱턴 체제를 통해서 열강들이 중국에서 구축한 불평등 조약체제를 수정하고 궁극적으로 폐지하는 방향으로 의미 있는 조치들을 취했다고 이리에는 평가한다. 일본은 자오저우를 중국에 반환하는 데 합의했다. 영국은 웨이하이웨이(威海衛)를 반환하기로 약속했다.[64] 실제 1921년 12월 10일 체결된 미국, 영국, 프랑스, 일본, 이탈리아, 네덜란드, 포르투갈, 벨기에 등 8개국 사이에 체결된 '중국에서의 치외법권에 관한 결의'(Resolution regarding extraterritoriality in China)라는 제목의 조약은 중국의 법제와 집행체제가 제대로 개선된다면 중국에서 열강들이 치외법권을 철회할 준비가 되어 있다"고 천명했다.[65]

이 시기 일본 외교도 미국과의 협력을 중시했다. 군비축소를 위한 '5개국 조약'(Five-Power Treaty)에서, 미국과 일본 간의 전함보유 비율을 10 대 6으로 정한 것을 일본이 기꺼이 수용한 것도 일본 정부와 가토 도모사부로(加藤友三郎: 1861~1923) 제독이 이끈 일본 해군 협상단

HOSOYA Chihiro, "Britain and the United States in Japan's View of the International System, 1919~37," Ian Nish, ed., *Anglo-Japanese Alienation 1919~52*(Papers of The Anglo-Japanese Conference on the History of the Second World War), Cambridge: Cambridge University Press, 1982, p.10.

63) Iriye, 1990, pp.15~18.

64) Iriye, 1990, p.21.

65) *Treaties and Agreements With and Concerning China, 1919~29*, Wesport, CT.: Hyperion Press, 1977, pp.56~57.

이 미국과의 협력을 중시했기에 가능했다. 나중에 수상의 자리에까지 오르는 가토 간지(加藤完治: 1884~1967) 부제독을 비롯해 해군 내부에는 격렬한 반대세력이 있었다. 그럼에도 일본은 해군력을 제한한 워싱턴 체제의 규정을 1936년까지 14년간 준수한다.[66]

그러나 수정자본주의가 여전히 자본주의인 것과 같이 수정제국주의 역시 제국주의의 틀을 벗어난 것은 아니었다. 허버트 빅스의 지적처럼 그것은 중동에서 시작해 인도와 인도차이나, 필리핀을 거쳐 조선에 이르는 광활한 영역의 아시아에 네 열강이 저마다 차지하고 있던 식민지들에 대한 기득권을 서로 인정하고 보존하는 것을 전제로 성립했다.[67] 실제 1921년 12월 13일 체결된 미국, 영국, 일본, 프랑스 간의 4개국 조약의 제목은 '태평양에서의 섬 소유령과 섬 지배령(insular possessions and insular dominions)에 관한 조약'이다. 이것은 "미국과 대영제국, 프랑스와 일본은 전반적인 평화를 보존하고 태평양지역에서 섬 소유령과 섬 지배령에 관한 그들의 권리를 유지할 목적"을 분명하게 앞세웠다.[68] 관련 4개국들은 1922년 2월 6일 일본의 지배령들에 관련한 보완적 조약을 맺는다.[69] 필자가 이전의 글에서 1920년대 워싱턴 회의 체제를 '동아시아판 신성동맹'이라고 표현한 것은 그런 맥락에서 여전히 유효하다.[70]

---

66) Sadao Asada, "Between the Old Diplomacy and the New, 1918~22: The Washington System and the Origins of Japanese-American Rapprochement," *Diplomatic History*, Vol.30, No.2, April 2006, pp.229~230.

67) Herbert P. Bix, *Hirohito and the Making of Modern Japan*, New York: Perennial, 2001, pp.146~150.

68) *Treaties and Agreements With and Concerning China*, 1919~29, 1977, pp.58~59.

69) *Treaties and Agreements With and Concerning China*, 1919~29, 1977, p.98.

중국에 대한 열강들의 치외법권 행사도 여전히 중국의 정상적인 법제 미비를 빌미로 유지되었다. 미국은 수정제국주의의 주도자였다. 그러나 중국의 상황이 불안정하기 때문에, 기존 조약체제를 급격하게 변화시키는 것은 외국인들의 지위와 활동에 위험하다는 논리를 들어 치외법권 폐지에 반대했다. 또한 중국의 정치적 통일성이 미비하다는 이유를 내세워 중국에 주권적 지위를 인정하는 것에도 여전히 반대했다.[71]

결국 1920년대에도 미국은 19세기에 자신이 중국에 강요해 맺은 불평등조약들을 폐기하려 하지 않았다. 조너선 우틀리가 지적했듯이, 미국의 함대와 해병대가 중국에서 제국주의 열강의 치외법권을 강제하기 위해서 계속 동원되고 있었다. 미국은 또한 다른 열강들과 협동하여 중국의 해상관세청(Maritime Customs)에 대한 통제를 유지했다. 일본이 중국을 위협하는 행동들을 할 때에도 미국은 선언적인 비판을 했을 뿐 어떤 행동도 고려하지 않았다.[72] 워싱턴 체제하에서 미국과 일본은 긴밀한 정치외교적 협력의 분위기 속에서 폭증하는 경제적 협력의 시대를 구가했다.[73] 수정된 제국주의 콘도미니엄의 양상을 웅변하는 것이었다.

워싱턴 체제는 중국의 민족자결주의를 수용한 것이 아니라 그것을 적절하게 통제하는 것을 포함한 제국주의 카르텔적 장치였다. 호소야 치히로가 워싱턴 체제를 일컬어 "중국 민족주의의 부상과 소련의 볼셰

---

70) 이삼성, 「동아시아의 20세기와 미국, 그리고 한국 민주주의」, 『민주주의와 인권』 제4권 1호(2004), 33~36쪽.

71) Iriye, 1990, p.21.

72) Jonathan G. Utley, *Going to War with Japan, 1937~41*, Knoxville: The University of Tennessee Press, 1985, pp.4~5.

73) Iriye, 1990, p.26.

비키주의(Bolshevism)에 대처하기 위한 일본, 영국, 미국 사이의 지역 협력체제(a regional cooperative system)"라고 한 것은 그런 점에서 매우 적절한 평가였다.[74)

요컨대 1920년대 미일관계는 그 관계 안으로부터 바라보느냐 아니면 그 관계의 밖에서, 아시아의 피압박사회들의 관점에서 바라보느냐에 따라 근본적으로 다른 평가를 받을 수 있다. 그 안에서 바라보면 미일관계는 윌슨주의적인 국제협력이 지배하는 것이었다. 이리에는 또 다른 저서에서 이 점을 열정적으로 묘사했다.

"1920년대에 일본은 국제연맹과 워싱턴 회의 조약들에 구현되고 미국과 영국이 이끄는 국제협력의 틀을 열렬하게 수용했다. 일본은 영미식(Anglo-American ways)을 열렬히 받아들여 우드로 윌슨의 '신외교'의 명제들을 자신의 국제적 행동의 지침으로 삼았다. 일본 경제는 세계자본주의 체제 안으로 완전히 통합되었다. 일본은 비서양국가로서는 유일하게 국제연맹 이사회(Council of the League of Nations)의 회원국이라는 세계 강국의 지위를 누렸다. 아시아와 그외 다른 곳에서 일본이 안고 있는 문제는 수없이 많았다.

중국에서는 내전이 외국인들의 안전과 이익을 위험에 빠뜨리고 있었다. 아시아 전반에서 반식민지운동이 발전했다. 부분적으로는 볼셰비키 혁명과 코민테른 활동가들이 부추기고 있는 것이었다. 그러나 일본은 선진국이자 식민지 종주국으로서 그리고 '조약 당사국'(treaty powers)의 하나로서, 미국과 영국과의 지속적인 협의를 통해 그러한 문제들에 대처했다. 일본도 영미 국가들도 개별적으로 유리한 협상들을 추구하는 것 이상을 넘지는 못했다. 하지만 다른 산업 강국들과의 경제적 상호의존을 통한 협력의 틀이 일본 외교에 안정적인 지침을 제

---

74) HOSOYA Chihiro, 1982, p.10.

공해주었다."[75]

이처럼 제국주의 열강들 간의 관계 안에서 보면 1920년대의 수정제
국주의는 '국제 협력에 기초한 평화와 안정'을 의미했다. 1921년의 워
싱턴 회의를 주도한 워런 하딩(Warren G. Harding) 대통령의 공화당
행정부 시대 미국 정치인들의 수사학을 지배한 담론은 군축과 평화였
다.[76] 훗날 대통령이 되어 태평양전쟁을 주재하는 프랭클린 D. 루스벨
트도 예외는 아니었다. 그는 제1차 세계대전 당시 윌슨 행정부에서 해
군부 부장관을 지내며 세계평화를 위해 미국이 전쟁에 참여할 것을 적
극 주창했다. 그러나 전쟁이 끝난 후에는 국제연맹 등 이상주의 외교의
상징으로 통하는 윌슨주의의 상속자를 자처했다. 당시 미국 정치인들
이 일본에 대해 갖고 있던 인식은 프랭클린 루스벨트가 1923년 『아시
아』(Asia)라는 잡지에 기고한 글에 압축되어 있었다. 「우리는 일본을
신뢰할 수 있는가」라는 제목의 이 글에서 루스벨트는 그 질문에 단호하
게 "그렇다"고 긍정했다. 일본은 해군 군축과 중국문제에 대한 워싱턴
협정들의 정신과 조항을 철저하게 준수하고 있다고 지적한 후, 미국인
들은 일본에 대한 의구심을 버려야 한다고 역설했다.[77]

루스벨트의 눈에 1920년대의 미일 협력은 세계평화를 의미했다. 그
러나 열강들의 관계 바깥에서 보면 두 강대국의 협력은 제국주의 국가
들이 자신들의 경쟁적 팽창주의가 초래할 수 있는 폭력적 갈등의 위험
을 통제하려는 장치일 뿐이었다. 기왕의 특권적 지위를 안정적으로 향
유하고자 하는 초제국주의적 협력이 그 본질이었다. 기존의 동아시아

---

75) Akira Iriye, *Power and Culture: The Japanese-American War
   1941~45*, Cambridge: Harvard University Press, 1981, p.2.
76) Robert Dallek, *Franklin D. Roosevelt and American Foreign Policy,
   1932~45*, New York: Oxford University Press, 1995, p.16.
77) Dallek, 1995, p.16.

제국주의 체제의 수정으로서 워싱턴 체제가 갖는 한계는 그 원래의 취지에서부터 분명했다.

1930년대의 한 연구에서 로버트 폴라드가 그 점을 이미 명쾌하게 지적했다. 첫째, 동아시아 전반에서 식민지역들에 대해 미국을 포함한 열강들이 제국주의적 기득권을 포기하는 것이 아니었다. 둘째, 중국과 열강 사이의 불평등조약체제를 근본적으로 해소하려 한 것이 아니었고 부분적으로 약속한 개선도 중국 자신의 내부 안정을 조건으로 내걸었다. 따라서 전적으로 향후 열강들의 호의에 맡겨져 있었다. 셋째, 워싱턴 체제의 가장 근본적인 목적은 동아시아에서 제국주의 열강들의 기득권과 상호관계를 교통정리하고 분명히 함으로써, 향후 제국주의 내부의 갈등이 폭력화하는 사태를 방지하는 데 있었다.[78]

8. 제6기(1930년대 전체) 동아시아 제국주의의 환경변화

동아시아 제국주의 질서 제6기인 1930년대는 세 가지 중요한 변화를 맞는다. 첫째는 1920년대 말에 시작되어 1930년대 초에 구체화된 세계 경제질서의 혼란이었다. 미국과 다른 나라들 사이에 현저한 생산성 격차가 발전한 것이 그 근본원인으로 꼽힌다. 1920년대 내내 미국의 생산성은 다른 나라들에 비해 급속하게 증가했다. 미국 기업들의 경쟁력이 강화되면서 미국과 다른 나라들 사이의 무역 역조가 증폭되었다. 제1차 세계대전 후 채무국으로 전락한 대부분 나라가 채무청산은 고사하고 이자 갚기도 어려워졌다. 세계경제의 미국 달러 의존은 더욱 심화된다. 미국 기업의 해외자산 취득은 급속하게 증대한다. 1920년대 말에 이르러서는 미국의 대외차관과 직접투자는 80억 달러를 넘게 된다. 미국의

---

78) Pollard, 1933, pp.246~247.

대외 순수 자본수출액은 1926년까지만 해도 2억 달러 미만이었다. 1928년엔 무려 10억 달러를 넘었다.[79]

미국과 세계 사이 금융결제상의 심각한 불균형은 세계금융질서에 통제할 수 없는 혼란을 초래했다. 국가들은 저마다 개별적인 통화정책으로 위기 수습에 나섰다. 그 가운데에서 국경을 넘나드는 금융투기가 만연했다. 특히 미국에서 금융투기가 번성했다. 미국 은행들은 해외 여신을 중단하고 유럽 국가들에 대한 기존의 여신마저도 회수하여 국내 금융투기에 몰두했다. 그 때문에 1928년 10억 달러를 넘었던 미국의 순수 자본수출액은 불과 1년 후인 1929년엔 2억 달러로 급속히 줄었다. 그만큼 넘쳐난 월스트리트의 자본과잉은 결국 월가 붐의 붕괴로 이어지고 미국경제는 침체에 빠진다. 세계 각국은 미국의 자본회수와 자국 단기자금의 해외유출에 대응해야만 했다. 각국은 자국 통화에 대한 평가절하나 통화교환 통제(exchange control)를 통해 자국 경제를 보호하려 노력했다. 1931년 9월 영국이 마침내 파운드화의 금태환(gold convertibility)을 중지시킨 것은 그런 맥락이었다. 그 결과 세계적인 상업과 금융을 연결시켜주던 끈이 마침내 끊어지고 말았다. 보호주의가 판을 치게 되었다. 세계자본주의의 경제단위는 이제 민족국가와 제국의 울타리들로 쪼개져 나갔다.[80]

경제공황이 세계경제와 국가들 간 경제협력의 질서에 위기를 초래한 것이다. 국제적 자유무역과 자유 금융거래는 쇠퇴했다. 세계는 자폐적인 지역적 경제 블록들로 분열되어갔다. 제국주의 열강들 사이에 국제협력과 평화라는 1920년대적 지침은 더 이상 지탱되기 어려웠다. 국가들은 당면한 대내외적인 문제들을 저마다 개별적인 해결책으로 대처

---

79) Giovanni Arrighi, *The Long Twentieth Century: Money, Power, and the Origins of Our Times*, London: Verso, 1994, p.273.

80) Arrighi, 1994, p.274.

했다.[81]

세계 각국은 가격안정정책, 통화 평가절하, 통화교환 통제와 같은 정책들을 국제통화체제와 세계무역에 미칠 충격을 전혀 고려하지 않고 경쟁적으로 도입했다. 경제적 민족주의가 풍미할 수밖에 없었다. 국제적 집단안보를 포함한 윌슨주의적 외교원칙들이 서 있을 공간은 사라져갔다. 미국에서도 경제적 상호의존을 통한 열강들 간의 우호와 평화를 추구한다는 윌슨주의적 신념은 찾아보기 힘들었다. 세계문제에 대한 무관심이 대신 자리잡았다. 미국 후버 행정부는 1930년대 초 만주위기(Manchurian crisis)를 1920년대식 국제협력을 통해 해결하려 노력하지만 곧 수포로 돌아간다. 이후 제1차 세계대전 후 정립되었던 평화적 국제관계에 대해 비관주의가 풍미한다. 윌슨적 국제주의는 더 이상 미국외교 지침으로서 지탱될 수 없었다.[82]

칼 폴라니는 일찍이 금태환에 기초한 자유로운 초국적 금융거래가 실종된 것이 세계질서에 커다란 변동을 몰고 온 원인이었다고 갈파했다. 세계정치에서 국제연맹이 자폐적 제국들로 대체되었고, 독일에서 나치즘이 번성하게 되었으며, 소련은 5개년 경제계획을 수립한다. 미국은 뉴딜을 추진한다. 이 모든 것의 배경을 금태환에 기초한 초국적 금융거래 시스템의 붕괴에서 찾았던 것이다. 이러한 새로운 국제환경이 1930년대에 등장했다. 1940년에 이르면 제1차 세계대전 후 1920년대를 지배했던 국제주의와 이상주의는 마침내 흔적을 찾아볼 수 없게 되는 것이었다.[83] 1920년대 제국주의 열강들이 수정제국주의의 여유를

---

81) Iriye, 1981, pp.2~3.
82) Iriye, 1981, pp.16~17.
83) Karl Polanyi, *The Great Transformation: The Political and Economic Origins of Our Time*, Boston, MA: Beacon Press, 1957, pp.23, 27; Arrighi, 1994, p.274.

부리면서 초제국주의적 협력과 평화를 뒷받침하고 있던 세계 경제적 토대가 사라진 것처럼 보였다. 1930년대에 일본에서는 대동아주의(Pan-Asianism)가 더욱 풍미하게 된다. 이 역시 열강들이 초제국주의적 협력보다는 각자가 지배하는 자폐적 영향권을 확장시키는 데 몰두하게 된 전 지구적 추세를 반영하고 있었다.

둘째, 1928년 중엽 중국 국민당이 군벌시대(military period)를 종식시키고 적어도 명목상으로 중국을 통일한다. 중국이 동아시아 질서에서 하나의 독립된 국제적 행위자로 등장한 것이었다. 이를 두고 이리에는 이제 중국 외교(Chinese diplomacy)가 극동에서 가장 결정적인 요인으로 등장한 것이라고 평가했다. 1920년대 내내 열강들은 중국과의 협력을 강조했다. 따라서 국민당 정권이 그 점을 적극 활용하는 데는 어려움이 없었다. 미국이 가장 먼저, 그리고 일본을 포함한 다른 열강들이 국민당 정부를 승인했다. 열강들은 새로운 중국정부와 새로운 조약체제를 협상하기 시작한다.[84]

중국 통일정부의 일차적인 대외정책 목표는 유서 깊은 불평등조약체제를 극복하는 데 있었다. 미국은 1928년 7월 25일 새로운 관세협정을 체결했다. 관세 관련 기존의 조약들을 무효로 하고, 중국에게 관세 자율성을 부여했다. 최혜국대우 부여도 상호적인 것으로 바꾸었다. 중미관계에 새로운 시작을 알리는 신호였다. 미국이 중국의 이니셔티브에 호의적으로 반응한 최초의 국가임을 의미하기도 했다. 국민당에 의한 중국 통일이 아직 완전한 것은 아니었다. 따라서 미국이 중국과 우호적 양자관계를 분명히 확립하지는 않았다. 그럼에도 중미관계의 개선은 중일관계가 더욱 악화되어가는 것과는 크게 대비되었다.[85] 중미관계가

---

84) Iriye, 1990, p.227.
85) Iriye, 1990, pp.229~231.

성립하면서 그간 미국과 일본을 두 축으로 하여 전개된 동아시아 제국주의 질서는 중국을 포함한 3각 관계로 변할 수 있는 기반이 마련되고 있었다.

셋째, 열강들 간의 초제국주의적 협력을 자연스럽게 뒷받침했던 세계경제질서의 토대가 사라지면서, 일본은 향후 동아시아의 운명에 결정적인 의의를 갖는 선택을 하기에 이른다. 1930년대 초 일본에서는 국제협력의 좌표를 상실한 가운데 군부가 외교의 방향타를 장악했다. 이후 일본은 만주에 대한 일방적인 독점지배로 나아간다. 1932년 만주국 설립은 그 시작이었다. 일본과 중국의 관계는 이후 결코 회복될 수 없는 길로 들어섰다.[86] 미국과 일본의 관계 역시 1920년대와 근본적으로 다른 긴장이 전개될 수 있는 상황으로 된다.

9. 1930년대 일본의 중국 침략과 미국의 대응

문제는 그러한 급격하고 근본적인 환경변화가 1920년대에도 건재했던 미일 제국주의 카르텔에 대해 상응하는 질적인 변화를 실제로 초래했느냐는 것이다. 변화가 없었다고 할 수는 없을 것이다. 그러나 결론적으로 말하면, 초제국주의적인 상호적응과 전략적 경제관계의 지속이라는 측면에서 연속성이 더 우세했다.

윌리엄 네스터가 지적했듯이, 1940년 이전까지, 그러니까 일본의 중국 침략이 본격적으로 전개되고 있던 1930년대 내내 미국의 대일본정책은 "유화"(appeasement)에 머물러 있었다.[87] 일본이 만주침략을 본

---

86) Iriye, 1990, p.292.

87) William R. Nester, *Power across the Pacific: A Diplomatic History of American Relations with Japan*, London: Macmillan Press, 1996, p.139.

격화하기 시작한 1930년대 초에서 1937년 난징 학살에 이르는 시기까지 국제사회의 대일본 유화정책을 미국이 주도했다. 일본은 만주 침략과 상하이 폭격을 거쳐 마침내 1932년 3월 10일 일본의 괴뢰국인 만주국을 정식으로 수립한다. 이 시기는 일본의 중국대륙 침탈이 본격화된 국면이었다. 이때 미국과 국제연맹은 "단지 구경꾼일 뿐이었다"는 것이 네스터의 평가다.[88]

1930년대 초반 미국과 국제연맹은 일본의 중국침략에 대해 외교적 대응과 도덕적 비판 이상의 실질적 행동은 보이지 않았다. 1931년 9월 18일, 일본 관동군 요원들이 만주 무크덴(Mukden: 봉천, 지금의 선양) 근처의 남만주철도를 폭파했다. 일본 관동군은 중국 측이 범한 행동이라고 주장했다. 이를 핑계 삼아 무크덴과 다른 만주의 도시들을 점령해 버린다. 국제연맹은 중일 양측에 휴전을 요구했다. 중국은 미국이 일본에 압력을 가해줄 것을 부탁한다. 그러나 당시 미 후버 행정부의 국무장관 헨리 스팀슨(Henry Lewis Stimson: 1867~1950; 국무장관 재임 1929~33; 전쟁부 장관 재임 1940~45.9.21)은 이 문제에 대해 중립을 선언한다.

10월 17일 국제연맹은 다시 켈로그-브리앙 협정(Kellogg-Briand Pact)에 근거해 일본에 대해 군대를 한 달 안으로 철수하도록 명령한다. 10월 24일 스팀슨 국무장관은 연맹의 결정을 지지했다. 그러나 미국은 그 성명을 일주일이 넘어서야 일본에 전달했다. 즉각적이고 강력한 항의와는 거리가 멀었다. 뿐만 아니라 연맹의 결정은 11월 16까지 일본군 철수를 요구하는 시한을 담고 있었지만, 미국의 항의는 시한을 명시하지 않았다.[89]

---

88) Nester, 1996, p.107.
89) Nester, 1996, p.106.

일본 관동군은 만리장성을 넘어 친저우(欽州: Chinchow)를 점령한
다. 중국정부가 만주를 봉쇄하는 조치를 취하자, 그에 대한 보복으로 일
본은 1932년 1월 28일 상하이를 폭격했다. 이 상황이 되자, 미국과 영
국은 상하이 근처에 군대를 증강 배치한다. 그러나 당시 미 대통령 후
버는 일본에 대해 경제제재나 군사제재는 철저히 배제했다.[90] 이런 '국
제적 무대응'의 상황은 일본의 거침없는 무법적 행동을 더욱 고무시킨
효과가 있었다. 일본은 드디어 1932년 3월 10일 중국의 마지막 황제 푸
이(溥儀: 1906~67)를 황제로 내세운 만주국을 선포한다.

푸이의 일생은 청조의 멸망 전후와 그 후 중국의 운명을 표상한다.
1908년 그의 아버지 광서제가 독살당함에 따라, 세 살의 나이로 청조의
마지막인 12대 황제로 즉위한다. 1911년 신해혁명이 일어나자, 다음 해
인 1912년 2월 12일 푸이의 섭정이자 친모였던 융유황태후(隆裕皇太
后)가 푸이를 대신해 그의 퇴위 조서를 발표한다. 그렇게 청나라는 망
했다. 그 후에도 푸이는 자금성에 머물렀다. 신해혁명의 지도자 쑨원
(孫文)의 타협책으로 말미암아 중화민국의 대총통을 역임했던 위안스
카이는 1916년 사망했다. 그 다음 해인 1917년, 위안스카이의 정치적
기반이었던 북양군벌(北洋軍閥)의 한 파벌이 푸이를 황제로 내세워 청
조의 부활을 꾀한 복벽사건(復辟事件)이 벌어진다. 복벽은 곧 실패했
다. 그래도 푸이는 여전히 자금성에 남았다. 하지만 1924년 펑위샹(憑
玉祥)의 군대가 베이징을 장악하면서 푸이는 자금성에서 쫓겨났다. 그
는 곧 일본공사관으로 도피했다. 일본인들이 푸이를 톈진의 일본 조계
로 데리고 간다. 1932년 일본이 만주국 황제로 그를 활용하기까지 푸이
는 그 일본 조계에서 일본인들의 보호를 받으며 살게 된다.

일본과 중국 내부의 정치적 상황도 일본의 본격적인 중국 침략을 촉

---

90) Nester, 1996, p.107.

진했다. 먼저 1931년 10월 국제연맹이 일본군대에게 한 달 안에 철군하도록 명령을 내렸음에도 일본 관동군은 진격을 계속하여 만리장성까지 진출한다. 일본내각은 그곳에서 관동군의 진격을 중지시켰다. 그리고 국제연맹에 통보하기를, 중국이 양보를 할 때만이 철군을 실시하겠다고 말한다. 연맹은 조사단을 파견한다. 이 과정에서 일본의 와카쓰키 레이지로 내각(若槻禮次郞 內閣: 1931.4.14~12.13)은 총사퇴해야 했다. 내각과 군부 사이에 갈등이 커졌기 때문이다. 내각 퇴진 후 새 수상으로 된 이누카이 쓰요시(犬養毅: 재임 1931.12.13~1932.5.15)는 전수상보다 더 친군부적이었다. 그러나 새 내각은 그 시점에서 중국침략을 더 이상 강행하는 것을 원하지 않았다. 그럼에도 일본 관동군은 1932년 1월 2일 친저우를 공격하여 점령한다.[91] 만주군벌 수령 장쉐량(張學良)의 군대는 붕괴되고, 그는 베이징으로 달아난다. 군부가 내각의 권위를 초월하는 독자적인 위치에 있었던 일본제국 헌법체제를 그대로 반영하는 사태전개였다. 이누카이 쓰요시 수상은 만주국이 성립한 지 두 달여 후인 1932년 5월 15일 암살당하고 만다.

일본이 중국 침략을 본격화한 또 하나의 요인은 중국내부 정치세력들의 움직임이었다. 1931년 12월 10일 국제연맹이 중국에 파견한 리턴 위원회(Lytton Commission)는 만주 무크덴에서 일본의 행동은 불가피한 자위적 행동이 아니라고 결론짓는다. 만주에서 일본의 이익은 존중되어야 하되, 만주 자체는 중국으로 반환되어야 한다고 보고했다. 국제연맹은 1933년 1월 리턴 보고서를 승인한다. 일본은 이에 반발하여 그해 3월 27일 국제연맹을 탈퇴했다. 뒤이어 일본군은 제홀(Jehol)[92]과 허

---

91) Nester, 1996, p.107.
92) 제홀은 중국 동북부에 위치해 있던 성(省)의 이름이다. 제홀의 경계선은 자주 바뀌었다. 1914년 이후 특별행정구역이었다가 1928년에 성으로 되었다. 1931년 일본이 만주를 점령하면서 제홀은 곧 일본이 세운 만주국에 통합된

베이 성을 점령하고 베이징과 톈진 사이를 차단했다.[93]

당시 중국 국민당 장제스(蔣介石) 정부는 굴복하여 일본과 탕구 정전협정(塘沽停戰協定: Tangku Truce)을 맺는다. 1933년 5월 31일이었다. 이 협정은 만주사변 도발로 일본이 처했던 외교적 위기를 사실상 종결시켰다.[94] 이제 일본군은 만리장성 북쪽지역에선 자유로이 작전을 수행할 수 있게 되었다.

장제스는 일본과 휴전협정을 맺은 후엔 그간 일본군과 대치하고 있던 25만에 달하는 군 병력을 남중국에서 중국공산당 게릴라 소탕용으로 전환시켰다. 당시 만주에 주둔한 일본 관동군 총병력은 장제스 군대에 비해 수적으로 훨씬 열세였다. 이때 만일 장제스가 일본 침략군대와 타협하지 않고 만주 관동군에 대응하는 일에 사용했다면 어떻게 되었을까? 세계사의 방향이 크게 달라졌을 것이라고 네스티는 생각한다.[95]

장제스 국민당 군대가 항일전쟁보다는 공산당토벌에 진력하는 행태는 1936년 12월 시안 사건(西安事件)이 발생하기까지 계속된다. 이 기간 일본은 충분히 예상된 대로 북중국에 대한 군사점령을 계속 확대해갔다. 1933년 이후 일본은 장제스의 국민당 군대가 탕구 휴전협정을 위반했다는 핑계를 대면서 허베이, 차하르, 쉬이얀, 샤시, 산둥 등의 군벌들에 압력을 넣어 국민당군을 축출했다. 대신 일본군대와 일본 군사고문단을 받아들이도록 했다. 이렇게 일본의 군사점령이 1937년까지 계

다. 태평양전쟁이 끝나면서 제훌은 중국에 반환되어 독립적인 성으로 되었다. 그러나 중국은 1956년에 제훌성을 폐지하고, 그 남서부는 허베이성에, 동부 지역은 랴오닝(요녕) 성에, 그리고 북부 지역은 내몽고 자치구에 각각 나누어 편입시켰다.

93) Nester, 1996, p.108.
94) 臼井勝美,「塘沽停戰協定」, 外務省外交史料館 日本外交史辭典 編纂委員會, 『日本外交史辭典』, 東京: 山川出版社, 1992, 555쪽.
95) Nester, 1996, p.108.

속 팽창하는 동안 장제스 군대는 일본군에 저항하지 않고 공산당토벌에
만 몰두했다. 마오쩌둥(毛澤東)의 공산당군은 1만 3,000킬로미터의 "대
장정"(long march)에 나서야 했다. 일본군의 부단한 진군 앞에서 벌어
지고 있던 장제스의 내전 우선정책은 중국 내에서 민족주의적 비판을
불러일으킨다. 급기야 시안 사건이 벌어졌다. 공산당 토벌작전을 위해
장제스와 장쉐량을 비롯한 주요장성들이 시안에 모인 기회에 장쉐량과
다른 장성들이 장제스를 납치한 것이다. 북중국에서 공산당 토벌작전을
중지하고 항일전선에 군대를 집중할 것을 장제스에게 요구했다. 장제스
는 그 요구를 받아들이고서야 풀려났다. 장제스는 약속대로 북중국에서
공산당 토벌작전을 중지하고 항일전선에 군대 일부를 투입했다.[96]

이 시기 전체를 통해서 일본의 중국 침략이 전개되고 있었고, 마침내
1937년 12월 난징 대학살이라는 반인류적 범죄가 자행되기에 이른다.
하지만 미국은 이를 견제하기 위해 어떤 실질적인 행동도 하지 않았다.
미국외교는 오히려 서방의 미미한 대응노력마저 무산시키는 역할을 주
로 했다. 가열되고 있던 일본의 중국침략에 대해 미국이 취한 조치는
미국의 중립을 재확인하는 법안들을 제정한 것이었다. 루스벨트 행정
부는 중국에 19개의 폭격기들을 제공하기로 했던 이전 계획마저 취소
했다. 일본과 중국 어느 나라에든 미국 선박이 군수품을 수송하는 것을
금지했다. 그것은 무기와 군수품을 제대로 생산할 능력이 없는 중국에
게 불리할 수밖에 없는 조치였다. 1937년 7월, 8월, 9월에 걸쳐 영국과
프랑스는 9개국 회담을 열 것을 미국에 제안한다. 중국 해안에서 해군
시위를 벌이고, 필요하다면 일본에 대한 해상봉쇄를 조직하자는 것이
었다. 하지만 루스벨트는 중립법안들을 내세워 응하지 않았다.[97]

---

96) Nester, 1996, p.116.
97) Nester, 1996, p.118.

난징 대학살이 벌어지기 두 달 전인 1937년 10월 6일 국제연맹은 9개국 협정(Nine Power Treaty) 서명 국가들을 브뤼셀에 소집했다. 일본은 참여를 거부했고 이탈리아가 일본을 대변해주기로 했다. 11월 3일에서 24일까지 3주에 걸쳐 열린 브뤼셀 회담에서 루스벨트의 특사로 나선 사람은 노먼 데이비스(Norman Davis)였다. 그는 일본이 받아들일 수 없는 요구를 제기하고 일본이 거부하면 그것을 빌미로 일본에 제재를 가할 것을 영국과 프랑스 대표에게 제안한다. 일본에 대한 차관금지, 일본수출품 거부, 일본에 대한 국가승인 취소, 중국에 대한 무기제공, 그리고 태평양에서의 공동함대작전 등이 미국대표 데이비스가 제안한 행동들이었다. 그러자 영국과 프랑스는 중국에 평화를 가져오기 위해 필요하다면 무력을 행사할 준비가 되어 있다는 것을 미국이 보장하라고 데이비스에게 요구한다. 데이비스는 민주국가에서 그런 공약을 하는 것은 불가능하다는 평계를 대면서 거부했다. 이 와중에 데이비스의 제안내용이 언론에 흘러나가자 코텔 헐(Cordell Hull: 1871~1955, 국무장관 재임 1933~44) 국무장관과 섬너 월레즈(Sumner Welles) 국무차관은 그 제안들을 공식으로 부인한다. 데이비스가 자기임무를 벗어난 행동을 한 것이라고 밝힌다. 브뤼셀 회의가 아무런 합의 없이 끝난 것은 놀랄 일이 아니었다.[98]

브뤼셀 회의에서 미국이 보인 태도는 일본의 침략을 부추기는 효과를 낳았다. 미국의 태도에 실망한 프랑스는 일본의 압력에 쉽게 굴복하고 만다. 프랑스는 인도차이나를 통해서 중국의 장제스 정부에게 보급품을 수송하고 있었다. 그것을 중단하라는 일본의 요구에 응하고 만 것이었다. 포르투갈도 마카오를 통한 중국에의 보급품수송을 중단하라는 일본의 요구에 굴복했다. 독일과 일본은 1936년 11월에 반코민테른 협

---

98) Nester, 1996, p.119.

약(Anti-Comintern Pact)을 체결한 바 있었다. 두 나라가 함께 국내 공산주의 토멸을 위해 노력하며, 어느 한 나라를 소련이 공격할 경우 두 나라가 공동 대응한다는 협정이었다. 브뤼셀 회의가 실패로 끝나자, 이탈리아마저 반코민테른 협약에 가담했다. 이런 가운데 일본의 대륙 침략은 더욱 촉진되었다. 1937년 12월 마침내 그 역사에서 결코 지워 질 수 없는 일본의 난징 점령과 대학살이 벌어진다. 브뤼셀 회의가 무 산된 지 불과 한 달 후의 일이었다.

난징 대학살 기간인 12월 12일 일본 폭격기들은 상하이 항구에서 서 양인 피난민들을 태우고 있던 미국과 영국의 포함들을 공격한다. 그 바 람에 미국 해군함 파나이호가 침몰하는 사건이 벌어졌다. 12월 24일 일 본정부가 미국에 사과하고 배상금을 물겠다고 했다. 미국은 그것을 받 아들였다. 그로 인한 양국 간의 외교위기는 사라졌다. 일본이 중국대륙 을 유린하고 1920년대 초에 맺어진 9개국 협약을 비롯한 많은 국제조 약을 위반한 행위들을 미국이 모두 눈감아준 꼴이었다. 1938년 1월 중 국은 5억 달러의 차관과 전쟁물자 공급을 미국에 호소한다. 미국은 거 절했다. 그때 영국은 일본에 경제제재와 군사제재를 가하자고 미국에 제안한다. 미국은 마찬가지로 거부했다.[99]

10. 중국 통제를 위한 치외법권 유지

미국은 결국 불간섭과 중립을 내세우며 일본의 침략주의적 행동들을 묵과했다. 또한 국제사회가 일본을 징계하려 나설 때도 막고 나섰다. 미 국의 이런 행태를 많은 학자는 20세기 전반 미국외교를 지배했다는 '고 립주의'의 탓으로 돌린다. 그러나 미국이 어떤 사태들에 대해서는 개입

---

99) Nester, 1996, p.120.

하고 어떤 사태에는 개입하지 않았다면, 고립주의적 태도를 보인 경우와 그렇지 않은 경우들의 차이를 설명해야 한다. 그 차이는 '고립주의'라는 것만으로는 설명되지 않는다. 따라서 일본의 대륙침략 본격화에 대한 미국의 불간섭주의 노선과 관련해서도, 그 노선이 당시 미국의 정치경제적 이해관계와 더 잘 부합되었음을 보여주는 설명이 필요하다. 일본의 위협적인 행동들에도 미국과 일본 사이에 제국주의 카르텔을 유지시킨 정치경제적이고 지정학적인 토대가 무엇인가를 생각해보아야 하는 것이다.

미국을 포함한 열강들은 당시 중국에서 누리고 있던 치외법권을 포함한 불평등조약체제를 중국에서 자신들의 경제적 활동을 보장하는 데 여전히 불가결한 특권으로 간주했다. 그들에게 중국은 여전히 혼란스럽고 위험했다. 그럼에도 중국은 결코 잃어버려서는 안 될 현재와 미래의 중요한 시장이었다. 또한 시간이 흐르면서 중국 공산주의 운동이 주요 변수로 떠올랐다. 그럴수록 중국은 여전히 열강들에 의해 어떻게든 공동으로 통제되어야 하는 대상이었다.

1929년 4월 중국정부는 영국과 미국 그리고 프랑스에게 치외법권(extraterritoriality)이 중국의 사법적 주권(Jurisdictional sovereignty)을 제한하고 있음을 상기시키고 그것을 중단할 것을 요구한다. 이후 치외법권 문제를 둘러싼 중국과 열강들 간의 협상이 개별적으로 전개된다. 물론 미국을 포함하여 제국주의 열강들의 치외법권 포기는 쉽지 않았다.[100]

미국이 중국에서 치외법권을 포기할 의사를 비친 것은 일본과 갈등이 깊어지면서 전쟁 가능성이 높아지고 있던 1941년 5월이 되어서였다. 그러나 그때까지도 여전히 실질적인 변화는 없었다. 중국에 평화가

---

100) Iriye, 1990, pp.256~259.

오면 미국이 중국에서 누리는 치외법권을 포기하겠다고 밝혔을 뿐이다. 태평양전쟁이 진행 중이던 1943년 1월 11일 미국은 일방적인 치외법권을 배제한 새로운 조약을 체결했다. 그러나 다섯 달이 채 지나지 않아서 중국에 파견된 미군에 대해서는 중국정부가 형사재판 관할권을 갖지 못하게 하는 협정을 체결한다.[101]

이후 중국의 전시수도 충칭(重京)을 포함한 중국 남서지방에서는 미국 군사기지, 보급·수송부대, 라디오 방송망, 항공편, 군사우편국들과 소속 미국인들은 중국이 그 전에 처해 있던 어떤 불평등조약체제하에서보다도 더 큰 치외법권을 누린다. 1945년 중국에 주둔한 미군은 6만 명에 이르렀다. 태평양전쟁이 끝났을 무렵 수개월 동안 상하이의 거리는 미군 보병과 해군 병사들로 넘쳐났다. 중국사회를 상대로 한 이들의 범죄적 행위들은 치외법권의 보호를 받았다. 중국 여성들에 대한 행패를 포함하여 미군이 관련된 사건들이 끊이지 않았다. 우익 국수주의자들과 애국적 자유주의자들이 공산주의자들과 함께 미군들의 행패를 한목소리로 비난하는 상황이 벌어진다.[102] 미국이 일본과 전쟁을 벌이고 있는 태평양전쟁 기간에도 그러했다. 그렇다면 미국이 일본과 우호적인 무역관계를 유지하면서 중국을 공동관리하고 있던 1930년대에 미국이 아편전쟁 이후 누려온 불평등조약체제를 그대로 유지하고 있었던 것은 결코 놀라운 일이 아니었다.

---

101) John King Fairbank, *The United States & China*, Cambridge, MA: Harvard University Press, Fourth Edition, 1979,
102) Fairbank, 1979, p.337.

11. 1930년대 미국의 대일본 정책기조

1930년대 미국 외교기조는 기정사실로 된 새로운 현실들을 인정함으로써 다른 나라들과의 관계를 안정시킨다는 것이었다. 일본의 만주 장악과 중부 유럽에 대한 독일의 팽창주의적 행동들을 미국은 현실로 받아들였다. 미국은 현실적으로 다른 대안을 추구하기 어려웠다고 아키라 이리에는 말한다. 미국은 일본이 관련된 문제들에 대해서 중국을 공개적으로 지지하는 것을 피했다. 결국 미국은 일본을 실질적으로 징계하거나 고립시키는 어떤 행동도 취하지 않았다.[103]

1930년대 미국의 외교기조는 일본의 만주 지배가 노골화한 1930년대 초 허버트 후버 대통령이 갖고 있던 시각이 압축해준다. 1931년 무렵 후버는 당시 소련에 대해서는 지극히 적대적이었다. 반면에 만주를 침략하고 있는 일본에 대해서 후버는 상대적으로 동정적이었다. 당시 헨리 스팀슨과 민주당의 프랭클린 루스벨트는 만주문제에 관해서 일본에 제재를 가해야 한다고 주장했다. 그러나 후버는 응하지 않았다. 후버는 전쟁은 혁명의 촉매제라고 믿었다. 그래서 후버는 전쟁은 가급적 피해야 한다고 생각했다.[104] 일본이 만주를 침략한 사태를 당해서도 후버가 일본과 전쟁을 선택하지 않았다는 점 때문에, 윌리엄 애플먼 윌리엄스를 비롯한 미국의 수정주의 외교사가들은 후버를 높이 평가한다. 윌리엄스는 후버의 반개입주의를 현명한 것으로 긍정했던 것이다.[105]

일본은 1937년 7월 7일 톈진과 베이징 사이의 주요 통로인 루거우차

---

103) Iriye, 1981, p.17.
104) Justus D. Doenecke, "William Appleman Williams and the Anti-Interventionist Tradition," *Diplomatic History*, Vol.25, No.2(Spring 2001), p.287.
105) Doenecke, 2001, p.287.

오(蘆溝橋: 마르코 폴로 브리지)에서 중일전쟁의 빌미를 만들었다. 8월 초에는 베이징-톈진 지역을 점령한다. 9월 24일엔 베이징-한커우(漢口) 간 철로 위에 있는 파오팅을 점령했다. 이 지역에서 3만여 명의 일본군이 가공할 학살사태를 벌였다. 이미 난징 학살을 예고한 것이었다. 8월 중순에는 상하이에서도 전쟁을 시작했다. 이후 국제도시 상하이 근역에서 중국군은 3개월간 버티었다. 그 과정에서 중국군 병력의 60퍼센트가 희생되고 마침내 패퇴하고 만다. 이 사태는 세계의 이목을 집중시켰다. 그러나 이 기간에도 미국의 평화운동조직들은 미국의 전쟁참여를 극력 반대했다.

1937년 9월 미 백악관과 국무부가 접수한 편지 2,000건 중에서 95퍼센트가 일본과의 평화를 원했다. 80퍼센트는 어떤 대가를 치르더라도 평화유지를 선호한다는 쪽이었다. 중국에 대한 무기제공을 불가능하게 만드는 중립유지법(Neutrality Act)을 찬성하는 비율은 70퍼센트에 달했다. 중립법을 적용하는 것은 중국에 불리하고 결국 일본만을 이롭게 한다는 점을 주목하여 중립법에 반대한 편지는 15퍼센트에 불과했다. 1937년 10월 5일, 루스벨트 대통령이 시카고 연설에서 "국제적 무정부상태를 부추기는 세력에 대한 집단봉쇄(a collective quarantine)"를 제안한다. 그러자 미국의 6개 주요 평화단체들은 대통령이 미국을 전쟁으로 이끌려 하고 있다고 비난한다. 그들은 "미국 전쟁 결사반대"(Keep America Out of War)에 2,500만 명의 서명을 위한 공동캠페인을 시작한다.[106]

1930년대 전반에 걸친 미국의 동아시아 정책을 깊이 연구한 도로시 보그에 따르면, 미국은 이 시기에 일본과의 관계를 희생시키면서 중국

---

106) Barbara W. Tuchman., *Stilwell and the American Experience in China, 1911~45*, New York: Grove Press, 1985(Originally 1970), pp.164, 168, 176.

정부를 지원할 의사는 1920년대에 비해 오히려 희박해져 있었다.[107] 조너선 우틀리는 중일전쟁에서 태평양전쟁의 발발에 이르는 기간 미 국무장관으로서 대일본정책을 주관한 코델 헐의 기본입장을 한마디로 요약했다. 그것은 일본의 중국 침략에 동의하지도 않고, 아시아에서 미 국이 철수하지도 않을 것이지만, 아시아에서 일본과 대립하지도 않겠 다는 정책(policy of no confrontation, no withdrawal, and no assent)이었다.[108]

12. 1940년까지 지속된 미국과 일본의 전략적 경제관계

일본의 침략적인 군사활동을 지탱해주는 전략적 물자를 공급해준 나라는 1930년대 내내 미국이었다. 루스벨트와 국무장관 헐이 일본에게 절대절명의 군사적 전략물자이던 항공유와 철강의 대일본 수출을 중단하기로 결정한 것은 1940년 9월이었다.[109] 일본의 난징 학살을 전후한 시기에 일본군에 대한 전략물자 공급원이 미국이라는 사실은 한 에피소드가 상징한다. 선교사이자 의사였던 월터 주드(Walter Judd) 박사는 1937년 상하이에서 중국인 부상자에게서 폭탄 파편을 제거하는 수

---

107) Dorothy Borg, *The United States and the Far Eastern Crisis of 1933~38: From the Manchurian Incident through the Initial Stage of the Undeclared Sino-Japanese War*, Cambridge, M.A.: 1964; Dorothy Borg, *American Policy and the Chinese Revolution, 1925~28*, New York, 1947; Michael A. Barnhart, "The Origins of the Second World War in Asia and the Pacific: Synthesis Impossible?" *Diplomatic History*, Vol.20, No.2, Spring 1996, p.243.

108) Utley, 1985, p.10.

109) William Appleman Williams, *The Tragedy of American Diplomacy*, New York: W.W. Norton & Company, 1959, 1972, New Edition, p.200.

술을 한다. 그는 미국이 일본에 팔고 있는 폐철(scrap)이 일본의 폭탄이 되어 자신의 수술대에 나타난 것이라고 말하면서 그러한 현실에 탄식한다. 당시 미국의 대다수 교회단체는 일본에 대한 수출금지조치(embargo)는 일본과의 전쟁으로 이끌 것을 우려하여 금수조치에 반대했다. 반면에 미국의 일반 여론은 70퍼센트가 찬성했다. 그 결과 장차 일본의 동아시아 독점을 향한 행보에 적극적인 미국의 대응을 이끌어가는 것은 정치권이 아닌 일반 여론이었다는 것이 바바라 터크먼의 평가다.[110]

루스벨트 자신도 유럽에서와는 달리 극동에서는 일본에 금수조치를 취하는 데 있어 여론에 비해 뒤처져 있었다. 미국이 금수조치를 단행하면 미국에 석유를 의존하고 있는 일본이 네덜란드령 인디스(인도네시아)에서 석유를 확보하기 위해 남방으로 팽창하는 것을 촉진하게 될 것이라고 우려했다. 인도네시아의 석유, 말레이시아의 고무, 인도차이나의 쌀을 비롯해서, 동남아시아는 일본이 원하는 자원들의 보고였다. 유럽에서 전쟁이 벌어지고 있었기에, 동남아시아는 권력공백상태였다. 일본이 그 기회를 노릴 수 있었다. 일본 안에서 군국주의자들은 그 모험을 촉구하고 있었다. 일본이 남진하면 필리핀, 홍콩, 싱가포르에 이르는 모든 서태평양지역이 위협을 받게 된다. 대서양과 태평양의 두 대양에서 전쟁하는 것은 영국 함대가 감당할 수 없는 것이었다. 미국도 준비가 되어 있지 않았다. 그래서 가급적 전쟁을 회피하는 것이 미국에게는 긴요했다는 것이다.[111] 일본이 동남아시아의 미국 동맹국들의 식민지들을 침략하지 않도록 하기 위해 미국은 중국 침략을 뒷받침하고 있는 전쟁물자를 일본에 계속 제공하지 않을 수 없다는 아이러니로 가득 찬

---

110) Tuchman., 1985, p.207.
111) Tuchman, 1985, p.207.

상황이었다.

그 결과 일본의 전쟁수행에 결정적인 전략물자들에 대한 미국의 금수조치는 최대한 뒤로 미루어졌다. 트루먼 행정부의 국무부가 1949년 8월에 공개한 『중국백서』는 미국정부가 '미일 간 상업 및 항해협정' (Treaty of Commerce and Navigation between the United States and Japan)을 종식시킬 의사를 일본에 통보한 것은 1939년 7월 26일 이라고 밝히고 있다. 이 조치로 미국은 (통보 후 6개월이 지난) 1940년 1월 26일 이후 일련의 대일본 경제조치들을 취할 수 있게 된다. 이후 미국은 일본에 "석유, 폐철(scrap iron), 기계설비 및 여타의 전쟁물자" 운송을 제한하기 시작했다고 밝혔다. 『중국백서』는 항공기, 항공기부품 및 부속품, 항공폭탄(aerial bombs)의 일본수출에 대해 "도덕적 금수조치"(moral embargo)는 1938년 중엽부터 실시되고 있었다고 덧붙인다. 그러나 이 『백서』는 또한 루스벨트 대통령이 행정명령(Executive Order)을 통해 미국 내 일본 자산동결을 선포함으로써 일본과의 모든 무역을 종결한 것은 1941년 7월 26일임을 확인한다.[112] 이 『백서』에 따르면, 비슷한 시기인 1941년 5월 6일, 미국은 비로소 중국에 '무기대여원조'(lend-lease assistance) 자격을 부여한다고 발표했다.[113] 다른 말로 하면 미국은 일본의 침략에 시달리고 있던 중국에 대해 무기를 지원해주는 것을 일본과의 관계를 고려하여 태평양전쟁 발발 몇 달 전까지도 거부하고 있었던 것이다.

바바라 터크먼의 연구는 미국이 일본에게 핵심적인 전략물자인 강철과 항공유 일부 종목에 대해 수출금지조치를 취한 시점은 1940년 7월 26일로 파악한다. 그러나 이때도 석유는 제외하여 일본에 계속 제공했

---

112) *The China White Paper*, 1967, pp.24~25.
113) *The China White Paper*, 1967, p.25.

다.[114) 미국은 결국 딜레마 속에서 균형을 취하려 한 것이다. 한편으로 그러한 금수조치가 추축국들과 일본의 동맹체결을 재촉하여 영국을 위험에 빠뜨리는 결과를 두려워했다. 다른 한편으로는 중국을 고무시키고 일본에는 경고를 보내는 일정한 조치가 필요했다는 것이 터크먼의 분석이다.

미국의 전략적 판단과 명분을 떠나서 동아시아에서 일본과 미국의 전략물자 거래 자체를 주목하여 요약하면, 미국은 1938년 중엽까지도 항공기와 항공폭탄까지 계속 일본에 수출하고 있었다. 폐철을 포함한 강철과 전쟁물자, 그리고 무엇보다도 일본의 전투기와 폭격기에 긴요한 항공유를 미국은 1940년 중엽까지도 계속 제공하고 있었다. 역시 결정적인 전략물자인 석유도 1941년 7월에 가서야 수출을 중단하게 된다.

말하자면 만주 침략에서 난징 학살에 이르는 1937년까지는 물론이고, 그 이후 상당기간 일본의 침략적 군사활동의 바탕이었던 핵심적 전략물자들의 공급원으로서 미국은 요지부동의 역할을 수행했다. 그만큼 동아시아에서 미국과 일본 사이에는 상호배척을 허락하지 않는 공존공생의 구조가 고질적인 뿌리를 내리고 있었다는 얘기다. 이것이 1930년대 내내 미국과 일본 사이에 유지되었던 제국주의 카르텔의 핵심적인 실체였다고 말할 수 있다.

13. 제7기(1940~45) 제국주의 공생체제의 파국과 패권전쟁

동아시아 제국주의의 마지막 국면인 제7기는, 일본이 미국과의 협력유지라는 기조를 버리고 미국과 전쟁을 불사해서라도 중국에 대한 독점적 지배를 추구한다는 결정에 도달하면서 시작된다. 그 결정은 아태

---

114) Tuchman, 1985, p.212.

지역에서의 패권전쟁으로 이어졌다. 이 폭력적 충돌은 중국 공동지배라는 대전제 아래 1세기에 걸쳐 지속된 제국주의 카르텔의 최종적인 붕괴를 의미했다.

미국과 일본이 전쟁으로까지 나아가지만, 아시아에서 민족주의와 사회주의에 대한 신성동맹의 전선은 유지된다. 1945~49년에 걸친 중국 내전에 대한 미국의 개입이 그것이었다. 장제스 정권은 정권의 정통성을 항일민족주의에 두고 출발했다. 그러나 민족주의와 사회주의가 결합된 정치이념에 바탕을 둔 공산당이 급성장했다. 그러자 장제스 국민당정권의 일차적 목표는 항일보다는 공산당 파괴로 옮아갔다. 일본 제국주의와 갈등관계에 들어간 미국에게 중대한 숙제는 국공합작(國共合作)을 통해 효율적인 항일전선을 구축하는 일이었다. 그러나 미국이 추진한 국공합작은 우익 세력인 국민당이 중국 정치를 주도해야 한다는 것을 전제로 했다. 이를 보장하기 위해서는 국민당의 위치를 강화하기 위한 파당적인 정치개입이 불가피했다.

미국의 파당적 정치개입은 중국에서 공산당이 표상하는 급진 민족주의와 사회주의의 결합이 공고해질수록, 그 흐름이 중국 인민에게 역사적인 선택으로 굳어갈수록, 더욱 심화되어갔다. 중국에 대한 일방적인 지배가 불가능한 조건에서 적어도 공동지배체제를 지켜내는 것이 20세기 전반부 미국의 동아시아정책의 핵심이었다. 일본 제국주의의 중국 침략은 중국에 대한 보수적인 신성동맹적 지배질서에 대한 밖으로부터의 도전이었다. 중국 공산주의 운동은 중국에 대한 미국의 신성동맹적 지배체제가 안으로부터 근본적인 도전에 직면하게 되었음을 의미했다. 공산주의 세력에 쫓겨 중국대륙에서 밀려나 대만으로 도주한 장제스 정권에 대해 미국은 마지막까지 집착했다.

1949년 10월 중국 공산당 정부의 성립을 전후하여 중국 공산당이 미국과의 관계정상화를 위한 외교적 시도를 했다. 이것에 주목하여 중국

공산당과 미국 사이에 우호관계까지는 아니라도 적어도 평화적 공존의 기회를 모색할 수 있는 역사적 공간이 존재했다는 것이 이른바 '터커-코언 테제'다. 과연 그러한가에 대해서는 1980~90년대에 미국 외교사 학계에서 지속적인 논쟁의 대상이었다. 지금도 그렇게 남아 있다.[115] 한 가지 분명해 보이는 것은 미국은 한편으로 일본 제국주의와의 대결을 최후의 순간으로 미루어갔으면서도 다른 한편으로 중국인들이 궁극적으로 선택한 공산주의 운동을 최후까지 받아들일 수 없었다는 사실이다.

미국 행정부 내부의 중국전문가들은 중국대륙의 공산화를 역사의 심판, 역사의 선택으로 받아들였다. 트루먼 행정부가 1950년 초 공개한 『중국백서』는 그러한 인식의 표현이었다. 그러나 중국현대사를 밀착해 지켜본 일부 전문가의 역사적 통찰에도 불구하고, 중국에 대한 신성동맹의 프리즘을 통해 아시아·태평양지역에서 미국의 비전과 이익을 바라보아온 미국 권력집단의 정치, 사회, 이데올로기적 지평은 중국의 선택을 수용할 준비가 되어 있지 않았다. 이 시기 미국과 중국의 선택에

---

115) Warren I. Cohen, "Acheson, His Advisers, and China, 1949~50," Dorothy Borg and Waldo Heinrichs, eds., *Uncertain Years: Chinese-American Relations, 1947~50*, New York, 1980, pp.13~52; Nancy Bernkopf Tucker, *Patterns in the Dust: Chinese-American Relations and the Recognition Controversy, 1949~50*, New York, 1983; Chen Jian, *China's Road to the Korean War: The Making of the Sino-American Confrontation*, New York: Columbia University Press, 1994; Thomas J. Christensen, *Useful Adversaries: Grand Strategy, Domestic Mobilization, and Sino-American Coflict, 1947~50*, Princeton: Princeton University Press, 1996; Warren I. Cohen, "Rethinking the Lost Chance in China: Was there a 'Lost Chance' in China?" *Diplomatic History*, Vol.21, No.1, Winter 1997, pp.72~73. 이 문제에 대한 상세한 논의는, 이삼성, 「냉전의 기원과 동아시아: 전략과 정체성」, 한국국제정치학회 2006 연례학술회의, 2006년 11월 30일.

뿌리를 둔 동아시아 냉전체제는 20세기 전반부에 일본 제국주의의 아시아 대륙 침략이 남긴 역사적 상처와 결합하면서 전후 '동아시아 대분단체제'의 탄생을 예고한다.[116)]

14. 동아시아 제국주의 카르텔의 지정학적 맥락

19세기 중엽에서 20세기 전반부 상당기간에 이르기까지, 중국 경영이라는 가장 커다란 목표를 위하여 미국을 포함한 서양 제국주의 국가들 또는 그 일부가 일본과의 협력을 통해서 중국에 대한 공동경영을 추구한 양상을 살펴보았다. 이 지점에서 떠오르는 피할 수 없는 질문은 흔히 탈제국주의 또는 탈식민주의 국가로 묘사되는 미국이 이 새로운 시대구분에서 볼 때 왜 그토록 오랜 기간 일관되게 일본과의 협력을 통한 중국경영에 매달렸는가 하는 것이다. 그 해답의 일부를 필자는 동아시아의 지정학적 특수성에서 찾을 수 있다고 생각한다. 전 지구적 제국주의 시대에 동아시아의 지정학적 성격은 크게 두 가지 특징이 있다. 하나는 동아시아 대륙 전체가 중국이라는 하나의 정치적 단위로 통합되어 있는 데서 비롯되는 문제다. 중국이라는 제국주의적 경영 대상의 영토적 크기와 인구 규모가 실로 방대하다는 점이다. 통합된 중국 문명의 역사적 깊이 역시 이 경영 대상이 지닌 방대함의 의미를 더욱 절실하게 만든다. 미국을 포함해서 어떤 열강도 단독으로는 중국이라는 문명적으로 정치적으로 통일된 거대한 실체를 배타적으로 독점 지배하는 것은 현실

---

116) 이삼성, 「동아시아 국제질서의 성격과 미국의 동아시아전략: 동아시아 대분단체제의 구조와 그 함의」, 2004 한국정치학회 하계학술회의(대전 호텔 스파피아, 2004년 6월 24~25일) 자료집 VIII, 196~236쪽; 이삼성, 「동아시아 국제질서의 성격에 관한 일고: '대분단체제'로 본 동아시아」, 『한국과 국제정치』, 제22권 제4호(2006년 겨울), 41~83쪽.

적이지도 효과적이지도 못했을 것임을 뜻한다. 다른 대륙이나 다른 지역에서는 제국주의 국가들 간에 갈등과 경쟁이 지배했던 경우에도, 동아시아에서는 중국 경영이라는 공동의 목표를 위해 열강들 사이에 카르텔적 경향이 중요하게 나타날 수밖에 없었던 배경이라고 생각된다.

다른 하나는 특히 19세기 말에서 20세기 전반 상당기간 미국이 일본과의 협력을 왜 중요하게 생각했는가에 대한 지정학적 인식이다. 아시아에서 중국에 지리적으로 인접한 위협적인 러시아 세력을 견제하면서 중국 경영을 주도하고자 했던 영국과 미국에게 일본은 이상적인 지정학적 파트너의 요건을 갖추고 있었다. 청일전쟁, 그리고 이어 러일전쟁에서 입증된 것처럼 근대화된 일본은 해양국가이면서도 동아시아 대륙에 대규모 지상군을 파견할 수 있는 '준(準) 대륙세력'의 성격도 있었다. 러시아를 견제하면서 중국 경영을 추구함에서 이 같은 일본과의 협력은 매우 중요한 매력이었을 것이다. 일본이 중국에 대한 독점지배를 추구하여 중국에 대한 공동경영이라는 미국과 영국의 목표에 정면으로 도전하지 않는 한, 미국과 영국이 일본과의 협력을 포기하지 않고 사실상 최후의 순간까지 일본에 전략물자를 공급했던 것은 상당부분 그러한 지정학적 구조에 뿌리를 두고 있다고 생각된다.

요컨대 미국은 한편으로 중국의 개방 유지를 위해 러시아를 견제하고 일본도 견제해야 할 위치에 있었다. 그러나 일본 견제는 러시아 견제를 확고히 달성함으로써 중국을 개방적으로 지배한다는 목적을 현실적으로 구현할 것을 전제조건으로 했다. 이를 위해서 미국은 동아시아의 해양국가이면서 동시에 대륙 진출능력을 지닌 제국주의 국가와의 지정학적 연대가 긴요했던 것이다.

아울러 피폐한 중국경제에 대한 지배로부터 오는 경제적 이득 못지않게 근대 동아시아의 유일한 제국이었던 일본과 정상적인 무역관계를 유지하는 것 자체가 당장 가져다주는 경제적 이득은 미국에게 결코 무시할 수 없는 중요성을 가졌을 것이다. 일본의 대륙침략으로 더욱 중요해졌을 미국의 전략물자 수출에서 비롯된 막대한 이익이 그 핵심이었을 것은 의심할 나위가 없다. 중국 경영을 둘러싸고 두 나라 사이에 존재한 심각한 긴장과 갈등의 요인들에도 불구하고 그 같은 경제적 요인은 앞서 지적한 거시적인 지정학적 조건들과 함께 오랜 시간 미일 간에 제국주의 카르텔적 연합의 관성을 지탱해준 중요한 현실적 토대였다고 생각한다.

제8장 말기 조선의 시대구분과 역사인식

• '잃어버린 10년'들의 역사상, 그리고 제1기에서 제3기까지

1. 박태원의 문학과 말기 조선의 역사상

박태원은 이른바 '월북작가'로 분류된다. 그의 작품들은 냉전시대 한국에서 금서로 되었다. 그의 대하역사소설 『갑오농민전쟁』은 동학농민혁명의 가까운 역사적 뿌리를 1862년(철종 13) 조선 사회를 휩쓴 민란(民亂)들 속에서 찾는다. 박태원에 따르면, 1890년대 중엽 폭발한 동학혁명은 그로부터 30여 년 전에 경상도의 진주를 시작으로 삼남지방 70여 개 지역에서 터져 나온 대대적인 농민봉기들에서 그 싹을 보이고도 남음이 있었다. 경상도 진주와 개령에 이어 함평과 익산 등 전라도, 그리고 회덕과 공주 등 충청도에서 농민들이 노도처럼 일어났다. 뒤이어 은진, 연산, 부안, 금구, 청주, 회인, 문의, 장흥, 순천, 선산, 상주, 거창 등 삼남 각지 어디를 가리지 않고 민란이 터졌다. 조선 사회 지배질서는 커다란 충격을 받을 수밖에 없었다. 민란들은 삼정문란(三政紊亂)의 역사적 귀결이었다.

1860년대 초 민란과 국가권력의 대응이 1890년대 동학혁명의 씨앗이 되고 말았다는 것이 박태원의 인식이다. 그의 작품 속에서 1862년에 일어난 익산민란의 우두머리는 임치수이다. 그는 다른 6명의 농민봉기

동지들과 함께 전주감영 근처에서 회자수(劊子手)들의 칼날에 목을 날린다. 사형 집행을 당하기 전, 임치수는 그 자리에 입회한 전라감사를 향해 최후발언을 남긴다. "전라감사와 익산군 안핵사(按覈使) 듣거라. 오늘 우리는 너희놈들 손에 이 자리에서 죽는다. 그러나 언제고 너희놈들이 우리들 손에 죽고야 말 날이 반드시 있다는 것을 알아라. ……이 눔들 똑똑히 듣거라! 이제 우리를 죽이거든 우리들의 눈알을 모조리 뽑아다가 전주성 남문 위에 높다랗게 걸어놔 다우. 앞으루 몇 년 후가 될지 몇십 년 후가 될지 그건 모르겠다마는, 우리 농군들이 모두들 들구 일어나서 너희놈들을 모주리 때려잡으러 전주성 남문으로 몰려들어가는 광경을 우리는 기어이 이 눈으로 보구야 말 테다!"[1]

1840년에서 1860년대 초에 이르는 기간은 밖으로는 조선을 감싸고 있던 중국 중심의 세계질서가 서양 제국주의가 도발한 전쟁 속에서 무너져가는 격랑의 시기였다. 조선에서는 그 격동 속에서도 국가권력은 사회모순을 해소해 나가기는커녕, 마침내 터지고야 말 고름을 축적하듯 더 한층 모순을 키우고 있었다. 1860년대 초의 농민봉기들은 그 여실한 증언이었다.

19세기 조선의 국왕들은 세도정치의 포로로 남은 소년왕들에 불과했다. 국가권력은 세도 문벌들에 의해 사유화되어 있었다. 1840년대 말에서 1860년대 초까지 조선의 국왕이던 철종은 박태원의 소설에서는 안동 김씨의 좌장 격인 김좌근을 '교동 아저씨'로 부른다. 김좌근의 꼭두각시 노릇을 하고 있는 것으로 그려지는 것이다. 또한 당시 왕실의 우두머리였던 대왕대비 조씨 주변의 궁녀들조차 김좌근의 애첩인 전라도 나주 출신의 양씨(梁氏)에게 정승대감에게나 붙이는 존칭인 합하(閤下)를 붙인다. 나주 합하, 줄여서 나합(羅閤)이라 부르는 장면을 등장

---

1) 박태원, 『갑오농민전쟁: 계명산천은 밝아오느냐 1』, 깊은샘, 1989, 308~310쪽.

시킨다. 당시 극에 달한 세도정치의 실상을 형상화한 것이다.[2] 굳이 박태원의 소설을 끌어대지 않더라도 1840년에서 60년대 초에 이르기까지 조선 지배층은 동아시아 세계에서 전개되는 격동에 아랑곳없이 구래(舊來)의 질서 속에 안주하고 있었음은 분명해 보인다.

갑오농민전쟁을 소재로 한 박태원의 소설은 모두 8권으로 되어 있다. 앞의 3권까지는 1860년대 초의 민란과 그 주변의 일들을 다루었다. 4권의 첫 머리는 전라도 고부 양교리 마을이 배경이다. 그 시간도 30년을 훌쩍 뛰어넘은 1892년의 입동이 지난 12월 초순이다. 그 30년 동안에 조선의 운명은 어떻게 전개되었는가. 동아시아의 질서변동의 파고 속에서 조선 사회는 그 세월을 어떻게 흘려보냈는가. 1860년대 초의 농민봉기들, 그리고 익산민란의 지도자 임치수가 세상에 남긴 경고대로 한 세대에 해당하는 30여 년의 세월이 흐른 후 마침내 동학농민봉기가 전개되면서 제국주의 침략의 본격적 계기를 마련하기 전까지 역사는 어떻게 흘렀는가. 30년 후 조선의 국가와 사회는 이 사태를 어떻게 대응했는가. 그것이 조선의 국가와 한반도인들의 운명을 어떻게 결정했는가.

이 글은 이 질문들에 대한 나름의 답을 담아내려는 것이다. 먼저 말기 조선의 시기구분을 제시함으로써 이 시대의 구조를 좀더 명확히 하고자 했다. 아울러 그 시대 전체를 통관하는 역사의 구조와 조선의 국가와 지배층의 실패의 본질이 무엇인가를 규명해보려고 한다.

2. 말기 조선 70년의 시대구분: 여덟 시기의 구분

'말기 조선'의 시작은 중화질서에 수천 년래의 충격이 제기됨으로써 조선 대외관계에도 장차 근본적인 충격이 올 것이 자명해진 시점이다.

---

2) 박태원, 『갑오농민전쟁: 계명산천은 밝아오느냐 3』, 깊은샘, 1989, 190~195쪽.

중국과 서양 세력 사이에 아편전쟁이 시작된 1840년이 바로 그때이다. 따라서 말기 조선은 1840년경에서 망국의 해인 1910년에 이르는 70년의 기간이 된다. 이 기간을 여덟 개의 시기로 구분한다. 구분 기준은 조선 내정(內政)과 국제관계에서의 질적인 차이이다.

제1기(1840~63): 병자의 동면과 '잃어버린 20년'

아편전쟁과 난징 조약으로 중국이 서양의 반식민지로 되는 과정이 시작된 1840년대에서 대원군이 정권을 장악하기 전까지의 약 20년간의 시기다. 이 시기 조선의 내정과 대외관계의 특징은 1800년 정조(正祖) 사후 증폭된 세도정치와 서학탄압과 쇄국, 그리고 허약하고 무능한 군주와 저조한 국가통합능력이었다. '병자(病者)의 동면(冬眠)' 같은 기간이다.

이 시기는 말기 조선에서 '잃어버린 20년'을 구성한다. 바로 이웃한 중국에서 전례 없는 격동이 진행되는 동안 조선 사회는 전통질서의 악순환을 되풀이하고 있었다. 세도정치와 지배층의 탐학이 극에 달하고 수많은 민란이 시대상을 대표한다. 중국에서 전개된 아편전쟁과 태평천국 사태에 대한 조선의 인식과 대응의 양상을 주목함으로써 이 시기 조선이 근대국가 건설인가 반식민지화와 궁극적인 망국인가의 갈림길에서 어떤 코스를 택하고 있는가를 살펴보게 될 것이다.

제2기(1863~73): 전통적인 미완의 개혁과 쇄국

대원군이 정권을 장악하여 대외적으로는 쇄국을 그리고 국내적으로는 위로부터의 전통주의적 내정개혁을 추진한 시기이다. 강력한 쇄국정책과 함께 일정한 내정개혁을 실행하지만 쇄국 일변도와 천주교탄압에서 드러나는 폐쇄성과 함께 내정개혁의 한계가 이 시기를 이해하는 데 핵심적인 양상이다.

마치 겨울잠에서 갑자기 깨어나 주변 세계의 변화에 올바로 적응하지 못한 상태에서 전통적인 제한된 개혁과 고래(古來)의 쇄국적 대응에 몰두하는 경칩(驚蟄) 무렵의 우물 안 개구리 형국이다. 변동하는 세계정세에도 불구하고 조선이 쇄국을 고집하게 된 배경으로서 1868년 메이지 유신을 단행한 일본의 새 정부가 조선에 대해 취한 외교적 자세도 논의하게 될 것이다.

제3기(1873~82): 떠밀린 개국과 세도정치의 부활, 그 '잃어버린 10년'

대원군의 실각과 함께 고종과 민비가 주도하는 조선조정이 일본과 강화도조약에 응한다. 그 결과 조선에서 일본의 경제적·정치적 영향력이 증대해간 시기로, 1882년 임오군란(壬午軍亂)까지다. 개국을 했지만 국제정세에 능동적으로 대응할 국가통합능력을 높일 수 있는 국내 정치사회개혁은 오히려 후퇴했다. 개국 국면의 정치와 외교적 난제들을 해결하기는커녕 대원군 이전 시기 조선의 말기적 증상이 민씨 세도정치라는 형태로 되돌아온다. 일본의 경제적 영향력 증대에 따른 전환기적 혼란도 조선 사회 모순을 키워간다. 고종 친정이 시작된 1873년 이래 10년에 걸친 개혁실종과 세도정치 부활의 시대였다.

제1기가 '잃어버린 20년'이라면, 제3기는 '잃어버린 10년'이었다고 할 수 있다. 아울러 1876년 강화도조약이 불평등조약이 될 수밖에 없었던 이유의 하나는 고종이 친정을 시작한 후 강화도와 인천을 포함한 경기도 연안지역에 대한 대원군 집정기의 해방(海防) 작업을 모두 해체시킨 것이었다는 점도 주목할 것이다.

제4기(1882~84): 내란과 쿠데타의 시절

고종 친정 이후 조선 국가의 내정 피폐와 국방력 약화, 그리고 사대당과 개화파 사이의 정치 엘리트 내부분열이 두 차례에 걸친 폭력적인 정변을 낳는다. 정변들은 중국의 군사적 개입을 초래한다. 한반도에서 중국과 일본의 갈등이 장차 폭력적인 수준으로 발전할 것을 예비한다.

임오군란을 계기로 일본과 중국은 조선과 각각 '제물포조약'과 '중조 상민수륙무역장정'을 체결한다. 한반도에서 명문화된 군대주둔권을 확보하게 된다. 일본이 강화도조약을 통해 조선에 강요했던 일방적인 치외법권과 불평등한 무역장정을 청나라도 조선에 강제한다. 전통적인 종속적 청한관계(淸韓關係)를 근대적인 국제법적 장치로 명문화했다는 평가를 받기도 하는 이유다.

갑신정변을 계기로 중국과 일본이 체결한 톈진 조약은 유사시 청나라와 일본의 한반도에 대한 동시 출병을 보장한다. 장차 한반도에서 청일전쟁이 촉발될 조건을 이중으로 갖추게 되었다.

제5기(1885~94): 개혁실종과 모험외교, 또 하나의 '잃어버린 10년'

1885년은 조선에서 청나라와 일본뿐만 아니라 러시아와 영국이 새로운 지정학적 행위자로 부상하는 해이다. 조선은 마치 4강의 십자포화 아래 놓인 형국이 된다. 하지만 조선에서 아직은 청나라가 우세한 지정학적 세력이고 일본은 지배적인 경제적 영향력을 확보하고 있었다. 이 상황에서, 고종은 외교 다변화를 목적으로 러시아를 끌어들이는 모험을 벌인다. 고종은 친정 이후 다른 시기들과 마찬가지로 여전히 내정개혁은 없었다. 외교 자율성을 뒷받침할 국내적인 내실을 위한 노력은 태만했다.

고종의 러시아 끌어들이기 시도는 한반도에서 반(反)러시아 국제연대가 형성될 계기를 마련하게 된다. 청나라뿐 아니라 영국도 러시아에 대한 적극적인 견제에 나선다. 이 시기는 또한 조선을 포함한 동북아시아에서 청나라와 러시아와의 대결을 염두에 두고 일본이 군국주의와 제국주의로 발전하는 제도적·군사적 준비를 본격화하는 국면이기도 했다.

고종 친정 첫 10년은 내정개혁에서 잃어버린 10년이었다. 그러한 '개혁 없는 개국'의 결과가 1880년대 초의 내란과 쿠데타의 혼란이었다. 그것은 외세의 개입 강화를 불렀다. 이 두 차례에 걸친 난리를 겪은 후에는 고종과 왕실과 조정이 절치부심하여 내정개혁에 힘을 쏟아야 했다. 그러나 조선 왕조는 또 한번의 '잃어버린 10년'의 시대를 연출한다. 이 시기 조선에 대해 10자 포화의 형세로 포위하고 있던 4강의 모든 관심은 조선을 다른 세력이 차지함으로써 자신의 지정학적 지위를 심각하게 위협하지 않을까 하는 것이었다. 그와 연관된 열강의 관심사는 조선이 자주독립을 유지할 내적 능력이 있느냐였다. 조선 왕조가 그러한 능력이 없어 보일 때, 남이 차지하기 전에 자신이 먼저 한반도를 점유해야 한다는 것이 열강들의 중대 목표가 되고 있었다. 이 가운데서 고종과 집권층의 러시아 끌어들이기 모험외교가 전개된 것이다.

더욱이 조선 왕조는 내란과 쿠데타의 시대 이후 청일전쟁 발발 직전까지의 10년을 다시 한 번 잃어버리고 말았다. 1885~94년 시기는 제국주의의 물결 속에서나마 한반도가 독립적인 정치공동체로서의 정체성을 유지하기 위한 최소한의 개혁자강 또는 자력근대화의 노력을 경주할 사실상의 마지막 역사적 공간이었다. 그러나 이 시기에서마저도 조선 왕조의 척족 세도정치는 끈질기게 발호했다. 내정개혁은 없었다. 그런 점에서 또 하나의 '잃어버린 10년'으로 허송세월하고 말았던 것이다.

제6기(1894~95): 갑오농민봉기와 청일전쟁, 그리고 일본 지배

동학농민전쟁의 발발과 뒤이은 청일전쟁 기간을 거쳐 1895년 말에 이르는 시기로, 폭풍노도의 시기이다. 대외관계에서는 일본이 조선을 장악한 국면이었다. 전쟁에서 우세한 일본이 조선 정치를 지배하는 가운데 동학이라는 밑으로부터의 혁명적 개혁운동을 유혈 진압했다. 한편 또 하나의 위로부터의 개혁이었던 갑오경장이 진행되었다. 일본의 위세 아래에서 조선 왕실과 국가가 친일파에 의하여 지배되는 이 국면의 결말은 1895년 10월 8일 새벽에 벌어진 을미사변, 즉 민비시해사건이다. 3일 후인 10월 11일에 고종이 친일파의 강박에 밀려, 이미 일본군의 칼에 죽은 민비를 폐비(廢妃)하여 서인(庶人)으로 한다는 칙령을 내린 일에서 이 시기의 비극적 풍경은 절정에 이른다.[3]

제7기(1896~1905): 아관파천과 러일 각축의 난간에 선 대한제국

청일전쟁에서 승리한 일본의 야망을 견제하려는 러시아, 독일, 프랑스의 삼국간섭으로 조선에서도 일본의 영향력이 돌연 후퇴한다. 이 틈을 타서 1896년 2월 11일 밤 고종과 왕자가 호위병도 없이 궁녀용 가마를 타고 친일파 시위대(侍衛隊)가 지키는 대궐을 탈출하여 러시아 공사관으로 피신한 사태가 벌어진다. 아관파천(俄館播遷)이었다.

이후 한국정치에 대한 일본의 통제력은 더욱 약화되고 러시아의 영향력은 급증한다. 친러내각을 세운 고종은 아관파천 1년 만에 궁궐에 복귀하여 대한제국을 선포한다. 러시아와 일본 세력의 균형 위에서 위태롭게 지탱되는 대한제국은 러시아와 일본 세력의 각축장이었다. 이 시기는 1905년까지 약 10년간 계속된다.

제8기(1905~10): 제국주의 열강 승인하의 한국 식민지화

1905년 일본이 영국과 미국과의 연합을 바탕으로 러일전쟁에서 승리한다. 일본이 조선에 대한 독점적 지위를 확보하고, 영미를 주축으로

---

3) Homer B. Hulbert, *The Passing of Korea*, London: William Heinemann Co., 1906; H. B. 헐버트 지음, 신복룡 역주, 『대한제국멸망사』, 집문당, 2006, 181쪽.

한 서양열강으로부터 그것을 승인받는 시기이다. 마침내 1910년 한일병합으로 조선의 식민지화가 완성됨으로써 말기 조선은 막을 내린다.

일본 제국주의에 의한 조선의 식민지화는 한반도인들이 전체로서 다른 한 사회의 노예로 된 것을 의미했다. 비극은 거기에서 그치는 것이 아니었다. 그 후 수십 년간 식민지 조선은 일본이 아시아 대륙에서 펼쳐가는 전쟁과 제국주의적 지배에 발판이 되어주었다. 일본 제국주의에 대한 다양한 평가의 등장에도 불구하고 그것이 전쟁과 폭력으로 점철된 비극적인 시대상을 몰고 온 것은 의심할 바 없다. 상당부분 조선의 국가와 사회가 스스로 그 계기를 마련해간 식민지화가 일제의 아시아 대륙 침략사의 기본적인 교두보를 제공했다는 사실 또한 어떤 경우에도 부정될 수 없다. 그것이 조선의 식민지화가 내포한 비극의 실체였다.

3. 말기 조선에 대한 역사인식의 경향과 문제의식

조선 말기 역사에 대한 오늘날 한국의 역사인식은 다양해졌다. 그중에서도 식민지근대화론의 출연과 그에 대한 역사학계의 대응이 대표적인 가닥을 이루고 있다. 식민지근대화론은 1990년대 들어 유력한 역사관으로 떠올랐다. 말기 조선의 국가가 자력으로 근대적 문명과 정치질서를 형성할 능력이 없었기 때문에 한국의 실질적 근대화는 식민지시기에서 비로소 진정으로 시작되었다는 주장이 그 핵심이다. 특히 실증적인 통계를 바탕으로 객관적 사실비교를 추구한 경제사학계를 중심으로 제기되었다. 일부 역사학자들이 가세하면서 2000년대 들어 식민지근대화론은 학계에서 중요한 학문적 경향으로 자리 잡았다.

말기 조선 사회가 근대적 정치사회질서를 창조할 능력이 있었느냐에 대한 논쟁은 과거에는 이른바 식민사학과 민족주의사학 사이에 전선(戰線)이 형성되어 있었다. 한국이 자력으로 근대화를 할 기회를 무력에 의해 박탈당하고 만 데서 한일병합의 역사적 의미를 찾는 것이 아니라, 자력 근대화의 능력을 상실한 무능한 전 근대적 질서에 근대화의 물결을 끌어들인 과정으로 인식하는 것은 물론 민족주의사학과 양립하기 어려웠다. 식민지시기에야 비로소 조선에 근대문명이 시작되었다는 시각은 해방 후의 지적 풍토에서 식민사학으로 매도되는 것은 자연스러운 일이었다. 해방 후 수십 년간 민족주의사학은 식민사학을 극복하기 위해 조선 사회의 내재적 발전론을 내세우며 대응해왔다. 그러나 이 시기 민족주의사학은 조선의 국가와 고종 등 핵심 지배층의 근대화 지향성과 능력에 대해서는 일정하게 비판적 태도를 유지했다. 특히 진보적 민족주의사학에서는 말기 조선의 내재적 발전의 원동력을 조선의 국가에서 찾지는 않았다. 전 근대적 사회질서의 자기해체과정이 진행되고 근대적인 자본주의 사회의 맹아가 형성되고 있었다는 점을 확인하는 데에 집중했다. 또한 동학농민전쟁과 같이 민중적 차원에서 자각과 투쟁이 전개되는 양상 속에서 한국의 근대적 지향의 증거들을 찾으려 했다.

1990년대 이래 한국 학계 내부에서의 식민지근대화론은 그러한 전통적이거나 진보적인 민족주의사학에 정면으로 도전했다. 역사를 '민족사'의 테두리 안에서 민족 간의 경쟁과 억압과 저항의 차원에서 보는 것에 집착해야 할 이유가 없다고 보았다. 식민지 조선에서 일본의 지배가 동반한 합리성과 발전의 측면들도 객관적으로 볼 것을 주장했다. 식민지에서 억압과 저항이 아닌 공존과 협력과 발전의 증거들을 찾았다. '상상된 공동체'로 격하된 민족이라는 개념적 경계를 뛰어넘어 역사를 사고할 것을 촉구하는 포스트모더니즘과 탈민족주의적 사유의 흐름이 그러한 지적 도전에 중요한 동력을 제공해주었다.

식민지시기 역사상(歷史像)에 대한 지적 프리즘으로서 민족주의사학이 집착해온 '수탈과 억압'의 관념들 대신 '개발과 성장'의 프리즘을 통해 한국근대사를 본다면, 수탈이라는 것도 "개발을 통한 수탈"이라는 인식으로 바뀔 수 있게 된다. '식민지개발'의 개념이 성립한다. 식민지의 한국인은 단순히 식민지배의 대상이거나 반제국주의적 저항의 주체이기만 했던 것이 아니었다. 그 새 질서에서 근대적인 인간형으로 새롭게 태어나고 있었던 것이다. '식민지하 한국인의 자기성장'이라는 개념이 그것이다. 한국인의 근대적 성장과 자기개발이 일정한 식민지적 왜곡과 한계를 지니면서도 그것대로 역사발전의 한 양상이었다는 주장인 것이다.[4]

전통적 역사학계는 한편으로는 식민지근대화론을 부정했다. 또는 그것이 한국 역사학의 지평을 풍부히 하는 데 기여한 점들을 부분적으로 인정하기도 했다. 다른 한편으로는 말기 조선의 왕실과 국가가 근대적인 국민국가의 구축을 위해서 기울인 노력을 재조명하여 그 역사적 의의를 높이 평가하기 시작했다. 과거 민족주의사학의 내재적 발전론과 궤를 같이하는 듯 보이기도 했다. 그러나 그 내면은 크게 달랐다. 식민지근대화론의 도전에 직면하여 한국 역사학계가 생산하는 내재적 발전론은 한 가지 중요한 점에서 과거 민족주의사학과 차이가 있다. 과거 민족주의 역사학은 조선 사회 내재적 근대화 지향의 근거를 조선 사회 자체 안에서 또는 민중적 투쟁의 전개에서 찾았다. 그러나 1990년대 이래 민족주의사학은 조선의 국가와 지배층의 근대적 국민국가 건설노력에서 그 근거들을 찾고자 했다.

과거 민중적 차원에서 조선 역사의 근대지향적 역동성을 찾으려던 것과 달리, 상층 지배 엘리트의 근대화 지향이나 그 역량에 주목하는 경향은 크게 두 가지 흐름으로 나뉘었다. 한편으로 전통적 역사학계는

---

4) 정재정, 「한국근대와 식민지 근대성론」, 한국사연구회 편, 『새로운 한국사 길잡이 하』, 지식산업사, 2008, 178~179쪽.

식민지근대화론에 대응하는 과정에서 대한제국에 대한 새로운 평가절상을 추구하는 경향이 있었다.[5] 이 경향은 1970년대에 이미 '광무개혁 논쟁'을 통해서 등장한 바 있었다. 1890년대 말의 역사적 공간에서, 독립협회나 만민공동회 같은 '시민적' 현상보다는 대한제국 수립후 고종과 그 집권세력이 주도한 '광무개혁'에 대한 적극적인 재평가를 학계 일각에서 주창하고 나섰던 것이다.

다른 한편에서는 19세기 말 조선에서 외세를 등에 업고서라도 근대화를 추진한 세력들의 행동과 사상을 근대 국민국가 건설노력으로 높이 평가하려는 움직임이 부상했다. 1884년의 갑신정변 주체세력과 1894~95년 기간 갑오개혁을 추진한 친일내각처럼 외세의존적인 친일파 또는 일본당(日本黨)으로 치부되던 개화파 엘리트의 활동을 긍정적으로 재평가하고, 그들의 노력을 조선의 자력 근대화 역량의 한 측면으로 해석하는 경향이었다.

어떤 면에서 갑신정변 등 개화파의 근대 국민국가 건설 노력을 식민지근대화론자들과 전통적 역사학계가 서로 자기중심적으로 재해석하려는 경쟁도 벌어졌다. 북한 역사학계를 포함한 전통적 민족사학은 갑신정변 세력이 외세를 이용하긴 했지만 조선 국가 내부 엘리트 일부가 근대 국민국가를 지향한 정치운동이었다는 점에서 높이 평가하는 경향을 보이기 시작한 것도 과거와는 다른 측면이었다. 말기 조선의 자력근대화 능력의 소재를 조선 국가 내부의 외세 의존적 엘리트 집단 안에서라도 발견하려 했던 것이다.[6]

---

5) 식민지근대화론과의 논쟁과정에서 한국 역사학계의 대응이 보여주는 학문적 경향은 대한제국에 관한 역사해석을 둘러싼 최근 학계 동향에서 확인할 수 있다. 주진오, 「대한제국의 수립과 정치변동」, 한국사연구회 편, 『새로운 한국사 길잡이 하』, 지식산업사, 2008, 85~97쪽.
6) 갑신정변과 갑오경장(甲午更張: 또는 갑오개혁)에 대한 최근의 논쟁 경향은 다

그 결과 일본의 무력을 배경으로 정권탈취를 통해 근대화를 추구하다 실패한 갑신정변이 자주성과 함께 근대 국민국가 지향을 내포하는 것으로 새롭게 그려지기 시작했다. 그 주역들의 사상 또한 깊이 있는 근대적 사유로 해석되기 시작했다. 또한 1970년대 광무개혁 논쟁에서 광무개혁을 높이 평가한 학풍의 연장선에서 고종과 대한제국의 근대지향성을 더욱 강하게 내세우는 논의가 유력하게 부상했다. 이 관점에서는 고종을 무능하고 부패한 지도자로서가 아니라 근대적 정치질서를 추구할 비전과 능력을 지닌 인물로 묘사했다. 대한제국은 한낱 백일몽이나 소꿉장난이 아니라 명실상부한 자주독립국가의 성격과 잠재성을 가진 진지한 정치적 실험으로 그려지는 경향이 과거에 비해 부쩍 늘어났다.

그 결과 지난 약 20년간을 거쳐 오면서 역사학계와 정치학계를 포함한 한국 학계는 조선 말기에 대한 훨씬 다양해진 역사인식의 프리즘을 갖게 되었다. 필자는 어떤 점에서는 식민지근대화론의 도전을 정당하게 느끼기도 하며, 어떤 점에서는 조선의 국가와 왕실, 그리고 조선 엘리트층 내부의 움직임들에 대한 전통적 역사학계의 새로운 학문적 조명에도 일리가 있다고 느낀다. 그러면서도 필자는 이 글에서 조선의 왕실과 국가권력, 그리고 당시 조선 조정 안팎의 엘리트 집단들에 대해서 자력근대화 능력 여부에 대한 가장 기본적인 질문을 던지려고 한다. 말기 조선 내내 조선 운명의 열쇠를 쥐고 있었던 것은 누구보다도 조선의 왕실과 국가권력을 장악한 집권층이었다. 필자가 던지는 질문은 그들이 전통질서의 악순환 구조에서 이탈하여 새로운 질서를 구축하고자 하는 비전과 그 실현을 위한 행동논리에서 진정한 자기혁신의 의지와

음의 글이 잘 정리하고 있다. 왕현종, 「근대화운동의 전개: 갑신정변과 갑오개혁」, 한국사연구회 편, 『새로운 한국사 길잡이 하』, 지식산업사, 2008, 57~70쪽.

역량을 보였는가라는 것이다. 식민지근대화론은 그들의 의지와 역량을 과소평가하는 부분이 있다면, 이에 대응하는 과정에서 전통적 역사학계가 생산해낸 담론들은 그들의 의지와 능력에 대해 실제보다 부풀려진 인식을 담고 있다고 생각되는 부분들이 적지 않다. 그러한 거품을 걷어낼 필요가 있다는 것이 필자의 생각이다.

말기 조선이 처한 동아시아 질서의 국면에서는, 고종과 왕후 민비 등의 왕실과 당시 엘리트층이 우리가 과거에 생각했던 것보다는 근대화를 지향한 성격이 많았고 노력도 많이 했다는 정도로는 부족했다. 비상한 상황이었던 만큼, 다른 사회의 식민지로 전락하지 않기 위해서는 국가와 사회 지배층, 그리고 특히 왕위에 있는 최고지도자는 비상한 의지로 비상한 노력을 경주해야 했다. 현실 역사에서는 조선의 국가도 사회지배층도, 그리고 무엇보다도 국왕이 그러한 비상한 의지와 노력을 기울였다고 말할 수 없다는 데에 비극이 있었다. 비상한 상황에서 비상한 힘을 발휘하는 데 필요한 사회통합과 국력 결집을 위해 요구되는 최소한의 개혁마저도 결코 해내지 못했다. 어떤 학문적 이론이나 재해석으로도 그 사실을 덮어버리는 것은 불가능한 것으로 보인다.

결론적으로 말한다면, 말기 조선 70년의 역사는 불행하게도 잃어버린 20년으로 시작했으며, 그 실체는 또 다른 잃어버린 10년들의 연속이었다. 왜 그렇게 말할 수 있는지, 비극적 결말로 치닫는 역사의 구조를 냉엄하게 풀어헤치지 않으면 안 된다는 것이 필자가 말기 조선 역사에 대한 나름의 시대구분을 시도하는 취지다. '잃어버린 10년'이라는 자의적인 시간적 단위를 동원한 것은, 바로 눈앞에서 전개되는 전례없는 위기 앞에서 자기혁신을 위해 써야 할 시간들을 국가 경영진과 사회 지배층이 어떤 지점들에서 어떻게 허송해버리고 말았는지를 강조하기 위한 것이다.

4. 제1기(1840~63)의 어느 날: 더벅머리 총각이 왕이 되던 날

1800년 정조가 사망하고 순조가 10살의 나이로 즉위했다. 순조는 1834년에 죽었다. 그를 이어 조선의 왕이 된 인물은 역시 8세의 어린 나이로 왕이 된 헌종(憲宗)이었다. 그의 어머니 순원왕후(純元王后)의 수렴청정(垂簾聽政)을 받았다. 헌종의 인생은 순조보다도 짧았다. 25세이던 1849년 사망하고 말았다. 그의 뒤를 이어 왕위에 오른 이가 철종(哲宗: 재위 1849~63)이었다. 그의 이름은 원범(元範)이었다. 그의 아버지는 전계대원군(全溪大院君)이었다. 전계대원군의 아버지는 은언군(恩彦君)이었다. 은언군은 사도세자(思悼世子)의 서자였다. 철종의 할아버지가 정조대왕의 이복형제였던 것이다.

정조 3년 때인 1779년 정조의 심복이자 이제 중신이 된 홍국영(洪國榮)이 '역모사건'에 휘말려 몰락한다. 그때 철종의 할아버지 은언군도 함께 엮이어 강화도에 유배되었다. 이후 그의 집안은 빈농의 처지였으므로, 철종이 사대부로서의 교육을 제대로 받았을 리 없었다. 1849년 6월 6일 헌종이 죽으매, 순원왕후의 명으로 철종을 왕으로 옹립하기 위해 조정에서 사람들을 강화로 보냈을 때, 그는 소를 몰며 쟁기질을 하고 있는 열아홉 살짜리 더벅머리 총각이었다. 그가 즉위한 것은 6월 9일이었다. 이제 대왕대비가 된 순원왕후가 바로 그날 철종과 신하들을 불러 모아놓고 대책회의를 연다. 무식한 철종을 어떻게 교육할 것인가 하는 것이 회의 주제였다. 이것을 기록한 『철종실록』 첫 날 기사의 제목이 "대왕대비가 시·원임 대신을 소견하여 임금의 학업증진에 대해 의논하다"였다.[7] 그들의 대화는 다음과 같았다.

먼저 정원용이 "신은 이틀 동안 (철종을 강화도에서) 모시고 오면서

---

7) 『철종실록』 즉위년(1849 기유·淸 道光 29年), 6월 9일(을해).

전일에 무슨 책을 읽으셨는지 알고 싶었으나 노차(路次)라서 감히 여쭈어보지를 못했는데, 이제는 여쭈어볼 수 있습니다"라고 한다. 정원용의 돌려말하는 투에 철종은 아마도 대답을 하지 못하고 잠시 멀뚱거리기만 했던 것으로 보인다.

권돈인이 아뢴다. "이제부터는 여러 대신들이 아뢴 뒤에는 꼭 대답을 주시기 바랍니다." 대신들이 말하면 임금도 대답을 해야 한다는 다그침이다.

철종이 답한다. "일찍이 『통감』(通鑑) 두 권과 『소학』(小學) 1, 2권을 읽었으나, 근년에는 읽은 것이 없소."

그러자 조인영이 아뢴다. "독서와 강리(講理)는 참으로 성덕(聖德)을 이루는 근본이 됩니다. 만약 이미 배운 몇 편에 항상 온역(溫繹)을 더하여 힘써 행하고 게을리 하지 않는다면 옛부터 지금까지 성현(聖賢)의 천언만어(千言萬語)가 어찌 『소학』 한 편의 취지에 벗어남이 있겠습니까?" 조인영의 말인즉, 소학이라도 제대로 읽었다면 일국의 군주가 되기에 부끄러움은 없을 것이라는 얘기다.

철종이 대답한다. "그러나 어렸을 때에 범연히 읽어 넘겼으니, 지금은 깜깜하여 기억할 수가 없소." 철종은 무식하고 무능한 인물로 알려져 있지만 솔직한 점은 있었다 하겠다.

이 대목에서 대왕대비가 답답하여 참견한다. "만일 글을 읽는다면 어떤 책부터 읽어야 하겠소?"

정원용이 아뢴다. "시작은 『사략』(史略)으로부터 하여 조금 문리(文理)를 이해케 된 뒤에 계속하여 경서(經書)를 배우는 것이 좋겠습니다. 지금 내리신 언문 교지를 승지더러 번역케 하여 1통은 어람(御覽)토록 올리게 하고 조보(朝報)에도 반포하심이 좋을 듯 합니다."

대왕대비가 결론을 짓는다. "그렇게 하라."

철종은 게일(Gale)의 표현에 따르면 이제 태후가 된 안동 김씨 출신의 순원왕후가 '여대생이 테니스 공을 다루듯 가지고 놀 수 있는' 인물이었다.[8] 독서를 통해 자신을 갈고 닦아 주변을 다스릴 능력을 키우는 것은 성장과정의 무식이 막아버렸다. 세상에 대한 진지한 관심은 세도정치의 그늘이 가리어버렸다. 철종은 이 상황이 조장하는 궁정의 방종 속에서 살았다. 그가 불과 32세의 젊은 나이로 죽게 되는 것도 그와 무관치 않았을 것이다.

5. 제1기 조선의 대외인식과 대응의 특징

철종이 재위한 기간은 조선이 속한 중화질서가 중국에서 두 차례의 아편전쟁과 태평천국의 난으로 흔들리기 시작하는 역사적 전환기였다. 이 시기에 조선은 어떤 세계인식과 대응을 추구했는가. 하정식은 당시 북경에 다녀오는 임무를 맡았던 세 명의 주요 관료들의 견문과 인식, 그리고 대응방안 제시를 면밀히 분석했다. 이를 토대로 당시 조선 국가권력이 보인 대응자세를 분석했다. 그는 박규수(朴珪壽), 임백경(任百經), 신석우(申錫愚) 등 세 명의 연행(燕行) 사신들에 주목했다.[9]

우선 박규수는 1861년 열하문안사행(熱河問安使行) 부사(副使)로서 중국을 다녀왔다. 하정식에 따르면, 박규수는 "태평천국 등 청조 내부의 동요와 서양 열강의 침략을 정확히 관찰하고, 태평천국과 염군 등 반청투쟁을 심복(心腹)의 질환으로 진단한다." 박규수는 내우가 외환

---

8) James Scarth Gale, *History of the Korean People*, Annotated and introduced by Richard Rutt, Seoul: Royal Asiatic Society, 1972(First published serially in the mid-1920s); Bruce Cumings, *Korea's Place in the Sun: A Modern History*, W.W. Norton, 1997, pp.92~93.
9) 하정식, 『태평천국과 조선왕조』, 지식산업사, 2008, 199~247쪽.

을 부른다고 인식했다. 1862년 진주에서 시작된 임술농민항쟁에 대한 조정의 대응과정에서 박규수는 진주에 안핵사로 파견되었다. 임무를 수행하면서 박규수는 중국 태평천국의 난을 교훈삼는다. 민란의 근본 원인을 철저히 규명하고 문란한 삼정의 개혁을 통해 위기를 해결할 것을 건의한다.[10]

임백경은 1850년대 전반과 후반의 중국 격동기에 동지사행 부사로, 그리고 진하겸사은행(進賀兼謝恩行) 정사로, 두 차례에 걸쳐 북경을 다녀왔다. 하정식은 임백경의 경우에 대해 이렇게 평한다. "(중국에서 전개되고 있던 내우외환에 대해) 이미 상당량의 정보 축적이 있었고, 청조의 대내외 위기가 현실로 나타나거나 충분히 예상되는 시기에 연행(燕行)했음에도 불구하고, 임백경의 정세 판단은 안이했다. 그는 현 정국에 충격을 주지 않을 만큼의 정보를 전달하고 있다. 삼정 개혁 논의에서도 그 개혁 의지 정도를 중간에 자리매김할 수 있으나 매우 형식적이었다."[11]

신석우는 1860년 동지사행 정사로 북경에 다녀왔다. 그는 노대국(老大國) 청나라가 서양 열강에게 당한 미증유의 사태에 대한 본질을 꿰뚫어보고 있었다. 그는 중화질서 자체가 크게 흔들리고 있음을 간파했는데, "천하가 어지럽지 않다고는 할 수 없다"고 한 그의 말에서 드러난다. 그러나 하정식에 따르면, 신석우는 그러한 사태들에도 불구하고 청조가 안정을 유지하고 있음을 애써서 강조했다. 중국의 사태들이 조선 조정에 알려지고 나서 조야에 팽배해진 위기감과 이로 말미암은 민심의 동요를 최소한으로 줄이려는 정치적 의도에서 나온 행동으로 하정식은 해석한다.[12] 신석우의 인식과 행동을 하정식은 이렇게 요약한다.

---

10) 하정식, 2008, 199, 245쪽.
11) 하정식, 2008, 221, 245~246쪽.
12) 하정식, 2008, 231~232쪽.

"신석우는 정보 탐지가 매우 성실하고 그 결과 또한 아주 정확했다. 이를 바탕으로 현 시국을 천하대란으로 인식한다. 그러나 정보를 해석하고 현실에 대응할 때는 매우 소극적이다. 그는 세도 정국이 위기를 맞고 있지만, 개혁을 추진할 의지도 능력도 갖추지 못했다고 인식했던 듯하다. 따라서 삼정의 개혁 논의에 참여는 하나 가장 소극적인 방략을 내놓고 있다."[13]

박규수, 임백경, 신석우 세 사람은 1850년대에서 1860년대 초에 이르는 말기 조선의 제1기 후반부에 조선 관료로서는 중국과 세계의 정세에 가장 밝았을 사람들이다. 이들이 획득한 인식과 그에 바탕을 둔 대응방식은 당시 조선의 세계인식과 대응 수준과 그 한계를 대변한다고 볼 수 있다. 하정식은 이들의 인식과 행동의 틀이 당시 조선 세도정치의 구조와 결부되어 벗어날 수 없었던 한계를 다음과 같이 압축적으로 지적한다.

"세 관료의 대응 태세는 당시의 세도 정국의 틀을 벗어날 수는 없었다. 개혁을 지향하면서도 현실의 벽을 뛰어넘을 수 없는 박규수, 현 체제에서 중간에 위치하며 자신을 지켜가는 임백경, 세도 권력의 의중을 한 발 앞서 읽어내고 이들의 숨겨진 의도대로 대처하는 신석우였다. 따라서 이들 세 관료의 정보 처리와 현실 대응은 당시의 세도 정국을 구성하고 있던 관료의 전형을 모두 아우르는 것이었다. 결국 조선정부의 위기 인식과 그 대응은 이들 세 관료의 인식과 대응의 범주 안에 있는 것이었고, 세도 권력은 그 범주 안에서조차 가장 안이한 방략을 선택하여 현실을 미봉하고 만다."[14]

이 구조 속에서는 대규모 농민항쟁을 겪을 때는 정부에서 요란하게

---

13) 하정식, 2008, 246쪽.
14) 하정식, 2008, 246쪽.

삼정의 개혁을 논하지만, 무력으로 민란을 진압하여 그것이 수그러든 후에는 개혁 논의는 "슬그머니 중단"되고 마는 패턴이 되풀이될 수밖에 없었다.[15)]

요컨대, 격동하는 동아시아 질서에 대한 조선 정부의 촉각 역할을 맡았던 연행 사신들의 정보 처리는 '정보의 정치화(politicization)' 현상의 전형을 보여준 것이었다. 특히 임백경과 신석우의 경우에서 두드러진다. 정보를 받아서 정책에 반영하는 실제 권력집단에게 진실하고 정확한 정보와 대책을 건의하기보다는 권력집단이 원하는 방식으로 정보를 처리하고 대책을 건의하는 현상이다. 정보는 그 자체가 애매성을 내포하기도 한다. 분석과 대응방안 제시에서 다양성이 불가피한 이유이다. 그러나 그것이 어느 정도 수준을 넘어서면 정보의 정치화 국면을 이루게 된다.[16)] 정보를 일선에서 습득하고 분석하는 위치에 있는 자들이 최종적인 정보 이용자, 즉 정책결정자의 위치에 선 권력집단의 선호와 입맛에 맞게 정보를 선별하고 가공하는 것이다. 그럼으로써 국가 경영자들의 현실인식은 진실에서 멀어지고 적실한 대응책 강구는 불가능해진다.

문제는 정보분석가에만 있지 않다. 정보의 선별과 가공을 사실상 강요하는 권력구조 자체에 더 큰 문제가 있다. 권력구조의 틀 자체가 행

---

15) 하정식, 2008, 246쪽.

16) Harry Howe Ransom, "The Politicization of Intelligence," Lock K. Johnson and James J. Wirtz, eds., *Strategic Intelligence: Windows Into a Secret World: An Anthology*, Los Angeles: Roxbury Publishing Company, 2004, pp.171~182; James J. Wirtz, "Intelligence to Please?: The Order of Battle Controversy During the Vietnam War," in Johnson and Wirtz, eds., op.cit., pp.183~197; H. Bradford Westerfield, "Inside Ivory Bunkers: CIA Analysts Resist Managers' Pandering," in Johnson and Wirtz, eds., *op.cit.*, pp.198~217; 이삼성, 『현대 미국외교와 국제정치』, 한길사, 1993, 443~453쪽.

위자들의 행태를 구속하고 결정하는 것이다. 세도정치라는 당시 조선 국가권력의 구조가 연행 사신들의 정보 분석과 대안 제시의 큰 틀을 한계 지었던 것이다. 이 같은 정보의 정치화 현상이 말기 조선 제1기 격동하는 주변 질서를 조선이 인식하고 대응하는 과정에서도 어김없이 작동한 것으로 볼 수 있다.

17세기 이래 조선의 위정자들과 지식인들은 청조를 오랑캐라고 멸시하고 명나라에 대한 의리를 내세우는 의식이 지배적이었다. 18세기 말 박지원이 『열하일기』에서 아직도 청조를 깔보고 스스로를 소중화로 자처하는 조선 지식인들의 모습을 논해야 할 정도로, 숭명반청(崇明反清)의 기풍은 조선 말기에까지도 짙은 그늘을 드리우고 있었다.[17] 그러나 다른 한편에서는 중화질서 자체가 흔들리는 상황이 되자 오히려 중국의 안정을 희구하며 청조에 기대는 의식이 커진다. 조선 조정과 사대부계층이 그래도 기댈 구석은 중국의 지배자밖에 없다는 사대의식의 발로라고 할 수 있을 것이다. 한편에서는 청나라를 이적(夷狄)의 왕조라 멸시하면서도 다른 한편으로 청조가 건설한 대제국과 그 번영을 확인하면서 조선 지배층의 현실인식도 변할 수밖에 없었다.[18] 더욱이 청조보다 더 위협적인 오랑캐로서의 서양 세력이 기존의 질서에 충격을 주면서 다가오자 200년간 조선 안정의 배경이었던 청조에 의지하는 마음가짐이 강해졌던 것이다. 그래서 하정식에 따르면, 철종의 시대인 "19세기 중엽"이 되면, "조선 정부가 청조 중국을 중화질서의 주재자로서 확실하게 인식"하게 된다.[19]

안정된 동아시아 질서 안에서 한편으로 청조를 멸시하며 또 한편으

---

17) 박지원 지음, 이상호 옮김, 『열하일기 상』, 보리, 2004, 227~228쪽.
18) 유봉학, 「18·19세기 대명의리론과 대청의식의 추이」, 『한신논문집』 5집, 한신대학교, 1988; 하정식, 2008, 166쪽.
19) 하정식, 2008, 165쪽.

로는 그 안정 덕분에 평화를 누려왔던 조선 지배층이었다. 19세기 중엽에 이르러 그 안정의 틀이 흔들리는 조짐들이 분명해져갔다. 중국이 외침과 더불어 태평천국이라는 내우에 시달리면서 조선의 지배층도 위기의식을 갖기 시작했다. 세도정치가 낳은 사회적 모순이 민란으로 연이어 터지고 있던 조선은 그럴수록 청조의 안정에 더욱 의지하는 심리적 상태로 되고 있었다. 같은 시기에 마찬가지로 외세의 충격 속에서 일본이 정치구조 개편이라는 위로부터의 혁명을 통해 대처하고 있는 동안, 조선은 중화질서라는 번속(藩屬)의 질서에 안주하려는 양상을 나타낸 것이다.[20] 청조가 서양 세력에 굴복하여 대국의 면모를 빠르게 상실해가는 국면에서 오히려 청국을 대국으로 인정하고 그에 의지하려는 아이러니가 19세기 중엽 조선의 대외관을 특징짓게 되는 것이다.

6. 제2기(1863~73) 대원군 시대의 개혁과 그 한계

철종이 요절한 1863년, 그의 뒤를 이어 대원군의 둘째아들이 고종(高宗: 李熙)으로 즉위한다. 제2기에 조선의 정치를 이끈 두 축의 하나는 배외주의와 반근대의 종합으로서의 위정척사였다. 이 시기 배외주의는 제1기를 포함한 전통적인 노선이 서양세력의 물리적인 도전에 직면하면서 더욱 강화된다. 이 시기 국가권력은 서양세력의 외압에 맞서 쇄국과 서학 탄압으로 일관했다. 합리적이고 창조적인 대응은 아니었다. 그 이전 시대로부터 제2기를 보다 분명하게 구분 짓는 것은 철종의 사망과 고종의 즉위를 계기로 집권한 대원군이 시도한 위로부터의 개혁이었다. 전 근대적인 한계를 가졌던 그 정도의 개혁이나마 가능하게 한 대원군의 집권은 지배층 내부의 전반적인 위기의식 공유와 국가혁신의

---

20) 하정식, 2008, 166쪽.

사상과 행동의 표현이라고 보기는 어렵다. 다분히 우연적인 궁정정치(palace politics)의 결과였다.

대원군이 집권하기 전의 제1기 내내 지속된 조선사회의 병폐와 그 속에서 민중이 감내해야 했던 고통은 환곡제도(還穀制度: grain loan system)와 군포제가 대변했다. 대원군이 추진한 국가개혁의 핵심은 환곡이었다. 그는 환곡을 사창제도(社倉制度: village granary system)로 전환했다. 관이 아닌 민간이 환곡제도를 운용하도록 함으로써 관의 부정한 착취 가능성을 줄여보고자 했다. 그 개혁이 실질적인 면에서 제도에서나 운영에서나 부패와 비리를 줄이는 데 얼마나 효과가 있었는지는 많은 의문이 제기되고 있다.

제임스 팔레는 한편으로 대원군의 개혁시도를 높이 평가한다. 하지만 다른 한편으로 대원군의 개혁정치의 성공 여부에 대해 궁극적으로는 비판적이다. 팔레에 따르면, 대원군은 난관 속에서도 개혁적 행동을 기꺼이 택했으며, 농민들이 짊어지고 있던 과거의 빚과 관료적 부패의 상당 부분을 제거하는 데 성공했다. 그러나 환곡 개혁은 한계가 있었다. 곡식을 대출해주고 이자를 받아내는 제도(loans and interest) 자체를 철폐하지는 않았다. 대원군과 조정 역시 이자수익(loan interest)이 국가 재원으로서 불가결하다고 판단했다. 특히 군비증강의 필요가 있을 때 이자수익은 중요했다. 그 결과 농민들은 이전의 빚은 탕감 받았으나, 대부분 가난한 농민이 다시 정부로부터 대출을 받아야 했다. 정부재정을 뒷받침하기 위해 높은 이자를 백성에게 물리는 부조리도 재생산되었다.[21]

군포제는 남자가 군역(軍役)을 대신하여 베 두 필을 세금으로 내는 제

---

21) James B. Palais, *Politics and Policy in Traditional Korea*, Cambridge, M.A.: Harvard University Press, 1975, Second Printing, 1991, p.159.

도였다. 문제는 군포를 개별 가구단위가 아니라 마을단위로 내도록 한 데에 있었다. 양반은 빠지고 모두 평민들이 부담하도록 했기 때문에 평민은 양반 몫까지 뒤집어쓰고 있었다. 더욱이 인구가 줄어도 마을에 배당된 군포 할당량은 변하지 않았다. 유민(流民)이 늘어 인구가 줄더라도 양반은 빠지고 평민들의 부담은 더욱 커져만 갔다. 대원군은 군포제를 호포제로 전환하고자 했다. 마을 단위가 아니라 실제 존재하는 가구 단위로 배당하는 것이 그 골자였다. 그렇게 함으로써 평민뿐 아니라 양반가구도 군포를 내게 했다. 그래야만 평민들의 부담을 줄일 수 있었다.

사실 이러한 개혁은 그전에도 시도된 일이 있었다. 다만 그때마다 제대로 시작해보지도 못하고 좌절되곤 했다. 18세기 중엽 영조는 호포제 실시를 호소하다시피 했다. 그러나 사림세력의 반대로 무산되었다. 정조 역시 똑같은 개혁을 실행하고자 했다. 그는 실행해보지도 못하고 죽어버렸다. 마침내 그 개혁을 그나마 실행해볼 수 있었던 것이 대원군이었다.

대원군은 1863년 집정해 안동 김씨와 풍양 조씨에 의한 세도정치의 뿌리를 뽑았다. 나아가 그 이전까지 정치를 지배해온 노론세력뿐만 아니라 남인과 소론 그리고 북인을 인재로 등용하는 데 성공했다. 그러나 결국 10년 후인 1873년 노론파 척족세력인 민씨 세력에 밀려난다. 이 민씨 척족세력은 안동 김씨와 풍양 조씨보다도 더욱 심한 세도정치를 행했다.[22]

대원군의 내정개혁이 실패하고 조선이 약한 국가로 일관하다 파국으로 나아간 근본원인은 무엇인가? 일찍이 이 문제의 본질을 파헤친 사람은 앞서 언급한 제임스 팔레다.[23] 팔레에 따르면, 대원군도 진정한 개

---

22) 이이화, 『조선후기의 정치사상과 사회변동』, 한길사, 1994, 74쪽.
23) Palais, 1991.

혁가는 아니었다. 단지 왕권 강화를 추구한 인물일 뿐이었다.[24] 그러나 자신의 궁극 목적이었던 왕권과 중앙집권을 강화하는 일에서도 근본적으로는 성공하지 못했다. 그 이유를 팔레는 사회와 국가를 장악하고 있던 토지귀족의 지배력이 너무 강했다는 사실에서 찾았다.[25]

팔레는 또한 조선사회에서 토지귀족이 그토록 강력한 집단이었음에도 그들에 의한 국가권력의 분권화, 즉 봉건질서가 왜 발전하지 않았는가라는 질문을 던졌다. 귀족계급이 중앙권력과 그 구조를 자신들의 존재근거와 동일시했다는 것이 팔레가 찾은 답이었다. 조선사회에서는 중앙권력구조 자체가 귀족계급 자신들의 사회경제특권 유지에 이용되고 있었다.[26] 배링턴 무어의 통찰을 빌리면, 토지귀족이 군주와 억압적 동맹을 구성했던 셈이다. 지배적 사회계층이 국가권력을 사유화한 현상이 그만큼 깊이 진행되어 있었던 것이다.

조선사회는 그 결과 정치적 안정은 이루었다. 반면에 특히 위기 때에 국가적 목표들을 달성하는 데 필요한 충분한 정치적 권위구조를 창조할 수 없었다. 조선의 귀족계급에게 조선의 정치질서는 중앙집권적인 동시에 약한 정치체제로 유지되는 것이 그들의 기득권을 유지하는 데 유리했다. 20세기로의 전환기에 조선 정치질서가 외부로부터의 압력과 도전에 대응하기 위해서는 사회지배층이 중앙의 국가권력에 부과한 제한과 장애를 뛰어넘어 효과적이고 통합적인 국가능력을 구축해야만 했다. 조선의 정치질서는 그러한 시대적 요구에 부응할 수 없었다.[27] 말하자면 전통질서의 악순환, 정치적 인볼류션에서 벗어나지 못한 것이었다.

---

24) Palais, 1991, p.3.
25) Palais, 1991, p.4.
26) Palais, 1991, p.4.
27) Palais, 1991, p.5.

팔레는 조선 지배층이 천주교와 동학에 그토록 비타협적으로 대응하고 외세를 동원해서까지 탄압을 하려 했던 이유가 무엇일까에 대해서도 질문했다. 그는 두 가지 모두 조선 정치사회질서의 정신적 기초에 대한 근본적 위협을 제기한 것이었기 때문이라고 결론지었다.[28] 이 시기까지도 조선의 지배층은 서양의 사상과 문물에 대해 새롭게 인식하고 대응할 필요를 느끼지 못했다. 여전히 기존 세계관과 함께 기득권에 사로잡혀 있었다. 개혁과 혁신의 사상은 없었으며, 개방도 거부하는 위정척사론이 이때까지도 조선의 정치사회와 사상을 지배하는 흐름이었다.

7. 대원군 시대와 폐쇄적 쇄국

대원군은 내정에서는 민생개혁을 통해 부국강병을 추구했다. 외정에서는 강력한 쇄국정책과 함께 천주교에 대한 탄압을 단행했다. 일본이 존왕양이를 내세우며 메이지 유신을 하되, 개혁과 개방으로 서양세력에 대처한 것과 대비되었다. 외세와의 무리한 대결정책과 여전히 전 근대적인 부국강병책에 그쳤다. 대원군의 개혁이 대외정책에서 한계를 갖게 된 데에는 조선 사림세력의 편협한 세계관이 개입해 있었다. 대원군이 처음부터 쇄국을 한 것은 아니었다. 그의 쇄국과 천주교 탄압은 사림세력과의 정치적 타협의 결과였다.

대원군은 집권 초기인 1864년부터 리델 등 프랑스 신부들과 접촉했다. 러시아의 위협을 견제하기 위해 프랑스 세력을 이용하려 한 것이었다. 그러나 사림세력이 반대했다. 대원군의 국내정치개혁에 불만이 가득했던 안동 김씨를 중심으로 한 노론세력은 대원군이 천주교와 접촉하는 것을 빌미삼아 정치적 역공을 시도했다. 정치적 위기에 몰린 대원

28) Palais, 1991, p.1.

군은 1866년 초부터는 프랑스 신부들과 접촉을 중단한다. 1866년 병인 사옥이 벌어진다. 프랑스 신부들과 천주교에 대해 박해가 시작되었다. 프랑스는 함대를 보내 조선을 침공했다. 프랑스 군대가 강화도 정족산 성을 점령하고 약탈한다. 대원군은 무력으로 대응했다. 프랑스 군대는 한 달 만에 철수했다. 서양세력과 대원군정권의 갈등은 깊어졌다. 심지어 미국이 독일 상인을 사주해 대원군의 부친인 남연군의 묘를 파헤치는 사건도 일어난다. 이 일을 계기로 대원군정권은 서양세력과 더한층 대결적이 되었다. 조선은 서양세력의 통상요구에 강력한 쇄국으로 맞서면서 화포제작을 위해 5만 냥의 재원을 투입한다.

청나라에서 일어나고 있던 양무운동과 유사한 흐름이 조선의 무력에 의한 쇄국정책 추진과 맞물려 진행되기도 했다. 김윤식(金允植: 1835~ 1922)이 청나라 위원(魏源)이 저술한 『해국도지』(海國圖志)에 나와 있는 전함(戰艦), 대포, 소뢰거(小雷車)의 제작을 건의하고 대원군은 이를 받아들인다. 1867년 10월 6일 마침내 한강 노량진에서 고종 입회 하에 전함 진수식과 소뢰포의 시험발포가 행해진다.[29]

이 무렵 메이지 유신을 바탕으로 근대국가로 발돋움하고 있던 일본이 자기중심의 새 질서를 조선에 대해 강요하는 외교행태를 보인다. 이것이 또한 대원군시대 조선의 쇄국주의를 지속시킨 중요한 배경이 된다. 1868년 일본은 메이지 정부의 수립을 공식적으로 알리기 위해 가와모토 구자에몬(川本九左衛門)을 조선에 파견했다. 그가 지참한 서계(書契: 외교문서)는 일본 국왕에 관해 '황'(皇)이니 '칙'(勅)이니 하는 용어를 사용하고 있었다. 과거 사대질서에서 오직 중국황실만이 사용한 문자를 일본이 사용한 것이었다. 조선과의 외교격식에서 자신은 높이고 조선은 낮추려는 의도로 해석되었다.[30] 이것은 만국공법과는 무

---

29) 김용구, 『세계관 충돌과 한말 외교사, 1866~82』, 문학과지성사, 2001, 76쪽.

관한 것이었다. 과거 사대질서의 틀을 이제 중국 대신 일본 자신이 조선에 부과하려 한 것이었다. 조선은 당연히 반발했다. 조선은 1868년 말 부산에서 가와모토 일행을 만난 자리에서 "서계를 봉납할 의사가 전혀 없으며 설사 별사(別使)가 온다 하더라도 규정 이외의 사절은 접대할 수 없으니 다시는 번거롭고 시끄러이 하지 말라"고 통보했다.[31]

조선은 약 1년 후인 1869년 11월 9일 일본 측에 구체적인 반박문을 정리하여 보냈다. 조선은 "황"이라는 낱말은 천하를 통일한 경우에 사용하는 것으로서 일본 내에서는 사용할지라도 세계의 문자로서는 결코 사용될 수 없다고 했다. 또 "칙"은 천자의 명령을 뜻하는 것인데 교린(交隣)의 문자로는 처음 보는 것으로 결코 사용할 수 없음은 다시 말할 필요가 없다고 지적한다.[32]

일본이 자기중심적 동아시아 질서를 조선에 부과하려 한 부당한 자세는 조선의 강력한 쇄국주의를 부추길 수밖에 없었다. 대원군 집정기 간에는 일본과의 외교관계는 물론이고 개국 자체가 이루어지지 않았다. 이러한 상황은 대원군시대 말기인 1872년 5월 26일에서 6월 6일에 걸쳐 일어난 왜관난출(倭館欄出) 사건이 상징한다. 1871년 7월 폐번치현을 단행한 메이지 정부가 근대적인 행정조직 개편을 단행하면서 그해 8월부터 조선과의 외교를 쓰시마 번주(藩主)가 아닌 외무성이 직접 담당하도록 했다. 다만 지난 수백 년간 쓰시마가 조선 관계를 담당해온 것을 고려해 쓰시마 번주 소 시게마사(宗重正)를 외무대승(外務大丞)에, 그리고 그의 옛 신하인 사가라 마사키(相良正樹)를 외무성 출사(出仕)로 삼아 조선과의 교섭에 참여시킨다.[33]

---

30) 김용구, 2001, 152~154쪽.

31) 김용구, 2001, 155쪽.

32) 김용구, 2001, 156~157쪽.

33) 김용구, 2001, 161쪽.

이러한 일본 측 외교담당자의 변화는 조선에게는 또 하나의 황당한 사태였다. 조선은 종전과 같이 쓰시마 관리 이외에는 누구와도 교섭하지 않겠다는 강경한 태도를 취한다. 양국 간에 긴장이 고조되었다. 사가라가 1872년 5월 전통적인 일본 사절의 거류지인 왜관을 무단히 나와서 동래부사와 면담을 요구하는 사태가 일어났다. 이것이 왜관난출 사건이었다. 일본이 양국 관계의 기본 틀을 정상적인 협상이 아닌 무력으로 파괴할 수도 있다는 태도를 보인 것으로 해석되었다. 그런 점에서 중대한 사건이었다. 이런 사태전개로 인해 양국 간 교섭은 난항을 계속했다.

결국 대원군시대의 끝물에 완고한 소중화주의 세력 조선은 쇄국주의에 묶여 있었다. 반면에 이제 막 메이지 유신을 거친 일본은 본격적인 근대적 변신을 모색하는 가운데 중국과 대등한 외교관계를 수립함으로써 중국적 세계질서의 제어력에서 고삐가 풀려나가고 있었다. 뿐만 아니라 조선에게 불평등한 외교적 의전을 부과하려는 소제국주의 행태를 보이고 있었다. 대원군 집정 마지막 해인 1873년은 조선의 쇄국주의와 일본의 소제국주의 사이의 갈등이 첨예하게 내연하는 상태로 돌입한다. 그것이 그해에 일본정부 안팎에서 강력하게 부상한 정한론(征韓論)과 그것을 두고 일본 내각 안에서 격렬하게 전개된 이른바 '정한논쟁'(征韓論爭)이었다.

8. 1873년의 일본과 정한론의 전말

1873년(메이지 6) 일본 정부 안에서는 '조선 출병'에 관한 논란이 본격화했다. 일본정부는 결국 이 계획을 철회하게 되지만, 그것은 유럽과 미국에 견문을 갔다가 마침 그해에 돌아온 이와쿠라 사절단(岩倉使節團: Iwakura Mission)의 반대 때문이었다.[34] 이 사절단의 구성원들은 조선침략계획은 무모한 것이라고 비판했다. 일본은 아직 조선을 복속시킬 수 있을 만큼 강하지 못하며, 일본은 당분간 대외군사행동 대신 내부개혁에 치중할 것을 역설했다. 조선침략계획을 둘러싼 이와쿠라 사절단의 반대와 그로 촉발된 논쟁은 메이지 유신 이후 일본 정치사에서 최초의 내각위기를 초래한 역사적인 사건이었다.[35]

이때 일본 국가권력 심장부에서 전개된 정한논쟁의 시말은 반드시 짚고 넘어가지 않으면 안 된다. 적어도 네 가지 의미에서다. 첫째, 그것 자체가 당시 동아시아 질서 안에서의 전쟁과 평화의 문제에 심대한 의미를 갖는 것이었다. 둘째, 당시 일본 지배층의 조선에 대한 시선을 드러내준다. 셋째, 그로부터 불과 한 세대 후에 일본에 의해 실현되는 조선의 식민지화 사태를 예감케 하는 일이었다. 넷째, 일본의 근대 정치권력구조가 처음부터 안고 있던 내적 긴장의 양상을 보여준 중요한 사건이다.

이 사태의 전말을 일본 외무성의 '일본외교사사전 편찬위원회'가 정리한 내용에 근거하여 살펴보기로 한다.[36] 이 일본 측 외교사 서술에 따르면, 1873년 5월 조선은 부산 초량의 일본 공관(公館)에 대한 식량 공급을 거절하고 그 건물의 문 앞에 일본을 '무법지국'(無法之國)으로 모욕하는 글을 게시한다. 이곳에 파견되어 있던 일본 외무성의 모리야

---

34) Hirakawa Sukehiro, "Japan's Turn to the West," Bob Takahashi Wakabayashi, trans., in Marius B. Jansen, ed., *The Cambridge History of Japan*, Volume 5, Cambridge: Cambridge University Press, 1989, p.465; S.C.M. Paine, *The Sino-Japanese War of 1894~95: Perceptions, Power, and Primacy*, Cambridge, UK: Cambridge University Press, 2003, p.91.

35) Roy Hidemachi Akagi(赤木英道), *Japan's Foreign Relations, 1542~1936: A Short History*, Tokyo: Hokuseido Press, 1936; Paine, 2003, p.91.

36) 安岡昭男,「征韓論」, 外務省外交史料館 日本外交史辭典 編纂委員會, 『日本外交史辭典』, 東京: 山川出版社, 1992, 451~453쪽.

마 시게루(森山茂: 1842~1919)는 6월에 일본에 돌아가 외무성에 이 사태를 보고한다. 이때 특히 일본정부 안에서 정한론이 득세했다. 외무성은 태정관(太政官)에 대책을 결정해달라는 의견을 제출한다.

태정관은 천황이 실권을 가진 율령체제가 정비된 고대 일본에서부터 천황 바로 밑에서 중앙정부의 국정 전반을 관할한 국정의 최고기관이었다.[37] 조선으로 치면 의정부(議政府)에 해당하는 기구라고 하겠다. 그 체제가 메이지 초기까지 유지되고 있었던 것이다. 이 기구에서 훗날의 총리에 해당하는 직책이 태정대신(太政大臣)이었다. 당시 태정대신은 산조 사네토미(三條實美: 1837~91)가 맡고 있었다.

태정대신이 주재한 각의(閣議)에서 이타가키 참의(板垣退助 參議)는 조선에 출병하여 일본 거류민을 보호할 것을 주장한다. 육군대장 겸 참의근위도독(參議近衛都督)의 자리에 있던 사이고 다카모리(西鄕隆盛: 1827~77)는 출병하기 전에 우선 특사를 파견하여 직접 교섭케 하자는 의견을 제시한다. 태정대신 산조는 조선출병과 특사파견을 모두 포함한 원안을 태정관에 제출한다. 그러나 사이고는 즉시출병에 반대하면서 조선에 특사파견을 먼저 할 것을 거듭 주장했다. 그리고 자신이 직접 그 특사의 임무를 맡겠다고 나섰다. 그러자 이타가키를 포함한 여러 참의들이 이를 지지했다. 다만 최종 결정을 위해서는 외무경(外務卿) 소에지마 다네오미(副島種臣: 1828~1905)를 기다려야 했다.

그해 7월 26일 귀국한 소에지마 외무경은 청나라로부터 조선자주(朝鮮自主)를 보장받을 것을 주장한 사이고의 견해에 동조했다. 다만 조선에 파견할 특사에 외무 담당인 자신이 나설 것을 주장한다. 산조 태

---

37) 가마다 모토카즈(鎌田元一), 「율령국가의 성립과 변모」, 아사오 나오히로(朝尾直弘) 외 편, 이계황·서각수·연민수·임성모 옮김, 『새로 쓴 일본사』, 2003, 88쪽.

정대신은 사이고의 요청에 따라 8월 17일 사저(私邸)에서 각의를 열어 사이고를 특사에 내정한다. 그러나 사안의 중대성을 고려하여 우대신(右大臣)인 이와쿠라 도모미(岩倉具視) 대사가 귀국하기를 기다리기로 하여 최종결정은 일단 미루어졌다.

일본 외교사가들은 이때 사이고 다카모리가 중심이 된 정한론자들의 동기를 크게 둘로 요약한다. 그 하나는 몰락한 사족층의 불만을 해외 출병을 통해 해소하여 내란의 여지를 미연에 없앤다는 전략이었다. 다른 하나는 조선 정벌을 넓은 의미에서 러시아에 대한 전략의 일환으로 보고 있었다는 것이다.[38]

이와쿠라 도모미는 같은 해 9월 13일 귀국한다. 이어 10월 14, 15일 양일에 걸쳐 이른바 일본 내각 안에서 격렬한 '정한논쟁'이 벌어진다. 14일의 각의에서 사이고 다카모리는 8월 17일 각의에서 내정한 바에 따라, 조선에 파견할 '견한대사'(遣韓大使) 임명을 즉시 결정할 것을 주장했다. 그러나 이와쿠라와 오쿠보 도시미치(大久保利通: 1830~78)가 "내치(內治)를 정리하고, 국력을 충실히 하는 것이 선결문제"라고 주장하면서, 출병을 미리 상정한 대사 파견은 "불급(不急)한 일"이라며 반대했다.[39] 이날의 각의는 결론을 맺지 못하고 산회했다.

다음 날 열린 각의에 사이고는 출석하지 않았다. 그 사이에 두 명의 참의가 사이고의 정한론을 반대하는 입장으로 돌아섰다. 이타가키 참의와 소에지마 외무경은 정한파(征韓派)를 대표하여 여전히 조선 출병을 상정(想定)한 사전 특사파견을 계속 주장한다. 사이고 다카모리의 군은 결의를 알고 있는 산조 태정대신은 결국 그의 주장대로 특사 파견을 결정했다. 그러자 오쿠보 도시미치는 참의직을 사직한다. 이와쿠라

---

38) 安岡昭男, 1992, 452쪽.
39) 安岡昭男, 1992, 452쪽.

도모미도 칭병하고 각의에 나오지 않았다. 10월 17일의 각의에서 사이고 다카모리는 특사 파견을 정식 결정할 것을 다시 압박한다. 그러나 태정대신 산조는 이와쿠라와 오쿠보의 결석을 이유로 하루 말미를 요구했다. 그는 다음 날 아침 병석에 누워버렸다.

10월 20일 이와쿠라 도모미가 산조의 후임으로 태정대신 대행을 맡으라는 칙명을 받는다. 이에 사이고 다카모리는 22일 이와쿠라를 방문하여 특사 파견 결정을 상주(上奏)할 것을 촉구한다. 이와쿠라는 자신의 주장을 반복하면서 물러서지 않았다. 둘 사이에 격론이 벌어졌다. 다음 날 이와쿠라는 특사 파견 문제에 대해 상주했다. 그러나 사이고가 요구한 내용과는 전혀 달랐다. 열강의 동향과 동아시아 정세에 대해 설명하면서 일본이 당면한 급선무는 조선이 아니고, 화태(樺太: 사할린) 문제에 주목하는 것이라고 주장하는 내용이었다. 아울러 함정 건립, 병참 문제, 국가재정 확충 등에 이르기까지 우선해야 할 순서와 목적을 정하고, 이후에 조선에 특사를 파견해도 늦지 않다고 했다. 이를 근거로 당장 특사를 파견하는 것에 반대한다는 소견을 밝히고 있었다.

다음 날인 24일 조선에 대한 특사 파견을 중지하라는 천황의 칙명이 내렸다. 사이고 다카모리는 23일에 이미 사표를 제출하고 도쿄를 떠나버렸다. 외무경 소에지마를 비롯한 내각의 정한파에 속한 인물들이 일제히 사직했다. 근위대(近衛隊)의 장교와 하사들도 연이어 사직했다. '메이지 6년 10월 정변'으로 불리는 사태가 벌어진 것이었다. 일본 근대사에서 중대한 의미가 있다고 평해지는 정치적 사건이었다.[40]

여기서 유념할 일이 있다. 이와쿠라와 오쿠보는 1873년에는 사이고 다카모리의 외정론(外征論)을 억누르는 데 주도적인 역할을 한 내치파(內治派)로 불린다. 그러나 이 두 사람은 바로 다음 해인 1874년에는

---

40) 安岡昭男, 1992, 452쪽.

대만에 대한 출병을 실행하는 데 중심세력이 된다. 한편 정한파들의 일부는 곧 불평사족들의 반란에 가담한다. 그리고 처형된다. 어떤 의미에서 1876년 조선의 개국을 가져온 배경이 된 1875년의 운요호 사건이라는 함포외교와 정한론의 관계는 단순하지 않다고 할 것이다. 어떻든 조선이 결국 개국하면서 일본에서 정한론은 일단 정리된 것으로 일본 외교사가들은 서술하고 있다.[41]

대원군의 과도한 쇄국주의가 일본의 정한론을 불러일으키는 부작용을 낳았다고 말할 수 있다. 반면에 전혀 다르게 판단할 수 있는 가능성도 유의할 필요가 있다고 생각된다. 당시는 중국이 서양 제국주의의 집중 포화 앞에서 반식민지로 전락해 비틀거리는 틈에 일본의 소제국주의가 발진하는 과도기였다. 이 시점에서 일본의 정한론은 적어도 부분적으로는 일본 내부의 정치적 모순을 밖으로 돌려 해소하려는 데서 비롯되었다. 이러한 일본의 정한론이 일단은 제풀에 주저앉게 된 것은 여러 차례 양요(洋擾)를 무력으로 퇴치해낸 대원군 시대의 비교적 강력한 해방(海防) 태세가 일본으로 하여금 아직은 내실을 기할 때라는 현실론으로 돌아가게 한 중요한 배경이었다고 해석될 수도 있을 것이다. 바로 그해 말 대원군이 물러나고 고종의 친정이 시작되면서 조선의 국방태세는 무너지기 시작한다. 이어 불과 두 해 만에 일본의 무력 시위 앞에서 조선은 불평등조약을 맺는 방식으로 개국을 하기에 이른다. 그 두 가지 측면을 함께 보아야 할 것이다.

9. 제3기(1873~82) 개혁 없는 개국과 세도정치의 부활

대원군의 쇄국정책은 천주교에 무조건 적대적이었던 조선 사림세력

---

41) 安岡昭男, 1992, 452쪽.

과의 정치적 타협이었다. 그러나 사림세력이 쇄국정책에 만족한 것은 아니었다. 국내개혁에 원천적으로 반대했던 사림의 정치적 공세는 대원군 자신의 실정(失政)과 맞물려 내정 개혁시도마저도 마침내 파탄내고 만다. 1873년 최익현의 탄핵상소는 대원군 개혁에 대해 조선 사림세력이 전개한 정치공세의 절정이었다. 결국 대원군은 퇴장하고 고종의 친정이 시작된다. 민비의 권력도 함께 부상했다. 그와 함께 정약용이 비판했던 "조직화된 총체적 부패로서의 국가"의 역할을 조선의 정부와 지배층은 다시 본격적으로 부활시킨다.

대원군이 정치일선에서 물러난 것은 1873년 12월 12일(음력 11월 3일)이었다. 그러나 대원군이 10년간 강행해온 보수적인 쇄국정책의 기조가 하루아침에 바뀐 것은 아니었다. 대원군이 물러난 후에도 보수적인 외교정책 기류는 여전히 강력했다. 그것은 친정에 임한 고종의 정책 변화를 어렵게 했다. 이러한 상황에서 돌파구 역할을 한 인물이 박규수(朴珪壽: 1807~77)였다. 그는 대원군 시절 평안감사로서 미국 제너럴 셔먼호의 격침을 지휘했다. 하지만 한국에 개화사상을 일으킨 장본인이기도 했다.[42] 그는 박지원(朴趾源)의 손자이다.[43] 북학파 거두의 자손답게 바깥세계와의 적극적인 교류 필요성을 남보다 일찍 인식했을 것이다.

대원군이 물러난 후 박규수는 자신의 지론이었던 일본 세계 접수론을 전개하여 고종을 움직인 것으로 김용구는 추측한다. 박규수는 대원군 집정 시절 대외문제를 거의 전담하며 쇄국정책을 관리했다. 대원군이 물러나자 박규수는 적극적인 일본정책을 추구했다. 사람들은 그가 변절한 것이라고 생각했다. "대원군 때에는 척양(斥洋)을 주장하다가 갑술년(1874) 이후로는 통왜(通倭)를 주장하여" 시의(時議)에 영합하

---

42) 김용구, 2001, 76쪽.
43) 이기백, 『한국사신론』, 1999, 291쪽.

는 사람으로 의심한 것이다.[44] 그러나 김용구는 박규수가 1866년 당시부터 미국과 일본에 문호를 개방해야 한다고 생각했다는 사실을 밝히고 있다.[45] 그럼으로써 조선의 개화가 단순히 일본의 압박이나 청나라의 주도에 의해 이루어진 것만은 아니라고 해석한다. 국내에서 자생한 개화사상이 일정한 역할을 했다는 인식이다.

김용구에 따르면, 고종 친정 직후인 1874년 대원군과 박규수 사이에는 서한을 통해 일본정책에 대한 논쟁이 전개된다. 일본 메이지 정부가 조선에 정식 외교관계를 요구하면서 천황을 운운한 외교문서인 '서계'를 보내온 것에 대하여 어떻게 대응할 것인가 하는 것이 주제였다. 대원군은 "서계를 접수하지 말고 일본이 다시 정책을 고친 후에 논의"할 것을 주장했다. 박규수는 외교문서의 표현문제는 해석하기 나름이므로 융통성을 갖고 대응하자고 주장했다. 한 예로 일본이 '황'과 '칙'자를 사용한 데 대해서도, "일본이 천황을 자칭한 것은 이미 천 년이 지났고, 그들 나라 안에서 자존(自尊)하려는 칭호인데 우리와 무슨 상관이 있는가? 당(唐)의 고종도 천자를 칭한 일본의 국서를 받은 고사(故事)도 있다"고 박규수는 지적했다.

이어서 박규수는 "개인 사이에도 서한을 받지 않으면 원한이 쌓이게 되는데, 수년 동안 일본의 서계를 접수하지 않으니 그들이 원한을 갖게 됨은 필연지세"라 주장했다. 요컨대 "일본과 서양이 하나인데 아무런 이유도 없이 일본과 실화(失和)하여 적을 하나 더 만드는 것은 우매한 일"이라면서 대원군의 입장을 비판했다.[46]

조선의 일본정책에서 일대 전기는 1874년 8월 11일의 어전회의였다.

---

44) 황현, 『매천야록』, 국사편찬위원회, 『한국사료총서』, 1955; 황현 지음, 김준(金澯) 옮김, 『매천야록』, 교문사, 1994, 17쪽; 김용구, 2001, 166쪽에서 재인용.

45) 김용구, 2001, 166쪽.

46) 김용구, 2001, 166~168쪽.

이 자리에서 영의정 이유원(李裕元)과 우의정 박규수는 외교문서의 격식에 지나치게 얽매이지 말고 일본과 적극적인 교린정책을 펼 것을 주장한다. 그 결과로 조선정부는 8월 28일 왜관에 와 있던 일본 외무성 직원 모리야마 시게루와 접촉한다. 이와 관련해 김용구는 1874~75년 조선 정부가 공식적으로 일본에 접근한 정책은 박규수와 오경석 등의 새로운 세계관에 바탕을 둔 대외관이 표현된 것이라고 파악한다. 또 다른 한편으로 당시 조대비의 조카이자 금위대장(禁衛大將)을 맡고 있던 조영하는 9월 24일 비밀리에 모리야마를 만나 민씨 일족의 더 적극적인 친일본 입장을 전달했다. 이는 민씨 일족이 정권유지적 차원에서 사사로이 일본과 접촉한 채널을 만든 것이었다. 김용구는 그것을 정부의 공식적인 일본 접촉과 구별해야 한다고 보았다.[47]

조선이 적극적인 일본 교섭정책으로 전환한 것은 일본의 압박과 청조의 권고에 따른 것이었다. 1874년 어전회의의 결론을 이끌어낸 구체적인 계기는 일본이 나가사키에 5,000명의 군대를 주둔시키고 장차 조선에 출병할 것이며, 프랑스와 미국이 일본을 원조할 것이라는 정보였다. 대만의 해방대신(海防大臣) 심보정(沈 楨)이 프랑스의 한 장군으로부터 이 정보를 받았다. 청조의 공친왕은 이 정보를 보고받자 즉시 조선에 전달하도록 했다.[48]

1875년 두 차례의 어전회의가 있었다. 3월 12일과 6월 13일의 회의였다. 이때에는 일본의 세계를 접수할 수 없다는 보수적인 강경론이 주류를 이루었다. 고종과 훗날 개화파로 불리는 박규수, 오경석, 현석운, 강위(姜瑋) 등의 일부 인물들은 적극적인 대일정책을 주장했지만, 이들은 소수파였다. 특히 6월 13일의 회의 결과는 양국관계를 파탄으로

---

47) 김용구, 2001, 168~170쪽.
48) 김용구, 2001, 168쪽.

이르게 한 것으로 김용구는 해석한다. 실각 후에도 대외정책에 막강한 영향력을 갖고 있었던 대원군이 강경론의 배후로 지목된다.[49] 대원군의 실각 후에도 쇄국정책론이 여전히 영향력을 유지하고 있었던 것은 당시 조선 사림세력 전반에서 척사론이 지배적인 위상을 갖고 있었던 것과 무관치 않다는 점도 고려해야 할 것이다.

박규수는 일본이 마침내 군사행동을 일으킬 것을 예견했다. 역사는 그렇게 진행된다. 일본은 곧 모리야마를 귀국시키고 1875년 9월 20일, 조선의 강화도 수역에 4척의 군함과 800명의 군대를 파견해 운요호 사건(雲揚號: 또는 강화도사건)을 일으킨다.[50] 조선은 굴복했다. 마침내 1876년 2월 27일 불평등조약인 조일수호조약, 이른바 강화도조약이 체결된다.

강화도조약 체결을 앞두고 중국이 취한 태도는 두 가지였다. 첫째, 중국은 조선의 종주국이라는 입장을 일본에게 확인하려 했다. 1876년 1월 공친왕의 공문에 이어, 당시 직예총독겸북양대신(直隸總督兼北洋大臣)으로서 청나라의 외교를 관장하고 있던 이홍장(李鴻章)은 같은 해 1월 24~25일 모리 아리노리(森有禮) 공사를 직접 만난 자리에서 조선에 대한 중국의 입장을 재확인했다. "중국은 조선의 내정이나 외국 교제에는 직접 간여하지 않지만, 종주국으로서 깊은 도덕적인 책임을 갖고 있다"고 밝힌 것이다.

둘째, 중국은 일본을 강하게 제어할 힘도 없었고, 그렇다고 수수방관할 수도 없었다. 중국은 결국 조선이 일본과 수호조약을 체결함으로써 전쟁을 방지하는 것이 옳다고 판단했다. 이에 따라 이홍장은 이유원을 통해 조선 조정에 압력을 넣었다.[51] 요컨대 중국은 종주국 문제에 대한

---

49) 김용구, 2001, 172~182쪽.
50) 김용구, 2001, 182쪽.

선언적이고 원칙적인 입장은 견지하되, 조선이 장차 일본과 맺을 수호 조약의 내용에 대해 깊이 간여할 의사는 없었다. 모리 아리노리 일본 공사는 1876년 1월 19일 중국 공친왕에게 보낸 각서에서 "속국 논의는 공론에 불과하며, (일본과 조선) 양국 간의 수호 조약의 내용과는 아무런 관련이 없다"고 주장한다.[52] 그러나 이홍장은 그러한 일본의 주장을 배척하기 위해 실질적인 행동을 할 의도는 보이지 않았다.

중국은 한편으로 1871년 일본과 맺은 청일조약(淸日條約) 제1조의 힘을 믿고 있었다. 청일조약 제1조는 "양국에 소속된 방토(邦土)는 각기 예(禮)로서 서로 대하여 조금이라도 침월(侵越)이 있어서는 안 되며 영구히 안전을 획득하도록 하여야 한다"고 규정하고 있었다. 이홍장은 "청일조약의 제1조가 일본의 조선침략을 억제할 수 있을 것이라 믿었으며, 나아가 일본의 조선침략을 저지하는 한 방안으로 일본과 조선의 수호가 절실하다는 견해를 보이고 있었다."[53] 조선이 일본과 수호조약을 속히 맺음으로써 일본이 조선에 대해 무력으로 침략할 명분을 제거할 수 있다고 믿었던 것으로 보인다.

그러나 결국 조선을 즉각 굴복시켜 불평등조약을 강요하고 개항시킨 것은 일본의 무력시위였다. 그런데 조선은 대원군시대에도 여러 차례 미국과 프랑스 함대의 침략을 받았다. 조선은 이를 모두 물리쳤다. 그런데 운요호 사태로 나타난 일본의 무력시위 앞에서 조선은 왜 무력했던 것일까. 대원군시대의 양요들을 떠올리는 사람이라면 피할 수 없는 질문일 것이다. 이 질문에 대해서는 19세기 군사제도와 군사력의 향배에

51) 김용구, 2001, 190~192쪽.
52) 김용구, 2001, 189~190쪽.
53) 권석봉(權錫奉), 『청말대조선정책사연구』(淸末對朝鮮政策史硏究), 일조각, 1986, 49~58쪽; 배항섭(裵亢燮), 『19세기 조선의 군사제도 연구』, 국학자료원, 2002, 161쪽.

대한 배항섭의 연구가 해명의 실마리를 제공해준다.

대원군은 도성(都城) 방위와 그 전초기지인 강화도 및 지방포군의 강화에 힘을 쏟았다. 이와 달리 1873년 친정을 시작한 고종이 중점을 둔 것은 궁궐수비를 강화하는 것이었다. 그러나 군제 개편 횟수는 지나치게 잦은 반면 내실은 없었다. 그 결과 대원군이 이룩한 해상방위력과 영토방위력은 말할 것도 없고 궁궐수비 능력에서조차 오히려 후퇴하고 있었다.[54]

일본이 운요호 사건을 도발할 수 있었던 것은 인천과 강화도를 포함한 경기도 연해(沿海)를 일본이 쉽게 장악할 수 있었기 때문이었다. 1882년 임오군란 때에도 청나라의 군사개입이 용이했던 것도 같은 까닭이었다. 대원군 집정시에 조선의 국방력 강화 노력은 경기도 연해를 방비하는 능력을 향상시키는 데 두었다. 그러나 고종의 친정 후 일은 거꾸로 되었다. 배항섭은 황현(黃玹)이 고종의 군사정책을 평하여, "무릇 대원군이 설치하고 시행한 것은 선악을 불문하고 모두 교혁(矯革)했다"라고 한 것을 주목한다. 그 결과 대원군이 경기도 연해의 해방(海防)을 위해 그 지위와 병력을 증강해두었던 진무영도 조락(凋落)해갔다는 것이다.[55] 조선은 일본의 무력시위에 그만큼 허약해져 있었다. 조선이 일본과 맺게 되는 조약이 불평등조약이 될 가능성은 한층 높아질 수밖에 없었다.

10. 기회로서의 강화도조약

운요호 사건 뒤 체결된 강화도조약은 불평등조약이었다. 당시 서양

---

54) 배항섭, 2002, 242~244쪽 참조.
55) 배항섭, 2002, 244쪽.

제국주의가 중국과 일본에 강제하고 있던 불평등관계를 일본이 조선에 강요한 것이었다. 이는 조선의 개항과 적극적인 외부세계와의 통교의 시작이기도 했다. 그것은 위기와 함께 기회의 요소도 내포하고 있었다.

먼저 강화도조약은 세 가지 과거의 유산에서 벗어날 수 있는 기회의 창이었다. 첫째, 중국을 정점으로 한 중화질서의 폐쇄성에서 벗어날 수 있는 기회였다. 둘째, 세계문물의 수용에 소극적이었던 쇄국체제에서 능동적인 세계 수용의 자세로 나아갈 기회였다. 셋째, 외부의 자극을 받아들여 전 근대적인 전통질서의 악순환의 회로에서 깨어나 조선의 내정개혁을 촉진할 수 있는 기회였다.

일본이 미국과 페리 함대의 압박 속에서 개항을 하게 된 것은 위기와 동시에 근대국가로의 도약을 위한 기회의 창이었다. 마찬가지로 조선역시 개항을 통해 근대국가로 성장해나갈 수 있는 하나의 계기를 맞은 것이었다. 크게 두 가지 점에서 강화도조약은 폐쇄적인 중화질서와 쇄국체제에서 근대적인 국제법질서로 나아가는 단서를 담고 있었다.

첫째, 1876년 2월 27일 강화부 연무대에서 조선과 일본이 체결한 강화도조약(또는 병자수호조약)의 제1조는 "조선국은 자주지방(自主之邦)으로서 일본국과 평등한 권리를 보유한다"고 선언했다. 이 선언은 상징적인 의미에서 조선을 중화질서의 예속관계에서 분리시켰다. 1871년 9월 13일 일본과 중국 사이에 조인된 중일수호조규와 통상장정을 통해서 일본이 얻은 대중국 외교적 성과 위에 서 있었다. 일본은 그 이전 수백 년간 중국을 종주국으로 섬기는 중화질서에서 비켜서 있는 존재였다. 일본은 일부 시기를 제외하면 중국에 대한 조공국이 아니었다. 그러나 중국은 일본을 조공국의 하나쯤으로 취급했던 것이 사실이다. 그러한 중국과 상호평등과 호혜의 원칙을 선언한 중일수호조규에 의해서 일본은 사상 처음으로 중국과 동등한 지위를 정립했다.

중국이 그 같은 외교적 양보를 하면서 이 조약을 맺은 이유는 제1조에 잘 나타나 있었다. 그것은 "청일양국은 서로 상대방의 방토(邦土)를 침범하지 않는다"고 선언하고 있었다. 여기서 방토란 조선과 같은 속방의 영토를 말하는 것이었다. 조선에 대한 일본의 야심을 경계하는 이홍장의 의도를 반영한 것이었다.[56] 이때만 해도 내란과 서양열강의 침탈이라는 외환에 시달리고 있던 중국이 일본에 유화책을 폄으로써 서양열강을 견제하고 싶어 하는 의도도 갖고 있었던 것이다. 1870~79년 시기에 중국이 연일제서(聯日制西)의 전략을 추구했다는 해석이 가능한 이유이기도 하다.[57]

둘째, 강화도조약은 조선을 근대적인 무역관계에 개방시키는 효과를 가질 수 있었다. 이 조약 체결 후 조선은 일본을 방문하는 수신사(修信使)란 이름의 사절단을 두 차례 보냈다. 이들은 일본 도쿄에 주재하는 청국 외교관들과도 접촉하여 새 국제질서로의 진입에 필요한 정보와 의견을 구했다. 이태진에 따르면, 이러한 조선정부의 활발한 정보수집은 일차적으로 서양 열국 가운데 어떤 나라를 택해 어떤 형태로 수호통상조약을 체결할 것인가에 중점을 둔 것이었다.[58]

강화도조약의 제9조가 "자유무역"과 그에 대한 정부의 개입을 금지

---

56) 김기혁(金基赫), 「이홍장과 청일전쟁: 외교적 배경의 고찰」, 김기혁 외, 『청일전쟁의 재조명』, 한림대학교출판부, 1996, 10쪽.

57) 김기혁, 1996, 9~15쪽.

58) 강화도조약 체결 후 조선정부의 노력을 이태진은 다음과 같이 평가한다. "수신사 일행은 일본이 서양문물을 받아들여 변화한 모습을 견문하는 한편, 앞으로 서양 열국과 가질 수교에 대비해 필요한 정보도 열심히 수집했다. 1881년 1월에는 조사시찰단(朝士視察團)을 따로 결성하여 일본 정부의 각 부처의 조직과 운영에 관한 정보를 수집했다. 특히 (일본이) 서양 각국과 체결한 조약에 대해서는 상밀히 조사했다. 일본이 1860년대에 (서양 열국과) 체결한 조약들에서 관세자주권을 크게 침해당해 이로부터 받은 경제적 타격이 심대한 것도 파악했다." 이태진, 「1876년 강화도조약의 명암」, 『한국사 시민강좌』 제36집, 일조각, 2005.2, 134쪽.

한다고 규정하여 조선의 관세자주권을 침해할 기초를 마련한 것으로 해석되었다.[59] 그러나 강화도조약 그 자체는 "수호"에 한정하고 "통상"은 뒤로 미룬 것으로서 아직 관세자주권을 박탈당한 것은 아니었다고 해석되기도 한다. 이태진에 따르면, "조일수호조규"는 양국 상인들의 상거래는 각국이 제 나라 상인에 대해 과세하는 전통적인 방식에 맡기고 새로운 관세제도 적용은 뒷날로 미뤘다. 즉 3개월 안에 만나 새로 이를 협의하는 것으로 돌려두었다는 것이다.[60]

이런 가운데 조선정부는 수호통상조약의 첫 상대국으로 미국을 선택했다. 그 결과 1882년 4월 청국의 주선하에 미국과 맺은 "조미수호통상조약"은 관세자주권을 실현한 성과를 올렸다는 점을 이태진은 주목한다. 수입품에 대한 최고 30퍼센트 과세, 수출품에 대한 10퍼센트 과세는 아시아에서는 (서양 열국과의 통상조약에서) 처음 실현된 관세자주권을 보장하는 세율이었다. 청국은 조선과 미국 간의 조약에 조선에 대한 중국의 종주권 관계를 명시할 것을 마지막까지 요구했다. 그러나 미국과 조선은 그 요구를 배제하는 데 성공했다. 이것은 주목할 만한 일이었다.[61]

이러한 사실들에 주목한다면, 강화도조약은 조선이 중화질서의 질곡으로부터 뒤늦게나마 밝은 근대적 국제질서로 진입하는 관문의 역할을

---

59) 강만길, 『한국근대사』, 창작과비평사, 1994, 245쪽.

60) 강화도조약 이후 조선은 일본상품에 대해 실질적으로 관세자주권을 행사하지 못했다. 이태진은 "조일수호조규의 제11관에 따라 1876년 8월부터 양국 무역의 관세율에 대한 협상이 시작되었지만 일본 측의 기피로 임오군란 때까지도 이렇다 할 성과를 거두지 못했다"고 서술하고 있다(이태진, 2005, 136쪽). 결국 강화도조약 이후 "자유무역" 조항에 따라 조일 간의 무역에 새로 적용된 낮은 관세율에 대해 조선정부는 어떤 조치도 취하지 못했던 것이다. 이태진이 강화도조약 자체를 매우 긍정적인 것으로 이해한 것과 상충되는 현상임에 유의할 필요가 있다.

61) 이태진, 2005, 134~135쪽.

할 수 있는 것이었다.

11. 위기로서의 강화도조약

조일수호조규를 계기로 일본은 1877년에는 부산, 1880년에는 원산에 '특별거류지'를 확보했다. 그 짧은 시간 안에 일본이 조선에서 획득한 특수한 지위와 그 성격에 대해, 일본 학계에서 청일전쟁 연구분야의 권위자인 후지무라 미치오는 이렇게 말한다.

"이들 거류지가 '특별'인 까닭은 본 거류지 내에서는 일본인 이외에 토지의 조차(租借)가 허용되지 않고, 일본 정부 대표가 거류지 안에서 행정권과 경찰권조차 장악하여 행사한 데 있었다. 이는 그때까지 서구 제국이 중국에 설정했던 조계(租界)보다도 주권 침해의 정도가 심하여, 거의 일본 영토의 연장인 셈이었다. 거류지에 진출했던 협동상회(協同商會), 오쿠라쿠미(大倉組: 오쿠라 기하치로가 이룩한 19세기 말기의 신흥재벌), 미쓰비시 회사 등은 수입 관세 면세특권을 이용해 (영국) 랭카셔의 직물이나 성냥 등의 일용품을 수입·판매하여 백동화 혹은 엽전 등 조선의 통화를 일본으로 대량 유출했다. 이들 회사들은 조선 정부가 조약에 의해 재판권을 상실한 것을 이용하여, 끝없이 위법행위를 자행해가면서 투기적인 상업활동을 전개해갔다. 조선 경제는 파괴적인 손상을 입고 수공업자들은 줄을 이어 도산했다. 일본 상인들의 곡물 매점으로 인해 쌀이나 보리의 가격은 두 배, 세 배로 치솟고, 식량 비축이 바닥난 지방마저 생겨났다."[62]

강화도조약이 조선을 새로운 차원의 위기로 몰고 가는 계기였음을

---

62) 후지무라 미치오(藤村道生) 지음, 허남린 옮김, 『청일전쟁』, 소화, 1997(일본 어판, 1973), 17~18쪽.

구체적으로 보여주는 관찰이다. 강화도조약은 그 불평등조약 체계로 인해서 조선 사회를 일본경제에 예속시킬 수 있는 조건을 마련했다. 이로써 조선은 중국에 대한 정치적 종속과 일본에의 경제예속이라는 이중의 예속상태에 떨어짐으로써 자율적인 자력 근대화의 공간이 제한될 수밖에 없게 되었다.

강화도조약 제9조는 양국 인민 간의 자유무역을 규정하고 국가가 이에 간섭할 수 없도록 했다. "자유무역"이라는 이름 아래 조선의 관세자주권을 박탈할 근거를 마련한 조항이었다. 제10조는 일본국 인민이 조선국에서 범한 죄에 대해 일본 관원에게 재판권을 주는 "영사재판"(領事裁判) 권한을 규정했다. 일본인들에 대해서만 영사재판권, 즉 치외법권을 부여한 것이다. 조선이 일본의 군사적 침략 이전에 경제 식민지로 전락하는 과정의 제도적 장치들이었다.

이중에서도 제10조의 치외법권 규정은 편무적(片務的), 즉 일방적인 것이었다.[63] 이 조약의 불평등성을 상징했다. 일본으로서는 제1조를 통해 조선을 중국과의 종속관계로부터 떼어내고, 제9조를 통해 조선을 일본에 경제적으로 예속시키며, 제10조를 통해 조선에서 일본을 위한 일방적인 치외법권 체제를 구축했다.

치외법권은 단순한 정치적 특권이 아니다. 그 권한을 가진 나라의 시민들이 치외법권이 허락된 나라에 가서 전개하는 경제적 착취활동을 뒷받침하는 법적 체계다. 그러므로 실질적으로 조선이 일본의 정치적·경제적 반식민지상태로 전락하는 것을 말했다. 일본은 중국과 1871년 중일수호조규를 맺었다. 이 조약에 나타난 중일 간의 국제법적 관계는 영사재판권을 상호 인정하는 쌍무적인 것이었다. 호혜평등원칙에 입각한 것이었다. 반면에 19세기 중엽 중국이 서양 열강과 맺은 통상조약들은

---

63) 김용구, 2001, 207쪽.

서양 제국들에게만 영사재판권을 인정하는 불평등한 것이었다. 일본 역시 서양에게만 치외법권을 부여하는 불평등조약을 감수하고 있었다.[64] 일본이 영국 등 서양 제국과 일방적 치외법권 조항을 포함한 불평등조약을 개정하여 평등관계로 나아간 것은 1890년대 중엽이다. 중국은 20세기 중반인 1940년대에 이르러서야 서양 제국들의 중국에 대한 일방적인 치외법권의 굴레를 벗어난다.

1871년 일본은 조약개정 교섭 임무를 겸한 이와쿠라 사절단을 구미에 파견한다. 그해 11월 요코하마(橫濱)를 출발해 1872년 1월 미국에 도착한 사절단은 미국인들의 열렬한 환영을 받았다. 이에 고무받아 자신감을 얻은 사절단은 예정을 변경하여 즉시 조약개정을 위한 교섭을 시작한다. 그러나 "실제 교섭에 들어가자 미국의 대응은 매우 엄중했다." 그래서 "구미 열강이 조약개정에 호의적일 것이라는 출발 당시의 낙관적 전망은 사라져버린다." 이와쿠라 사절단은 더욱이 구미를 둘러보면서 일본과 구미의 격차가 예상보다 크다는 것을 발견한다. 이들은 일본이 30년은 뒤떨어져 있다고 통감했다. 그 결과 사절단은 조약개정을 실현시키려면 먼저 장기적인 내정 개혁 노력이 절실하다는 인식에 도달한다. 앞에서 살핀 바 있듯이 1873년 일본 내각안에서 사이고 다카모리 등의 정한론을 진정시킨 내치우선론(內治優先論)이었다.[65]

요컨대 조선이 일본과 강화도조약을 체결한 1870년대에, 중국과 일본은 서양 열강들과 여전히 불평등관계를 감수하고 있었지만, 중국과 일본 상호간은 대등한 관계를 맺고 있었다. 일본은 서양 열강들처럼 중국에 대해 불평등 조약을 강요할 수 있는 위치에 다다르지는 않았다. 하지만 1876년에는 중국의 속방으로 간주되던 조선을 중국에서 독립

64) 김용구, 2001, 207쪽.
65) 다카하시 히데나오(高橋秀直), 「메이지 유신」, 아사오 나오히로 외 지음, 이계황·서각수·연민수·임성모 옮김, 『새로 쓴 일본사』, 창비, 2003, 380쪽.

된 지위로 하는 동시에 일본에 대해서는 열등한 위치로 떨어뜨린 불평등조약을 강요할 수 있게 된다. 1870년대 초 일본사회는, 이와쿠라 사절단의 노력에서도 나타났듯이, 서구 열강에게 박탈당한 관세자주권을 회복하고 편무적 영사재판권을 폐지하기 위한 조약 개정운동이 활발했다. 그 운동의 중심세력은 자유민권파였다. 그러나 이 자유민권파조차도 일본이 조선에서 일방적인 영사재판권을 향유하는 것은 당연한 것으로 여겼다.[66] 강화도조약은 당시 동아시아 질서에 전개되고 있던 변동을 여실히 반영하고 있었다.

1882년에 일어난 임오군란은 일본에 대한 조선의 경제적 예속이 가속화된 것과 때를 같이하여 조선사회의 전통적 모순이 더욱 첨예해지면서 벌어진 사태였다. 후지무라는 강화도조약 이후 일본에 대한 조선의 경제적·정치적 예속이 심화되면서 조선의 민중 속에 쌓인 분노가 폭발한 것이 임오군란이라고 이해했다. 김주영의 대하역사소설『객주』는 당시 조선의 역사적 상황을 배경으로 하고 있다. 부산과 원산의 일본인 특별거류지에서 일본 상인들은 상업적·법적 특권을 누리며 갖은 횡포를 부린다. 조선의 민생은 피폐해지고, 조선의 국가는 일본에는 굴욕적으로 행동하면서도 내정에서는 억압과 부패가 극에 달한다. 민비가 비호하는 민씨 척족세력들의 부패와 매관매직의 타락상과 수탈 심화는 민중의 분노를 폭발시킨다. 김주영의 소설은 그 과정의 한복판에 임오군란을 위치시키고 있다.[67]

강화도조약이 조선에 위기로서 다가오게 되는 두 번째 이유는 그것이 조선 국가권력을 해체시키는 과정의 시작이었다는 점이다. 조선의 국가권력은 그 이전에는 적어도 부분적으로는 양왜(洋倭)라는 외세에

---

66) 후지무라, 1997, 18쪽.
67) 김주영,『객주』(전9권), 1981년 초판, 2002년 개정판, 문이당.

의 저항을 명분으로 조선 민중 사이에 정통성과 지지기반을 유지한 측면이 있었다. 그러나 개혁이 실종된 가운데 다른 사회에 대한 급작스런 경제예속을 동반한 대외개방은 조선 국가권력의 대내적 기반에 큰 타격을 입힌다. 외세의 진출에 따라 조선의 국가자율성은 위축되었다. 조선의 국가권력은 그 이전에 이미 약해져 있었다. 민중에 대해 억압적이고 착취적이던 지배 엘리트는 국가를 부강하게 하기는커녕, 국가를 사유화했다. 따라서 조선은 이미 "강한 지배계급, 약한 국가"의 성격을 갖고 있었다. 이러한 상황에서 더 나아가 개항을 계기로 조선의 국가는 민중에게는 억압적이면서도 외세의 제국주의적 침탈로 인한 경제적·사회적 고통으로부터 민중을 방어하지 못함으로써 더욱더 권위와 정통성을 상실해갔다. 사실상 국가해체 과정에 진입하게 된 것이었다.

정통성의 옛 근거를 상실하고 그것의 새 바탕을 마련하지 못하는 국가구조는 끝내 내우외환에 직면하게 된다. 일본에 대한 조선의 개항은 그 해체과정을 가속화시킨다. 그러한 조선은 중국에 대한 전통적인 종속관계와 일본에 대한 새로운 경제적 종속의 중간에 끼임으로써, 중국과 일본 두 주변 국가들의 갈등을 그대로 반영하게 된다. 동시에 두 열강의 갈등을 촉진하는 역할을 맡는다. 결국 조선이 개항을 하게 된 방식은 조선 자신을 중국과 일본 두 강대국의 세력 각축장으로 전환시키는 과정의 시작을 의미했다.

12. 헐버트가 증언하는 일본의 영사재판권

호머 헐버트(Homer Hulbert: 1863~1949)는 23세 청년시절이던 1886년 7월 한국에 왔다. 그는 유니언(Union) 신학교를 나온 선교사였다. 이후 5년간 고종이 설립한 조선의 신교육기관인 육영공원(育英公

院)에서 수학과 자연과학, 그리고 역사와 정치를 가르친다. 그는 1891년 육영공원 교사직을 사임하고 귀국한다. "대개의 생도들이 부패한 관리들의 자식들로서 학업에 열성을 보이지 않게 되자, 한국에서의 육영 사업에 환멸을 느낀" 탓이었다.[68]

하지만 그는 한국을 잊지 못했다. 불과 2년 만인 1893년 9월 다시 가족과 함께 한국에 입국한다. 이번에는 감리교계 출판사를 운영했다. 1901년부터는 감리교계 월간지 『코리아 리뷰』(The Korea Review)의 편집을 주관하면서 한국을 세계에 알리는 글들을 썼다. 이 잡지는 1906년까지 계속 발행된다. 1903년 미국 스미소니언협회가 발간한 연례보고서는 헐버트가 쓴 「한국어」(The Korean Language)라는 기고문을 실었다. 한글의 독창성과 과학성, 간편성 등을 소개하면서 "한글이 대중언어매체로서 영어보다 우수하다"(the Korean surpasses English as a medium for public speaking)고 결론을 맺는 글이었다.[69]

그는 조선의 운명에 깊은 관심과 애정을 가졌던 사람이다. 1905년 10월 15일 그는 고종 황제의 밀서를 갖고 서울을 출발해서 11월 17일 워싱턴에 도착해 미국 정부 요인들에게 일본의 한국 개입을 견제해줄 것을 요청한다. 물론 효과는 없었다. 1907년 7월 헤이그에서 열릴 예정이던 만국평화회의를 위해, 고종의 밀령을 받고 4월에 서울을 떠나 헤이그에 도착하여 당시 회의 의장이던 러시아 대표 넬리도프(M. Nelidov)에게 호소한다. 역시 소득은 없었다. 헐버트는 한국을 위해더 일하려 해도 발 붙일 곳이 없어졌다는 판단을 하고 헤이그에서 곧

---

68) 헐버트, 2006, 7쪽, 「역주자 초판 머리말」 참조.
69) 헐버트박사기념사업회의 김동진 회장이 2006년 9월 미국의 고서전문 중개업자를 통해 구입한 한 뒤 2008년 8월 3일 공개했다. 김성모, 「한글이 영어보다 더 우수: '고종 밀사' 헐버트 박사, '한국어' 기고문 공개돼」, 『조선일보』, 2008년 8월 4일자.

바로 미국으로 돌아간다. 그래도 역시 한국을 잊을 수 없었다. 1909년 다시 한국을 방문한다. 하지만 곧 긴급한 일로 미국으로 돌아간다. 그는 1949년 이승만 대통령의 초청으로 배편으로 인천항에 도착해 입경한다. 86세의 고령에 강행했던 오랜 여행 탓으로 극도로 쇠약해져 있었다. 청량리 위생병원에서 곧 세상을 떠났다. 사인은 기관지염이었다. 평소 그가 한 가지 소망한 것은 "웨스트민스터 사원보다는 한국의 땅에 묻히고 싶다"는 것이었다. 그래서 헐버트는 양화진(楊花津) 외국인 묘지에 묻혔다.[70]

헐버트는 한국 근대사의 산 증인이었다. 그는 강화도조약이 조선 민중에게 어떤 의미를 가진 것이었는지 증언하고 있다. 강화도조약이 '불평등조약'이라는 것을 우리는 알고 있다. 하지만 우리의 이해는 추상적인 관념에 머물 뿐, 무엇이 어떻게 불평등했는지 느끼기는 어렵다. 서울을 비롯한 한국의 도시와 마을들에서 조선 사람들에게 그 조약이 지녔던 의미의 구체적인 풍경은 알지 못한다. 헐버트의 증언은 강화도조약에서 일본이 한국으로부터 확보한 '영사재판권'이라는 것이 어떤 종류의 특권이었는지를 생생하게 전해준다.

"어느 미국인 신사 한 사람이 기차역의 플랫폼에 서 있는데, 그곳에는 20여 명의 일본인들이 또한 기차를 기다리고 있었다. 어느 나이 많은 한인 한 사람이 지팡이에 몸을 의지하고 플랫폼을 걸어 올라오면서 신기하다는 듯이 주위를 살펴보았다. 아마도 그는 기차를 처음 보는 사람인 듯했다. 이때에 벌거숭이 차림의 일본인 노동자 하나가 그 노인의 수염을 움켜쥐더니 플랫폼 위에 힘껏 내동댕이쳤다. 그 노인은 간신히 일어나더니 앞으로 가기 위해 그의 지팡이를 집었다. 그러자 그 일본인은 지팡이를 철도 위로 내던지고 멀찌거니 서서 너털웃음을 웃으며

---

70) 헐버트, 2006, 8~9쪽. 「역주자 초판 머리말」 참조.

주위에 있던 일본인들도 함께 웃었다. 이러한 모습을 단순히 웃음거리로 보지 않았던 일본인은 분명히 한 사람도 없었다. 그 노인은 너무도 심하게 다쳐서 일어서지를 못하자 그의 한인 친구 몇 사람이 와서 부축하여 데리고 갔다."[71]

헐버트는 또 다른 사연을 소개한다. "어느 역에는 한인들의 보행이 금지된 길이 있는데, 그렇다고 해서 어떤 표지가 있는 것도 아니다. 어느 한인 한 사람이 이 길로 걸어서 나오다가 즉시 서너 명의 일본인들에게 잡혀 의식을 잃을 정도로 구타당했다. 그는 하루가 지나서 겨우 의식을 회복했으나 몇 주일 동안이나 문 밖에 출입을 할 수가 없었다."

왜 이런 일들이 벌어져도 조선은 일본인들을 처벌할 수가 없었는가. 헐버트는 이렇게 설명한다. "일본인들은 한인들을 합법적 노리개로 생각하며 한인들은 그들의 권리를 구제할 수 있는 적절한 법원이 없기 때문에 보복한다는 것은 감히 생각할 수도 없다. 만약 그들이 자기 나라의 법원에 이러한 사실을 제소한다면 담당관들은 겁에 질려 손을 내저으면서 '내가 도대체 어떻게 일본인들의 털끝 하나 건드릴 수가 있겠느냐'고 반문한다. 그렇다고 해서 일본인들의 법원에 제소했다가는 말도 해보지 못하고 쫓겨나는 것은 보통이다."[72]

조선 땅에서 일본인들의 범죄를 조선의 국가가 처벌할 권리를 박탈당한 것이 영사재판권의 실체였다. 조선에서 벌어진 일본인의 범죄를 조선의 일본 공사관에 파견된 일본 관헌이 재판할 권리를 가졌던 것이다. 조선은 일본에서 같은 권리를 갖고 있지 못했다. 일본에게만 허용된 특권적인 조약 내용이었다. 일본인들이 영사재판권을 확보함으로써 면책특권을 갖다시피 저지르는 범죄에는 단지 조선인들의 생명과 안전을

---

71) 헐버트, 2006, 253~254쪽.
72) 헐버트, 2006, 254쪽.

위협하는 것만이 아니었다. 재산권에 대한 침해도 심각했다.[73]

13. 개혁 없는 개국의 양상

강화도조약을 통해 조선이 개화론자들이 기대하듯 새로운 밝은 질서로 나아가느냐, 아니면 조선을 제국주의 세력각축장의 한가운데로 밀어넣은 채 무력하게 사회적·국가적 해체과정에 들어가느냐 하는 것은 결국 그것을 계기로 국가능력을 증진시키는 내정개혁이 충분히 진행되느냐에 달린 일이었다. 개혁이 있는 개국인가, 개혁이 없는 개국인가의 갈림길에 서 있는 것이 제3기 조선이 처한 역사적 상황이었다.

조선이 현실에서 나아간 길은 불행히도 개혁이 없는 개국이었다. 대원군 정권이 시도한 내정개혁이 궁극적으로 근본적인 한계를 갖고 있었음은 제임스 팔레의 연구를 빌려 앞서 지적했다. 결국 대원군의 개혁정책하에서도 국가의 단기적인 필요들을 위해 농민들의 장기적인 이익이 희생되었다. 부유한 특권적 귀족계급이 농민들의 착취 위에서 유지되는 근본적인 힘의 관계는 변하지 않았다. 그런 가운데 중앙정부는 파산지경에서 허덕이는 상태에 빠져들었다.[74]

이러한 상황은 대원군의 실각과 고종 친정 이후 어떻게 달라졌는가. 조선에서는 일본에서와 같은 국가 주도의 체계적인 자본주의 산업 발전이 추구되었는가. 아니면 하다못해 중국에서와 같은 양무운동적 군사공업화라도 시도되었는가. 또한 일본에서와 같은 신분철폐와 민본적 개혁의 시도가 있었는가. 요컨대 근대적 국민국가 건설을 위한 의미 있는 행보가 있었는가. 결론은 1876년 이후 조선은 "개혁이 실종된 개국"

---

73) 헐버트, 2006, 255쪽.
74) Palais, 1975, p.159.

의 길을 걷고 있었다는 것이다. 이 점에 대한 판단을 명확히 해야 한다. 그래야만 제4기에서 전개되는 임오군란과 갑신정변, 그리고 그 사태들이 초래한 역사적 결과들을 제대로 이해할 수 있다.

대원군 실각 이후 조선에서 개혁의 실종 상황은 제임스 팔레가 또한 적절히 포착하고 개념화했다. 그에 따르면, 고종은 초기에는 최익현 등의 주장을 받아들여 전통적인 이상주의적이고 도덕주의적인 개혁을 시도한다. 그 개혁들은 곧 실효성은 없고 역효과만 낳는 것으로 인식된다. 이에 따라 고종은 이상주의적 열정을 상실한다. 그와 함께 아버지 대원군이 시도했던 제도적 개혁도 포기한다. 고종이 선택한 것은 "현상유지"(maintaining the status quo)였다. 그 결과는 곧 국가재정의 협소화를 받아들이는 동시에 부패를 정부체제의 불가피한 일부로 인정하는 것이었다.[75]

이것은 정치 리더십과 권력의 공백상태로 이어졌다. 고종 자신이 자신의 통치 능력에 대한 자신감을 상실한 상태로 나아간다. 지식인들과 양반층 사이에서 전반적으로 신뢰를 상실했다. 정치와 조정신료들에 대한 통제력도 따라서 상실해간다.[76] 민씨 척족세력은 과거 세도정치 양상을 재확립한다. 부패하고 약한 국가는 확대 재생산된다.

임오군란과 함께 제4기가 시작되기 1년 전인 1881년, 조선의 상황은 유생 황재현(黃載顯)이 국왕에게 올린 상소가 압축하여 담고 있다. "8도의 감사들과 각 고을의 원들은 모두 다 옳은 정사는 할 줄 모르고 백성들의 재물을 밑바닥까지 긁어서 빼앗기만 일삼으므로, 나라의 백성들은 모두 다 물과 불 속에 빠져서 '이 놈의 세상이 언제나 망하려는고' 하고 있는 형편이다."[77]

---

75) Palais, 1975, p.235.
76) Palais, 1975, pp.235~236.

14. 고종의 정치 리더십 논쟁

조선 말기 조선의 정치사회상에 대한 역사해석 논쟁에서 자력 근대화론적 경향은 고종의 정치 리더십을 복원하는 것을 중요한 학술적 과제로 부각시켜왔다. 고종의 정치 리더십의 건재를 확인하는 것은 자력 근대화론자들에게 두 가지 점에서 중요했다. 첫째, 전통적인 군주제 정치질서에서 군주의 무능과 정치 리더십 부재는 근대국가 건설의 능력 부재는 물론이고 망국을 자초하는 결정적인 내면적 원인이다. 따라서 자력 근대화 가능성을 주장하려면 우선 조선 군주의 리더십 건재를 밝히지 않으면 안 된다. 둘째, 흔히 말기 조선의 정치사회적 피폐와 외교적 파탄의 책임을 두고 대원군과 민씨 세력 간의 파쟁을 든다. 이 점은 일본의 식민사관의 요체의 하나였던 것이 사실이다.

이태진은 "대원군과 '민비'의 권력싸움, 그 틈바구니에서 우왕좌왕하는 나약한 군주"라는 구한말 정치사에 대한 정식(定式)을 확립한 인물은 민비시해에 가담한 바 있는 일본 언론인 기쿠치 겐조(菊池謙讓)라고 본다.[78] 이 정식을 깨뜨리지 않으면, 고종시대 조선이 자주적인 근대화의 능력을 갖고 있었다는 것을 설득력 있게 주장할 수 없다는 것이

---

77) 『고종실록』 고종 18년 3월 23일. 국사편찬위원회에서 운영하는 sillok. history.go.kr에는 『고종실록』 권18, 즉 1881년 부분이 모두 누락되어 있다. 이 황재현의 상소 내용은 1994년 북한의 과학백과사전종합출판사에서 펴낸 책에 실려 있었다. 원종규, 「갑오농민전쟁」, 원종규 외, 『갑오농민전쟁 100돌 기념논문집』, 집문당, 1995, 15쪽. 고종실록에는, 황재현이 그로부터 3년 반쯤 지난 1884년 10월 29일 이만손(李晩孫) 등과 함께 의금부에서 사면되어 석방되었다는 기록이 있다[『고종실록』, 고종 21년(1884 갑신·淸 光緖 10年) 10월 29일(경자)]. 즉 황재현은 그 상소로 인해 3년 반에 걸친 옥살이를 겪었던 것으로 보인다.

78) 이태진, 「역사소설 속의 명성황후 이미지: 정비석의 역사소설 『민비』의 경우」, 『한국사 시민강좌』 제41집, 일조각, 2007.8, 104쪽.

이태진의 인식이다. 그는 말한다. "한국사에서 고종시대는 근대화가 시작되어야 하는 시점이었다. 따라서 이 시대를 어떻게 보느냐에 따라 한국 근현대사에 대한 인식의 방향은 아주 달라질 수 있다. 이 시대의 군주정에서 근대화의 가능성이 있거나 진행되었으면 일본의 36년간의 한국지배는 그것을 꺾은 불법강점이 되고, 그 반대라면 일본의 한국통치는 한국을 위한 것이었다는 주장이 설득력을 얻는다."[79]

이런 전제에서 출발하는 이태진의 관점에서 일차적인 학문적 과제는 고종이 무식하고 어두운 나약한 군주였다는 의미의 "고종 암군설(暗君說)·암약설(暗弱說)"을 반박해내는 일이었다. 그는 고종 암군설·암약설은 침략자들이 고의적으로 만들어낸 것이라고 주장한다. "고종 암군설·암약설은 이처럼 일본 침략주의자들이 의도적으로 만든 것인데도 그간 한국근현대사의 일반론으로 널리 퍼져 있었다"는 사실을 이태진은 개탄한다.[80]

그러나 군주정 자체의 일정한 변혁을 수반할 수밖에 없었을 조선의 근대화 능력의 주체를 궁극적으로 고종이라는 군주에게서 집중적으로 찾으려는 시도가 과연 가능하고 설득력이 있는가는 의문의 여지가 없지 않았다. 이태진은 이를 의식하여 다음과 같이 말했다. "일본 측의 식민지 근대화론을 반대하는 입장에서도 군주정을 중심으로 한 가능성은 구하기 어렵다는 선입견 때문에 민중·사회단체에서 그 가능성을 찾는 경향이 강했다. 이 제3의 관점은 그 나름대로 이 시대 연구에 기여한 점이 없지 않았지만, 근대화란 것은 본래 정부 측의 역할이 결여된 상태에서는 실현되기 어려운 것이므로 침략주의자들의 논리에 대항하기에는 불충분하다. 최근 식민지 근대화론이 새롭게 강화되고 있는 것도 반

---

79) 이태진, 『고종시대의 재조명』, 태학사, 2000, 132쪽.
80) 이태진, 2000, 132쪽.

대 측의 이러한 틈새를 탄 것이라 하지 않을 수 없다."[81]

이태진은 고종이 한편으로 근대화에 큰 뜻을 가지고 있었다는 것은 분명하다고 말한다. 하지만 다른 한편으로 고종이 지도자로서 가졌던 한계를 부정하지는 않았다. 근대화를 실현시키기 위해서는 관료제도를 장악할 필요가 있었지만 그에 성공하지 못했다는 것이다. 특히 문벌의 배경을 가진 고급관료들을 장악하는 데 실패했다는 점을 이태진은 인정한다. 민씨 척족의 발호를 방관한 것 자체를 이태진도 부정하지는 않는 것이다. 이태진은 고종이 그런 면에서 실패한 이유를 두 가지로 보았다. 하나는 노론 계통의 오랜 왕권 견제의 전통이며, 다른 하나는 청나라와 일본 등 외세가 조장한 관료집단의 분열이라고 했다. 그 둘은 연관성이 강하며, 특히 외세가 개입하여 관료집단이 고종의 왕권을 견제한 점이 중요했다고 보았다.[82]

말기 조선에서 자력근대화의 가능성을 군주의 리더십에서 확인하려는 학문적 경향은 과거에는 간과되거나 무시되었던 고종의 근대화 의지와 나름의 리더십의 증거들을 수집하고 제시하는 데 중요한 기여를 했다. 그러나 이태진 자신도 민씨 척족 등 문벌 세도정치의 발호를 견제하지 못하고 그 질서의 의미 있는 개혁을 이끌어낼 만한 리더십을 고종이 갖고 있지 못했다는 것을 궁극적으로 인정하지 않을 수 없었다.

정치학계에서 고종의 정치 리더십에 대한 대표적인 연구로는 강상규의 논문이 있다.[83] 강상규의 논문은 고종이 스스로 개화사상을 체득하고 이를 정책에 반영하려 노력한 친정 초기, 즉 대체로 1881년 통리아문을 설치하여 민태호와 민영익 등 민씨 세력이 외교의 전면에 등장

---

81) 이태진, 2000, 132쪽.
82) 이태진, 2000, 133쪽.
83) 강상규, 「명성왕후와 대원군의 정치적 관계 연구: 왕실내 정치적 긴장관계의 구조와 과정」, 『한국정치학회보』, 40권 2호(2006), 27~49쪽.

해 중요한 역할을 하기 시작하기 전까지 고종의 외교 분야 리더십의 증거들을 제시하는 데 집중했다. 따라서 고종시대 전반에서 그의 리더십을 강조하는 이태진의 입장과 반드시 동일하다고는 할 수 없다. 1880년대 초 고종의 외교고문으로 일한 독일인 외교관 폴 묄렌도르프(Paul Morellendort)도 고종의 초기 리더십에 대해서는 높이 평가했다. 하지만 점차로 고종에 대한 신뢰를 상실한다. 박영재는 묄렌도르프가 "시간이 지날수록 고종의 우유부단함과 정치력의 부재, 주변사람들의 감언이설에 쉽게 좌우되는 모습에 실망했다"고 지적한다.[84] 고종이 친정 초기 나름대로 의욕과 열정을 보이다가 시간이 가면서 의욕을 상실한 무능한 모습으로 퇴락해가는 모습을 지적한 점에서 묄렌도르프의 지적은 앞서 언급한 제임스 팔레의 평가와 일맥상통한다.

국가와 사회공동체가 치명적인 외압 앞에 놓인 말기 조선시대는 국가 지도자들의 예외적인 집합적 지도력이 요구되는 위기의 국면이었다. 이런 상황에서 고종이 군주로서 드러낸 리더십을 보이는 증거들을 부분적으로 제시하는 데 성공한다 해도 그 시대 조선이 전후 좌우에서 직면하고 있던 도전들을 극복하면서 근대국가를 이루어낼 만한 종합적인 리더십의 부재를 반증하기는 어려운 것이 사실이다. 그 결과는 '개혁이 실종된 개국'의 양상이었다. 제4기의 내란과 쿠데타의 시절은 그 필연적인 귀결이었다.

---

84) 박재영(朴宰永), 「구한말 독일인 묄렌도르프의 조선인식」, 『동학연구 21』, 한국동학학회, 2006.9, 84쪽.

제9장 내란과 쿠데타의 시절

• 말기 조선 시대구분 제4기

1. 학문과 문학, 그리고 역사적 진실

매천(梅泉) 황현(黃玹: 1855~1910)은 구한말 풍진 세상에서 벼슬을 마다하고 초야에 묻혀 살다간 선비다. 젊은 시절 서울에서 한시 삼웅(漢詩三雄)으로 불리며 시인으로 활동하기도 했지만, 36세 이후 구례 만수산에 구안실(苟安室)이라는 서실을 마련해 학문연구와 후진교육에 진력했다. 그렇다고 시대를 등진 것은 아니었다. 1860년대 이래 말기 조선의 역사를 기록하고 평한 『매천야록』을 남겼다. 그의 역사기록은 1910년 한일병합을 맞아 '절명시'(絶命詩)를 남기고 자결할 때까지 이어져 있다. 그가 세상을 떠날 때 남긴 유언에 따라 자손들은 그 역사기록을 세상에 알리지 않았다. 1955년 국사편찬위원회가 『한국사료총서 제1』로 간행함으로써 비로소 세상의 주목을 받게 된다.

그는 성리학만 파면서 위정척사를 부르짖는 고루한 선비는 아니었다. 서양과 일본의 발달한 선진문명을 받아들이는 데 개방적인 태도를 취했다. 대원군의 쇄국을 불안하게 바라보았으며, 개국과 개방을 필연적인 대세로 파악했다. 1894~95년 친일내각에 의한 갑오개혁에 대해서도, 그것이 일본 주도인 점에서는 비판적이었지만 개혁 자체에는 찬

성하는 태도를 갖고 있었다.[1]

『매천야록』에서 황현은 대원군의 정치와 고종 친정 후 정치상황을 이렇게 비교했다. "대원군이 10년간 집정할 때, 위엄이 중앙과 지방에 두루 행사되어 '대원위분부'란 다섯 자가 3천 리 곳곳에 풍행(風行)하며 뇌정탕화(雷霆湯化: 무서운 천둥과 끓는 물과 달구어진 쇠붙이) 같아서 관리나 일반 백성들이 무서워하고 항상 법망에 걸려들까 두려워했다. ……대원군이 실각하자 모두들 서로 기뻐하며 축하했다. 대원군을 폐하지 않았으면 얼마 못 가서 나라가 망했을 것이라고 말하는 사람들도 있었다. (그러나) 민씨들이 정권을 잡은 이래, 백성들은 가렴주구를 감당할 수 없어서 왕왕 탄식하며 도리어 대원군의 치정(治政)을 생각하게 되니, 바로 중국 후한(後漢) 사람들이 민심이 오오(嗷嗷: 흉흉)하여 다시 망조(莽朝: 중국 전한 말 왕망이 세운 나라)와 같은 조정을 생각하게 되었던 것과 마찬가지이니, 그것은 (대원군의) 유애(遺愛: 후세에 남는 어진 덕)가 있어서 그러한 것은 아니었다."[2]

말기 조선 시대구분에서 제4기는 1882~84년의 2년간을 가리킨다. 모두 불발로 끝나는 내파적(內破的)인 내란과 쿠데타의 시대로서, 그 후유증으로 가혹한 외세 개입의 계기를 마련하는 국면이다. 1873년 대원군 집정이 끝나고 고종의 친정이 이루어진 "개혁 없는 개국 10년"에 대해 현실역사가 성적표를 발부하는 국면이라고도 할 수 있었다. 역사적 사건들이란 원래 가깝고 먼 원인들로 이루어지는 것이므로 딱히 그 직전 10년만을 꼬집어 탓할 수는 없는 것도 사실이다. 하지만 직전 10년의 시대상에서 가장 직접적인 인과(因果)를 따지지 않을 수 없는 것 또한 부인할 수 없는 세상사의 이치이다.

---

1) 이장희, 「황현의 생애와 사상」, 황현(黃玹) 지음, 이장희 옮김, 『매천야록 하』, 명문당, 2008, 829~831쪽.
2) 황현, 『매천야록 상』, 2008, 126~127쪽.

제4기의 서막은 1882년에 터진 임오군란(壬午軍亂)이었다. 이 시대의 역사적 기원을 두고 사람들은 서로 다르게 인식한다. 학자들의 인식이 서로 다르며, 문학 또한 마찬가지이다. 여기서는 학문을 대표하는 한 경향과 한 문학가가 해석한 그 시대상 사이의 대조를 주목해보기로 한다.

이태진은 강화도조약이 조선의 미래에 대해 어두운 암(暗)의 요소와 함께 밝은 명(明)의 요소도 지니고 있었다고 지적했다. 그의 역사해석에서는 강화도조약 자체는 밝은 요소가 지배적이다. 그것을 어두운 암으로 전환시킨 것은 임오군란과 대원군의 준동이었다. "청년군주 고종이 주도한 개국·개화정책의 성과는 임오군란으로 일시에 무너져 '명'이 '암'으로 바뀌었다"는 것이 이태진의 주장이다.[3] 강화도조약 이후 민비와 그 척족으로 대표되는 조선의 집권세력이 임오군란 그리고 마침내 동학혁명에 이르기까지 전개되는 정치적 혼란과 민중 저항 발전의 책임을 민중 바로 그들과 특정 개인에게 전가하는 논리이다. 그것은 이태진이 임오군란을 대원군의 재집권 시도 때문에 발생한 것으로 단순화하는 것과도 일맥상통한다.[4] 임오군란이 초래된 데 대한 집권층 정치 리더십의 난맥상과 벌족 세도정치의 폐해는 덮어두고 그 피해 집단이나 특정 정치인에게 책임을 추궁하는 것에 가깝다.

김주영의 대하역사소설 『객주』에서 그려진 임오군란의 역사상은 매우 다르다. 김주영은 「작가의 말」에서 기존의 역사소설들을 비판한다. 이 비판은 사실 역사소설만이 아니라 학자들의 역사서술에도 적용될 수 있다. "왕권의 계승이나 쟁탈, 혹은 그것에 따른 궁중 비화나 권문세

---

3) 이태진, 「1876년 강화도조약의 명암」, 『한국사 시민강좌 36』, 일조각, 2005.2, 특히 136~138쪽.
4) 이태진, 2005.2, 136쪽.

가들의 권력다툼이나 혹은 그들에 대한 인간사가 주류를 이루고 있었던 반면 백성들의 이야기는 뒤꼍에 비치는 햇살처럼 잠깐 비치고 말거나 야담(野談)으로 봉놋방 구석으로 밀려나 있었다. 백성들 쪽에서 바라보는 역사 인식에 대한 배타성이 우리 역사 기술에는 너무 강하게 작용하고 있지 않은가 생각되었다."[5]

이 소설은 1882년 5월에 터진 임오군란 직전 조선의 문제를 크게 몇 가지로 묘사한다. 첫째, 강화도조약 이후 조선사회의 경제 주도권이 일본으로 넘어감으로써 식량난을 포함해 가중되는 일반 백성들의 고통이다. 둘째, 민비와 그 씨족이 국가 재정을 궁핍케 하여, 국고(國庫)가 민씨들의 사적인 '민고'(閔庫)로 되고 말았다는 민중의 인식이다. 셋째, 민씨 정권이 일본과 붙어 국가와 사회의 자주권을 잃었다는 유생들과 민중의 불만이다. 그로 인해 왜양일체(倭洋一體)를 배척하는 조선 유생들의 비판은 민중의 정서와 상당한 일체감을 형성하는 상황이 되어 있었다는 것이다.

대원군은 우리가 앞 장에서 살펴본 바와 같이 엄연히 한계가 있는 인물이다. 그럼에도 백성들 사이에서 민씨 정권에 대한 원망과 왜양에 대한 배타적 정서가 맞물리면서 대원군에게 민중의 지지가 몰렸다는 사실을 외면할 수는 없다. 김주영의 소설은 관의 부패와 일본에 대한 민중의 원망을 주인공 천봉삼에게 곡물객주 염 대주가 하는 말을 통해 이렇게 묘사한다. "지난해도 풍년이랄 수는 없지요. 그런데다가 삼남 곡창의 공작미(公作米)들이 알짜만 뽑혀 동래포로 해서 왜국으로 건너간다 합니다. 고을의 관아에서는 구실아치들이 잠상의 끄나풀들과 통모하여 관고(官庫)의 곡식조차 빼내어 팔아먹고 있다 합니다. 폐단이 그뿐이겠소. ⋯⋯곡식이 있다 할지라도⋯⋯벼슬아치들의 녹미(祿米) 같은 공

---

5) 김주영, 『객주』(전9권), 1981년 초판, 2002년 개정판, 문이당, 「작가의 말」에서.

곡(公穀) 메우기도 바쁘게 되었으니, 민간으로 흘러갈 곡식이 남아돌리가 만무지요."6)

민비와 민씨 척족이 국가재정을 궁핍케 하는 풍경에 대해서는 이렇게 말하고 있다. "중궁전(민비)에서 세자가 병약한 것을 치성드린다 하여 금강산 일만 이천 봉마다 일천 냥에 나락 한 섬, 백목 한 필씩을 바쳤다는 소문이 여항에 파다한데, 그것이 외자로 난 소문이 아닌지요? ……중궁전 금강산 행차에는 조빙궤(造氷櫃: 얼음 냉장고)까지 조발된다는 말은 들었소만, 나 역시 뒤따라가 보지 못했으니 알다가도 모를 일이지요. 하지만 아니 땐 굴뚝에 연기 나는 것 보았소? 소문이야 그뿐이 아니랍니다. 궁궐에다 무당이며 점쟁이며 맹인·잡배들을 불러들여 날마다 굿이며 불공이며 치성을 드린답시고 바라 소리가 그칠 사이가 없다 하더군요." 이어 작중인물 유필호가 염 대주와 천봉삼에게 이같이 덧붙인다. "별하고(別下庫)는 말할 것도 없지만, 호조나 선혜청 같은 전곡(錢穀) 아문의 창고가 어디 국고(國庫)이던가. 민간에서는 민고(閔庫)라고까지 부르게 되었다네. 김문(金門)의 세력은 대원위 대감이 꺾었다지만 민문의 세력을 꺾을 자는 없게 되었네. 중궁전에서는 세자 책봉 때도 비밀리에 왜국과 교섭하고 이유원(李裕元)을 앞세워 수월찮은 사하(私下)를 이홍장(李鴻章)에게 바쳤다지 않은가. 그것이 얼마나 되는지 알고 있는 사람은 거래한 셋뿐이라네."7)

민씨와 왜양에 대한 배척에서 당시 젊은 유생들과 민중의 정서가 별반 다르지 않았다. 그 결과 현실정치에서는 대원군에게서 유일한 희망을 찾는 것이 밑바닥 민심이었다고 해석한다. 이것이 다분히 당시 민중정서의 진실을 담은 것이라면 그러한 정서는 결빙된 채 유지되다 1894년

6) 김주영, 『객주 7』, 135~136쪽.
7) 김주영, 『객주 7』, 137쪽.

동학농민세력이 1차 봉기할 때 대원군의 재집권에 대한 희망으로 연결되었다고 할 수 있다. 소설『객주』는 임오군란이 발발하기 전 경기도 과거시험장에서 벌어진 한 사건을 둘러싼 등장인물들의 대화를 통해 그 풍경을 전하려 시도한다.

"팔월 이십일일에 경기도 감시(監試) 초시(初試)를 보이는 날, 강달선이며 이종학이 유생으로 가장하고 과장(科場) 속에 섞여 있다가 기회를 틈타 토왜(討倭)하며 유생들이 과지(科紙)를 집어던지고 사방에서 들고 일어나 호응하면, 그와 때를 같이하여 종가 시전에서는 시정배들을 충동질해서 육조 앞에 이르러 힘을 얻은 다음 세 패로 갈라서 한 패는 대원위 대감의 입궐을 외치면서 창덕궁으로 내달아 나라님을 능욕하고 다른 한 패는 왜(倭)와 수교에 앞장섰던 민문의 척신과 상신(相臣)들을 척살시키고, 나머지 한 패는 청수관(淸水館)이며 왜별기(倭別技)를 조련하는 왜노들을 단칼에 베고 병장기를 탈취하자는 의중이었던 모양입니다. 그러나 이풍래란 자가 고변하여 그날로 연루된 자들을 서캐 잡듯 훑어 잡아 의금부와 포도청으로 잡아들인 것인데……."

그러자 곰배라는 등장인물이 이렇게 평한다. "글줄이나 읽었다는 책상물림들이란 게 모두 하는 짓들이 허무맹랑입니다. 병장기도 없이 주먹만 내밀고 고함만 지른다 하여 대원위 대감의 입궐이 가당하며, 시정배들 역시 제 몸 사리기 바쁜 터에 범 아가리보다 더 무서운 화승총 부리 앞에 대가리를 디밀까. ……맨주먹으로 청수관 왜놈들을 칠 수 있다고 작정한 그 위인들이 실성한 것들이 아니오?"[8]

곰배라는 위인의 자포자기적 비평에도 불구하고 역사는 임오군란이라는 사태를 만들어낸다. 다만 책상물림들이 주도한 것이 아니라 군인들이 주도하여 민중의 호응을 받기에 이르렀던 것이 다르다. 하지만 사

---

8) 김주영,『객주 7』, 206~207쪽.

태의 본질은 같았다. 군인들을 격동시킨 것은 민씨 권력이 직접 개입된 부정부패였고, 일본이 불러일으킨 토왜(討倭)의 정서였다. 반노 마사타카(坂野正高)는 "이 사건의 배후에는 조선 개국 후 일본과의 무역으로 쌀값이 급등한 것에 대한 경성 시내 민중의 반일감정이 있었다"고 지적한다.[9]

2. 임오군란의 인식

김용구는 임오년(壬午年)인 1882년 7월 19일(음력 6월 5일) 조선 병사들이 살고 있던 서울의 이태원과 왕십리 일대에서 벌어진 일을 다음과 같이 소묘한다. "이날 이태원과 왕십리 일대에 살고 있던 병사들에게 13개월 만에 봉급인 쌀이 지급되었다. 1개월 봉급에 해당되는 쌀만 지급됐는데도 그 쌀이 정량에 미치지 못했을 뿐만 아니라 돌이 섞인 것이 절반이나 되었다. 이에 병사들은 흥분해서 창리(倉吏)를 구타했다. 그런데 군인 봉급의 책임자인 선혜당상(宣惠堂上) 민겸호(閔謙鎬)는 사태를 수습하기는커녕 병사들을 마구 잡아가는 강압적인 조치를 취했다."[10]

조선 병사들을 격분시킨 이러한 사태는 어디에서 비롯된 것인가. 두 가지를 들 수 있다. 첫째, 1881년 군제 개편으로 구식군대는 차별받았다. 둘째, 그러한 차별보다 구식군대 병사들의 분노를 폭발시킨 직접적인 원인은 민겸호가 책임자로 있는 선혜청의 비리였다.

1881년 11월 조선 정부는 종래의 5군영(軍營)을 두 개의 영(營)으로 통폐합했다. 우선 무위소(武衛所), 훈련도감, 용호영, 호위청을 통합해

---

9) 坂野正高, 『近代中國政治外交史』, 東京: 東京大學出版會, 1973, 387쪽.
10) 김용구, 『임오군란과 갑신정변: 사대질서의 변형과 한국외교사』, 도서출판 원, 2004, 5~6쪽.

무위영(武衛營)이라 칭했다. 또 금위영, 어영청, 총융청을 통합하여 장어영(壯禦營)이라 했다. 두 영의 우두머리는 대장(大將)이란 칭호를 받았다. 초대 무위대장은 이경하(李景夏), 장어대장은 신정희(申正熙)였다.[11]

한편 조선 정부는 그해 4월부터 종래 5군영에서 80명의 병력을 선발하여 신식군대를 편성했다. 이를 '교련병대'(敎鍊兵隊)라 했다. 고종은 신식군대에 깊은 관심을 가졌다. 1881년 8월 고종은 스스로 군복을 입고 이 부대 시범훈련에 참관한다. 1882년 2월 교련병대는 병졸 300여명, 사관생도 140여 명으로 늘어나 있었다.[12]

새로운 군제개편 후 조선 병사 대부분이 받게 된 차별대우는 이중적이었다. 무위영과 장어영에 소속된 구식군대는 신식군대에 비해 차별대우를 받았다. "교련병대는 국왕의 사병(私兵)이라고 불릴 정도였던만큼 급료, 피복지급 등의 면에서 대우가 구식군대보다 매우 좋은 편이었다. 교련병대는 스나이퍼, 마티니, 유레파의 속사소총 시스템으로 무장했다."[13] 또한 무위영으로 통합된 구식군대 안에서도 과거 무위소와 다른 군영 병사들 사이에 있어온 차별이 그치지 않았다. 무위소는 고종이 친정을 시작하면서 바로 만든 것으로 다른 군영들에 비해 이미 특별대우를 받아왔다. 송병준은 1881년 말 무위소 군인들에 대한 고종의 편애를 다음과 같이 토로했다 한다. "무위소의 군사들을 자기가 부리는 사람처럼 보고 은혜를 편중되게 베풀었기 때문에 제대로 끼니도 못 때우는 각영의 군병들은 더욱 원망하고 있다."[14] 같은 무위영으로 통합된 후에도 무위소 출신 군인과 다른 군영 예컨대 훈련도감 출신 병

11) 배항섭(裵亢燮), 『19세기 조선의 군사제도 연구』, 국학자료원, 2002, 179쪽.
12) 배항섭, 2002, 176~177쪽.
13) 배항섭, 2002, 178쪽.
14) 『승정원일기』, 고종 18년 11월 30일; 배항섭, 2002, 182쪽.

사들은 여전히 차별대우를 받고 있었다.[15] 임오군란이 발발하기 직전인 1882년 6월 5일 영의정 홍순목은 다음과 같이 고백하고 있었다. "무위소 출신의 군사들이 받는 것은 한 섬이 가득 차고 훈련도감 출신 군사들이 받는 것은 이처럼 완전히 채우지 않았으니, 어찌 소외당한다는 탄식이 없을 수 있겠습니까?"[16]

하지만 13개월 만에 한 달치 봉급을 받으면서 그나마도 돌 섞인 쌀을 받은 데 분개한 병사들은 오히려 처형을 당할 위기에 빠진다. 민겸호는 그 주동자를 잡아가두고 사형을 선언했다. 더욱 격분한 군인들은 민겸호의 집을 습격한다. 민겸호는 궁궐 안으로 도망쳤다. 군졸들은 대원군에게 달려가 진퇴를 묻는다. "대원군은 겉으로는 달래어 놓고서 뒤로는 군졸의 주동자들을 비밀히 만나보고, 또 심복부하로 하여금 군졸의 행동을 지휘하게 했다. 이에 군졸들은 무기를 탈취한 뒤에 포도청을 습격하여 갇혀 있던 자들을 석방하고, 별기군을 훈련하던 일본인 장교를 죽인다. 이어 일본공사관을 습격했다. 일본공사 하나부사 요시모토(花房義質: 1842~1917)는 겨우 탈출하여 귀국했는데, 이때 공사관은 불타버렸다. 군인들은 다음 날 궁성으로 달려들어가 민겸호를 죽였다. 그리고 민비를 찾아다녔다. 그녀는 겨우 몸을 숨겨 탈출했다."[17] 군졸들의 폭동이 대원군의 행동과 결합하면서 단순한 폭동에서 반란으로 발전하게 된 것이었다.[18]

고립무원에 처한 고종은 대원군의 복귀를 받아들일 수밖에 없다고 판단했다. 그는 대원군을 입궐시키고 모든 정사를 대원군 결재를 받아 시행하도록 한다. 그에게 전권을 넘긴 것이다. 집권한 대원군은 군인들

---

15) 배항섭, 2002, 181쪽.
16) 『승정원일기』, 고종 19년 6월 5일; 배항섭, 2002, 182쪽.
17) 이기백, 『한국사신론』, 1999, 297쪽.
18) 김용구, 2004, 6쪽.

의 요청으로 무위영과 장어영의 두 영과 함께 별기군을 폐하고 종래의 5군영 체제를 회복시킨다. 개화정책을 통괄하던 통리기무아문도 폐지했다.

사학자 강만길은 임오군란의 의미와 한계를 이렇게 정리했다. "민씨 정권의 개화정책에 대한 불만으로 일어난 군인폭동에 도시빈민들이 가세하고 그 결과 한때나마 대원군이 재집권한 것은 어찌 보면 자연스러운 일이기도 했다. 그러나 용병들과 도시빈민들의 폭동이 진보적 정치세력과 연결되지 못하고 조선왕조적 지배질서를 다시 강화하려는 정치세력의 재등장을 가져왔다는 점에 이 시기의 역사적 제약성이 드러난다고 할 수 있다."[19]

이러한 평가가 반드시 적절한지는 따져볼 필요가 있어 보인다. 첫째, 이 군인폭동을 단순히 개화정책 자체에 대한 반대와 동일시해도 좋은지는 의문이다. 임오군란은 개화정책 자체가 아니라 개화라는 이름 아래 신식군대에 대한 편중과 나머지 군사들에 대한 차별을 가져온 서툴게 왜곡된 개화, 결국 개혁 없는 개화가 초래한 부작용들에 대한 저항이라고 할 수 있다.

둘째, 당시 조선에는 일부 개화파들이 형성되고 있었으나 그 시대의 현실권력구도에서 이들 개화파는 친일적 성격을 띠고 있었음을 부인할 수 없다. 당시 민중의 인식에서는 이들 개화파 세력은 개혁 없는 개화를 추진하고 있던 민씨 정권의 개화로부터 구분되기 어려웠다. 임오군란의 한계는 바로 그 시대 조선의 개화정책 추진세력이 갖고 있던 역사적 한계와 불가분한 연관 속에 존재했다.

셋째, 대원군이 집정하면 "조선왕조적 지배질서를 강화하려는 정치세력"의 집권이 된다는 것으로 혹 곧바로 등치시키는 것이라면 오해의

---

19) 강만길, 『고쳐 쓴 한국 근대사』, 창작과비평사, 1994, 183쪽.

소지가 없지 않다. 군사들을 포함한 민중이 당시 대원군을 선택한 것은 전통적 왕조세력이지만 반외세 및 개혁적이었던 대원군과 개혁 없는 개화의 추진자들인 민씨 세력 중에서 차악(次惡)을 선택한 것으로 보아야 할 것이다. 고종이 친정하고 민비가 권력을 휘둘러 민씨 세도가 발호하는 가운데 백성들에 대한 사대부의 토색질은 다시 악화되었다. 대원군 때는 민중을 착취한 자원이 국방력에라도 쓰였다지만 이제 그것은 민씨 일족과 양반층의 배를 채워주었을 뿐 국방력은 다시 허술해졌다. 그 결과 일본이 무력으로 부과한 불평등조약에 무기력하게 굴복하지 않을 수 없었다. 포스트-대원군 체제의 이러한 양상들에 대한 민중의 불만과 거부를 임오군란은 고스란히 담고 있었던 것이다.

3. 고종의 군제개편과 그 문제점

사학자 이기백은 대원군 재집권 직후의 상황을 두고, "이리하여 개화정책 이전의 옛날로 다시 돌아가게 되었다"고 평한다.[20] 그러나 대원군의 재집권으로 군제개편이 원점으로 돌아간 것까지도 단순히 개화에서 옛날로 돌아간 것으로 평해야 옳은 것인지는 의문이다. 고종이 실시한 개화정책이 무언가 실속이 있는 것이라고 보는 역사학자들은 고종 친정 후 실시된 군제개편이 실질적인 부국강병책의 증거라고 본다. 그러나 실제 속을 들여다보면 부국강병을 이룩하기는커녕 조선 군부 내부 분열과 무력화를 초래한 것에 불과하다는 비판을 면하기 어렵다. 세 가지 의미에서 그러했다.

첫째, 5군영을 두 영으로 개편한 군제개편은 사실상 유명무실했다. 고종의 군제개편은 기존의 각영들을 사실상 그대로 둔 채 이름만 바꾼

---

20) 이기백, 1999, 298쪽.

것에 불과했다. 그마저 임오군란을 계기로 군제가 다시 구래의 5군영제로 복귀할 때까지 실제적인 통합은 이루어지지 못하고 있었다.[21] 그래서 19세기 조선의 군사제도 변천을 집중 연구한 배항섭은 고종의 군제개편 등 개화정책의 군사적 측면이 내포한 허실을 이렇게 지적한다. "고종은 조사시찰단의 파견, 영선사의 파견 등으로 근대적 군제와 무기를 도입하여 강병정책을 추진하기 시작했고, 신식군대를 창설하여 훈련시키기도 했으며, 군제개편을 단행하기도 했다. 그러나 이러한 군제개편은 군사력의 증강이나 국방력 강화와 거리가 먼 것이었다. 오히려무위소와 여타 군영 간의 갈등을 온존시킴으로써 1882년 6월 임오군란이 야기되는 원인만 제공하고 말았다."[22]

둘째, 신식군대의 설립 역시 조선군 내부 분열의 씨앗만을 잉태했다. 그 운영방식으로 말미암아 신식군대는 조선을 지키는 것이 아니라 처음부터 외세에 충성하는 무력이 되어버릴 수 있었다. 배항섭의 평가가 그러하다. 조선정부가 추진한 교련병대 등 근대적 군사교육은 내치를 통한 국민적 통합이나 재정적 뒷받침이 뒤따르지 못했다. 오히려 청국식, 일본식으로 훈련되는 군영 간의 갈등과 분열을 초래한다. 군대의 통일적 편제와 통수를 불가능하게 만들고 만다. 더욱이 교련병대는 차별대우에 따른 구식군인들의 분노를 폭발시킴으로써 국난의 빌미가 되었을지언정, 군비강화에는 실제 도움을 주지 못했다.[23]

셋째, 고종이 신식군대를 설립하는 과정에서 취한 행동과 전략이 조선 안에서 청나라와 일본의 세력경쟁과 무력개입을 촉진하는 효과를 낳았다. 강화도조약 이후 일본과 청나라는 저마다 고종에게 조선의 군비증강을 촉구한다. 조선의 군비강화 과정에서 주도적인 역할을 하기

---

21) 배항섭, 2002, 181쪽.
22) 배항섭, 2002, 181쪽.
23) 배항섭, 2002, 178쪽.

위해 음양으로 노력했다. 청나라 이홍장은 조선이 일본과 수호조약을 맺게 되면 청나라의 방토인 조선을 일본이 무력으로 침탈하는 행위를 하지 않을 것을 기대했다. 그러나 이후 전개된 상황은 중국의 우려를 낳고 있었다. 일본이 1879년 오키나와를 일본의 영토로 무력으로 병합하자 조선의 장래에 대한 청국의 우려는 더 구체적인 것으로 다가왔다.

이홍장은 1879년 7월 조선의 영의정 이유원에게 밀함(密函)을 보내 조선의 향후 대외정책 방향을 제안한다. 그 핵심은 두 가지였다. 서양 나라들과 통상조약을 체결하는 것, 그리고 군비와 군사재정을 확충해야 한다는 권고였다. 이홍장은 밀서에서 이렇게 말했다. "과거에 서양인들이 귀국에 가서 통상하려 하다가 비록 거절당하여 돌아갔지만, 그들의 의도가 석연치는 않다. 만약 일본이 은밀히 영국, 프랑스, 미국 등 여러 나라들과 연결하고 개항의 이점을 들어 그들을 유인한다거나, 아니면 북쪽으로 러시아와 연합하고 영토를 확대할 계책을 세운다면 귀국의 형세는 외로울 것이니 적이 걱정이 크다. 중국의 시무자(時務者)들은 모두 사후(事後)에 도와주기보다는 사전에 대비하는 것이 낫다고 생각하고 있다. ……귀국도 이미 부득이 일본과 조약을 맺었으니 통상은 이미 단초가 열린 것이다. 서양 각국도 반드시 이어서 조약을 맺고자 할 것이고, 일본은 그 점을 기화로 삼을 것이다. 지금의 계책으로는 이독공독(以毒攻毒: 독을 다른 독으로 공격함), 이적제적(以敵制敵: 적을 다른 적으로 제압함)의 계책을 써야 할 것이다. 때를 보아 서양 각국과 조약을 맺고 그 힘으로써 일본을 견제하는 길밖에 없다."

이홍장의 밀서는 또한 조선에게 군비를 강화할 것을 권고했다. "일본과 영토가 서로 접한 곳으로는 북으로는 조선이요 남으로는 중국의 대만이니 더욱 주의하여야 한다. 류큐(琉球: 오키나와)는 중국과 수백 년 관계를 가진 나라이나 일본과는 관계가 전혀 없었는데 금년 봄에 갑자기 병선을 보내 침략하여 그 국왕을 폐위하고 그 영토를 차지했다. 따라서 중국과 귀국에 대해서도 틈을 엿보아 그 야심을 만족시키지 않으리라 보장하기 어렵다. 중국은 병력과 경제력이 일본의 10배나 되므로 오히려 힘써 지탱할 수 있을 것으로 생각되지만 조선에 대해서는 주저되는 바이다. 그러므로 마땅히 이러한 시기를 맞아 은밀히 군비를 강화하고 병사를 훈련시켜 나라를 굳게 지켜 침략을 당하여도 조금도 흔들리지 말고 국경을 튼튼히 지킬 것이며, 외교관계에 있어서는 당연히 조약을 준수하여 트집잡힐 단서를 주지 않아야 할 것이다. 한번 일이 생기면 저들이 잘못하고 내가 올바르더라도 이기고 지는 것은 별개의 문제인 것이다. 생각건대 (조선은) 학문을 숭상하는 나라로 불리지만, 재력이 매우 충실치는 못하므로 지금 당장 나라를 정비하여 하루아침에 공격을 당하지 않도록 하여야 할 것이다. 지금 들으니 일본이…… 두 척의 전함을 파견하여 오랫동안 부산포 밖에 머물며 함포사격훈련을 하고 있다 하니 그 뜻이 어디에 있는지 알 수 없다. 만약 조약을 어기고 조선을 침략한다면 중국은 힘을 다하여 도울 것이지만 거리가 멀어 끝내 도움이 미치지 못할까 두렵다."[24]

이홍장이 권고한 두 가지 대책들 가운데, 조선정부는 서양과의 통상조약 체결은 시기상조라 하여 일단 반대했다. 그러나 무기제조와 군사훈련 문제는 시급하다고 판단한다. 1879년 8월 하순 청국의 자문을 구하기 위해 사절단을 파견했다. 1881년 9월 26일에 북경에 파견된 영선사(領選使)가 그것이었다. 이조참의 김윤식(金允植)이 영선사를 맡았고, 통리기무아문 주사 윤태준이 종사관이었다. 이들이 학도(學徒) 20명, 공장(工匠) 18명을 포함한 유학생 38명, 관리 18명, 수행인 19명, 도합

<hr>

24) 『용호한록 4』(龍湖閑錄 四), 「직예총독문각태학사이홍장 저귤산이상국서」
   (直隷總督文閣太學士李鴻章 抵橘山李相國書), 433~435쪽; 『고종실록』, 고종 16년 7월 8일; 배항섭, 2002, 162~163쪽에서 재인용.

69명을 이끌고 갔다. 이들 중 상당수는 중도 탈락하거나 조기 귀국하지만, 10여 명의 유학생들은 약 9개월에 걸쳐 탄피, 뇌관, 화약제조, 제도, 제본, 전기, 소총수리 등의 군사기술을 배우고 돌아온다. 하지만 조선정부는 이들의 학습결과를 제대로 활용할 채비를 갖추지 않았다.[25]

고종은 청나라와 긴밀히 협력하여 군비강화를 도모했지만, 청나라에만 의지하지 않겠다는 생각을 가졌다. 일본과의 군사협력을 함께 추진했다. 일본 역시 그 기회를 노리고 있었던 것이 분명했다. 일본은 이미 강화도조약 체결 당시 조선에 몇 종류의 일본 무기를 전달했고 또한 기술을 전해줄 수 있다는 제안도 했다. 조약 체결 다음 해인 1877년 12월(양력)에는 대리공사로 부임한 하나부사 요시모토가 예조판서 조영하(趙寧夏)에게 부국강병의 중요성을 역설한다. 조선정부가 의술, 기선, 기차, 군기, 측량 등을 배울 유학생을 파견하면 일본정부가 적극 협력하겠다는 뜻도 전한다.

1880년 11월(양력) 조선에 변리공사로 부임한 하나부사가 예조판서 윤자승(尹滋承)에게 각종 소총과 권총 50정, 그리고 탄약 1,000발을 기증했다. 또 1882년 4월 왕세자 척(坧)의 가례(嘉禮) 때에 산포(山砲) 2문과 기정(汽艇) 1척을 조선정부에 기증한다. 하나부사는 1881년 2월 28일(양력), 7개조의 약조를 제시한다. 그 안에는 "조선정부가 군사와 공업에 대해 학습할 생원을 파견하면 일본정부가 각기 필요한 학교에 입학시켜 배울 수 있도록 하겠다"는 것과, "조선정부가 필요로 하는 총포와 군함의 구입을 일본정부가 주선해주겠다"는 내용이 담겨 있었다.[26] 모두가 일본의 군사무기와 군사력의 우월함을 과시하고 인식시켜서 조선이 일본에 의지하는 마음을 갖게 만들려는 속셈이었다.

---

25) 배항섭, 2002, 165~166쪽.
26) 배항섭, 2002, 173~175쪽.

청나라와 일본의 군사무기를 비교해본 조선정부 당국자들은 일본의 군사기술이 더 우수하다는 것을 알았다. 따라서 일본과의 군사협력에 관심을 갖게 된 것은 자연스러운 일이었다. 그러나 신식군대 교관을 어떤 나라로 정하느냐 하는 문제는 잠재적으로 큰 화근이 될 수 있는 외교문제였다. 그만큼 장기적인 안목에서 국가전략적인 판단이 필요했다. 이 문제에 대해 조선정부와 고종은 결코 지혜롭다고 할 수 없는 방식으로 접근했다. 그 결정과정 역시 신중하지 못했다.

정부 안에서는 신식군대 교관을 청나라와 일본 중 어느 쪽에서 선택할 것인가를 두고 논란이 일었다. 일부 인사는 먼저 청국과 협의할 것을 주청하는 경우도 있었다. 그러나 일본이 적극적인 자세로 나오면서 조선 정부는 그쪽으로 끌려간 것으로 보인다. 하나부사가 1881년 4월 26일(양력) 예조판서 홍우창과 경기도관찰사 겸 군무사(軍務司) 당상을 맡고 있던 민겸호에게 글을 보내 신식군대 교육을 촉구한다. 그리고 일본군 공병 소위 호리모토 레이조(堀本禮造)를 교관으로 추천했다. 민겸호와 홍우창은 4월 9일(음력) 수락하는 답서를 하나부사에게 보낸다. 이로써 신식군대 훈련문제는 일본 쪽으로 기울어졌다.[27]

이러한 결정에는 고종의 의향이 중요한 역할을 했다. 배항섭은 "고종은 조정의 의견이 분분하여 정책결정이 지지부진해지자 윤웅렬에게 은밀히 하나부사와 접촉하도록 지시했던 것"으로 판단한다. 결국 일본인 교관을 초빙하여 신식군대를 훈련시킨 배후에는 "청나라에 일방적으로 의존하기를 꺼려 하던 고종의 의도가 깊이 개재되어 있었던 것"으로 보았다.[28]

고종의 판단과 행동은 흔히 "자주국방을 위한 결단"으로 평가되곤 한

27) 배항섭, 2002, 176쪽.
28) 배항섭, 2002, 170쪽.

다. 배항섭도 "일본의 무기가 오히려 청보다 우수하다는 사실을 인지한 이상 군이 청에만 의존할 필요가 없다는 조선정부의 자주적인 의식"이 일본 측의 끈질긴 노력과 함께 결정적인 역할을 한 것으로 평가한다. 청나라가 1879년 이홍장의 밀서를 통해 외국교관 문제에 대해서 군이 자국인을 고집하지 않겠다는 의사를 표명한 것도 작용했으며, 조선이 일본에 보낸 수신사행(修信使行)을 통해 일본이 조선을 침략하려는 악의가 없다고 판단한 조선정부의 정세인식도 아울러 작용한 것이라고 배항섭은 지적한다.[29]

그러나 돌이켜보면, 신식군대를 키우면서 구식군대와 차별하고 그 교관에 일본군 장교를 임명한 것은 주변국가들 사이의 국제적인 갈등을 조선의 수도 서울에 직접 끌어들이는 결과를 초래하는 시발점이었다. 최선은 기존의 조선 군부대 전체의 근대화를 점진적으로 추진하는 방도를 강구하는 쪽이었을 것이다. 또한 특정한 주변 국가의 장교를 지휘관으로 두기보다는 두 나라 모두에 유학생을 파견하여 습득한 지식과 기술로 조선 군부대 전체의 수준을 향상시키는 방식으로 진행했어야 옳았다. 이홍장의 밀서는 일본군관을 신식군대의 지휘관으로 삼아도 무방하다거나 하는 내용을 담고 있지는 않다. 오히려 일본을 강하게 경계하면서 조선이 쇄신하고 또한 청나라와의 긴밀한 외교공조를 통해 조선의 국방력을 강화할 것을 주문하는 것이 그 핵심이었다.

1874년 대만을 무력으로 침공하고 1879년 오키나와를 무력으로 합병함으로써 청나라의 우려를 증폭시키고 있던 일본에게 군사협력을 구하면 자주국방이요, 청나라와 군사협력하는 것은 자주국방이 아니라는 논리는 설득력이 없다. 한 나라는 조선을 자신의 영향권에 보존하기 위해서, 그리고 다른 한 나라는 조선을 자신의 영향권으로 만들기 위해서

---

29) 배항섭, 2002, 173쪽.

더 적극적으로 미끼를 던지고 있었다. 조선이 한 나라에 의존하기 싫어 다른 나라와 더 협력한다는 투로 당장 더 좋아 보이는 나라의 미끼를 덥석 물어버린 형국이었다. 일본군 교관을 앞세운 신식군대를 창설함으로써 조선이 일본과의 군사협력을 바탕으로 청을 견제하려 한다는 의구심을 불러일으킨 것은 짐작하기 어렵지 않다. 조선과 일본의 연대가 더욱 발전하는 것을 저지할 기회를 청나라가 노리기 시작하는 것은 불가피했다고 보아야 한다. 조선정부가 신식군대를 특별하게 대우하고 조선 군사 대부분을 차별하는 정책이 내부의 군란을 자초하면서 청나라가 노린 기회는 더 빨리 찾아왔다.

임오군란은 조선에 대한 일본의 개입뿐만 아니라 청국의 조선에 대한 실질적 속방화 정책을 불러온다. 나아가 일본과 중국의 군비경쟁을 본격화시키는 계기로 작용한다. 일본은 1883년 8개년 계획을 세워 대함(大艦) 6척, 중함과 소함 각각 12척, 수뢰함(水雷艦)과 포함(砲艦) 모두 12척을 건조하게 된다.[30]

4. 일본의 대응과 청나라의 개입

임오군란의 발생은 일본정부가 먼저 알았다. 청국정부는 일본정부를 통해서 통보받았다. 난을 피해 쫓기던 하나부사 일행은 사건발생 6일 후인 7월 25일 인천 근해에 정박 중이던 영국 측량선에 구조되어 29일 밤에 나가사키(長崎) 항에 도착한다. 30일 오전 하나부사는 도쿄의 이노우에 가오루 외무대신에게 호리모토 레이조 소위 이외 8명의 생사를 알 수 없다는 것을 전보로 알린다. 일본정부는 7월 31일 강력한 육해군 경호를 붙여 하나부사 공사를 조선에 파견하고, 부산과 원산의 일본 거

---

30) 김용구, 2004, 40쪽.

류민 보호를 명분으로 군함을 급히 파견할 것을 결정한다.[31]

　일본정부는 임오군란의 발생을 매우 신속하게 중국정부에게 통보했다. 7월 30일 외무차관 요시다 기요나리(吉田淸成)가 일본 주재 중국 흠차대신(欽差大臣) 여서창(黎庶昌)에게 사건 내용을 전달했다. 당시 중국 북양대신은 이홍장이었지만, 그는 그해 4월 모친상을 당해 100일의 휴가를 받아 고향인 안휘성(安徽省)에 가 있었다. 장수성(張樹聲: 1824~84)이 잠시 북양대신 서리를 맡고 있었으므로 여서창은 그에게 31일 전문을 보내 알렸다. 8월 1일에도 전문을 보냈다. 이때 일본이 조선에 군함을 보내기로 한 사실을 알린다. 중국도 군함을 파견하는 것이 좋겠다는 의견도 보냈다. 장수성은 북양함대 제독 정여창(丁汝昌)에게 조선출병 준비를 명하고 마건충(馬建忠)도 동행할 것을 권고한다. 같은 날 중국정부는 이홍장을 급히 천진으로 돌아오도록 했다. 이처럼 신속하게 조선에 대한 군사개입을 준비했다. 마침내 황제가 정식으로 조선에 군대파견을 명령한 것은 8월 7일이었다.[32]

　군대를 이끌고 인천항에 먼저 도착한 것은 일본의 하나부사 일행이었다. 8월 12일이었다. 하나부사가 끌고 온 병력은 군함 4척, 수송선 3척과 하나부사를 위한 호위 명목으로 딸려 보낸 보병 1개 대대였다. 하나부사와 일본군 지휘관에 주어진 일본정부 훈령은 "만일 조선정부와의 담판이 결렬되는 경우 최후통첩을 보내고 인천 제물포 일대를 점령하여 다음 명령을 기다리라"는 강경한 것이었다.[33] 반노 마사타카는 당시 미국이 주중국 미국공사 영(J.R. Young)의 제언에 따라, 군함 한 척을 인천에 보냈다고 말한다. 이 조치는 하나부사 일본공사에 대한 무언의

31) 김용구, 2004, 32~34쪽.
32) 김용구, 2004, 86쪽.
33) 김기혁(金基赫), 「이홍장과 청일전쟁: 외교적 배경의 고찰」, 김기혁 외, 『청일전쟁의 재조명』, 한림대학교출판부, 1996, 20~21쪽.

압력을 행사했을 것이라고 그는 해석한다.[34]

하나부사가 고종과 대원군을 상대로 고압적인 외교교섭을 벌이고 있는 동안, 실제 조선을 장악한 것은 대군을 이끌고 8월 20일 인천에 당도한 중국의 오장경(吳長慶)이었다. 그는 약 3,000명의 대병력을 이끌고 왔다. 김기혁이 파악한 청나라의 조선 파병 목적은 "일본의 군사적 보복행동을 방지하고 청국 황제가 책봉한 국왕의 친정을 회복하는 것"이었다.[35] 이때 오장경의 막하에 원세개(袁世凱)가 있었다.[36]

일본은 강경한 복안을 갖고 왔지만 당장 우세한 청군과 충돌할 경우 승산이 없었다. 그래서 일본은 조선과 일본의 문제에 청국이 개입하는 것을 용납하지 않기로 했던 애초의 강경한 태도를 완화하고 타협을 할 수밖에 없었다.[37]

인천에는 이미 일본 군함이 있었으므로 중국 함대는 남양으로 옮긴다. 이들은 이미 대원군 납치 계획을 갖고 왔다. 영선사로서 북경에 머물고 있던 김윤식의 판단과 건의가 이 계획 수립에 중요한 역할을 한다. 마건충은 8월 11일 작성된 사태수습안에서 임오군란을 "이하응(대원군)의 난"으로 규정한다.[38] 김윤식은 "먼저 대원군을 중국 군대 앞에 나오도록 하고 만일 나오면 살려주고 그렇지 않으면 토벌하라는 계책"을 중국 측에 내놓았다.[39]

34) 坂野正高, 1973, 388쪽.
35) 김기혁, 1996, 20쪽.
36) 坂野正高, 1973, 388쪽.
37) 김기혁, 1996, 21쪽.
38) 김용구, 2004, 92쪽.
39) 김용구, 2004, 90쪽.

5. 대원군이 청나라에 끌려가던 날의 『고종실록』

1882년 8월 26일(음력 7월 13일) 『고종실록』은 중국 제독 오장경이 병대(兵隊) 100명을 인솔하고 대원군의 거처인 운현궁에 들어갔다고 기술하고 있다. 같은 날 기록에 "대원군이 천진으로 행차하다"라는 제목의 기록이 있다. "오늘 오후에 대원군이 정여창과 마건충 두 사람이 머물고 있는 둔지미(屯地尾: 남대문 밖)의 청나라 군영에 답례 방문을 하고 사의를 표한 다음 병선(兵船)을 타고 중국으로 떠났다"고 적고 있다.[40] 사의를 표하러 방문하러 갔다가 납치되어간 것을 그렇게 표현한 것이다.

황현은 당시 정황을 이렇게 묘사했다. "(청국 군대가) 군율을 엄격히 하여 (병사들의) 거동이 편안하고 심히 한가해서 도성 안 백성들은 두려워하지 않았다. 마건충 등이 대원군을 초청했는데 대원군은 가고 싶지 않았으나 아니 갈 수가 없어서 결국 당도하니, 모든 장수가 이어서 정성스럽게 맞이했다. 두 번째 초대되어 갈 때도 그러했는데, 초대받고 갈 때 대원군은 아무 걱정 없이 수레를 가져오라 명하자 정현덕이 말리면서, '대감, 이번에 가시면 반드시 돌아오시지 못할 것입니다' 했으나 듣지 않았다. 진영 제1문에 이르니 가마에서 내리라 하고, 제2문에서는 (대원군을) 따라온 사람을 못 들어가게 막았다. 전일과 달라서 비로소 변이 있음을 깨달았으나 어떻게 할 방도가 없었다. 마건충이 결박을 지으라 호령하고 그의 입을 막아 소리를 지르지 못하게 했다. 그러곤 가마에 태워 힘세고 날쌘 장정 한 패에게 마주 들게 하여 후문으로 빠져나갔다. 속히 동작나루를 건너 마산포(현 대부도 부근)에 이르러서 배에 태우고 떠났다."[41]

40) 『고종실록』, 고종 19년(1882 임오·淸 光緒 8年) 7월 13일(정유).

청군은 대원군을 납치하여 중국으로 압송한 후, "황제의 명을 받고 조선의 사변(事變)을 처리하는 마건충, 오장경, 정여창, 위윤선"이 작성한 효유문(曉諭文)을 선포한다. 『고종실록』은 그 대략을 다음과 같이 소개한다.

"조선은 중국의 속국으로서 본래부터 예의를 지켜왔다. 근래 이래로 권신(權臣)들이 실권을 잡아 나라의 정사가 사가(私家)의 문에서 나오더니 마침내 올해 6월의 변고가 있게 되었다. 지난번 이 변고가 황제께 보고되자 황제께서는 장수들에게 명하여 군사를 파견했다. 먼저 대원군을 중국에 들어오게 하여 일의 진상을 직접 물으시고, 한편으로 죄인들을 잡은 뒤에는 엄하게 징벌하되, 그 수괴는 처단하고 추종한 자는 석방하여 법을 정확히 준수하도록 했다. 이제 북양(北洋) 수군을 통솔한 정(鄭) 제독이 잠시 대원군과 함께 바다를 건너서 황제께서 계신 곳으로 갔다. 남의 혈육지간의 일에 대하여 은정을 온전하게 하고 의리를 밝히는 것은 우리 대황제께서 참작해서 알맞게 잘 처리하실 것이요, 너희 대원군에게는 반드시 대단한 추궁을 하지는 않으실 것이다."

이어 이 효유문은 대원군을 납치해가는 청나라의 행위에 저항하거나 불만을 갖는 조선인들을 염려하여 다음과 같이 협박하며 회유하는 말을 덧붙였다. "그런데 행차가 갑자기 있었으므로 혹시 너희들 상하 신민(上下臣民)들이 이 뜻을 알지 못하고 함부로 의심과 두려움에 사로잡혀 원(元) 나라에서 고려의 충선왕(忠宣王)과 충혜왕(忠惠王)을 잡아간 전례와 같은 것으로 생각한다면 황제의 높고 깊은 뜻을 저버리는 것이다. 이밖에 지난번 난을 일으킨 무리들이 혹시 다시 음모를 꾸민다면, 지금 대군이 바다와 육로로 일제히 진출한 것이 벌써 20개 영(營)이나 되니 너희들은 화와 복을 깊이 생각하고 일찌감치 해산할 것이며,

---

41) 황현, 『매천야록 상』, 2008, 336쪽.

그릇된 악감을 고집하여 스스로 죽음을 재촉하지 말라. 아! 대국과 너희 조선은 임금과 신하의 관계이므로 정의(情誼)가 한집안과 같다. 본 제독은 황제의 명령을 받고 왔으니, 곧 황제의 지극히 어진 마음을 체득하는 것이 군중(軍中)의 규율이다. 이것을 믿을 것이다. 특별히 절절하게 타이른다.”[42]

대원군이 청나라에 잡혀가고 다시 실권을 장악한 고종에게 중궁전 민비가 살아 있다는 소식이 전해진 것은 음력 7월 25일이었다. 서상조에 이어 이인응이 중궁전을 예의를 갖추어 맞아들일 것을 상소하자 고종은 이런 비답을 내린다. “천도(天道)는 밝게 돌아가고 사람들의 마음은 가릴 수가 없다. 행운과 불행이 교차하는 시기에 기쁨과 슬픔도 서로 갈마든다.”[43] 음력 8월 1일자 『고종실록』은 “중궁전이 환어(還御)했다”고 적고 있다.[44]

중국이 대원군을 납치해간 이유에 대해 강만길은 두 가지 이유를 제시한다. 첫째, 대원군이 전과 같이 일본에 대해 강경정책을 고집할 경우 일본에게 한반도에 대한 무력개입의 구실을 줄까 염려했다. 둘째, 고분고분하지 않은 대원군보다 민씨 일파가 집권할 경우 청나라가 조선 내정을 장악하여 간섭하기가 더 쉬울 것이라고 판단했다. 강만길은 이 같은 청나라의 판단과 대처는 적중했다고 보았다. “이후 일본의 한반도에 대한 외교적·경제적 침투는 상당히 제한되었고, 반대로 청나라의 정치적 간섭과 경제적 진출은 이후 10년간, 즉 청일전쟁 때까지 크게 진전되었다.”[45]

문제는 청나라가 대원군 압송이라는 극단적인 수단을 동원하면서 조

---

42) 『고종실록』, 고종 19년(1882 임오·淸 光緖 8年) 7월 13일(정유).
43) 『고종실록』, 고종 19년(1882 임오·淸 光緖 8年) 7월 25일(기유).
44) 『고종실록』, 고종 19년(1882 임오·淸 光緖 8年) 7월 17일(신축).
45) 강만길, 1994, 183쪽.

선의 조정을 장악하여 깊이 내정간섭을 시도하려 한 이유가 무엇이었
느냐 하는 점이다. 강만길은 "아편전쟁 이후 영국, 프랑스 등 서양 여러
나라의 침략에 시달리던 청나라는 일본의 조선 진출에 위협을 느낀 나
머지 임오군변을 계기로 조선에 대한 종래의 의례적 종속관계를 실질
적 식민지배관계로 바꾸기 위해 외교와 내정에 적극적으로 간섭했다"
고 풀이했다.[46]

청나라는 1876년 조선이 일본과 수호통상조약을 맺는 것은 찬성했
다. 조선이 일본에 평화적인 개국을 함으로써 일본의 무력 도발 여지를
줄일 수 있다고 판단했던 것이다. 그러나 1879년 일본의 류큐 병합은
중국에게는 충격이었다. 1874년 이미 한 차례 일본의 무력침공을 받은
대만과 함께 조선에 대한 일본의 야심을 중국은 깊이 우려했다. 일본이
갖가지 방식으로 조선을 일본 쪽으로 끌어들이기 위한 공작을 하고 있
음을 중국은 알고 있었다. 마침내 조선이 일본에 이끌려 신식군대를 일
본교관에 맡기는 등, 청나라와 일본 사이에서 등거리외교전략을 펴는
것으로 보이자 중국의 위기감은 중첩되었을 것이다.

임오군란은 분명 친일적 개화와 친일 신식군대에 대한 저항이었다.
하지만 중국은 이를 계기로 조선에 대한 일본의 무력개입과 정치적 영
향력 확대가 임박한 것으로 보았다. 이에 일본이 파견한 무력을 압도할
대군을 보내 조선 조정을 확실하게 장악하는 길만이 중화제국의 마지
막 보루를 지키는 방도라고 판단했다. 유서 깊은 지정학적 인식에 따라
중국대륙과 순망치한(脣亡齒寒)의 위치에 있다고 본 조선에서, 일본과
여타 제국주의 열강에 의한 더 이상의 침투를 저지하는 것이 필요하다
고 보았던 것이다. 청나라는 이 같은 실질적인 속방화(屬邦化) 전략에
대원군이 걸림돌이라고 판단했을 것이다.

---

46) 강만길, 1994, 184쪽.

김윤식, 조영하, 어윤중(魚允中) 등은 대원군의 재집권에 불만을 갖고 있었다. 이들은 청나라에 구원을 청하고 대원군 납치를 종용했다. 청나라는 이들과 같은 조선 내 정치세력의 자문과 도움을 받았다. 이들과 연결되어 있고 또 쉽게 통제가능하다고 본 민씨 세력을 복권시켰다. 고종과 민씨 세력에게 청나라는 재조지은(再造之恩)을 베푼 셈이었다.

반노 마사타카는 이후 "조선정부의 중추부에서 민씨 정권이 재건되었다"고 지적한다. 다만 이번의 민씨 정권은 "일본식 개혁을 버리고 중국세력에 의지해 정치"했으며, "이후 민씨 정권은 세간에서 '사대당'으로 불렸다"는 평을 덧붙이고 있다.[47]

『매천야록』은 "중전이 환궁한 뒤에 나라에 어려운 일들이 많았고, 민심이 흉흉"했다고 했다. 야담 같은 얘기처럼 들리기도 하지만, 민비가 임오군란을 피해 충주에 피난해 있을 때, 민비가 궁궐로 돌아가게 될 날을 맞춰내는 바람에 영험한 여인으로 인정받은 무당이 있었다. 민비의 환궁 후에 이 무당의 권세가 막강했다. 민비는 그녀를 진령군(眞靈君)으로 봉하기까지 했다. 신통한 무당에게 어울리는 이름이었다. 수령과 관찰사가 이 무당의 손바닥에서 오고 갔으며, 조병식(趙秉式) 등 권세 있는 자들이 그녀를 누이라 부르기도 하고 의자(義子) 맺기를 자청하기도 했다고 매천은 적어두었다.[48]

6. 대원군 압송 후 조일관계: 제물포조약과 조일수호조규 속약

일본은 군사적으로는 청군에 압도되어 대결을 피했다. 그러나 외교적으로는 상당한 이권을 챙겼다. 마건충의 거중조정으로 조선과 조일

---

47) 坂野正高, 1973, 389쪽.
48) 황현,『매천야록 상』, 2008, 361, 363쪽.

수호조규 속약(續約), 일명 '제물포조약'을 맺었다. 일본인의 생명과 재산에 대한 보상을 받았을 뿐 아니라, 자국 공사관과 거류민을 보호한다는 명목 아래 청나라와 마찬가지로 한반도에 군대를 주둔시킬 수 있는 주병권(駐兵權)을 확보했다. 임오군란에 뒤따른 일본과 중국의 무력개입은 머지않아 한반도에서 청일 양국이 군사적 충돌을 벌일 수 있는 터전을 만들어놓았다.[49] 1894년 5월 일본 공사 오토리 게이스케(大鳥圭介)는 본국으로 돌아가 있었다. 그는 동학혁명 상황이 심각해짐에 따라 5월 7일 급히 조선에 돌아온다. 청일전쟁의 시발점이 되는 군대출동을 지시하면서 오토리가 내세운 명분은 "제물포조약에 의하여 공관을 보호한다"는 것이었다.[50]

대원군 압송 4일 후인 1882년 7월 17일(음력) 맺어진 조일수호조규 속약은 조선이 55만 원의 배상금을 일본에 지불하도록 함과 동시에, "부산, 원산, 인천 각 항구의 통행 이정(里程)을 이제부터 사방 50리로 넓히고, 2년이 지난 뒤 다시 각각 100리로 한다. 지금부터 1년 뒤에는 양화진(楊花津)을 개시(開市)로 한다"고 규정했다.[51] 그리고 일본 공사관 보호를 명목으로 서울에 일본군이 상주할 수 있는 권한을 명시했다. 이후 일본은 공사관에 1개 대대 병력을 주둔시킨다. 이 속약은 음력 9월 20일에 비준되었다.[52]

7. 청나라의 한반도정책과 중조상민수륙무역장정

사태수습 후 청의 이홍장은 서울에 있는 오장경에게 휘하 군대를 거

---

49) 김기혁, 1996, 21쪽.
50) 『고종실록』, 고종 31년(1894 갑오·淸 光緒 20年) 6월 21일(병인).
51) 『고종실록』, 고종 19년(1882 임오·淸 光緒 8年) 8월 1일(갑인).
52) 『고종실록』, 고종 19년(1882 임오·淸 光緒 8年) 9월 20일(계묘).

느리고 조선에 남아 조선정부 당국과 "보방정난지책"(保邦定亂之策: 속방 조선을 보호하고 난을 수습할 방책)을 강구하라고 명한다. 또한 대원군은 중국에 안치하여 그곳에서 여생을 보내도록 하겠다는 결정을 내렸다.[53]

조선 정부를 장악한 청나라의 조선정책과 이후 조선과 청의 정치·경제관계는 1882년 10월 17일(음력)에 체결된 '중조상민수륙무역장정'(中朝商民水陸貿易章程)이 집약해준다. 이 시기 중국과 조선 관계의 실상을 들여다보는 데에는 이 조약의 내용을 있는 그대로 보는 것이 우선 필요하다.

이 장정은 전문(前文)에서 이렇게 말한다. "조선은 오랫동안의 제후국으로서 전례(典禮)에 관한 것에 정해진 제도가 있다는 것은 다시 의논할 여지가 없다. 다만 현재 각국이 수로를 통하여 통상하고 있어 해금(海禁)을 속히 열어, 양국 상인이 일체 상호 무역하여 함께 이익을 보게 해야 한다. 변계(邊界)에서 호시(互市)하는 규례도 시의(時宜)에 맞게 변통해야 한다. 이번에 제정한 수륙무역장정은 중국이 속방(屬邦)을 우대하는 뜻이며, 각국과 일체 같은 이득을 보도록 하는 데 있지 않다." 이 장정은 이어서 여덟 개 조항을 열거했다.[54]

제1조. 앞으로 북양대신의 신임장을 가지고 파견된 상무위원(商務委員)은 개항한 조선의 항구에 주재하면서 전적으로 본국의 상인을 돌본다. 해원(該員)과 조선 관원이 내왕할 때에는 다같이 평등한 예로 우대한다. 중대한 사건을 맞아 조선 관원과 마음대로 결정하기가 편치 않을 경우 북양대신에게 상세히 청하여 조선 국왕에게 자문(咨文)을 보내

---

53) 김기혁, 1996, 21쪽.
54) 『고종실록』, 고종 19년(1882 임오·淸 光緖 8年) 10월 17일 (경오).

그 정부에서 처리하게 한다. 조선 국왕도 대원(大員)을 파견하여 천진에 주재시키고 아울러 다른 관원을 개방한 중국의 항구에 나누어 파견하여 상무위원으로 충당한다. 해원이 도(道)·부(府)·주(州)·현(縣) 등 지방관과 왕래할 때에도 평등한 예로 상대한다. 해결하기 어려운 사건을 만나면 천진에 주재하는 대원(북양대신과 남양대신)에게 상세히 청하여 정탈(定奪)한다. 양국 상무위원이 쓸 경비는 자비(自備)에 속하며 사사로이 공급을 요구할 수 없다. 이들 관원이 멋대로 고집을 부려 일 처리가 부당할 때에는 북양대신과 조선 국왕은 피차 통지하고 즉시 소환한다.

제2조. 중국 상인이 조선 항구에서 만일 개별적으로 고소를 제기할 일이 있을 경우 중국 상무위원에게 넘겨 심의 판결한다. 이밖에 재산문제에 관한 범죄사건에 조선 인민이 원고가 되고 중국 인민이 피고일 때에는 중국 상무위원이 체포하여 심의 판결하고, 중국 인민이 원고가 되고 조선 인민이 피고일 때에는 조선 관원이 피고인의 범죄행위를 중국 상무위원과 협의하고 법률에 따라 심의하여 판결한다. 조선 상인이 개항한 중국의 항구에서 범한 일체의 재산에 관한 범죄 등 사건에서는 피고와 원고가 어느 나라 인민이든 모두 중국의 지방관이 법률에 따라 심의하여 판결하고, 아울러 조선 상무위원에게 통지하여 등록하도록 한다. 판결한 사건에 대하여 조선 인민이 승복하지 않을 때에는 해국(該國)의 상무위원이 대헌(大憲)에게 청원하여 다시 조사하여 공정성을 밝힌다. 조선 인민이 본국에서 중국 상무위원에게, 혹은 중국의 각 지방관에게 중국 인민이나 각 읍의 아역인(衙役人) 등을 고소할 때에는 사적으로 한푼의 수수료도 요구하지 못한다. 위반한 자는 조사하여 해관(該管)의 관원을 엄중하게 처벌한다. 양국 인민이 본국에서 또는 피차의 통상 항구에서 본국의 법률을 범하고 사사로이 피차의 지계(地界)로 도피한 경우에는 각 지방관은 피차의 상무위원에게 통지하고 곧 대

책을 세워 체포하여 가까운 곳의 상무위원에게 넘겨 본국에 압송해서 처벌한다. 다만 도중에 구금을 풀 수 있고 학대하지 못한다.

제3조. 양국 상선은 피차 통상 항구에 들어가 교역을 할 수 있다. 모든 싣고 부리는 화물과 일체의 해관(海關)에 바치는 세금은 모두 양국에서 정한 장정에 따라 처리한다. 피차 바닷가에서 풍랑을 만났거나 얕은 물에 걸렸을 때에는 곳에 따라 정박하고 음식물을 사며 선척을 수리할 수 있다. 일체의 경비는 선주의 자비로 하고 지방관은 타당한 요금에 따른다. 선척이 파괴되었을 때에는 지방관은 대책을 강구하여 구호해야 하고, 배에 탄 여객과 상인과 선원들은 가까운 항구의 피차 상무위원에게 넘겨 귀국시켜 앞서 서로 호송하던 비용을 절약할 수 있다. 양국 상선이 풍랑을 만나 손상을 입어 수리해야 할 경우를 제외하고 개방하지 않은 항구에 몰래 들어가 무역을 하는 자는 조사하여 체포하고 배와 화물은 관에서 몰수한다. 조선의 평안도·황해도와 중국의 산동(山東)·봉천(奉天) 등 성(省)의 연해지방에서는 양국의 어선들이 내왕하면서 고기를 잡을 수 있고, 아울러 해안에 올라가 음식물과 식수를 살 수 있으나, 사적으로 화물을 무역할 수 없다. 위반하는 자는 배와 화물을 관에서 몰수한다. 소재 지방에서 법을 범하는 등의 일이 있을 경우에는 곧 해당 지방관이 체포하여 가까운 곳의 상무위원에게 넘겨 제2조에 준하여 처벌한다. 피차의 어선에서 징수하는 어세(魚稅)는 조약을 준행한 지 2년 뒤에 다시 모여 토의하여 작정(酌定)한다[조사에 의하면 산동의 어호(漁戶)가 해변의 물고기가 윤선(輪船)에 놀라 대안(對岸) 쪽으로 쏠리자 매년 사사로이 조선 황해도의 대청도, 소청도에 와서 고기잡이를 하는 자들이 한 해에 1,000명을 헤아린다].

제4조. 양국 상인이 피차 개항한 항구에서 무역을 할 때에 법을 제대로 준수한다면 땅을 세내고 방을 세내어 집을 지을 수 있게 허가한다. 토산물과 금지하지 않는 물건은 모두 교역을 허가한다. 입항하고 출항

하는 화물에 대해 납부해야 할 화물세와 선세를 모두 피차의 해관 통행 장정에 따라 완납하는 것을 제외하고 토산물을 이 항구에서 저 항구로 실어가려고 하는 경우에는 이미 납부한 출항세 외에 이어 입항할 때에 는 완납한 사실을 확인하고 출항세의 절반을 납부한다. 조선 상인이 북 경에서 규정에 따라 교역하고, 중국 상인이 조선의 양화진과 서울에 들 어가 영업소를 개설한 경우를 제외하고 각종 화물을 내지로 운반하여 상점을 차리고 파는 것을 허가하지 않는다. 양국 상인이 내지로 들어가 토산물을 구입하려고 할 때에는 피차의 상무위원에게 품청하여, 지방 관과 연서(連署)하여 허가증을 발급하되 구입할 처소를 명시하고, 거 마(車馬)와 선척을 해당 상인이 고용하도록 하고, 연도(沿途)의 세금은 규정대로 완납해야 한다. 피차 내지로 들어가 유력(遊歷)하려는 자는 상무위원에게 품청하여, 지방관이 연서하여 허가증을 발급해야만 들어 갈 수 있다. 연도 지방에서 범법 등 일이 있을 때에는 모두 지방관이 가 까운 통상 항구로 압송하여 제2조에 의하여 처벌한다. 도중에서 구금을 풀 수 있고 학대하지 못한다.

　제5조. 과거 양국 변계의 의주·회령·경원 등지에서 호시가 있었는데 모두 관원이 주관하여 매번 장애가 많았다. 이에 압록강 건너편의 책문 (柵門)과 의주 두 곳을, 그리고 도문강(圖們江) 건너편의 훈춘(琿春)과 회령 두 곳을 정하여 변경 백성들이 수시로 왕래하며 교역하도록 한다. 양국은 다만 피차 개시(開市)하는 곳에 해관과 초소를 설치하고 비류 (匪類)를 살피고 세금을 징수한다. 징수하는 세금은 나가는 물건이나 들어오는 물건을 막론하고 홍삼을 제외하고는 모두 100분의 5를 징수 하고, 종전의 객사와 식량·꼴·영송(迎送) 등의 비용을 모두 없앤다. 변 경 백성의 전재(錢財)의 범죄 등 사건에 대해서는 피차 지방관들이 규 정된 법률에 의하여 처리하는데, 일체의 상세한 장정은 북양대신과 조 선 국왕이 파견한 관원이 해처(該處)에 가서 조사하여 협의하고 품청

하여 결정한다.

제6조. 양국 상인은 어느 항구와 변계 지방을 막론하고 모두 수입 아편과 토종 아편 그리고 제작된 무기를 운반하여 파는 것을 허가하지 않는다. 위반하는 자는 조사하여 분별하여 엄격하게 처리한다. 홍삼에 대해서는 조선 상인이 으레 중국지역으로 가지고 들어갈 수 있도록 허가하며, 납부할 세금은 가격에 따라서 100분의 15를 징수한다. 중국 상인이 특별허가를 받지 않고 조선 국경 밖으로 사사로이 내가는 자가 있을 경우에는 조사하여 물건을 관청에서 몰수한다.

제7조. 양국의 역로(驛路)는 책문으로 통한다. 육로로 오가는 데 공급이 매우 번거롭고 비용이 많이 든다. 현재 해금이 열렸으니 각자 편의에 따라 바닷길로 왕래하는 것을 승인한다. 다만 조선에는 현재 병상(兵商)의 윤선이 없다. 조선 국왕은 북양대신과 협의하고 잠시 상국(商局)의 윤선을 매월 정기적으로 한 차례 내왕하도록 할 수 있으며, 조선 정부에서는 선비(船費) 약간을 덧붙인다. 이밖에 중국의 병선이 조선의 바닷가에 유력하고 아울러 각 처의 항구에 정박하여 방어를 도울 때에 지방 관청에서 공급하던 것을 일체 면제한다. 식량을 사고 경비를 마련하는 것에 있어서는 모두 병선에서 자체 마련하며, 해당 병선의 함장 이하는 조선 지방관과 동등한 예로 상대하고, 선원들이 상륙하면 병선의 관원은 엄격히 단속하여 조금이라도 소란을 피우거나 사건을 일으키는 일이 없도록 한다.

제8조. 이번에 정한 무역 장정은 아직 간략하나 양국 관리와 백성이 정한 조항을 일체 준수하고, 이후 증손(增損)할 일이 있을 경우 수시로 북양대신과 조선 국왕이 협의하여 적절하게 처리한다.[55]

---

55) 이 장정에 서명한 양국 대표는 다음과 같다. 청나라 대표는 "중국 2품함(二品銜) 진해관도(津海關道) 주복(周馥), 2품함 후선도(候選道) 마건충(馬建忠)"

이 조약은 엄연히 양국대표 간의 협상을 거쳐 작성된 협정이다. 하지만 김기혁이 '청한종속관계'라고 표현한 새롭게 강화된 속방관계에 부합하도록, 청나라가 일방적으로 제정한 것이라는 의미를 가진 '장정'이란 이름이 붙여졌다. 이 장정의 성격을 김기혁은 세 가지로 요약한다.[56] 첫째, 북양대신 이홍장을 조선국왕과 동격으로 처리하고 있다. 전문에서 조선이 청나라의 제후국에 불과하다는 것을 분명히 했다. 둘째, 치외법권이 중국에게만 보장된 일방적인 불평등조약이었다. 중국 상민(商民)은 조선에서 완전한 치외법권을 보장받는 반면 조선 상민은 중국에서 중국 관헌의 사법권 아래에 두었다. 셋째, 조선에서 중국 상민의 특권을 보장했을 뿐, 조선 상민은 중국에서 각종 잡세를 부담시킬 수 있도록 했다. 김기혁은 이를 두고 "속방을 우대하는 천조(天朝)의 은전(恩典)이 아니라 당시 서방국가의 수법을 모방한 착취적인 불평등조약"이었다고 평가한다. 말하자면 과거 조공책봉관계에서는 없었던 경제적 수탈 목적을 내포한 것이었다. 경제적인 면에서도 서양 제국주의의 불평등조약 장치를 흉내낸 것이라고 할 수 있는 까닭이었다.

8. 중국의 '조선 지배'의 실상: '근대적 식민지화'론의 실과 허

이후 중국의 조선정책의 핵심은 무엇이었는가. 대원군 압송을 계기로 조선 정세를 장악한 후 중국정부 일각에서는 한반도를 사실상의 속국으로 만들자는 의견도 나온다. 아예 중국 영토로 병합하자는 얘기까지 나왔다. 그러나 이홍장은 그런 시도는 일본과의 전쟁을 초래할 수

으로 되어 있다. 조선 측 대표는 "조선국 진주정사(陳奏正使) 조영하(趙寧夏), 진주부사(陳奏副使) 김홍집(金弘集), 문의관(問議官) 어윤중(魚允中)"으로 되어 있다.
56) 김기혁, 1996, 23쪽.

있다고 우려했다. 당시 중국이 가진 22척의 군함으로는 일본과 결전을 할 수 없다는 판단이었다. 다만 조선에 대해 전과 다른 적극적인 정책을 취하려 했다. 이리하여 임오군란은 "한반도를 사대질서의 속방에서 국제법 질서의 속국으로 전환시키려는 중국정책이 현실로 다가설 국제정치적인 여건"을 마련한 것이라고 김용구는 평가한다.[57]

고종은 신식군대를 만들어 군사력을 강화하기는커녕 군 내부 분열과 차별대우로 변란까지 초래했다. 고종과 조정의 리더십은 중국의 강한 불신을 받았다. 또한 조영하를 통해 고종은 이제 스스로 청나라에게 조선 군사쇄신작업을 위임한다. 조선 조정을 장악한 청나라는 자신들이 나서서 조선 군사제도를 개편하고 나아가 조선의 군권을 장악하다시피 했다.

조영하 일행은 천진을 방문하여 이홍장에게 군사교관 파견과 신식병기 공급을 요청한다. 이홍장은 서울에 있는 오장경에게 이 문제를 처리하도록 위임했다. 오장경은 부하 원세개에게 연병사의(練兵事宜)의 역할을 맡긴다. 원세개는 김윤식과 협의하여 장정 1,000명을 선발해 신건친군영(新建親軍營)을 조직했다. 일본의 원조로 조직된 별기군(교련병대)도 개편하고 증원했다. 이들을 무장시키기 위해 중국 천진의 무기제조창인 천진기기국(天眞機器局)에서 생산한 영국식 소총 1,000정과 탄약을 공급한다. 오장경은 자신들이 추천하여 조선에 파견된 묄렌도르프와 마건상(馬建常)을 통해 조선정부의 외교와 재정 등 각 분야에 걸쳐서 감시하는 일도 했다.[58]

1873년 고종의 친정체제 시작 이후 조선의 해상방위력이 약화되었음은 이미 언급했다. 그것이 1875년 운요호 사건이라는 일본의 무력시

---

57) 김용구, 2004, 99~100쪽.
58) 김기혁, 1996, 24~25쪽.

위가 효력을 발휘한 배경임을 지적했다. 임오군란 때도 일본이 군대를 이끌고 들이닥친 곳도 강화도 근역이었다. 강화도는 황해에서 한강으로 들어가 서울로 직행하는 길목이다. 해상방위력을 갖추기 위해서는 이 지역의 방위력 강화가 필수적이었다. 그러나 고종은 궁궐수비에 집중한다면서 해방(海防) 태세를 약화시키고 궁궐수비 군사력조차 운영의 묘를 살리기는커녕 그 내실을 무너뜨렸다. 임오군란 후 청나라는 조선의 해방방위를 강화한다는 목적과 함께 "해방의 요충지였던 조선의 연안까지도 자신들의 내양(內洋)으로 만들려는" 의도를 가졌다고 해석된다. 원세개는 강화영(江華營)의 조선군 병력 1,300명 중에서 500명을 선발해 청군이 주도해 훈련시켰다. 이를 뒷받침하기 위해 당시 강화 유수를 맡은 김윤식은 주세(酒稅)를 실시했다.[59]

이러한 점들을 들어 한국 학계에서는 임오군란을 기점으로 청나라가 조선을 "근대적 식민지화"하려 기도했다고 평가하는 것이 대세다.[60] 그러나 '근대적 식민지'라 함은 식민지의 국가 자체를 해체하여 공식 제국체제에 흡수하는 것을 의미한다. 그러므로 엄밀하게 말하자면 '근대적 식민지' 개념을 끌어들여 적용하는 것은 부적절할 수 있다. 다음 몇 가지 점에서 그러하다.

첫째, 치외법권, 관세자주권 등에서 일본이 강화도조약을 통해 조선에게 일방적인 불평등조약을 강요했지만, 그렇다고 해서 조선이 일본의 식민지가 되었다고 주장하는 학자는 없다. 왜 유독 청나라가 강요한

---

59) 배항섭, 2002, 252~253쪽.

60) 배항섭은 다음과 같은 연구들을 참조하여 그러한 표현을 쓰고 있다. 권석봉(權錫奉), 「대원군의 납치」, 『청말 대조선 정책사 연구』, 일조각, 1986; 송병기(宋炳基), 『근대 한중관계사 연구』, 1985; 김정기, 『1876~94년 청의 조선 정책 연구』, 서울대학교 박사학위논문, 1994; 구선희, 『개화기 조선의 대청정책 연구』, 고려대 박사학위논문, 1996; 배항섭, 2002, 247쪽과 각주 참조.

중조수륙무역장정에 대해서만 그런 평가를 내릴 수 있는지가 분명하지 않다. 둘째, 청나라가 조선의 내정에 과거보다 더 깊이 간여하게 된 것은 사실이다. 그러나 그것이 조선 내정의 자율성을 실질적으로 파괴한 수준이었다고 볼 수 있는지는 의문이다. 고종과 조선정부는 실제적인 자율성을 여전히 갖고 있었다는 정황들이 있다.

문제는 청의 내정간섭이 아니라 고종과 조선정부의 내정개혁 의지와 실천의 부재였다. 여전히 조선에게 존재한 자율권을 조선 국왕과 집권층이 '오용'(誤用)한 면이 많았다. 이 점이 더 중요한 점이었다고 생각된다. 조선의 왕실과 조정이 건재해 있었다. 청나라가 군사제도와 운영에서도 깊이 간여하긴 했으나 그 책임자는 조선 조정의 인물들이었다. 또한 고종은 김옥균(金玉均)과 박영효를 포함한 친일파 인물들을 인사에 반영시킬 수 있었다. 이에 비추어볼 때, 조선의 정치지도자들이 의지만 있다면 내치(內治)의 자율성은 충분히 확보될 수 있는 상황이었다.

청나라가 중조상민수륙무역장정을 통해 조선에 대해 일방적인 치외법권을 확보함으로써 수탈적인 불평등조약체제를 강요한 것은 사실이다. 그러나 일본이 강화도조약이라는 불평등조약체제를 조선에 강요했다 해서 당시의 시점에서 일본이 조선을 근대적 식민지화하려 했다고 말하지는 않는다. 어떤 의미에서 중국이 조선과 맺은 '무역장정'은 조선의 중국에 대한 전통적 종속관계를 근대 국제법적 질서에서 인정받을 수 있는 형태로 명문화를 시도한 것에 가깝다고 해야 한다. 또한 중국이 대원군을 몰아낸 후 조선 내정에 간섭했다 하지만, 사실 간섭의 범위는 경제무역 분야에 대한 조언과 지도, 그리고 조선의 병권 일부에 대한 장악에 집중되었다.

병권에 관한 부분도 중국이 조선을 식민지로 만들려 했다는 주장과 다르게 해석할 수 있다. 고종을 비롯한 조선 지도층은 일본에 신식군대의 훈련권을 준 가운데 군사문제를 서툴게 운영했다. 그 결과 병권을 일본에 주는 효과를 가져옴과 동시에 군란을 자초할 정도로 어리석었다. 임오군란을 보고 중국은 응당 그렇게 판단했을 터이다. 강화도조약 이후 경제적으로는 이미 일본의 영향권에 들어간 조선과 고종을 그대로 내버려두면 정치군사적으로도 일본에 포섭되어 그 꼭두각시로 굳어질 위험성까지도 중국은 경계했을 것이다. 이홍장을 비롯한 중국 지도층은 응당 그러한 위험성을 인식했을 것이다. 중국은 전통적인 조공책봉관계의 원리에 따라 왕으로 책봉한 고종을 파한 대원군을 물리치고 고종 친정을 회복해주되, 일본군에 넘어가려 했던 조선 군권을 중국이 취하고자 했을 것이다. 이런 관점에서 보면 중국이 조선군 일부에 대한 훈련과 지휘권을 스스로 장악하려 한 것은 중국이 전통적인 종주권 확인을 위해 필요한 조치를 취한 것일 뿐이라는 해석도 가능하다.

청나라가 조선의 내정과 외정에 깊이 간여하게 된 원인으로 청나라의 영향력 강화 의도를 주목하고 그것의 '근대적 식민지성'을 파악하는 것도 필요하다. 하지만 임오군란을 자초하고 그 사태를 계기로 조선에 대한 일본의 침략적 개입이 강화될 조짐을 보인 시점이었다. 바로 이때 청나라가 개입하여 고종의 친정을 회복하고 일본의 무력 개입 가능성을 차단했다. 청나라로서는 전통적인 조공책봉관계에서의 속방인 조선에 대한 청나라의 위상을 확인하고 실행한 것으로도 볼 수 있는 일이다. 그렇다면 중국의 조선정책에 어떤 본질적인 변화가 있었다고 보기는 어렵다. 전통적 조공책봉관계의 원리에 기초한 조선의 대중국 속방 관계를 위협하는 국제환경의 변동이 있었다. 여기에 일본에의 경제적 종속에 더하여 조선 스스로 일부 군사권의 자발적인 친일화 움직임을 보였다. 이것들이 결합하여 전통적 조중(朝中) 관계가 위기를 맞았다. 이런 도전 앞에서 중국이 취할 수 있는 자연스런 응전이었다고 할 때 무어라고 반박할 수 있을지 의문이다. 그러므로 반드시 전통적인 조공책봉관계를 넘어서는 수준의 어떤 본질적인 지배정책의 변화라고 단정할 근거는 분명치 않다. 대원군 압송 후 차제에 조선을 아예 병합하자는 의견이 청나라 조정 일각에 없지 않았으나 이홍장 등 핵심 외교담당자들이 그런 의견을 받아들이지 않았음도 유의해야 한다.

조선의 병권에 대한 중국의 장악과 관련해 대표적인 사례로 꼽히는 것은 강화도에 주둔한 조선 군영인 강화영을 강화시키고 그 일부를 청군이 직접 훈련을 맡도록 한 일이었다. 청나라가 내건 명분은 조선의 해상방위력을 향상시키고자 한다는 것이었다. 대원군이 심혈을 기울여 키웠던 강화영은 고종 친정 이후 방치하다시피 하여 퇴락했다. 해상방위 전반이 약화되었다. 일본을 비롯한 외세의 무력위협에 취약해진 것이 사실이었다. 이 상황에서 청의 조선 강화영 접수는 조선 방위의 한심한 실상에 대해 청국 나름으로 내놓을 수 있는 대책이었다고 해도 할말이 없어 보인다.

가만 보아 하니 서양세력 앞에서 무력한 중국 자신보다 더 무능한 데다가 앞뒤 분간을 못하고 아직은 힘이 남아 있는 청나라를 한편 깔보면서 다른 한편 일본이라는 범의 아가리에 스스로 기어들어가는 듯 행동했던 어리석은 조선 정부에 대해 안보공조를 제공하기 위한 나름의 노력이었다고 중국이 말한다고 할 때, 이를 틀렸다고 단언할 수 있을지 의문이다.

만일 조선 정부가 자율적으로 해상방위 향상을 위해 노력하고 있는데 청나라가 이를 방해했다면 청나라가 조선을 근대적 식민지로 만들려 했다는 단정이 설득력이 있다. 그러나 실제는 그게 아니었다. 고종은 청나라가 일부 조선군에 대한 직접적인 통제를 시도하는 등 군사문제 간여가 심해지자 이에 거부감을 가졌다. 뒤늦게 조선의 해방권(海防權)을 포함한 병권을 회복하기 위해 노력을 기울인다. 이에 대해 청나라가 방해했다는 증거를 찾기는 어렵다.

고종은 1883년 12월 5일 경기도 연해지방에서 자주적인 해상방위를 목적으로 '기연해방영'(畿沿海防營)을 설치한다. 기연해방영은 경기 연안지방을 관할 구역으로 하고 육군과 수군으로 편성되었다. 해서와 호서의 수군을 통제하는 군영이었다.[61] 1884년 말 친일파에 의한 궁정 쿠데타인 갑신정변이 일어남에 따라 청나라의 간섭은 더욱 심해진다. 그러나 이후에도 고종이 군제개편을 통해 자신의 안위와 군사 자주권을 지키려 했을 때 청나라가 이를 조직적으로 방해했다는 증거는 없다. 러시아를 끌어들여 청나라를 견제할 목적으로 고종이 러시아와 제1차 조러밀약을 맺었다는 의혹이 세계열강들 사이에 문제가 된 후 청나라의 경계심은 더욱 커진다. 그 무렵인 1885년 3월 이후에도 고종은 수차례 군제개편을 했다.[62] 이에 대해서도 청나라가 실질적으로 방해한 증거는 없다.

군제 개편에서 고종은 자신이 원하는 대로 할 수 있었다. 진정한 문제는 고종이 잦은 정치적 군제개편을 통해 자주적 국방력을 강화하는 데 기여했느냐 하는 데 있었다. 오히려 국방력의 약화를 초래하고 있었다는 것이 이 분야 최고 전문가의 평가다. 청국의 조선군사권 장악에 저항하는 것으로 이해되는 고종의 여러 군사적 조치들은 오히려 외세의 침입에 대비하여 수도권의 외곽방어에 충실해야 할 기연해방청까지 서울로 이전하여 궁궐수비 역할을 맡기는 등의 조치로 이어졌다. 그 결과 당시 조선 국방력의 기초라고 할 경기 연해 해상방위 책임을 맡았던 군대들도 고종 자신의 결정과 의도에 따라 왕실을 위한 시위(侍衛) 임무을 맡은 친군영(親軍營)의 일부로 전락하고 만다. 조선의 해양방위력은 크게 약화될 수밖에 없었다.[63] 외국 군대들이 아무런 저항도 받지 않고 서울에 진입하여 어느 때고 함부로 조선 궁궐에 난입하여 궁궐 안

---

61) 배항섭, 2002, 253~256쪽.
62) 배항섭, 2002, 262~264쪽.
63) 배항섭, 2002, 264쪽.

을 무대로 전투를 벌이는 풍경이 고종 친정 이래 조선이 망할 때까지 수없이 되풀이된다. 고종 자신의 군사권 운영의 난맥상과 밀접한 관계가 있었다.

임오군란이 평정되고 청나라의 개입으로 고종이 친정을 회복한 이후 조선의 근본문제는 청나라의 개입이 강화된 데 있었던 것이 아니다. 조선 국가 지도자들의 내외정 모두에서의 난맥상에 있었던 것이다.

9. 군란 후 내정개혁의 실종 상황

임오군란을 겪고 청나라의 영향력이 강화된 상태에서 조선의 주권은 심각하게 제한될 수 있었던 것이 사실이다. 조선이 독립성을 회복하고 견지해 나갈 유일한 방도는 내정개혁에 있었다. 사회통합과 국력결집을 이루기 위해 더 절박하게 노력해야 하는 국면이었다. 고종과 민씨 정권은 과연 이를 위해 의미 있는 노력을 기울였는가? 답은 매우 부정적이다.

첫째, 민씨 척족에 의한 세도정치의 부작용이 계속되었다. 임오군란 전에 권력형 부정부패의 상징은 민겸호가 책임을 맡고 있던 군인 인건비 지출을 포함한 국가예산지출을 담당한 선혜청이었다. 그것이 임오군란의 직접적 원인을 제공했다. 민비의 비호를 받은 민씨 척신들의 발호는 1873년 대원군 실각 후 고종의 내정개혁 실패의 핵심적인 측면이었다. 이를 거울 삼아 임오군란 후에는 척신의 발호를 방지하여 내정의 합리화를 기하는 데 비상한 노력을 기울여야 했다. 그러나 고종이 그러한 각오를 갖고 노력했다는 증거는 찾기 어렵다. 먼저 척신 민겸호가 맡았다가 사고를 일으킨 선혜청(宣惠廳) 책임자인 제조(提調)에 다시 척신 민태호(閔台鎬)를 임명했다.[64] 청나라의 지도를 받아 개편된 각 군영 책임자인 영사(營使)에도 "민영익(閔泳翊)을 비롯한 국왕의 척신

또는 친신(親臣)을 임명"했다.[65]

변란을 겪고 난 후 고종은 믿을 만한 신하를 고를 수밖에 없었고 그
러자니 자연 인척을 중용할 수밖에 없었을 것이다. 그런 점에서 고종의
인사방식을 이해할 수도 있다. 그러나 합리적인 체계적 인사정책이야
말로 내정혁신의 기본이라는 점을 바로 그런 논리로 배척하고 편협한
인사를 되풀이했다. 그것은 척신의 발호를 재생산하고 그런 구조에서
국력의 결집을 위한 혁신은 불가능하게 된다. 고종은 그 늪과 덫에 걸
려 헤어나지 못했다.

둘째, 일부 학자는 변란 이후 조선정부가 재정궁핍을 해소하기 위해
당오전(當五錢)을 주조한 것에 대해 근대적인 재정개혁이라는 관점에
서 설명한다. 김태웅은 "정부는 당오전을 비롯한 화폐를 새로 주조하여
여기서 발생한 차액으로 재정 궁핍을 해소하려 했다"고 말한다. 이것은
"식산흥업정책과 함께 이를 받쳐줄 수 있는 세원을 확보하기 위해 중간
층의 수탈을 억제하고 새로운 세원을 발굴하고자" 기울인 노력의 일환
이라는 의미로 서술한다.[66] 그러나 당오전 사태도 집권층이 내세운 명
분과는 상관없이 민씨 척신들이 주도한 가운데 벌어진 대표적인 경제정
책 난맥상의 증거였다. 민생경제를 더욱 혼란에 빠뜨리고 말았다.

김용구가 지적했듯이, 당시 재정의 큰 원천은 돈을 찍어내는 주전권
(鑄錢權)이었다. 이 핵심적인 국가 재정권력은 모두 청나라와 연결된
민씨 척신의 손에 쥐어져 있었다. 조선에 주전소는 서울 삼청동, 평양,
강화도 등 세 곳에 있었다. 서울 주전소는 민태호의 것이었다. 평양도
같은 민씨인 민응식(閔應植)이 차지했다. 강화도는 민씨 세력과 긴밀

64) 『고종실록』, 고종 19년(1882 임오·淸 光緖 8年) 10월 25일(무인).
65) 김기혁, 1996, 25쪽.
66) 김태웅, 「불평등조약체제와 경제정책의 추이」, 한국사연구회 편, 『새로운 한
국사 길잡이 하』, 지식산업사, 2008, 119쪽.

한 관계에 있던 조영하의 것이었다. 이들은 재정난을 타파한다는 구실로 이른바 당오전 주조를 강행했다. 당오전이란 '당오'(當五)라는 글자를 써넣어 엽전 하나의 가치를 다섯 배로 부풀린 것이었다. "이런 당오전의 발행이 물가의 등귀를 초래한 것은 자명한 이치"였다. 또한 이들 파당의 정치자금을 마련하는 수단으로도 악용되었다.[67] 매천은 당오전에 대해 이렇게 적었다. "전환국(典圜局)을 설치하여 당오전을 주조하니 물가가 급등했다. 명목은 당오였지만, 실제 가치는 '일 푼'이었다."[68]

『갑신일록』(甲申日錄)에서 김옥균은 대원군이 청나라 군대에 잡혀가고 민비가 복귀한 이후 조선 내정을 장악한 민씨 일문의 거두들로 민태호, 민영목(閔泳穆), 민영익, 민응식 등 네 명을 들었다. 이들의 권세가 하늘을 찌를 듯하여 다른 상대가 없으니 자연히 그들끼리 권력다툼을 했다고 했다. 이조연(李祖淵), 한규직(韓圭稷), 윤태준 등의 무리는 시세를 타서 그들 중 권력이 특히 많은 자에게 아부하여 스스로를 위한 계책으로 삼았다고 묘사했다.[69]

셋째, 고종이 다시 권력을 쥔 이후 1882년 내내 유생들로부터 삼정(三政), 특히 환곡과 호포 및 잡세의 문제를 두고 개혁을 요구하는 상소들이 자주 올라왔다. 이에 대한 고종의 반응은 대개는 "이치에 맞고 뜻이 가상하다. 하지만 잘못된 주장도 있다"는 식의 언급으로 그쳤다. 구체적으로 예를 들면, 그해 9월 20일 조문(趙汶), 9월 22일 고영문(高

---

67) 김용구, 2004, 111~112쪽.

68) 황현,『매천야록 상』, 2008, 353~354쪽.

69) 김옥균, 「갑신일록」, 김옥균·박영효·서재필 지음, 조일문·신복룡 편역, 『갑신정변 회고록』, 건국대학교출판부, 2006, 48~49쪽. 김옥균의 이 회고록은 그가 일본에 망명 중이던 1885년에 갑신정변을 회고하면서 쓴 일기로서 총 2만 2,000여 자에 이른다. 1881년 12월 처음으로 일본을 방문한 날로부터 3일천하의 마지막 날인 1884년 12월 6일까지의 일기이다. 신복룡의 해제 참조.

穎聞), 11월 11일 이근호(李根澔), 11월 19일 이은우(李殷雨), 12월 5일
과 14일 및 21일에 연이은 주인흠(朱寅欽)의 상소 등이 있었다. 그에
대한 고종의 답변은 이근호의 상소에 대한 것이 전형적이었다. 이근호
는 열다섯 가지 시무(時務)에 대한 의견을 진달(進達)했다. 내용인즉,
기강을 세우고, 민심을 안정시키며, 호포(戶布)를 없애고, 군정(軍丁)
을 조사하며, 훈련도감(訓練都監)을 재정비하고, 병기를 수선하라고
했다. 또한 재물을 생산하는 일을 잘 다스리고, 재정을 절약하며, 사치
한 기풍을 막고, 부역(賦役)을 가볍게 하며, 양전(量田)을 시행하고, 탐
관오리를 징벌하며, 과거의 규정을 세우고, 재앙이 없도록 빌며, 세자를
공부시키라고 건의한 것이었다. 고종은 "진달한 여러 조목 중에 자못
취할 만한 것이 많으나, 미진한 점도 있다"고 했다.[70] 이처럼 답은 매양
한가지였는데, 그나마 취할 것을 취해서 실천했다는 흔적을 찾기는 힘
들다.

적어도 1882년 하반기의 경우를 비추어볼 때, 고종이 구체적으로 문
제를 논의하여 개혁의 방향을 제시하는 일은 거의 없었다. 고종이 단
한 번 환곡문제에 대한 탐관오리들의 문제를 깊이 탄식하는 내용의 언
급을 한 바가 있다. 11월 15일, 고종은 다음과 같이 전교한다.

"정비(情費)를 상납하는 것은 본래 경법(經法)이 아니다. 그런데 근
래에 듣자니 각사(各司)에서 이 폐단이 날이 갈수록 심해져 토색질이
전보다 몇 배나 심하고, 전(錢)과 목(木)이 밖에서 묵혀지고 있다고 한
다. 그 소행을 구명해보면 참으로 통분할 노릇이다. 재정은 바닥나고 소
용되는 물자는 더없이 방대한데, 정비를 노리며 정공(正供)을 지체시
키고 있다. 담당 아전(衙前)은 호소할 데가 없고 백성들과 고을들은 이
때문에 피폐해져 가고 있다. 저 원역배(員役輩)들이 만일 조금이라도

---

70)『고종실록』, 고종 19년(1882 임오·淸 光緖 8年) 11월 11일(계사).

조심하고 두려워하는 마음이 있다면 어찌 이럴 수 있겠는가? 관원들은 그들이 하는 대로 내버려두고 따지지 않았으며 법사(法司)는 누구도 통제하지 못했으니, 과연 나라에 법이 있다고 할 수 있겠는가? 앞으로 만일 정비 때문에 상납이 지체되는 폐단이 있을 경우에는 담당 아전은 법사에 가서 고소하고, 법사는 즉시 법에 근거하여 징벌하여, 설사 상사 (上司)의 원역이라고 하더라도 구애됨이 없이 추조하고 다스리되, 죄 가 크면 일률(一律)로 시행하고, 죄가 작으면 형배(刑配)하도록 분부하라."[71)

이 역시 탐관오리를 엄히 다스리라는 의례적인 언명에 해당할 뿐, 탐 관오리의 작폐를 효과적으로 근절할 수 있는 제도적 장치에 대한 고민 이라고 평가하기는 어려운 언명(言明)이다. 고종도 정부도 내정개혁을 효과적으로 추진하지 못했다. 그 결과를 두고 탄식하고 있을 뿐인 답답 한 상황을 재확인해줄 뿐이었다. 오죽하면 국왕 스스로 "나라에 법이 없다시피하다"고 탄식했겠는가. 결국 어떤 구체적인 대책을 강구하고 이를 제도화하는 방도에 관해 깊이 있는 고민이나 지시를 내린 흔적을 적어도 변란 이후 1882년 12월 말에 이르는 기간에 『고종실록』에서는 찾을 수 없다. 내정개혁을 위한 몸부림이 응당 가장 깊었어야 할 시점 이었음에 비추어 고종의 개혁적 리더십의 한계를 보여주는 한 풍경이 라 아니할 수 없다.

10. 민씨 일족의 전횡과 정치 엘리트의 분열: 사대당과 개화당

정창렬의 지적대로 1880년대가 되면 조선 정치 엘리트는 심각한 내 부균열을 보인다. 종국에는 유혈이 낭자한 쿠데타의 참극을 낳는다. 서

---

71) 『고종실록』, 고종 19년(1882 임오·淸 光緖 8年) 11월 15일(정유).

양으로부터는 과학기술만을 받아들여 지배질서를 유지하려는 현상유지적인 정치세력이 한편에 있었다. 동도서기파(東道西器派)였다. 다른 한편에서는 과학기술뿐 아니라 법과 제도도 서양의 것을 취하여 부국강병을 이룩해야 한다는 파벌이 있었다. 개화파였다. 동도서기파는 1880년경에, 그리고 개화파는 1884년의 갑신정변에서 역사의 전면에 등장한다.[72]

이러한 사상적 분열과 대립은 마침내 저마다 외국군대를 동원해서 대궐 한복판에서 피비린내나는 살육전을 벌이는 정변으로 치닫는다. 바로 거기에 민씨 세도정치라는 전 근대적 작폐의 지속과 고종 정권 리더십의 난맥상, 그리고 조선 병권(兵權)의 분열과 같은 혼란상이 놓여 있었다. 이것들이 파당들 사이의 갈등과 증오를 증폭시키는 매개변수들로 작용했다.

갑신정변을 주도한 다섯 명을 '갑신정변 5걸'이라 한다. 김옥균, 박영효, 홍영식, 서광범, 서재필이 그들이다. 박영효는 「갑신정변」이라는 회고의 글에서 자신을 포함해 "개혁을 주장하는 개화당"과 "대국에 의뢰하여 현상을 보수(保守)하려는 사대당(事大黨)"을 구분하고 있다.[73] 임오군란 후 "사대당의 전성시대"가 되었다고 박영효는 비판했다. 그가 말하는 사대당의 핵심은 물론 "민씨 일족"이었다. 임오군란 때 일본 공관원의 피해문제로 조선과 일본 사이에 외교문제가 생겼다. 그것이 매듭지어진 후 조선 조정은 박영효를 특명전권공사로 임명하여 일본에

---

72) 정창렬, 「근대국민국가 인식과 내셔널리즘의 성립과정」, 강만길 외 편, 『한국사 11: 근대민족의 형성 1』, 한길사, 1995, 65쪽.

73) 박영효, 「갑신정변」, 김옥균·박영효·서재필, 2006, 200쪽. 박영효의 이 회고는 원래 『신민』(新民)이라는 잡지가 1926년 6월에 순종황제(純宗皇帝)의 인산(因山)을 기념하여 발행한 특집호인 『순종실기』에 실린 것이다. 신복룡의 해제 참조.

사례사로 파견한다. 그가 정사(正使)였고, 김만식(金晩植)이 부사(副使), 서광범은 종사관(從事官), 그리고 김옥균과 민영익은 수행원이었다. 이후 자신들은 "귀국 총총히 곧 동지를 규합하여 국정 개혁을 도모하기로 맹약"했다고 박영효는 말한다.

사대당에 대한 개화당의 비판의식은 귀국 후 빠르게 급진화된다. 민영익이 맹약을 깨고 "민비의 사랑을 오로지 얻으며⋯⋯민씨 일족의 사사로운 당파 가운데 빠져서" 민씨 일족이 국정을 농단하는 상황이 계속되었기 때문으로 해석된다. 박영효는 "임오군란의 뒤를 이어 실정(失政)을 정리하려는 어윤중, 김윤식, 김홍집 일파를 몰아내고, 민태호, 민영목, 한규직, 이조원(李祖遠),[74] 조영하, 민영익 등 민씨 일파의 사대당 거두가 조정을 할거했다"고 말했다.[75]

박영효는 이들 사대당이 청나라를 등에 업고 세도를 부리는 모양을 이처럼 묘사했다. "그들은 청나라 대신 이홍장에게 부탁하여 대원군은 보정부(保定府)에 폐거(閉居)를 엄밀히 하고 묄렌도르프와 마건상 두 사람을 청빙하여 정무를 고문(顧問)하며, 청나라 장수 원세개, 오조유(吳兆有), 오장경 등은 대군을 거느리고 경성에 주재하니, 이를 전후로 수삼년은 실로 사대당의 전성시대였다. 한창 당년에 민영익이 윤태준(尹泰駿)과 청나라 장수 원세개와 결의 형제를 맺어가지고 말을 타고 달리면서 위세를 부리고 장발(長髮), 정창(挺槍)의 청나라 식으로 어영군을 교련하며 청병의 위세를 빌려 궁정을 짓눌러 더럽히고 전횡(專橫)하던 것은 입으로 다 형언할 수 없이 많았다."[76] 박영효는 그래서 "청나라 세력의 횡포와 민씨의 문란한 정치는 거의 극도에 이르러 삼천

---

74) 편역자는 박영효가 이조원이라 밝힌 인물은 이조연(李祖淵)의 착오일 것이라고 보았다.

75) 박영효, 2006, 200~201쪽.

76) 박영효, 2006, 201~202쪽.

리강산은 장차 어육(魚肉)이 될 지경이라, 누가 의분을 느끼지 않으리오"라고 개탄했다. 김옥균도 「갑신일록」에서 민영익 등 4인의 민씨 일족과 그 세도를 비판한 것은 앞서 언급한 대로다.[77]

갑신정변 주도자들의 회고록은 사대당이 민비와 함께 개화당에 대한 정치적 공세와 핍박하는 음모로 자신들을 압박해왔음을 토로한다. 특히 김옥균은 묄렌도르프가 민씨 일족에게 서로 힘을 합하여 김옥균을 제거하는 것이 급선무임을 권고했다고 주장한다. 김옥균은 말한다. "모든 민씨들은 드디어 함께 계략을 세웠다. 민영익은 곧 청당(淸黨: 親淸黨)의 괴수가 되었는데, 그는 밖으로 우리 당을 공격 배척할 계획을 만들고, 안으로 민태호, 민영목이 우리 당을 모함할 계획을 세웠다. (그들의 책동은) 날이 갈수록 심해졌다. 이후부터 두 당은 갑자기 서로 용납할 수 없는 형세가 되었다."[78]

박영효는 특히 민비가 자신을 경계하고 핍박한 사실을 기록하고 있다. 그는 자신이 왕실의 종척(宗戚)이어서 다행히 고종에 의해 한성 판윤(判尹)이 되었지만, "민비의 사사로운 청탁을 듣지 않았다는 사사로운 감정으로" 광주(廣州) 유수로 좌천되었다고 밝힌다. 다행히 광주 유수는 수어사(守禦使)를 겸직하게 되어 있어서 나름대로 병권을 가진 자리였다. 이에 박영효는 "후일의 계책을 위해 군사를 양성"했다. 그러나 1년 후 "광주 유수의 정병(精兵) 양성이 이상하게도 민씨 일파에게 위험하게 보여 민비의 말 한마디로 나는 곧 면직되고 내가 양성한 일본식 군병은 곧 경성으로 징발되어 전후어영(前後禦營)에 속하여 전영사(前營使) 한규직과 후영사(後營使) 윤태준의 영솔하에 들어가고 말았다"고 박영효는 밝힌다.[79]

---

77) 김옥균, 2006, 48~49쪽.
78) 김옥균, 2006, 49~50쪽.

갑신정변의 주모자들은 박영효가 "국운의 위급존망지추(危急存亡之秋)"로 표현한 시국에서도 민씨 일족이 민비와 청국 군대의 힘을 등에 업고 권력과 사리사욕만을 탐하고 있는 데 극도의 비판적 의식을 갖게 되었다는 것을 알 수 있다. 집권 사대당과 개화당 사이에 권력투쟁 양상이 긴박해져 갔다. 개화당은 개혁이라는 명분도 있었지만, 자신들의 정치적 입지의 획기적인 전환을 도모하기 위해 일본의 힘을 빌려서라도 무모한 행동도 불사할 수 있는 의식상태로 치닫고 있었다는 것을 짐작할 수 있다.

여기서 유의할 점이 있다. 민씨 일족을 중심으로 한 사대당이 조정을 장악하고 있었던 것은 사실이다. 그러나 김옥균, 박영효 등의 친일적 개화파들도 정부의 한 모서리에 존재했다. 배항섭의 지적대로, 국왕인 고종도 청나라의 노골적인 간섭이 증대함에 따라 청나라와 사대당에 대해 상당한 불만을 가지고 있었을 것이다.[80] 임오군란 이후 청나라의 간섭하에 군대를 재편성하는 과정에서 한편으로 친군(親軍) 좌영(左營)과 우영(右營)은 청군식으로 청군 주도하에 훈련시킨 반면, 전영(前營)과 후영(後營)은 일본식으로 훈련했다. 좌영이나 우영과 달리 전영과 후영은 친일적이며 개화당적인 성격을 띠게 된 원인이었다.[81] 고종은 한편으로 민비와 연결된 민씨 일족의 권력 과점을 뒷받침하여 왕실의 안전을 꾀하면서, 다른 한편으로는 친일파들이 설 자리 또한 마련했고 그들의 무력기반도 허용했던 것이다. 고종은 그러한 방식으로 균형을 취하여 어느 한쪽이 완전히 내정을 장악하는 것을 막으려 한 것으로 보인다.

문제는 조선의 군대가 조선의 군대다운 통일성을 갖추고 청국과 일

---

79) 박영효, 2006, 202~203쪽.
80) 배항섭, 2002, 211쪽.
81) 배항섭, 2003, 211쪽.

본 모두로부터 독립성을 지닌 정예화된 군사력이 되도록 하는 노력은 사실상 포기상태였다는 점이다. 배항섭의 평을 따르면, "임오군란 이후 2년 가까운 동안에 재편성된 중앙군은 정예화와는 거리가 멀었다." 좌우영과 전후영이 복장과 명칭 등 외형적으로는 통일성을 갖추었다. 그 뿐이었다. 내용에서는 친청 군대와 친일 군대로 양분되어 있었다. 그만큼 군대들 사이에 갈등과 대립의 가능성이 있었다. 그 갈등이 "갑신정변이라는 비상사태를 맞아 적대적인 양상으로 비화"한 것은 피하기 어려운 일이었다.[82]

조선 군대의 분열상은 일본이 조선 군대 안에 친일 병력을 양성하기 위해 적극 나선 것과도 무관하지 않았다. 김옥균은 「갑신일록」 1884년 11월 2일자 일기에서 다케조에 신이치로(竹添進一郎) 일본공사가 고종과 밀대(密對)한 내용을 적었다. 그에 따르면, 제물포조약에 따라 조선정부가 일본에 준 배상금 55만 원 중에서 40만 원을 도로 고종에게 돌려주면서 다케조에는 이렇게 말한다. "이는 우리 천황이 특별히 귀국의 양병비(養兵費)로 정하여 독립하는 기금으로 삼게 한 것이오니, 결코 다른 비용에 쓰지 마옵소서."[83]

요컨대 고종 정권이 불평등조약을 수용하며 개국을 하는 와중에서, 내정 개혁은 오히려 후퇴했거나 실종되어버렸다. 민씨 세도의 발호에 신식군대를 둘러싼 제도운영의 미숙이 덧붙여져 마침내 임오군란을 자초했다. 이후 청나라와 일본의 군대가 서울에 상주하며 조선 내정에 간섭했다. 이 상황에서나마 조선은 내정과 군사제도의 지혜로운 운영을 통해 자주적 군대를 만들어나갈 방도를 찾았어야 했다. 그러나 고종과 정부는 친청군대와 친일군대를 병존시켜서 그들 간의 갈등과 병립에

---

82) 배항섭, 2002, 211쪽.
83) 김옥균, 2006, 61쪽.

기대어 안전을 도모하려 했다. 통합적인 자주적 군대의 정체성과 정예화를 통해 외세로부터 조선의 독립을 지킬 수 있는 군대로 거듭나게 하려는 노력은 실질적으로 존재하지 않았다.

고종은 사대당과 개화파, 친청파와 친일파라는 두 개의 패를 쥐고 이 둘 사이에 균형을 취해 살 길을 도모한 것으로 보인다. 그러나 그 시대는 그 같은 위험하고 단순한 게임을 넘어서는 더 고도한 통합적이고 창조적인 정치 리더십을 요구하고 있었다. 고종도 민비도 두 파당들도 그러한 비전과 정치적 리더십을 결여했다. 고종이 갖고 있다고 생각한 두 패는 두 외세가 조선의 정치세력과 군대를 반분하여 나누어갖고 결정적인 순간에는 서울 한복판에서 궁궐을 가운데 두고 싸움을 벌일 수 있는 형국을 표상하는 것에 지나지 않았다.

11. 김옥균 일파와 다케조에 신이치로의 쿠데타 음모

김옥균 일파가 일본의 힘을 빌려 정변을 일으키려는 계획은 1884년 양력 10월 30일에 구체적으로 시작된다. 이날은 다케조에 신이치로가 조선 주재 일본공사로 부임하기 위해 인천을 경유해 서울로 들어온 날이었다. 외무독판(外務督辦)과 외무협판(外務協辦)을 각각 맡고 있던 김홍집과 김윤식이 그날로 다케조에를 찾아가 만나자고 김옥균에게 연락한다. 김옥균은 미국공사와 영국영사 부부를 초청하여 만찬을 벌일 일이 있어 가지 못했다. 그날 찾아간 김홍집에게 다케조에는 "내가 들으니 귀국의 외아문 안에는 아직도 청국의 노예 노릇을 하는 자가 몇 사람 있다고 하는데 내가 그들과 같이 두루 돌아다니는 것을 부끄럽게 여기오"라 한다. 김윤식에게는 "당신은 본디 청국에 깊이 붙을 뜻을 가지면서 어찌 청국에 들어가서 벼슬하지 않소?"라고 힐문한다. 김옥균은 이를 듣고 다케조에가 조선에서 적극적으로 청의 세력과 대결할 의지

를 가진 것으로 판단한다.[84)]

김옥균은 바로 다음 날인 10월 31일 다케조에를 찾아간다. 그는 이날 의 대화를 회고하기를, "나는 전후를 가리지 않고 우리나라의 국내 정세가 날로 위급한 지경에 이르러 감을 바로 말하고, 또 지난해 이래 까닭없이 당신에게 의심을 받아 나의 계략이 다 저해되어 실패했다는 일들을 말하며 여지없이 떠들어대고 분을 뿜어대었다"고 했다. 다케조에는 만일 일본이 조선의 개혁을 돕는다면 어떨 것인가라고 은근히 말한다. 김옥균은 "내가 3년 전부터 어리석은 소견이나, 우리나라를 독립하여 구습을 변혁하자면 일본의 힘을 의뢰하지 않고서는 달리 방책이 없다고 여겨, 시종 그 범위에서 노력했소"라고 털어놓는다. 일본의 조선정책이 일관성 있게 적극적이지 못함을 탓하는 말을 김옥균이 덧붙인다. 다케조에는 "무릇 국가의 정략이란 때에 따라 변하고 사세에 응해 움직이는 것이지, 어찌 한구석에만 고착시켜서 볼 수 있겠습니까"라고 답한다. 시세가 변했으므로 이제는 일본도 조선 내 친일파를 적극 도울 준비가 되어 있다는 암시였다.[85)]

다케조에와 헤어진 김옥균은 바로 박영효를 만나 함께 기뻐한다. "나와 박 군은 크게 기뻐했다. 일본 정부의 정략이 크게 변한 것을 알 수 있었기 때문이다. 만일 이 기회를 타서 움직이지 않으면 기회를 놓칠 것을 염려하여 우리는 약간의 의논을 했다." 김옥균은 이어 박영효에게 "자주 다케조에를 찾아가 그의 속마음을 살피게 했다"고 말한다. 박영효와 헤어진 김옥균은 또 홍영식과 서광범을 찾아가 다케조에를 만난 일을 얘기하니 그들도 모두 기뻐했다고 했다.[86)]

김옥균 회고록의 이 부분에서 우리는 과거 김옥균 일파가 갑신정변

---

84) 김옥균, 2006, 54~55쪽.
85) 김옥균, 2006, 55~57쪽.
86) 김옥균, 2006, 57쪽.

이전인 1883년에 이미 그와 유사한 궁정 쿠데타를 시도하려 했다는 고백을 듣게 된다. 한때 다케조에가 김옥균 등의 친일파들에게 소극적이고 소홀했다고 김옥균 등이 불평을 토로한 것은 그 일에 관련된 것이었다. 김옥균은 "우리들은 이미 한번 거사하려는 뜻을 결정하고, 일본 용사 수십 명을 얻기 위해 일본에 사람을 보낸 일이 있다"는 사실을 털어놓고 있는 것이다.[87]

민씨 일족 사대당의 전횡에 분노하여 김옥균 일파가 도모한 정변의 치기스러운 무모함과 무절제한 친일적 풍경을 여실히 보여준다. 일본이 처음에 그러한 김옥균 일파에 대해 소극적이었던 것은 당연한 일이었을 것이다. 그런데 이제 일본이 그러한 치기스러운 김옥균 일파의 쿠데타 시도에 관심을 보이고 지원해줄 뜻을 암시함으로써 김옥균 일파를 흡족하게 만들어준다. 그렇게 된 정세변화란 무엇인가.

그전에도 조선 주재 일본공사를 하고 있던 다케조에는 1884년 3월 잠시 일본으로 돌아가 있었다. 다케조에를 대신하여 조선에서 공사대리를 맡은 인물은 시마무라 히사시(島村久)였다. 다케조에가 서울에 다시 공사로 부임하기 얼마 전 김옥균은 일본공사관을 찾아가 시마무라를 만난다. 그리고 지난해(1883년) 도모하려던 일에 다케조에 공사가 취한 냉담한 태도에 대해 불만을 토로한다. 시마무라는 "지난해 일"은 다케조에와 통정(通情)을 다하지 않았기 때문이고, 또 다케조에가 그러한 것은 "그때의 사세가 그러했기 때문"이라고 변명한다.

시마무라는 이제는 정세가 변했다는 투로 말한다. "지금 동양의 대세는 청·불관계가 매우 급하여 누란(累卵)처럼 위태롭습니다. 여러분께서 만약 나라를 위해 개혁한다면 우리 정부로서도 불가하게 여기지 않을 것입니다." 김옥균 일파가 정권 장악을 위해 어떤 행동을 한다면 일

---

87) 김옥균, 2006, 57쪽. 김옥균이 붙인 각주.

본도 이제는 도울 수 있다는 노골적인 암시였다. 그러나 이때만 해도 김옥균은 지난해의 일을 떠올려 완전히 믿지는 않았다. 더욱이 자신에게 냉담했던 다케조에가 다시 서울에 부임한다는 말을 듣고 근심했다.[88]

당시 시마무라가 청나라와 프랑스의 일이 누란의 위기를 만들고 있다고 한 것은 1884년에 벌어진 청불전쟁을 두고 한 말이었다. 프랑스와 무력대결을 앞두고 있던 그해 4월, 이홍장은 프랑스군이 북양에까지 진공할 것에 대비하지 않으면 안 되었다. 서울에 있는 청군 6영 중에서 3영만을 남겨놓고 나머지 3영을 이끌고 요동의 금주(金州)로 이동하도록 오장경에게 지시한다. 이 일로 조선에서는 사대당이 불안해했다. 개화당은 대담해졌다.[89] 대담해진 것은 개화당뿐 아니라 일본도 마찬가지였다. 1884년 11월 1일자 김옥균의 일기에 따르면, 다케조에 일본공사는 박영효에게 "청국이 곧 망할 터이니 귀국을 위해 개혁에 뜻을 둔 인사들은 이 기회를 놓쳐서는 안 되오"라고 말한다.[90]

그해 12월 1일 김옥균은 교동에 있는 일본공관으로 가서 시마무라와 밀담을 나눈다. 별궁에 불을 질러 정변을 개시하는 계획을 털어놓는다. 시마무라는 매우 기뻐하며 시일이 언제인가를 묻기까지 했다.[91] 이어 새벽 2시에 박영효의 집에서 정변에 동원될 일본 도야마 사관학교 졸업생인 임은명 등 9명의 장사(壯士)들과 만나 거사계획을 밝히고 지시를 내린다. 양력 12월 4일(음력 10월 17일)을 거사일로 정한다. 거사장소는 우정국(郵政局) 연회장이었다.

그날 밤 8시 반에서 9시 사이에 대궐 별궁에 석유를 이용해 불을 지

---

88) 김옥균, 2006, 48, 52~53쪽.
89) 김기혁, 1996, 29쪽.
90) 김옥균, 2006, 58쪽.
91) 김옥균, 2006, 101쪽.

른다. 동서쪽 행랑 곳곳에 화약을 장치하여 두었다 폭발시킨다. 대궐에 불이 나면 우정국에 모인 인물들은 모두 불을 끄러 대궐로 달려가야 할 사람들이었다. 그들이 불난 곳으로 달려가는 시간을 이용해 처단한다는 계획이었다. 일본인들을 조선인 복장을 입혀 투입하도록 했다. 처단 대상은 민영익, 민태호, 민영목, 조영하, 윤태준, 이조연, 한규직 등이었다. 여기에 동원되는 병력은 일본공사관에 근무하는 일본군 병사 30인, 그리고 일본식 신식군대인 전영(前營)의 소대장 윤경완이 부대원 50명을 거느리고 참여하도록 했다.[92]

12. 갑신정변과 삼일천하

마침내 12월 4일이 되었다. 우정국 연회는 열렸고, 별궁에서는 불이 났다. 민영익이 제일 먼저 달려나갔다. 일본인의 칼에 제일 먼저 피투성이가 된다.[93] 김옥균은 박영효와 서광범과 함께 고종의 침실로 찾아간다. 우정국에서 일어난 변고를 아뢴다. 그때 민비가 김옥균을 향해 "이 변이 청국 측으로부터 나왔소? 일본 측으로부터 나왔소?" 하고 묻는다. 김옥균은 대답을 못한다. 김옥균은 고종에게 "지금 이때를 당하여 일본 군사를 요청해서 호위하도록 하면 만전을 기할 수 있겠습니다"라고 말한다. 고종은 그렇게 하라고 한다. 의심을 가득 품은 민비는 "만약 일본 군사를 청해서 호위하면 청국 군사는 장차 어찌하겠소?"라고 묻는다. 김옥균이 급히 대답하기를 "청국 군사도 또한 청해서 호위하게 하는 것이 좋겠습니다"라고 한다.[94] 외국 군대들에게 기대는 것은 일을 벌인

---

92) 김옥균, 2006, 103~107쪽.

93) 당시 민영익은 조선군 우영을 책임진 우영사(右營使)였다. 그는 이때 중상을 입었지만 살아남는다. 고종은 그해 12월 30일(음력) 민영익을 우영사에 도로 제수한다. 『고종실록』, 고종 21년(1884 갑신·淸 光緖 10年) 12월 30일(경자).

친일파뿐만 아니라 위기에 처한 국왕도 왕후도 매 한 모양이었다.

먼저 일본공사 다케조에가 일본군을 데리고 대궐에 들어와 경우궁 정전(正殿)에서 고종을 호위했다. 조선군 3영을 거느리는 책임자들인 이조연, 윤태준, 한규직 등도 함께 있었다. 이들에게 김옥균은 멍청히 있지 말고 군사들을 이끌고 오라고 요구한다. 말인즉 옳은 말이라 거역할 수 없어 이들이 문을 나서는데, 조선인 장사들이 칼을 빼 처치해버린다. 민영목은 경우궁 안에 들어오려다 문밖에서 일본인 무사에게 처치당한다. 조영하와 민태호도 경우궁에 고종을 알현하려 오려다 문밖에서 처단되었다. 고종은 물론 문밖에서 일어나고 있는 일들을 알지 못했다.[95]

12월 5일 날이 밝자, 민비와 세자는 대궐로 돌아가자고 조른다. 김옥균 등은 고종의 최측근 환관 유재현을 경우궁 정전에서 죽였다. "그제서야 만좌가 실색하고 사람들은 숨을 죽였다"고 한다. 이어 "궁녀와 환관들 중에 쓸모없는 자는 모두 축출하고, 이어서 개혁을 대대적으로 행하여 중대한 요직을 먼저 갈아내었다"고 김옥균은 적고 있다. 고종의 종형(從兄)인 이재원을 영의정으로 하는 새 내각을 발표한다. 김옥균은 각주에 붙이기를 "무릇 민씨 일파에게 쭈그리고 지냈던 자를 대개 천거하여 벼슬을 시켰다. 자질구레한 것은 다 기록하지 못한다"고 했다.[96]

민비를 비롯한 내전 사람들이 경우궁이 좁은 것을 탓하고 고종도 좁다고 불평했다. 그 바람에 경우궁 남쪽에 이웃한 이보국(李輔國)의 널찍한 집으로 옮겨가 체류한다. 민비와 고종은 계속하여 대궐로 돌아갈 것을 요구한다. 대궐은 청나라 군사의 공격으로부터 방어하기가 어려운 지형상의 문제로 김옥균 일파는 이를 거절했다. "이틀만 더 기다리

94) 김옥균, 2006, 115~119쪽.
95) 김옥균, 2006, 122~124쪽.
96) 김옥균, 2006, 125~127쪽.

게 하시면 우리 당의 자립하는 일이 모두 준비될 것이니, 그때에는 대궐로 돌아가더라도 무방하다는 것을 거듭 말했다"고 김옥균은 적었다. 그러나 곧 다케조에 일본공사가 수비에 자신이 있다면서 고종에게 대궐로 돌아가는 것이 좋겠다고 말한다.

김옥균이 항의했으나, 다케조에가 염려 말라 이른다. 고종도 매우 기뻐하므로 어쩔 수 없이 김옥균도 따랐다. 무라카미(村上) 일본군 중대장이 대궐로 들어와 지세를 살피며 경비에 임한다. 궁전 안의 수비는 김옥균의 장사들이, 중간 수위(守衛)는 일본군이, 그리고 바깥 수위는 조선군의 4영 군사들이 맡았다. 일본식 훈련을 받는 전영과 후영의 병사 400명이 특히 요지에 주둔하며 경비했다. 다케조에 공사는 대궐 안에 머무르며 일본 병사들의 밤샘 경비임무를 독려했다.[97]

김옥균 일파는 곧 개혁적인 정령들을 반포했다. 첫째, 대원군을 불일내로 귀환시키고, 조공과 허례를 의논하여 폐지한다. 둘째, 문벌을 폐지하여 인민의 평등권을 보장하는 제도를 만든다. 셋째, 지조법(地租法)을 개혁하여 관리의 부정을 막고 국용(國用)을 유족(有足)하게 한다 등이 그 핵심이었다.[98]

13. 조선 대궐에서 벌어진 청일전쟁 예고편

12월 6일 김옥균이 대궐을 지키고 있는 조선 군사들의 총과 칼을 점검해본다. "죄다 녹슬어서 변사(變事)를 당하더라도 처음부터 탄환을 장전할 수 없는 형편"이었다. 김옥균은 사관들을 불러서 병정들과 함께 "총을 분해하여 소제하게 했다."[99] 이 쿠데타가 갑자기 태도를 바꾼 일

---

97) 김옥균, 2006, 129~131쪽.
98) 김옥균, 2006, 131~132쪽.

본공사의 부추김에 따라 뒷감당할 준비 없이 급하게 추진된 일임을 드러내는 치명적인 증좌였다.

마침내 결정적인 상황이 벌어진다. 다케조에 공사가 일본군을 대궐에서 철수시키겠다고 나선 것이다. 김옥균은 그를 붙들고 애걸한다. "총과 칼을 점검해보니 모두 녹이 종이처럼 두껍게 슬어 탄환이 통 들어가지 않는 형편입니다. 그래서 지금 분해하여 소제하고 있습니다. 만약 이러한 때에 공사가 군대를 철수하면 일이 반드시 실패하고 말 것입니다. 우선 3일쯤만 더 기다린 뒤에 귀국 병정을 철수하면 그새 우리 당의 일이 차츰 준비되어 근심이 없게 될 것입니다." 이렇게 설득한 후 김옥균은 다케조에에게 일본 정부로부터 300만 달러 또는 500만 달러의 차관을 빌려달라고 간청한다.[100]

돈 문제와 청군 방어계획을 김옥균과 다케조에가 상의하고 있는 사이에 더욱 결정적인 사태가 벌어지기 시작했다. 청나라 진영에서 사관을 보내 고종을 뵙자고 청한 것이다. 김옥균은 이를 불가하다 하여 박영효가 답서를 써서 청국 사관을 돌려보낸다. 조금 후 원세개가 병사 600명을 두 대로 나누어 동문과 서문을 통해 대궐에 들어오려 했다. 김옥균은 원세개의 고종 알현은 막을 수 없으나 군사를 데리고 들어오는 것은 용납할 수 없다고 통역관에게 말한다. 그러자 오후 2시 반경 대궐 동문과 남문으로부터 포성을 울리며 청국 병사들이 협공해 들어왔다. 민비와 세자와 세자빈은 궁문을 나가 북산으로 향했다. 왕대비, 대왕대비, 순화빈(順和嬪)도 궁문을 나가버렸다. 김옥균이 급히 고종의 침전으로 가니 인적이 없었다. 고종은 이미 무감(武監) 한 명과 병정 4~5명만 데리고 뒷산 기슭으로 도망치고 있는 중이었다.[101]

---

99) 김옥균, 2006, 133쪽.
100) 김옥균, 2006, 133~135쪽.

김옥균은 급히 따라가 고종을 만류한다. 그를 산 아래 연경당으로 데리고 내려온다. 총탄이 비처럼 퍼붓는 가운데 사람을 시켜 다케조에 일본공사를 불러오게 한다. 전영과 후영의 군사들은 총을 분해하여 소제하고 있던 중에 청군의 공격을 받았다. 모두 맨손으로 도망치고 말았다고 했다. 시위하던 일본 군사들만이 관물헌 건물 앞뒤에서 항전하고 있었다. 다케조에와 김옥균은 계책이 없었다. 그러나 고종을 어디로 이끌고 가야 할지 빨리 결정해야만 했다. 김옥균은 "일이 이에 이르렀으니 어찌할 수 없는 형편이오. 대군주를 모시고 급히 인천에 가서 다음 계책을 도모하는 것이 좋겠습니다"라고 다케조에에게 의논한다. 이 말을 옆에서 듣고 있던 고종은 "나는 결코 인천으로 가지 않겠다. 대왕대비가 가신 곳으로 가서 죽더라도 한곳에서 죽겠다"고 하면서 버틴다. 다케조에도 고종의 거부하는 양을 보고 난처해한다.[102]

이때 탄환이 더욱 많이 날아와 거기에 머무를 수 없었다. 다시 산 기슭을 기어올라갔다. 탄환의 비를 뚫으며 동북쪽 궁문 안에 이르렀다. 왕비 일행이 북묘에 자리를 잡고, 고종에게 사람을 보내 북묘로 오기를 청했다. 고종은 이에 응해 북묘로 가자 한다. 김옥균, 박영효, 서재필, 홍영식이 함께 있었다. 이들은 다함께 고종을 강제로라도 인천으로 끌고 가자는 의견이었다. 다케조에의 동의를 구하려 했다. 그러나 다케조에는 "답하지 않고 뭔가 생각하는 바가 있는 듯했다"고 김옥균은 적었다. 다케조에가 명색이 조선의 국왕인 고종을 끌고 다니다가 어떤 일을 당하게 될지, 또 그로 인해 본국 정부에게 어떤 외교적 부담과 책임문제를 유발하게 될지 알 수 없었기 때문일 터이다.

이때였다. 당시 군제편성에서는 별초군(別抄軍)이라 하여 각 영의

---

101) 김옥균, 2006, 135~138쪽.
102) 김옥균, 2006, 138~139쪽.

정원 외에 별도로 뽑은 자들이 있었다. 이들 100여 명이 대궐 뒤 북산 위에서 김옥균 일행을 보고 맹렬히 총을 쏘아대었다. 일본 복색을 한 자들이 섞여 있는 것을 보고 그렇게 한 것이었다. 김옥균은 "청국 진영에서 이들을 불러서 미리 어떤 약속을 했다고 한다"는 주(註)를 달아놓고 있다.[103] 한편으로 친일파를 따라 정변을 일으키는 군대가 있는가 하면 청군과 통하여 친일파 조선 관리들에게 총을 쏘는 부대가 마구 섞여 있는 난장판이었던 것이다.

날이 저물었다. 때는 이미 청국 군사들이 대궐 각처를 점령한 후였다. 청군은 더 이상의 군사행동은 하지 않고 대궐 안 사방에 불을 피워 밝힐 뿐이었다. 일본 군사들도 더 이상 전투를 하지 않고 산 아래로 돌아와 합류했다. 이제 다케조에는 일본군을 이끌고 철수하겠다고 나선다. 다케조에는 청군뿐 아니라 조선군까지 일본군에게 포를 쏘고 있으며, 그 결과 조선 대군주까지 일본군과 함께 있는 까닭에 덩달아 위험에 처하게 되었다는 이유를 들었다. 다케조에는 고종의 허락을 구하여 북문을 통해 나가려 했다. 이제 김옥균 등 주도자들은 어디로 피할 것인가를 다케조에에게 묻는다. 다케조에는 다들 자신을 따르라고 했다. 김옥균은 그렇게 하겠다고 답한다. 홍영식은 변란 직후 민영익을 보호하기도 했고 원세개와도 관계가 좋았다. 이 점을 고려해 홍영식은 임금과 함께 남아 있기로 결정한다.[104] 그것은 착각이었음이 곧 드러나고 만다.

14. 고종판 쿠오바디스

김옥균 등이 홍영식만을 남기고 다케조에를 따라가기로 결정하고 막

---

103) 김옥균, 2006, 139쪽.
104) 김옥균, 2006, 140~142쪽.

나설 참이었다. 고종이 놀라고 황당해하며 이렇게 묻는다. "지금 이같이 위태롭고 혼란한 시기에 경들은 나를 버리고 어디로 가려 하는가?" 그것은 절규였을 것이다. 고종판 쿠오바디스(Quo Vadis)였다. 다만 낮은 이가 신을 향하여 외친 절규가 아니라, 일국의 지고지상의 권력자가 한 줌의 외국 병사들에 쫓기다가 아래를 향해 던지는 절망의 탄식이었다는 점이 달랐다.

김옥균의 답은 이러했다. "신 등은 국가의 후한 은혜를 입었사온데, 어찌 감히 저버리겠습니까? 오늘 전하를 따라가서 죽지 않는 것은 다른 날 국가와 전하를 위해서 다시 청천백일(靑天白日)을 바라볼 때가 있도록 하기 위하여 잠시 고별하는 것입니다." 김옥균은 일기에 이렇게 덧붙였다. "그때의 정황을 무엇에 비하여 말할 수 있겠는가?"[105]

민비가 다른 곳에 가서 고종을 부르고 김옥균 일행이 고종과 헤어져 일본공사관으로 도피하기에 이르는 과정을 박영효는 그 자신의 회고록에서 다소 건조하게 묘사했다. "이때 민비는 한 발짝 먼저 달아나 청나라 병사가 주둔한 북묘로 향하고 우리는 주상을 옹호하여 청나라 병사의 손에 잡히지 않으려고 할 제, 나는 전영 정령 신복모가 거느린 일대(一隊)로 일본 병사와 합세하여 옥류천 위로 쳐들어오는 청나라 병사와 몇 차례의 백병전을 시도했다. 이때 주상께 대한 우리의 황송함과 비장함은 실로 말로써 표현할 수 없는 것이 많았다. 그러자 다시 출현한 다케조에 공사는 태도가 일변하여 궁중으로 퇴거하니 어가(御駕)는 할 일 없이 청나라 병사진영으로 향하신지라."[106]

김옥균과 그의 동지들은 고종과 억지로 헤어져 다케조에를 따라나선다. 궁문을 나와 북산에 이르렀다. 김옥균 등이 그곳에서 서로 각자 흩

---

105) 김옥균, 2006, 142~143쪽.
106) 박영효, 2006, 212쪽.

어져 살 길을 도모함이 함께 뭉쳐 다니다 몰살되는 것보다 낫지 않을까 하며 논란을 벌인다. 이때 다케조에가 사람을 보내 급히 독촉한다. "우리 군사는 잠시도 머물러 있을 수 없소. 곧 인천으로 떠날 참이니, 여러분들은 의심하지 말고 속히 오시오." 김옥균 등은 다케조에를 따르기로 결심하고 쫓아간다. 김옥균은 자신의 회고록의 말미에 이렇게 적었다. "이 뒤의 일은 기록할 것이 못 된다."[107]

홍영식은 그 자신과 김옥균 등의 기대와 달리 원세개의 독수에 걸려 죽음을 면치 못했다.[108] 김옥균이 박영효 등과 함께 일본공사관으로 도피하고 있을 때, 홍영식은 박영교와 사관학교 생도 7명과 함께 어가를 따라 북관왕묘(北關王廟)에까지 이르렀다. 마침 오조유 등이 인솔한 청나라 병사의 마중을 받았다. 청군은 고종에게 자신들의 병영으로 갈 것을 요구한다. 홍영식 등은 고종에게 그 말을 따르지 말 것을 간언한다. 그러나 고종은 허락하지 않고 청나라 병사의 호위에 따른다. 홍영식 등은 다시 청나라 군사들을 보고 호령한다. 그러다가 "마침내 박영교, 홍영식 및 사관학교 생도 7명은 역적의 이름을 쓰고 한 가지로 피살되었다."[109]

김옥균, 박영효, 서광범, 서재필 등 네 명은 모두 다케조에의 도움으로 일본으로 피할 수 있었다. 그해 음력 12월 14일자 『고종실록』에는 양사(兩司)가 "김옥균 등 네 역적의 경우는 바다를 건너서 법망을 빠져나간 관계로 법을 시행하지 못했습니다"라고 보고한 내용이 있다.[110]

그 후 정변파들의 행방을 박영효는 이렇게 적었다. "우리 일행 김옥균, 서광범, 서재필, 그리고 나 네 사람은 일본공사관에서 하룻밤을 지나고 각기 변장하여 인천으로 도망하여 추병을 피했다. 일본 선박 치도

---

107) 김옥균, 2006, 143쪽.
108) 김옥균, 2006, 142쪽.
109) 박영효, 2006, 212~213쪽.
110) 『고종실록』, 고종 21년(1884 갑신·淸 光緒 10年) 12월 14일(갑신).

세마루(千歲丸)에 탑승하고 일본을 향하여 망명의 길을 떠났다. ……
이때로부터 나는 10년 망명의 몸이 되고 김옥균은 자객 홍종우(洪鍾宇)의 독 묻은 칼에 목숨을 잃고 우리 잔당과 개혁의 뜻을 품은 소장들은 모두 살육을 당하거나 혹은 망명했다."[111]

1884년 음력 11월 1일자 『고종실록』엔 이조(吏曹)에서 고종에게 다음과 같이 보고하는 내용이 실린다. "대신(大臣)이 아뢴 일로 인하여 역적들의 연좌되어야 할 친족 가운데 관작(官爵)을 가지고 있는 자들에 대해서는 해조(該曹)에서 모두 삭탈관직(削奪官職)을 하게 하라고 명하셨습니다. 김옥균의 아비 부호군 김병기와 본래의 생부 김병태, 박영효의 아비 대호군 박원양과 형 사사(司事) 박영호, 홍영식의 아비 영중추부사 홍순목과 형 호군 홍만식, 서광범의 아비 호군 서상익, 윤영관의 아비 경상 좌병사 윤석오, 박응학의 아비 전 목사 박정화에 대해서는 모두 삭탈관직을 했습니다."[112]

박영효는 갑신정변 실패 후 고종과 조선정부의 동향에 대해서 이렇게 요약했다. "전날 밤 어가는 청나라 병사의 막사로 들어가시어 3일을 머무르시다가 환궁하시고 민영익, 민영준, 민영환, 민응식 등 일파로 내각이 조직되니 개화당 내각의 생명은 겨우 3일에 지나지 않았다. 폭병(暴兵)은 그 여세를 타고 개화당 일파의 가택을 습격하고 남은 가족을 참살하며 일본공사관에 방화하니 약 40명의 일본인이 피해를 입자 황급한 다케조에 공사와 공사관원 일동은 임오군란 때와 같이 겨우 몸을 피하여 귀국의 길에 올랐다."[113]

세월이 많이 흐른 뒤인 1926년 순종(純宗)이 승하했을 때에 발표한 회고문에서 박영효는 정변의 실패에 대한 인간으로서의 감상을 이렇게

---

111) 박영효, 2006, 213~214쪽.
112) 『고종실록』, 고종 21년(1884 갑신·淸 光緒 10年) 11월 1일(신축).
113) 박영효, 2006, 213~214쪽.

술회했다. "슬프다, 인생이여! 죽은즉 청산의 한줌 흙이더라(死則靑山
一杯土). 누가 옳고 누가 그른지는 물을 것도 없고 지금에 와서 죽은
뒤에 약방문을 쓰는 일은 할 필요가 없다. 다만 나는 국상(國喪: 순종
승하)의 망극한 중에 무단히 일어나는 추회(追懷)와 함께 조선의 혁명
이란 이렇게 지극히 어렵다는 것과 로마는 망하는 날에 망한 것이 아니
라는 감상을 감히 느끼게 되노라."[114]

15. 갑신정변에 대한 역사적 평가

창덕궁에서 일본군이 후퇴한 뒤 정변 소식에 분개한 서울의 군민(軍
民)들은 일본공사관 주위에 몰려들어 총을 쏘거나 돌을 던지며 6일 밤
과 7일 새벽 사이에 세 차례나 일본공사관을 습격했다.[115] 박영효는 정
변이 실패한 후 일본공사관을 공격한 이들 조선인들을 '폭병'(暴兵)이
라 표현했다. 그는 자신들의 행동을 변호하면서 이렇게 말했다. "정권쟁
탈이 무슨 인생의 제일의 의미가 되리오. 일찍이 개국 진취(開國進取)
에 보군안민(保君安民)의 큰 뜻을 펴고자 우리나라 재흥(再興)의 방책
을 급히 실시하려다가 가석하게도 구세력의 반항에 덧없이 좌절되고
말았다."[116]

그러나 당시 조선의 일반 백성들의 생각은 그와 같지 않았다. 일본의
무력을 등에 업고 대궐을 범하며 쿠데타를 일으킨 정변 세력이 오직 높
은 뜻으로만 그런 무모한 일을 벌인 것으로 보지는 않았던 것이다. 강
화도조약 이후 산업이 앞선 일본의 경제침략에 노출되어 있던 조선의

---

114) 박영효, 2006, 214~215쪽.
115) 최덕수, 「갑신정변과 갑오개혁」, 강만길 외 편, 『한국사 11: 근대민족의 형성
     1』, 1995, 131쪽.
116) 박영효, 2006, 213쪽.

인민들에게 갑신정변은 친일파들이 일본을 업고 벌인 권력투쟁 그 이상으로 비치지는 않았다. 정변파들이 비록 인민평등권과 지조법 개정 등 높은 뜻을 갖고 있긴 했다. 그러나 민중과의 교감에 기초한 근대적인 정치변혁 행동의 어떤 흔적도 없이 민중이 가장 경계하던 외세의 무력을 동원했다. 그 점에서 민중의 외면을 받은 것은 어쩔 수 없었다.

김옥균과 박영효 등 5인의 갑신정변 소동에 대해 여러 가지 평가가 있다. 크게 둘로 나눌 수 있을 것 같다. 하나는 김옥균 등의 갑신정변 회고록을 편역한 책의 간행사에 담은 신복룡의 논평이 대변해준다. "논란의 여지가 없는 것은 아니지만, 초기 개화파가 도모하고자 했던 꿈을 잘못되었다고 비난만 할 일은 아니다. 그들은 위대한 궁수가 과녁을 맞추기 위해서 과녁보다 높게 활을 겨냥하듯이, 목표를 높게 잡은 것은 사실이다. 또한 당시의 시류나 민중보다 앞서 갔던 것도 사실이다. 그러나 이러한 도전은 역사에 흔히 있는 일이고 용서받을 수 있다. 문제는 그들의 무모함이었다. 그들은 10대 소년을 포함하여 스무나문 명의 젊은이들로써 민족의 장래를 바로잡으리라고 생각했다."[117] 비판하지만 따뜻한 시선이다.

신복룡은 당시 일본, 청국, 러시아가 조선에 대한 영향력을 두고 각축하고 있는 상황 속에서 김옥균 일파가 선택한 노선은 당시 존재한 정치세력들 중에서는 그래도 진취적인 것이었다고 말한다. "이러한 상황 속에서, 서구적인 문물에 다소의 이해를 가지고 당시의 정세에 어느 정도 통찰력을 지녔던 젊은 지도자들은 보수적인 청국보다는 진취적인 일본에 편향했다. 그들이 일본에 기울어진 데에는 분별과 정도를 넘었다는 비난도 있고, 그러한 비난은 그것대로 일리가 있다. 그러나 당시 일본의 팽창과 조선 진출은 거의 억제 불능의 역학적 현상이었다. 따라서 김옥

---

117) 신복룡, 「간행사」, 김옥균·박영효·서재필, 2006, 6쪽.

균 일파가 아니었다 하더라도 누군가가 일본의 세력을 등에 업고 개화를 시도했을지도 모를 일이다. 그만큼 한국의 주변 정세는 절박한 것이었다."[118]

그런가 하면 갑신정변 같은 행위는 "늑대를 몰아내려고 호랑이를 끌어들이는" 행위에 불과한 것으로 보는 관점이 있다. 청으로부터의 자주 독립이라는 명분을 위해 일본 군대를 궁궐로 불러들이는 극단적인 대외의존책으로 해결을 시도한 것에 대한 비판적 시각이다.

1884년 갑신정변으로 드러난 친일적 개혁파들의 한계는 뚜렷했다. 이들이 개혁을 위해 취한 '거사'의 방식은 상층부 권력장악이라는 구태의연한 전통적 방식에서 벗어나지 못했다. 다케조에 신이치로와 김옥균의 음모 과정이 보여주는 대일본 의존이 그 핵심이었다. 일본세력 의존에 대한 조선인 일반의 거부감으로 인해 그들의 정치적 생명은 부활할 수 없었다. 그들의 사상적 배경 또한 일본의 뿌리 없는 자유주의자이며 또한 제국주의자였던 후쿠자와 유키치의 사상에 영향받은 바 컸다. 이들 한말 친일적 개혁파들의 한계는 박영효의 인생역정에 적나라하게 반영된다. 그는 결국 한일병합 이후 일본의 조선에 대한 제국주의 지배의 수족으로 되었던 것이다.[119]

1970년대 이래 북한학계에서는 갑신정변을 궁정 쿠데타를 통해서 폭력적으로 정권을 획득했다는 점에서 '부르주아 혁명'으로 해석했다. 청일 양국 간의 모순과 갈등, 청국 세력에 의존하고 있는 조선 통치세력들과 일본과의 갈등을 유리하게 이용한 무력정변이라는 점에서 높이 평가하는 경향까지도 보였다.[120] 그러나 그 무렵 북한이 주체 이데올로

---

118) 조일문·신복룡, 「해제」, 김옥균·박영효·서재필, 2006, 12~13쪽.

119) Bruce Cumings, *Korea's Place in the Sun: A Modern History*, New York: W.W. Norton, 1997, pp.112~113.

120) 왕현종, 「근대화 운동의 전개: 갑신정변과 갑오개혁」, 한국사연구회 편, 『새

기를 내세우기 시작하면서 조선 말기 역사에서도 민족적 주체성을 찾으려 애쓰는 과정에서 나온 무리한 해석이라는 비판이 있다. 어떤 의미에서는 해방 후 북한에서 다양한 좌파 세력들을 제치고 김일성 세력이 헤게모니를 장악하는 과정에서 소련의 힘을 빌린 것을 정당화하기라도 한 것처럼 보일 수도 있겠다.

북한에서와 마찬가지로 1970년대 이래 한국 역사학계는 갑신정변에 대해 "근대화운동의 선구"라는 높은 평가를 내놓기 시작한다. 1995년의 글에서 최덕수는 "3일천하로 끝나긴 했지만 갑신정변이 가지는 역사적 의의는 높이 평가되고 있다. 개화파의 개혁안 중 정치면에 있어서는 청국과의 종속관계를 청산하고 국왕의 전제와 척족의 국정간섭을 막고 내각제도에 의한 국정운영을 모색했다는 점, 사회·경제부분에 있어서는 문벌 폐지와 인민평등권의 보장, 지조법 개정과 탐관오리와 국가기관의 정비, 국가재정기반의 확립 등을 제시한 점 등이 높이 평가된다"고 했다. 그리하여 갑신정변은 "국민주권주의를 지향한 최초의 정치개혁운동으로서 '위로부터의 부르주아 개혁'의 시발로 평가된다"고 적고 있다.[121]

그러나 왕현종이 지적하고 있듯이, 정변 직후 발표된 개화당의 정강정책에는 "국민주권이나 의회제 등을 포함한 근대국가 개혁의 개념이 직접 사용된 것은 아니었다."[122] 갑신정변파들의 당시 이념적 성숙 정도에 대해서도 냉정한 평가가 있어야 할 것이다.

국내정치적으로 갑신정변은 또한 간과할 수 없는 부정적 유산을 남겼다. 김옥균 일파가 반대파 인물들을 무참히 살육하고 조선의 왕궁을 피로 물들인 것 자체가 우선 문제였다. 개화파에 일정하게 우호적이었고 또 그들 개화파를 한편 용인함으로써 일본과도 통하고자 했던 고종

로운 한국사 길잡이 하』, 지식산업사, 2008, 62~63쪽.
121) 최덕수, 1995, 131쪽.
122) 왕현종, 2008, 62쪽.

이 일신의 안전을 위해서 민비와 그 척족에게 더욱 의존하는 상황을 만들어냈다. 또한 일반 국민들이 "막 싹트기 시작한 개화사상을 왜곡하고 불신하게 만드는 결과를 초래"했다.[123] 이후 조선의 개화운동과 근대화 운동의 발전 전망은 치명적인 상처를 입었다. 조선 사대부층과 민중 모두 보수든 진보든 왜양일체(倭洋一體)를 내세우며 배외주의적 성격을 띠는 데 상당한 영향을 미쳤을 것으로 생각된다.

갑신정변은 특히 국제정치학적인 관점에서 더욱 냉정한 평가를 받지 않으면 안 된다. 조선은 청나라와 일본이라는 두 외세가 쳐놓은 두 개의 올무로 목이 죄어져 있었던 상황이다. 어느 때보다 내실을 길러 그 올무들로부터 벗어날 수 있는 힘을 길러야 할 때였다. 그를 위해 가장 중요한 것은 내치에서 자기혁신, 그리고 외치에서는 자중(自重) 가운데 암중모색이어야 했다. 고종과 민씨 척족은 내치 혁신을 외면함으로써 갑신정변파의 조급한 행동을 재촉했다. 고종은 사대당을 용인하고 그들의 세도정치에 눈감는 가운데 다른 한편으로는 친일적 개화파들도 용인하면서 기회를 엿보려 했다. 고종의 "개혁 없는 기회주의적 외교전략" 또한 그 파국적 결과에 대한 책임에서 자유로울 수 없다.

민씨 척족과의 갈등이 더 이상 물러설 수 없는 권력투쟁 양상으로 치닫자, 정변파는 당시로서는 청나라 주둔군에 비해 열세였던 일본의 무력에 의존해 무모한 행동을 벌였다. 이렇게 진행된 정변으로 인해, 청나라는 정치군사적으로, 그리고 일본은 경제적으로 조선을 더욱 압박하게 되는 상황을 불러왔다. 나아가 한반도를 청나라와 일본의 직접적인 무력대결의 전장(戰場)으로 만들어나가는 조건을 촉진시켰다. 개화당은 일본이라는 올무의 힘을 빌려 청나라의 올무로부터 자유로워지려 했다. 그러나 결과는 사대당이 붙들고 있는 청나라의 올무와 일본의 올

---

123) 최덕수, 1995, 132쪽.

무 둘 모두에 끼어 있는 조선의 목을 더욱 조이게 했다. 그렇게 해서 축 늘어진 조선이라는 먹이를 놓고 두 올무의 주인들이 조선을 전쟁터로 만들고 마는 상황이 초래된다.

끝으로 고종의 정치 리더십과 관련하여 갑신정변이 시사하는 바를 언급해야겠다. 정변은 분명 개화당과 사대당의 권력투쟁이 심화되면서 비롯되었다. 청나라와 민씨 세력의 연합전선이 주도한 권력투쟁에서 개화당은 곧 밀려나고 말 것이라는 위기감에 시달렸다. 이에 청불전쟁을 기화로 대담해진 일본의 부추김 속에 개화당은 불장난을 벌이고 만다. 그런데 개화당이 열세인 일본의 무력에 의지해 유혈극을 무릅쓴 근본 원인은 한편으로는 깊은 절망감에서 기인했다는 것을 주목해야 한다. 고종과 민비가 근대적인 개혁을 추구할 능력도 의지도 결여하고 있으며, 그 결과 전통적인 왕조정치와 그것의 가장 부패한 형태의 하나인 문벌세도정치가 나라를 망국으로 이끌어가고 있다는 절망감에 사로잡혀 있었던 것이다. 미래의 개혁적 전망에 대해 고종의 리더십에 일말의 기대나마 갖고 있었거나 개화파의 정치적 입지에 대해 고종에게 지속적인 의존이 가능했다면 김옥균 등이 그처럼 무리한 유혈극을 무릅쓰지는 않았을지도 모른다.

16. 갑신정변 후 천진조약과 청일관계

갑신정변 이후 10년의 조선 정세와 그 운명을 두고, 박영효는 자신의 회고록 마지막에서 이렇게 말했다. "(갑신정변 실패 후) 약 10년은 청국의 완전한 지배 아래에서 소강(小康)을 유지하여 조정은 길이 민씨의 천하로 더럽고 어지러움[濁亂]이 오히려 심하여 만민의 불평이 날로 늘어났으며, 이것이 마침내 동학당(東學黨)의 봉기와 일청전쟁의 원인을 짓게 되었다."[124)]

원세개는 고종이 김옥균 일파와 공모를 한 것으로 의심했다. 고종을 폐위시키려 했다. 이홍장이 반대하여 포기했을 뿐이다.[125] 갑신정변에 앞선 임오군란 후에 일본과 조선은 제물포조약을 맺고, 중국과 조선은 무역장정을 체결했다. 이후 청일 두 나라가 조선에서 상시(常時) 군대 주둔권을 갖게 되었다. 한반도에서 이미 청일 두 나라의 군사충돌을 예비한 셈이었다. 갑신정변은 거기다 설상가상을 초래했다. 1885년 4월 18일 청일 간에 맺어진 천진조약은 한반도를 열강의 전쟁터로 만들 가능성을 더욱 제도적으로 보장하게 된다.

일본은 조선의 궁성에서 군대를 퇴각시켰다. 그러나 '전쟁불사'를 무기로 조선정부와 중국을 위협했다. 일본이 입은 생명과 재산의 손실에 대해 배상하고 공식사과와 함께 책임자 처벌을 요구했다. 600명의 완전무장한 일본군이 도열한 가운데 조선은 일본과 1885년 서울의정서(Seoul Protocol), 일명 한성조약에 서명한다. 그러나 갑신정변이 촉발한 조선, 중국, 일본 3국 간의 외교위기를 매듭지은 것은 중국의 이홍장과 일본의 이토 히로부미 사이에 맺어진 천진조약이었다.[126]

중국과 일본의 동시철병, 향후 조선에 대한 군사고문단 파견금지, 또한 장래에 조선에 대한 출병시 사전통보의무 등이 천진조약의 주요 내용이었다. 일본공사 다케조에가 갑신정변의 공모자인 사실을 알면서도 중국은 일본에 그에 대한 처벌을 관철시킬 수 없었다. 중일 양국이 조선에서 동시에 철병하기로 했을 뿐 아니라, 장차 조선에 대한 군사개입시 상호간 사전통보 의무를 모두 갖기로 된 것에 대해 역사적 평가는

---

124) 박영효, 2006, 214쪽.
125) S.C. M. Paine, *The Sino-Japanese War of 1894~95: Perceptions, Power, and Primacy*, Cambridge: Cambridge University Press, 2003, p.59.
126) Paine, p.59.

엇갈리고 있다. 한편에서는 일본의 외교적 승리라고 말한다. 중국의 속국으로 간주되는 조선에 대해 일본이 장차 군사개입을 할 수 있는 권리에서 중국과 동등한 자격을 갖게 된 것을 주목한 것이다. 일본이 공모한 정변이 조선에서 실패한 후에 맺어진 것임에도 조선에 대한 중국의 주권 주장을 일본이 잠식해내는 데 일본이 성공했다는 것이다.[127]

천진조약을 통해 한반도에 대한 지배력에서 청나라가 후퇴했는가라는 문제에 대해서 최문형은 다른 의견을 제시한다. 조선 정부는 갑신정변 실패로 수구파(守舊派)로 불리는 친청(親淸) 세력만 남아 있었으므로 청일 양국이 동시 철병하게 되면 조선에서의 지위에서 청이 유리할 것은 뻔한 일이었다. 또한 이 회담에서 이홍장은 이토 히로부미가 조선에 대한 청의 종주권에 문제제기조차 하지 못하게 가로막는 데 성공했다.[128] 이런 점을 들어 최문형은 천진조약은 청일전쟁 이전까지 조선에 대한 청의 정치적 영향력을 보장하는 역할을 한 것으로 이해한다.

임오군란과 갑신정변을 거치면서 일본은 한반도에서 청나라를 몰아내고 자신이 우위를 점하기 위해서는 무력이 유일한 열쇠라는 인식을 굳힌다. 천진조약 역시 당장은 청나라에 유리한 것이라 하더라도 유사시 일본도 한반도에 동시 출병할 수 있는 명확한 명분을 마련한 것이었으므로, 일본 역시 얻은 것이 있었음도 명백하다. 그러나 조선 내부의 친일세력을 통해 정치적인 방식으로 조선에서 우위를 점할 가능성은 희박해진 것이 사실이었다. 유사시 동시출병이라는 군사적 수단을 통해서 한반도에서 영향력 회복의 기회를 노리는 일만 남게 되었다. 그만큼 갑신정변과 그 결과인 천진조약은 장차 한반도를 무대로 한 청일 간의 군사적 긴장과 궁극적인 전쟁을 재촉하는 계기를 마련했던 것이다.

---

127) Paine, p.59.
128) 최문형, 『한국을 둘러싼 제국주의 열강의 각축』, 지식산업사, 2001, 274쪽.

제10장 '잃어버린 10년'과 농민전쟁 · 일본지배

• 말기 조선 시대구분 제5기와 제6기

1. 제5기(1885~94) 10년 시대상의 본질에 관하여

임오군란과 갑신정변의 시절에 뒤따르는 말기 조선 제5기는 갑오농민혁명과 청일전쟁 직전까지의 10년간이다. 1885~94년에 걸친 이 시기는 임오군란과 갑신정변의 여파로 청국의 간섭이 혹심해지는 가운데 조선은 외정과 내정에서 혼란과 난맥상을 보인다. 이렇게 보낸 10년에 조선 사회의 경제정치적 모순은 더 한층 심화되어간다. 그 결과가 1894년에 전개되는 농민혁명과 청일전쟁이라는 치명적인 내우외환이었다.

말기 조선 전반에 대한 역사적 평가를 할 때, 제5기 10년의 시기를 어떻게 인식하느냐는 결정적으로 중요하다. 그 이유는 여러 가지가 있을 것이다. 여기서는 다음 한 가지를 가장 중요한 문제로 제기하고자 한다. 이 시기는 조선이 처한 국제질서가 본질적으로 변동하는 전환기의 마지막 국면이었다. 무엇보다도 우선 청일전쟁 이전 10년의 시기가 중화제국 자체의 마지막 국면이었다는 의미에서다.

청일전쟁의 본질은 중화제국의 마지막 속방 조선에 대한 종주권을 지키려는 청조와 조선을 자국 안보의 이익선으로 규정한 일본 사이의 주도권 다툼이었다. 이 전쟁에서 패퇴함으로써 중국은 조선에서 퇴장한다. 전통적인 동아시아 국제질서에서 강대국과 조선의 관계, 즉 조공책봉관계에 근거하여 공식적으로는 위계적인 종속관계에 편입하되 내정의 자율성과 일정한 국가 독립성이 인정되는 중화질서가 사라진다는 의미다. 이후 조선이 처하게 되는 국제질서는 근대적인 의미의 주권을 누리는 독립국이 되든지, 아니면 독립적 국가 자체가 폐기되는 근대적 식민지 관계로 전환되든지 둘 중의 하나로 된다. 강대국과 약소국의 관계양식에서 전통시대 동아시아의 중화질서가 표상하는 제3의 질서라는 공간은 조선에게 더 이상 허용되지 않게 된다.

이것이 뜻하는 바의 핵심은 중화제국이 사라진 동아시아 질서에서 조선이 독립국으로 남기 위해서는 무엇이 필요했는가라는 것이다. 조선이 독립국으로 남을 수 있는 조건의 핵심은 조선이 특정한 외세에 의존하지 않고 근대적인 국가와 사회로 변화하여가는 능력이었다. 조선이 개혁을 통한 내부안정과 균형외교의 나라로 주변 열강들에게 인식되고 인정을 받을 때 조선은 제국주의 열강의 식민지 쟁탈경쟁의 대상에서 벗어날 가능성이 그나마 있는 것이었다. 이 능력을 동아시아를 포함한 국제사회에서 입증할 수 없다는 것은 두 가지를 뜻했다.

하나는 조선이 특정한 세력에 기대어 독립성 유지를 도모하는 존재로 비치는 것이었다. 다른 하나는 조선의 정치사회체제가 전통질서의 악순환 속에서 국가와 민중의 괴리가 첨예해져 내부 혼란에 시달리는 상황이었다. 곧 망할 나라는 먼저 차지하지 않으면 다른 세력의 식민지가 되어 자국을 위협하는 전진기지로 변하고 만다는 인식이 지배하는 제국주의 시대였다. 따라서 그 두 가지 악조건 중에 어느 하나만 존재해도, 조선은 중화질서에서 벗어나는 순간 제국주의 열강들의 지배권 선점 경쟁의 대상이 될 수 있는 처지였다.

장차 조선의 불행은 그 두 가지 모두에서 최악의 상황에 처하게 된다는 사실이었다. 첫째, 무엇보다도 조선의 외교노선은 균형외교와는 거리가 먼 것으로 비쳐지게 되었다. 둘째, 조선사회는 내부안정과는 정반대의 길을 가게 된다. 일본과 청의 경제적 잠식으로 고통받았을 뿐만 아니라 연속적인 민란의 소용돌이를 몰고 왔던 것이다.

그로 인해서 제국주의 열강들 사이에는 조선을 먼저 차지하기 위한 경쟁이 벌어지게 된다. 그들 사이에 다행히 세력균형이 이루어지면 조선의 독립은 가능할 수도 있었다. 하지만 세력균형이 성립하지 않으면 다른 한 나라에 근대적 식민지로 전락하는 것은 필연지사였다. 최악의 시나리오는 열강들이 한반도를 무대로 패권전쟁을 벌이고, 그 결과로서 조선이 승리한 제국주의 열강에게 식민지로 넘어가는 수순을 밟는 것이었다. 조선은 그 최악의 조합을 두 차례나 치렀다. 그것이 제5기에 뒤따르는 제6기 이래 말기 조선 역사의 핵심이었다.

이러한 길로 나아가는 역사적 뿌리는 말기 조선 초기로까지 거슬러 올라간다. 그러나 제5기에 해당하는 1885~94년의 10년간이 가장 직접적이고 결정적인 시기였다는 것은 더 말할 나위 없다. 그 10년 동안의 조선의 정치와 외교는 내부안정과 균형적 대외자세를 갖추는 데 어떻게 실패하고 말았는가, 이 질문에 대해 진실에 접근하는 답을 찾아볼 것이다. 뒤이어 그 결과로서 전개되는 농민혁명과 일본 주도의 조선 정국을 살펴보기로 한다.

2. 원세개와 청국의 '방해' 역할에 대한 평가

제5기 10년간의 조선 국가의 내정과 외정에 대한 역사적 평가에서 반드시 등장하는 주제가 있다. 원세개를 통한 청나라의 간섭과 횡포다. 원세개 때문에 조선이 내정개혁도 못하고 올바른 외교도 전개할 수 없었다는 것이다. 일각에서는 당시 국왕 고종과 민비가 개명한 지도자들임에도 원세개 때문에 개혁도 자주외교도 벌이지 못했다고 주장한다.

거의 모든 책임은 원세개와 청나라에 돌려진다. 고종과 민비가 과연 개명한 사람들인가에 대해서는 이견이 있는 학자들도 조선의 개혁과 올바른 외교에 대한 원세개와 청국의 방해역할에 대해서는 거의 한결같이 목소리를 높이고 있는 것이 사실이다.

1885년 이후 조선이 원세개를 통한 청나라의 깊은 간섭하에 놓이게 되는 원인은 물론 임오군란과 갑신정변이라는 내란과 쿠데타였다. 이 사태들의 원인도 역시 민씨 일문의 세도정치와 권력형 부정부패와 깊은 관계가 있다. 그 같은 국정문란에 대한 궁극적인 책임은 그 상태를 조장하거나 방치한 최고위층으로서 고종과 민비, 그리고 집권 엘리트 집단에게 돌아가게 된다. 하지만 여기서는 그것을 재론할 계제는 아니다.

1885년 7월부터 청국 이홍장의 추천으로 조선 외무아문(外務衙門)의 고문으로 일하게 된 오웬 데니(Owen Denny)는 이렇게 평했다. "원세개는 매우 오만불손한 방법으로서 길지만 껍데기뿐인 각서를 보내어 왕에게 충고하거나 지시하려 했고 정사에 개입했다. 자신이 조선에 있으면서도 '내 집에 온 것'이라는 가당치도 않은 구실을 내세우면서 손님이 아니라 주인 행세를 하려는 속셈이었던 것이다."[1]

데니의 원세개 비판은 다음 대목에서 절정을 이룬다. "범죄성, 부당성, 그리고 잔혹성이라는 점에서 볼 때, 국제관계의 역사에서 원세개 같은 인물은 거의 없었다. 그는 청국의 발굽으로 조선의 목을 짓누르기 위해 조선의 국내 발전을 지향하는 모든 노력을 반대했을 뿐만 아니라 자신의 주변에 늘 거느리고 있던 용병대를 이용함으로써 조선의 상류 인사들이 정부와 자신들을 위해 외국과 거래하려는 거의 모든 노력을 파멸시키고 웃음거리가 되도록 만들려고 노력했다."[2]

---

1) Owen N. Denny, "China and Korea"; O.N. 데니 지음, 신복룡·최수근 역주, 『청한론』(清韓論), 집문당, 1999, 23쪽.

이 시기 조선 정치에서 원세개의 영향력에 대해서는 우선 조선의 병권을 장악했다는 점이 지적된다. 원세개는 임오군란 진압 명목으로 1882년 오장경이 조선에 3,000의 병력을 이끌고 올 때 그를 따라왔다. 그는 이때 각각 500명으로 편성된 좌영과 우영으로 된 조선친군영(朝鮮親軍營)을 창설해 훈련임무를 담당하면서 병권을 장악한다. 좌영사에는 이조연, 우영사는 윤태준 등으로 모두 친청 사대파 인사들이었다.[3] 조선정부는 1884년 8월에 원세개가 설치했던 조선친군영을 4개 영으로 개편한다. 그런데 이 4개 군영 모두가 친청 사대당 인사들에게 책임이 주어졌다. 앞서 친군영을 맡았던 이조연과 윤태준은 각각 좌영사와 후영사를 맡았으며, 추가로 민영익(閔泳翊)이 우영사를, 그리고 한규직이 전영사를 맡았다.[4]

원세개의 권력과 횡포는 우선 이러한 조선 병권의 장악에서 구체화되었고 또 이에 바탕을 둔 것으로 풀이된다. 그런데 이것을 어떻게 평가할 것이냐는 좀 복잡한 문제다. 임오군란과 갑신정변 모두 청의 조선 종주권에 대한 조선 내부로부터 또는 일본으로부터의 위협을 초래했던 사태들이었다. 청이 원세개를 통해 시도한 조선 병권 장악은 예측 가능한 일이었다. 또한 임오군란과 갑신정변 자체가 조선 국가의 집권층에서 수구 사대당만이 남도록 만든 사태들이다. 병권 역시 수구 사대당이 장악하는 것은 일견 전혀 이상할 것이 없는 일이었다. 이 상황에서 조선의 병권을 원세개가 장악했다고 하는 것과, 대원군을 몰아내고 청나라가 복권시켜준 고종과 민비가 거느린 수구 사대당이 장악했다고 하

---

2) 데니, 1999, 41쪽.

3) 姜在彦, 『朝鮮の開化思想』, 東京: 岩波書店, 218쪽; 김원모, 「알렌의 한국독립 보전운동(1903): 알렌일기를 통해 본 알렌의 친로반일정책」, H.N. 알렌 지음, 김원모 옮김, 『알렌의 일기』, 단국대학교출판부, 1991, 338쪽.

4) 김원모, 1991, 338쪽.

는 것 사이에 어떤 차이가 있는 것일까.

중요한 것은 이러한 상황을 토대로 원세개와 청나라가 조선의 내정 개혁과 외정에 어떻게 간섭했느냐 하는 것이다. 이 시기 원세개의 역할과 관련해 주로 거론되는 것은 조선의 외교문제를 둘러싼 것이다. 원세개를 매개로 한 청나라의 조선 내정간섭의 극치로 꼽히는 고종 폐위 음모사태도 기실은 조선의 외교행태에서 발단된 일이었다. 갑신정변 후 더욱 강화될 수밖에 없었던 청나라의 영향력에서 탈피하고자 고종은 러시아 세력을 끌어들이려 노력한다. 갑신정변 직후인 1884년 12월부터 1885년 초에 걸쳐 제1차 한러밀약설이 국제사회에 퍼진다. 그해 4월 영국이 거문도를 점령하며 강력히 대응한다. 청국 또한 긴장하게 된다. 러시아를 끌어들여 청나라를 배척하려 했다고 해서 인아거청책(引俄拒淸策)으로 불리는 조선 국왕의 외교행태에 대한 청국의 인내심은 다음 해 한계에 달한다. 1886년 8월 고종은 제2차 한러밀약설의 빌미를 제공한다. 김원모는 그 배경을 이렇게 적고 있다. "원세개의 내정간섭이 심화될수록 불안을 느낀 반청친로파(反淸親露派)는 러시아 공사 칼 베베르(Karl Ivanovich Veber)에게 독립보전을 호소했으며, 이것이 이른바 제2차 한러밀약설(1886.8)이다."[5]

민영익은 인아거청책을 반대하는 입장이었다. 그는 고종이 러시아와 접촉한 사실을 원세개에게 알려주었고, 원세개는 이홍장에게 알린다. 원세개는 그해 8월 13일 국왕폐위 음모를 꾸민다. 당시 원세개가 조선의 새 국왕으로 의중에 둔 인물은 대원군의 장자인 완흥군(完興君) 이재면(李載冕)의 아들 이준용(李埈鎔)이었다.[6] 민영익은 한러밀약 정보를 원세개에 넘긴 죄책감으로 고민하다 원세개가 꾸미고 있던 고종

---

5) 『李文忠公全集』, 文海出版社, 1965, 卷4, 522쪽; 김원모, 1991, 340쪽.
6) 김원모, 「원세개의 한반도 안보책(1886)」, 『동양학 16』, 1986, 236~240쪽; 알렌, 1991, 123쪽 김원모의 각주 참조.

폐위음모를 거꾸로 고종에게 알린다. 좌충우돌하며 이중간첩 노릇을 한 것이었다. 민영익은 조선과 청국 모두로부터 비난을 받게 되었고, 결국 홍콩으로 망명하게 된다.[7]

원세개를 통한 고종 폐위음모의 전개와 그것이 진정된 사태의 전말을 호러스 알렌(Horace Newton Allen)의 일기는 이렇게 전한다. "(1886년) 8월 20일경 대규모의 청국 함대가 조선을 정벌차 쳐들어온다고 했다. 이 함대는 조선 동해안 북쪽에 있는 블라디보스토크까지 올라간다고 했다. ……청국함대는 나가사키에 기항하면서 일본에 위협을 가하고 있었다. ……우리 몇 사람의 결사적인 노력의 결과로 (중국) 지부(芝罘)에 정박하고 있는 (미국) 오시피호가 이 같은 뉴스를 입수했고, 오시피호로부터 외부로 뉴스가 누설되었다. 오시피호는 청국 군함 8척이 제물포에 입항한 것과 거의 때를 같이 해서 제물포에 도착했다. 오시피호의 20명의 해병대가 서울 미국공사관에 진주했다. 청국인들도 이제 진정되었다."[8]

조선 국왕의 러시아 끌어들이기 노력이 거듭되는 상황을 원천봉쇄하기 위해 아예 청국은 고종을 폐위시키려 했고, 이를 위해 함대를 동원했는데, 주한 미국 외교관들의 노력으로 미국 해군 함정이 인천에 급파되어 청국의 행동을 견제했다는 내용이다.

원세개와 청나라의 '횡포'로 거론되는 것은 1887년 조선이 초대 주미 전권공사 박정양(朴定陽)을 미국에 파견하여 워싱턴에 상주공사관(常駐公使館) 개설을 추진하는 과정에서 벌어진 일이다.

1882년 5월 22일 체결된 한미수호통상조약 제2조는 "공사급 외교사절을 교환하며 양국 수도에 상주공사관을 개설한다"고 되어 있었다. 이

---

7) 김원모, 1991, 341쪽.
8) 알렌, 1991, 123~124쪽.

조항에 의해 미국은 1883년 5월 루시우스 푸트(Lucius Foote)를 초대 주한 미국공사로 파견한다. 조선은 이에 대한 답례로 그해 7월 민영익과 홍영식을 조선보빙사로 미국에 파견했다. 견미사절단이지 상주 공사는 아니었다. 주한 미국공사는 푸트를 포함해 1887년까지 5명이 파견되고 교체된다. 조지 포크(George Foulk), 윌리엄 파커(William Parker), 윌리엄 록힐(William Rockhill), 그리고 휴 딘스모어(Hugh Dinsmore) 등이었다.[9]

조선이 미국에 상주공사를 파견하게 된 배경을 김원모는 이렇게 말한다. "일찍이 최초의 견미사절로 미국을 다녀온 민영익을 비롯하여 고종의 정치·외교고문인 오웬 데니와 의료선교사로 활약하고 있던 호러스 알렌 등이 조선정부에 건의하여 워싱턴에 상주공사관 개설을 촉구함에 따라 드디어 그 실현을 보게 되었다." 김원모에 따르면, 이것은 "청의 대한 내정간섭이 날로 심화될 때인 만큼, 한국외교의 다변화로 자주독립권을 수립하려는 국가정책의 일환"이었다.[10]

박정양 공사는 1887년 9월 23일 미국을 향해 떠나려 했다. 그런데 원세개가 항의하여 출발하지 못했다. 물론 원세개 독단은 아니었다. 그의 상관인 이홍장의 조선속방론이 그 원인이었다. 알렌에 따르면, "북양대신 직예총독 이홍장은 온갖 수단과 방법을 동원하여 조선의 주미공사 파견을 방해하면서, 조선정부가 전권대신을 파미할 경우 선전포고를 발하겠다는 전문을 보냈다. 결국 실패하자 주차조선총리 원세개가 마지막으로 조선 국왕을 위협공갈했기 때문에 이에 못이겨 조선 국왕이 박정양을 소환한 것"이라고 적었다.[11]

청나라는 조선속방론의 관점에 서 있었다. "조선은 청의 속국으로서

---

9) 김원모, 『한미 외교관계 100년사』, 철학과현실사, 2002, 259~260쪽.
10) 김원모, 2002, 260쪽.
11) 『알렌의 일기』, 1991, 132쪽.

전권공사 파미는 속방체제에 어긋난다"고 했다. 미국과 조선은 한미 간 평등관계를 담은 수호통상조약에 기초하여 양국관계를 바라보았다. 청국이 방해하자 미국은 주중국 미국공사 찰스 덴비(Charles Denby)를 통해서 항의했다. 한미 양국이 서로 공사를 교환하는 문제는 청국정부의 주선으로 이미 체결된 한미조약에 명시되어 있음에도 청국이 이제 와서 방해하는 것은 부당한 처사라고 했다. 미국의 강력한 항의로 청국은 조선의 공사 파견을 허락한다. 다만 조건부였다. 특명전권공사(E.E. & M.P.)는 속방체제에 어긋나므로 3등공사인 변리공사(辨理公使: Minister Resident)로 할 것을 청국은 주장했다.

이에 대해 미국이 항의하고 조선도 전권공사를 고집한다. 청국은 마침내 '영약삼단'(另約三端)이라는 조건을 내세워 허락한다. 첫째, 조선 전권공사는 임지에 도착한 직후 청국공사관을 방문하여 청국공사의 지시를 받아야 하며, 청국공사는 조선대표를 대동하고 국무부를 방문하여 소개시킨다는 것이었다. 정부 주최의 공식회합과 연회석상에서 조선공사는 청국대표보다 낮은 자리에 있어야 한다는 것이 두 번째였다. 마지막으로 중대 교섭사가 있을 때 조선공사는 우선적으로 청국공사와 협의한 후 처리해야 한다는 조건이었다.[12]

조선의 대미외교와 관련한 원세개와 청나라의 방해는 결국 1888년 11월 박정양 초대 주미 조선공사의 소환을 초래한다. 청의 명분은 조선이 "영약삼단"의 조건을 어겼다는 것이었다. 빌미는 조선이 제공했다. 호러스 알렌의 부추김을 받고 조선공사는 약속을 이행하지 않았다. 나아가 그해 1월 17일 박정양 공사가 미국 그로버 클리블랜드(Grover Cleveland) 대통령에게 전달한 국서에는 조선 국왕이 자신을 '짐'(朕)으로 칭하고 있었다. 조선 국왕이 청의 황제 광서제와 동급으로 자칭한

---

12) 김원모, 2002, 269~261쪽.

것이었다. 이에 대해 김원모는 "이로써 조선 왕조가 자주독립국가임을 공식적으로 인정받게 된 것"으로 보았다. 또한 조선이 알렌의 주도하에 대미 자주외교를 통하여 청국의 대한 종주권 주장을 적극 부정하려고 기도했다는 의미를 갖는 것이었다.[13]

그러한 의의에도 불구하고 알렌의 주도에 조선이 응하여 취한 그 같은 태도는 곧 청의 강력한 제재로 이어졌다. 마침내 주미 조선공사관의 무력화로 이어진다. 원세개는 주미 청국공사 장음환(張蔭桓)에게서 조선이 약속을 위반했다는 보고를 받는다. 원세개의 추궁에 조선정부는 주미 조선공사가 위법한 행위를 했음을 시인한다. "이홍장은 알렌의 주도하에 박정양 공사가 영약삼단을 불이행한 것을 청의 대한종주권을 부인하는 행위로 간주, 원세개에게 박 공사 소환을 명했다." 원세개의 강력한 소환 압력에 못이겨 조선정부는 마침내 박정양 소환 훈령을 내린다.[14]

이것이 김원모가 원세개의 대한 내정간섭의 "최절정"이라고 지적한 박정양 파미사태의 전말이었다. 이후 원세개는 "한반도를 지배하는 사실상의 지배자(the real ruler)"로 되었으며, 그는 "마치 식민지에 군림하는 총독행세를 했다"고 김원모는 평한다.[15]

이후 조선 조정 안팎에서 원세개가 보인 행태에 대한 다음의 묘사는 청국의 조선 지배의 수준을 상징하는 것으로 자주 회자되어왔다. "조선 정부의 공식회의 때 상좌자리 두 자리를 마련해놓고, 하나는 조선 외부 대신이, 하나는 자신이 앉아서 회의를 주도했다. 대궐 출입 때는 내외국인 지위고하를 막론하고 궐문 밖에서 하마(下馬)하여 도보로 예궐(詣闕: 입궐)해야 한다. 서울 주재 각국 공사들은 하마해서 걸어들어가는데, 유독 원세개만은 사인교(四人轎)를 탄 채 편전(便殿) 앞까지 들어

---

13) 林明德, 『袁世凱與朝鮮』, 中央研究院, 1970, 159쪽; 김원모, 1991, 346쪽.
14) 김원모, 1991, 345~347쪽.
15) 김원모, 1991, 341, 347쪽.

가서 타국 공사보다 우선적으로 국왕을 알현하고, 밖에 나오면 각국 공사가 도열하고 있는 가운데 쿨리 종복 구종배를 거느리고 거들먹거리면서 호기있게 나간다. 원세개는 편전 밖에 도열하고 있는 각국 공사들을 마치 청의 속국에 파견된 '속국의 특사'(vassal envoys)인양 하대하면서 오만불손한 무례를 자행하고 있었다."[16]

이를 두고 한국의 역사가들이 분노하는 것은 자연스러운 일일 것이다. 다른 한편으로는 명색이 종주국과 속국의 관계이니 원세개가 오만무례하게 행동하는 것이 어쩌면 당연한 것일지도 모른다고 생각할 수도 있다. 어떤 경우에도 중요한 것은 그러한 상황에서 조선 집권층이 절실하게 느끼고 실천해야 하는 것은 내치에서의 개혁과 외정에서의 지혜로운 판단과 선택을 통해 자율성의 공간을 확대해나가는 일이었다. 원세개의 오만무례는 당시 조선의 외정과 내치에 대한 청나라의 간섭 강화를 상징하는 것이지만, 그것이 곧 조선의 자율성 자체의 근본적인 소멸을 의미한 것이 아니다. 조선은 자율성의 공간이 분명히 있었다. 문제는 그 공간 속에서 조선 국가의 지도자들이 어떻게 행동하고 어떤 노력을 했느냐 하는 것이다.

그런 점에서 우선 이 시기 조선의 외교행태가 과연 현명했는지를 냉철하게 돌이켜볼 필요가 있다. 조선의 내외정에 대한 청나라의 간섭 강화에 대하여 고종과 조정이 반발하여 다른 외세에 접근하려 한 것은 이해할 수 있다. 그러나 두 차례 걸친 한러밀약설 사태는 조선 위정자들의 국제질서 인식수준과 외교전략적 행태에서 판단력의 미숙함과 신중함의 결핍이라는 문제를 드러낸 것이었다. 조선의 정치, 특히 외정에 대한 원세개의 개입 심화는 한편 생각하면 조선 집권층의 내외정에서의 실정과 깊은 관련을 가진 것은 아니었는지도 생각해보아야 한다.

___

16) 김원모, 1991, 347쪽.

그때만 해도 러시아는 조선에 강력하게 개입하여 다른 열강을 제어할 수 있는 처지가 아니었다. 전 지구적 차원에서 러시아와 경쟁 중인 영국 등 다른 열강들이 조선에 대한 청의 종주권을 지지하는 역효과도 예상할 수 있었다. 무엇보다도 청의 간섭이 심화될 것은 자명한 이치였다. 한반도 주변 국제관계는 실제로 그렇게 전개된다. 외교다변화를 모색하더라도 신중한 방식으로 추진하여야 했다. 영국과 미국, 그리고 일본 등 거의 모든 열강이 경계하는 러시아의 동아시아 진출을 조선이 앞장서 유도했을 때 조선이 국제적으로 어떤 위치에 놓일 것인지에 대해 왜 숙고하지 않았는지는 이해하기 쉽지 않다.

미국에 전권공사를 파견하는 것은 1882년의 한미조약에 따른 후속조치인 만큼 당연한 노력이었다고 할 수 있다. 더욱이 미국은 러시아와 달리 영국이나 일본 그리고 청나라로부터 심각한 경계대상은 아니었기 때문에, 조선의 대미접근은 적절한 것이었다. 또한 미국에게 보호를 요청하는 밀약이라는 형태로 비밀리에 추진된 것이 아니라 조약의 이행을 위한 공식적인 사무의 진행이었다고 할 수 있다. 그렇기 때문에 청국도 결국엔 동의하지 않을 수 없었던 것이다. 이것은 한러밀약설을 수반하며 진행된 조선의 러시아 접촉과는 근본적으로 다른 성격의 것이었다.

그러나 실제 그 추진방식에서 조선의 대미외교는 전반적인 국제정세 파악에 기초하여 지혜롭게 전개된 것으로 보기는 어렵다. 외교에 문외한으로서 의료선교사였던 알렌이라는 인물의 부추김에 이끌려간 측면도 있었다. 영약삼단의 약속을 모두 이행하지는 않더라도 신중했어야 했다. 속방론을 내세워 파견 자체도 방해했던 청국의 대응을 염두에 두지 않고 행동한 모습이었다. 결과는 어쩌면 예상될 수 있는 사태였다. 이로써 조선은 간신히 외교다변화를 모색할 수 있는 기회를 만들어놓고도 그것을 스스로 헛수고로 만들어버린 결과가 되었다. 나아가 청국의 내외정 간섭을 더욱 강화시킨 결과도 낳았다.

하지만 조선에 대한 청의 속방 주장을 결정적으로 강화시킨 것은 1885~86년 사이에 연이어 벌어진 한러밀약 사태라는 것은 말할 필요가 없을 것이다. 사실 이것이 조선의 외교행태에 대한 청국의 우려를 증폭시켰고, 마침내 조선의 대미 외교까지도 좌절시키게 되는 원인이었다고 할 수 있다. 대미 외교와는 또 다른 차원을 지녔던 조선의 대러시아 접근방식은 그래서 1885~94년의 10년간을 이해하는 데 심대한 의미를 갖는다. 따라서 이 문제를 좀더 주목하기로 한다.

3. '한러밀약'설의 실체와 1880년대 한반도 주변질서

영국이 조선과 수교한 것은 1882년 6월 6일이었다. 러시아가 조선과 외교관계를 수립한 것은 그로부터 2년 후인 1884년 7월 7일이었다. 갑신정변 이전이었다. 한러수호통상조약 체결에는 당시 조선정부에서 재정고문을 담당하고 있던 독일인 묄렌도르프의 역할이 컸다. 묄렌도르프는 원래 청나라의 소개로 조선정부에서 일하게 된 사람이다. 조선이 미국과 영국의 힘을 빌려 청나라의 속박에서 벗어나려던 시도가 실패하자 묄렌도르프는 반청(反淸)으로 변신한 것으로 알려진다. 그는 이제 미국과 영국의 반대세력인 러시아를 한반도에 끌어들이려 했다.[17]

당시 독일은 프랑스와 러시아의 동맹을 견제하기 위해 러시아의 관심을 유럽 무대에서 동양으로 돌리고 싶어 했다. 유럽에서 패권을 지향한 독일황제 윌리엄 2세(Kaiser William II)는 러시아의 관심을 동양으로 쏠리게 유도하는 전략을 구사했다. 러시아 황제 니콜라이 2세

---

17) 최문형, 『국제관계로 본 러일전쟁과 일본의 한국병합』, 지식산업사, 2004, 77쪽.

(Nicholas II)의 정책은 1894~1905년 기간 동안 그 같은 독일의 전략에 크게 영향을 받은 것으로 평가된다.[18] 독일 외무부는 묄렌도르프에게 "곰(러시아)을 동아시아 목장으로 유인하라는 암시"를 보냈다.[19]

영국과 러시아의 지정학적 경쟁이 한반도에까지 본격적으로 미치게 된 것은 갑신정변 이후 조선 국왕이 '한러밀약' 또는 '한러밀약설'의 빌미를 제공하면서였다. 갑신정변 실패로 조선에 대한 청나라의 영향력은 재확인되었다. 일본에 대한 조선 왕실과 정부의 경계심은 깊어졌다. 이 무렵 영국과 일본, 그리고 러시아 사이에 서로 조선의 항만을 차지하기 위한 지정학적 경쟁이 시작되고 있었다. 한반도를 둘러싼 청나라와 일본의 경쟁이 이미 심각한 수준이었던 것은 명확했다. 갑신정변은 그것의 조선 국내적 표현이라고도 할 수 있는 문제였다.

전통적으로 동아시아 세력이라고 할 수 없는 영국과 러시아의 전 지구적인 지정학적 대결이 이제 조선 동해의 제해권을 두고 한반도 주변으로 옮아온 것은 새로운 현상이었다. 러시아와 영국은 한반도가 상대방과 자신의 해군력에 갖는 군사적 의미를 인식하기에 이르렀다. 19세기에 러시아의 태평양함대가 웅거하던 블라디보스토크는 일 년에 넉 달은 얼어붙어 있었다.[20] 따라서 러시아가 한반도의 항만을 장악해 동해에 대한 제해권을 확보한다면 대단한 변화가 올 것이었다. 러시아 태평양함대는 명실공히 동중국해와 태평양에 진출하면서 이 영역에서 영국과 일본의 활동을 제한할 수 있는 교두보를 얻을 수 있었다. 반대로

---

18) Robert K. Massie, *Nicholas and Alexandra*, New York: Atheneum, 1967, pp.85~99; 이민원, 『명성황후시해와 아관파천』, 국학자료원, 2002, 32쪽.

19) T.F. Tsiang, "Sino-Japanese Diplomatic Relations 1870~94," *The Chinese Social and Political Review*, Vol.17, No.1(April 1933); 최문형, 2004, 76쪽.

20) S.C.M. Paine, *The Sino-Japanese War of 1894~95: Perceptions, Power, and Primacy*, Cambridge, UK: Cambridge University Press, 2003, p.33.

영국이 동해 제해권을 장악하면 러시아의 태평양함대가 동해를 통해 동아시아 해역에 진출하는 것은 불가능해진다.

요컨대 갑신정변 후 조선에 대한 중일 양국의 경쟁이 더욱 치열해짐과 동시에 러시아와 영국의 지정학적 경쟁이 한반도에까지 미치게 되었다. 이로써 조선은 4대 열강의 십자포화 아래 놓이는 형국이 되고 말았다. 이것은 고종의 러시아 끌어들이기와 러시아·영국의 지정학적 경쟁이 때마침 동시에 일어나면서 전개된 상황이었다.

러시아는 이 무렵 정변으로 인한 조선의 혼란을 이용해 영국과 일본이 한반도에서 항만을 획득할 가능성을 우려했다. 청국과 일본이 충돌할 경우에는 그 틈을 이용해 러시아 자신도 조선에 항만을 차지한다는 원칙을 세웠다.[21] 그러나 러시아가 그것을 도모하게 된 구체적인 계기를 제공한 것은 조선 국왕의 적극적인 대러시아 접근이었다. 갑신정변 직후부터 조선은 러시아와 빈번한 외교적 접촉을 시도했다. 1884년 12월 고종의 명을 받은 권동수(權東壽)와 김용원(金鏞元)이 블라디보스토크에서 코르프 총독을 비롯한 러시아 관헌들과 접촉했다. 그때마다 러시아에게 조선을 보호해줄 것을 요청했다. 1885년 1월 7일 주일본 러시아 공사관 서기관인 알렉시스 스페이에르(Alexis de Speyer)가 조선을 방문했는데, 묄렌도르프가 스페이르를 만난다. 또 묄렌도르프가 고종의 밀명을 받고 서상우(徐相雨)와 함께 갑신정변 수습을 위한 수신사(修信使)로 도쿄를 방문한다. 이때 일본에 주재한 러시아 공사 알렉산더 다비도프(Alekandre Davydov)와 일련의 회담을 갖는다.[22]

21) A. Malozemoff, *Russian Far Eastern Policy, 1881~1904*, Berkeley: University of California Press, 1958; 최문형, 『한국을 둘러싼 제국주의 열강의 각축』, 지식산업사, 2001, 60쪽.

22) 최문형, 2001, 60~61쪽.

조선과 러시아 사이의 빈번한 접촉은 영국과 미국, 그리고 일본을 금방 긴장시켰다. 이들을 중심으로 국제사회에 '한러밀약설'이 유포되기에 이른다. 1885년 2월 조선은 러시아에게 군사교관을 파견해줄 것, 그리고 청나라와 일본이 충돌할 경우 러시아가 조선을 보호해줄 것을 요청했고, 러시아는 이를 응낙하는 대가로 영흥만(永興灣)의 조차(租借)를 요구했으며, 조선이 이를 승낙했다는 내용이었다. 이것이 사실이라면 러시아는 오랜 숙원인 부동항을 획득한 것이고, 군사교관 파견을 통해서 조선 내정에 영향력을 행사할 길이 열린 것이었다. 러시아가 조선에서 청국과 일본에 버금가는 영향력을 갖게 될 것을 다른 열강들은 경계할 수밖에 없었다.[23]

한러밀약설이 실체가 있는 것이냐에 대해 학계는 논란을 벌여왔다. 최문형은 "아직까지 구체적인 내용은 물론 그것의 실재(實在)조차 분명하게 확인된 것이 없다"고 말한다. "러시아의 영흥만 조차는 어디까지나 한·러 양국 사이의 빈번한 접촉을 질시하는 영·일의 추정에서 비롯된 풍문에 불과"하다는 것이다. 보리스 박(Boris Pak)과 말로제모프 등 러시아 역사가들이 한결같이 이 밀약의 존재 자체를 부인하고 있다는 점을 근거로 제시한다. 그럼에도 문제는 남는다. 밀약의 진위 여부를 떠나 러시아가 한반도에서 부동항을 획득할지도 모른다는 것은 비록 풍문이라 하더라도 영국과 일본의 입장에서는 "한가롭게 진위나 가리고 있을 문제가 아니었다"는 것이 최문형의 판단이다.[24]

최문형은 어떻든 "한러밀약"을 '설'에 불과한 것으로 본다. 하지만 다른 의견도 있다. 임계순은 실체가 있었다고 이해하는 쪽이다. 임계순에 따르면, 고종은 묄렌도르프의 주장과 한규직(韓圭稷)이 강하게 주장함

---

23) 최문형, 2001, 61쪽.
24) 최문형, 2001, 61~62쪽.

에 따라 러시아의 보호를 요청했으며, 당연히 조선은 그 대가를 지불할 준비가 되어 있었다. 그것이 한러밀약의 실체라고 본다. 우선 묄렌도르프는 러시아만이 조선을 보호해줄 수 있다는 주장을 강력하게 펴고 있었다. 한규직은 청나라는 일본이 조선을 침략하면 방관하지는 않겠지만 조선을 보호할 힘은 없다고 믿고 있었다. 일본은 조선을 멸시하지만 청나라와 러시아가 두려워 감히 한반도를 침략하지 못한다고 했다. 따라서 국경을 접하고 있는 나라이면서 세계 최강국인 러시아에게 보호를 요청하는 것이 옳다고 주장했다. 이런 주장에 솔깃해진 고종은 1884년 12월 말 정부와 묄렌도르프도 모르는 사이에 한규직의 부하를 러시아에 파견하여 러시아의 보호를 요청했다는 것이다.[25]

러시아 황제는 조선을 보호하겠다는 약속을 하지는 않았다. 그러면서도 러시아는 신속하게 서울에 사신을 파견했다. 한러수호통상조약 비준과 육로통상, 그리고 열강의 조선침범시 조선의 안전에 대해 논의하도록 했다. 조선이 다른 열강의 공격을 받았을 때 조선의 독립을 러시아가 보호해주는 대가로, 조선은 러시아에 영흥만을 대여하고, 조선군 훈련을 러시아가 독점하도록 한다는 '한러밀약'은 그러한 거듭된 한러 접촉의 결과로 성립했다. 이것이 단순한 설로 그치게 된 경위에 대한 임계순의 설명은 이러했다. 조선 정부도 모른 채 고종이 비밀리에 추진한 러시아 접촉이 한러밀약으로 국제문제화되자, 고종은 청의 비난과 간섭을 두려워하게 되었다. 그래서 공식적으로는 얼버무리고 말았을 뿐이다. 임계순은 이렇게 말한다. "블라디보스토크를 다녀온 네 사람은 말직에 있는 한규직의 부하들로서 그곳 관리들과 사사로이 약속한 것이라 주장하여 러시아의 보호를 요청하려고 했던 사실이 없었던

---

25) 임계순, 「1880년대의 조청관계: 열강의 각축장이 된 조선」, 최소자교수정년기념논총 간행위원회, 『동아시아 역사 속의 중국과 한국』, 서해문집, 2005, 338~339쪽.

것으로 처리되었다."[26]

어떤 의미에서 한러밀약이 실체가 없다는 최문형의 지적과 임계순의 설명은 크게 다른 것은 아니다. 임계순의 설명에서도 한러밀약이 러시아 황제와 조선 정부 사이에 비밀리에나마 구체적인 협약으로 확인된 바는 없기 때문이다. 다만 비공식 채널을 통해 두 나라 정상들 사이에 일정한 양해(understanding)가 이루어진 상태였을 가능성은 배제할 수 없다. 이것을 두고 분명하게 실체가 있다고 말하기도 어렵고, 그렇다고 해서 전적으로 실체가 없는 것이라 치부할 수도 없는 일이다.

또 영국과 일본 등 다른 열강들이 일찍 이 문제를 국제문제화하지 않았다면, 고종과 러시아가 구체적인 협약을 맺어서 러시아가 더 일찍 깊숙이 한반도에 개입하게 되었을 가능성도 있었을 것이다. 다만 그것이 고종이 바라던 "조선의 보호"라는 긍정적인 효과를 가져왔을 것인지는 의문이다. 오히려 영국과 일본의 러시아 경계를 심화시켰을 것이다. 그 결과 영국의 부추김 속에서 일본의 한반도 진출이 더욱 촉진되었을 가능성도 높았다. 상대적으로 더 미약한 '설' 수준의 한러밀약에 대해서도 영국이 곧 거문도(巨文島: Port Hamilton)를 점령하며 강력하게 대응하고 나선 것만으로도 짐작할 수 있는 일이다.

4. 한러밀약설과 고종의 외교행태

여기서 우리는 근대 러시아의 동아시아 정책사 분야의 독보적인 위치를 차지하고 있는 학자인 앤드류 말로제모프의 설명을 주목할 필요가 있다. 그에 따르면, 1885년에 터져 나온 '한러밀약'은 설에 불과하다. 그러나 그 실체 여하를 떠나서, 이 사태는 러시아가 조선에 부동항

---

26) 임계순, 2005, 339쪽.

을 계획하고 있다는 다른 열강들의 인식을 기정사실로 만들게 된다. 그렇게 된 데에는 조선 국왕 고종의 외교행태가 결정적인 역할을 했다는 것이 말로제모프의 인식이다.

말로제모프가 밝힌 사태의 진상은 이러했다. 조선이 러시아에 보호를 요청하면서 조선의 항구를 러시아의 부동항으로 제공하겠다는 제안을 해온다. 러시아는 그 제안을 거절했다. 하지만 이 일이 열강들 사이에 알려지면서 러시아의 조선 부동항 계획설이 퍼지기 시작했다. "자국에서 청국과 일본의 세력 확대를 우려한 조선 국왕은 영국의 거문도 점령과 거의 동시에, 러시아 황제에게 조선을 보호령으로 삼을 것을 제의했다. 그 제안은 러시아가 당면한 이해(利害)에는 전혀 맞지 않는 것으로 거부되고 말았다. 조선 주재 러시아 공사에게 전달된 이 제안에서, 그리고 이 제안 직후에도 묄렌도르프는 러시아에게 조선과 조약을 맺으라고 제의했다. 러시아는 조선의 보전(保全)을 보장하고 그 대가로 한반도 동해안의 송전만을 받는다는 것이 그 골자였다. 이 조약은 성사되지는 않았지만 이것으로 묄렌도르프는 친러파로 간주되었고, 부동항이라는 개념이 다시금 부각되었다."[27]

말로제모프는 영국의 거문도 점령사태가 진행되고 있는 상황에서 조선 국왕이 보인 '양다리 걸치기 외교'는 열강들의 러시아 부동항 음모론을 더욱 부추긴 요인이었다고 지적한다. "영국, 청국, 조선, 러시아는 음모의 분위기에 휩싸였다. 이 같은 상황의 중심인물은 조선의 국왕이었다. 그는 은밀하게 양다리를 걸쳤다. 이홍장이 조선 조정에 파견한 청국인 감독관인 원세개의 보고에 따르면 다음과 같다. 조선 왕이 조선 주재 러시아 공사 베베르(Carl Weber)에게 접근하여 '청국으로부터 보

---

27) A. 말로제모프 지음, 석화정 옮김, 『러시아의 동아시아정책』, 지식산업사, 2002, 57~58쪽.

호해줄 것과 원산항에 5척의 러시아 함정을 배치할 것을 요청한' 반면, '원세개 자신에게는 청국의 보호를 간청하면서 청국군을 조선에 영구히 주둔시켜 달라고 요청했다'는 것이다."[28]

말로제모프에 따르면, 1886년 6월에도 이홍장은 원세개로부터, 고종이 러시아 함정들의 지원을 받아 청국으로부터 완전한 독립을 이루고자 러시아에 도움을 요청하고 있다는 보고를 받는다. 이홍장은 러시아 측에 그러한 사실을 확인하려 시도한다. 러시아 외무부는 그런 요청을 받은 바가 전혀 없다고 부인한다. 베베르도 "청국이 이 문제로 고집을 부린다면 전쟁이 일어나게 될 것"이라고 분개하기까지 했다고 했다.[29]

5. 영국의 거문도점령과 청의 조선 지배력 재확인

영국이 불법적인 거문도 점령을 감행한 것은 1885년 4월 15일이었다. 그해 1월 국제사회에 퍼진 한러밀약설에 대한 대응이었다. 거문도 점령의 취지는 블라디보스토크의 러시아 태평양함대를 봉쇄하겠다는 위협이었다. 그런데 영국의 조치는 반드시 동아시아 자체를 염두에 둔 전략만은 아니었다고 최문형은 분석한다. 당시 러시아는 인도를 겨냥하여 아프가니스탄을 침공할 태세를 취하고 있었다. 영국인 인도 총독은 영국의 거문도 점령을 "개의 목을 졸라 물고 있는 뼈다귀를 떨어뜨리게 하기 위한 전략"에 비유했다. 인도의 안전이라는 또 다른 목표를 깔고 있었다는 것이다.[30]

거문도를 점령한 영국의 전략적 판단에 대해 임계순은 로버트 스와

---

28) 말로제모프, 2002, 60쪽.
29) 말로제모프, 2002, 60쪽.
30) 최문형, 2001, 275쪽.

타우트 등을 인용하여 다음과 같은 세 가지를 지적한다. 첫째, 대마도 해협을 장악해서 러시아 군함의 출구를 막아 러시아의 영흥만 점거를 무산시키고 태평양진출을 저지한다. 둘째, 블라디보스토크를 영국이 공격할 때, 홍콩은 영국 해군의 남쪽 작전기지가 되며, 거문도는 북쪽기지가 되는 것이었다. 셋째, 지리적으로 중요한 거문도를 러시아에게 빼앗기지 않아야만 영국이 극동에서 군사적 우위를 유지할 수 있고 중국에서의 막대한 이권을 보호할 수 있었다.[31]

영국의 거문도 점령은 1887년 2월 27일까지 계속되었다. 러시아와 청국이 영국의 조치에 강력히 반발한다. 특히 청나라는 "영국이 거문도에서 철수하지 않을 경우 조선의 한 항구를 점령하겠다"고 위협한다. 이 위협은 성공했다.[32] 영국정부는 러시아가 앞으로 조선을 침략하지 않겠다고 보장하면 영국도 거문도에서 군대를 철수시키겠다고 답한다. 영국은 자신이 거문도 점령을 풀고 군대를 철수시키는 문제에 대한 러시아와의 협상을 청나라에 맡겼다. 이에 따라 청국의 이홍장은 1886년 10월 북경 주재 러시아 공사 라디젠스키(Ladyzhenskii)와 리-라디젠스키 협정을 맺는다. 이 협정에서 러시아는 "금후 한반도에서 어느 지역도 차지할 의사가 없다"고 약속했다.[33] 만일 영국이 철군하면 러시아는 어떤 상황에서도 조선 영토를 침범하지 않겠다는 약속을 청나라가 러시아로부터 받아낸 것을 뜻했다. 청국이 이를 영국에 알렸고, 영국은 마침내 철군하게 되었다.[34]

---

31) Robert R. Swartout, Jr., *Mandarins, Gunboats, and Power Politics: Owen Nickerson Denny and the International Rivalries in Korea*, Honolulu: The University Press of Hawaii, 1980, pp.65~66; Kim Yung-Chung, "Anglo-Russian Crisis and Port Hamilton, 1885~87," 『한국문화연구원논총 18』, 이화여자대학교, 1971년 8월, p.245; 임계순, 2005, 340쪽.

32) 말로제모프, 2002, 62쪽.

33) 이민원, 2002, 33쪽.

영국의 거문도 점령사태는 러시아의 동아시아 진출전략에 중대한 변화를 가져온다. 다른 열강이 동해를 봉쇄하면 러시아의 태평양함대는 동해를 벗어나기 어렵다. 수세적인 위치를 벗어날 수 없는 것이었다. 따라서 동아시아에서 러시아의 역할 확대는 해군력에 의존할 수 있는 것이 아니라 육군력을 활용해야 한다는 사실을 확인하게 된다. 이를 위해 장차 시베리아 횡단철도 건설계획을 확정하게 된 것으로 평가된다.[35]

말로제모프는 이 점을 구체적으로 설명해주고 있다. 1886년 당시 동아시아에 주둔한 러시아 지상부대는 코사크족 정착민들을 제외하면 총 1만 5,000명에 불과했다. 이들 가운데 1만 1,000명이 블라디보스토크 바로 옆에 주둔하고 있었다. 시베리아에는 여유 병력이 없었다. 유사시 극동에 증원군을 파견할 수 있는 가장 가까운 기지는 4,000마일이나 떨어진 유럽령 러시아에 있었다. 철도가 없는 상태에서 이곳에서 출발한 병력이 도보행군으로 연해주에 도달하려면 18개월이 걸린다는 계산이 나왔다.[36] 그래서 시베리아 철도가 완성되기 전까지 러시아의 동아시아 정책은 신중노선에 머물게 된다. 말로제모프는 1888~89년 시기 러시아의 조선정책은 "여전히 적극적·공세적이기는커녕 거의 무관심하기까지 했다"고 주장한다.[37]

어떻든 러시아는 한반도에 진출할 의사를 갖고 있었지만 영국의 개입으로 제동이 걸리게 되었다. 최문형의 지적대로 러시아는 이후 당분간 조선과 관련해 소극적인 태도로 일관한다. 그러나 러시아는 장차 적

34) E.V.G. Kernan, *British Diplomacy in China, 1880~85*, Cambridge University Press, 1939, p.190; Ian Nish, 「청일전쟁과 영국」, 김기혁 외, 『청일전쟁의 재조명』, 한림대학교 아시아문화연구소, 1996, 211~212쪽.
35) 최문형, 2001, 276~277쪽.
36) 말로제모프, 2002, 50~51쪽.
37) 말로제모프, 2002, 40쪽.

극적인 동아시아 진출을 위해 시베리아 횡단철도 건설을 추진한다. 이 철도의 건설은 러시아의 팽창목표가 극동에 있음을 세계 열강에게 명확하게 보여주는 것이었다. 따라서 동아시아에서 러시아에 대한 영국과 일본의 경계심을 질적으로 증대시키게 된다. 그러한 각축이 한반도의 국제관계에 반영되는 것은 필연적이었다.

1889년 12월 14일 일본에서는 야마가타 아리토모(山縣有朋: 1838~1922)가 수상인 새 내각이 출범한다. 그는 1890년 의회에 제출한 '군비의견서'(軍備意見書)를 통해 "우리나라 이익선(利益線)의 초점은 실로 조선에 있다"고 선언한다. 또한 "시베리아 철도가 완성되는 날 조선의 독립은 살얼음[薄氷]을 딛는 운명에 처할 것"이라고 경고했다.[38]

요컨대, 고종과 정부는 임오군란에 이어 갑신정변 실패 후 강화된 청나라의 영향력을 견제하고자 러시아를 한반도에 적극 끌어들이려고 했다. 그 결과는 한반도에서 러시아의 영향력으로 청나라와 일본을 견제하기는커녕 그 반대였다. 거문도 점령사태 해결을 위한 영국과 러시아의 협상을 청나라가 대신했음은 앞서 본 바와 같다. 이처럼 한반도 문제에 대한 다른 열강들 간의 협상을 청나라가 맡음으로써 국제사회에서 조선에 대한 청나라의 종주권은 오히려 재확인되고 강화되었다.[39] 이제 한반도에서는 4대 열강이 교차하는 상황이 벌어지고 있었다. 이를 두고 최문형은 "강화도조약 이후 일본이 청을 상대로 벌인 청·일 대립이라는 아시아적 규모의 대립과, 영·러 대립이라는 세계적 규모의 대립이 겹쳐지는 이중의 대립구도가 형성된 것"이라고 설명한다.[40]

---

38) 日本國際政治學會 編, 『日本外交史研究: 明治時代』, 有信堂, 1957, 「山縣有朋意見書」, 193~194쪽; 이민원, 2002, 34쪽.
39) 최문형, 2001, 275쪽.
40) 최문형, 2004, 77쪽.

조선이 4대 열강에 의한 십자포화의 표적으로 된 것이었다. 한편으로 러시아의 동아시아 진출을 강력하게 경계하면서 영국이 한반도에 직접 군사점령을 감행할 정도로 러시아와 영국의 각축은 한반도에서까지 구체적인 모습을 띠게 되었다. 다른 한편으로 일본은 한반도에서 청나라와 함께 러시아에 대한 경계를 본격화한다. 이를 바탕으로 군비경쟁체제를 가속화하게 되는 것이 제5기 한반도 주변질서의 핵심이었다.

6. 제5기 조선 외교행태: 신중과 균형의 외교 실종

제5기에 해당하는 1885~94년의 시기는 조선 국왕이 정부와 공식적인 채널들을 제쳐놓고 비밀리에 러시아 끌어들이기 모험외교를 벌이면서 시작했다. 임오군란과 갑신정변을 거치면서 조선을 두고 청일 양국의 각축이 이미 심화되어가고 있는 데 더하여, 러시아와 영국의 전 지구적인 차원의 지정학적 경쟁까지 한반도에 끌어들이는 계기가 되었다. 종국에는 영국과 미국이 러시아 견제를 위하여 한반도에 대한 일본의 영향력 확대를 지지하는 제국주의 카르텔 형성의 역사적 단초를 마련한 것이기도 했다.

고종이 외교를 통해 조선의 살 길을 도모한 것이라는 변호가 가능하다. 그러나 그 결과를 놓고 보더라도, 한 외세를 견제하기 위해 다른 외세를 끌어들이는 일종의 '균세 외교'는 신중하게 추진되지도 않았지만, 현명한 전략이 되지도 못했다. 더 근본적인 문제는 외세의 영향력과 개입에 효과적이고 자주적으로 대응할 수 있는 국가능력의 기본 바탕인 내정개혁에도 실질적인 노력이 없었다는 사실이다. 이러한 상황은 두 가지 문제를 초래했다.

첫째, 기존의 영향력이 큰 외세를 견제하기 위해 다른 외세에 의존하여 그 힘을 끌어들이려 시도하면, 이미 지배력이 강한 외세의 더 강한 개입을 자극하게 될 것은 뻔한 이치였다. 더욱이 조선이 새로이 끌어들이려는 외세와 경쟁 중인 다른 외세들까지 한반도에 사활적 이해관계를 갖고 개입하도록 유인하는 결과를 초래하게 되었다. 이 경우 조선이 기대할 수 있는 최상의 효과는 여러 강대국이 한반도에서 경쟁함으로써 '균세'가 이루어지는 상황이었다. 그러나 머릿속 공상 속에서나 그런 균세가 가능할 뿐, 실제에서는 정반대로 최악의 상황이 초래될 가능성이 높았다. 다른 열강이 한반도를 차지할 때 초래될 자국에 대한 지정학적 불이익에 대한 경계심이 촉발된다. 한반도를 먼저 차지하기 위한 제국주의적 경쟁이 심화될 수밖에 없는 이유였다. 이 경쟁은 열강들이 저마다 서로를 견제하는 '균세'의 형태로 전개되지 않았다. 제국주의적 연합의 성격을 띠었다. 1880~90년대 한반도를 둘러싼 제국주의 연합은 러시아를 공동의 적으로 한 영국, 미국, 일본 등 해양세력 사이의 동맹이라는 형태를 띠게 된다. 이 경쟁은 한반도를 전쟁터로 만드는 상황으로까지 치닫게 되고, 전쟁은 곧 승자와 패자를 낳는다. 승자 연합에서 실제 전쟁을 담당한 열강이 한반도를 차지하게 된다. 그것이 '균세' 전략으로 포장되는 경향이 있는 고종의 모험외교와 궤를 같이하여 1880년대 중엽부터 한반도의 국제관계에 작동되기 시작한 비극적 시나리오의 핵심이었다.

둘째, 그러한 비극적 시나리오로 귀착되도록 촉진하는 근본적인 요인은 조선 내부문제였다. 조선 자신이 내적인 자기혁신을 통해 근대성을 획득해가는 능력을 입증할 때, 열강들이 한반도를 자립적 기반을 가진 중립지대로 인정할 가능성도 열릴 수 있었다. '균세'란 그때 비로소 가능한 일이다. 그러한 능력을 키워가지 못할 때, 열강들에게 조선은 누군가의 식민지로 전락할 전략적 요충으로 비춰질 뿐이었다. 적대적인 세력이 조선을 차지하기 전에 먼저 차지해야 하는 목표물에 지나지 않게 되는 것이다.

청나라가 다른 열강들의 군사 개입을 견제하면서 조선을 속방으로 유지할 능력이 있을 동안은, 조선이 오히려 상대적으로 안전한 국면이었다. 이때는 영국을 포함한 다른 서양 열강들은 러시아의 조선 진출을 차단할 목적으로 당분간은 조선에 대한 청의 종주권을 인정해주는 태도를 취했다. 그러나 청나라가 중화제국을 유지할 능력을 상실해갈 때, 여러 열강은 러시아가 청을 대신해 조선을 차지하기 전에, 덜 위험한 세력이 조선을 영향권으로 확보하기를 바랐다. 조선을 '이익선'으로 간주한 일본은 러시아보다 먼저 조선을 자신의 영향권으로 만들기를 기획했다. 영국과 미국은 그러한 일본을 후원할 준비를 갖추어가게 된다. 서양 열강들이 동아시아에서 애당초 아편전쟁을 벌인 목적이었던 중국 경영이라는 일차적이고 근본적인 목표를 위해서였다.

7. 잃어버린 10년의 성적표: 1892~93년의 조선

1885~94년 10년간의 역사적 의미를 평가하는 기준으로서, 이 장의 서두에서 필자는 균형외교의 문제와 함께 개혁을 통한 내부안정을 들었다. 그렇다면 갑오농민전쟁과 청일전쟁 이전의 10년 시기를 평가하는 근본적인 기준은 그 시기에 조선이 내부안정과 사회발전을 가져올 수 있는 내정개혁을 위해 얼마나 진지한 노력을 했는가가 될 것이다. 그 10년의 성적표를 확인하는 한 가지 방법은 1892~93년 무렵 조선의 사회상에 대한 조선정부 자신의 평가를 들여다보는 일이다. 다음은 1892년 여름 우의정(右議政) 조병세(趙秉世)가 사직을 청하면서 고종에게 충언을 하는 가운데 두 사람이 나눈 대화다.[41] 조병세는 이렇게 말을 꺼낸다.

---

41) 『고종실록』, 고종 29년(1892 임진·淸 光緖 18年) 윤6월 5일(신유).

"황송하고 답답하지만 신의 지금 사정은 막다른 골목에 이르고 형세가 딱합니다. 임금과 신하 사이에 무슨 말을 감히 숨기겠습니까? 사실대로 고하지 않을 수 없습니다. ……신이 이제 물러가려고 하면서 구구한 소회가 있어 감히 황송함을 무릅쓰고 우러러 진달합니다. 오늘날 시국에 대한 걱정과 백성들의 곤궁이 어찌 이와 같이 수습할 수 없는 지경에 이를 줄 생각이나 했겠습니까? 나라가 나라 구실을 못하니 일마다 한심합니다. 삼가 생각건대, 우리 전하께서는 밤낮으로 정사를 잘 하려고 부지런히 힘쓰지 않는 것은 아닙니다. 그러나 좌우에서 모시는 신하들은 그저 순종하는 것을 위주로 삼고 임금의 뜻에 거스르려 하지 않으며, 조정의 관리들은 입을 다물고 있는 것이 고질로 되어 바른 말을 들을 수가 없습니다. 전하께서 이런 상황에서 비록 정사의 잘되고 잘못되는 것을 듣고자 하나 가능하겠습니까?"

고종은 "내가 언제 바른말이 들어오는 길을 막은 일이 있었는가? 신하들이 마땅히 말해야 할 것을 말하지 않는 것은 도대체 또 무슨 까닭인가?"라고 묻는다. 조병세는 답한다.

"현재 나라의 일에서 가장 깨끗하게 해야 할 것은 지방 관리들이 공무를 빙자하여 탐오(貪汚)를 일삼는 것입니다. 이 때문에 팔도 백성들이 하루도 편안하지 못한데 방백(方伯)의 전최(殿最)가 엄하지 못하고 암행어사의 조사도 공정하지 못합니다. 지금 삼남 수령이 모두 선정을 하고 있지만, 규탄하여 내쫓을 자가 어찌 그저 지극히 쇠잔하고 궁핍한 작은 고을의 수령뿐이겠습니까? 잘 다스리고 잘 다스리지 못하는 것은 곧 가릴 수 없는 소문이 있을 것인데 마땅히 내쫓아야 할 자를 내쫓지 않는다면 어찌 나라에 떳떳한 형벌이 있다고 말할 수 있겠습니까?"

고종은 "경의 말이 과연 옳다. 탐오를 자행하는 것은 실로 나라를 좀먹는 화근이 되어서 늘 바로잡으려 하지만 그렇게 하지 못하고 있다. 암행어사의 문제는 개탄스러운 일이다"라고 답한다.

조병세는 "우리 전하께서는 어질고 밝은 덕을 지니셨으니, 진실로 천년에 한 번 만나기 어려운 성주(聖主)이십니다"라는 아부성 발언으로 대화를 다시 시작하고는 이렇게 말을 잇는다. "그런데 어찌하여 나라의 형편과 백성의 걱정이 이렇게 극도에 이르렀단 말입니까? 임금은 있어도 신하가 없다는 한탄이 오늘보다 더 심한 때는 없습니다. 만일 혹시라도 이렇게 세월을 보낸다면 나라의 장래가 어느 지경에 이르게 될지 알 수 없습니다. 오직 바라건대, 전하께서는 정사에 과단성을 발휘하고 한결같이 공평하게 하여 나라의 형세를 공고히 하고 백성들이 안정될 수 있도록 하소서." 고종은 "간절하게 잘못을 바로잡아주는데 가슴에 새겨두지 않을 수 있겠는가?"라고 답한다.

여기에 인용한 대화에서 조병세의 첫 번째 충언은 탐관오리들이 날뛰고 있지만 나라에 공평한 법이 집행되지 않아 항상 매일반이라는 지적이었다. 세도가문과 줄이 닿은 수령들은 법망을 피해가기 때문에 "내쫓아야 할 자를 내쫓지 못하고 있다"는 얘기다. 가끔 "쇠잔하고 궁핍한 작은 고을의 수령"들, 즉 세도가들과 연줄이 닿지 않는 송사리 관헌들만 징계하는 시늉을 내는 데 그치고 있다는 얘기로 풀이할 수 있다. 암행어사들도 탐관오리를 솎아내기는커녕 한통속이 되어 있다는 지적은 같은 맥락의 얘기라 하겠다.

두 번째 유의할 대목은 고종이 "천년에 한 번 만나기 어려운 성주"이지만 과단성이 없고, 한결같이 공평하지 못하다는 얘기다. 그 결과 "나라의 형편과 백성의 걱정이 이렇게 극도에 이르렀"으며, "임금은 있어도 신하는 없다는 한탄이 오늘보다 더 심한 때는 없었다"는 평가를 내리고 있는 것이다. 고종은 성군이지만 주변에 제대로 충언하는 신하가 하나도 없다고 했다. 간신들만 우글거린다는 말이다. 성군 주변에 간신들만 있다는 조병세의 발언은 대단한 역설이다. 사실 정치는 민비와 민씨 세도가들이 다하고 있으므로, 조정에서 고종이 할 일이 별로 없었다는 얘기로도 비친다. 조병세는 6월 6일에서 13일에 걸쳐 매일 사직을 청한다. 6월 13일 고종이 드디어 윤허했지만, 다만 직분을 우의정에서 판중추부사로 옮길 뿐이었다.[42] 조병세는 훗날 을사늑약 후 독약(아편)을 마시고 자결한다.[43]

그 결과는 1893년 2월 25일 지방 유생 박제삼이 상소에서 묘사한 동학농민봉기의 전조(前兆)들로 이어진다. "신들이 저 이른바 동학당 무리들이 돌린 통문(通文) 4통과 전주 감영에 정소(呈訴)한 글을 보니, 모두 임금을 섬기는 오늘날의 신하로서는 차마 들을 수 없고 차마 말할 수 없는 것들이었습니다. 그 심보를 따져보고 그 하는 행동을 보면 겉으로는 이단의 학설을 빙자하면서 속으로는 반역 음모를 도모했습니다. 선생(동학 교주 최제우)을 신원(伸寃)하겠다고 공공연히 말하며 새로운 명목을 표방하여 내세우고, 어리석은 사람들을 위협하거나 꾀어들여서 같은 패거리들을 불러 모았습니다. 팔도에 세력을 뻗치니, 움직였다 하면 숫자가 만 명을 헤아리게 되었으며, 마을에서 제멋대로 행동하고 감영과 고을에서 소란을 일으켰습니다. 수령은 겁을 먹고 어찌할 바를 모르고 감사는 두려워하고 위축되어 감히 누구도 어떻게 하지 못했습니다. ……주자(朱子)가 말하기를, '창을 부여잡고 북을 치며 떠들어대면서 호랑이를 쫓는 것보다는 잠들었을 때에 얼른 죽이는 것만 못하다'라고 했습니다. 신의 어리석은 생각에는, 오늘날 저 무리들은 단지 잠자는 호랑이 정도가 아니라고 봅니다. 그러므로 처단하거나 성토하는 모든 조치를 잠깐이라도 늦출 수 없으니, 속히 그 괴수와 무리들을 찾아내어서 죽여야 할 자는 죽이고 효수(梟首)해야 할 자는 효수하며 회유해야 할 자는 회유해야 합니다."

---

42) 『고종실록』, 고종 29년(1892 임진·淸 光緒 18年) 윤6월 13일(기사).

43) 황현 지음, 이장희 옮김, 『매천야록 중』, 명문당, 2008, 844~845쪽.

고종의 답이 다음과 같았다. "경전(經傳)에도 이르지 않았는가? '떳떳한 도리를 회복할 뿐이니, 떳떳한 도리가 바르게 되면 백성들이 흥하고 간사한 무리들이 없어질 것이다'라고 했다. 그대들은 물러가서 경전을 연구하여 밝히는 데 더욱 힘써라."[44] 여기서 고종은 "떳떳한 도리"로 백성을 순화시킨다는 논법을 쓰고 있다. 그러나 곧 정세가 급해지자, 강경책을 지시하게 된다. 1893년 3월 25일 영의정 심순택(沈舜澤)이 아뢴다. "연이어 전라도와 충청도 도신(道臣)의 전보(電報)를 보고, 계속하여 충청감사 조병식(趙秉式)과 병사 이용복의 장계에 대한 등보(謄報)를 보니, 허망한 무리들이 날로 더욱 무리를 불러 모아 전라도와 충청도에 깃발을 세우고 서로 호응하고 있는데, 그들의 자취가 매우 헤아릴 수 없으므로 결코 타일러서 귀화시킬 수 없는 자들입니다. 비록 각 해도(該道)의 도신들이 어떤 조치를 취했는지는 알 수 없으나, 지금 우환을 미리 막을 대책에 대해 그럭저럭 날짜만 끌 수 없으며, 오직 단속하고 방비하는 데 달렸으니, 다시 관문(關文)을 보내 통지하여 며칠 이내로 해산시켜 보낸 후에 등문(登聞)하게 하는 것이 어떻겠습니까?"

고종의 답이 다음과 같았다. "이것은 틀림없이 어리석고 지각이 없는 백성들이 완강하여 법을 전혀 두려워하지 않아서 그런 것이니, 참으로 매우 통탄할 일이다. 같은 패거리들을 끌어들여 무리를 모으고 있으니, 그 의도가 어디에 있겠는가? 이것은 심상하게 여기며 지나칠 일이 아니니, 총리대신이 시임 및 원임 장신(將臣), 병조판서와 더불어 회의하여 속히 그들을 제거할 대책을 세우는 것이 좋겠다."[45]

그러나 백성들이 들고 일어난 것은 그들이 어리석고 지각이 없거나

---

44) 『고종실록』, 고종 30년(1893 계사·淸 光緒 19年) 2월 25일(무인)

45) 『고종실록』, 고종 30년(1893 계사·淸 光緒 19年) 3월 25일(정미).

목숨을 새털처럼 가볍게 여기는 철학이 있어서 그런 것이 아니었다. 1892년 7월 6일 의정부(議政府)에서 고종에게 보고하는 내용이 다음과 같았다. "각 도의 명목이 없는 잡세를 혁파하는 일은 지난번에 조정에서 신칙한 바 있었으나 근래에 기강이 해이해져서 각 도 여러 포구에서는 명목이 없는 세를 곱절 새로 만들어 어전(魚箭), 염분(鹽盆) 및 포목(布木), 미두(米豆)에서부터 각종 물품에 이르기까지 세금으로 거둬들이지 않는 것이 없고, 이에 따라 감관(監官), 차인(差人), 감영(監營)과 고을의 관예(官隷) 등속이 이에 빙자하여 거의 제한 없이 침해하며 못살게 하므로 포구는 피폐해지고 백성들은 생업을 망치게 되어 울부짖음과 고질적인 폐단이 이보다 심한 것은 없습니다……."[46]

8. 1885~94년 시기 '민영준 세도정치' 현상의 인식

제5기에 조선 국가는 한편으로 현명한 외교전략도 보여주지 못했지만, 결정적인 문제는 개혁을 통한 사회통합과 내부안정을 이룩하는 데 그처럼 실패했다는 사실이다. 그 실패를 압축적으로 표상하는 것은 민영준(閔泳駿: 1852~1935)이 대표하는 민씨 세도정치였다. 1894년 마침내 농민봉기가 발생하여 전주성이 함락되는 사태에 이르기까지 고종과 민비의 국가는 민영준·민영휘 같은 척족의 부패를 혁파하지 않았다.

『고종실록』의 내용을 보면, 민영준은 1883년 성균관 대사성(大司成)이었다. 1885년 11월 이조참의가 된다. 1887년 12월엔 평안도관찰사로 임명된다. 1889년 11월엔 민영준은 지경연사(知經筵事)가 되고 평안도관찰사 자리는 민병석(閔丙奭)에게 물려준다. 그해 12월엔 협판내무부사가 된다. 1890년 2월 16일엔 한 꾸러미의 민씨들에게 벼슬이 내려

---

46) 『고종실록』, 고종 29년(1892 임진·淸 光緖 18年) 7월 6일(신묘).

진다. 민영준은 형조판서가 되고, 민종묵(閔種默)은 한성부 판윤(判尹), 민병승(閔丙承)은 이조참판이 된다.[47] 민영준은 1891년 2월엔 이조판서가 되고, 1892년 6월엔 예조판서가 되었다. 1893년 5월엔 공조판서, 그리고 그해 10월엔 선혜청(宣惠廳) 당상이 된다. 1894년 2월 29일엔 친군영경리사를 겸하게 된다. 1894년 5월 29일엔 의정부 좌찬성(左贊成)으로 임명되었다.

민영준이 동학봉기를 불러온 권력형 탐학과 부패의 원흉으로 지목받아 처벌된 것은 농민봉기를 계기로 일본군대가 조선 궁궐을 장악한 이후였다. 일본군이 궁궐을 장악한 상태에 놓인 1894년 6월 22일, 고종은 "모든 서무(庶務)는 먼저 대원군 앞에 나아가 질정을 받으라"고 명하고, 이어 민영준 등 민씨 세도세력에 대한 처벌을 전교로 명한다. 전교는 다음과 같았다.

"백성을 학대하는 것은 곧 나라를 저버리는 것이다. 백성들이 살아갈 수 없는데 어떻게 나라 구실을 하겠는가. 한 세상에 떠들썩하게 소문이 나서 그 죄상을 가리기 어렵다. 좌찬성 민영준은 오로지 취렴(聚斂)을 일삼아 자신을 살찌우는 것으로 원망을 샀는데, 이것은 심상하게 놓아둘 수 없으니, 원악도(遠惡島)에 안치하라. 전(前) 통제사(統制使) 민형식(閔炯植)은 군영(軍營)을 창설하면서 고친 것이 많고 세금을 거두며 물의를 일으켰으니 절도(絶島)에 정배(定配)하라. ……경주부윤(慶州府尹) 민치헌(閔致憲)은 여러 번 수령을 거치면서 분에 넘치는 짓을 하고 욕심이 끝이 없어 만족함을 몰랐으니 원지(遠地)에 정배하라. 이것은 내가 백성을 위하는 것이고, 또한 세신(世臣)을 보전하려는 고심에서 나온 것이다. 모두 즉시 거행하도록 하라."[48]

---

47) 『고종실록』, 고종 27년(1890 경인·淸 光緖 16年) 2월 16일(병술).
48) 『고종실록』, 고종 31년(1894 갑오·淸 光緖 20年) 6월 22일(정묘).

그나마도 권력구도가 바뀐 상황에 떠밀려 고종이 타의로 내린 전교였다. 같은 실록의 그해 7월 15일자 기록은 민영준 등 조정의 재상과 수령 그리고 토호들에 의한 민중 착취가 그간 얼마나 방치되어 왔는지를 적나라하게 보여준다. 새로 설치된 군국기무처(軍國機務處)가 고종에게 보고하고 대책을 제시한 내용이 다음과 같았다.[49]

"1. 감사(監司), 수령(守令)과 재상(宰相), 시골 토호(土豪)들이 푯말을 세우고 입안(立案)하여 개인의 재산을 강제로 빼앗아 약한 백성들에게 뼈에 사무친 원한이 되었습니다. 빨리 자세히 조사하여 푯말을 뽑고 입안을 말소시켜서 따로 금지하는 조목을 만들겠습니다.

1. 10년 이내에 곤수(梱守) 수령 토호들이 강제로 차지했거나 값을 낮추어 늑매(勒買: 강압에 의한 매매)한 토지, 산림, 집 등 재산은 본 주인이 사실대로 군국기무처에 단자(單子)를 제출할 것이며, 제출한 해당 단자에 두 사람 이상의 증인과 토지가 있는 고을의 백성들이 모두 인정하는 명확한 증거가 있어야 하는데, 이것에 적합한 경우에는 사실을 조사하여 원 주인에게 되돌려줄 것입니다. 혹시 허위로 대신 처리했거나 없는 사실을 날조했거나 숫자가 서로 어긋나는 것이 있으면, 역시 해당 형률에 따라 엄하게 징계하겠습니다."[50]

이태진은 고종과 민비를 개명한 군주와 왕후로 이해하는 대표적인 학자다. 그에 따르면, "군주 고종은 결코 무능하거나 무지하지 않았다.

---

49) 군국기무처는 일본의 조선 궁궐 장악 직후 김홍집(金弘集)을 우두머리로 구성된 친일내각의 정책입안과 결정의 최고기구였다. 6월 25일 "군국기무처 회의총재는 영의정 김홍집이 맡고, 외무독판 박정양, 강화유수 김윤식, ……장위사(壯衛使) 조희연(趙羲淵), 외무참의(外務參議) 유길준(兪吉濬)을 모두 회의원(會議員)으로 차하(差下)하여 날마다 와서 모여 크고 작은 사무를 협의하여 품지(稟旨)하여 거행하도록 하라"는 고종의 전교가 내린다. 『고종실록』, 고종 31년(1894 갑오·清 光緖 20年) 6월 25일(경오).

50) 『고종실록』, 고종 31년(1894 갑오·清 光緖 20年) 7월 15일(기축).

그는 바깥 세상의 실상을 잘 알고 있었다. 그는 서양 기계문명의 수용 없이는 나라를 지켜낼 수 없다는 판단 아래 1873년 12월에 폐쇄적 대외정책을 계속하던 아버지(흥선대원군)의 섭정을 중단시키고 군주 직접 정치를 선언했다. 고종의 개화정치는 순탄하지는 않았지만 기계문명을 수용하여 산업을 일으키고 근대국가를 만들어야 한다는 신념은 투철했다. 그리고 왕비는 군주가 이를 잘 실현하도록 옆에서 강력한 반려자로 최선을 다했다. 한반도 차지가 목표였던 일본의 메이지 정부는 이 체제를 깨기 위해 왕비를 시해했던 것이다."[51]

이태진도 농민봉기의 중심이었던 전라도 일대에서 민영준이 농민착취를 일삼았다는 사실을 인정한다. 그렇다고 민영준의 탐학을 제재하기 위해 고종이 어떤 조치를 취했다는 증거들을 그가 제시할 수 있는 것도 아니다. 고종을 투철한 신념을 가진 유능한 개명군주로 제시해야 하는 그에게 이 문제는 곤혹스러운 딜레마가 아닐 수 없다. 그 때문일까, 이태진이 찾아낸 논리적 출구는 다소 엉뚱한 방향을 향해 있다. 그는 이렇게 말한다. "동학농민군의 규탄대상 가운데 민씨 세도세력은 흔히 왕비로 지목되지만 실제는 민영준이다." 조선 국가 또는 정권 전체의 책임을 민영준이라는 개인의 문제로 환원시키는 역사해석일 뿐만 아니라, 민비를 민영준을 비롯한 민씨 척족세력에서 분리시키는 주장이다. 그는 민영준이 민씨 척족이 아님을 강조하기 위해 "민영준은 인척관계에서 왕비보다 군주 편에 더 가까웠다"는 주장도 내세운다.

갑오농민봉기에 이르기까지 10년간 조선 정치의 개혁부재상태를 상징하는 민영준 현상을 고종과 민비로부터 분리시키려는 이태진의 논법은 거기서 한걸음 더 나아간다. 그에 따르면, 민영준은 민씨 척족이 아

---

51) 이태진, 「20세기 한민족 고난의 역사와 세계평화」, 이태진 외, 『백년 후 만나는 헤이그 특사』, 태학사, 2008, 20쪽.

닐뿐더러 아예 외세에 해당하는 자였다. 다름 아닌 원세개가 민영준의 배후라는 것이다. 그는 이렇게 말한다. "민영준의 혈연계보는 민왕후보다 국왕에게 더 가까웠으며, 그의 출세는 주차조선총리교섭통상사의 위안스카이의 파트너로서 획득된 것이란 점이 드러났다. 국왕의 근친이란 조건이 그의 출세를 유리하게 한 점이 없지 않으나 실질적으로 그가 권세가로 성장한 데는 조선의 국권을 장악하다시피 한 위안스카이의 지원이 큰 힘으로 작용했던 것이다."[52] 이태진은 나아가 이렇게 주장한다. "이런 사실들은 종래 1880년대 후반에서 동학농민군 봉기까지의 정치사적 구도를 재점검하게 한다. 이 시대를 민씨 척족세도의 시기로 규정한 것은 1910년 이후 '식민통치'체제를 합리화시키려는 일제 식민주의 역사해석의 한 산물이었다."[53]

이런 논법은 민영준 현상에 대한 고종과 민비의 도덕적인 책임을 경감시키고 원세개라는 외세의 대표에게 그 책임을 전가하는 효과를 낳는다. 더욱이 민영준 세도에 대한 민비나 고종의 책임을 인정하면 식민주의 사학에 물든 것으로 오히려 비난받는 처지에 떨어질 수 있게 한다. 그러나 이태진 자신이 지적했듯이, 민영준은 민비뿐만 아니라 고종자신과도 지근한 척신이었다. 한영우는 민영준을 "황후의 친척 조카"로 설명하면서 "1877년 문과에 급제"했고, "지돈령부사로 승진하여 민씨 척족의 중심인물"이 된 것으로 보았다.[54]

더욱이 민영준이 원세개의 지원으로 국정을 농단하는 자임을 고종과 민비가 위정자의 입장에서 알지 못했을 리 없다. 몰랐다면 고종과 민비모두 저능아의 혐의를 뒤집어써야 할 판이다. 이태진이 주장하는 것처

---

52) 이태진, 『고종시대의 재조명』, 태학사, 2000, 「1894년 6월 청군 출병(淸軍出兵) 과정의 진상」, 225쪽.

53) 이태진, 2000, 226쪽.

54) 한영우, 『명성황후와 대한제국』, 효형출판, 2001, 36쪽.

럼 고종과 민비가 지혜와 능력이 있는 지도자들이라면, 어떤 형태로든 지혜와 힘을 모아서 국정개혁 차원에서 민영준을 통어할 방도를 찾았을 것이다. 최소한 그렇게 노력한 흔적이 역사에 남았을 것이다. 문제는 고종과 민비가 그러한 노력을 했다는 증거는 어디에도 없다는 사실이다.

국왕과 민비 등 왕실은 민영준을 포함한 민씨 일문의 부정부패현상에 애써 눈감으면서 원세개와도 잘 지내며 현실 속에 안주하며 살았다고 볼 수밖에 없다. 그렇다면 민영준 현상은 고종과 민비를 국정파탄의 책임에서 분리시킬 수 있는 근거가 되는 것이 아니다. 오히려 고종과 민비가 왕실과 사직의 안전을 위한다는 근시안적인 목적으로 국정파탄을 방치하고 방조했거나 또는 편승했다고 이해해도 틀린 것은 아니게 된다.

1882년 임오군란에서 나라 재정의 파탄과 집권세력의 부패를 상징하는 장기간의 군인봉급 연체사태를 불러온 데에 민씨 세도세력이 있었다. 그 중심은 민겸호였다. 한말 조선은 그 일로 혹독한 시련을 겪었다. 민비와 고종이 진정으로 외세의 틈바구니에서 진실하고 효과적인 정치적 리더십을 갖추었다면, 애당초 임오군란 같은 사태가 척족에 의해 촉발되는 사태를 막았을 것이다. 하물며 다시 1894년 전례 없는 규모의 민중봉기를 유발하도록 또 다른 민씨 척족 인물들에 의한 학정과 탐학을 비호하는 어리석음을 되풀이하지는 않았을 것이다.

갑신정변 후 조선 조정에서 여러 민씨들이 서로 권력을 다투다 1880년대 후반 이후는 마침내 민영준이 민씨 척족의 대표인물이 되어가는 모습을 한 일본인이 지켜보고 있었다. 이노우에 가쿠고코로(井上角五郎)는 1883년 조선정부 외무아문 박문국에 근무하면서 조선 최초의 신문 『한성순보』(漢城旬報)를 창간한 인물이다. 그는 1884년 갑신정변이 실패하면서 일본으로 돌아갔다. 그러나 이듬해에 다시 조선에 들어와『한

성순보』를 복간하고 외무아문의 고문을 지냈다. 조선 정치의 속내를 지근거리에서 들여다본 인물이다. 그는 민씨 세도의 흐름에 대한 다음과 같은 평을 남겼다.

"(조선)정부는 외교상으로는 청국의 간섭을 받고 내치는 거의 자주라고 하지만 관료들은 서로 권세를 다투었다. 같은 민씨 안에서도 민응식과 민영익은 서로 알력이 심했다. 또 민영환은 영익에 비해 왕비와 더 가깝고 친하여 영익과 총애를 다투다가 결국 영익은 일을 핑계대고 해외로 가게 되었다. 그 후에는 민영준이 영환과 또 세도를 다투었다."[55]

이태진도 고종이 민씨 척족세력은 통제하지 못했다는 것을 인정한 것은 앞서 제8장에서 언급한 바와 같다. 그들을 통제하지 못했다면 고종이 실제 내정과 관련해 통제할 수 있는 것은 별로 없었다고 해야 할 것이다. 그것은 민비가 살아 있는 동안 고종과 민비의 관계에 대한 황현의 지적을 떠올린다. 그는 일찍이 둘의 관계를 이렇게 파악했다. "갑술년(1874) 초에 임금이 비로소 친정(親政)을 하게 되었다. 그런데 안에서는 명성황후가 주관하고 밖에서는 민승호(閔升鎬)가 그것을 받들어 행했다. 황후는 총명하고 민첩하며 권변(權變)의 계략이 풍부하여 항상 임금의 측근에서 임금이 미치지 못하는 것을 보필했다. 처음에는 임금에 의지해서 사랑과 미움을 나타냈지만, 시일이 지남에 따라 제 마음대로 하여 방자함이 날로 심해졌으며, 임금이 도리어 제재를 받는 바가 되었다."[56]

영국 왕립지리학회 최초의 여성회원이기도 한 이사벨라 버드 비숍(1831~1904)은 1894년부터 네 차례 11개월의 기간에 걸쳐 조선을 방문해 현지답사 활동을 했다. 그녀는 고종과 민비를 알현하여 환대를 받

---

55) 이노우에 가쿠고코로(井上角五郎) 지음, 신영길 편저, 『이노우에 가쿠고코로의 조선조 망국전야기』, 지선당, 2008, 65쪽.

56) 황현, 『매천야록 상』, 2008, 141쪽.

왔다. 그녀는 고종이 착한 사람이라는 인상을 받았다. 하지만 동시에 그녀에게 고종은 "심약한 군주" 또는 "어떤 일을 단단히 그러쥐고 밀어붙일 만한 능력은 없는" 인물로 비쳤다. "성격의 박약함은 그에게 치명적인 것이었다"고 그녀는 이해했다.[57]

9. 1894년 동학농민봉기와 지배 엘리트의 인식과 대응

조선 조정이 동학의 움직임을 실질적으로 경계하기 시작한 것은 갑오봉기 1년 전이었다. 1893년 3월 21일 고종은 전라감사 김문현(金文鉉)과 경상감사 이용직(李容稙)을 소견(召見)한 자리에서 다음과 같이 지시한다. 먼저 김문현에게 "호남은 바로 우리 조상이 일어난 고장으로서 어진(御眞)을 모신 중요한 곳이어서 다른 곳과 구별되는데, 근래에 동학의 무리들이 창궐하고 종횡한다고 하니, 백성을 안정시킬 방책과 그 무리들을 제거할 방도에 대하여 경은 잘 처리하고 훌륭한 공적을 세우도록 하라"고 말한다. 이어 이용직에게 "영남은 본래 추로(鄒魯)의 고장이라고 불려왔는데, 근래에는 인심이 옛날만 못하고 흉년이 거듭될 뿐 아니라 또한 개항한 후에는 그 중요성이 다른 곳과 구별된다. 이른바 동학의 무리가 경주에서 시작하여 지금은 경상우도에 간혹 있다고 하니, 잘 단속하여 막고, 진심으로 명령을 잘 받들어 훌륭한 업적을 드러내도록 하라"고 명한다.[58]

고종의 지시를 받은 김문현은 자신의 중책이 탐오한 지방관들을 솎아내는 데에 있음을 알고 이렇게 대답한다. "이른바 비적들의 난동은

57) Isabella Bird Bishop, Korea and Her Neighbors, London: Routledge and Kegan Paul, 1985; 이사벨라 버드 비숍 지음, 이인화 옮김, 『한국과 그 이웃 나라들』, 살림, 1994, 300~301쪽.

58) 『고종실록』, 고종 30년(1893 계사·淸 光緖 19年) 3월 21일(계묘).

바로 수령들의 불법으로 인하여 곤궁한 나머지 그들 속에 빠져들어간 사람이 많은데, 신이 이제 내려가면 우선 탐오하는 자들을 징계하겠습니다."

하지만 감사도 임금도 백성을 착취하는 데 혈안이 된 탐오한 지방관들을 징치할 의지도 능력도 없었다는 사실은 그로부터 약 일 년 후에 드러난다. 1894년 1월 전봉준(全琫準: 1855~95)이 이끈 제1차 고부민란(古阜民亂)이 터진다. 조정은 곧 고부에 안핵사를 파견한다. 민란은 잠시 소강상태에 들어간다. 그러나 안핵사가 고부에서 민중에 대해 잔인무도한 보복과 학살을 자행한다. 이에 전봉준은 다시 농민군을 규합해 나선다. 고부의 바로 옆 고을인 태인에서 제2차 봉기를 감행한다. 농민군은 보국안민(輔國安民), 척왜척양(斥倭斥洋), 제폭구민(除暴救民), 진멸권귀(盡滅權貴)의 기치를 내걸고 있었다. 전봉준, 손화중, 김개남을 지도부로 하여 고부 백산(白山)에 큰 본거지를 마련하고 호남 전역 농민들의 호응을 받으며 전례 없는 농민전쟁체제로 들어간다. 4월에 황토현 싸움이 벌어진다. 농민군이 관군을 대파했다. 탐학무도한 관리들과 양반토호들에게 시달리기는 매한가지였던 충청도 농민들도 잇따라 봉기하며 호응한다. 여기서 주목할 일은 1차와 2차의 민란 사이에 낀 두 달여의 시기에 조정과 고종의 인식과 대응이었다. 당시 지배층이 그때까지도 얼마나 안이하게 인식하고 대응했는가를 보여준다. 그 시대상 전체에 관해 시사해주는 바가 많다.

1차 고부민란을 피해 도망친 죄로 잡혀 유배에 처해진 전 고부군수 조병갑(趙秉甲)의 재임시 토색질이 명확히 드러난다. 갑오농민전쟁에 관한 박태원의 소설은 조병갑이 당시 '금송아지대감'으로 불리며 매관매직(賣官賣職)의 달인으로 명성이 높던 민씨 척족의 좌장격인 민영준에게 7만 냥의 뇌물을 바쳐 고부군수 자리를 얻은 것으로 그렸다. 민영준이 조병갑의 뒷배였기 때문에, 전라감사 김문현도 조병갑의 토색질을 모른 체할 수밖에 없었다고 그런 것이다.[59] 이 구조에서는 우선 김문현 자신이 조병갑을 비롯한 관내 수령들로부터 상납을 받는 처지에 있는 뇌물의 먹이사슬에 얽혀 있는 탐관오리일 뿐이었다.

조병갑의 토색질이 고부민란의 직접원인임이 밝혀지고 그가 처벌을 받은 후인 1894년 3월 11일 전라감사 김문현은 사직상소를 올린다. 이 상소문에서 그는 "신(臣)은 본래 거칠고 아둔하며 맡은 일에 밝지 못하여 백성의 폐단이 이렇게 극심하게 된 것을 무슨 계책으로 바로잡겠는가에 대하여 전혀 이해하여 깨닫지 못하고 있습니다. ……직책을 제대로 수행하지 못한 신의 죄는 고부사건에서 더욱 드러났습니다. 해당 수령을 유임시키자고 선뜻 청한 것은 민란에 대한 보고가 갖추어지기 전에 나왔고……"라고 고백한다. 고부군수 조병갑에 대한 백성들의 민원(民怨)에 대한 보고가 있었음에도 자신이 조병갑을 두둔했던 것을 자신의 아둔함의 소치로 변명하는 내용이었다. 고종 역시 상황파악이나 문제의식이 없기는 매한가지였다. 고종은 "지나간 일인데 하필 인혐(引嫌)을 하는가? 경은 사직하지 말고 감사의 직책에 더욱 힘쓰라"고 김문현을 두둔했다.[60]

조정의 무능과 안이함으로 파국이 닥치는 데에는 그로부터 한 달여 밖에 걸리지 않았다. 1894년 4월 27일 『고종실록』의 첫 번째 기사는 "전라 감영이 동학 무리에게 함락되다"란 제목을 달고 있다. 이 기사는 "연달아 들려오는 소식에 호남에서 비적(匪賊)들이 동에 번쩍 서에 번쩍 출몰하면서 다시 전주부(全州府) 근처에 육박했다고 합니다. 경군(京軍)을 출동시킨 지 벌써 수십 일이 지났건만 즉시 소멸하지 못하여 도적에게 느긋하게 대처하고 있으니 참으로 해괴한 일입니다"라 했다.

59) 박태원, 『갑오농민전쟁 4: 제1부 칼노래』, 깊은샘, 1989, 7절 「고부 군수 7만 냥에 팔리다」, 127~136쪽.
60) 『고종실록』, 고종 31년(1894 갑오·淸 光緖 20年) 3월 11일(무자).

이어 "이날 전라 감영이 함락되었는데 감사(監司)는 체차되어 성에서 나와 서울로 피하여 올라오고," "적(賊)은 먼저 전신국(電信局)을 부수어 서울과의 통신을 끊고 성첩(城堞)을 나누어 지켜 관군을 막았습니다"라고 적고 있다.[61]

이어 이틀 후인 4월 29일에는 조정의 중추인 의정부가 전라감사 김문현을 탄핵하는 의견을 올린다. "방금 듣건대 호남에서 비적들이 전주부에 갑자기 쳐들어갔다고 하니 갈수록 더욱 경악스럽습니다. 전(前) 도신(道臣)은 적을 막지 못하고 황급히 경계를 넘었으니 전후에 일을 그르친 죄가 큽니다. 정말 이 모양이라면 한 지역을 맡긴 책임이 어디에 있겠습니까? 전 전라감사 김문현을 우선 의금부(義禁府)에서 잡아다가 엄하게 가두고 사핵(査覈)하여 정죄(定罪)하도록 하는 것이 어떻겠습니까?" 이제야 비로소 고종은 김문현에 대해 노하여 명을 내린다. "이미 적을 막지 못하고 또 지키지 못한 것만도 아주 경악스러운데 하물며 조경묘(肇慶廟)와 경기전(慶基殿)을 받드는 중요한 지역에서 마음대로 구차스럽게 피신하여 단지 자신의 몸을 돌볼 궁리만 하면서 의분(義分)은 생각하지 않으니 아뢴 대로 즉시 나수(拿囚)하라."[62]

10. 농민봉기의 배후세력: 대원군인가 세도정치인가

대원군의 집정이 끝나고 강화도조약이 체결된 이래 조선이 외세들의 틈바구니에서 살아남지 못하고 끝내 멸망의 길을 걸어간 망국의 책임을 두고 한국 역사학은 크게 두 가지 시각으로 나뉘어 있다. 이러한 시각차이는 당시 조선 정치질서 전반에 대한 본격적인 아래로부터의 저

61) 『고종실록』, 고종 31년(1894 갑오·淸 光緖 20年) 4월 27일(계유).
62) 『고종실록』, 고종 31년(1894 갑오·淸 光緖 20年) 4월 29일(을해).

항이었던 동학농민봉기의 근본적인 원인에 대한 해석에서부터 갈린다. 한편에서는 동학농민의 봉기를 더 이상 참을 수 없는 수준의 지배층의 학정에 대한 기층 민중의 저항과 몸부림으로 인식한다. 그러나 학계의 다른 일각에서는 "동학당의 변란"이 고종과 민비 등 당시 집권 중심세력과 대립관계에 있던 대원군이 원세개 등 외세와 밀약하여 농민들을 교사해 일어난 것이라고 주장한다. 이태진의 연구경향이 대표적이다.

이태진은 우선 기쿠치 겐조(菊池謙讓)라는 인물을 주목한다. 기쿠치는 1895년 10월에 일어난 민비시해사건에 가담한 인물이다. 1910년 10월에 발표한 『조선최근외교사 대원군전 부(附) 왕비의 일생』이라는 책을 발간한 인물이기도 하다. 이태진에 따르면, 기쿠치의 저작은 "무능한 고종과 권력욕에 불타는 탐욕한 민비"로 묘사된 조선 왕실에 망국의 책임을 전적으로 돌리는 역사인식의 뿌리가 되었다. 기쿠치가 제시하는 고종과 민비에 대한 비판적인 내용은 모두 식민주의 세력에 의한 역사왜곡이라고 이태진은 평가한다.

이와 달리 이태진이 기쿠치의 진술에 타당성이 있다고 인정하는 부분이 예외적으로 있다. "동학농민군 봉기에 대한 원세개와 대원군의 관계에 대한 (기쿠치 겐조의) 언급"은 "저자 자신이 직접 관여하거나 목격한 일들에 대한 서술"인 만큼 믿을 만하다고 이태진은 주장한다. 이태진이 "상당한 타당성이 있어 보인다"고 인정한 기쿠치의 주장에 따르면, "동학당의 변란은 대원군과 원세개의 밀약에 의해 교사된 것"이었다.[63] 원세개와 대원군은 이 변란을 청군이 조선에 다시 출병하는 계기로 삼아 소기의 정치적 목적을 달성하려 했다는 것이다. 두 사람은 다같이 조선의 왕비와 정부를 전복할 필요성을 느끼고 있었고, 원세개는

---

63) 이태진, 「역사소설 속의 명성황후 이미지: 정비석의 역사소설 『민비』의 경우」, 『한국사 시민강좌 41』, 일조각, 2007, 124쪽.

이에 더해 민비가 크게 간여하고 있는 러시아와의 세력관계를 제어할 필요가 있었다는 것이다.

기쿠치 겐조는 민비의 권력욕이 대원군과의 극한대결을 추구하게 했다는 가설을 제시했다. 이태진은 그것은 왜곡이라고 본다. 민비의 정치 참여 동기는 대원군과의 대결이 아니라 조선을 살리기 위한 진중한 치국의 필요였을 뿐이라고 주장한다. 조선 망국의 원인을 대원군과 민비의 대결에서 찾는 기쿠치 겐조의 설명구도가 결국은 식민주의 사관의 한 뿌리로 되었다고 비판한다. 그러나 이태진은 동학봉기의 배경을 설명할 때 기쿠치 겐조의 설명구도를 정확하게 되풀이하는 우를 범하고 있다. 기층민중이 가졌던 엄청난 정치사회적 분노에 기초한 봉기의 원인을 민비세력을 몰아내기 위한 대원군의 권력욕과 원세개라는 외세 사이의 야합으로 환원시키고 있다. 그럼으로써, 이태진은 책임전가의 대상만을 바꾸었을 뿐 그 논리구조에서는 기쿠치 겐조의 왜곡을 스스로 답습하는 결과가 되고 말았다.

사실 "무능한 고종과 탐욕한 민비," 그리고 이들의 비호하에 독버섯처럼 조선의 정치와 사회를 도탄에 빠뜨리고 있던 민씨 세도정치에서 망국의 궁극적 원인을 찾는 역사인식의 뿌리는 기쿠치 겐조 이전 조선 선비들에게서 찾을 수 있다. 황현의 『매천야록』이 대표적이다. 다만 이 역사기록은 식민지시대 조선에서는 출간될 수 없었다. 따라서 기쿠치의 저작에 비해 세상의 빛을 늦게 보았을 뿐이다.

동학농민봉기의 배후세력을 원세개가 대표하는 외세나 대원군이라는 특정한 정치세력에서 찾으려는 이태진의 노력과는 달리, 민씨 세도정치를 포함한 조선 전통질서의 악순환 현상에서 찾는 인식은 농민봉기가 본격화하기도 전인 1893년에서부터 조선 조정 자신의 인식이었다. 그해 3월 25일 열린 고종과 대신들과의 대화가 좋은 증거다. 좌의정(左議政) 조병세는 동학의 횡행을 "전적으로 관리들이 탐오한 짓을 자행하여 그 침해와 학대를 견디지 못해서 그런 것"이라고 아뢴다. 그는 이어 이렇게 분석했다.

"지금 나랏일이 날로 나빠지고 시국에 대한 걱정이 날로 심해지는데, 더구나 또 전라도와 충청도에 요망한 무리들이 모여서 흩어지지 않고 있으니, 그 행적을 헤아릴 수 없습니다. 남쪽에서 전해오는 말에 의하면 갈수록 소요가 더욱 커지고 있다고 하는데, 그럭저럭 시일을 끌어가며 아무런 계책도 없으니, 이것이 어찌 임금과 신하, 윗사람과 아랫사람이 이와같이 할 때입니까? 군제(軍制)를 단속하고 군량을 비축하여 사전 준비를 빈틈없이 하는 것은 조금도 늦출 수 없는 일인데, 오직 각 수령들을 적임자로 고르지 못하여 청렴하다는 소문은 전혀 없고 탐오하는 기풍만 성행하여, 억울한 원망은 펼 수 없고 강제로 거두어들이는 것을 견뎌내지 못하게 되었습니다. 그러니 난을 일으킨 백성들이 죄를 범하게 되고 허망한 무리들이 구실을 대는 것은 대개 이에 기인하지 않은 것이 없습니다. 이것이 어찌 수령들이 자기 한 사람의 욕심만 채우고 나라에 해독을 끼치는 것이 아니겠습니까? 그런데도 도신은 규제하여 경계하지 않고 전조의 관리는 도리어 승천(陞遷)하게 하니, 만일 이와 같이 하기를 그치지 않는다면 나라는 나라 구실을 못하고 조정의 끝없는 걱정은 이루 다 말할 수 없게 될 것입니다."[64]

우의정(右議政) 정범조(鄭範朝) 또한 같은 맥락에서 이렇게 고종에게 아뢰었다. "지금 서북지방에서 백성들의 소요가 그치지 않고 호남에서 불순한 무리들이 계속 일어나 그 세력이 서울 부근에서 멀지 않은 곳까지 와서 모였으니, 도로는 계속 소란하고 민심은 흉흉합니다. …… 그 근원을 따져보면 (관리들이) 탐오를 자행하고 (백성들로부터) 거두어들이는 것에 절도가 없어서 (백성들이) 생업에 안착할 수 없게 하기

---

64) 『고종실록』, 고종 30년(1893 계사·淸 光緒 19年) 3월 25일(정미).

때문입니다. 만일 그렇지 않다면 우리 왕조에서 500년 동안 가르쳐주며 키운 백성들이 하루아침에 소요를 일으켜 어찌 이 지경에 이르겠습니까? 설사 탐오하는 관리들을 삶아 죽여도 오히려 그 죄가 남음이 있는데, 구차스럽게 결단하지 못하여 아직도 징벌하는 조치가 없습니다. 나라가 나라 구실을 하게 되는 것은 법과 기강에 달려 있을 뿐인데, 법과 기강이 이와 같으니 나라가 어떻게 나라 구실을 하겠습니까? 법은 저절로 서는 것이 아니라 반드시 사람에 의해 시행되기 때문에 나라를 운영함에 있어서는 수령을 신중히 잘 고르는 것보다 우선하는 일이 없습니다. 그런데 근래에는 관리 추천 명단이 일단 나가면 여론이 물 끓듯 합니다. 관방(官方)이 문란하면 온갖 일이 그에 따라 어긋나게 됩니다. 말과 생각이 이에 미치고 보면 어찌 한심하지 않겠습니까?"[65]

11. 농민봉기 세력과 대원군의 관계를 보는 역사적 맥락

동학봉기의 직접적인 원흉으로 불리는 고부군수 조병갑은 민비와 고종의 방조 아래 권력의 정점에 올랐던 민씨 척족을 비롯한 부패한 국가 관료집단이 저지른 탐학과 학정의 작은 깃털에 불과했다. 일본의 메이지 유신이 낡은 병에 새 술을 담으려는 시도였다면, 대원군의 개혁정치는 낡은 병에 낡은 술을 담으려는 것에 불과했다는 비판을 받아왔다.[66] 하지만 친정에 나선 고종시대에 비해 대원군시대가 제한적이나마 갖고 있던 개혁적 의의는 있는 그대로 인식해야 한다. 고종 친정 20년 만에 갑오농민전쟁이 발발하는 이유를 이해하기 위해서도 민씨 척족 세도정

---

65) 『고종실록』, 고종 30년(1893 계사·淸 光緖 19年) 3월 25일(정미).
66) Bruce Cumings, *Korea's Place in the Sun: A Modern History*, W.W. Norton, 1997, p.108.

치 20년의 공과를 대원군시대의 내정개혁에 비교해서라도 냉정하게 평가하지 않으면 안 된다.

대원군시대 사회통합과 국력결집을 위한 내정개혁의 초점의 하나는 과거 삼정문란(三政紊亂)의 요체였던 환곡의 개혁이었다. 그것은 나름대로 의미가 있었다고 평가받는다. 고종 4년 때인 1867년 6월 11일 『고종실록』에는 "경기, 삼남, 황해도에 사창(社倉)을 설치하다"라는 기사가 있다. 내용인즉, 의정부가 "경기와 삼남, 해서(海西)의 5도 도신(道臣)에게 행회하여 각 고을에 (사창제도를) 반포하게 하고, 그들로 하여금 각각 한문과 언문(諺文)으로 번역하여 베껴서 마을과 시장에 일일이 두루 게시하게 하여 한 사람의 백성이라도 알지 못했다는 한탄이 없도록 할 것"이라고 고종과 대원군에게 보고한다.[67] 대원군에 대해 원색적인 인신공격까지도 마다하지 않았던 매천 황현은 대원군이 환곡제도를 개혁하기 위해 도입한 사창의 성과는 다음과 같이 인정했다.

"그 법은 매호당 돈 2민(緡)을 배정하되, 관에서 지급하며 그것으로 기금을 삼게 했다. 백성들은 쌀 1곡을 납부하여 촌려(村閭)에 저장하되, 백성 스스로 관장하게 하여 아전 손에 들어가지 않도록 했다. 봄에 나누어주고 가을에 거두어들이는 것을 모두 환곡 때와 같이 했다. 이때 배정한 것은 당백전(當百錢)이었다.[68] 쌀 1곡의 값인 2푼에 해당했다. 백성들은 처음에는 그것을 원망했으나 행한 지 수년이 지나자 양법(良法: 좋은 법)임을 인정하게 되었다. 운현(대원군)이 만든 제도 중에 뒤

---

67) 『고종실록』, 고종 4년(1867 정묘·淸 同治 6年) 6월 11일(계사).

68) 당백전은 대원군이 고종 3년 때인 1866년에 경복궁 중건에 수반된 재정궁핍을 해결할 목적으로 발행된 것이기도 했다. 당백전 한 푼이 엽전 백 푼의 가치와 같았다. 화폐가치 폭락을 가져오는 등 부작용 때문에 바로 다음 해에 폐지되었다. 황현, 『매천야록 상』, 2008, 97쪽.

얽혀 갈피를 잡기 어려운 것이 있었으나 이 세 가지는 조금은 잘된 것이다."[69]

고종에게 훗날 순종(純宗: 재위 1907~10)이 되는 원자가 태어난 것은 1874년이었다. 대원군이 물러나고 고종의 친정이 시작되자 원자가 태어난 것이다. 이후 조선 정치의 악화된 난맥상을 황현은 다음과 같이 적었다. "원자가 태어나면서부터 궁중에서는 잘 되기를 비는 제사를 절제 없이 팔도강산을 두루 돌아다니며 지냈고, 임금 또한 마음대로 연회를 베풀어서 상으로 주는 것이 헤아릴 수 없었다. 양전(兩殿: 고종과 민비)이 하루 허비하는 비용이 천금이나 되어 내수사(內需司)가 소장한 것으로는 지출을 감당할 수 없었다. 그래서 끝내 호조나 선혜청에서 공금을 취해다 썼는데 관리책임자는 그것이 위반이라는 것을 말하는 이는 한 사람도 없었다. 1년이 채 못 되어서 대원군이 여축해놓은 것을 모두 탕진했다. 그래서 매관과 매과(賣科: 과거를 돈으로 합격시킴) 등 온갖 폐정이 계속해서 생겨났다."[70]

동학농민세력이 봉기 초기에 대원군의 복권을 지지하는 모습을 보인 이유를 제대로 이해하기 위해서는 대원군의 정치와 그 후 20년의 시대상의 차이를 이해해야 한다. 동학이 척왜양이를 내세운 점에서 대원군의 쇄국과 궤를 같이했기 때문인 것도 무시할 수 없다. 그러나 동학이 대원군을 차선으로 선택한 것은 주로 내정개혁과 국방의 문제였다고 보아야 한다.

이태진을 포함한 한국 사학계 상당수는 대원군의 시대를 폄하하고 민씨 척족세력의 치세가 안고 있던 모순과 부패상을 '명성황후'의 신화로 감싸려는 경향을 보인다. 이러한 역사해석 태도는 대원군의 정치가

---

69) 황현, 『매천야록 상』, 2008, 96~97쪽.
70) 황현, 『매천야록 상』, 2008, 149쪽.

당시 조선의 정치사에서 갖는 제한적인 의미나마 더욱 축소시키려는 노력으로 이어진다. 대원군의 몰락과 민비와 그 척족의 득세를 단순히 대원군과 민씨 세력 사이의 궁정 권력다툼 정도로 취급함으로써 대원군의 개혁정치, 그리고 민비 세력에 의한 개혁정치의 좌절이 갖는 역사적 의미를 은폐하는 효과를 낳는다. 대원군에 대해 민비와 그 세력이 승리한 것은 민비가 펼친 지략의 탁월함만이 아니었다. 대원군의 정치가 내포했던 개혁성에 대한 당시 조선 양반계층의 광범한 반개혁적 이해관계가 그 강력한 배경이었다는 사실을 간과해서는 안 된다. 대원군이 혁파하고자 했던 국가권력의 사유화와 그 폐해는 대원군의 실권 이후 더욱 심해졌다.[71] 그것이 마침내 동학과 그것이 주도한 대란을 발생시키기에 이르는 것이다.

조선의 농민세력이 채택한 동학의 세계관은 기존 지배층의 세계관인 유교적 역사인식과 근본적인 차이를 담고 있었다. 유교적 역사인식은 요순시대를 이상사회로 설정하고 그 이후의 역사를 퇴보와 타락으로 규정했다. 또한 중국 황제의 지배를 천하로 불리는 전 세계에 보편적으로 관철되어야 하는 것으로 파악한 일원주의적 세계관이었다. 이와 달리 동학은 요순 삼대를 특별한 이상사회로 간주하지 않았다. 유교가 말하는 고(古)와 금(今)을 모두 부패하고 타락한 선천(先天)의 시대로 규정했다. 후천개벽(後天開闢)에 의한 새로운 인내천(人乃天) 질서의 수립이 동학의 이상이었다. 인내천의 지상천국이야말로 중국이나 조선 같은 특정한 지역에서만이 아니라 전 세계에 보편적으로 실현될 정상상태라고 인식했다.[72] 정창렬은 그런 의미에서 유영익 등 다른 학자들

---

71) 19세기 조선에서 양반계층에게 조세와 군역을 부과할 수 없었던 국가권력이 대신 민중을 착취하기 위해 고안해낸 갖가지 장치들에 대해서는 Cumings, 1997, p.115.

72) 정창렬, 「근대국민국가 인식과 내셔널리즘의 성립과정」, 강만길 외, 『한국사

과 달리 동학의 세계관이 지배 이데올로기였던 유학의 역사인식과 중화질서적인 세계질서 관념을 넘어서 있었다는 견해를 제시한다.

그러나 적어도 초기에는 동학농민군 지도부에게 당면한 목표는 세도정치 타파였다. 그 목표는 집권시에 세도정치 타파를 추구했던 대원군의 정치적 목표와 일치했다. 그런 탓으로 제1차 봉기 때 농민군 지도부는 민씨 척족을 축출하고 대원군을 권좌에 복귀시킬 것을 요구했다.[73] 말하자면 구한말 지배 엘리트와 민중세력의 유리와 대립의 절정을 의미하는 동학농민전쟁의 전개가 한편으로는 지배 엘리트 내부의 대립구도와도 일정하게 연결된 채 이루어졌던 것이다. 유영익은 대원군과 동학농민봉기의 관계를 긴밀한 것으로 보았다.[74]

이 대목에서 우리는 대원군과 농민세력의 관계에서 대원군이 주도한 것으로 이해하는 것은 적절하지 않다는 점을 유의해야 한다. 특히 이태진의 경우처럼 대원군이 봉기를 사주한 것으로 보는 것은 지나친 해석이다. 농민세력이 대원군을 지지했던 전체적인 역사적 맥락을 중심으로 보아야 한다. 이 문제에 대해서 유영익과 이태진은 차이가 있다. 두 학자들 모두 대원군과 농민세력의 관계를 주목했다. 하지만 유영익은 비교적 농민세력이 상대적으로 대원군을 지지한 역사적 맥락과 사상적 일치에 주목하는 쪽이다. 이태진의 경우는 음모론적 관점에서 대원군이 봉기를 사주한 것으로 인식하는 경향이 강하게 엿보인다.

1882년 임오군란 후 중국으로 끌려가 연금상태에 있던 대원군이 3년

11』, 한길사, 1994, 68~69쪽.

73) 유영익, 「대원군과 청일전쟁」, 김기혁 외, 『청일전쟁의 재조명』, 한림대학교 아시아문화연구소, 1996, 82쪽.

74) 유영익, 『동학농민봉기와 갑오경장』, 일조각, 1998, 제1장 「전봉준 의거론: 갑오농민봉기에 대한 통설 비판」의 제3절 '대원군과의 내응 가능성 및 대원군 봉대(奉戴)' 참조, 1016쪽.

후인 1885년 돌아온다. 그 후 대원군은 1894년까지 민씨 척족정권을 타도하고 재집권하기 위해 백방으로 노력한다. 민씨 척족도 이에 대응했다. 1892년 대원군과 그의 가족을 암살하려 기도했다. 이 상황에서 대원군은 일본에 망명 중인 개화파 정객들과 은밀히 교신하며 정치적 재기의 기회를 노리고 있었던 것으로 파악된다.[75]

당시 조선에서 민씨 척족세력에 대한 민중의 원성, 그리고 대원군에 대한 민중의 기대는 서울주재 외교관들도 익히 알고 있었다. 동학농민혁명이 발발하기 2년 전인 1892년 서울주재 미국공사 어거스틴 허드(Augustine Heard)가 당시 조선 국정 전반에 대해 쓴 보고서의 내용은 이러했다. "……이 나라 안에는 불만이 가득 차 있으며 머지 않아 큰 일이 터질 것이라는 불안감이 감돌고 있다. 민비가 우두머리인 민씨 척족은 왕국 안의 거의 모든 권세와 부귀 있는 자리를 독차지하여 미움을 사고 있다. 만약 실력 있는 지도자가 출현한다면 혁명을 바라는 사람들이 그 인물 주위에 급속히 결집할 것이다. 현재로서는 강력한 의지와 정신력의 소유자인 대원군을 제외하고 그런 역할을 담당할 인물은 없는 것 같다. 다만 노약한 것이 그의 약점이다. 그러나 그는 굳센 인물이다. 정부 측에서는 계속 부인하고 있지만 내가 판단하기로 반드시 일어났다고 여겨지는 그에 대한 최근의 암살기도는 당연히 사건주모의 혐의를 받고 있는 민비와 민비파 인물에 대한 대원군의 적대감을 더 자극하는 결과를 낳았다……."[76]

---

75) 유영익, 1996, 82~83쪽.

76) 국무장관에게 보내는 허드의 1892년 11월 10일자 보고서. Spencer J. Palmer, ed., *Korean-American Relations: Documents Pertaining to the Far Eastern Diplomacy of the United States*, Vol.2, *The Period of Growing Influence, 1880~95*, Berkeley and Los Angeles: University of California Press, 1963, pp.303~304; 유영익, 1996, 83쪽.

12. 1893년 3월 외군 청병에 대한 고종과 대신들의 문답

1894년 6월 농민봉기는 조선 국가권력을 압박한다. 조정은 마침내 청나라 군대의 출병을 요청하게 된다. 청병(請兵)의 주도자가 조선 국왕인가 원세개인가를 두고 논란이 있었다. 그 논쟁을 살피기 전에 1894년처럼 사태가 급박하지 않았던 1893년 봄에 고종이 청나라 군대를 끌어들여 동학군에 대처할 것을 거론한 일이 있음을 주목할 필요가 있다. 그해 3월 2만여 명의 동학교도들이 교조신원운동을 벌이며 보은에 집결하자, 이에 대한 대책회의 자리에서였다. 1년 후에 벌어진 농민전쟁에서처럼 동학교도들이 무기를 들고 봉기하지도 않은 상황에서 이루어진 대화였다.

3월 25일 어전회의가 열렸다.[77]

영의정 심순택: "이 무리들이 패거리를 모아 한곳에 웅거하고 여러 날이 지나도록 흩어지지 않고 있으니, 지극히 통탄스럽습니다."

고종: "군사(軍士)는 하루라도 준비가 없어서는 안 되는 것인데, 지금 오랫동안 태평하여 군사를 양성하지 않고 있다. 지금 들으니, 금영(錦營)과 청영(淸營)에는 전혀 없다고 한다. 완영(完營)에도 군사가 없는가?"

우의정 정범조: "완영도 그러하며 단지 노비들과 사령(使令)들만 있을 뿐이니, 허술하기 짝이 없습니다."

고종: "문교(文敎)만 중시하고 군사에 관한 일을 소홀히 하는 것은 과연 옳지 않다." 이어서 어윤중(魚允中)의 선무사 임무 등에 대해 의논한 다음, 동학이 서울로 쳐올라올 경우를 염두에 두고 이렇게 묻는다. "요충지의 길은 대체 몇 곳인가?"

---

77) 『고종실록』, 고종 30년(1893 계사·淸 光緒 19年) 3월 25일(정미).

심순택: "수원(水原)과 용인(龍仁)은 바로 직로입니다."

정범조: "안성(安城)도 직로이고 큰 길로써 광주(廣州)와 용인이 서로 접해 있는 곳입니다."

심순택: "심영(沁營)과 기영(箕營)의 군사를 우선 수원과 용인 등지에 나누어 주둔시키고 서울의 군사는 형편을 보아가며 조용(調用)하는 것이 좋겠습니다."

고종이 외국군대를 "빌려쓰자"고 제안한 것은 이 맥락에서였다. 고종은 "서울의 군사는 아직 파견해서는 안 될 것이다. 다른 나라의 군사를 빌려 쓰는 것은 역시 각 나라마다 전례가 있는데, 어찌 군사를 빌려다 쓰지 않는가?"라고 갑자기 하문했던 것이다. 이것이 갑작스런 제안이었음은 이어진 대신들의 의론에서 분명해진다. 심순택은 "그것은 안 됩니다. 만일 쓴다면 군량은 부득이 우리나라에서 진배(進排)해야 합니다"라고 말한다. 조병세도 "군사를 빌려 쓸 필요는 없습니다"라고 말했다. 정범조 역시 "군사를 빌려 쓰는 문제를 어찌 경솔히 의논할 수 있겠습니까?"라며 반대했다.

이에 고종은 다시 "중국에서는 일찍이 영국 군사를 빌려 쓴 일이 있다"고 주장한다. 1860년대 초에 청조가 태평천국을 토벌하기 위해 영국 등 제국주의 세력의 힘을 빌린 일을 가리킨 것이다. 이에 정범조는 "이것이 어찌 중국 일을 본받아야 할 일이겠습니까?"라고 반박한다. 그러나 고종도 물러서지 않고 고집을 부린다. 그는 "여러 나라에서 빌려 쓰려는 것이 아니라 청나라 군사는 쓸 수 있기 때문에 말한 것이다"라고 했다. 그러자 정범조는 "청나라 군사를 빌려 쓰는 것은 비록 다른 여러 나라와는 다르다고 하여도 어찌 애초에 빌려 쓰지 않는 것보다 더 나을 수 있겠습니까?"라면서 반대의견을 굽히지 않는다. 이에 비로소 고종이 한 발 물러서며 말한다. "효유한 후에도 흩어지지 않으면 토벌해야 할 자들은 토벌하고 안착시켜야 할 자들은 안착시켜야 하니, 묘당에서 회의하되 시임 및 원임 장신들과도 의논하는 것이 좋겠다."

고종은 영남의 동학도가 서울에 쳐올라올 경우에 대비한 대책으로 말을 돌린다. "영남에서는 방어지로서 조령(鳥嶺)과 추풍령(秋風嶺) 중 어느 곳이 더 나은가?" 이에 심순택은 "두 영(嶺)이 모두 중요한 요해지입니다. 영남 군사들도 역시 방어를 하게 하는 것이 좋겠습니다"라고 대답한다. 고종은 "단속하고 제거할 방도를 잘 모여서 의논하라"고 함으로써 이날 회의는 비로소 끝이 난다.

많은 학자는 이날 고종과 대신들이 나눈 대화가 1년 후 조선 조정이 청나라 군대를 불러들이는 결정의 잠재적 기초가 된 것으로 간주한다. 이에 대해서도 이태진은 의견을 달리한다. 이날 회의에서 "국왕은 기본적으로 대신들의 진언을 받아들이는 입장이었다"는 점을 강조한다. 그러나 이태진의 주장은 설득력이 약하다. 『고종실록』을 보면, 대신들과의 회의에서 고종이 어떤 정책구상을 먼저 밝히는 일은 거의 없다. 대신들의 의견을 반박하는 일도 드물다. 반면에 이날 회의에서 고종은 자신의 주장을 되풀이하면서 강하게 의견을 개진한 태도를 보였다. 그런 점에서 김창수(金昌洙)의 연구는 시사하는 바가 크다. 그에 따르면, 이날 회의에서 청군 출병요청을 대신들이 반대하자, 고종은 전 협판 내무부사(內務府事) 박제순을 원세개에게 따로 보내서 청국의 의사를 타진하기까지 한다. 이때 원세개는 조선의 중신을 기용해 진압하는 방안을 거론하면서 거절했다. 그래서 1893년의 시점에서는 조선이 청군을 빌리는 방안은 무산된다.[78] 김창수가 근거로 제시한 것은 이홍장의 문서였다.[79] 이에 대해서도 이태진은 박제순과 원세개의 대화를 "일종의 신

---

78) 김창수, 「청일전쟁 후 일본의 한반도 군사침략정책」, 한국사연구회 편, 『청일전쟁과 한일관계』, 일조각, 1985, 4쪽; 이태진, 2000, 195쪽.

79) 『李文忠公全書』電稿 卷4, 寄譯書: 『淸光緒朝中日交涉史料』卷12, 北洋大臣來電 2; 이태진, 2000, 198쪽.

경전"으로 취급하면서 무시하는 의견을 내놓지만 설득력은 없어 보인다.[80]

13. 1894년 6월 외세 청병의 주체에 대한 논란

갑오농민봉기에 대응해 조선정부가 청나라 군대를 불러들인 결정과정에 대한 기존 학계의 정설은 이태진이 요약하고 있는 것처럼 다음과 같다.[81] 동학군 토벌에 나섰던 초토사(招討使) 홍계훈(洪啓薰)이 1894년 5월 14일 황토현에서 대패한다. 직후에 홍계훈은 증원군을 요청하면서 외국군을 빌리는 방안[借兵]을 언급한다. 당시 선혜청 당상을 맡고 있던 민영준이 초토사가 보낸 전문에 의거하여 국왕에게 외군 청병안(請兵案)을 제기한다. 결론이 나지 않자 민영준은 원세개와 협의한다. 5월 18일 다시 회의를 열었지만 대다수가 반대하여 외국 군대를 부르는 방안은 부결된다. 5월 31일 전주가 함락되고, 6월 1일 그 보고가 들어오자, 민영준은 국왕의 명을 받아 원세개와 교섭하여 동의를 얻는다. 그러나 이날은 아직 의정부 회의 절차를 밟지 않았다. 6월 2일 밤 열린 중신회의에서 민영준은 청군 차병(借兵)을 주장한다. 영돈녕부사 김병시(金炳始)를 비롯한 대신들이 반대한다. 고종은 외군을 부를 수 없다면 원세개가 전주 등지에서 순변사와 초토사가 거느린 조선 군대의 지휘를 맡으면 좋겠다는 뜻을 비친다. 이와 함께 민영준은 반대론을 억지로 누르고, 국왕의 내명으로 원세개와 교섭을 거쳐 청병(請兵)을 결정한다. 이상은 박종근(朴宗根)과 앞서 언급한 김창수 등이 정리한 내용이다.[82]

---

80) 이태진, 2000, 199쪽.
81) 이태진, 2000, 195쪽.
82) 이태진, 2000, 195~196쪽.

박종근에 따르면, 이홍장은 6월 1일 청국 총리아문에 조선 국왕이 청국 군대의 파병을 원하고 있다고 보고했다. 6월 2일엔 조선 조정이 청에 파병요청을 하기로 결정했다는 보고를 원세개가 이홍장에게 올린다. 6월 3일 밤 조선정부는 좌의정 조병세의 명의로 임오군란 때와 갑신정변 때의 예에 준하여 청나라가 원군을 보내줄 것을 요청하는 문서를 원세개에게 전달한다.

이러한 통설을 이태진은 "자진청병론"으로 규정한다. 그리고 이에 대해 반론을 시도했다. 그의 핵심 논지는 두 가지다. 첫째, 조선정부와 원세개의 동향에 대한 주한 일본공사관의 정탐기록을 바탕으로 원세개가 주도하고 민영준이 가운데 서서 조선정부에게 청병하도록 강요했다고 해석한다. 『일본외교문서』와 『일한외교사료』에 실려 있는 관련기록들이 청병과정의 진상을 충분히 보여준다고 이태진은 주장한다. 그는 조선의 청군 파병요청 과정을 세 단계로 나누었다. 1단계는 5월 14일에서 18일까지 닷새간의 시기다. 민영준과 원세개가 사전밀약을 하는 국면이다. 2단계는 5월 23일에서 5월 31일까지로서 민영준과 원세개가 청병을 기정사실로 하여 공언하는 국면이다. 3단계는 조선 국왕과 조건부로 청병에 합의하는 단계다. 6월 2일에서 4일까지가 그에 해당한다고 본다. 그는 결론적으로 조선정부의 자진청병이 아니라 원세개가 강요하여 청병이 이루어졌다고 주장한다.[83]

이태진의 주장은 어디까지나 일본공사관의 정탐기록에 기초한 것으로서, 그 정확성 여부는 별도의 검토와 논의가 필요할 것이다. 분명해 보이는 것은 원세개가 동학봉기를 진압하는 데 직접 나서려는 적극적 의지를 갖고 있었다는 점이다. 그런데 문제는 그렇다고 해서 5월 31일 전주가 동학군에 함락당하는 급박한 사태를 당하여 조선의 국왕과 조

---

83) 이태진, 2000, 206~216, 223~224쪽.

정이 자진청병을 했다는 통설에 대한 충분한 반박이 되었다고 하기는 어렵다는 사실이다. 더욱이 이태진의 주장에서도 원세개와 함께 결정적인 역할을 한 것은 선혜청 당상과 의정부 좌찬성이라는 조선정부 의사결정의 중추에 있었으며 당시 민씨 척족의 대표격이던 민영준이었다.

이태진은 바로 그 문제를 해결하기 위해서 두 번째의 논지를 전개한다. 민영준은 민씨 척족이 아니라 원세개가 키운 권세가라는 주장을 여기에서도 동원하고 있는 것이다. 그러나 앞서 언급한 것처럼 이 역시 설득력을 갖기 어려운 주장이다. 민영준이 민비뿐 아니라 고종과도 혈연관계가 있는 인물이고, 두 사람의 깊은 신임을 받고 있었다는 사실을 뒤집을 만한 증거는 찾을 수 없다. 그는 원세개의 신임과 지지를 받는 인물이기 이전에 조선 왕실에 지근한 중신이었던 것이다. 이태진도 "최종 결정자로서의 국왕의 책임을 면제해주는 것"은 결코 아니라고 말한다. 그럼에도 "국왕이 처음부터 반농민적 입장에서, 또 두려움에 못 이겨 무책임하게 스스로 청병한 것은 아니란 것이 분명"하다고 주장한다.[84]

그러나 두 가지 점을 기억해둘 필요가 있다. 첫째, 대신들에 비해 고종의 태도는 청병에 대해 상대적으로 더 적극적이었다는 것은 부인하기 힘들다. 마지막까지 조선정부의 청병 결정과정이 신중했던 배경은 민영준을 제외한 대신들 대다수의 반대론이었다고 보아야 한다. 둘째, 고종과 대신들의 결정이 과연 신중한 것이었느냐도 논란의 여지가 많다. 5월 31일 전주 함락소식을 보고받은 6월 1일에서 조병세가 청병문서를 청국에 전달하기까지 불과 이틀밖에 걸리지 않았다. 이 시기에 조선의 국왕과 조정의 인식이 민영준의 그것과 급속하게 근접해간 것이라고 보는 것이 타당할 것이다.

---

84) 이태진, 2000, 225쪽.

위기에 닥쳤을 때 고종이 대신들의 반대를 물리치고 외국의 힘에 의지하는 태도는 다른 방식으로도 표현되었다. 고종이 내우외환 때에 외국공사관으로 몸을 피하여 안전을 도모한 행동은 1896년 2월 러시아 공사관으로 숨어들어간 아관파천(俄館播遷)이 상징한다. 그러나 그 전례가 이미 있었다. 1893년 동학교도들의 운집이 위협적으로 느껴지기 시작할 때부터였다. 신복룡은 호러스 알렌의 기록을 들어 이렇게 말한다. "삼남에서 동학교도들의 움직임이 심상치 않고 더구나 열강의 위협을 느끼게 되자 고종은 미국공사관을 친히 방문하여 어떤 사태가 돌발적으로 일어날 경우에 몸을 피신하기 위한 사전대책도 세웠다."[85]

1894년 6월 청일 양군이 서울과 제물포, 그리고 아산 등에서 대치하게 되자, 고종은 다시 극심한 공포감을 느낀다. 실(J.M.B. Sill) 미국공사를 불러 "만약의 사태가 일어날 경우에는 미국공사관에 파천할 것"이니, 준비해달라고 부탁한다. 이런 고종의 행동에 대해 조정 대신들은 극구 반대했다. 하지만 고종은 대신들의 만류를 뿌리치고 실 공사에게 간곡히 부탁한다. 실은 결국 승낙했다. 당시 제물포에는 스케렛 제독(Admiral Skerett)이 지휘하는 미국 함대 볼티모어호가 6월 5일 입항해 있었다. 실 공사는 스케렛 제독에게 타전하여 공사관 수비병을 12명에서 120명으로 증원해줄 것을 요청한다.[86] 스케렛은 이에 응해 볼티모어호의 수병 40명을 공사관으로 파견하여 근무하게 한다. 재한 미국인의 신변에 대한 위협에 대처한다는 의미로 월미도에서 함대 기동훈

<hr>

85) Dispatch from Horace N. Allen to the Secretary of State, October 6, 1893, in Spencer J. Palmer, ed., *Korean-American Relations 1887~95*, Vol.2, Berkeley: University of California Press, 1963, p.235, No.468(Confidential); 신복룡, 『동학사상과 갑오농민혁명』, 선인, 개정판, 2006, 256쪽.

86) Dispatch from J.B. Sill to the Secretary of State, June 29, 1894, *Korean-American Relations*, Vol.2, p.335, No.16; 신복룡, 2006, 265쪽.

련도 실시한다.[87]

동학봉기에 대응하여 고종과 조정이 스스로의 힘으로 수도와 궁궐을 지킬 자신이 없었던 정황을 황현은 이렇게 소묘했다. "(대원군시대에는) 궁벽한 지방 먼 곳에도 성곽, 정(亭), 대(臺)가 환하게 꾸며져 빛이 났다. 또한 해마다 무기와 병장기를 점검하여 모두 날카로운 무기를 갖추었다. 그러나 운현(대원군)이 물러난 지 10년이 채 안 되어 선혜청의 대문과 담장이 무너지고 동비(東匪: 동학군)가 일어났을 때 각 주현(州縣)의 무기고를 열어보니 다 녹슬고 무뎌져서 사용할 수 없었다."[88] 물론 과장이 많이 섞인 것이라고 하겠지만, 조선 지식인들이 당시 정세를 어떻게 인식했는가의 한 단면을 전해준다.

14. 일본 총검하의 '갑오개혁'

1894년 음력 6월 21일 일본은 경복궁을 점령하고 정권을 강제로 교체시킨다. 『고종실록』은 그날의 일을 이렇게 적었다. "일본군사들이 대궐로 들어왔다. 이날 새벽에 일본군 2개 대대(大隊)가 영추문(迎秋門)으로 들어오자, 시위 군사들이 총을 쏘면서 막았으나 상이 중지하라고 명했다. 일본군사들이 마침내 궁문을 지키고 각 영(營)에 이르러 무기를 회수했다."[89] 일본군은 조선 궁궐수비대를 무장 해제시킨다. 자신들

---

87) 『구한국외교문서 11: 美案 2』, 고려대학교출판부, 1967, 41~43쪽; 신복룡, 2006, 265~266쪽.

88) 황현, 『매천야록 상』, 2008, 98쪽.

89) 『고종실록』, 고종 31년(1894 갑오·淸 光緒 20年) 6월 21일(병인). 조선이 망하고 20년 후의 일제시기에 편찬된 『고종태황제실록』을 조선왕조실록에 포함시켜야 할 것인지에 대해서는 이론이 있음은 유의할 필요가 있다. 이원순, 「조선왕조실록의 현대적 계승」, 한일관계사학회 편, 『조선왕조실록 속의 한국과 일본』, 경인문화사, 2004, 7~8쪽.

이 궁궐 호위를 떠맡는다. 일본은 그와 동시에 청일전쟁을 도발한다. 일본은 대원군을 입궐시켜 집정하도록 한다. 김홍집을 수반으로 하여, 친일파와 중립계로 새 정부를 구성한다. 과거에는 갑오경장(甲午更張)이라 하고 오늘날은 주로 갑오개혁(甲午改革)이라 부르는 일련의 개혁이 전개된다.[90]

일본군 2개 대대의 출동으로 일국의 왕궁이 다시 점령되고, 조선의 군사들은 무장해제를 당한 상태에서 갑오개혁은 추진된 것이다. 일반적으로 갑오개혁은 1894년 하반기에 군국기무처가 설치되어 개혁을 주도한 것을 이른다. 하지만 왕현종은 갑오개혁은 그 후에도 계속되어 신임 주한 일본공사 파견 이후 2차 개혁과 을미사변을 거쳐 아관파천 시기까지 진행된 것으로 본다. 왕현종은 크게 네 시기에 걸쳐 갑오개혁이 전개된 것으로 보았다. 1기는 '군국기무처 개혁기'라 하는데, 1894년 6월 21일에서 11월 20일까지다. 2기는 주한 일본공사 이노우에 가오루(井上馨)가 간섭하며 진행된 김홍집·박영효(朴泳孝) 연립내각 시기다. 1894년 11월 21일에서 1895년 윤 5월 14일까지다. 3기는 고종의 친정이 강화된 가운데 개혁방향에 관한 논쟁이 벌어진 시기다. 개혁은 사실상 중단되었던 시기라고 평가된다. 청일전쟁에서 승리한 일본의 요동반도 장악이 러시아가 주도한 삼국간섭으로 제동이 걸리면서 조선에서 일본의 위치는 흔들린다. 그 틈에 러시아의 입김이 세어진 상황이었다. 4기는 을미사변으로 고종이 국정에서 사실상 물러난 상황에서 다시 친일 내각이 개혁을 추진한 시기다. 1895년 8월 20일에서 그해 12월 28일까지다.[91]

---

90) 1999년에 한글판으로 간행된 이기백의 『한국사신론』은 여전히 갑오경장이라는 명칭을 유지했다.

91) 왕현종, 「근대화 운동의 전개: 갑신정변과 갑오개혁」, 한국사연구회 편, 『새로운 한국사 길잡이 하』, 지식산업사, 2008, 65~66쪽.

군국기무처는 김홍집을 총재관으로 하여 17명의 회의원으로 구성되었다. 이들이 개혁 안건을 심의하고 결정했다. 회의원은 유길준 등 개화파 계열 인사들이 핵심을 차지했다. 군국기무처는 초정부적 존재였다. 국왕이나 왕비는 무시당했다. 왕명에 의해 모든 정치를 대행할 권한을 위임받았던 대원군의 지위도 위협받았다. 하지만 국왕, 왕비, 대원군이 이미 실질적 힘이 없는 상태가 되자, 정부는 군국기무처를 폐지하고 개혁을 계속 진행한다. 먼저 군국기무처가 중심이 되어 전개한 개혁을 이기백은 다음과 같이 요약했다.[92]

1) 정치와 행정, 사법체제 개혁

① 조선 독자의 개국기원(開國紀元)을 사용했다. 청에 대한 종속관계를 청산한 것을 뜻했다.

② 왕실 관련 사무와 일반 국정 사무를 분리했다. 과거의 왕실 관계 여러 관청을 통합해 궁내부(宮內府)로 간소화하는 한편, 일반 국정은 의정부가 담당한다. 의정부는 총리대신을 최고로 하여 과거의 6조(曹)에 외무아문과 농상아문(農商衙門)을 추가해 8개 아문을 설치했다. 각 아문에 국(局)을 두어 행정계통을 확립했다.

③ 의정부를 내각으로 고친다. 내각은 외부, 내부, 탁지부(度支部: 오늘날의 재정경제부), 군부, 법부, 학부, 그리고 농상공부 등의 7개 부를 두었다. 각 부에 국과 과(課)를 설치했다.

④ 관리의 품급을 개정하고, 월봉제도(月俸制度)를 만들었다.

⑤ 과거제도를 없애고 새로운 관리임용법을 채용했다. 반상(班常)과 문무(文武)의 차별을 없앴다.

⑥ 사법권을 행정기구에서 분리 독립시켰다. 재판소구성법을 공포

---

92) 이기백, 『한국사신론』, 일조각, 1999, 314~315쪽.

했다. 재판에 관한 일체의 사무를 재판소의 기능으로 정립한 것이다. '제1심재판소'로 지방재판소와 개항장재판소를 두었다. '제2심재판소'로서 고등재판소와 순회재판소를 두었다.

⑦ 경찰권을 일원화했다. 서울엔 경무청(警務廳)을 두어 수도치안을 담당하게 했다. 지방에는 각 도 관찰사 지휘하에 경무관을 두어 지방치안을 담당하게 했다. 각 군 수장인 군수는 행정만을 담당하게 되었다. 관료체제를 근대화한 것이었다.

2) 사회 개혁

① 신분제도를 타파했다. 양반과 상민의 구별과 문무의 차별을 폐지했다. 귀천을 불구한 인재등용원칙을 세운 것이다. 아울러 공사노비(公私奴婢)의 법전(法典)을 혁파하고 인신 매매를 금지했다. 천민을 해방했다. 역정(驛丁), 광대(廣大), 백정(白丁)을 면천(免賤)시켰다(이기백은 이것이 "신분제도의 붕괴를 의미하는 것으로 사회적인 대개혁이었다"고 평가한다).

② 죄인 처벌에서 고문과 연좌법(緣坐法)을 폐지했다.

③ 남녀의 조혼(早婚)을 금했다. 남자는 20세, 여자는 16세 이후에 결혼하도록 했다.

④ 귀천을 막론하고 과부의 재가(再嫁)를 허용했다.

⑤ 고등관을 포함한 관인(官人)의 퇴직 후 상업의 자유를 허용했다.

⑥ 양자제도(養子制度)를 개정했다.

⑦ 의복제도를 간소화했다.

3) 경제 개혁

① 재정을 일원화했다. 회계, 출납, 조세, 국채, 화폐, 은행 등 재정에 관한 사무 일체를 탁지부가 관장하도록 했다. 탁지부 밑에 220개처의

징세서(徵稅署)와 9개처의 관세사(管稅司)를 설치해 조세사무를 담당케 했다.

② 화폐제도를 정비했다. '신식화폐장정'(新式貨幣章程)을 공포해서 은본위제(銀本位制)를 채택했다. 조세도 현물이 아닌 화폐로 내는 금납제(金納制)로 고쳤다.

③ 도량형(度量衡)을 개정하고 통일했다.

15. 갑오개혁에 대한 조선 왕실의 반발과 홍범 14조

군국기무처에 의한 정치·행정·사법 개혁은 형식적인 삼권분립체제를 이룬 것이었다. 정치기구에서도 개혁관료 중심으로 이들의 의결과 집행권한이 강화된 반면, 전제군주권은 크게 제한했다. 이 제도개혁에 특히 반발한 것은 고종과 민비였다.[93] 대원군도 못지않게 불만이 컸다. 그는 심지어 정변을 일으켜 고종을 폐하고 대신 그의 손자인 이준용을 왕위에 올리려 기도한다. 이를 위해 대원군은 당시 일본과 항쟁 중이던 동학농민군 및 청군과 연결하여 일본군 축출을 기도했다. 계획은 탄로 나 실패로 돌아간다.[94]

유영익에 따르면, 1894년 대원군이 품었던 개혁구상은 기본적으로 "동양의 정신적 전통 위에 서구의 물질문화를 점진적으로 접목시키려 했던 청말(淸末) 양무(자강)운동 추진자들의 생각과 일치"했다. 그 같은 맥락에서 대원군은 갑오경장 기간에 "개화 자체를 반대하지 않았지만 민심의 동요를 우려한 나머지 모든 개혁을 점진적으로 추진하자는 입장"에 서 있었다.[95] 대원군은 청일전쟁 초반에는 청나라가 궁극적으

---

93) 왕현종, 2008, 67쪽.
94) 이기백, 1999, 316쪽.
95) 유영익, 1998, 52쪽.

로 승리할 것이라는 확신을 갖고 있었다. 한반도의 성환(成歡)에서 1894년 7월 28일 벌어진 전투에서 청군을 패퇴시킨 일본군과 다시 일전을 치르기 위해 곧 2만 명의 청나라 군대가 평양에 집결한다. 이때 대원군은 청국군 진영에 보낼 밀서를 작성한다. "상국(上國)은 많은 원병을 보내시어 우리의 종사(宗社)와 전궁(殿宮)을 보호해주시고 또 간당(奸黨)과 일본에 붙어 매국(賣國)하는 무리들을 일소하시어 하루속히 초미지급(焦眉之急)에서 벗어나게 해주시기를 피눈물로 기원하고 또 기원합니다"라는 내용이었다.

대원군은 청국 장수에게 전달할 목적으로 이 밀서를 8월 28일 평양감사 민병석(閔丙奭)에게 보냈다. 그런데 일본군이 평양을 점령하면서 대원군의 편지는 일본군이 노획한 주요 문서가 되었다. 이것은 이노우에가 대원군을 정치에서 물러나게 할 때 증거로 제시한 중요한 수단이 된다.[96) 대원군은 또 16세기 말 도요토미 히데요시의 침략 때 전국에서 양반유생과 승려들이 의병을 일으켰던 전통을 따라 전국적으로 항일의병을 조직하려 했다. 대원군은 이준용과 함께 "일본이 조선에서 확고한 통제권을 수립하는 데 협조하고 있던 친일개화파 관료들을 암살"하는 모의도 벌였다.[97)

일본은 곧 위기감을 느끼고 당시 일본공사 오도리(大鳥圭介)를 소환하고 거물급인 이오누에를 파견한다. 결국 이노우에는 대원군을 정치에서 물러나게 했다. 일본에 망명했다 돌아와 있던 박영효를 내각에 불러들여 김홍집·박영효 연립내각을 수립한다. 이후 '홍범(洪範) 14조'가 공포된다. 고종이 대원군과 세자, 종실 및 백관을 거느리고 종묘(宗廟)에 나아가 개혁 추진을 서약한 내용이었다. 1894년 12월 12일자 『고종

---

96) 유영익, 1998, 54~55쪽.
97) 유영익, 1998, 55~60쪽.

실록』은 "종묘에 나아가 서고(誓告: 맹서를 고함)를 행하고 홍범 14조를 고하다"라는 제하에 고종이 한 일을 이렇게 적고 있다.

"종묘, 영녕전(永寧殿)에 나아가 전알(展謁)했다. 왕세자도 따라가 예를 행했다. 이어 서고를 행했다. 그 글에 이르기를, '감히 황조(皇祖)와 열성(列聖)의 신령 앞에 고합니다. 생각건대 짐은 어린 나이로 우리 조종(祖宗)의 큰 왕업을 이어 지켜온 지 오늘까지 31년이 되는 동안 오직 하늘을 공경하고 두려워하면서 우리 조종들의 제도를 그대로 지켜 간고한 형편을 여러 번 겪으면서도 그 남긴 위업을 그르치지 않았습니다. 이것이 어찌 짐이 하늘의 마음을 잘 받든 때문이라고 감히 말하겠습니까? 실로 우리 조종께서 돌보아주고 도와주었기 때문입니다. 우리 황조가 우리 왕조를 세우고 우리 후손들에게 물려준 지도 503년이 되는데 짐의 대에 와서 시운(時運)이 크게 변하고 문화가 개화했으며 우방이 진심으로 도와주고 조정의 의견이 일치되어 오직 자주독립을 해야 우리나라를 튼튼히 할 수 있는 것입니다. 짐이 어찌 감히 하늘의 시운을 받들어 우리 조종께서 남긴 왕업을 보전하지 않으며 어찌 감히 분발하고 가다듬어 선대의 업적을 더욱 빛내지 않겠습니까? 이제부터는 다른 나라에 의거하지 말고 국운을 융성하게 하여 백성의 복리를 증진함으로써 자주독립의 터전을 튼튼히 할 것입니다. 생각건대 그 방도는 혹시라도 낡은 습관에 얽매지 말고 안일한 버릇에 파묻히지 말며 우리 조종의 큰 계책을 공손히 따르고 세상 형편을 살펴 내정(內政)을 개혁하여 오래 쌓인 폐단을 바로잡을 것입니다. 짐은 이에 14개 조목의 큰 규범을 하늘에 있는 우리 조종의 신령 앞에 고하면서 조종이 남긴 업적을 우러러 능히 공적을 이룩하고 감히 어기지 않을 것이니 밝은 신령은 굽어 살피시기 바랍니다' 했다."[98]

---

98)『조선왕조실록』, 고종 31년(1894 갑오·淸 光緖 20年) 12월 12일(갑인).

이 기사에 이어 실록은 "홍범"이라는 제하에 고종이 맹서한 14개 조항을 다음과 같이 적었다. 번호는 원래 적힌 순서대로 필자가 붙인 것이다.

1. 청나라에 의존하는 생각을 끊어버리고 자주독립의 터전을 튼튼히 세운다.

2. 왕실의 규범을 제정하여 왕위계승 및 종친과 외척의 본분과 의리를 밝힌다.

3. 임금은 정전에 나와서 시사(視事)를 보되 정무는 직접 대신들과 의논하여 재결(裁決)하며 왕비나 후궁, 종친이나 외척은 정사에 관여하지 못한다.

4. 왕실에 관한 사무와 나라정사에 관한 사무는 반드시 분리시키고 서로 뒤섞지 않는다.

5. 의정부와 각 아문(衙門)의 직무와 권한을 명백히 제정한다.

6. 백성들이 내는 세금은 모두 법령으로 정한 비율에 의하고 함부로 명목을 더 만들어 불법적으로 징수할 수 없다.

7. 조세나 세금을 부과하는 것과 경비를 지출하는 것은 모두 탁지아문에서 관할한다.

8. 왕실의 비용을 솔선하여 줄이고 절약함으로써 각 아문과 지방관청의 모범이 되도록 한다.

9. 왕실비용과 각 관청비용은 1년 예산을 미리 정하여 재정기초를 튼튼히 세운다.

10. 지방관제를 빨리 개정하여 지방관리의 직권을 제한한다.

11. 나라 안의 총명하고 재주 있는 젊은이들을 널리 파견하여 외국의 학문과 기술을 전습받는다.

12. 장관(將官)을 교육하고 징병법(徵兵法)을 적용하여 군사제도의

기초를 확정한다.

13. 민법과 형법을 엄격하고 명백히 제정하여 함부로 감금하거나 징벌하지 못하게 하여 백성들의 생명과 재산을 보호한다.

14. 인재등용에서 문벌에 구애되지 말고 관리들을 조정과 민간에서 널리 구함으로써 인재등용의 길을 넓힌다.[99]

이기백이 "한국 최초의 헌법으로 일컬어지기도 한다"고 평한 이 '홍범 14조'의 발표경위를 어디에 비유하면 적절할 것인가. 마치 오랫동안 숙제를 하지 않고 버티던 학생이 교사 앞에서 벌을 서면서 맹서하는 모양새였다. 이렇게 조선왕실에 강요되다시피 한 홍범은 어떻든 갑오경장의 기본방향을 요약해서 보여주는 것으로 주목할 만한 것이었다.[100] 일본이 갑오개혁에 대한 왕실과 대원군의 반발을 제거하고 더 강화된 개입을 통해 갑오개혁을 계속 추진하게 된 것이다.

16. 갑오개혁의 평가와 개화파 정부·일본의 농민군 토벌 협력

왕현종은 갑오개혁이 사회개혁 측면에서 이룩한 성과를 높이 평가한다. 농민전쟁에서 제기된 사회경제적 개혁요구를 대부분 수용했다는 것이다. 특히 "종래 사회신분제의 폐단을 시정하기 위해 신분적 차별을 폐지하고 노비를 전면해방시킴으로써 백성들을 동일한 국민으로 편성"한 것이라고 보았다. 그럼으로써 갑오개혁은 조선의 왕조체제를 개혁하여 근대국가의 제도를 수립하는 데 크게 기여했다고 이해한다. 결국 "철저하게 전통파괴적인 갑오개혁"으로 말미암아 이후 조선은 "객관적

---

99) 『고종실록』, 고종 31년(1894 갑오·淸 光緒 20年) 12월 12일(갑인).
100) 이기백, 1999, 316쪽.

으로 근대사회로 전환되었다"는 것이 왕현종의 평가다.[101]

갑오개혁의 한계도 지적된다. 갑오개혁에서는 근대국가의 제도화에 그쳤다고 보았다. "군주권의 위상정립과 더불어 민법, 형법 등 근대법전 제정에까지 이르지는 못했다"는 것이다. 갑오개혁 자체의 성격과 그 주체세력의 한계도 아울러 지적된다. 왕현종은 "갑오개혁의 주도세력들은 위로부터의 개혁을 선호하고 있었고, 당시 농민들의 요구였던 지주제의 해체나 농민적 토지소유의 실현을 받아들이지 않았다"는 점을 주목한다. 더욱이 "1894년 9월 중순 이후 농민군의 재봉기에 맞서 일본 군사력에 의존하여 탄압했다. 갑오개혁 정부는 수만의 농민군을 함부로 죽이거나 처형함으로써 내부의 혁명역량을 말살시키고 말았다"고 비판했다.[102]

유길준과 박영효 등의 이른바 개혁파 핵심인물들의 사상적 한계는 분명한 바가 있었다. 왕현종에 따르면, 이들은 갑신정변 실패 후인 1880년대 후반에서 1890년대 초에 걸쳐 자본주의적 사유재산권 개념에 바탕을 둔 토지제도 개혁론을 발전시켜간다. 이들 주장의 핵심은 "현실의 지주권을 그대로 추인하려 했던 것"으로 파악된다. 유길준이 1891년에 저술한 「지제의」(地制議)는 사유재산권의 절대성을 주장했다. "지주의 토지를 몰수하여 농민에게 분배하는 토지재분배론은 절대로 용납할 수 없는 것으로 간주했다."[103] 대부분의 농민은 농노 수준의 소작농에 불과한 봉건적인 현실이었다. 이 조건에서 기존의 토지소유 관계를 추인하고 자본주의적인 사유재산권 이념으로 포장하면서 토지 재분배 문제를 전적으로 배제한다면, 과연 그것을 개혁사상이라 할 만한 것인지는 심각한 논란거리가 아닐 수 없다. 갑오개혁파들이 일본군

---

101) 왕현종, 2008, 67~68쪽.
102) 왕현종, 2008, 68~69쪽.
103) 왕현종, 『한국 근대국가의 형성과 갑오개혁』, 역사비평사, 2003, 122~126쪽.

과 손잡고 동학농민군 토벌에 긴밀히 협조한 것은 그들의 사회사상적 한계와 관련해서도 결코 이상한 일이 아니었다.

과거 한국 역사학은 갑오개혁을 일본 제국주의 침략의 일환으로 일본에 의해 타율적으로 강요된 개혁이라고 평가했다. 그러나 1960년대 들어 한편으로는 국가권력에 의해서 근대민족국가 수립이라는 과제가 대두하고 다른 한편에서는 민족운동이 발전하면서, 갑오개혁 타율성론이 비판받기 시작한다. 그런데 민족의 주체성을 강조하며 갑오개혁의 자율성을 먼저 주창한 것은 북한 역사학계였다. 북한 학계는 갑오개혁 주도세력을 '혁신관료'로 부르면서 이들의 주체성을 강조했다. 일본의 경복궁 점령사건과 군국기무처의 성립을 분리해 보았던 것이다. 다만 북한 학계는 박영효를 끌어들여 김홍집·박영효 연립내각을 세우고 '홍범 14조' 등을 추진한 2기 이후의 개혁은 주체성이 결여된 것으로 파악하고 자율적인 갑오개혁은 1기에 국한되는 것으로 보았다.[104]

갑오개혁의 자율성을 강조하는 한국 역사학계 일각에서는 북한 역사학계와 달리, 1기의 갑오개혁뿐만 아니라 박영효가 중요한 역할을 하게 되는 2기의 개혁도 역시 못지 않은 자율성을 갖고 있는 것이라고 해석한다. 유영익은 "박영효의 개혁사상은 그가 1882년 이전부터 축적해온 개화사상과 정치적 체험의 결정체"라고 지적한다. 유영익은 말한다. "박영효의 개혁사상과 정치활동은 갑오경장이 단순히 일본에 의해 강요된 타율적 개혁운동이 아니었음을 증명한다. 따라서 기왕의 갑오경장 타율론은 수정되어야 마땅할 것이다. 조선의 개혁파 관료들은 오랜 개화운동의 전통을 이어받아 갑오경장에 참여했다. 이들은 개혁운동에 불가결한 사상과 정열, 그리고 일정한 경험을 두루 갖추고 있었다는 점에서 외부에서 경장에 뛰어든 일본인들보다 더 중요한 역할을 수행했

---

104) 왕현종, 2008, 66~67쪽.

다고 볼 수 있다. 특히 박영효의 야심찬 개혁노력은 비록 단명에 그쳤지만(박영효는 1895년 7월 6일 권좌에서 축출된다), 1884년의 갑신정변과 1896~98년간의 독립협회운동을 연결시켜 주는 역사적 고리로서 그 의의가 높이 평가되어야 할 것이다."[105]

갑오개혁의 내용에서는 분명 박영효를 포함한 이른바 '혁신관료'들의 정치인생에서 오래 숙성되어온 사상과 경험이 중요한 역할을 했을 것이다. 그러나 앞서 살핀 것처럼 분명한 한계가 있었던 개혁사상에 기초한 제한된 개혁이나마 조선의 왕실을 포함한 국가 자신이 주체적으로 시작한 일이 아니라는 사실을 간과해서는 안 된다. 동학농민전쟁이라는 민중의 봉기를 유발하고, 이어 그것을 기화로 출병한 일본군이 궁궐을 점령하여 친일내각을 구성하기 전까지 조선의 국가는 그 같은 종류의 개혁을 단행할 준비를 갖추고 있었다는 증거는 없다. 외세가 친일개혁파에게 유리한 권력구조의 상황을 마련한 다음에야 그런 개혁이 가능했다면 그것은 구조적인 차원에서는 타율성을 띠고 있었다고 해도 할말은 없다.

개화파 정부는 농민군에 대한 일본의 유혈 무력진압에 적극적으로 협력했다. 김홍집, 김윤식, 어윤중 등 갑오개혁 정권의 핵심인물들은 1894년 11월 8일 이노우에 가오루 일본공사를 방문해 조선과 일본의 공동 '토벌'작전을 논의한다. 김홍집이 이노우에에게 말한다. "호남, 호서 양도의 동학당이 창궐하기 시작했습니다. 그들은 지방관을 살상하고 양민의 재산을 약탈하고 있습니다. 상황이 자못 절박합니다. 우리의 병력은 미약하여 이들을 능히 토멸할 수 없기 때문에 동학당을 진압하는 데 귀하의 도움을 바라는 바입니다." 일본군에 의한 농민군 토벌은 조선정부가 이같이 먼저 요청한 다음에 본격화되었다.[106]

---

105) 유영익, 1998, 108~109쪽.

1,000명의 일본군이 3,000명의 조선 관군과 함께 조일 합동정토군을 편성하여 출정에 나선 것은 조선정부가 공식요청한 지 하루 만인 11월 9일이었다. 이미 모든 준비를 갖추어놓고 조선의 공식요청만 기다리고 있었던 것이다. 합동군의 지휘자는 일본군 제19연대 대대장 미나미 고니시료(南小西郎)였다.[107] 유영익은 농민군 학살과 처형에서 일본군과 조선 관군 사이에 이루어진 협조와 역할분담을 이렇게 적고 있다.

　　"수많은 동학군을 학살하는 데 일본군이 주역을 맡았다면, 동학의병 지도자를 체포하고 처형하는 일은 친일개화파 관료들의 몫이었다. 전라도 출신 동학의병 지도자 김개남(金開南)은 전봉준이 체포되던 날, 태인에서 강화군에 의해 체포되었다. 전라감사 이도재(李道宰)에게 인계된 김개남은 재판을 거치지 않은 채 즉결 처형되었으며, 그의 수급은 1월 22일 서울거리에 효수되었다. 김개남의 경우와는 달리 전봉준은 전주로 압송된 다음 일본군에게 넘겨져 이노우에 공사와 우치다 사다쓰치(內田定槌: 1865~1942) 영사의 심문을 받기 위해 서울로 호송되었다. 서울 도착 후 2월 18일까지 며칠간 일본공사관 유치장에 감금되어 있었던 전봉준은 적어도 한 차례 이노우에 공사의 심문을 받았다. 그와 그의 동료 손화중(孫和中), 최경선(崔慶善), 송두한(宋斗漢), 김덕명(金德明) 등 5명은 법부의 권설재판소(權設裁判所)에서 3월 5일부터 4월 4일에 걸쳐 재판을 받았다. 기소된 5명은 법부대신 서광범을 위시한 재판관들에 의해 1895년 4월 23일 『대전회통』(大典會通) 형전(刑典) 중 '군기마작변관문자부대시참률'(軍騎馬作變官門者不待時斬律)에 따라 교형(絞刑) 선고를 받은 후 이튿날 새벽 2시에 처형되었다. 이들 재판관은 20일

106) 日本外務省調査局 編, 『日本外交文書』, 東京: 日本國際聯合協會, 1936~1987, XXVII: 2, #477, 53쪽; 유영익, 1998, 65쪽.

107) 유영익, 1998, 66쪽. 조선 관군 숫자 3,000명은 이선근(李瑄根)이 제시한 것이다. 이선근, 『한국사: 현대편』, 을유문화사, 1963, 365~366쪽.

이 지난 후 이준용 등 대원군과 인사들에게도 유죄판결을 내렸다."[108]

17. 러시아와 일본의 동아시아 전략 충돌과 삼국간섭

1891년 시베리아 철도건설을 통한 동아시아 진출에 국운을 건 러시아에게 만주와 한반도에서의 현상유지는 최소한의 지정학적 필요조건이었다. 조선의 현상유지를 위한 러시아의 동아시아 정책은 1880년대 후반에 이미 구체적인 모습을 드러내고 있었다. 영국이 거문도를 점령 (1885년 4월 15일~1887년 2월 27일)하여 러시아를 압박하고 있던 상황에서, 1886년 10월 북경 주재 러시아 공사 라디젠스키가 이홍장과 맺은 리-라디젠스키 협정은 "금후 러시아는 한반도에서 어느 지역도 차지할 의사가 없다는 것"을 이홍장에게 보장하는 내용이었다.[109] 이로써 러시아는 한반도에 대한 영토적 야심은 명확하게 포기했다. 대신 영국이나 일본이 한반도를 장악하는 사태도 용납하기 어려웠다.

청일전쟁 중 러시아 정부는 일단 관망자세를 취했다. 청일전쟁 개전 초기인 1894년 8월 21일에 열린 러시아 정부 대신들의 특별위원회 제1차 회의의 결론은 전쟁의 추이를 지켜보면서 조선의 영토보전이 침해될 경우에 대책을 논의한다는 정도였다. 이러한 관망적 자세는 전쟁이 일본의 승리로 굳어진 1895년 2월 1일에 열린 특별위원회 제2차 회의 때까지도 지속된다. 하지만 전승국 일본이 청나라에 제시한 강화교섭 초안이 요동반도의 할양을 통해 한반도와 만주에 대한 일본의 지배권을 확장하는 것으로 드러나자 러시아의 태도는 적극적인 개입으로 바뀐다.[110]

---

108) 유영익, 1998, 68쪽.
109) 이민원, 2002, 33쪽.

삼국간섭으로 일본의 요동반도 장악이 좌절되자, 조선에서 러일 간 역학관계는 큰 영향을 받는다. 조선 내정에도 중대한 변화가 온다. 조선은 한반도에 러시아 세력을 끌어들이고 일본을 밀어내는 이른바 인아거일책(引俄拒日策)이 힘을 발휘한다. 그간 이 정책의 주도자는 민비라는 것이 한국 학계의 정설이었다. 그 때문에 일본이 민비를 시해하는 을미사변이 벌어진다는 것이었다. 그러나 이런 해석은 지나치게 단순한 해석이라는 지적을 받고 있다. 이민원은 민비의 중심적인 역할을 부정하지는 않는다. 그러나 조선의 안아거일책을 민비 주도의 행동으로 보기보다는 삼국간섭 직후부터 주한 러시아 공사 베베르가 이면에서 수행한 주도적인 역할을 주목한다.[111] 민비를 중심으로 한 조선정부가 러시아를 끌어들인 유인 못지않게 오히려 러시아의 적극적인 한반도 개입정책이 작용했다고 판단하는 것이다.

삼국간섭 후 조선에서 민비가 주도한 배일적(排日的)인 왕권회복 조치들은 다음과 같았다. 첫째, 이준용을 체포해 대원군파를 제거했다. 둘째, 김홍집 내각을 타도하고 박정양 내각을 출범시켰다. 셋째, 박영효를 축출했다. 넷째, 시위대(侍衛隊)를 편성해 일본군이 훈련시킨 훈련대(訓練隊)를 견제하고, 나아가 훈련대의 해산을 기도했다. 다섯째, 민영준과 이범진(李範晋) 등의 척족세력과 친러파를 등용했다.[112] 이민원에 따르면, 조선 왕실의 행동 배후에는 러시아 공사 베베르와 미국공사 알렌 등 열국 외교관들이 깊숙이 개입되어 있었다. 일본공사 이노우에 가오루 역시 "거기에는 반드시 뒷받침하는 세력이 있음"을 잘 알고 있었다. 그 세력이란 러시아를 가리키는 것이었다.[113]

---

110) 이민원, 2002, 34~35쪽.

111) 이민원, 2002, 29~30쪽.

112) 이민원, 2002, 45쪽.

113) 『駐韓日本公使館記錄 7』, 국사편찬위원회, 1992, 57쪽; 이민원, 2002, 45쪽.

청일전쟁 이래 삼국간섭 이전까지 조선의 국정은 일본에 의해 전단 (專斷)된다. 특히 이노우에 가오루가 1894년 10월 25일 오도리 게이스케(大鳥圭介: 1832~1911)를 이어 주한 일본공사로 부임한 후 일본은 조선의 외교권을 박탈하여 조선을 일본의 보호국으로 만들어나가는 상황이었다. 주미 조선공사관을 폐쇄하고 그 업무를 주미 일본공사관에 이전하는 일을 추진하고 있던 것이 그 직접적인 증거였다.[114]

당시 미국은 민주당의 그로버 클리블랜드(Grover Cleveland)가 1885~89년에 이어 두번째(1893~97)로 대통령을 하고 있을 때였다. 국무장관은 월터 그레셤(Walter Gresham)이었다. 주한 미국공사 존 실(John Sill)은 워싱턴의 그레셤에게 보낸 전문에서 "이노우에의 이런 기도에 고종은 불만이지만 곧 그렇게 될 것 같다. 고종은 독립의 상징을 잃지 않고자 미국정부가 일본의 이런 기도를 막아줄 수 있는지 알고 싶어 한다"고 보고한다.[115]

청일전쟁 이후 고종과 민비는 사실상 궁중에 연금된 것이나 마찬가지였다. 그러므로 삼국간섭으로 일본의 권위가 추락했다 하더라도 곧바로 고종과 민비의 노력으로 조선에서 일본의 정세장악력이 떨어졌다고 말하기는 힘들다는 이민원의 지적은 설득력이 있다. 더 주목해야 할 것은 오히려 러시아 측의 적극적인 움직임이었다.[116]

이민원에 따르면, 삼국간섭을 진행하는 한편 주한 러시아 공사 베베르는 조선에서도 일본공사를 견제하는 움직임을 주도하고 있었다. 이때는 민비가 주도하는 인아거일 현상이 아직 나타나기 전이었다.[117] 청

---

114) 이민원, 2002, 40~41쪽.

115) Sill to Gresham, No.78, "Abolishment of Korean Legation," Seoul, January 4, 1895, DUSMK; 이민원, 2002, 41쪽.

116) 이민원, 2002, 41쪽.

117) 이민원, 2002, 42쪽.

일전쟁 중 일본이 조선에서 배타적으로 이권을 독점해가자, 러시아, 영국, 미국, 독일 측 외교관들은 이노우에에게 이미 반발하고 있었다. 마침내 이들은 1895년 5월 4일 조선 외부대신 김윤식에게 공문을 보내 집단적으로 항의한다. 이노우에를 겨냥한 행동이었다. 열국 공사들의 집단행동이 있고 난 후인 5월 10일 민비와 박영효가 이노우에에게 반발하는 행동을 노골적으로 취하기 시작한다. 이민원은 조선 왕비의 반일적인 행동은 러시아 공사 베베르를 비롯한 열국 외교관들이 보인 그러한 행동과 관련을 맺으며 진행된 것이라고 파악한다. 청일전쟁 이래 일본이 조선을 보호국화하려는 기도가 전개되고 있을 때, 조선 현지에서 일본공사 이노우에의 활동을 견제하려는 노력을 주도한 것은 러시아 공사 베베르였다. 이를 일컬어 이민원은 조선 안에서 러시아가 주도한 '삼국간섭의 재판'과 같은 사태가 진행되고 있던 맥락 속에서 민비 등의 반일적 행동이 가능했던 것이라고 보았다.[118]

베베르를 포함한 열국 외교관들의 활동을 결정적 기반으로 하여 민비가 추진한 배일행동의 핵심은 무엇이었는가. 그것은 베베르의 조언에 따라 "왕권회복과 조선독립보전"을 위해 조선의 소중한 자원들에 대한 권리를 미국, 영국, 프랑스 등 일본 이외의 다른 열강들에게 넘겨주는 일이었다. 대표적인 예가 베베르가 민비를 통해 운산(雲山)의 금광 개발권을 미국에게 넘겨준 결과, 미국공사 호러스 알렌이 베베르의 반일항의 행동에 가담하게 된 것이었다. 유길준이 그렇게 증언했다.[119]

요컨대 이민원에 따르면, 청일전쟁 이래 실추된 왕권 회복과 독립성 회복을 위해 조선왕실이 일본에 적극 대응을 시작한 것은 삼국간섭 직후였다. 베베르는 러시아의 대한방침에 준하여 고종과 왕비를 후원해주

---

118) 이민원, 2002, 42~44쪽.
119) 국사편찬위원회 편, 『윤치호일기 4』, 탐구당, 1975, 76쪽; 이민원, 2002, 44쪽.

었다. 고종과 왕비는 일본의 구속을 탈피하기 위해서라도 베베르의 권유를 받아들였다. 미국공사 알렌 등은 베베르와 왕비를 통해 조선에서 이권 확보를 위해 러시아와 조선왕실의 배일적인 행동에 동참했다.[120]

18. 일본의 대응과 민비시해

러시아 공사 베베르의 부추김 속에 민비는 배일정책을 추구하여 친러파를 중심으로 조선국정을 운영했다. 러시아 세력을 등에 업고 조선 왕실은 왕권을 일부 회복하고 일본의 영향력을 감퇴시킨다. 하지만 민비 스스로는 일본의 반발의 초점이 되어 비극적 최후를 맞는다. 1895년 10월 8일 일본군이 경복궁을 침범하여 그녀를 살해한 것이다. 최문형은 "일본정부가 러시아를 끌어들인 민 왕후를 제거함으로써 한반도에서 자국의 권익을 위기에서 수호하려 했던 것"으로 정의한다. 러시아를 상대로 당장 전쟁을 도발할 수 없는 처지에서 삼국의 협력이 깨진 틈을 이용한 일본정부의 "폭거"였다고 규정한다.[121]

외국인들을 포함하여 그날 일본군의 궁궐침입과 왕비시해 만행의 현장을 목격한 사람들이 있었다. 시위대 교관을 맡고 있던 미국인 윌리엄 다이(William Dye), 러시아인 사바틴(M. Sabatin), 그리고 시위대 연대장 현흥택(玄興澤)이었다.[122] 이들과 함께 왕태자와 궁녀, 의녀(醫女), 궁중하인들을 포함한 목격자들의 증언을 토대로 이민원이 재구성한 궁궐 깊은 곳 곤녕합(坤寧閤) 주변의 범행현장 상황은 다음과 같았다. 첫째, 양복차림을 한 일본인이 현장을 총지휘한다. 둘째, 일본군 장교의 지휘를 받아 일본 정규군이 출입문을 봉쇄한다. 살인자들이 만행

---

120) 이민원, 2002, 45쪽.
121) 최문형, 2004, 81쪽.
122) 이민원, 2002, 65쪽.

을 자행할 수 있는 상황을 만들고 외부에서의 공격과 내부에서의 탈출자를 차단하기 위한 조치였다. 셋째, 정사복 차림의 일본군 장교와 사복 차림의 영사경찰, 일본공사관원 등은 왕비시해를 맡았다. 넷째, 『한성신보』(漢城新報)의 사원들도 현장에 가담했다.[123]

한영우가 "여러 증인들의 보고를 종합해서" 그려낸 현장의 상황은 이러했다. "흉도들은 궁녀의 머리채를 잡아끌고 황후의 처소를 대라고 윽박지르는 등 난폭하게 행동했다. 마침내 건청궁 동쪽 곤녕합에서 황후를 찾아냈다. 이때 궁내부 대신 이경직(李耕稷)이 두 팔을 벌려 황후 앞을 가로막고 나서다가 권총을 맞고 쓰러졌으며, 이어 신문기자 히라야마 이와히코(平山岩彦)가 다시 칼로 두 팔을 베었다. 흉도들은 황후를 내동댕이친 후 구둣발로 짓밟고 여러 명이 칼로 찔렀다. 황후가 절명한 곳이 곤녕합 앞 마당인지 아니면 방 안인지는 확실하지 않다. 하여간 방 안에서 황후의 시신을 보았다는 증언이 많다. 흉도들은 자신들이 죽인 여인이 황후라는 것을 알지 못하여 황후와 비슷한 용모의 세 궁녀들도 살해했다. ……황후의 시신은 얼마 뒤 궁에 들어온 미우라 공사에 의해 재확인되고, 그의 지시에 의해 화장되었다. 아예 증거를 없애기 위함이었다. 흉도들은 시신을 문짝 위에 얹어 이불을 덮고 건청궁 동쪽 녹원(鹿苑) 숲속으로 운반한 다음, 장작더미 위에 올려놓고 석유를 뿌려 태웠다."[124]

한영우는 또한 이시츠카(石塚英藏)가 일본 법제국장 스에마쓰(未松)에게 보낸 보고서와 야마베 겐타로(山邊健太郎)가 1966년에 발표한 논문 「민비사건에 대하여」(『일본의 한국병합』, 太平出版社)를 근거로, "흉도들은 황후의 시신에 능욕(凌辱)을 가하는 만행을 저지르기도

---

123) 이민원, 2002, 84쪽.
124) 한영우, 2001, 57~58쪽.

했다고 한다"는 말을 덧붙였다.[125]

그날 고종이 처했던 정황을 한영우는 이렇게 묘사했다. "법부 협판 권재형의 보고서에 의하면, 고종은 흉도들의 주의를 따돌려 황후의 피신을 돕기 위해 밀실의 뒷문을 열고 흉도들이 잘 보이는 방문 앞에 나와 있었는데, 흉도들은 칼날을 휘두르며 그 방에 들어가 고종의 어깨와 팔을 끌고 다니기도 하고, 고종 옆에서 권총을 쏘고 궁녀들을 난타하며 이리저리 끌고 다녔다. 태자도 다른 방에서 붙잡혀 머리채를 휘둘리고 관이 벗겨지는 수모를 당했다. 고종과 태자가 얼마나 경악하고 분개했을지를 짐작하고도 남는다."[126]

최문형은 사건에 가담한 일본인들의 정체를 이렇게 요약한다. "일본 정부 당국과 일부 연구자들은 이를 '흥분한 낭인들의 우연한 살인사건'이었던 것처럼 왜곡하고 있다. 그러나 이들은 결코 단순한 깡패가 아니었다. 이들 가운데는 하버드 대학 출신자와 도쿄 대학 법학부 출신자를 비롯한 지성인도 많았고 후일 각료나 외교관으로 출세한 자도 많았다. 이들은 대륙침략을 주창하던 현양사(玄洋社), 흑룡회(黑龍會)와 같은 일본 우익단체의 멤버들이었다. 이 사건은 미우라의 저돌적 성격 때문에 일어난 것도 아니고 낭인들이 우연히 저지른 사건도 아니었다. 이들은 국익이 걸린 이 사건에 이용되었을 뿐이었다."[127]

당시 왕실경비 책임을 맡고 있던 시위대의 병력은 500명이었다. 만행 당시 미국인 교관 다이가 소집하여 출동한 시위대는 300명 또는 400명이었다. 하지만 이들은 효과적인 대응은커녕 응사(應射) 한번 제대로 하지 못하고 패주한다. 이민원은 시위대가 무력했던 원인을 이들

---

125) 한영우, 2001, 59쪽.
126) 한영우, 2001, 59쪽.
127) 최문형, 『명성황후 시해의 진실을 밝힌다: 선전포고 없는 일본의 대러 개전』, 지식산업사, 2001, 248쪽.

의 형편없었던 무장상태에서 찾는다. 다이의 증언에 의하면, 당시 시위대 인원의 절반이 비무장상태였다. 무장군인들의 장비도 보잘 것이 없었다. 원래는 우수한 무기를 보유했다. 하지만 청일전쟁 시작 직전인 1894년 7월 23일 일본군이 경복궁을 습격하여 조선조정을 무력화시키고 조선군이 보유하고 있던 무기 중 성능이 우수한 것은 몰수했다. 일부는 궁궐 안의 연못에 던져버렸다. 조선군에게는 공이와 대검이 부착되지 않은 쓸모없는 총들만 지급한 상태였다. 그나마 갖고 있던 무기로 시위대와 훈련대는 일본군과 총격전을 벌였다. 훈련대가 일본군 수비대와 함께 궁궐로 침입했다는 일부 일본 측 기록은 잘못된 것이라고 이민원은 판단한다.[128]

을미시해가 벌어지고 이를 두고 국제적 논란이 전개되는 1895년 말까지 조선에서 실질적인 지배세력은 일본이었다. 삼국간섭에도 불구하고 조선에 대한 일본의 장악력이 실질적으로 크게 후퇴한 것은 아니었다. 불과 수백의 인력으로 조선의 궁궐을 장악하고 왕비를 시해하는 사태를 연출할 수 있었던 것은 그 때문이라 할 수 있다. 조선은 그것을 막을 수 있는 실질적인 준비도 능력도 갖추고 있지 못했다.

19. 일본의 역사서술에서 '민비사건'과 그 후

을미시해사건은 이노우에의 후임으로 미우라 고로(三浦梧樓: 1846~1926)가 일본공사로 부임한 후에 일어났다. 왕비시해사건 후 미우라는 그것을 대원군과 조선훈련대의 합작품으로 몰고 가려 위증한다. 이에 대해 주한 영국공사 월터 힐리어(Walter Hillier)와 주한 미국공사 존 실, 러시아 공사 베베르를 포함하여 열국공사들은 일본군이 왕

---

128) 이민원, 2002, 82~83쪽.

비시해에 직접 가담했음을 증언한다. 이들은 그렇게 해서 일본공사 미우라 고로에게 책임을 돌리는 데까지는 성공한다. 그러나 기실 미국과 영국정부는 일본과의 관계를 우선시하여 조선에 주재한 자국 공사들에게 이 사건에 더 이상 관여하지 말도록 지시한다. 미국과 영국정부는 일본정부와 공동으로 사건진상규명을 방해한다. 사건 배후가 이토 내각, 즉 일본정부 자체였음을 본격적으로 입증할 기회가 상실되고 만 것은 바로 그 때문이었다.[129]

여기서 민비시해에 대한 오늘날 일본 학계의 일반적인 인식은 어떠한가를 살펴볼 필요를 느낀다. 이를 위해 일본 외무성의 '일본외교사사전 편찬위원회'가 1992년에 발간한 『일본외교사 사전』이 민비시해의 동기, 음모, 그리고 실행에 대해 서술하고 있는 내용을 보자.

"1895년 9월 1일, 미우라 고로 중장(예비역)이 이노우에 가오루 공사를 대신해 주조선공사로 부임했다. 당시 조선국에서 러시아와 결탁한 민비 일족의 세력이 강해지면서, 일본군 장교가 지도한 훈련대(정부 직속 군대)를 해산하고 미국 교관이 지도하는 시위대(왕실 직속)로 대신하게 함으로써 친일세력을 일소하려고 하는 움직임이 보였다. 10월 3일 미우라 공사는 스기무라 후카시(杉村濬: 1848~1906) 서기관, 구스노세 사치히코(楠瀬幸彦) 공사관 무관, 오카모토 류노스케(岡本柳之助) 조선국 군부 겸 궁내부 고문관 등과 협의하여, 민비의 정적(政敵)으로서 경성 교외 공덕리에 칩거하고 있던 대원군을 옹립하여 민비를 무너뜨리고 친일정부를 수립할 것을 계획했다.

10월 7일 조선국 정부로부터 '훈련대 해산 결정과 8일 무장해제'의 통고를 받았다. 이에 8일 이른 아침 위의 계획을 결행했다. 훈련대, 일본군 수비대, 일본 경찰관, 일본인 신문기자와 장사(壯士)들을 동원하

---

129) 이민원, 2002, 106~107쪽.

여 대원군을 옹립해서 경복궁에 들어가, 왕궁을 호위하는 시위대를 격파하고 민비를 살해하여 그 사체를 화장했다. 그때 이경직 궁내대신, 홍계훈 훈련대 대대장(訓練隊 大隊長)과 시위대 병사 1명이 살해되었다. 대원군과 고종이 대면한 자리에 미우라 공사가 초대되어, 친러파 각료를 해임하고 김홍집 내각을 친일파로 교체했다. 고종은 10일 왕후 민씨를 폐서인하는 조서를 내렸지만 11일에는 고쳐서 민비에 빈(嬪)의 호칭을 붙였다."[130]

이 일본 측 역사서술에 따르면, 민비시해는 미우라 고로 공사의 주도하에 몇몇 일본인이 모의하여 실행한 일이다. 일본 정부는 이 그림에 전혀 등장하지 않는다. 대원군이 일본인들의 모의 자체에 가담했다고 주장하지는 않고 있다. 하지만 조선 정부 직속의 훈련대가 가담한 것으로 서술하고 있음을 볼 수 있다. 미우라 등 일본인들이 기획하여 실행한 것으로 말하고 있으므로, 이 사전의 서술이 미우라가 주장한 '대원군과 훈련대 주모설'을 받아들이고 있다고 할 수는 없다. 그러나 일본 정부 차원의 개입은 부인하는 것이며, 훈련대가 주모는 아니지만 '참여'한 것을 사실로 제시하고 있는 것이다.

이 일본외교사 사전은 이어서 일본 정부와 조선 정부가 사후에 취한 행동과 조치들을 다음과 같이 요약하고 있다. "일본정부는 실정(實情)을 조사하기 위해 고무라 주타로(小村壽太郎) 외무성 정무국장을 경성에 파견했다. 17일 미우라 공사에게 귀조(歸朝: 본국정부 귀환) 명령을 내리고, 고무라 국장을 주한 공사에 임명했다. 그 후 사건에 관여한 일본인 민간인에게는 한국을 떠나도록 명령했다. 스기무라 서기관과 구스노세 수비대장에게도 귀조 명령을 내리고, 인천으로부터 (히로시마의)

---

130) 森田芳夫,「閔妃事件」, 外務省外交史料館 日本外交史辭典 編纂委員會,『日本外交史辭典』, 東京: 山川出版社, 1992, 872쪽.

우지나(宇品)로 귀국시켰다. 군인은 군법회의에, 10월 24년 면직된 미우라 공사 이하 49명은 모살죄(謀殺罪)와 흉도소취죄(兇徒嘯聚罪: 범죄집단 구성죄)로 기소되어 히로시마 감옥 미결수 감방에 수감되었다. 아울러 왕실에 대한 위문을 겸하여 이 사건에 일본인이 관여된 것에 대한 유감의 뜻을 표시하기 위해 특파대사(特派大使)로서 이노우에 전 공사가 10월 31일~11월 15일에 걸쳐 경성에 파견되었다. 고종은 12월 1일 민비의 죽음을 공표했다. 조선국 정부는 11월 26일 사건에 관여한 당시 훈련대 대대장 이주회(李周會) 외 2명을 체포하여, 12월 28일 고등재판소에서 3명에게 사형을 선고하고 1월에 처형했다. 12월 23일 16명을 체포하여 유죄 판결했다."[131]

사건 관련 일본인 범죄자들에 대한 일본 법정의 재판 결과에 대해 위의 일본외교사 사전은 이렇게 서술하고 있다. "일본 측에서는 사건에 관계한 군인은 군법회의에서 전원 무죄를 선고하고, 그 외에 미우라 고로 이하 49명은 1896년 1월 20일 히로시마 지방재판소 예심(豫審)에서 증거불충분으로 전원 면소(免訴) 판결했다." 아울러 일본 법정이 이처럼 일본인 범죄자들을 모두 무죄방면한 후에 조선에서 전개된 상황을 이렇게 요약한다. "사건 다음 해 2월 11일 고종은 왕세자와 함께 러시아 공사관 안으로 옮겼으며, 김홍집 내각이 무너지고 친러파 내각으로 변했다. 1897년에 들어 민비에게 명성황후(明成皇后)의 시호(諡號)를 내리고, 11월 21일 국장을 행했다."[132]

일본 범죄자들을 무죄 방면한 이후 일본 정부는 만일의 경우를 대비하여 사건에 관련된 자료 일체를 인멸하거나 왜곡했다는 것이 국내 연구자들의 판단이다.

---

131) 森田芳夫, 1992, 872쪽.
132) 森田芳夫, 1992, 872쪽.

이로 인해 지금까지 한국인 학자들의 을미시해에 관한 연구는 미우라가 주장한 '대원군과 훈련대 주모설'을 부정하는 데 집중하지 않으면 안 되었다. 일본정부의 관련 여부에 대해서는 심증만을 가질 뿐 직접적이고 구체적인 증거 제시는 불가능했다. 다만 여러 학자는 왜곡이 심한 일본 측 자료들을 면밀히 분석하여 대원군과 훈련대의 가담설 또는 대원군과 미우라 공모설을 극복하는 데 큰 진전을 이룩했다. 재일사학자 박종근의 연구는 이러한 노력의 중요한 초석이었다고 평가된다.[133]

　을미사변과 관련해서 일본에 대한 국제적 의구심이 증대하는 가운데서도 조선 내정에 대한 일본의 장악은 당분간 오히려 강화된다. 우선 왕비 시해 3일 만인 10월 11일 고종의 뜻에 따라 작성되고 전 각료가 서명한 칙령이 조선정부의 『관보』에 발표된다. 민비는 공사(公私) 간에 조정의 기강을 문란하게 하고 왕실을 위험에 빠뜨렸다는 죄명을 쓰고 있었다. 그러한 민비가 실종되었으며 그녀의 죄는 막중하므로 그녀를 폐비하여 서인으로 한다는 발표였다. 헐버트는 고종이 그 칙령 포고에 동의한 적은 없다고 말한다. 대신들 중에도 여럿이 그것이 부당한 처사임을 항의하고 사직한다. 박정양이 그러했다. 일부 조정 대신이 일본에게 철저하게 굴종하면서 그 칙령을 발표한 것이었다.[134]

　그러나 국제적 비판에 직면한 일본은 곧 사태수습을 위해 미우라 고로와 스기무라 후카시를 소환하지 않으면 안 되었다. 그들이 일본에 도착하자마자 체포하여 이번 사태를 충동질했다는 죄목으로 기소한다.[135] 이렇게 일부 개인의 범법행위로 사태를 축소시킴으로써, 일본정부는 을미시해의 책임으로부터 공식적으로는 벗어났다. 앞서 언급한 것처럼 미국과 영국 등 일본에 우호적인 나라들 정부의 태도도 중요한

---

133) 朴宗根, 『日淸戰爭と朝鮮』, 東京: 靑木書店, 1982; 이민원, 2002, 47쪽.
134) H. B. 헐버트 지음, 신복룡 역주, 『대한제국멸망사』, 집문당, 2006, 181쪽.
135) 헐버트, 2006, 176, 181쪽.

역할을 했다. 하지만 일본정부는 다급하게 불을 끄기 위해 공사를 포함한 자국인들을 법정에 세워야만 했다. 그만큼 국제적으로나 조선정부 안팎에서나 일본정부의 행동반경은 위축될 수밖에 없었다. 일본정부의 권위는 땅에 떨어졌다.

조선의 친일내각도 사태를 무마하기 위한 조치들을 취해야만 했다. 11월 26일 내각은 민비를 폐위시켰던 칙령을 공식적으로 철회한다. 미우라 일본공사의 힘으로 선임되었던 군부대신 조희연과 경무사(警務使) 권형진을 파직했다. 대궐 침입사건을 법무아문이 다시 조사하고 모든 죄인을 재판에 회부할 것이라고 공표했다. 이 발표에는 민비가 사망했다는 내용도 포함되어 있었다. 그러나 궁궐을 지키는 군대는 여전히 친일파와 일본군이 훈련시킨 군대인 채로 있었다. 친일파 내각 자체는 그 같은 약간의 무마적 조치들을 취한 가운데 여전히 유지되었다.[136)]

1895년 12월에서 이듬해인 1896년 1월까지, 조선인들의 가장 뚜렷한 특징인 상투를 자르도록 하는 칙령을 강제로 집행한다. 친일내각이 여전히 조선 국정을 장악하고 있었다는 증거였다. 일본의 히로시마 재판소가 미우라와 그의 동료들을 무죄방면하는 판결을 내린 것도 이 무렵이었다. 심지어는 이들이 일본정부 공식사절로 다시 조선에 부임한다는 소문도 나돌았다고 헐버트는 증언한다.[137)]

러시아가 일본과 조선에서 실질적으로 세력각축을 벌이게 되는 것은 아관파천 후 조선조정을 친러파가 확실히 장악하면서 시작된다. 한반도 안에서 본격적인 러일각축의 시대인 제7기를 아관파천 이후로 잡는 것은 그 때문이다.

---

136) 헐버트, 2006, 182쪽.
137) 헐버트, 2006, 184쪽.

제11장 러일 각축 속 한국의 선택과 그 에필로그

• 말기 조선 시대구분 제7기와 제8기

1. 1896년 2월 조선의 미래 앞에 놓인 네 가지 선택

이사벨라 버드 비숍은 1894년에서 1897년 말까지 3년에 걸쳐 네 차례 한국을 방문했다. 한국의 지리와 풍습, 그리고 정치, 사회, 경제의 구석구석을 들여다보았다. 그녀는 영국 왕립지리학회 최초의 여성회원으로서 깊은 섬세함과 예리한 지성으로 그 시대 한국의 현재와 미래를 성찰했다. 1890년대 중엽 그녀의 눈에 비친 한국은 "중국의 패러디(parody)"였다. 그만큼 "한국의 문학, 교육체계, 조상숭배, 문화, 사유양식"이 중국적이었고, 이상과 도덕과 전통이 중국문화에 의존한 것으로 그녀는 이해했다. 중국을 패러디한 이 "미약한 독립왕국"은 "수세기에 걸친 잠에서 거칠게 뒤흔들려 깨워진" 채, "반쯤은 경악하고 전체적으로는 멍한 상태로 세상을 향해 걸어 나오고 있다"고 비숍은 표현했다.[1]

청일전쟁이 일어나기 전이었던 1894년 초 처음 방문한 부산항에서

---

1) Isabella Bird Bishop, *Korea and Her Neighbors*, London: Routledge and Kegan Paul, 1985; 이사벨라 버드 비숍 지음, 이인화 옮김, 『한국과 그 이웃나라들』, 살림, 1994, 29~30쪽.

비숍이 발견한 것은 한국이 아니라 일본이었다. "부산에 닻을 내리며 만나게 되는 것은 한국이 아니라 일본이다."[2] 부산과 경상도 전역에 경제적으로 새 바람을 불러일으키고 있는 것은 일본과의 무역이었다. 우선 부산의 거주지가 일본풍으로 변해가고 있었다. "5,508명의 일본 인구 이외에도, 8,000명에 달하는 일본인 어부들의 유동 인구가 있다. 일본 총영사관은 세련된 유럽식 가옥에 기거하고 있다. 은행기관들은 도쿄의 일본 제일은행이 설립했으며, 우편 전신 업무 또한 일본인들에 의해 갖추어졌다." 그녀는 또 일본인들이 거주지를 청결하게 할 뿐만 아니라 한국에 알려지지 않았던 산업들을 조선에 들여오는 모습들을 주목했다.[3]

부산항을 떠나 비숍이 제물포에 도착했을 때에도 일본적 풍경이 다른 모든 것을 압도하는 것처럼 비쳤다. 일본인들의 거주지역과 활발한 경제활동 때문이었다. 일본의 면제품은 이 무렵 영국산을 따돌리고 성공적으로 한국시장을 지배하고 있었다. 비숍이 파악한 이 시기 일본의 간판상품은 증기방적기와 선박이었다. 1893년에 조선이 수입한 증기 방적기 198대 중에서 132대가 일본제품이었고, 325척의 배 중에서 232척이 일본제였다. 쌀 무역에서 일본의 활동은 압도적이었다. 일본 상인들이 통제하는 "부대에 넣어진 쌀더미가 해안을 덮고" 있었다. 도시와 해변 곳곳에는 정기적으로 쌀의 바벨탑이 세워졌고, 일본이 모두 쓸어가는 쌀 때문에, 한국인들의 주식인 쌀 가격이 상승함에 따라 불만이 팽배한 상태였다. "일본 상사들은 쌀을 찾아 전국을 헤매 다녔는데, 그것들은 한 되도 소비되지 않고, 당시에는 아무도 생각지 못했던 전쟁을 대비하여 비축되었다."[4]

---

2) 비숍, 1994, 31쪽.
3) 비숍, 1994, 34쪽.
4) 비숍, 1994, 42~43쪽.

그럼 제물포에서 한국은 어디에 어떤 모습으로 존재했는가. 적어도 비숍이라는 서양인의 첫눈에 말이다. 그녀는 한국에 도착해서도 한국 인들을 잊고 있었다고 했다. 그녀가 접한 한국 안에서 한국의 비중이 보잘것없었기 때문이었다. "일본인 거주지가 서울로 가는 큰 길의 거의 전부를 차지하고 있으며 한국인의 마을은 그 바깥에 위치한다. 영국 교회가 서 있는 언덕 아래로부터 그 언덕을 타고 오르며, 더러운 샛길을 거쳐 닿을 수 있는 모든 암층 위에 한국인들의 토막이 꽉 들어차 있다. 주요 도로에서는 아버지들의 무기력을 본뜨고 있는 때 묻은 아이들의 조용한 모습을 볼 수 있다. 그 언덕 위에 서 있는 관청 역시 한국정부의 것인데, 관청의 포졸들에 의한 야수적인 채찍질이라는 형벌 방법은 범인을 때려 숨지게도 하며, 그 괴로운 울부짖음은 인접한 영국 선교소의 방을 마구 파고든다. 거의 모든 관청을 헤어날 수 없는 부정에 빠뜨리고 있는 뇌물 수수와 매수 또한 한국적인 것이다. 겹으로 휘어진 지붕과 고실(鼓室)을 갖춘 관문은 비록 제물포의 자본과 힘은 외래의 것이지만 제물포의 정부만은 자국의 것임을 이역인에게 상기시킨다."[5]

비숍은 1890년대 중엽 한국에서 일본의 경제적 위상을 증언한 것이다. 그러나 한반도에서 일본의 경제적 지배력은 흔히 원세개의 횡포로 상징되는 청의 종주권이 관철되고 있던 1880년대 중후반에도 이미 압도적이 되어가고 있었다. 조선에 대한 일본의 정치적 영향력은 1880년대에 임오군란과 갑신정변 등 모두 일본에게 불리한 사태들 때문에 제한적이었다. 그럼에도 1876년에 이루어진 강화도조약 체제하에서 조선은 경제적으로는 일본의 영향권으로 굳어져가고 있었다.

강화도조약에 따라 1876년에는 부산, 1880년에는 원산, 그리고 1881년엔 인천이 개항되었다. 이후 조선에는 일본 상인들이 파도처럼 밀고 들

---

5) 비숍, 1994, 43쪽.

어왔다. 이들은 영국에서 원면섬유를 수입해와 조선에 팔았다. 대신 조선에서 쌀과 콩 등 농산물과 금을 내다 팔았다. 이들의 활동으로 조선의 지역시장은 혼란에 빠졌다. 농산물가격은 뛰었고 흉작일 때는 기아사태가 연출되었다. 1880년대 말에 특히 심각했다.[6]

1880년대 전반에 걸쳐 조선의 대외수출액의 90퍼센트를 일본이 차지했다. 1880년대 중엽에서 1890년대 초에 이르기까지 조선에 대한 일본의 수출은 90퍼센트 증가한다. 청일전쟁으로 일본이 조선에 출병하기 1년 전인 1893년 당시 조선의 개방된 항구들에서 들고 나는 38만여 톤의 물류 중에서 30만 톤을 일본이 담당했다. 조선의 무역은 이미 일본이 지배하고 있었다.[7] 일본이 지닌 정치적 영향력의 부침과는 별개로 조선의 대일본 경제예속은 부단히 심화되어가고 있었던 것이다.

1896년 2월 초, 한반도가 처한 국내외적 상황은 크게 셋으로 요약할 수 있다. 첫째, 일본은 청일전쟁에서 승리하여 조선에서 청을 축출하고 조선을 '자주독립국'으로 만들었다. 그럼에도 러시아의 삼국간섭과 조선의 러시아 끌어들이기, 그리고 을미사해로 인한 국제적 비난 속에서 조선에 대한 일본의 정치적 영향력은 시험받고 있었다. 그러나 아직은 친일 개화파 정부가 조선 국정을 장악한 상태였다. 일본은 또한 조선에 대해 실질적으로 경제적 지배력을 행사하고 있었다.

둘째, 러시아는 삼국간섭을 통해 일본의 요동반도 장악을 저지했다. 그럼으로써 동아시아에서 유력한 세력으로 부상하고 있었다. 바로 그 때문에 영국과 미국은 러시아를 견제할 필요성을 더 강하게 느끼기 시

---

6) "The Commerce of Korea," *The Pall Mall Gazette*(London), 7 August 1894, 4th ed., p.5; S.C.M. Paine, *The Sino-Japanese War of 1894~95: Perceptions, Power, and Primacy*, Cambridge, UK: Cambridge University Press, 2003, p.94.
7) Paine, 2003, p.94.

작하고 있었다. 러시아는 한국에서 경제적 영향력은 미미했다. 러시아의 차르 전제정 또한 근대적인 정치질서로서의 매력은 갖고 있지 않았다.

셋째, 조선에서 밑으로부터의 개혁을 추동할 힘을 가졌던 농민세력은 일본과 친일 개화과 정부가 합작하여 철저히 파괴해버렸다. 원래 고종과 수구파 조선 정부가 도움을 받으려 한 것은 청국과 원세개의 군대였다. 따라서 농민혁명을 분쇄하는 임무는 청국 군대가 맡아야 할 일이었다. 그러나 조선 위정자들과 청국이 미처 충분히 파악하지 못했을 뿐, 일본은 이미 전쟁준비를 마친 상태에서 기회를 노리고 있었다. 일본이 청일전쟁을 일으켜 승리했고, 그 바람에 농민군 파괴 역할을 일본군이 담당하게 되었다. 조선에 농민세력을 대신해 밑으로부터 정치사회적 변화를 추동할 수 있는 대안세력은 없었다. 사대부 계층은 일부를 제외하고는 여전히 기존 사회질서에 집착하고 있었으며 세계관에서도 미몽에서 깨어나지 못했다. 시민세력의 성장을 논하기는 아직 일렀다.

이 상황에서 조선 국가의 선택은 크게 보아 둘로 압축할 수 있었다. 일본의 패권을 수용할 것인가, 아니면 일본의 패권체제를 거부하고 이탈하는 방법을 모색할 것인가 하는 것이었다. 일본의 패권체제에 순순히 응하기를 거부하는 방법은 현실적으로는 고종이 1885년 이래 모색해온 친러시아 정책이었다. 말하자면 현실적으로 조선 국가에게 주어진 선택은 한국이 일본의 패러디가 될 것이냐, 러시아의 패러디가 될 것이냐 하는 것이었다.

일본의 패권체제를 수용하는 길과 인아거일하여 러시아에 기대는 선택은 다시 저마다 둘로 나눌 수 있었다. 그럼 우리는 모두 네 가지 상이한 선택을 가상해볼 수 있다. 그 안에는 실현 가능성이 매우 적어 보이는 방안도 있지만 적어도 이론적으로 함께 논의할 필요가 있다.

1) 친일 매판노선

친일적이되 매판적인 방향이다. 이것은 일본 패권체제를 수용하면서 한국의 독립적인 정치사회적 정체성 유지를 사실상 포기하고 일본의 보호국화를 향하여 나아가는 길이다. 한국의 친일 집권층이 매판세력으로 나아가는 것을 가정하는 노선이다. 현실적으로 1896년 2월 고종이 특단의 조치를 통해 친러시아 노선으로 전환하지 않았을 경우 조선에서 실현될 위험성이 높았던 길이다. 친일 개화파 인물들이 초심은 모두 자주독립적이었다 해도, 내부 분열과 갈등으로 인해 자주적 개혁에 실패하고 일본의 하수인 집단으로 전락할 가능성은 언제든 잠재해 있었다고 할 수 있다.

2) 친일 개혁 독립노선

일본의 패권체제에 순응하되, 한국의 국가적 독립성을 유지하고 근대적 개혁을 통해 그 내실을 기하는 노선이다. 일본 패권하의 개혁과 독립성 유지를 전제하는 이 길을 여기서는 '친일 개혁 독립노선'이라 부르기로 한다. 이 노선의 현실적 토대는 조선에서 기존에 우세한 일본의 영향력을 수용하고, 그들과 협력하여 그들이 내세우는 근대적 개혁을 조선 국가가 받아들이는 것이다. 이러한 친일적 개혁노선을 수용함으로써 역설적이지만 그것을 바탕으로 일본을 포함한 열강으로부터 한국의 독립을 유지하는 방안이다. 한국이 러시아에 기대는 것이 아니므로, 영국과 미국은 한반도에서 러시아 세력을 차단하기 위해 일본에게 한국 지배권을 지지할 이유가 적어질 것이다.

그렇다면 영국과 미국 등 서양 열강이 후원하는 가운데, 근대적 국제법을 근거로 하여 일본이 한국의 자주적 외교권을 박탈하는 사태, 즉 을사늑약(乙巳勒約)을 통한 공식적 보호국화가 국제사회의 승인을 받으며 순조롭게 진행되는 일은 막을 수 있을 것이다. 이 노선의 전제는 조선의 국가를 갑오개혁을 주도한 친일 개화파 정권이 맡되, 그들이 매판세력으로 전락하지 않는다는 것이다. 주도세력이 과연 친일적이면서 동시에 자주독립적 정체성을 유지해낼 수 있을 것인지, 그 현실적 가능성에 대해 격렬한 논쟁이 불가피하다. 그럼에도 일단 이론적으로 상정해보아야 할 노선의 하나라고 생각된다.

3) 친러 개혁 자주노선

러시아가 조선에서 적극적으로 일본의 힘을 견제할 수 있도록 그 힘을 끌어들임으로써 일종의 '균세'를 이루어 국내외적인 자율성의 공간을 확보하는 길이다. 이 상황에서 조선이 근대적 개혁을 추진함으로써 균세를 내실로 뒷받침할 수 있는 국가능력을 기르는 노선이다. 하지만 이 노선은 두 가지의 근본적인 위험요소를 안고 있었음을 유의할 필요가 있다. 첫째, 친일 개화파 세력에 비해서 친러시아 세력이 근대적 개혁지향에서 후진적이었다는 사실이다. 제정러시아 자체가 세계 열강 중에서는 근대적 정치개혁에서 가장 낙후된 세력이었다. 둘째, 러시아는 이미 영국, 미국, 일본 등 3대 해양세력과의 사이에 지정학적 갈등과 경쟁 속에 놓여 있는 세력이었다.

조선이 다시 러시아를 끌어들일 경우, 1885년 영국의 거문도점령이 보여주듯이 서양 열강들과 일본 등 해양세력은 러시아 세력을 차단하기 위해 제국주의 연합을 가속화할 것이 예상되었다. 그 결과는 조선의 자율성과 그 안에서의 개혁을 지원할 수 있는 '균세'가 아니라 영국과 미국이 주도하는 국제적 지원과 승인 속에 일본이 한반도를 영향권으로, 그리고 나아가 식민지로 전환시킬 패권전쟁을 한반도와 그 주변에서 촉진하는 것이었다.

러시아를 끌어들여 일본을 견제하는 외교전략을 한영우는 "일종의 이이제이(以夷制夷)"라고 높이 평가한다. 민비도 그것을 스스로 '수원

책'(綏遠策)이라 하여 정당화한 것으로 알려진다.[8] 외세를 끌어들여 다른 외세를 막으려면 그 전에 자신의 정체성을 지켜낼 자립의 기반을 필요로 한다. 늑대를 막으려 범을 끌어들였다가 그 아가리에 들어가고 말았다는 얘기가 있지만, 늑대와 범의 싸움을 초래해 자신의 집을 전쟁터로 만들게 될 뿐 아니라, 늑대든 호랑이든 그 싸움에서 이긴 짐승에게 마침내 먹히고 말 위험을 안고 있는 선택이었다.

4) 친러 전제정치 회귀노선

일본 패권체제에서 벗어나기 위해 러시아에 의지할 뿐 아니라, 그로써 창조되는 상대적인 자율성의 공간을 근대적 내정개혁을 위한 계기로 삼지 않고 전통적인 왕권회복을 꾀하는 데 집중하는 노선이다. 결국 러시아의 힘을 빌려 전제적 군주체제를 강화하는 노선이다. 이 노선은 두 가지 점에서 모두 위험한 요소들을 처음부터 안고 있었다. 첫째, 근대적 자기혁신을 통한 국가능력 배양이라는 목표가 부차화되기 때문에 국제사회에서 조선의 근대적인 자립능력에 대해 신뢰를 획득하지 못한다. 둘째, 위의 세 번째 노선과 마찬가지로, 영, 미, 일 등 해양세력들의 러시아 견제를 위한 제국주의 연합의 희생물이 될 가능성이 높았다. 이 경우는 일본이 한국을 식민지화할 명분을 국제사회에 하나 더 추가해주고 촉진해주는 것이었다. 개혁의 실종상태에서는 국가능력의 혁신적 향상은 애당초 불가능하다. 이 상태에서는 한국이 친러적이되 자립을 유지할 내실은 없다. 러시아의 보호령으로 떨어져 전적으로 러시아의 힘에 기대어 생존할 수밖에 없는 체제로 된다. 그만큼 영미일 제국주의 연합의 표적이 될 수밖에 없는 것이었다.

---

8) 한영우, 『명성황후와 대한제국』, 효형출판, 2001, 34쪽.

1896년 2월 조선 국왕과 그 측근세력이 선택한 것은 일본 패권의 질서에 편입되는 것을 거부하는 친러시아 노선이었다. 그것이 친러 개혁 자주노선이 될 것인지, 친러 전제정치 회귀노선으로 귀결될 것인지 그때는 반드시 분명치 않았다고 할 수 있다. 그러나 당시 제국주의 카르텔 내부의 갈등과 연합의 구도에 비추어볼 때, 국제적으로는 매우 위험한 선택이었으며, 한국 내부의 자기혁신의 가능성에서도 결코 희망적 관측을 허용하지 않는 선택이었다.

2. 아관파천의 풍경

헐버트의 증언에 따르면, 을미시해 후 몇 달 동안 고종은 국사처리에서 아무런 발언도 하지 못했다. 스스로 자기는 사실상 친일내각의 수인(囚人)이 된 상태라고 느꼈다. 고종은 신변의 위협을 느껴 몇 주일 동안은 대궐 밖에 있는 친지들이 열쇠를 채운 통 속에 넣어 보내는 음식 이외에는 아무것도 먹지 않았다고 한다. 그는 또한 매일 밤 두세 명의 외국인들이 대궐로 들어와서 자신과 함께 있도록 했다. 이때 왕을 옹위한 외국인들은 헐버트 자신, 캐나다인 에비슨(O.R. Avison), 아펜젤러(H.G. Appenzeller), 게일(J.S. Gale), 존스(G.H. Jones), 언더우드(H.H. Underwood) 등이었다고 한다.[9]

자기 눈앞에서 벌어진 을미시해 사태의 충격과 그것이 고종에게 불러일으킨 개인적인 비극의 의식에서 그가 벗어나 있기를 기대하는 것은 어쩌면 무리한 주문일지 모른다. 헐버트는 고종이 아관파천을 실행에 옮기는 모습을 이렇게 묘사했다. "여자들이 탄 교자가 밤낮 쉴 사이

---

9) Homer B. Hulbert, *The Passing of Korea*, London: William Heinemann Co., 1906; H. B. 헐버트 지음, 신복룡 역주, 『대한제국멸망사』, 집문당, 2006, 182쪽.

없이 대궐문을 드나듦으로써 나중에는 시위대들도 그들과 친숙하게 되었다. 그러다가 (1896년) 2월 11일 밤 왕과 세자는 호위병도 없이 근시(近侍)들이 맨 여자용 가마를 타고 몰래 빠져나가서 곧장 러시아 공사관에 도착하여 정중하게 영접을 받은 다음 공사관 건물 중에서 제일 좋은 방에 머물게 되었다."[10] 한영우는 이렇게 설명한다. "당시 경복궁을 지키던 수문병과 순검은 궁녀가 타고 나가는 가마는 검문하지 않는 것이 관례였으므로 일이 쉽게 성사되었다."[11]

대궐 안에 있던 내각이 이 사실을 안 것은 몇 시간이 지난 뒤였다. 고종은 자신이 신임할 수 있는 관리들을 각처에서 호출해 새로운 내각을 조각했다. 박정양을 내각총리대신으로 하는 친러파 내각이 성립한 것이다. 헐버트는 이때 고종이 칙령을 내려서 민비시해 장본인의 처벌을 약속하고 단발령을 해제했다고 적었다. 이 칙령은 러시아 공사관의 대문과 서울 각처에 게시되었다는 것이다.[12]

주진오에 따르면, 고종이 아관파천 후 단발령을 해제했다는 헐버트의 지적은 잘못된 것이다. 고종은 척사파들의 주장에도 단발령과 같은 근대적 조치들을 취소하지 않았다.[13] 고종이 왕권을 제한한 갑오개혁 조치들을 아관파천 후 원점으로 돌려버린 것을 제외하면 일단 다른 힘에 의해서 성립한 근대적인 조치들은 그가 받아들인 것으로 볼 수 있다. 1873년 대원군이 실각한 이래 8도 유생들이 줄기차게 대원군시대에 철폐했던 서원(書院)들을 복원할 것을 요청하는 상소를 올린다. 고종은 그 역시 일관되게 물리쳤다. 일맥상통하는 것이라고 할 수 있다.

---

10) 헐버트, 2006, 185쪽.
11) 한영우, 2001, 69쪽.
12) 헐버트, 2006, 186쪽.
13) 주진오, 「개명군주이나, 민국이념은 레토릭이다」, 교수신문 기획·지음, 『고종황제 역사 청문회』, 푸른역사, 2005, 128쪽.

예를 들면, 1893년 3월 팔도 유생 김철선(金喆善) 등이 상소를 올려 고려(高麗) 때 문헌공(文憲公) 최충(崔冲)의 서원을 다시 세울 것을 청한다. 고종의 답이 이러했다. "선현(先賢)을 추향(追享)하여 장려하는 것은 진실로 훌륭한 일이지만, 이미 철폐했다가 도로 세우는 것은 도리어 번거로운 일이 아니겠는가? 그대들은 물러가서 학업을 닦도록 하라." 같은 날 유생 이범직(李範直) 등이 상소하여 만동묘(萬東廟) 제사를 사림(士林)들이 봉행(奉行)하게 하고 충현(忠賢)의 서원을 차례로 모두 복구할 것을 청했다. 고종이 답했다. "의리를 숭상하고 어진 선비들을 추모하는 일은 그대들의 말을 기다릴 것도 없지만, 이 일은 신중한 문제이니, 그렇게 알고 물러가서 더욱 학업에 힘써라."14)

삼국간섭 후 조선의 인아거일은 민 왕후 등 조선 왕실의 독자적인 행위라기보다는 러시아 공사 베베르의 행동으로 대변된 당시 러시아의 외교정책을 배후에 두고 있었다. 아관파천 역시 고종 단독의 행동은 아니었다. 일본이 러시아와 당장 전쟁을 벌일 수 없는 처지에서 민 왕후 시해라는 정부 차원의 만행을 벌인 것이라면, 러시아가 일본에 대해 전쟁을 벌일 수 없는 처지에서 일본의 도전에 대응한 것이 1896년 2월 11일 실행에 옮긴 아관파천이라고 최문형은 평한다. 러일 두 나라 모두 전면전을 벌일 수 없는 상황에서 주고받은 대응이었다.15) 이기백의 설명은 더 적나라하다. 러시아 대표 베베르가 을미사변 이후 각지에서 의병이 일어나는 소란한 정세를 이용하여 공사관보호라는 명목으로 수병(水兵) 100명을 서울로 데려온 후에, 친러파인 이범진(李範晉)과 공모하여 "국왕을 궁궐로부터 러시아 공사관으로 데려갔다"고 표현했다.16) 마치 고종이 러시아 세력에게 끌려갔다는 뉘앙스를 풍

---

14) 『고종실록』, 고종 31년(1893 계사·淸 光緖 19年) 3월 10일(임진).
15) 최문형, 『국제관계로 본 러일전쟁과 일본의 한국병합』, 지식산업사, 2004, 81쪽.
16) 이기백, 『한국사신론』, 일조각, 1999, 322쪽.

긴다.

아관파천은 일국의 국왕이 특정 국가의 공사관에 스스로 숨어들어가는 행동이었다. 이에 관련해 외국 외교관의 주도성을 지나치게 강조하는 것은 부적절할 수 있다. 고종과 그 측근들의 절박한 심정과 적극적인 의지 없이는 생각하기 어려운 일이었다. 아관파천의 구상과 실행에서 고종과 러시아의 역할은 그날의 일에 관한 러시아 외교문서가 밝혀주고 있다. 이에 따르면, 러시아 공사관에 몸을 의탁하고자 나선 것은 분명 고종 자신과 그 주변의 측근들이었다. 당시 러시아 대리공사 알렉세이 스페이에르(Alexei Speyer)가 러시아 외무장관 로바노프에게 보낸 보고문의 내용이 이러했다.

"1896년 2월 2일 전문으로 보고한 바와 같이 신변의 위협을 느낀 고종이 밀지를 보내 수일 안에 왕세자와 함께 공사관에 피신하겠다는 희망을 밝혀왔다. 전임 대리공사 베베르와 함께, 고종의 요청을 거부하지 않고 보호하기로 할 수밖에 없었다. 다만 궁중을 떠나는 날짜와 시간을 사전 통보해줄 것을 부탁하고, 고종의 밀지를 전해온 이범진에게 궁중에서 러시아 공사관에 오는 도중 예상되는 위험성을 지적해주었다. 이범진은 고종이 궁중에서 더 많은 위험에 노출되어 있다고 믿기 때문에 이미 모험을 무릅쓰기로 결심했다고 말했다. 다음 날(2월 3일) 고종은 고맙다는 말을 전하면서 2월 9일 저녁 공사관에 도착할 예정이라고 했다. 그러나 이날 결행하지 않고 경비병 증원을 요청해왔다. 공사관은 알렉세예프 극동총독에게 긴급요청, 2월 10일 해군대령 몰라스가 100명의 수병을 인솔하고 서울에 왔다. 고종은 2월 11일 새벽 7시 30분에 공사관에 왔다."[17]

---

17) 노주석, 「러 외교문서로 밝혀진 구한말 비사(4): 새로 밝혀진 사실들」, 『대한매일』, 2002년 5월 20일자, 17쪽; 강준만, 『한국 근대사 산책 3』, 인물과사상사, 2007, 10~11쪽.

이 외교문서의 내용에 의거하면, 러시아 공사관으로 피신해 러시아에 의지하려는 선택을 주도한 것은 고종, 그리고 이범진을 포함한 친러파 핵심 측근들이었다. 러시아 측은 이를 기꺼이 받아들이고 적극 협조하고 나선 것이었다. 이를 주도한 고종의 측근들은 민비와 가까웠던 인물들이기도 했다. 이범진(1852~1910)은 대원군 집정기 훈련대장을 지낸 이경하(李景夏: 1811~91)의 서자로서, 임오군란 때 황후에게 충성을 바쳐 왕실의 총애를 받아온 근왕세력 중의 한 사람이었다.[18] 문과 출신인 심상훈(沈相薰: 1854~?)은 고종의 이종사촌으로서 황후와 가까운 사이였으며, 임오군란 당시에도 지방으로 피신한 황후에게 고종의 소식을 전하는 임무를 맡았다. 그리고 을미사변 후 황후를 폐위할 때도 유일하게 반대하고 고향 충주로 낙향한 인물이었다. 또한 이범진과 심상훈은 각각 춘천의병(春川義兵) 및 여주의병(驪州義兵)과 연결되어 있어서 처음에는 의병이 서울을 점령하고 고종을 구출한다는 계획을 세웠다가 여의치 않자 아관파천을 단행한 것이다.[19] 곧 이범진과 이완용이 주도하는 친러내각이 성립한다. 친일내각의 수반이던 김홍집과 어윤중은 살해되고, 유길준은 일본으로 망명한다.[20]

한영우는 고종의 아관파천 행위가 "국가 위신상으로는 문제가 없지 않았다"고 말한다. 하지만 "국왕이 일본과 친일 내각에 포위되어 목숨마저 부지하기가 어려운 경복궁에서의 탈출은 불가피한 선택이었다"고 변호한다. 이어서 한영우는 아관파천이 당시 국제정세에서는 나름대로 합리적인 선택이었다고 평가한다. "고종이 러시아를 새로운 파트너로

---

18) 한철호, 「갑오경장 중 정동파의 개혁 활동과 그 의의」, 국사편찬위원회, 『국사관논총 36』, 1992; 한영우, 2001, 71쪽.
19) 이상찬, 「1896년 의병과 명성황후 지지 세력의 동향」, 『한국문화 20』, 1997; 한영우, 2001, 71쪽.
20) 이기백, 1999, 322쪽.

제11장 러일 각축 속 한국의 선택과 그 에필로그 **733**

선택한 것은 당시로서는 일본을 견제할 수 있는 세력은 러시아를 비롯한 서방 국가라고 생각했기 때문이고, 서방 각국의 공관이 있는 정동(貞洞)을 안전지대로 생각했기 때문이었다. 또 정동에는 경운궁(慶運宮)이 가까이 있어 새로운 왕궁으로 삼을 수 있다는 것도 계산에 넣었던 것으로 보인다." 나아가 한영우는 아관파천은 결과적으로 "국왕이 주도하는 새로운 자주독립국가 건설을 위한 출발점"이 되었고, "대한제국을 탄생시키는 산실이 되었다"고 그 역사적 의의마저 높이 평가했다.[21]

여기서 한영우는 고종이 러시아 공사관을 선택한 이유를 "당시로서는 일본을 견제할 수 있는 세력은 러시아를 비롯한 서방 국가라고 생각했기 때문"이라고 평하고 있다. 러시아가 영국 등 다른 나라들과 함께 서양 세력이라는 말은 맞다. 그러나 제국주의 열강의 갈등과 연합의 구도라는 관점에서는 매우 순진하고 단순한 지적이다. 마치 당시 국제정세에서 러시아가 영국과 미국 등 다른 서양 세력들과 전 지구적인 지정학적 경쟁관계에 있었다는 사실을 잊고 있는 듯한 설명이다.

당시 아관파천을 바라보는 미국인 관찰자의 평가는 더 냉철했다. 고종이 러시아 공사관에 몸을 의탁한 아관파천 행태와 그것이 초래할 훗날의 결과에 대해 헐버트는 이렇게 평했다. "그와 같은 행동은 왕의 위엄을 손상하는 매우 한심스러운 일이었으나, 그 당시의 형편으로 본다면 변명의 여지는 충분히 있다. 전체적으로 볼 때, 그때의 일은 크게 국가가 관련되어 있는 한, 하나의 실수로 간주되지 않을 수 없다. 왜냐하면 그러한 처사는 왕이 일시적으로 강요된 상황에 따라 은거함으로써 얻어질 수 있는 이익보다 더 해로운 새로운 요인들을 야기했기 때문이었다. 그러한 조치로 인해 일본은 러시아에 대해 앙심을 품도록 하는

---

21) 한영우, 2001, 71쪽.

잠재적인 요소가 야기되었으며, 러시아가 조선에 대해 음모를 꾸밀 수 있는 길을 열어주었다. 러시아의 음모가 실제로 러일전쟁의 원인이 되었다고 볼 수는 없을지라도 그것을 촉진시킨 것은 사실이다."[22]

3. 아관파천 후 러일 간 '균형-불균형-각축'의 시기구분

고종이 아관파천을 단행한 후 러일전쟁 이전까지 약 10년에 걸친 말기조선 제7기 기간에 한반도에서의 러일 간 각축의 양상은 크게 세 국면으로 전개된다. 첫 번째 국면은 '로바노프-야마가타 협정(Lobanov-Yamagata Agreement) 체제'로 부를 수 있다. 아관파천에서 1898년 4월 러일 간에 로젠-니시 협정(Rosen-Nish Convention)이 체결되기 전까지 2년여에 걸친 시기다. 이 시기 러일관계의 지도원리는 1896년 6월 체결된 로바노프-야마가타 협정이 대변한다. 한반도에서 러일 간 균형이 이루어진 기간이라고 할 수 있다.

두 번째 국면은 '로젠-니시 협정 체제'다. 이 협정이 체결된 1898년 4월 이후 3~4년간이 여기에 해당한다. 이 시기의 지도원리인 로젠-니시 협정은 러시아가 만주경략에 집중하기 위해 한국에서는 일본의 우위를 인정하고 스스로는 영향력 확대 노력을 포기선언한 것이었다.

세 번째 국면은 '러시아의 만주 점렴과 영일동맹의 체제'이다. 1902년 공식화된 영일동맹은 두 가지 뿌리를 갖는다. 하나는 고종의 아관파천 이후 한반도에서 러시아의 영향력이 커진 상황이었다. 또 하나는 1900년 여름 의화단사건을 빌미로 러시아가 10만 이상의 대병력을 파견하여 만주를 장악한 사건이다. 이후 일본과 영국, 미국의 러시아 경계는 극심해졌고, 러시아 역시 만주 장악을 발판으로 한반도에서도 일본의 우위

---

22) 헐버트, 2006, 185쪽.

를 더 이상 인정하지 않는 태도를 보이기 시작한다. 이것은 곧 영국과 미국이 배후에서 일본을 지원하고 부추기는 가운데 한반도와 만주에서 일본이 러시아를 상대로 벌이는 패권 전쟁으로 이어진다.

4. 로바노프-야마가타 협정 체제하의 러일 균형의 시기

조선 국왕이 러시아 공사관에 칩거하며 친러내각을 구성하자, 조선 정세는 반전된다. 일본은 러시아와 타협할 수밖에 없었다. 말로제모프에 따르면, "일본에서는 이토 히로부미와 야마가타 후작, 그리고 온건정책의 지지자인 이노우에 백작 등이, 조선에서 러시아의 영향력 상승을 견제하고 러일의 이해가 충돌하는 것을 방지하기 위해 일본이 러시아와 협약에 나서야 한다는 결론에 도달했다." 베베르와 신임공사 고무라 사이에 교섭이 시작되어 1896년 5월 14일 '서울의정서'로 알려진 공동 각서가 조인된다.[23] 베베르-고무라 각서로도 불리는 이 협약의 제1조는 조선 국왕이 자신의 궁궐로 돌아가는 문제는 전적으로 조선 국왕의 판단에 맡긴다고 했다. 제2조에서는 부산에서 서울까지 일본이 설치한 전신선(電信線)을 따라 일본이 200명의 헌병대를 유지하는 것을 러시아가 인정했다. 이전에 일본이 이 선을 따라 유지했던 3개 보병중대보다는 훨씬 줄어든 것이었지만 어떻든 일본의 주병권을 러시아가 인정한 것이었다. 또한 제4조에서, 일본은 "자국 거류지 보호를 위해 서울에 2개 중대 병력을 유지"하는 것을 허용받았다. 다만 서울과 군산에 각각 1개 중대를 유지하되, 각 중대는 200명을 넘을 수 없도록" 한다는 조건이 붙었다. 한편 러시아는 자국 공사관과 영사를 보호하기 위해 그에

---

23) 앤드류 말로제모프 지음, 석화정 옮김, 『러시아의 동아시아 정책』, 지식산업사, 2002, 133쪽.

상응하는 주병권을 인정받았다. 이 조항의 의미를 말로제모프는 이렇게 해석했다. "조선에서 러시아군과 일본군의 수적 불균형, 양국의 이해가 큰 폭으로 불균형을 이루고 있다는 점에서 볼 때, 이 조항은 일본이 병력을 감축해야 하는 반면, 러시아는 일본의 동의만 얻는다면, 병력을 증강할 수 있다는 것을 뜻했다."[24]

같은 해 6월 9일 로바노프-야마가타 협정이 체결된다. 일본의 야마가타 아리토모 수상이 러시아 니콜라이 2세 대관식에 참석하기 위해 그해 4월 말 러시아로 향했다. 5월과 6월에 걸쳐 교섭한 끝에 타결된 것이었다. 모스크바 의정서로도 알려진 이 협정은 "서울의정서처럼 수많은 해석과 오해의 소지를 안고" 있는 모호한 규정이 많았다고 말로제모프는 평가한다.[25]

제1조는 만일 조선이 대외차관을 필요로 할 경우, 러시아와 일본은 협의해서 결정한다는 것이었다. 제2조는 "러시아와 일본은 조선의 재정적, 경제적 상황이 허락하는 한, 외국의 지원 없이 질서를 유지하기 위해 군대와 민간 경찰을 창설하고 유지하는 역할을 조선이 담당하게 한다"는 내용이었다. 이 '모스크바 의정서'는 5월에 서울에서 맺어진 '서울의정서'의 모호한 부분을 빼버린 채 그것을 단순확대시킨 것에 불과하다고 말로제모프는 평한다. 아울러 이 두 협정을 통해 조선은 러시아와 일본에 의한 공동보호령체제가 된 것으로 보일 수 있지만 이 문제에 대한 러시아의 태도는 명확하지는 않았다는 것이 말로제모프의 해석이다.[26]

---

24) 말로제모프, 2002, 133~134쪽.

25) 말로제모프, 2002, 134~135쪽.

26) 말로제모프, 2002, 135쪽.

5. 조선의 러시아 보호령 자청과 러시아의 영향력 확대

말로제모프의 연구에서 특히 주목되는 부분은 일본 수상 야마가타가 러시아를 방문하여 협정을 교섭하고 있는 동안에, 조선도 러시아에 사절을 파견하여 협상을 벌이고 있었다는 지적이다. "살해된 왕비의 인척"이었던 조선 사절은 베베르가 주선하여 서울에서 모스크바까지 러시아 요원들의 호위를 받았다.[27] 모스크바에서 조선 사절은 차르 니콜라이 2세와 회동하는 등 긴밀한 접촉을 통해 교섭을 벌였다. 이 교섭에서 조선이 제안한 내용은 물론 공개된 것은 아니다. 하지만 말로제모프는 러시아가 최종적으로 답변한 내용으로 미루어 그 내용을 확인할 수 있다고 말한다. 러시아 황제가 승인한 회답 각서의 원문은 1896년 6월 28일 러시아 외무장관 로바노프가 세르게이 비테에게 보낸 사본을 통해 알려지게 되었다. 그 완벽한 원문은 B.A. 로마노프(B.A. Romanov)의 저서에 실렸다.[28]

말로제모프는 조선 사절이 러시아 측에 제안한 내용에 비추어 "조선인들의 바람이 자신들의 독립을 유지하는 데 있었는지는 의심스럽다"고 말한다. R. 로젠과 윌리엄 랑거의 연구는 "조선 사절은 차르와의 사적인 회동에서 조선을 러시아의 보호령으로 삼을 것을 요구하여 이를 약속받았다"고 해석해왔다.[29] 말로제모프도 조선이 러시아의 보호령이

---

27) William I. Langer, *The Diplomacy of Imperialism, 1892~1902*, New York and London: Knopf, 1935, Volume I, p.405; 말로제모프, 2002, 136쪽.

28) B.A. Romanov, *Rossiia v Manzhurii*, 1892~1906, Leningrad: Leningrad Oriental Institute, 1928; 영역본, *Russia and Manchuria, 1892~1906*, Ann Arbor: University of Michigan Press, 1952; 말로제모프, 2002, 136쪽 및 395쪽 미주 참조.

29) R.R. Rosen, *Forty Years of Diplomacy*, New York: 1922, Volume II, p.125; Langer, 1935, Volume I, p.405; 말로제모프, 2002, 136쪽 및 395쪽 미주

되기를 자청했다는 점은 분명한 것으로 보았다. 하지만 이 단계에서 러시아가 조선을 보호령으로 삼을 의사가 있었는지에 대해서는 회의적이다. 다만 러시아 차르가 긍정적으로 답변한 부분은 "국왕이 러시아 공사관에 있는 동안, 그리고 환궁한 뒤에 국왕 개인에 대한 '보호' (protection)를 약속한다는 것"이었다고 말로제모프는 해석한다.[30]

어떻든 이 시기부터 러시아는 조선에 적극적으로 개입하기 시작했다. 말로제모프에 따르면, "로바노프-야마가타 협정이 조인된 후 한 달도 채 지나지 않아서, 러시아 정부는 러일 콘도미니엄 안을 훼손하고 있었다"고 말한다. "7월에 러시아 군사교관을 초빙하기 위한 교섭들이 시작되었다. 8월에는 스트렐비츠키(Strel itskii) 대령이 러시아의 군사요원으로서 서울에 도착했고, 포코틸로프(D.D. Pokotilov)가 러시아 참모총장의 재정요원으로서 세 명의 장교 그리고 10명의 하사관과 함께 도착했다. 이들은 궁성호위대를 시작으로 조선군대를 재조직하기 시작한다." 말로제모프는 이런 조건에서 고종이 러시아 공사관을 떠나 궁궐로 돌아간 것으로 해석한다. "1897년 2월 20일, 조선 국왕은 안심하고 러시아 공사관을 떠났고, 왕실경호대의 지휘관으로 상주했던 푸티아타(Colonel Putiata) 대령과 일단의 러시아 장교들도 공사관 바로 옆의 덕수궁으로 옮겼다."[31]

이로써 한국에 대한 러시아의 진출이 본격화할 조짐을 보였다. 1896년 9월 9일 저명한 블라디보스토크 상인인 울리히 브리네르(Iulii Ivanovich Briner)가 압록강과 두만강의 조선 쪽 제방의 목재와 광물자원 개발 조

참조.

30) 말로제모프, 2002, 136쪽.

31) Horace N. Allen, *A Chronological Index*, Seoul, 1901, p.35; Isabella Bird Bishop, *Korea and Its Neighbors*, London, 1898, pp.263~290; 말로제모프, 2002, 136쪽.

차권을 조선 왕실로부터 획득한 것도 이 시기의 일이었다.[32) 이러한 추세는 당연히 일본의 경계심을 불러일으켰다. 다만 일본이 이 단계에서 할 수 있는 일은 많지 않았다는 것이 말로제모프의 해석이다. "일본정부는 이 같은 러시아의 영향력 확대를 상당히 불안하게 생각해, 동경과 서울의 러시아 외교관들에게 조선이 러시아 교관들을 고용할 수 있는 권한이 있는지를 조회했다. 일본이 이를 조회한다고 해서 조선군대 통제권을 얻으려는 러시아의 의도를 막을 수는 없었다. ……1897년 8월 3일에는 조선군대를 훈련시키기 위해 추가로 13명의 (러시아군) 장교가 서울에 도착했다."[33)

요약하면, 조선의 고종과 친러파들은 아관파천 후 조선을 보호하는 역할을 러시아에게 확실히 요청하고 싶어했다. 하지만 러시아는 고종 개인에 대한 보호를 약속했을 뿐 조선을 보호령으로 만드는 사업을 분명히 떠맡지는 않았다. 이러한 상황은 고종이 러시아 공사관에서 환궁한 이유에 대해 말로제모프와 다른 해석을 낳는 근거가 될 수 있다. 예를 들면, 1897년 2월 20일 고종이 러시아 공사관을 떠나 단행한 환궁은 러시아에 대한 실망과 함께 일본의 환궁 공작의 결과라고 최문형은 파악했다. 러시아의 적극적인 보호를 희망했던 고종이 자신의 기대보다 러시아가 소극적인 태도를 보임에 따라 실망했기 때문이라는 것이다.[34)

최문형은 이 시기 러시아가 아관파천이 조성한 유리한 상황에서도 한반도에 대해 적극적인 자세로 나오지 않은 이유를 두 가지로 요약했다.[35) 첫째, 조선은 이미 경제적으로 일본에 극도로 의존하는 구조에 처

---

32) B.A. Romanov, "Kontessiia na Yalu," *Russkoe Proshloe*, Volume I, 1923, p.97; 말로제모프, 2002, 137쪽.
33) 말로제모프, 2002, 137쪽.
34) 최문형, 2004, 89쪽.

해 있었다. 우선 대외무역에서 조선은 거의 전적으로 일본에 의존했다. 수입의 60~70퍼센트, 수출의 80퍼센트를 일본이 차지했다. 러시아는 조선에 경제적인 면에서 전혀 뿌리를 내리고 있지 못했다.

둘째, 러시아의 동아시아 정책에서 조선의 중요성은 일본이 조선에 부여한 지정학적 가치와 차원이 달랐다. 러시아는 조선의 가치를 만주 방위를 위한 완충지대 정도로 생각했을 뿐이다. 러시아는 만주에서 세력 확대를 위해 필요한 한에서 한반도에서도 세력을 확보하고자 했다. 다른 말로 하면, 만주에서의 권익을 위해 필요하다면 한반도에서는 일본과 타협할 준비가 되어 있었던 것이다.

6. 로젠-니시 협정 체제하 러일 불균형의 시기

러시아는 일본과 1898년 4월 25일 로젠-니시 협정을 체결한다. 여기서 러시아는 만주를 중시한 나머지 한반도에서 일본과의 다툼에 소극적이었던 태도를 분명하게 드러냈다. 이 무렵 러시아는 여순과 대련을 조차하려 집중적인 노력을 기울였다. 여순·대련항 조차는 러시아가 시베리아 횡단철도를 통해 만주를 경영하는 동시에 동아시아에서 부동항을 확보하는 의미를 갖고 있었다.[36] 러시아가 부동항을 확보한다는 관점에서 볼 때, 부산을 포함한 한국 동해안은 중대한 약점을 안고 있었다. 일본에 쉽게 봉쇄당할 수 있는 위치였다. 1897년 말 외무장관 미하일 무라비요프(Mikhail Nikolaevich Muraviev)가 그렇게 인식하고 있었다.[37] 독일은 1897년 11월 14일 중국 산동성의 교주만(膠州灣)을 점

---

35) 최문형, 2004, 87~88쪽.
36) Marius B. Jansen, *Japan and China: from War to Peace, 1894~1972*, Chicago: Rand McNally College Publishing Company, 1975, p.80.
37) 최문형, 2004, 31쪽.

령하고 이듬해 3월 6일 이 항만의 모든 수역과 주위 50킬로미터 지역을 99년간 조차하는 데 성공했다. 이어 산동성에서 두 방향으로의 철도 부설권과 철도 부근의 광산채굴권을 함께 획득한다.[38] 러시아의 여순·대련항 획득 기도는 이에 대한 대응이라는 차원도 있었다.

러시아는 자신의 여순·대련항 차지에 대한 일본과 국제사회의 반발을 무마하기 위해 노력하지 않으면 안 되었다. 그런 맥락에서 러시아가 한반도에서 일본에 대폭 양보를 한 것이 로젠-니시 협정의 중요한 특징이었다. 러시아는 한반도에서 자국의 권익을 포기하겠다는 의사를 표시하지는 않았다. 하지만 4월 12일 훈련교관과 재정고문을 조선에서 한꺼번에 철수시킨다. 개업한 지 얼마 되지 않았던 한러은행도 해체시켰다. 주한공사에도 대일 강경론자였던 알렉세이 스페이에르를 온건론자인 니콜라이 마티우닌(Nicholai Gavrilovich Matiunin)으로 교체했다.[39]

로젠-니시 협정의 내용 자체는 조선에서 일본의 상업적 권리와 거류권(居留權), 그리고 산업적 권리들을 러시아가 인정해주는 것이었다.[40] 문제는 러시아 자신은 그러한 권리를 실질적으로 포기하는 행동을 하면서 일본의 권리를 광범하게 인정한 사실에 있었다. 따라서 이 협정은 러시아가 한반도에서 일본의 우위를 인정하고 자신은 전면 후퇴를 선언한 것과 다를 바가 없다고 최문형은 판단한다. 최문형은 타일러 데넷(Tyler Dennett)이 "한반도에 관한 한 1898년에는 러일 간 대립이 사실상 끝났다"고 한 것을 주목한다. 이때를 기해 한반도에서 일본의 독점적 지위가 굳어진 것으로 본 것이다. 1898년 9월 일본이 경부선 부설권을 재차 획득한 것은 그 상황을 상징적으로 확인해준 것이라고 최문

---

38) 최문형, 2004, 30쪽.
39) 최문형, 2004, 95쪽.
40) Jansen, 1975, p.79.

형은 해석한다.[41)]

7. 러시아의 만주 점령과 영일동맹, 그리고 러일 각축의 심화

로젠-니시 협정으로 한반도에서 러일 간 균형은 완전히 일본 우세로 결론이 난 것처럼 보였다. 하지만 1900년 북경에서 벌어진 의화단사태는 동북아시아에서 제국주의 열강 간 균형과 갈등의 구도에 무시할 수 없는 변화를 가져왔다. 이에 따라 조선에 대한 지배권을 둘러싼 러시아와 일본의 태도도 결코 단순하지 않게 되었다. 1900년 중국에서 발생한 의화단 봉기에 열강들이 대응하는 과정에서 러시아는 만주에서 유리한 고지를 점령한다. 이를 기화로 러시아는 만주에서 자신의 우월적 지위를 확보할 뿐 아니라 한반도에서도 일본의 영향력을 견제하기 위해 노력한다.

일본정부 안에서는 러시아에 대한 강경론과 온건론 사이에 갈등이 벌어지고 있었다. 이토 히로부미가 이끈 온건론은 만주에서 러시아의 우위를 인정하고 조선에서 일본의 우위를 인정받는 이른바 '만한교환'(滿韓交換: exchanging Korea for Manchuria)을 지지한다. 하지만 수상 가쓰라 다로(桂太郎: 재임 1901~1906)와 외상 고무라 주타로(小村壽太郎)가 이끄는 정부는 조선과 만주 모두에서 일본의 권익을 확대하는 것을 지지한다. 1901년에서 1903년 사이에 두 파벌 사이에 역사적인 경쟁이 벌어졌다.[42)]

이러한 일본 내의 갈등은 1903년 10월 러시아에 대한 강경파의 승리로 정리된다. 러시아가 만주에 대한 러시아의 지배권을 주장함과 아울

---

41) 최문형, 2004, 95~96쪽.

42) Walter LaFeber, *The Clash: U.S.-Japanese Relations throughout History*, New York: W.W. Norton, 1997, pp.75~76.

러 한반도에서도 일본의 권리를 제한할 것을 주장하고 나섰기 때문이라는 것이 월터 라페버의 해석이다. 러시아에 대한 온건파로 분류되는이토 히로부미도 이제는 더 이상 러시아를 용서할 수 없다는 태도로 옮아간다. 그 결과 애초부터 대러시아 강경파였던 가쓰라 다로와 그의 후원세력인 야마가타 아리토모가 일본 대외정책의 대세를 장악한다.[43] 러시아와 일본은 전쟁이라는 충돌 코스를 피할 수 없게 되는 것이다.

8. 고종의 민국론과 대한국국제의 성격

이제 한반도 주변 제국주의 질서의 그 같은 전개 속에서 고종이 친러시아 노선을 선택해서 아관파천을 한 이후 한국은 어떤 길로 접어들게되었는가라는 문제로 돌아가자. 아관파천 후 국제질서의 전개를 종합하면, 고종이 선택한 '러시아 끌어들이기'는 한반도와 그 주변에서 제국주의 열강 간에 짧은 균세의 시절을 가져왔지만, 그 시기는 매우 짧았다는 것을 알 수 있다. 오히려 한국의 식민지화를 수반할 러일 간 패권전쟁을 촉진했다. 또한 영국과 미국이 일본의 한반도 지배를 지원하고승인할 가능성을 높이게 되었다.

이제 남은 문제는 고종의 친러시아 정책이 '친러 개혁 자주노선'을의미했는가, 아니면 '친러 전제정치 회귀노선'으로 귀결되었는가 하는것이다. 이를 위해서는 대한제국(大韓帝國)과 광무개혁(光武改革)의근대성을 논의해야 한다. 아울러 고종이 아관파천 후 친러 내각을 세운이후 강조하기 시작한 이른바 민국(民國) 이념, 그리고 1899년 8월 고종이 반포한 '대한국국제'(大韓國國制)의 성격을 이해해야 한다.

한국 역사학계에서 이태진과 함께 고종과 명성황후의 능력과 비전,

---

43) LaFeber, 1997, p.77.

그리고 대한제국의 근대적 성격을 강조하는 역사학의 또 다른 대표적인 학자가 한영우다. 그는 고종이 대한제국하에서 강조한 민국 이념의 역사적 중요성을 강조한다. 그는 고종이 "아관파천 후부터 '개화'라는 용어 대신 '민국'이란 용어를 자주 썼다"고 말한다. 이후 고종뿐 아니라 조야(朝野)의 상소문에서도 '민국'이라는 용어가 자주 등장한다.[44]

한영우는 민국론의 역사적 의의를 이렇게 설명한다. "이 '민국'이라는 용어는 18세기 정조 때부터 널리 쓰이기 시작했음을 주목할 필요가 있다. 당시 정확하게 규정하고 쓴 것은 아니지만, 유교적 민본사상에서 진일보하여 '백성과 나라' 혹은 '백성의 나라'를 강조하는 의미가 크며, 여기서 백성은 주로 소민(小民)을 가리키는 것으로, 종전의 민본사상이 사족(士族) 중심의 국가운영으로 나타난 것에 대한 반성이 깔려 있다고 볼 수 있다." 이러한 민국 이념이 민과 국이 다같이 위기를 맞이한 고종 대에 이르러서는 더욱 구체성을 띠면서 고종 정권의 정치이념으로 자리잡아가고 있었던 것이라고 한영우는 주장하고 있다.[45]

이태진 또한 "친정에 나선 고종은 선대왕들의 민국정치이념 실현의 의지를 분명하게 보였다"고 주장한다. "고종 재위 중 민국, 민국사란 용어가 군신 간에 거의 상용되다시피 한 것이 그 증거"라고 말한다.[46] 이태진은 고종의 국기 제정을 민국이념과 연결시킨다.[47] 그는 대한제국 시대에 "1,500만의 인구가 황제의 적자라고 표현하는 등 군민일체의 민

---

44) 한영우, 2001, 77쪽.
45) 한영우, 2001, 77~78쪽.
46) 이태진, 『고종시대의 재조명』, 태학사, 2000, 「고종의 국기(國旗) 제정과 군민일체(君民一體)의 정치이념」. 특히 261쪽 참조.
47) 이태진, 2000, '고종시대의 민국이념과 국기의 표장(標章)'에 관한 부분 참조, 260~269쪽.

국이념의 용어와 논법이 그대로 존속한 것을 확인시켜 준다"고 주장한다. 그 한 예로 고종 38년이자 광무 5년인 1901년 11월 26일자 『고종실록』에 실린 고종의 '칙어'를 들고 있다. 그 뒷부분을 재인용하면 다음과 같다.

"아, 임금[后]은 민이 아니면 무엇에 의지하고, 민은 임금이 아니면 무엇을 떠받들 것인가. 이제부터 권한의 범위를 넘어서거나 명분을 침범하는 문제는 일체 철저히 없애버릴 것이다. 이와 같이 타이른 후에 깨닫지 못하고 독립의 기초를 공고치 못하게 하고, 전제정치에 손상을 주는 바 있게 하면 결코 너희들의 충애(忠愛)의 소지(素志)가 아니다. 나라의 법은 엄격하여 용서하지 않을 것이니, 각각 공경스럽게 지켜 날로 개명(開明)에로 나아갈 것이다. 짐은 식언(食言)하지 않으니 너희들은 신중히 생각하라."[48]

이태진은 이 칙어를 두고 고종이 군민일체의 민국이념을 지녔다는 증표로 삼았다. 이 '칙어'는 독립협회와 만민공동회 사람들이 대궐 문 밖에서 일으킨 소동을 꾸짖는 내용이었다. 우리는 여기서 민을 본으로 생각하는 이념보다는 "민은 임금이 아니면 무엇을 떠받들 것인가"라는 언술에서 전통적 전제군주이념의 포로로 남아 있는 고종의 한계를 만난다. 만일 민국이념이 원래 그런 것이라면, 그것은 전통질서의 흔적이지 근대성의 표현은 아니다. 고종이 "개명군주"였다는 주장에 동의하는 주진오조차도 "민국이념은 레토릭"에 불과했다는 평가를 내리는 것은 어쩌면 당연한 일이다. 주진오는 "그것(민국이념)은 어디까지나 왕권 유지를 위한 레토릭일 뿐이며 그 자체를 근대국가를 지향하는 군주의 이념적 기반으로 내세우기 어렵다"고 말한다.[49]

---

48) 이태진, 2000, 274쪽.
49) 주진오, 2005, 125쪽.

1899년 고종은 조령(詔令)을 내려 다음과 같이 지시한다. "나라를 다스리는 사람은 반드시 나라의 제도를 반포하여 보임으로써 정치와 군권(君權)이 어떠한가를 명백히 해야 한다. 그런 후에야 신하와 백성들로 하여금 법을 준수하여 어기는 일이 없도록 할 수 있다. 우리나라에 아직도 일정한 제도를 반포한 바가 없는 것은 결함이 되지 않을 수 없다. 법규교정소(法規校正所)로 하여금 나라의 제도를 잘 생각하여 세워가지고 등문(登聞)하여 재가를 받도록 하라."[50]

이와 함께 같은 달 고종은 대한국국제를 반포한다. 한 해 전인 1898년엔 『대한예전』(大韓禮典)을 편찬했으며, 1905년에는 『형법대전』(刑法大全)을 반포한다. 이원택은 고종이 '대한국국제체제'를 구축하려 시도한 것으로 해석한다. 이원택에 따르면, 고종이 구상한 이 새로운 체제의 몸통은 『경국대전』(經國大典), 『국조오례의』, 『대명률』로 구성된 '경국대전체제'가 그 기본이었다. 그것을 '대한국국제'로 증보한다는 개념이었다. 『대한예전』과 『형법대전』은 그 몸통에 붙는 좌우의 양날개라고 파악했다.[51]

그 내용에 대한 이원택의 평가는 냉정한 편이다. 대한국국제체제의 본질은 말 그대로 "옛 법을 기본으로 삼고 새로운 법을 참작한다는 구본신참(舊本新參) 노선"이었다. 결국 동도서기론(東道西器論)의 틀에 갇혀 있는 것으로서, 근대적 지향과는 우선 그 철학에서 거리가 있었다. 따라서 그것은 "법의 외양만 근대적 모습을 취했을 뿐 전통적 요소로 가득한 것"이었다. '법에 의한 지배'(rule by law)를 의도한 것일 뿐, '법의 지배'(rule of law)를 지향한 수준은 아니었다는 것이다. 이원택은 이렇게 결론짓는다. "예치(禮治) 시스템을 대체할 수 있는 역량을

---

50) 『고종실록』, 고종 36년(1899 기해·大韓 光武 3年) 8월 17일(양력).

51) 이원택, 「개화기 '예치'(禮治)로부터 '법치'(法治)로의 사상적 전환: 미완의 '대한국국제체제'와 그 성격」, 『정치사상연구』, 제14집 2호(2008년 가을), 73쪽.

가진 법치 시스템과는 거리가 멀었다. 그것은 예치와 법치의 조야한 절충에 지나지 않은 것이었다."[52] 대한국국제는 전제정치를 천명한 가운데, "왕권에 대한 사항만을 규정하고 있을 뿐," 왕권 이외의 사항에 대한 규정이 없었다. 군권을 제한하는 의회의 규정은 물론 없을 뿐만 아니라, 신민의 권리의무 규정, 의정부와 국무대신에 관한 규정, 사법(司法)에 관한 규정 등이 전혀 없었다.[53]

결국 구본신참을 내건 고종의 선택은 러시아의 힘을 빌려 전제군주 체제로 회귀하는 것에서 크게 벗어난 것이 아니었다. 이 장의 서두에서 분류한, 1896년 2월에 조선 앞에 놓여 있던 네 개의 가능한 미래들 중에서 고종과 근왕 세력이 아관파천을 통해서 선택한 것은 '친러 전제정치 회귀노선'으로 귀결되고 있었다는 평가를 내리지 않을 수 없다.

9. 대한제국과 그 역사적 의의에 대한 평가

대한제국과 광무개혁, 그리고 그것이 독립협회와 벌이는 긴장과 갈등을 어떻게 평가할 것인가. 1896년 아관파천을 통해 친일내각을 해체하고 친러 내각을 세운 고종은 1897년 환궁하여 대한제국을 선포한다. 국호를 대한(大韓), 연호를 광무(光武), 왕을 황제(皇帝)로 칭했다. 이태진은 대한제국을 "명실상부한 자주독립국가"라고 부른다. 그 국가가 행정조직을 포함하여 실질적인 능력을 갖춘 잘 차려진 체제였다고 주장한다.[54] 이기백도 이로써 조선이 "독립제국으로서의 새 체제를 갖추게 된 것"이며, "국민여론의 승리였다"고 말했다. 그러나 이기백은 이 '제국'이 가졌던 "약점"도 함께 직시했다.

---

52) 이원택, 2008, 82쪽.
53) 이원택, 2008, 72쪽.
54) 이태진, 2000, 133~134쪽.

"다만 그러한 외형의 체제와는 달리 실제에 있어서는 여러 가지 약점을 나타내고 있었다. 고종이 경복궁(景福宮) 아닌 경운궁(慶運宮 : 德壽宮)에 있은 것은 러시아를 위시하여 미국·영국 등 경운궁을 에워싼 외국 공사관의 보호에 의지하려고 함이었다. 자기 나라의 수도에 있으면서도 외국인 일본이 무서워 황제가 행동의 자유를 잃고 있었다. 그러므로 이권은 계속해서 뺏기고 있었던 것이다. 당시의 국정을 가히 짐작할 수 있는 일이다."[55]

동학농민혁명이 청일전쟁 기간에 일본과 조선 국가에 의해 철저히 파괴된 이후인 대한제국 기간에 조선을 근대적인 국민국가로 전환시키는 노력의 주체가 있었는지, 있었다면 어떤 세력이었는지에 대해서 1990년대 이후 크게 두 가지의 시각이 대립해왔다. 하나는 1896년 시작되어 고종과 그 정부에 개혁을 촉구하는 운동을 벌인 독립협회와 만민공동회를 주목한다. 다른 하나는 고종과 그 정부에 의한 이른바 광무개혁을 주목하는 시각이다.

이기백은 독립협회의 활동을 이 시기 조선 근대화 운동의 중심으로 파악한다. 그는 독립협회 활동의 역사적 의미를 셋으로 요약했다. 첫째, 외세의 침략에 대항하여 자주독립을 추구했다. 외국의 정치적 간섭을 배제하는 것은 물론, 이권의 양여(讓與)에 반대하고 이미 침탈당한 이권을 되찾을 것을 주장했다. 둘째, 개인의 생명과 재산의 보호권, 언론과 집회의 자유권, 만민의 평등권, 국민주권론 등을 이론적 토대로 하여 국민참정권을 주장했다. 셋째, 국가 자강운동(自强運動)이었다. 촌마다 학교를 세워 신교육을 실시할 것, 방직, 제지, 철공업 등 공장을 건설하여 상공업국가로의 발전을 주장했다. 자위(自衛)를 위한 근대적인 국방력 양성도 촉구했다. 이기백은 이렇게 주장했다. "이러한 독립협회의

---

55) 이기백, 1999, 323쪽.

활동 방향은 한국 근대화의 기본적인 과제들을 해결하려는 것으로서 역사적으로 높이 평가되어야 할 것이다. 최근 독립협회의 운동을 낮추어 평가하고, 이에 대하여 정부에 의한 소위 광무개혁을 높이 평가하려는 주장이 대두되고 있다. 그러나 소위 광무개혁이란 것은 과장이며, 그것이 우리나라 근대사 발전의 주류가 될 수는 없다."[56]

주진오는 독립협회의 활동이 대한제국의 정책과 근본적으로 차이가 있는 것이 아니었다고 파악했다. 그래서 "상호협조와 보완이 가능했다고 할 수 있는" 성격을 갖고 있었다고 본다. 대한제국과 고종이 추진한 광무개혁이 "근대 국민국가를 지향한" 노력이었다고 보고 적극적으로 평가하는 관점에 서 있는 것이기도 하다.[57] 한국 사학계에서는 일찍이 1970년대에 벌어진 '광무개혁 논쟁'을 통해서 대한제국의 개혁성을 인정해야 한다는 광무개혁론자들이 하나의 중요한 흐름으로 등장했다. "농민운동이 주도했던 개혁운동이 실패로 돌아간 뒤, 일부 실학을 계승한 세력들이 대한제국의 개혁사업에 참여하여 구본신참에 바탕을 둔 자주적 근대화를 추진했다"는 시각을 제시한 것이었다. 주진오는 이후의 연구들에 의하여, "대한제국은 단순한 친로수구파 정권이 아니라 비록 한계를 지니고 있었지만 근대 국민국가를 지향했다"고 밝힌다. 나아가 대한제국을 통해서 한국은 "중세국가에서 벗어나 절대왕정을 지향한 과도기적 근대 국민국가로 보는 시각이 제시되었다"는 점을 긍정한다.[58]

그러나 주진오는 1990년대 중반 이후 대한제국과 고종을 근대개혁의 주체로 강조하는 시각까지 등장하게 된 것에 대해서는 대체로 비판적이

---

56) 이기백, 1999, 326쪽.
57) 주진오, 「대한제국의 수립과 정치변동」, 한국사연구회 편, 『새로운 한국사 길잡이 하』, 지식산업사, 2008, 92, 86쪽.
58) 주진오, 2008, 86쪽.

다. 이태진과 한영우 등의 연구경향을 염두에 둔 비판이다. '근왕 사학'
으로도 불리는 이 경향은 고종의 개혁이념을 "정조의 민국이념의 계승
으로 강조하면서 대한제국의 역사적 의미를 확대평가"한다. 반면에 "개
화파의 노력에 대해서는 친일이라고 규정해버리는 이분법적 논리"를 내
세우고 있다는 것이 주진오의 지적이다.[59] "대한제국이 수행했던 개혁
사업의 결과가 민에 대한 수탈 강화를 가져온 점"과 "고종의 구실을 과
대평가한 점"에 대해 역사학계에서 비판적 논의들이 전개되었다.[60]

　주진오는 다른 한편 독립협회의 활동에 대해서는 긍정과 부정의 양
면성을 주목한다. 그것이 갖고 있던 근대 지향적 성격을 조명하면서도
내부갈등으로 성격이 변질되어갔다고 본다. 그 결과 긍정적인 역사적
역할을 스스로 종식시키고 말았다고 해석한다. 만민공동회를 개최하는
국면에 이르러 독립협회는, 고급관료들이 이탈하고 중인들과 신식교육
을 받은 층, 그리고 유학생의 비중이 급격히 늘어난다. 개혁운동의 세대
교체가 이루어지는 것이다. 그 결과 독립협회 운동은 내부에 중요한 노
선 갈등이 발전한다. 하나는 "기존의 권력체계를 그대로 인정하는 가운
데 관료들의 불법행위를 공개적으로 비판하며 내정개혁을 주장하는 개
혁운동 노선"이었다. 다른 하나는 "고종을 축출하고 망명자들과 결합하
여 권력을 장악하려는 권력장악운동 노선"이었다는 것이 주진오의 해
석이다. 윤치호 등은 개혁운동 노선을 견지한다. 주진오가 문제로 인식
한 것은 권력장악운동 세력이었다.[61]

---

59) 이태진은 논문 「고종의 국기 제정과 군민일체의 정치이념」에서 "친정에 나선
　　고종은 선대왕들의 민국정치이념 실현의 의지를 분명하게 보였다. 고종 재위
　　중 민국·민국사란 용어가 군신 간에 거의 상용되다시피 한 것이 그 증거이
　　다"라고 주장한다. 이태진, 2000, 261쪽.
60) 주진오, 2008, 86~87쪽.
61) 주진오, 2008, 91쪽.

독립협회 안에서 윤치호(尹致昊)와 남궁억(南宮檍) 등이 주도한 '정치구조 개편운동 노선'은 기존의 정치질서를 인정하면서 갑오개혁에서 수립된 법률을 준수하면서 근대개혁의 당위성을 언론과 교육을 통해 계몽해나가는 데 주력했다. 반면에 안경수(安駉壽)와 박영효(朴泳孝) 등이 이끈 권력장악운동 세력들은 독립협회라는 틀을 벗어나 폭력운동을 통해 정권탈취를 통한 권력장악을 추구했다는 것이다.[62] '권력장악운동 세력'이 만민공동회를 이용해 독립협회운동의 폭력화를 주도함에 따라, 황제와 독립협회의 타협이 불가능해졌다고 주진오는 해석한다. "독립협회가 공화제를 추진한다는 무고"도 작용했지만, 실제로 독립협회에 망명자세력이 침투해 있었다고 본다. 이 때문에 고종이 위기감을 느끼고 독립협회에 대한 탄압으로 돌아서게 되었다는 것이다. 독립협회 지도부는 폭력사태로 발전하는 것을 통제하지 못했다. 대한제국과 만민공동회의 정면충돌은 그 결과로 계속될 수밖에 없었다.[63] 독립협회 스스로 자멸의 길을 간 것이라는 판단이다.

고종이 독립협회운동을 탄압한 것에 대해 주진오는 한편으로 이해하면서 동시에 고종 자신의 리더십의 한계도 지적한다. 고종은 내정개혁을 위한 정치구조 개편운동이나 계몽운동에 대해서는 긍정적으로 평가했다. 그러나 자신을 폐위시켜 권력을 장악하려는 박영효 지지세력 등 황제권을 위협하는 세력에 대해서는 단호한 조치를 취했다. 이것은 충분히 이해될 수 있다는 것이 주진오의 관점이다. 다만 그 후 고종은 국정운영에서 측근세력에만 의존함으로써 권력기반을 스스로 축소시켜 간 것으로 본다. "측근세력을 중심으로 진행되는 정치운영은 비록 신분적 제약에서 탈피한 새로운 정치세력을 육성했다는 의미를 가지면서도

---

62) 주진오, 『19세기 후반 개화 개혁론의 구조와 전개: 독립협회를 중심으로』, 연세대학교 대학원 사학과 박사학위논문, 1995, 150~155쪽.

63) 주진오, 2008, 91쪽.

명확한 정치이념보다는 황제에 대한 충성심을 매개로 결합한 것으로서 개명관료세력은 물론 보수세력의 지지마저도 끌어들이지 못했다"고 주진오는 평가한다. "결정적으로 독립협회의 해산은 정치적 견제세력의 부재를 가져와 권력의 탄력성을 약화"시켰으며, 부국강병을 이룩한다는 목표로 진행했던 개혁사업은 필연적으로 "민중들에 대한 수탈을 가중"시켰다고 지적한다.[64]

결론적으로 주진오는 "대한제국이 식민지로 전락하게 된 최대의 책임은 당연히 고종에게 있다"고 전제하면서도 대한제국을 "절대왕정으로서 황제권 중심의 근대 국민국가를 지향한 국가"로 평가한다. 고종을 "근대 지향의 개명군주"로 이해한 것이다. 개혁과 주권수립을 위해 고종이 노력했던 점은 인정해주어야 한다는 관점이다.[65]

김동택은 대한제국과 고종의 더 깊은 한계를 주목하고, 독립협회의 한계를 이 시대 개화파 지식인들의 인식지평 전반의 한계와 연결해 지적한다. 그는 19세기 말의 시점에서 왕정 자체가 후진성이나 정체성을 표상한다고 볼 수는 없다고 지적한다. 고종이 '보수적 근대화 경로'를 추구한 것도 다른 왕권이 강력했던 국가들과 기본적으로 같다고 본다. 하지만 김동택은 대한제국은 왕권의 절대성에 대한 강조가 훨씬 강했다고 보았다. 다른 왕정 국가들이 형식적이나마 정치적 참여를 허용하며 국민을 동원한 것에 반해, 대한제국과 고종은 완강하게 그것을 거부했다는 점을 중요한 차이점으로 파악했다.[66]

김동택은 아울러 이 시대 한국의 다른 세력들의 한계도 지적했다. "보수적 근대화의 추구는 고종만의 문제가 아니었다. 개항 이후 식민지에

---

64) 주진오, 2008, 93, 95쪽.

65) 주진오, 2008, 95~96쪽.

66) 김동택, 「근대의 그늘에도 관심을 가져라」, 교수신문 기획·지음, 『고종황제 역사 청문회』, 푸른역사, 2005, 89~90쪽.

이르기까지 갑오정권, 동학농민군, 독립협회, 광무정권, 심지어 1905년 이후의 계몽운동 세력들까지도 포함해, 원리적 선언이 아닌 제도적 차원에서 인민주권을 주장한 정치세력은 거의 없었다. 독립협회가 주창한 중추원 관제 개혁에서도 하원을 배제했고, 1905년 이후 계몽운동기의 다양한 협회들도 참정권의 제한을 옹호했다. 한국의 근대 경험에서 지배층의 일관된 보수성은 특징적이며, 최소한 인민주권의 배제라는 측면에서는 고종이나, 개화파, 계몽 지식인들 사이에 놀라운 일치를 보여주고 있었다."[67]

서영희는 식민지근대화론의 입장에 서서 고종을 질타하는 일부 경제사학자들을 비판한다. "일제 침탈이라는 엄혹한 조건을 외면한 채 지나치게 높은 도덕성과 근대성의 기준을 들이대며 고종에게만 책임을 묻는다. 역사가 고종 한 사람의 각성으로 그 무거운 수레바퀴를 되돌릴 수 있다고 믿는다면 그것은 영웅사관이다."[68] 서영희의 지적은 일면 맞는 말이지만, 두 가지 점에서 비판적인 지적을 받을 수 있다. 우선 1895년 이후 나라와 사회가 실질적인 외세의 지배 아래 놓이기까지 고종과 그 주변 집권세력의 근대적인 개혁적 노력의 부재는 앞서 지적해온 것처럼 뚜렷한 바가 있었다. 영웅이 아닌 것을 비판하는 것이 아니다. 도대체 그런 위기상황에서도 어떻게 그처럼 변화를 위한 노력을 회피할 수 있었는가에 대한 의문이다.

둘째, 아관파천과 대한제국 선포 이후 조성된 일정한 자율적 공간 속에서도 국제정세는 시시각각 비상한 위기적 상황의 연속이었다. 최고 지도층에게 요구되게 마련인 리더십 수준에 과연 황제로서의 고종의 노력과 방향이 부합하는 것이었는가를 비판적으로 논의하는 것은 당연

---

67) 김동택, 2005, 90쪽.
68) 서영희, 「일제의 폭력과 수탈 잊었는가?」, 교수신문 기획·지음, 『고종황제 역사 청문회』, 푸른역사, 2005, 162~163쪽.

한 일이다. 전제군주 시대 최고 권력자의 리더십 수준과 방향을 문제 삼는 것은 그에게 영웅이기를 요구하는 것이 아니다. 위기적 상황에서 일국의 최고지도층에게 요구되는 어떤 의미에서 정상적인 수준의 각성 과 리더십을 묻는 것일 따름이다.

국제정치학자인 구대열은 말기 조선, 특히 대한제국 시기 고종의 정 치적 무능에 대한 열강들의 인식을 소개하고, 이를 비판적인 방식이지 만 대체로 수용하고 있다. 고종의 무능으로 인해 그를 정점으로 삼은 정치체제가 개화-보수 세력 간의 갈등을 조절하는 기능을 상실했다든 지, 또한 고종이 금광이나 전차 등 열강에게 이권을 줄 때에도 자기에 게 돌아올 배상금을 중시하는 등 심각한 부패상을 보였다는 등의 비판 을 소개한다. 구대열은 1895~1904년의 10년에 걸친 시기에 고종을 비 롯한 한국정부는 1895년 이후의 허구에 불과한 국제적인 한국 독립인 정이라는 상황에 안주하고 있었다고 보았다. 그로써 최소한 "대외적으 로 증대된 독립성"의 기회를 최대한 활용하지 못했다고 평가했다. 특히 "수백 년 동안 불평등한 대외관계를 지속해온 한국으로서는 자신의 안 보를 주변의 강대국에게 의존하려는 경향을 떨치지 못했다. 이는 한국 정부가 러시아 등 열강들을 상대로 여러 차례에 걸쳐 '보호'를 요청한 데에서 잘 나타난다"고 지적했다. 즉 "고종과 그의 주변 인물들은 개인 적 무능에 더하여 전통적 세계관과 그 지평을 벗어나지 못했기 때문에 제국주의라는 근대적 상황에서 새로운 국제질서에 대해 끝내 무지했으 며, 시대상황을 헤쳐 나갈 수 있는 정치 리더십을 갖추지 못했다"고 보 고, 그것이 궁극적으로 조선의 독립상실이라는 비극으로 이어진 것이 라고 평가했다.[69]

---

69) 구대열, 「다모클레스의 칼?: 러일전쟁에 대한 한국의 인식과 대응」, 정성화 외, 『러일전쟁과 동북아의 변화』, 선인, 2005. 특히 29~30, 64~66쪽.

1900년의 시점에 일본은 이미 한반도에서 가장 강력한 나라로 떠올라 있다는 자신감을 일본 지도층은 갖고 있었다. 1901년 수상에 오른 가쓰라 다로는 한국을 보호국으로 만드는 것이 일본정부가 지닌 목표의 하나라고 적고 있었다.[70] 이 무렵 일본을 포함한 제국주의 열강들이 대한제국과 그 지도층을 바라보는 시선은 싸늘했다. 침략자 또는 제국주의 세력들이기 때문에 그렇게 볼 수밖에 없다고 치부할 일만은 아니다. 조선의 국가와 정부, 그 지도층의 자립능력과 노력이 보인 한계에 대한 객관적 평가의 측면도 담고 있는 것이다. 어떻든 이해관계를 가진 제3자들의 관점이라 해도, 그들에게 조선과 그 위정자들이 그렇게 인식되고 있었다는 사실은 중요하다. 그 자체가 객관적인 현실을 구성하는 한 요소인 것이다.

한국방송공사가 제작한 역사 다큐멘터리는 대한제국 시대 조선이 외교관 양성을 목적으로 미국인 교사들을 초빙해 조선의 양반 자제들에게 영어교육을 하려고 설립한 '육영공원'에 관한 얘기를 들려준다. 그 시대 조선의 국가와 사회를 짓누르고 있던 전통질서의 관성의 편린을 스케치한 것이었다. 양반 자제들로서 이 교육기관에 다니는 조선 학생들은 가벼운 책들마저도 스스로 들고 다니지 않고 하인들에게 나르게 한다. 배움에도 물론 열성이 아니었다. 이를 보고 당시 이 신식교육기관의 미국인 교사였던 헐버트는 육영공원에 다니는 양반층 젊은이들이 "국가와 민족의 현실과 미래에 대한 고민이 없다"고 말한다. 나라는 망해가고 있었지만, 무너져가는 폐가에서 들쥐들이 날뛰듯 매관매직이 또한 융성했다. 관찰사는 5만 냥에, 현감은 500냥에 팔렸다는 식이었

70) Peter Duus, *The Abacus and the Sword: The Japanese Penetration of Korea, 1895~1910*, Berkeley: University of California Press, 1995, p.172.

다.[71]

그것은 위로부터의 개혁의 에너지도 충분치 않았고, 아래로부터 민중의 에네르기도 파괴되고 소진된 말기 조선 사회의 그림자다. 고종은 식민지화가 진행되고 있는 땅에서 정부에 대한 비판을 '자유민권운동을 빙자한 "황제권"에 대한 도전'으로 간주하여 처벌하는 데 비밀정보기관을 동원하고 있었다.[72] 외국인들이 "자칭 제국"(a self-styled empire)이라 부른 이 국가와 고종의 행태를 과연 주로 근대 국민국가 형성을 위한 노력이라는 시각에서 보아야 할 것인가. 아니면 차라리 하나의 우화적인 상황이었다고 할 것인가.

10. 1897년 한국: 이사벨라가 본 한국의 절망과 희망

이사벨라 버드 비숍은 1897년의 시점에서 한반도인들의 삶이 처한 전반적인 상황을 이렇게 평했다. "불행히도 한국 국민의 잠재된 에너지가 사용되지 않고 있다. 중산층이 진출할 수 있는 길이 열려 있지 않다. 중산층이 그들의 에너지를 쏟을 숙련된 직업이 없다. 매우 충분한 이유로 인해서 하층계급들은 열심히 일하는 것보다 아사(餓死)를 면하는 것이 더 절실하다. ……한국의 모든 것은 낮고, 가난하고, 천한 수준에 있다."[73]

---

71) 한국방송공사(KBS) 1TV, 2006년 9월 1일.

72) 이태진은 대한제국 시절 고종이 창설한 비밀정보기관 익문사(益聞社)를 '항일정보기관'으로 파악하고 그 활동상을 일제 침략에 대한 저항으로 부각시킨다. 그는 익문사의 업무내용을 규정한 「제국익문사비밀장정」(帝國益聞社秘密章程)을 소개하는데, 그것이 규정한 정보탐지 대상에는 일본인들의 동향 파악 외에도 "자유민권을 빙자하여 (황제의) 전제정치를 비방하며 정부 득실을 평론하여 인심을 선동하는 자"에 대한 탐지도 포함하고 있다. 이태진, 2000, 「고종황제의 항일정보기관 익문사(益聞社) 창설과 경영」, 387~402쪽.

한국인들의 삶이 비극적 상황에 놓여 있는 이유를 비숍은 이렇게 요약했다. "한국은 특권계급의 착취, 관공서의 가혹한 세금, 총체적인 정의의 부재, 모든 벌이의 불안정, 대부분의 동양 정부가 기반하고 있는 가장 나쁜 전통인 비개혁적인 정책 수행, 음모로 물든 고위 공직자의 약탈 행위, 하찮은 후궁들과 궁전에 한거(閑居)하면서 쇠약해진 군주, 가장 타락한 제국 중의 한 국가(러시아)와의 동맹…… 널리 퍼져 있으며 민중을 공포의 도가니로 몰아넣는 미신, 자원 없고 음울한 더러움의 사태에 처해 있다."

비숍은 1897년 한국의 국가 관료들에 관해 "나라의 월급을 축내고 뇌물을 받는 일 외에는 할 일이 거의 없거나 전혀 없다"고 단언한다. 그 결과 "이 모든 기생충들의 부양자"로 살아가야 하는 백성의 삶은 고달플 수밖에 없다는 것이었다. 그녀는 "한국에서 농부들은 가장 열심히 일하는 계급"이며, "비록 다소 원시적이지만, 땅과 기후에 잘 적응함으로써 자기 노동의 생산량을 쉽게 배가시킬" 능력이 있는 집단이었다. 그러나 그들의 노동의 대가가 국가라는 기생충 집단의 착취에서 안전하다는 보장이 없다는 것이 근본문제라고 파악했다. 그래서 농부들의 합리적 선택은 "자신의 가족을 먹여 살리고 옷을 입힐 정도로만 생산하는 데 만족해하고, 더 좋은 집을 세우거나 품위 있게 옷을 입으려고 하지 않는다"는 것이며, "수많은 소작농이 양반과 행정장관들의 가혹한 세금과 강제적인 대부금(환곡을 의미 - 필자) 때문에, 해마다 경작 평수를 계속해서 줄이고 있으며, 하루 세 끼를 마련할 수 있을 정도로만 경작한다"는 것이라고 비숍은 분석했다.

비숍은 이어서 개혁에도 불구하고 한국 사회는 "약탈자와 피약탈자라는 단 두 계급"으로 구성되어 있다고 보았다. 한편에는 "면허받은 흡

---

73) 비숍, 1994, 510쪽.

혈귀인 양반계급으로부터 끊임없이 보충되는 관료계급"이 있었다. 다른 한편에는 "인구의 나머지 80퍼센트인 문자 그대로의 하층민인 평민계급"이 있었다. 한국사회에서 이 평민계급의 존재 이유는 "피를 빨아먹는 흡혈귀에게 피를 공급하는 것"에 있었다.[74]

이것은 얼마되지 않은 기간 벽안의 여성이 주마간산격으로 살펴본 이역만리 낯선 사회에 대한 피상적 관찰의 결과는 아니다. 당시 국왕 고종도 같은 인식을 갖고 있었기 때문이다. 비숍은 1897년 8월에 반포된 대한제국 황제의 칙령을 소개한다. 제도적 개혁이 없는 전통적인 군주정하의 국가가 왜 군주의 착한 심성과 상관 없이 착취적일 수밖에 없는가 그 이유를 설명하기 위해서일 것이다. 이 칙령에서 고종은 말한다.

"짐은 국민의 복지를 끊임없이 고민하고 있다. 짐은 지난해의 혼란 이래로 평화와 질서가 결여되어서 국민이 크게 고생하고 있다는 것을 실감한다. ……이런 생각 때문에 짐은 짐이 처해 있는 영일(寧日)이 오히려 불편하게 느껴질 정도로 걱정한다. 이 사실이 지방관리에게 알려진다면, 그들은 국민의 상태를 개선하기 위해 최선을 다할 것이다. 강제적인 부과금의 징수는 짐을 오래 괴롭힌다. 수천의 무법한 관리들과 관아의 아전들이 무슨 구실로 해서든지 무기력한 대중을 약탈한다는 사실을 짐은 알고 있다. 그들은 왜 국민을 그렇게 잔혹하게 다루는 것일까? 짐은 여기서 지방관리들에게 지금 거두고 있는 여러 항목의 법에 명시되지 않은 세금들을 찾아서 숨김 없이 그 모두를 폐지할 것을 명령한다. 이 칙령에 주의하지 않는 사람은 누구나 법에 따라 처벌받을 것이다."

이 칙령을 두고 비숍은 두 가지를 생각한다. 국왕의 선량한 의도와

---

74) 비숍, 1994, 511~512쪽.

나약함이 그 하나이며, 지극히 감상적인 문서라는 사실이 다른 하나다.[75] 국왕이 선량하다는 것만으로 나라가 정의로워지는 것이 아님은 명백하다. 근대적인 개혁이 시대적인 요청으로 되고 있을 때 한국은 외세가 들어와 강제로 부과했던 개혁까지도 내던지고 대한제국이라는 이름 아래 다시 과거로 돌아가고 있었다. 고종이 비난하고 있는 당시 한국 국가관리집단의 백성에 대한 착취행위는, 관리들을 비판하지만 그 비판을 실행할 수 있는 강력한 제도개혁을 구상하고 실천할 의지와 능력은 없는 전통적 정치질서 덕분에 생명을 유지하고 있는 것이었다. "백성의 고통을 생각하는 짐의 심려를 지방관리들이 알게 된다면 그들이 착취행위를 하지 않을 것"이라는 고종의 말은 애민(愛民)의 도덕을 논하지만 그것을 근대적인 방법으로 실행할 수 있는 변화는 실제 거부하는 낡은 질서의 감상적 표현이라고 할 수 있다.

비숍이 제안하는 해결책은 두 가지였다. 첫째는 한국 내부에서 변화의 힘을 기대하기는 어렵다는 비관론이었다. "현재 내부에서 한국을 개선할 세력들을 찾기 어렵기에 한국의 개혁을 위한 외부의 도움이 필요하다"는 주장을 내놓는다. 둘째는 전통적 군주체제로는 한국에 가망이 없다는 판단이었다. "군주의 권력이 엄중하고 영속적인 헌법상의 제어 하에 두어져야 한다"고 지적했다.[76] 당시 한국의 군주인 고종이 선량한 인물임은 분명하지만 그녀에게 비친 고종은 전통적인 군주의 틀을 벗어나지 않는 가운데 불행히도 나약하고 무능한 쪽에 속했다. 그러한 군주 일인에게 전제적 권력이 주어져 있었다.

이러한 고종이 친일 개화파 세력에 눌려 지내던 청일전쟁 후 약 1년의 기간과 고종이 러시아의 힘을 빌려 다시 전제군주의 위상을 회복한

---

75) 비숍, 1994, 515쪽 각주 참조.
76) 비숍, 1994, 516쪽.

후의 한국 정치상황을 비숍은 날카롭게 비교했다. 아관파천 이전 1년여의 기간 친일 개화파 정부가 추진한 개혁정치에 대해 비숍은 "잔인하지만 진보적인 개혁"으로 평가했다. 그녀는 "왕이 러시아 공사관에서 편히 지내는 그 기간 동안 한국에 이익이 되는 일이 없었다는 사실과, 현재의 정치는 참으로 안타깝게도 일본이 한국에서 막강한 영향력을 행사한 기간 동안 행해진 정치와는 대조가 된다는 사실을 지적하고 싶다"고 말한다. 왜냐하면 "일본이 한국에서 행한 정치는 야만적이고 잔인했지만, 거시적으로는 한국의 진보와 정의에 기여하는 방향으로 이루어졌기 때문"이라고 했다.[77]

고종이 러시아 공사관에서 편히 지내는 동안 그리고 그의 환궁 이후 조선을 지배하게 된 수구파의 정치를 비숍은 "권력구조의 끝없는 부패"로 정의했다. "고질적인 권력의 남용이 매일 나타났고, 장관과 그밖의 다른 총신들은 얼굴 하나 붉히지 않고 관직을 팔았다. ……이제 왕은 자신이 개인적으로 안전하다는 것을 알았고, 한국 왕조의 고질적인 인습으로 다시 되돌아갔다. 그 이후로 어떠한 제재에도 불구하고 그의 명령은 다시 법이 되었고, 그의 의지는 절대적인 것이 되었다. 왕의 환심을 사서 왕이 지니고 있는 두려움과 부귀에 대한 욕구를 통해 그를 이용할 줄 아는 교활한 이들이나, 그의 도피에 큰 역할을 했던 궁중여인인 박씨와 임씨, 그리고 왕의 나긋나긋한 성품을 이용해서 그다지 어렵지 않게 얻어낸 관직을 자신의 친인척들에게 주거나 파는 총신들이나 아첨꾼들의 처분에 따라 왕의 의지는 결정되었다."[78]

여기에서 비숍은 전제권력과 무능의 조합이 어떻게 일어나고 그것이 어떤 결과를 초래하는가에 대한 날카로운 통찰을 드러낸다. "아무리 국

---

77) 비숍, 1994, 492쪽.
78) 비숍, 1994, 492~493쪽.

가관료를 임명할 수 있는 권한이 절대적이라고 할지라도, 아무리 많은 특권을 지니고 있다고 할지라도, 실제로 왕은 그의 왕국에서 가장 권력이 없었다. ……왕은 계속해서 '주십시오'만을 요구하는 측근자와 탐욕스러운 기생동물들로 둘러싸여 있기 때문이다." 고종은 전통적인 일인 지배체제의 정상에서 절대권력을 누리지만, 그 권력을 구체적으로 향유하는 세력은 군주 자신보다는 주변의 권력층이었다. 선량한 전제군주와 부패한 권력구조의 양립을 가능하게 하는 매우 단순하면서도 명백한 구도였다.

그것은 당시 한국 사회 지배층이 특권을 유지하는 데 편리한 질서였을 것이다. 그들이 백성의 고혈을 빼는 특권층으로서 계속 살아갈 전통적인 질서를 유지하는 동시에 그들 지배층에게는 칼날을 세울 수 없는 그런 종류의 전제군주체제였기 때문이다. 무능과 전제의 결합이라는 최악의 조합이었다. 한국뿐 아니라 세계 전체가 다같이 그 같은 전통시대에 머물러 있는 때라면 별로 문제될 것이 없었다. 그러나 자기혁신을 통한 근대적 도약이 아니면 외세에 먹히는 것이 자연으로 여겨지는 제국주의 시대였다. 그 같은 조건에서는 한국에 희망이 없다는 것이 비숍의 눈에 비친 한국의 현실이었던 것이다.

하지만 비숍은 한국의 전통적 정치질서의 틀에서 해방된 한국인의 모습에서는 희망적인 인상을 깊이 받았다. 그녀는 시베리아에 이주한 한국인들의 농촌마을에서 한국의 역동적인 미래의 근거를 발견했다. 비숍에 따르면, 한국인이 러시아 시베리아 지방에 이주하기 시작한 것은 1863년이었다. 함경도 주민 13가구가 국경을 건너 포시만 북쪽에서 조금 떨어진 티젠호 주변에 정착했다. 러시아 정부는 이들에게 소와 씨앗을 나눠주었다. 1869년 한국 북부에서 심한 기근이 발생하면서, 4,500여 한국인들이 굶주림을 피해 시베리아 극동쪽 프리모르스크로 이주한다. 1897년 비숍이 프리모르스크를 방문했을 때, 그 도시와 흑룡강가의 하바로프스크, 그리고 블라디보스토크와 니콜스크 근접지역 등에 많은 한국인촌이 형성되어 있었다. 그 무렵 한국인 이주민의 전체 수는 1만 6,000에서 1만 8,000명 수준이었다.[79]

이들은 일정한 자치를 누리고 있었다. 지역의 경찰과 공무원을 포함한 모든 관리는 한국인이었다. 특히 "한국인 가운데서 한국인들에 의해 뽑혔다." 고국에는 여전한 전통질서의 질곡에서 자유로웠던 이들의 삶은 "안정된 생활과 좋은 자치운영"을 누리고 있었다. 시베리아 한국인 마을의 풍경을 비숍은 이렇게 묘사했다. "크라스노예와 노보키예프 사이의 촌민들은 러시아 이주 한국인들의 표본이다. 길은 꽤 좋고 길과 맞닿아 있는 수로는 잘 관리되었다. 위생법은 엄격하게 실시되었고, 촌장은 마을 청결에 대해 책임져야 했다. 가난하고 초라하고 불결한 반도의 한국 마을과는 달리 이곳은 한국식으로 회반죽된 진흙과 기와로 단정하게 지붕이 이어져 있었고, 주택지구와 농가의 안뜰은 회반죽된 담이나 단정하게 짜여진 갈대로 만들어진 높은 울타리로 둘러싸여 있다."

비숍은 이곳에서 한국인 가정들을 방문하면서 전혀 다른 한국인들을 발견했음을 고백한다. 먼저 "나는 여행자들이 내가 이곳의 한국가정에서 느꼈던 것보다 더 온화한 친절과 더 깨끗하고 더 안락한 편의시설을 접한다는 것은 불가능하리라고 생각된다"고 운을 뗀 뒤에 그녀는 "그러나 이것보다 더 의미심장한 것이 있다"고 말한다. "이곳의 한국남자들에게는 고국의 남자들이 갖고 있는 그 특유의 풀 죽은 모습이 사라져 있었다. 토착 한국인들의 특징인 의심과 나태한 자부심, 자기보다 나은 사람에 대한 노예근성이 주체성과 독립심, 아시아인의 것이라기보다는 영국인의 것에 가까운 터프한 남자다움으로 변했다. 활발한 움직임이

---

79) 비숍, 1994, 274~275쪽.

우쭐대는 양반의 거만함과 농부의 낙담한 빈둥거림을 대체했다. 돈을 벌 수 있는 많은 기회가 있었고, 만다린(관료집단)이나 양반의 착취는 없었다. 안락과 어떤 형태의 부도 더 이상 관리들의 수탈의 대상이 되지 않았다."[80]

이러한 관찰에 기초해 비숍은 '한국인'을 새롭게 정의했다. "한국에 있을 때 나는 한국인들을 세계에서 제일 열등한 민족이 아닌가 의심한 적이 있고 그들의 상황을 가망 없는 것으로 여겼다. 그러나 이곳 프리모르스크에서 내 견해를 수정할 상당한 이유를 발견하게 되었다. 이곳에서 한국인들은 번창하는 부농(富農)이 되었고, 근면하고 훌륭한 행실을 하고 우수한 성품을 가진 사람들로 변해갔다." 비숍은 그 차이를 고국의 한국인들이 처해 있는 구태의연한 정치질서의 질곡과 그로부터의 자유로움에서 찾았다. "이들의 번영과 보편적인 행동은 한국에 남아 있는 민중들이 정직한 정부 밑에서 그들의 생계를 보호받을 수만 있다면 천천히 진정한 의미의 '시민'으로 발전할 수 있을 것이라는 믿음을 나에게 주었다."[81]

11. 에필로그의 계절 제8기(1905~10)

1905년 러일전쟁이 끝난 후 러시아와 일본이 한편에서 평화협상을 진행하고 있던 시각에, 다른 한편에서는 미국이 일본과 향후 동아시아 질서를 공동으로 요리하는 데 필요한 권력정치적 흥정을 했다. 그해 여름 시어도어 루스벨트 대통령은 일본의 관심을 중국 본토보다는 한국에 집중시키겠다는 의도를 갖고 있었다. 또한 일본의 힘이 팽창하고 있

---

80) 비숍, 1994, 276~277쪽.
81) 비숍, 1994, 277쪽.

는 상황에서 필리핀의 안전에 대해서도 일본의 다짐을 확인하고 싶어 했다. 전쟁부 장관 윌리엄 하워드 태프트(William Howard Taft)를 이 시기에 필리핀 시찰 명목으로 동아시아에 파견한 것은 그와 무관하지 않았다.[82]

태프트는 필리핀 시찰을 마친 후 도쿄에 들러 가쓰라 다로 수상과 비밀리에 만난다. 주제는 필리핀과 한국문제였다. 태프트는 일본이 러시아를 공격한 다음엔 필리핀이 일본의 다음 공격목표가 될 것이라는 항간의 설을 넌지시 언급한다. 이에 가쓰라는 중국에서 미국의 이익과 캘리포니아가 일본 때문에 위험해질 것이라면서 일본을 모함하는 자들이 있다고 말한다. 그처럼 "황인종의 위협," 즉 황화(黃禍: the yellow peril)를 운운하는 자들을 가쓰라는 격렬하게 비난했다.[83] 그러면서 가쓰라는 일본은 미국과 싸울 생각이 전혀 없다는 것을 확인해줄 양으로 영, 미, 일 세 나라가 함께 동맹을 맺자고 제안한다. 그러자 태프트는 공식적인 동맹은 미국외교의 전통이 아니라고 밝힌다. 그러나 "조약 의무"와 효과는 같으면서도 형식에서는 비밀스럽게 약정을 맺는 방법을 대안으로 제시한다. 이 지점에서 가쓰라는 한국문제를 언급했다. 바로 이때 태프트는 "일본군대"(Japanese troops)가 한국에 대한 "감독권" (suzerainty)을 장악해서 "일본이 한국의 외교관계를 통제해야 한다"고 말했다.[84] 필리핀에 대한 미국의 지배권을 일본이 확고히 인정해줄 것이란 약속에 호응하여 태프트 자신이 나서서 일본의 가려운 곳을 먼저

---

82) LaFeber, 1997, p.85.

83) 『일본외교사 사전』은 '황화론'(黃禍論)의 기원을 "일청전쟁이 결말에 이르고 있던 1895년 초에 독일황제 빌헬름 2세(Wilhelm II)가 그 전쟁에서 일본이 승리하고 있는 것을 경계하여 유포시킨 대표적인 동양인종 억압론"에서 찾고 있다. 松村正義, 「黃禍論」, 外務省外交史料館 日本外交史辭典 編纂委員會, 『日本外交史辭典』, 東京: 山川出版社, 1992, 276쪽.

84) LaFeber, 1997, p.85.

긁어준 모양새였다.

　이로써 가쓰라-태프트 밀약이 매우 자연스럽게 성립했다. 미국과 일본이 각각 필리핀과 한국을 자신의 영향권으로 하고 상대가 이를 보증했다. 이 밀약을 루스벨트 대통령이 4일 후에 승인한다. 이 협약은 상원의 비준을 받을 필요가 없는 '행정협정'(executive agreement) 형식이었다. 미국 상원에서 시끄러운 비준 논의를 거치지 않기 위해 대통령이 임의로 맺을 수 있는 이 형식을 이용해 미국이 중요한 외교협정을 맺은 것으로는 가쓰라-태프트 밀약이 미 역사상 첫 번째였다.[85]

　포츠머스 협상이 진행되는 한편에서 미국이 일본과 동아시아 영향권에 대한 흥정을 한 것과 비슷한 시기에, 영국도 일본과 제2차 영일동맹을 체결했다. 1905년 8월 12일이었다. 일본은 영국이 인도에서 '영토적 권리'와 '특수 이익'을 방어하는 것을 지원한다고 했다. 영국은 일본이 동아시아에서 영토적 권리와 특수 이익을 방어하는 것을 지원하기로 했다. 일본이 러시아와 협상을 통해 권리를 쟁탈해내기 전에 일본이 동아시아에서 러시아와 중국으로부터 어떤 권리를 확보하든지 영국은 이를 무조건 지지하겠다는 백지수표를 발행해준 것이었다고 왕소방은 평가한다.[86]

　영국은 인도를 전진기지 삼아 중국의 티베트를 침략해 차지함으로써 중앙아시아를 둘러싼 러시아와의 경쟁에서 유리한 고지에 서려 했다. 제1차 영일동맹을 체결한 직후인 1902년 2월 영국은 이미 국경문제를 구실로 티베트에 대한 도발을 감행하기로 결정한 바 있다.[87] 이어 1903년 11월 영국은 2,000명에서 곧 8,000명으로 늘어나는 침략군을 편성하여

---

85) LaFeber, 1997, pp.85~86.
86) 왕소방 지음, 한인희 옮김, 『중국외교사, 1840~1911』, 지영사, 1996, 424쪽.
87) 왕소방, 1996, 455쪽.

티베트 국경을 넘는다. 티베트 저항군 때문에 곤란을 겪던 영국군은 1904년 2월 러일전쟁이 발발하여 러시아의 견제가 약화된 틈을 타 티베트 수도 라사에 입성한다. 대대적인 약탈행위를 벌였다. 1900년 의화단 진압을 위해 북경에 입성한 영국군대가 저질렀던 약탈행위를 반복한 것이었다. 1904년 9월 7일 달라이 라마의 거처인 포탈라 궁에서 영국 측의 강압으로 라사조약이 체결된다.[88) 영국은 티베트를 자신의 세력권으로 만들고자 했다. 러시아와 중국을 압박해 유리한 협상을 얻어내려 했다. 이런 맥락에서 영국은 일본과의 동맹강화를 추진했다.[89) 또한 러일전쟁 후 일본이 만주에서 자신의 영향권을 강화하는 데에도 제2차 영일동맹이 도움이 되었음은 물론이다.

12. 포츠머스 조약 이후 만주와 한반도에 대한 일본의 정책

일본이 한국을 완전히 식민지화하려는 계획을 언제부터 세웠는가? 1873년 이래 일본은 한결같이 한국의 식민지화를 기도했는가, 아니라면 언제 어떤 상황에서 그러한 전략이 굳어졌는가? 장기적 추세를 보아 어리석은 질문이 될 수도 있지만, 역사를 여러 단계와 국면, 그리고 다양한 계기들로 짜여지는 직물이라는 해석을 전적으로 부정하지 않는다면, 이 질문에 우리는 여러 가지 답을 찾아볼 수 있다. 피터 두스는 이 시기에 일본 정부 안팎에서 유력한 두 파벌이 상이한 대전략의 비전을 갖고 경쟁하고 있었다고 본다. 이토 히로부미를 중심으로 한 비교적 온건한 파벌과 야마가타 아리토모를 수장으로 하는 강경한 파벌을 구분한다. 이들은 팽창주의자들이라는 데서는 차이가 없었다. 다만 팽창의

---

88) 왕소방, 1996, 458~459, 461쪽.
89) 라사조약 체결 뒤 1905년에서 1908년 사이 영국이 러시아 및 중국정부와 티베트 문제에 대해 협상하고 타협한 내용에 대해서는, 왕소방, 1996, 462~470쪽.

방향과 방식을 둘러싼 비전의 대립이었다.[90]

일본은 청일전쟁 시기인 1890년대 중반 이미 한반도에 대한 직접적인 정치적 지배 또는 통제력을 행사하기 위해 본격적인 노력을 기울였다. 하지만 그것이 곧 한국을 완전히 식민지화하여 행정을 포함한 전적인 통치 책임을 일본이 떠맡는 것을 의미하지는 않았다. 조선을 보호령으로 만들어 통제하되 조선의 내치는 왕실을 포함한 조선인들에게 맡기는 방법과 모든 책임을 일본이 떠맡는 완전한 식민지통치는 서로 구별되어야 한다. 이때는 아직 두 방법 중에 어느 것을 일본이 택할지 결정된 것은 아니었다고 두스는 전제한다.

일본 안에서 한국에 대한 대전략을 둘러싼 논란은 러일전쟁 후 한국을 보호령으로 만들어낸 상황에서 구체화되었다. 가쓰라-태프트 밀약은 일본이 한국을 보호령으로 만드는 것에 대해 미국을 통하여 국제사회의 승인을 받은 것을 뜻했다. 일본이 을사조약을 강요할 수 있었던 것도 그에 기초한 것이라 할 수 있었다. 이에 바탕을 두고 한국에 통감부(統監府)가 설치되었고, 1906년 이토 히로부미가 초대 통감으로 부임했다. 이때부터 조선의 왕실과 내각을 존치시키는 보호령의 지위를 그대로 유지하는 것과 완전한 합병이라는 두 가지 노선 사이에 갈등이 본격화했다고 두스는 파악한다.

이토 히로부미는 한국을 합병하여 직접 통치하는 것은 어리석은 일이라고 보는 쪽이었다. 일본의 지도하에 한국을 자립능력과 자위능력을 가진 나라로 이끌어낸 연후 일본이 지도하는 동맹관계를 맺는 것이 비용 대비 효과가 큰 전략이라는 것이 이토의 관점이었다. 이노우에 가오루(井上馨: 1835~1915)는 이토와 의견을 같이했다. 그래서 같은 파벌로 통한다. 이토와 이노우에의 파벌이 상대적으로 온건한 팽창주의

---

90) Duus, 1995, p.203.

를 취한 것이다. 한반도에 대한 직접적인 정치적 지배를 확립하는 것에 따르는 이익과 함께 그에 수반하는 비용의 문제를 심각하게 생각했기 때문이다.[91]

이들과 반대되는 파벌은 일본의 군부와 민간 관료집단 상층부에 광범위하게 포진해 있었다. 특히 야마가타 아리토모 파벌이 주도했다. 이들은 한국의 완전병합을 주창했다. 문제는 러일전쟁 시기부터 이들 강경파들이 일본 국정을 장악하고 있었다는 사실이다. 러일전쟁 기간 야마가타는 직접 육군참모총장을 맡았다. 수상을 맡은 가쓰라 다로(제1차 가쓰라 내각: 1901년 6월 2일~1906년 1월 7일)는 야마가타의 꼬붕이었다. 전쟁상에 해당하는 육군대신을 맡은 데라우치 마사타케(寺內正毅: 1852~1919)도 역시 야마가타의 꼬붕이었다. 외상 또한 야마가타-가쓰라 파벌에 속하는 고무라 주타로였다.[92]

이토 히로부미는 러일전쟁이 시작되기 전부터 영향력을 잃고 있었다. 러시아에 대한 그의 온건한 시각과 태도가 그의 약점이었다. 이토가 조선 통감에 임명된 것도 이토의 세력이 더 커서가 아니었다. 그를 일본 밖으로 보내서 국내정치에서 이토의 역할을 축소시키기 위해 야마가타 파벌이 추천한 것이었다. 이토는 통감직을 수락하는 조건으로 조선 내 일본군에 대한 통제권을 요구했다. 야마가타 파벌은 군부 내에 불만이 있었지만 그 요구를 수용했다.[93]

일본 정치에서 야마가타 파벌의 위상은 러일전쟁 후 승리의 주역으로 간주되어 더욱 높아졌다. 이토 히로부미는 조선 통감으로 부임한다. 일본의 대전략을 둘러싼 의견 차이가 더욱 표면화된다. 우선 러시아의 군사력이 후퇴한 만주를 일본이 어떻게 경영할 것인가가 문제였다. 러

---

91) Duus, 1995, pp.201~202.
92) Duus, 1995, p.203.
93) Duus, 1995, p.197.

일전쟁을 위해 만주에 파견되었던 군대를 철수시켜야 하느냐 하는 것이 그와 관련된 당면한 구체적 이슈였다. 이토 히로부미는 만주에 군대를 주둔시킴으로써 얻는 실질적인 이익은 크지 않다고 보았다. 미국과 영국의 경계심을 유발하여 초래될 손실이 더 크다고 판단했다. 장기적으로 일본의 식민지 경영을 위해선 미영 두 나라의 국제적 지원과 자본이 필요했다. 만주에 군대를 유지하는 것은 국제 조약과 의무들을 위반하는 상황을 낳을 것이며 이것은 근시안적 전략이라는 것이 온건파 이토의 생각이었다. 일본인들은 저마다 '만주 경영'을 외치지만, 만주는 엄연히 중국의 영토이지 일본 땅이 아니라는 것이 이토의 입장이었다.

군부는 야마가타와 함께 러시아의 위협이 여전하다는 이유를 내세우며 군대 철수를 반대했다. 1906년 여름 사망한 고다마 겐타로의 뒤를 이어 데라우치 마사타케가 일본 군부 최고 실력자가 되었다. 데라우치는 이른바 "조슈군벌(長州軍閥)의 총아"로 불리는 인물이었다.[94] 데라우치는 그의 오야붕인 야마가타가 주창하는 공세적인 '대륙 정책'을 지지했다. 실제 일본의 정책은 군부가 주도하는 방향으로 나아갔다. 군부는 러일전쟁 이전까지는 비교적 방어적 자세를 취했다. 그러나 1905년 이후에는 아시아 대륙에서 일본의 권리를 유지하고 팽창시키는 것이 국방정책의 최고 목표가 되어야 한다는 공세적 입장으로 나아갔다. 1907년 채택된 '제국방위정책'(Imperial Defense Policy)은 그 관점을 국가정책으로 정립한 것이었다.[95]

데라우치는 공세적인 대륙정책의 연장선에서 한국 병합을 가장 강력하게 주창하는 인물로 떠오른다. 한국에 관한 논쟁은 일본의 방위에 한국은 어떤 존재인가를 둘러싸고 전개되었다. 이토 히로부미에게 최선

---

94) 山本四郎,「寺內正毅」, 外務省外交史料館 日本外交史辭典 編纂委員會,『日本外交史辭典』, 東京: 山川出版社, 1992, 618쪽.

95) Duus, 1995, pp.203~204.

의 한국 전략은 일본이 지도하는 가운데 한국을 '개혁'하고 끌어올려서 일본이 신뢰할 수 있는 동맹자 또는 믿을 만한 완충지대로 만드는 데 있었다. 반면에 야마가타와 데라우치는 한국을 더 쓸 만한 전략적 자산으로 만들기 위해서는 한반도에 대한 직접적인 정치적 통제가 필요하다고 보았다.

실제 일본의 한국 정책은 야마가타와 데라우치의 의도대로 전개된다. 이토 히로부미 파벌이 정치적으로 열세였기 때문일까? 피터 두스는 그렇게 말하지 않는다. 반대파에 대한 이토파의 정치적 패배 때문이 아니라 러일전쟁 후의 새로운 지정학적 환경에서 일본의 위상과 한국의 전략적 의미에 중요한 변화가 왔다. 이 상황에서 이토 히로부미 파벌 스스로 자신들의 상대적으로 온건한 정책노선을 회의하기에 이른 것으로 두스는 해석한다.

1905년 이후 달라진 지정학적 상황이란 두 가지였다. 첫째, 일본은 이제 어떤 형태로든 만주를 통제하고 있는 엄연한 '대륙 세력'이었다. 둘째, 일본과 대륙 사이에 놓인 한반도의 전략적 의미가 일본의 대륙 전략에서 한 차원 높아졌다. 이로 인해 한반도에 대한 직접적인 지배가 필수적인 조건으로 떠오르게 되었다.[96] 이토 파벌 역시 이 상황에서 자신들의 원래 온건론을 유지하기가 힘들어졌다. 더욱이 조선 초대 통감으로서 이토가 고종과 끊임없이 갈등한 것도 이토 스스로 자신의 원래 입장을 포기하기에 이른 중요한 요인이었다고 두스는 이해한다. 결국 한국의 강제 합병은 이토 "히로부미의 기권"(Ito default)과 함께 진행되었다는 것이 피터 두스의 해석이다.[97]

---

96) Duus, 1995, p.204.
97) Duus, 1995, pp.198~199, 205~211.

13. 제8기 고종의 외교: 외세의존의 균세? 혹은 절망의 절규

이태진에 따르면, 러일전쟁 후인 1905년 11월 고종은 외부대신을 시켜 일본이 한국 국권을 강제로 침탈하는 상황을 미 국무장관에게 알리는 편지를 보낸다. 그 내용은 "일본 정부가 한국 정부의 모든 부처에 고문을 투입하여 자신을 압박한 가운데 한국의 국부(國富)를 모두 빼앗았다"는 것이었다.[98]

사실 이때 한국의 국왕이 미국에게 일본을 비방하고 구원을 요청하는 편지를 띄워보아야 소용 없는 국면이었음은 처음부터 분명했다. 한국에 대한 일본의 직접적인 통제 조치들을 앞당기는 효과밖에 없을 것이 뻔했다. 가쓰라-태프트 밀약으로 미국의 입장은 이미 정리되어 있었다. 미국이 영국과 함께 그토록 강하게 경계했던 러시아를 한반도에 끌어들여 스스로 러시아의 보호령이 되기를 자청하곤 했던 한국의 전근대적 왕조와 국왕의 호소가 미국에 먹힐 국면은 이미 아니었다. 그럼에도 이태진이 고종이 미국에 보낸 편지를 언급하는 이유는 그 시기 일본에 의한 한국 국부 침탈행위에 대한 실증적 자료를 담고 있기 때문이다. 우리가 여기서 다소 다른 각도에서 질문을 던질 필요가 있는 것은 고종의 그 같은 외교행위의 의의에 관한 것이다.

일본은 1905년 11월 17일 '을사늑약'(일본 명칭은 제2차 일한협약 또는 일한신협약)을 강요한다. 이태진에 따르면, 일본정부의 공식적인 시책 차원에서 한국을 보호국으로 만드는 문제는 1903년 12월 30일 러일전쟁 준비를 위한 각의 결의인 '대한방침'(對韓方針)에서 처음 언급되었다. 무력으로 한국을 일본의 권세 밑에 두어야 한다는 전제 아래

---

98) 이태진, 「민국이념은 역사의 새로운 원동력」, 교수신문 기획·지음, 『고종황제 역사 청문회』, 푸른역사 2005, 152쪽.

청일전쟁 때인 1894년 8월 26일에 조선과 맺었던 공수동맹(攻守同盟)
이나 다른 형태의 보호적 협약을 조선과 체결하도록 한다는 내용이었
다. 을사늑약은 결국 러일전쟁 후 미국 등 국제사회의 승인을 얻었지
만, 실행단계에서 한국정부의 완강한 저항에 직면한다. 그 결과 협정 자
체가 많은 하자와 결격을 갖고 있다는 것이 이태진의 설명이다.[99]

러일전쟁 이후 그리고 을사늑약을 전후한 시기에 고종이 벌인 외교
행위들은 외국 외교관들에게 비밀리에 사람을 보내 다른 열강들이 일
본을 견제하도록 유도하는 데 집중되었다. 피터 두스는 그것이 고종이
1870년대 개국 이래 끊임없이 추구한 전술이었다는 점에 주목한다. 두
스의 지적대로 1905년 봄과 여름에 걸친 시기에 열강들이 조선에 대한
일본의 지배권을 승인하게 된 상황에서 그러한 전술은 덧없는 일일 수
밖에 없었다. 하지만 그것은 고종이 매달린 유일한 전술이었다.[100]

러일전쟁 기간에도 고종은 비밀리에 사람들을 해외에 보냈다. 외국
이 일본에 대항해 한반도에 개입할 것을 호소하기 위해서였다. 전세가
일본에 유리하게 전개되고 있던 시기에, 주상해 일본영사가 본국에 보
낸 보고에 따르면, 고종은 전직(前職) 주한 러시아 공사에게 편지 하나
를 전달했다. 러시아 황제에게 일본을 한국에서 축출해줄 것을 요청하
는 내용이었다. 전쟁이 끝나고 미국이 일본과 가쓰라-태프트 밀약을
맺었으며 포츠머스 조약이 이미 타결된 후인 1905년 가을 고종은 이제
미국에게 구원을 요청하고 나선다. 보스트위크와 콜브렌이 공동운영하
는 한 미국 회사(Bostwick and Collbran)의 직원인 E.A. 엘리엇(E.A.
Elliot)에게 고종이 보낸 사람이 접근하여 도움을 요청한다. 미국 시어
도어 루스벨트 대통령에게 한국문제를 호소할 저명한 변호사 한 명을

---

99) 이태진, 「일본의 대한제국 국권 침탈과 조약 강제: 한국병합 불성립을 논함」,
    이기백 편, 『한국사 시민강좌 19』, 일조각, 1996, 31~32쪽.
100) Duus, 1995, p.205.

접촉하는 데 주한 미국공사 호러스 알렌(Horace Allen)의 도움을 받아
낼 수 있도록 해달라는 얘기였다. 그 요청을 전달받은 회사 경영자 콜
브렌은 "가능성이 거의 없다"는 반응을 보인다. 하지만 보스트위크는
그래도 그 부탁을 외면하는 것은 "물에 빠진 사람에게 막대기를 거절하
는 것"과 같다고 생각한다.

　보스트위크는 전직(前職) 주(駐)런던 미국대사인 조셉 코에이트
(Joseph Choate)를 만난다. 코에이트를 통해서 호러스 알렌은 그 요
청과 함께 500달러의 돈을 기꺼이 받았다. 하지만 알렌은 코에이트에
게 쓴 편지에서 "한국은 누군가 주인이 있어야 하는데, 내가 보기에 그
자연스럽고 적당한 주인은 일본이라고 생각된다"고 말한다. 코에이트
는 이 편지를 받고 일을 포기한다. 알렌은 보스트위크에게도 한국을 일
본 보호령으로 하는 결정을 미국이 뒤집을 일은 없을 것이라고 말한다.
그러므로 한국정부를 위해 주선하는 일을 그만두라고 당부한다.[101]

　알렌은 이미 러일전쟁 직전에 일본 같은 개화된 인종이 한국의 주인
이 되어야 한다는 취지의 편지를 주한공사로서 미 국무장관에게 보낸
일이 있었다. 고종은 이태진이 밝힌 대로 항일사업을 위해 '익문사'라는
비밀정보기관을 운영하며 막대한 재원을 사용한 것으로 알려져 있
다.[102] 하지만 외국과 열국 외교관들의 동향에 대해 정작 알아야 할 것
들은 모르고 "물에 빠진 사람 지푸라기 잡기" 식의 전술에 무차별적인
금품 살포의 흔적을 남긴 것이라고 할 수 있다.

　피더 두스에 따르면, 고종은 같은 1905년 10월 또 다른 미국인들에

---

101) New York Public Library, Allen Papers, "Attempt," Collbran to Bostwick,
　　October 10, 1905; Allen to Choate, December 18, 1905; Allen to
　　Bostwick, January 25, 1906. 이상은 Duus, 1995, p.206.
102) 이태진, 2000, 「고종황제의 항일정보기관 익문사(益聞社) 창설과 경영」,
　　387~402쪽.

게 은밀하게 접근(back-channel approach)한다. 한국에서 20년간 영어 교사로 일하고 『대한제국멸망사』를 저술한 호머 헐버트(Homer Hulbert)를 루스벨트 대통령의 도움을 요청하는 편지와 함께 워싱턴에 보낸 것이다. 서울의 미 공사관은 이를 파악하고 헐버트가 워싱턴에 도착하기 전에 이미 미 국무장관에게 경보를 올린다. 헐버트는 편향된 인물이므로 그의 메시지는 "소금을 쳐서" 받아들이라는 내용이었다. 가쓰라-태프트 밀약에 서명한 지 일주일 후가 되는 시점에서, 헐버트는 국무장관 일리후 루트(Elihu Root)를 만날 수 있었다. 그러나 루트는 한국문제에 미국이 할 수 있는 일은 아무것도 없다고 잘라 말한다. 고종은 또한 을사조약은 협박으로 된 것이라는 전문을 미 국무부에 전달했다. 국무부는 물론 아랑곳하지 않고 서울의 미국공사관을 폐쇄한다.[103] 일리후 루트는 3년 후인 1908년 11월, 일본과 루트-다카히라 협정을 맺어 가쓰라-태프트 밀약을 재확인한다.

미국 정부를 설득하는 데 실패한 헐버트는 고종에게 한국문제를 헤이그 국제재판소에 제소할 것을 건의한다. 1906년 1월 중순 고종은 이에 응해 뉴욕의 변호사 한 명을 선임한다.[104] 또 도움을 요청하는 밀사들을 러시아와 미국에 파견하기를 계속했다. 아울러 고종은 『코리아 데일리 뉴스』(*Korea Daily News*)라는 영어신문을 발간하는 언론인인 어니스트 베델(Ernest Bethell)에게 일본을 비판하는 내용을 싣도록 촉구한다.[105]

---

103) Duus, 1995, p.206.

104) New York Public Library, Allen Papers, "Attempt," Bostwick to Allen, January 19, 1906; Hulbert to Rittenhouse, January 12, 1906; Duus, 1995, p.207.

105) Moriyama Shigenori, *Kindai Nikkan kankeishi kenkyu*(近代 日韓 關係史 研究), Tokyo Daigaku Shuppankai(東京大出版部), 1987, p.205; Duus, 1995, p.207.

피터 두스에 따르면, 일본은 헐버트를 철저히 감시하고 있는 상태였다. 또 그 진행상황을 잘 파악하고 있었다. 그럼에도 그냥 내버려둔 이유는 무엇일까라고 두스는 묻는다. 치외법권을 가진 미국인을 어떻게 할 수 없었을 것이라는 해석도 가능하다. 하지만 일본인들은 고종을 일거에 제거할 수 있는 구실과 명분을 쌓고 있었다는 해석을 제시한다.

14. 헤이그 사건과 고종 퇴위, 그리고 조선 국가의 종언

이토 히로부미를 포함한 일본 정부가 고종 제거를 최종적으로 결심한 계기는 1907년 6월 헤이그 만국평화회의(Hague Peace Conference)에 비밀대표단을 파견한 사태였다. 헤이그 사태를 기화로 이토 히로부미는 7월 3일 고종을 윽박지른다. "(한국을) 보호할 일본의 권리를 그런 은밀한 방법으로 부인하는 것은 일본에게 전쟁을 선포하는 행위"라는 것이었다. 이토는 그날 내각 수반인 이완용에게, 고종의 음모는 일본이 전쟁을 선포할 이유로 충분하다면서 조치를 취하라고 촉구한다. 한국 내각은 다음 날 고종과 만나 이토에게 사과할 것을 주문한다. 고종은 거절한다.[106]

이 시기 이토는 고종을 제거할 결심을 굳힌다. 본국과 연락하여 실행에 옮기는 작업에 착수한다. 1907년 7월 7일 이토는 당시 일본 수상 사이온지 긴모치(西園寺公望: 1849~1940, 수상 재임: 제1차, 1906년 1월 7일~1908년 7월 14일; 제2차 1911년 8월 30일~1912년 12월 21일)에게 전문을 보낸다. 고종을 폐위하고 한국 내정에 대한 강력한 권한을 일본이 갖는 새 조약이 필요하다는 내용이었다.[107] 사이온지 내각은 신

---

106) Duus, 1995, p.208.
107) Tako Keiichi, "Nihon ni yoru Chosen shokuminchi katei ni tsuite no ichi kosatus: 1904-10 nen ni okeru," Part 3. *Handai hogaku*,

속하게 움직였다. 통감이 자문관들을 통해 한국 국정을 간접적으로 통제하던 체제를 버리고 한국 정부기구 안에 일본인들을 직접 배치하는 방식으로 바꾼다는 쪽으로 일본 정부 입장을 정리한다. 고종의 양위(讓位)를 끌어내는 작업은 한국 내각에게 맡겨졌다.

1907년 7월 18일 마침내 고종은 양위에 동의한다. 이때 한국 궁정 안에서 고종의 폐위를 반대하는 반일 쿠데타가 발생한다. 그 주역은 갑신정변 주역의 일원이었던 박영효였다. 그는 한 해 전인 1906년 6월 이토가 고종을 설득하여 고국으로 돌아와 있었다. 고종이 받아들인 것은 이토의 압력 때문이기도 했다. 하지만 대신들이 박영효는 이제 더 이상 친일파가 아니라고 보증했다. 고종은 박영효를 궁내부대신에 임명하기까지 했다.[108] 박영효는 고종의 믿음대로 이제 친일파가 아닌 근왕주의자가 되어 있었다. 1884년 무모한 친일 개화파였던 그는 이번에는 무모한 반일 근왕주의자로 행동하게 된다.

쿠데타 양상은 1884년 때와 놀랄 정도로 동일했다. 1907년 7월 18일 밤 열리는 고종의 양위식에서 일단의 궁정수비대를 동원해 내각 대신들을 암살하는 방법이었다. 피터 두스는 박영효가 1884년의 경험에서 배운 것이 아무것도 없었던 것 같다고 말한다. 병부대신과 법무대신은 이를 피해 빠져나가 이토 히로부미에게 쿠데타 발생을 보고한다. 이토는 하세가와 요시미치 장군이 이끄는 보병대대를 투입해 쿠데타를 진압했다. 다음 날인 19일 고종은 폐위되고 순종(純宗)이 즉위한다. 박영효는 제주도에 2년간 유배당한다. 순종은 온순하고 약간의 정신지체가 있는 인물(a man of limited mental capacity)로 그려진다. 일본인의 한국 통치에는 이상적인 선택이었다.[109] 이제 한일 간 강제병합으로 가

---

no.101 (January 1977); Duus, 1995, p.208.

108) Duus, 1995, p.210.

109) Duus, 1995, p.210.

는 고속도로가 마련되었다.[110]

우리는 러일전쟁에서 고종의 폐위사태에 이르는 과정에서 고종 정권이 전개한 외교와 행동을 짚어보면서, 다음과 같은 질문을 던지지 않을 수 없다. 사실상 일본의 보호령으로 떨어져 있는 상황에서 조선 국가의 최소한의 자율성과 내실을 다져 나가 병합을 막고 후일 보호령 상태를 벗어나기 위한 합리적인 전략적 행위는 무엇이었을까 하는 것이다. 어쩌면 덧없는 질문일 수도 있고, 또 한편 피할 수 없는 질문이다.

15. 에필로그

말기 조선의 운명과 관련해서 우리가 던진 질문의 하나는 청일전쟁 기간 친일 개화파 정부가 시행한 갑오개혁이 조선의 근대화 능력과 관련해서 어떤 의미를 갖는가 하는 것이었다. 그것들은 "조선 지배층도 외세의 총칼 밑에서나마 근대화 개혁을 할 수 있는 의지와 능력이 있다는 것"을 보여주었다. 그러나 그것이 고백하는 더 중요한 사실이 있다. 조선 지배층은 외세의 총칼 밑에 놓이게 되기 전까지는 근대적 개혁을 위한 자기 쇄신의 노력을 충분히 기울이지 않았다는 것이다. 역사는 조선이 외세의 힘을 등에 업고 뒤늦게나마 추구하려 했던 개혁 노력을 보상해주기보다는 그 지경이 되도록 자기쇄신을 거부한 나태와 안일을 엄하게 징벌하는 쪽을 택했다. 같은 시기에 명을 다한 청조와 마찬가지로 거의 마지막 순간까지 전통질서의 악순환의 굴레에서 빠져나오지 못했다. 고종과 집권층뿐만 아니라 사대부계층을 포함한 당시 조선 사회 지배계층 전체가 그 틀에서 자유롭지 못했다.

---

110) 1907년 7월 24일 체결한 '한일협약'(일본 명칭, 일한협약)과 1910년 8월 22일에 체결한 '합병늑약'(合倂勒約, 일본명칭은 '한국병합에 관한 조약')의 전개와 그 '불법성'에 대해서는 이태진, 1996, 37~45쪽 참조.

조선의 19세기는 나름대로 개혁의 열정을 지녔던 정조가 1800년 사망하면서 시작되었다. 그것은 곧 세도정치의 시작이었다. 1840년 아편전쟁과 함께 시작되는 말기 조선의 첫 20여 년은 헌종과 철종대로서 세도정치의 전성시대였다. 동아시아에 근대 제국주의질서가 성립하고 일본이 근대적 괴물로 거듭나려 용틀임하는 시기에 말기 조선 제1기 20여 년은 그렇게 허송세월했다. 그에 그치지 않았다. 조선의 전 근대적 질서와 주변 세계 사이에서 벌어져가는 격차 속에서 내부 사회 모순은 더욱 격화되어갔다.

　　제2기 대원군시대는 늦게나마 개혁의 시대를 열었다. 그러나 전통적 틀 안에 갇힌 개혁이라는 한계를 안고 있었다. 중국과 일본마저 개국의 길로 나아가 서양 세계와 역동적인 교류의 시대로 나아가고 있던 시대였다. 이에 비추어 보면 조선의 쇄국 또한 시대착오적인 임시방편에 불과했다. 고종이 친정을 하고 대원군이 퇴장한 이후의 시대적 요청은 개혁을 동반한 개국이었다. 개국과 함께 요청되는 것은 대원군 시대 개혁정치가 안고 있던 전통적 한계를 뛰어넘어 근대국가 건설로 나아가기 위한 자기혁신이었다. 하지만 대원군시대에 이루어졌던 제한된 개혁정치마저도 붕괴했다. 민씨 척족에 의한 세도정치가 부활했다. 대원군집정기에 구축된 국방력도 약화되었다. 일본과 맺은 강화도조약이 불평등조약체제일 수밖에 없도록 만든 원인의 하나였다.

　　10년에 걸친 제3기는 그런 의미에서 '잃어버린 10년'이었다. 개혁이 실종된 불평등 개국은 조선에서 국가와 민중 사이의 거리를 더욱 벌려놓았다. 지배층 내부 분열도 극단화시키고 폭력화시키는 결과를 가져온다. 제4기(1882~84)에 임오군란이라는 내란과 갑신정변이라는 쿠데타의 시절을 낳은 배경이었다. 이로 인해 청나라의 한반도에 대한 직접개입이 초래되었다. 그럼으로써 조선을 둘러싼 청과 일본의 각축은 심화되었다. 장차 그 갈등의 폭력화를 예비했다.

제5기인 1885~94년의 10년 기간, 이홍장과 원세개를 통한 청의 간섭이 강화된 조건이었던 것은 사실이다. 그러나 조선의 국가권력은 내치에서는 여전히 기본적인 자율성을 누렸다. 조선 왕실과 조정은 그 자율성의 공간을 지혜롭게 활용하지 못했다. 내실 없는 군제개편을 거듭하면서 국방력은 더욱 피폐해져갔다. 이 국면에서 조선 사회와 국가가 독립적 정체성을 유지하는 데 필요한 시대적인 요청은 기본적으로 두 가지였다. 외세의 직접 개입 강화와 무력개입을 예방하기 위해서는 물리적인 균세가 아니라 주어진 조건 속에서의 균형된 외교전략이 그 하나였다. 다른 외세를 끌어들여 기존의 지배적인 외세의 개입 강화를 촉진하는 행동은 물리적인 균세를 추구하는 것일망정 내실에서 균형된 외교는 아니었다. 나라의 독립성과 일정한 내정의 자율성이 남아 있는 공간 속에서 외세를 끌어들여 다른 외세와 갈등하고 각축하게 만드는 외교가 필요한 것이 아니었다. 영국과 미국 등이 근대적 국제법질서에 바탕을 두고 조선에서 러시아의 영향력 확대를 걱정하지 않는 가운데 청과 일본의 야심을 견제할 수 있도록 유도하는 신중한 외교가 이 시대에 요청되는 균형된 외교전략일 터였다.

그와 함께 이 시기의 또 다른 시대적 요청은 국가와 민중의 거리를 좁혀 사회통합을 이룩할 수 있는 근대적인 내정개혁이었다. 이 두 가지 시대적 요청들 모두에서 제5기는 또 하나의 잃어버린 10년이었다. 부적절한 방식으로 러시아 세력을 끌어들임으로써 청의 개입과 종주권을 강화하는 결과를 초래했다. 러시아의 동아시아 진출을 우려하는 영국과 미국, 일본 등 제국주의 해양세력들의 경계심을 또한 촉발했다. 장차 한반도에 대한 일본 지배의 국제적 승인을 초래할 단초를 마련한 것이었다. 1885~94년의 기간이 잃어버린 10년이었던 또 다른 결정적인 이유는 민씨 척족에 의한 세도정치의 발호였다. 민영준의 전횡은 이 시기 세도정치의 발호를 대표하는 것이었지만 물론 그 전부는 아니었다. 임오군란과 갑신정변, 그리고 뒤이은 청의 종주권 강화라는 역사적 경험에서 조선 왕실과 집권층이 교훈을 얻고 각성하여 실천한 바가 없었음을 웅변하는 것이었다.

그렇게 잃어버린 또 하나의 10년의 결과가 갑오농민전쟁이었다. 또한 청일전쟁과 일본지배였다. 제6기(1894~95)에 해당하는 이 전쟁과 일본지배의 시기는 민비시해라는 참극에서 절정에 달한다. 제5기의 실패는 한반도에 대한 일본패권 체제인 제6기를 낳았다. 제6기는 조선 지배층이 외세의 무력과 연합하여 조선 내부 밑으로부터의 개혁의 동력을 압살해버린 잔인한 계절이었다. 다른 한편 이 시기 일본의 주도 아래 전개된 갑오개혁은 외세의 총검 아래서나마 조선의 정치질서가 전통질서의 악순환의 고리에서 벗어날 수 있는 계기로 활용될 수도 있는 국면이었다.

제7기(1896~1905)가 시작되는 무렵인 1896년 2월, 조선 지배층 앞에 놓인 선택은 네 가지였는데, 크게는 두 갈래였다. 일본 패권체제를 수용할 것인가, 아니면 러시아의 힘에 의존하여 일본 패권체제에서 이탈할 것인가였다. 두 선택은 다시 각각 긍정적인 방향과 퇴보적인 방향으로 나뉠 수 있었다. 그래서 결국은 전부 네 가지의 선택이 가능한 것이었다. 일본 패권을 수용하는 것은 친일 매판 노선으로 귀착될 가능성이 높았던 것은 사실이었다. 그러나 일본 패권의 체제를 수용하되 그 안에서 근대국가로 나아갈 내적 자기혁신을 추구하고, 근대적 국제법질서를 활용한 국가 독립성 유지의 외교전략을 추구할 여지가 전혀 없는 것은 아니었다. 실현가능성이 크다고 할 수는 없는 것이었으나, 제5기의 실패로 인해서 이미 일본 패권의 체제 속에 떨어진 조선에게 주어진 실낱 같은 희망의 근거였음을 부정할 필요는 없었다.

러시아의 힘을 끌어들이는 인아거일의 전략도 두 가지의 방향이 가능했다. 러시아에 의지해 일본을 견제함으로써 생기는 균세의 공간 속에서 근대적 개혁에 바탕을 둔 자주노선을 걷는 길이 있었다. 그러나 그 타락한 형태도 가능했다. 조선 국왕과 그 주변의 근왕세력이 명분과는 달리 실질적으로는 근대적 개혁을 거부하면서, 왕권 강화에만 골몰하는 길이었다. 그것은 결국 러시아의 힘을 빌려 전제정치로 회귀하는 선택이라 할 수 있었다.

1896년 2월 11일 고종과 근왕세력이 아관파천을 통해 선택한 친러시아 노선은 두 가지 점에서 조선의 운명에 치명적이었다. 삼국간섭 이후 만주를 중심으로 북중국에서 세력을 확장하고 있던 러시아는 일본뿐 아니라 영국과 미국의 경계심을 한층 더 고조시키고 있었다. 이 상황에서 한국이 러시아를 끌어들이는 행태는 영국과 미국 등 대서양 세력이 주도하는 국제사회가 한반도에서 러시아 견제를 위한 일본 지배권의 확장을 지원하고 승인하도록 재촉했다. 조선의 인아거일이 초래한 러일 간 '균세'의 국면은 매우 짧았다. 영미 양국이 일본을 지원하는 가운데 러시아를 한반도와 만주에서 무력으로 축출하기 위한 제국주의 전쟁이 준비되었다. 그것은 일본에 의한 한반도 식민지화, 그리고 그에 대한 국제사회의 승인으로 직결될 수 있는 상황이었다.

아관파천 이후 고종과 집권층이 걸어간 친러시아 노선은 러시아의 보호국이 되기를 자청하는 수준으로 나아가는 비자주적 노선으로 국제사회에 인식되었다. 그로써 영미일 삼국의 제국주의 연합에 의한 한반도 개입을 촉진시켰을 뿐만 아니라, 내정에서도 근대적 개혁과는 거리가 있는 한계를 드러냈다. 구본신참을 명분으로 근대적 외양을 흉내냈을 뿐, 근본적으로는 전통적 질서에 기반을 둔 집권세력의 권력유지를 꾀하는 전제정치 회귀노선에서 크게 벗어나지 못했다.

조선에게 주어진 마지막 기회였다고 할 수 있는 제7기 10년 역시 그런 의미에서 또 하나의 잃어버린 10년이었다. 조선이 걸어간 제7기의 모습은 한반도와 만주를 무대로 한 러일 간 패권전쟁의 발발을 재촉했다. 그 전쟁의 종식과 함께 전개되는 말기 조선 제8기의 역사는 그렇게 "잃어버린 10년들"의 인과가 켜켜이 누적되어 초래된 운명의 우울한 에 필로그였다.

제8기(1905~10)의 한가운데인 1907년 고종이 폐위되면서 이토가 '대한제국'의 궁정을 청소하는 모습은 외국인 학자에게 깊은 인상을 남겼다. 망하는 순간까지 조선 권력구조의 상층부를 지배하고 있던 전 근 대성을 표상하는 것들이었다. 명목뿐인 직책들과 이제는 더욱 불필요해진 경비대 요원들과 함께, 이토가 조선 궁정에서 추방한 것은 수많은 시종과 시녀와 하인이었다. 왕실과 궁정이 소유한 토지재산과 인삼독 점권 같은 자산들도 모두 국고로 넘겨졌다.[111] 그 후에도 대한제국 정부예산에서 당시 가치로는 엄청난 금액인 120만 달러를 매년 왕실에 제공하고, 고종에게도 매년 30만 달러를 용돈으로 지급하게 된다. 하지만 나라재산이 곧 왕실재산이었던 시대는 그것으로 끝이 났다.[112]

안타까운 것은 조선 지배층에게는 그 같은 기본적인 근대적 개혁마저 왜 그토록 불가능했는가 하는 것이다. 고종의 폐위와 함께 조선의 궁정에 더 이상 존재하지 않게 된 것 중에는 고종과 그의 부인 민비가 생전에 불러들이기를 좋아했던 무당들도 포함되어 있었다. 사실 고종의 무능과 전 근대성과 노력의 부족은 근대성과 신문명을 무기와 명분으로 삼아 향후 수십 년간에 걸쳐 일본이 수행하게 되는 반인류적 범죄들에 비하면 사소한 결함에 불과한 것들이었다. 그러나 근대적 프랑켄슈타인이 되어가는 일본 제국주의와 그 대륙침략에 한반도를 제물이자 그 발판으로 제공하는 데 기여한 바가 컸다는 점에서 결코 사소한 것들은 아니었다.

---

111) Duus, 1995, p.211.
112) Duus, 1995, p.211.

제12장 19세기 말 조선에 대한 역사인식의 분류

• 말기 조선에 대한 근대화 담론의 사상지도

1. 시대와 역사인식의 변화

한국인의 역사인식은 1990년대 후반 이래 많은 변화를 겪었다. 두 가지 면이 두드러진다. 민중사관의 퇴장이 그 하나다. 기층 민중을 중심으로 역사를 바라보는 역사인식이 퇴조했다. 탈민족주의적 역사의식의 확산이 다른 하나다. 삶과 가치를 공유하는 공동체로서의 '민족'이라는 개념적 단위의 실체성에 대해 회의를 제기하면서, 민족을 중심개념으로 한 역사인식의 해체를 추구하는 지적 흐름이 유력해졌다.

이러한 지성사적 변동은 세계적 차원과 한국 현대사의 맥락에서 전개된 몇 가지 현실적 변화들과 긴밀히 연동되어 있다. 첫째, 사회주의권이 몰락하면서 "계급"과 "민족해방"의 개념들과 밀착되어 있는 마르크스-레닌주의 세계관이 한국 지성계에서 급속하게 퇴장했다. 민중과 민족이 사라져버린 현실의 지적 공백을 채운 것은 다양한 형태의 개인들과 초국적 정체성들이었다. 그 현실적 기반은 미국이 주도하는 세계화였다. 둘째, 한국사회 민주화가 수반한 역사의식의 변동이다. 사회주의권이 몰락한 세계 속에서 한국사회의 민주화는 한국의 지식인들에게도 프랜시스 후쿠야마가 '역사의 끝'으로 규정한 민주적 자본주의 이외의 어떤 대안적 질서도 상상될 수 없는 것을 뜻했다. 민주적 자본주의 질서의 역사적 주체는 민중도 민족도 아닌 시장과 개인이며 또한 중산층 시민이었다. 셋째, 한국 사회에서 '북한'이 갖는 의미의 변동이다. 1990년대 중반 이후 북한의 의미 변화는 실로 한국 지성사적 차원의 변화라 할 만했다. 핵무기 개발위협의 부각에도 불구하고 고립된 북한의 군사적 위협은 사실상 무의미해진 가운데 식량난과 탈북난민은 북한의 체제실패를 표상했다. 북한의 체제실패는 한국 현대사에서 공산주의운동과 북한에 관련된 모든 이슈들에 대한 논의에서 지적 균형에 중대한 변화를 초래했다. 이것은 한국 지식인사회에 이미 진행되고 있던 지적 지각변동을 더욱 촉진했다.

이 같은 1990년대 이래의 지성사적 변동은 우선 한국 현대사에 대한 역사인식에 큰 변화를 가져왔다. 이어서 식민지시대와 나아가 19세기 말 조선과 그 운명에 대한 해석에서도 과거에는 결코 뚜렷하게 존재하지 않던 논의와 역사인식을 등장시켰다. 시각의 다양성이 커지고 그만큼 역사인식의 균열도 뚜렷해졌다. 이러한 역사인식의 균열과 다양성에서 특히 주목되는 것은 민중이 퇴조하는 대신 근왕주의(勤王主義) 또는 엘리트주의를 내포한 역사의식 범주들이 더욱 중요해졌다는 사실이다. 아울러 민중이 퇴조한 자리에는 탈민족적 시각이 본격 등장해 있다는 점 또한 놓칠 수 없다.

2. 19세기 말 조선에 대한 역사인식과 근대화 담론 분류

이 글에서 필자는 19세기 말 조선 근대화 담론의 분류를 시도한다. 19세기 조선 역사인식에 대한 우리 지식인사회의 지적 균열의 양상을 보다 정돈된 방식으로 파악해보려는 것이다. 필자가 이해하기로는 지난 10여 년간에 우리 학계에서 19세기 조선에 대해 제기해온 다양한 논의들의 핵

19세기 말 조선에 대한 역사인식과 근대화 담론 분류

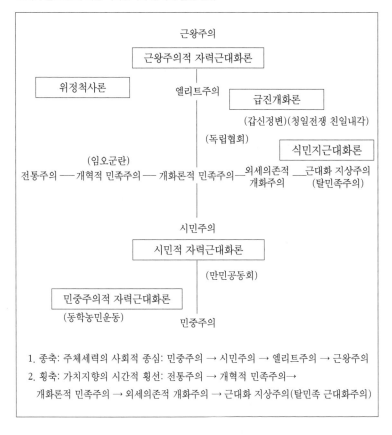

1. 종축: 주체세력의 사회적 종심: 민중주의 → 시민주의 → 엘리트주의 → 근왕주의
2. 횡축: 가치지향의 시간적 횡선: 전통주의 → 개혁적 민족주의→
   개화론적 민족주의 → 외세의존적 개화주의 → 근대화 지상주의(탈민족 근대화주의)

심에는 당시 조선의 근대화의 방향은 무엇이고, 또 그 담지자는 현실적
또는 당위적인 차원에서 누구인가라는 질문이 놓여 있다. 나는 이에 착안
한 하나의 분류방식을 제안하려고 한다. 두 가지의 개념 축으로 한국 근
대사 인식의 갈래를 파악하고자 한다. 하나의 종축과 하나의 횡축이다.

종축은 사회적 종심(從心)이다. 사회적 종심은 역사변동 또는 근대화
의 주체로서의 사회세력의 성분을 가리킨다. 이 종심의 맨 밑에는 민중
을 역사와 근대화의 주체로 인식하는 민중주의가 있다. 그리고 그 맨
위에는 군주정의 군주를 현실적으로 그리고 당위적으로 역사의 담당

주체로 인식하는 '근왕주의'가 있다. 이 사회적 종심의 중간 다소 윗부분에 우리는 '엘리트주의'를 배치할 수 있다. 또 민중과 엘리트의 중간에 '시민'을 위치시킬 수 있다면, 엘리트주의와 민중주의의 중간 지역에 '시민주의'가 있다고 생각해볼 수 있다. 그러나 조선 말기, 조선의 근대에 시민이 과연 존재했느냐는 심각한 논란의 대상이 될 수 있다. 따라서 이 분류에서 시민과 시민주의는 잠정적인 개념으로만 설정하기로 한다. 이 점은 1890년대 말에 등장한 독립협회와 만민공동회의 역사적 의의를 평가하는 부분에서 다시 논의할 것이다.

근왕주의인가, 엘리트주의인가, 민중주의인가는 그 표징으로 보면, 위로는 고종과 민비에 대한 생각, 그리고 아래로는 임오군란과 동학농민전쟁 또는 한말의 의병운동 등에 대한 견해로 집약된다. 근왕주의는 고종과 함께 민비(사후 명성황후 추존)를 책임 있고 유능한 지도자로 간주하는 반면에 민중운동에 대해서는 자주적 행동능력이나 비전, 그리고 그 지도자들에 대해서도 부정적 평가를 내린다. 근왕주의의 또 하나 특징은 고종과 민비의 편에서 대원군 비판을 주요 의제로 삼는다는 점이다.

한편 엘리트주의가 근왕주의와 다른 점은 고종과 민비에 대해서 비판적이라는 점이다. 동시에 이 관점은 민중운동에 대해서도 대단히 비판적이다. 그 점이 급진 개화파 인물들과 같은 엘리트주의자들을 민중주의에서 구별 짓는다.

민중주의는 1882년의 임오군란이 군중심리가 촉발한 우발적 사태이거나 또는 정반대로 대원군의 교사를 받은 비주체적인 폭동이라는 역사해석을 액면 그대로 받아들이지 않는다. 개항 이후 19세기 말 고종과 민씨 척족의 나라였던 조선의 구조적 위기가 표출된 것이라고 본다. 동학농민봉기에 대해서도 이태진 등은 대원군이라는 파당적 정치세력과 원세개로 대변되는 외세의 사주에 의한 것으로 폄하했다는 것은 앞에서 살핀 바 있다.[1] 그러나 민중주의는 동학농민운동의 주체성과 역사적 의미를 강조한다.

한편 횡축은 "가치지향을 중심에 둔 시간적 횡선(橫線)"이다. 그 개념적 기준은 두 가지 요소를 함께 갖는다. 근대적 문물에 대한 관용성, 즉 근대 지향성과 함께 서양과 일본을 포함한 외세(의 개입)에 대한 관용성이다. 이 횡축의 제일 왼쪽에는 전통주의가 있으며, 그 반대인 오른쪽 끝에는 근대화 지상주의가 있다. 근대적 문물에 대한 지향을 다른 무엇보다 중시한다는 점에서 근대화 지상주의라고 할 수 있는데, 그것은 19세기 조선이라는 시대적 공간 속에서는 서양과 일본이라는 외세에 대한 관용성을 의미한 것이었다. 탈민족주의적 성격을 띠고 있다.

전통주의는 서양의 문물에 대한 전면적인 거부다. 외세에 대한 관용성 또는 거부라는 측면에서 그것은 다시 두 경향으로 나뉜다. 하나는 수구적(守舊的) 민족주의로서 서양과 일본의 영향과 개입을 극력 배제하는 가치관이다. 다른 하나는 주자학적 화이론이라고 할 수 있는 것이다. 서양과 일본을 배척하는 점에서 민족주의적 요소가 강하다. 그러나 중화사상에서 벗어나지 않은 점에서 민족주의와 일정한 거리가 있다. 그러나 동시에, 당시 조선의 전통적 사대부 지식인들이 갖고 있던 중화사상은 중국을 지배하고 있던 청나라를 정통적인 중화라고 인정하기를 주저하는 면이 있었던 점을 생각해본다면 이들 전통적 지식인들의 외세에 대한 자세는 수구적 민족주의와 실질적인 차이는 없다고 할 수도 있다. 어떻든 이러한 내면적 차이가 존재한다는 점을 전제하는 가운데 이들을 모두 전통주의로 묶을 수 있다고 생각한다. 결국 척사(斥邪)에 담긴 서학과 일본의 근대 문물에 대한 배척과 양이(攘夷)로 압축되는

---

1) 이태진, 「역사소설 속의 명성황후 이미지: 정비석의 역사소설 『민비』의 경우」, 『한국사 시민강좌 41』, 일조각, 2007, 124쪽.

외세 거부적 가치관이 전통주의의 핵심 내용이다. 이로써 근대화 지상주의와 대척점에 서 있다.

여기서 민족주의라 함은 오랜 세월 전쟁과 평화와 같은 정치군사적 운명과 언어를 포함한 문화적 특성을 일정하게 공유하여 배네딕트 앤더슨이 말하는 '상상된 공동체'이든, 어떤 실재하는 공동체로서든, '민족'으로 불리는 공동체의 정치적 독립성과 사회문화적 정체성의 유지를 중요한 가치로 인식하는 역사의식이다. 반면에 당시 한반도라는 공간에 존재한 정치공동체의 독립 자주성이나 그 안의 사회문화적 정체성의 가치보다 근대 지향적 변화의 목표를 우선하는 관점을 탈민족주의적인 근대화 지상주의라고 말할 수 있다.

횡축의 한가운데에는 근대문물에 대한 지향과 외세에 대한 관용성이라는 두 요소들 중에서, 전자, 즉 근대문물의 수용성(受容性)에서는 개방적이고 근대지향성을 갖는 개화주의와, 외세와 그 외세의 개입에 대해서는 거부감을 갖는 민족주의의 요소가 함께 있는 가치관을 배치할 수 있다. 그것을 '개화론적 민족주의'라고 부르기로 한다.

개화론적 민족주의와 근대화 지상주의 사이에는 '외세의존적 개화주의'를 배치한다. 근대화 지향성에서 근대화 지상주의와 친화성이 있지만, 근대화를 위한다고 하더라도 기존의 국가와 정치공동체의 독립성에 대한 집착, 즉 자주성의 가치를 완전히 포기하지는 않은 가치관이다. 근대화를 지향하며 외세의존적이지만, 탈민족적 수준으로까지 외세의 개입수준에 전적으로 관용적은 아닌 입장인 것이다.

횡축의 왼편의 경우, 전통주의와 개화론적 민족주의 사이에 '개혁적 민족주의'를 배치한다. 근대 문물에 대해 배타적인 요소가 있어서 개화론과는 다르고 전통주의에 가깝다. 또한 외세의 영향력에 대한 관용성에서도 배타적인 민족주의가 강하다. 하지만 전통주의와 다른 것은 기존 질서의 변화를 추구한다는 점이다. 예컨대 동학농민혁명이 추구했던 변화는 분명 서학과 일본식 문물에 관해서는 배타적인 것이어서 개화론과는 구분된다. 하지만 동학은 매우 광범한 개혁을 추구하는 사상과 운동이었다. 신분질서를 핵심으로 하는 전 근대적 봉건질서를 변화시키고자 하는 점에서 근대지향적 요소가 있었던 것이 사실이다. 서양적 근대의 본질적 내용인 민주주의가 전통적인 사회적 신분질서의 타파에서 비롯된 것임을 유념할 때, 과거지향이 아닌 근대지향의 변화를 내포한 개혁주의가 있다는 점에서 전통주의와 개화주의 사이에 '개혁주의'를 위치시킬 수 있다. 따라서 개혁적 민족주의는 외세에 대한 배타성이라는 점에서 민족주의를 내포하지만, 시대적 가치지향이라는 점에서는 전통주의와 개화론적 민족주의의 중간에 배치할 수 있게 된다.

이렇게 해서 가치지향을 나타내는 횡축은 근대 문물에 대한 관용성과 배타성, 그리고 외세나 외세개입에 대한 관용성과 배타성이라는 기준을 근거로 하여 가장 배타적인 전통주의로부터, 개혁적 민족주의, 개화론적 민족주의, 외세의존적 개화주의, 그리고 가장 관용적인 근대화 지상주의까지 다섯 가지의 가치관을 상정할 수 있다.

근왕주의→엘리트주의→시민주의→민중주의로 구성되는 사회적 종심과 전통주의→개혁적 민족주의→개화론적 민족주의→외세의존적 개화주의→근대화 지상주의(탈민족주의적 근대화론)로 구성되는 시간적 횡선을 서로 교차시키면, 한국 근대사에서 근대화 담론의 분포를 시각화할 수 있는 일종의 사상지도를 그려볼 수 있다. 두 축이 교차하는 지점에 따라 크게 여섯 개의 근대화 담론의 윤곽이 분포되어 있다. 위정척사론, 근왕주의적 자력근대화론, 급진개화론, 민중주의적 자력근대화론, 시민적 자력근대화론, 그리고 식민지근대화론이 그것이다.

먼저 전통주의와 근왕주의, 또는 전통주의와 엘리트주의가 만나는 지점에 위정척사론적(衛正斥邪論的) 역사인식이 있다. 근왕주의와 개화론적 민족주의가 만나면 근왕주의적 자력근대화론이 성립한다. 급진개화론은 엘리트주의가 외세의존적 개화주의와 만날 때 성립한다. 이 것은 역사적 환경에 따라 근대화 지상주의와 결합할 수도 있다. 급진개 화론이 식민지근대화론으로 진화할 친화성을 내포한 이유이다.

한편 민중주의가 개혁적 민족주의나 개화론적 민족주의와 만날 때 민중주의적 자력근대화론이 성립한다. 민중주의가 개혁적 민족주의와 만날 때 동학농민운동과 같은 민중운동이 성립할 것이다. 끝으로 시민 주의와 개화론적 민족주의가 만날 때 시민적 자력근대화론이 성립한 다. 독립협회와 연관하여 대한제국 시절에 잠깐 등장했던 만민공동회 활동이 그 근사치라 할 수 있으나 논란의 대상임은 염두에 둘 필요가 있다.

식민지근대화론은 근왕주의도 민중주의도 배척한다. 시민주의가 조 선사회에 실재했다는 것도 믿지 않으며, 따라서 시민적 자력근대화의 가능성도 부정한다. 한편으로 조선 사회의 질서와 문명에 대한 절망을 바탕에 깔고 있으며, 그 절망에는 신분질서에서 고통 받는 민중들에 대 한 연민도 들어 있다. 그러나 조선 사회와 역사에 대한 절망에는 동학 농민운동과 같은 민중운동의 근본적 한계에 대한 절망까지도 포함된 다. 그런 의미에서 식민지근대화론은 조선 역사상의 사회적 종심에 위 치하는 어떤 세력에 대해서도 연대를 제기하지 않는다. 왜냐하면 그들 은 모두 조선 사회의, 조선 문명의 부분들이었기 때문이다. 다만 식민지 근대화론이 급진개화론과 친화성을 보이는 점에 비추어볼 때, 오늘날 한국의 식민지근대화론이 사회적 종심의 차원에서는 엘리트주의와 상 대적인 친화성이 있는 것으로 생각된다.

한편 우리는 이 그림 위에서 조선 말기에 실제 전개된 역사적 사건들 (임오군란, 갑신정변, 동학농민운동 등)의 사상적 위치를 비교해볼 수 있다. 그리고 주체와 그 사상이 상호 교차하는 지점에 존재했던 어떤 공백을 생각해보는 데 도움이 될 수 있다. 이 사상지도에서 임오군란의 위치는 시간적 횡선에서는 개혁적 민족주의에 위치한다. 임오군란 세력은 고종과 민비의 조정이 주도하는 신식군대 설치를 포함한 이른바 개화정책을 반대했다. 또 일본이라는 외세를 배격했고, 곧 청나라 군대에 의해 진압당했다. 그러므로 반외세의 성격이 강했다. 그런 점에서 민족주의적이었다. 그러나 수구적인 전통주의와는 거리가 있었다. 사태의 발단이 민겸호 등 세도정치하의 부패와 부조리로 군인들의 분노가 폭발한 것인 만큼 부패구조를 혁파하는 개혁주의적 지향을 갖고 있었다고 보아야 한다.

한편 사회적 종심에서는 임오군란은 엘리트주의와 민중주의의 사이에 위치한 것으로 볼 수 있다. 철저한 민중주의적 운동은 갑오농민전쟁에서 실현된다. 임오군란은 대원군과 같은 파당적 정치세력과도 관계를 갖고 있었던 것이 사실이다. 그런 점에서 민중주의와는 다소 거리가 있고 엘리트주의와도 전혀 무관하지 않았다고 할 수 있다. 그러나 반란에 참여한 일반군인들의 정서가 당시 일반 민중의 정서와 맞닿으면서 폭발적인 정치적 힘을 갖게 되었던 점에서도, 그리고 군인들 자신이 당시 조선 부패구조의 피해자들이었다는 점에서도, 엘리트주의와는 거리가 있었던 것이 분명하다.

한편 동학농민운동은 사회적 종심의 차원에서 철저하게 민중주의에 기반을 둔 것이었다. 그 사상적 지향도 역시 그러했다. 또한 민중 자신들의 독자적인 조직력을 통해 정치적·사회적 영향을 확산하고 또 사태가 전개되었으므로 민중주의라 할 수 있다. 한편 가치지향의 시간적 횡선에서는 동학농민운동은 서학 등 서양문물을 비판하고 동양 전통 안에서 대동사회적 이상향의 비전을 추구했다. 그런 만큼 전통주의적 성격을 갖고 있었다. 그러나 그 사상적 지향은 미래지향적인 개혁적 성격을 갖고 있었다. 그러므로 전통주의와 다르며, 개혁적 민족주의에 가깝다고 할 수 있다.

이 분류는 19세기 말 조선에 대한 그때로부터 현재까지에 이르는 한국의 사상 흐름들이 드러내는 역사인식의 갈래를 보려는 것이다. 조선 말기부터 1990년대 이후라는 현재에 이르기까지 존재하고 출현하여 우리들의 19세기 말 조선역사의 인식에 의미 있게 영향을 미치고 있는 역사인식의 유형들, 특히 그 시대 근대화의 주체와 방향에 대한 사유 유형들을 분류하려 한 것이다. 그러므로 이 유형으로 포착하려는 사상들은 조선 말기에 출현하고 존재한 것들만을 가리키지 않는다. 또 그때에 존재한 모든 사상 형태를 거론하는 것도 아니다. 그때로부터 오늘에 이르기까지 그 시대에 대해 우리가 인식하고 사유하는 데 영향을 미치고 있는 주요한 사상의 지도를 그려본 것이다.

3. 여섯 가지 역사인식 및 근대화 담론과 그 성격

1) 위정척사론

위정척사론은 전통적 사회윤리와 화이론적 국제질서관에 기초해 있었다. 사회질서 혁신과 서양 문물의 수용에 부정적인 주자학적 이데올로기였다. 박충석이 정의하는 바와 같이, 위정척사파는 "특히 병인양요를 계기로 하여 대외적 위기를 극복하기 위해서 등장한 정통 주자학파의 유림들로서 이항로(李恒老)를 종장(宗匠)으로 하여 그 문하에 모인 김평묵(金平默: 1819~91), 유중교(柳重敎: 1832~93), 최익현(崔益鉉: 1833~1906), 홍재학(洪在鶴: 1848~81) 등을 중심으로 하는 '존화양이'(尊華攘夷) 운동 또는 의병운동의 추진자들"이다.[2] 최익현은 그 대표적인 인물의 하나로서, 을사늑약 이후 의병장의 길을 걸었다.[3]

---

2) 박충석, 『한국정치사상사』, 삼영사, 1982, 200쪽.
3) 최익현은 68세 때인 1900년(광무 4)에 호서의 정산(定山: 지금의 충남 청양군

고종 3년째이던 1866년 최익현이 고종에게 올린 상소인 '병인의소'(丙寅擬疏)는 당시 조선의 왕이 힘써야 할 덕목을 여섯 가지로 요약했다. 첫째는 언로를 여는 것, 둘째는 성상(聖上)의 몸을 보호하시는 것, 셋째는 성학(聖學)에 힘쓰는 것, 넷째는 검약에 힘쓰는 것, 다섯째는 황묘(皇廟)를 복구하는 것, 그리고 여섯째로 서양 풍기(風氣)를 소청(掃淸)하는 일이라 했다.[4] 요컨대 전통주의와 양이, 그리고 서학 배척의 이념으로 채워져 있었다. 대한제국 시절인 1898년(광무 2)에 최익현이 올린 상소 '재소'(再疏)의 내용도 크게 다르지 않았다. 이 상소에서 그는 "중화와 이적의 구분을 엄격히 하여 큰 한계를 세우시기 바랍니다"라고 간하면서, "김홍집과 유길준의 무리"를 강하게 비판하고 있었다.[5]

위정척사론의 사회적 기반은 물론 전통적 사림세력이었다. 이들은 전통질서 안에서 왕권 강화를 꾀한 대원군 정권하에서 서원철폐와 군포제 개혁 등 내정 개혁 등에서는 대원군과 갈등했다. 그러나 서학의 탄압과 쇄국에서는 대원군의 배후세력으로 기능했다. 위정척사론은 1873년 대원군의 실각과 고종이 주도하는 가운데 전개된 개화가 대세로 되면서, 현실적 적실성을 상실해갔다. 그러나 근대화가 역사적 대세로 된 후에도 위정척사론이 내포했던 전통주의는 특히 사회정치적으로 실질적인 근대적 혁신을 거부하는 계층의 정서적 배후로 남았다고 할 수 있다.

소재)으로 이사하여 의병을 일으킬 준비작업을 시작했다. 이후 최익현은 반일 거두로 지목되어 1905년 일본군 사령관 하세가와 요시미치(長谷川好道)에게 체포된다. 1906년 호남 태인의 무성서원(武城書院)에서 의병을 일으켰다. 그해 6월 순창에서 관군과 왜군의 공격을 받고 패하여 서울에 압송된다. 그해 11월 74세를 일기로 대마도 엄원위수영(嚴原衛戍營)에서 순국했다(최영희,「해제」, 최익현,『국역 면암집 1』, 민족문화추진위원회 편, 출판사 솔, 1977, 5~6쪽).

4) 최익현, 1977, 83~102쪽.
5) 최익현, 1977, 177~181쪽.

위정척사파의 의병운동을 들어 한국 민족주의와의 관련성을 논할 수도 있다. 그러나 아시아의 민족주의는 어떤 의미에서 탈중화사상을 기본 요건으로 한다고 볼 수도 있다. 그렇다면 주자학적 화이사상을 벗어나지 않았던 위정척사파의 사상과 행동은 "한국 민족주의의 기원으로 보기에는 다소 미흡한 점이 있다"는 신복룡의 지적은 타당하다.[6] 다만 당시 조선의 주자학적 화이론이 현실적으로는 청나라의 문물에 대해서도 오랑캐의 것으로 인식하는 매우 배타적인 경향도 여전히 잔존해 있었다고 할 때, 위정척사론이 외세 전반에 대한 거부라는 수구적 민족주의와 실제로 구분하기 어려운 점도 있다는 점은 유의할 필요가 있을 것이다.

2) 근왕주의적 자력근대화론

근왕주의적 자력근대화론은 몇 가지 측면에서 위정척사론의 현대적 변형이라는 성격을 내포한 것으로 보인다. 그런 점에서 위정척사론이 근대화 물결 속에서 근대화의 필연성을 수용하면서 진행된 지적 변형이라는 성격을 갖는다고 생각된다.

첫째, 위정척사론의 전통적인 엘리트주의와 군주정의 이상주의적 자기개혁 능력에 대한 신뢰 등의 지적 전통이 근왕주의적 자력근대화론으로 연장되고 있다. 청일전쟁하에서 동학농민봉기에 냉소적이고 억압적인 태도를 견지하고, 일본의 무력진압에 협조적 자세를 취한 당시 조선 사대부세력의 민중주의에 대한 냉소는 오늘날 근왕주의적 자력 근대화론에 그대로 계승되어 있다.

둘째, 위정척사론이 화이관념에 바탕을 두어 펴고 있던 양이의 관념은 근대적인 민족주의의 논리와 결합하면서 반제국주의, 반식민주의의

---

6) 신복룡, 『동학사상과 갑오농민혁명』, 선인, 개정판, 2006, 478~479쪽.

입장을 취하게 된다. 근왕주의적 자력근대화론은 1970년대의 '광무개혁논쟁'과 무관하지 않지만, 본격적으로는 1990년대 이후 유력해진 식민지근대화론에 대한 지적 반동으로서 부상했다.

1880년대 시점에서 근왕주의적 자력근대화론에 가장 가까운 성향을 가진 것은 김윤식, 신기선 등의 동도서기론자들이었다. 김옥균, 박영효 등의 개화파들이 서양의 법제뿐 아니라 기독교를 포함한 종교와 사상 분야에서까지 서양의 도를 이해하고 긍정하는 데까지 나아갔다면, 동도서기론자들은 서양의 과학기술인 서기(西器)는 수용하되, 동양의 유교윤리와 전제군주제를 굳게 지키기를 주장했다. 이들 동도서기론자들의 입장은 개화파에 비하면 척사파에 가까웠다. 그러나 척사파와도 동도서기론은 분명한 차이가 있었다. 척사파들은 동도서기론까지도 받아들이지 않았다. 서기를 받아들이면 서양의 정신과 제도[西道]도 함께 따라 들어온다고 보았기 때문이다.[7] 그래서 김윤식과 같은 동도서기론자들은 한편으로 척사파와는 구분하여 온건개화파로 분류되기도 한다. 하지만, 이들은 행동주의적 개화파와 직면했을 때는 척사파적인 행동으로 흐르곤 했다. 근왕주의적 자력근대화론은 실제 현실에서는 그와 같은 행태를 낳기 쉬운 구조 속에 있었다.

어떻든 근왕주의적 자력근대화론은 밑으로부터의 개혁운동을 포함해서, 기존 사회질서를 동요시킬 수 있는 어떤 것도 철저하게 반대하는 점에서는 척사파와 큰 차이가 없었다. 그래서 근왕주의적 자력근대화론의 가장 중요한 특징은 밑으로부터의 사회개혁운동에 대한 거부감이다. 오늘날 한국 학계에서 자력근대화론을 대표하는 학자의 한 사람인 이태진은 동학농민봉기가 원세개와 대원군의 교사에 의한 것이라는 주

---

7) 권오영, 「척사와 개화」, 한국사연구회 편, 『새로운 한국사 길잡이 하』, 지식산업사, 2008, 49~50쪽.

장을 전개한다. 그런 가운데 그것이 조선사회에서 "밑으로부터의 자력에 의한 개혁운동"으로서 가질 수 있는 역사적 의미를 부정하고 있다. 고종과 민비에 의한 자력근대화 가능성은 인정하면서도, 농민봉기가 지적으로나 사회동력에서나 자력에 의한 것임을 부정하고 있다.[8] 밑으로부터의 전 사회적 개혁을 추구한 전례 없는 규모와 성격의 농민봉기를 대원군과 원세개의 교사에 의한 것으로 폄하하면서도, 고종과 자신의 일족의 탐학과 부패의 실질적인 배후세력으로 존재했던 민비에 대하여는 논리적으로 무리하게 판단되는 변호로 일관하는 경향을 보인다.[9] 그런 점에서도 근왕주의적이다.

근왕주의적 관점에서는 부정하고 있지만, 대원군 실각 이후 조선에서 개혁의 실종 상황은 제임스 팔레가 적절히 포착하고 개념화했다고

---

8) 갑오농민혁명의 주체성과 근대적 성격 또는 그 한계에 대한 분석과 평가는 대표적으로 신복룡의 저술에서 찾을 수 있다. 신복룡, 2006.

9) 근왕주의적 자력 근대화론이 펴고 있는 "고종의 근대화 리더십" 논의에 대한 비판은 식민지 근대화론자들의 핵심 주제 가운데 하나다. 이영훈은 이태진의 '고종 개명군주론'을 이렇게 비판한다. "고종황제가 민국이념을 계승한 개명군주라는 이(태진)의 주장에서 발견되는 의문도 허다하다. 고종을 개명군주로 승격시키기 위해서는 고종이 남다른 지성과 강인한 의지의 소유자였다는 점과 더불어 몇 가지 세상을 울릴 만한 개혁을 직접 기획하고 집행했음을 입증할 필요가 있다. 그렇지만 이 교수가 제시하고 있는 몇 가지 사례는 아마도 고종이 그렇게 하지 않았겠느냐는 추론을 유일한 증거로 삼을 뿐이다. 그것도 세상을 울릴 만한 개혁적인 것들이 아니다. 1886년 사노비의 세습을 철폐한 것은 민간에서 사노비의 세습이 중단된 지 이미 오래이기 때문에 하등의 감동도 주지 못한 명분에 불과한 것이었다. 영조의 태극팔괘도를 수정해 국기를 제정했음이 또 다른 근거로 제시되고 있으나, 당시 열국쟁패의 국제 사회에서 그것으로 과연 민국을 계승하고 보존할 수 있었을까. 다른 무엇보다 시급했던 것은 민국이념의 진정한 실현을 가로막고 있는 벌족들의 기득권을 폐지하고 그 재원으로 왕궁 하나라도 사수할 수 있는 대포를 제작하는 일이 아니었을까." 이영훈, 「고종은 여전히 소중화적 세계관에서 헤엄친다」, 교수신문 기획·지음, 『고종황제 역사 청문회』, 푸른역사, 2005, 98~99쪽.

생각된다. 고종이 초기에 최익현 등의 주장을 받아들여 전통적인 이상주의적이고 도덕주의적인 개혁을 시도한 것을 팔레는 우선 주목했다. 그러나 곧 그것들이 실효성은 없고 역효과를 생산하면서 고종이 이상주의적 열정을 상실해가는 것으로 보았다. 더 나아가 고종은 그의 아버지인 대원군이 시도했던 제도적 개혁마저도 포기한다는 것이다. 그래서 팔레에 의하면, 고종이 선택한 것은 "현상유지"(maintaining the status quo)였다. 그 결과는 곧 국가재정의 협소화를 받아들이는 동시에 부패를 정부체제의 불가피한 일부로 인정하는 것이었다.[10]

이것은 곧 정치 리더십과 권력의 공백으로 귀결되었다. 그리고 고종 자신이 자신의 통치능력 자체에 대한 자신감을 상실한 상태로 나아간다. 그는 곧 지식인들과 양반층 사이에서 전반적으로 신뢰를 상실하며, 정치와 조정신료들에 대한 통제력을 상실해간다.[11] 이러한 맥락에서 민씨 척족세력이 과거의 세도정치 양상을 재확립하여 부패하고 약한 국가를 확대재생산하는 것은 피하기 힘든 결과였다.

3) 급진개화론

급진개화론은 당시 조선 조정의 자력근대화 가능성을 비관하고 일본의 힘을 빌려 조선의 "문명개화"와 "부강"을 추구한 세력의 사상이다. 급진개화론은 물론 개화파 일반의 한 부류다. 구한말의 개화파와 그 사상은 1880년대 초에 개혁의 지향 수준과 방법에서 분화한다. 개혁 지향의 수준이라는 관점에서는, 김윤식, 김홍집, 민영익 등이 개화선각자였던 박규수와 함께 조선사회의 온건한 제도적 개선을 지향한 세력으로, 중국 양무론(洋務論)의 범주에 머문 양무개화파로 불린다. 반면 김옥

---

10) James B. Palais, *Politics and Policy in Traditional Korea*, Cambridge, M.A.: Harvard University Press, 1975, Second Printing(1991), p.235.
11) Palais, 1975, pp.235~236.

균, 박영효, 서광범 등은 아오키(靑木功一)의 지적처럼 일본의 후쿠자와 유키치(福澤諭吉)의 영향을 받아 더 진보적인 '변법 개화파'가 된 것으로 분류된다.[12] 강재언은 이 둘을 개량적 개화파와 변법적 개화파로 분류했고,[13] 하원호는 이들의 사상적 차별성을 시무(時務)와 변법(變法)으로 나누었다.[14] 온건개화파와 급진개화파라는 가장 일반적인 분류는 일찍이 이광린에게서 볼 수 있다. 급진개화파는 물론 양반제 폐지를 포함한 체제 변혁적인 급진사상과 정변을 불사한 김옥균 등의 그룹을 가리킨 것이었다.[15]

개화파 안에서도 한 인간이 한 가지 경향만을 보이는 것은 아니었다. 여러 흐름 속에 유동하는 경우가 많았다. 난세일수록 그럴 가능성이 많은 것이 사실이다. 김윤식의 경우는 그에 속한다고 할 수 있다. 그는 일반적으로 온건개화파로 분류된다. 갑신정변 때는 정변파의 반대편에서 그 정변을 진압한다. 한때는 대원군의 재집권을 위해 활동하기도 했다. 1910년 한일병합 조인에 가담해 일본의 자작 작위를 받았다. 급진적 개화파의 정치적 귀결이라고나 할 위치에 있기도 했던 셈이다. 그런가 하면 일제 기간에는 흥사단과 대종교와 관련해 민족운동에 나서기도 했다. 그의 혼란스러운 행보는 정치와 국제정세의 어려움 속에서 여러 사상과 행동의 흐름을 가로지르며 유영하는 존재의 초상이다.

김윤식은 필자의 분류로 하면 어떻든 기본적으로는 근왕주의적 자력 근대화론자로 출발했다고 할 수 있다. 그러나 민중의 도전에 직면했을

---

12) 靑木功一, 「朴泳孝の民本主義. 新民論·民族革命論(二)」, 『朝鮮學報 82』, 1977; 하원호, 「개화사상과 개화운동의 역사적 변화」, 한국근현대사연구회, 『한국근대 개화사상과 개화운동』, 신서원, 1998, 11쪽.

13) 姜在彦, 『韓國の開化思想』, 岩波書店, 1980, 211쪽; 하원호, 1998, 11쪽.

14) 하원호, 1998, 12쪽.

15) 이광린, 『한국사강좌 V』, 일조각, 1981, 126~132쪽; 하원호, 1998, 11쪽.

때, 이들이 외세의존적 태도를 보인 것 또한 놀라운 일이 아니었다. 근왕주의는 일반적으로 민중운동에 적대적이며 필요시에 외세에 의존하는 것은 거의 자연스러웠다. 김윤식 역시 1882년 임오군란에 대응해 조선이 청국의 속방임을 앞세워 청국에게 군대 출병을 요청한 바 있다.[16]

다기하게 분류될 수 있는 개화파의 흐름 중에서 유독 급진개화파를 특별히 취급하는 것은 두 가지 이유에서다.[17] 첫째, 급진개화파들의 사상과 행동이 갑신정변, 그리고 뒤이어 청일전쟁 기간 전개된 개혁과 좌절 속에서 조선의 정치와 대외관계에 깊은 충격을 준 바 있기 때문이다. 둘째, 급진개화파에 속하는 유길준이 1990년대 이래 한국 학계의 주목을 받고 있는 만큼, 그의 시야와 논리를 통해 근대 한국을 바라보는 역사인식이 부상했다. 그들의 인식이 던지고 있는 현재적 의미를 고려할 때에도, 이들을 따로 볼 필요가 있어 보인다.

오늘날 우리 학계에서 급진개화파 사상에 대해 적극적 재고찰을 시도하고 있는 흐름에서 유영익의 박영효와 갑오경장 연구, 그리고 정용화 등의 유길준 연구 등은 특히 주목할 만하다. 유영익에 따르면, 동학농민봉기와 그 지도자 전봉준의 사상은 강한 배외주의와 함께 유교적 이상 국가를 지향하는 수준의 복고주의 개혁노선이었다.[18] 아울러 동학농민운동의 지도자 전봉준이 대원군과 연결되어 행동한 것으로 봄으로써 동학농민운동의 자율성에 강한 의문을 제기하기도 했다.[19]

이처럼 민중운동의 자율성을 회의하는 반면에, 유영익은 '갑오경장

---

16) 구선희, 「개화파의 대외인식과 그 변화: 갑신정변 이전 단계를 중심으로」, 한국근현대사연구회, 『한국근대 개화사상과 개화운동』, 1998, 122쪽.

17) 김옥균·박영효·서재필, 조일문·신복룡 편역, 『갑신정변 회고록』, 건국대학교 출판부, 2006, 5쪽.

18) 유영익, 『갑오농민봉기와 갑오경장: 청일전쟁기(1894~95) 조선인 지도자들의 사상과 행동』, 일조각, 1998, 28쪽.

19) 유영익, 1998, 12~16쪽.

자율성'론을 제기했다.[20] 유영익은 박영효의 개혁사상이 "1882년 이전부터 축적해왔던 개화사상과 정치적 체험의 결정체"라고 이해하면서, "박영효의 개혁사상과 정치활동은 단순히 일본에 의해 강요된 타율적 개혁운동이 아니었음을 증명한다"고 지적한다. 그러므로 "기왕의 갑오경장 타율론은 수정되어야 마땅하다"고 주장했다.[21] 이어지는 유영익의 지적처럼 "조선의 개혁파 관료들은 오랜 개화운동의 전통을 이어받아 갑오경장에 참여했다"는 것은 충분히 진실일 수 있다. 그럼에도 아울러 지적되어야 할 것은 민 왕후 시해를 불가피한 것으로 인식하고 나아가 동학농민운동을 일본의 무력에 협조하여 억압하면서 개화와 개혁을 추구하는 것은 외세의존적인 것인가 자율적인 것인가. 강요된 것이 아니면 모두 자율적인 것인가라는 의문이 제기될 수 있다. 고종과 민비에게는 강요된 것이며, 박영효의 갑오경장 참여는 일본의 무력에 뒷받침된 것이었다. 이 점에 기초하여 필자의 분류는 급진개화파의 사상과 행동을 외세의존적인 개화주의인 동시에 나아가 근대화 지상주의로 발전할 수 있는 경향을 내포하고 있었다고 이해한다.

또 다른 측면에서 일부 학자는 유길준의 '전통과 근대의 복합화'에 주목하며 그가 제시한 국제관계론에서 새로움을 발견한다.[22] 이 글에서 제시한 사상적 구도에서 바라보면, 어떤 의미에서 근왕주의적 자력 근대화론과 식민지근대화론의 중간쯤에 유길준 등의 급진개화파 사상이 놓여 있다고 할 수 있다. 유길준은 민비와 고종에 대한 비판적 인식

---

20) Young Ick Lew, "The Reform Efforts and Ideas of Pak Yong-hyo, 1894~95," Korean Studies(Honolulu: University of Hawaii) 1(1977); 유영익, 1998, 제3장 「박영효와 갑오경장」 참조. 73~109쪽.
21) 유영익, 『갑오농민봉기와 갑오경장』, 107~109쪽.
22) 유길준의 국제관계론에 주목하는 국내 학계의 동향에 대해서는, 정용화, 『문명의 정치사상: 유길준과 근대한국』, 문학과지성사, 2004. 특히 25~29쪽.

을 지니고 있는 점에서 근왕주의와는 거리를 두고 있다. 유길준은 민비를 '나쁜 여자'로 보고, 고종은 '나약한 군주'로 인식했다.[23] 그는 아마도 그러한 인식에서 일본이 조선의 왕비를 시해한 을미사변을 "개혁의 완성을 위해 불가피한 것으로 생각"했다.[24]

급진개화론은 민중주의적 자력근대화론에 비판적이다. 그 결과 그것이 선택할 수 있는 대안은 외세 의존주의에 대한 대단히 관용적인 태도였다. 유길준의 사상 역시 이들 조선 급진개화파 인사들의 스승 격인 후쿠자와 유키치가 일본과 조선의 민중운동에 대해 갖고 있던 냉소주의를 그대로 답습하고 있었다. 유길준은 동학농민봉기에 비판적이었을 뿐 아니라, 나중에 을사조약 이후 국권상실과정에서 무장저항에 나선 의병들을 "시국을 오해한 오합지졸"로 비판했다.[25] 이것은 유길준의 정치사상이 세력균형론과 연합론 등, 외세를 활용하여 조선을 개혁하고 부강을 추구하는 논리에 크게 치중되어 있는 것과 무관하지 않았다고 생각된다.[26]

대원군 집정시기 배태된 개화론은 여러 가지 요인으로 인해 그 내부에서 급진주의있를 성장시키게 되지만, 그 골격은 엘리트주의적인 위로부터의 개화·개혁론인 채로 남았다. 개화론은 대원군 집권기간 쇄국체제하에서 그에 대한 비판으로서 성장했다. 그러나 대원군 실각 후 전

---

23) 유길준은 1895년 갑오개혁 실패 후 일본으로 망명한 후 모스 박사에게 보낸 편지에서 이렇게 쓰고 있다. "우리 국왕은 마음이 약한 분이고 아무것도 아는 것이 없습니다." 정용화, 2004, 96쪽.
24) 유길준의 복합문명론과 균세론 등을 긍정적으로 평가하는 정용화는 유길준 등이 일본의 침략야욕을 정확하게 파악하지 못한 것에 대해 비판하지만, 민비·고종에 대한 유길준의 반(反)근왕주의적 인식에 대해서는 직접적인 비판을 제기하지 않는 것으로 이해된다. 정용화, 2004, 93쪽.
25) 정용화, 2004, 102쪽.
26) 정용화, 2004, 100쪽.

개된 고종 친정체제하의 개혁은 개방만 있고 개혁은 실종되어간다. 더욱이 임오군란 진압 후 청조는 조선에 대한 지배력을 강화하려 시도한다. 이에 따라, 개혁 없는 개방과 전통적 중화체제 강화에 대한 반발로 개화파 세력 일부가 급진화 양상을 보인다. 1884년 갑신정변은 그 표출이었다.

급진개화론은 조선 사회 내부에서 조정과 왕실 이외에 연대를 모색할 사상적 기반을 개발하지 못한 데에 그 한계가 있었다. 유길준 등이 임오군란에 이어 동학농민운동에 대해서도 냉소적인 태도를 취한 것은 그 점을 드러낸다. 조선 사회 내적 동력으로서의 민중주의와 결합이나 접점을 모색하는 노력을 조선의 급진개화론은 보여주지 않았다. 이러한 개화론이 조정과 왕실과 멀어질 때, 그 연대의 세력은 결국 밖에서 찾아야 했다. 그것은 '문명개화'의 선진국으로서의 일본이었다. 사회적 종심이라는 차원에서 민중주의와는 출발점이 달랐던 급진개화론은 전통적인 조선 군주정과의 연대를 의미하는 근왕주의에 대해서도 미련을 이미 버린 바 있다.

조일문과 신복룡은 김옥균과 박영효 등의 (급진)개화파는 "개화 속에서도 독립을 추구하고 친일 속에서도 국가에 대한 충성과 왕실에 대한 경건을 잊지 않았다는 점에서 일진회류(一進會類)의 친일파는 구별되어야 할 것"이라고 지적한다.[27] 김옥균 등이 일진회와 다른 것은 분명하다. 그러나 갑신정변 이래 시간이 갈수록 개화·자강을 통한 독립 추구와 친일에 근거한 권력투쟁의 사이의 구분은 모호해져갔다. 그 과정에서 급진개화파의 정치적 입장은 분명 왕실에 경건한 자세를 취하는 근왕주의와는 거리가 멀어져갔던 것도 사실이다. 나아가 민족주의와도 한층 더 과격한 단절로 나아갈 토양을 갖고 있었다. 그런 점에서 급진

---

27) 조일문·신복룡, 「해제」, 김옥균·박영효·서재필, 『갑신정변 회고록』, 13쪽.

개화론은 식민지근대화론의 역사적·지적 기반인 측면이 있음을 부인하기 어렵다.

주진오는 "일본을 모델로 근대개혁을 추진하려는 세력을 훗날 국권침탈 과정에서 일본에 협력한 세력과 동일하게 파악할 수는 없다"고 말한다.[28] 하지만 그도 급진개화파의 역사적 과오에 대해 이렇게 지적했다. "언론과 교육을 통한 계몽운동보다 외세와 결탁해 권력을 장악하고 왕권을 무력화한 가운데 근대개혁을 주도하겠다는 그들의 방식이 좌절하면서 '개화망국론'이 널리 퍼짐에 따라 국민들 사이에서 근대개혁을 부정적으로 여기는 경향을 초래한 것도 그들의 책임이다."[29]

4) 민중주의적 자력근대화론

앞서 살펴본 바와 같이 근왕주의적 자력근대화론자와 급진적 개화론자들은 구한말 민중운동의 표출이라 할 사태들에 대해 부정적이다. 위정척사파 또한 마찬가지다. 그 주체성을 부정하고, 그 사상과 운동이 내포할 수 있는 미래지향성을 부인한다.

현재 정치학에서 민중주의적 자력근대화론에 대한 가장 고전적인 이론적 긍정을 제시한 것은 베링턴 무어의 근대화론일 것이다. 무어는 그의 주저 『민주주의와 독재의 사회적 기원』에서, 서양이 근대화하고 있는 길목에서 토지귀족이 지배적이고 농민이 인구의 대다수를 점하고 있는 농업사회에서 근대로 나아가는 경로는 농민적 사회혁명이 될 수 있음을 밝힌 바 있다. 그것은 토지귀족이나 부르주아지, 또는 프티 부르주아지의 입장에서는 배척할 경로이겠지만, 그 조건에 놓인 사회들에서 근대로의 이행은 바로 그러한 경로를 피하기 어려웠다는 얘기도 된

---

28) 주진오, 「개명군주이나, 민국이념은 레토릭이다」, 교수신문 기획·지음, 『고종황제 역사 청문회』, 푸른역사, 2005, 125쪽.

29) 주진오, 2005, 130쪽.

다.30) 무어는 부르주아 계급은 미성숙하고 토지귀족은 여전히 강건한 채로 있으며, 따라서 대다수 민중은 프롤레타리아트가 아닌 농민으로 남아 있던 러시아와 중국에서 그 역사적 사례들을 발견했다. 어떤 의미에서 우리는 19세기 말 동학농민운동이 그러한 역사적 출구의 단초를 보여준 것은 아닐까 생각해볼 수 있다.

한국전쟁의 거시적인 역사사회학적 기원에 천착한 대표적인 저술인 『한국전쟁의 기원 1』에서 브루스 커밍스는 일찍이 그 문제를 주목했다. 산업혁명을 거친 선진 자본주의 국가들과 그들의 제국주의가 지배하는 세계 속에서 여전히 농업중심적인 전 근대적 사회들은 근대로 나아가는 경로에서 농민적 사회혁명의 길을 걷게 될 가능성이 높다는 것이 배링턴 무어의 이론적 모델이 시사하는 바라고 할 때, 커밍스가 보기엔 중국보다도 한국이 그에 더 적실하게 들어맞는 경우였다. 그는 다음과 같이 지적했다.

"20세기 초 한국의 계급구조는 배링턴 무어가 묘사한 근대로의 농업-관료적 경로(agrarian-bureaucratic route to modernity)를 매우 근접하게 따르고 있다. 토지귀족은 농업의 상업화를 추구하지 않았다. 농업 잉여를 쥐어짜기 위해서 한국의 유한계급이 의존한 것은 상업적 영농이 아니라 중앙집권적 관료기구였다. 한국사회에 존재한 것은 자영농이 아니라 대부분 소작민이었다. 자신의 권리와 이데올로기를 고집하는 상인계급은 발전하지 않았다. 떠돌이 행상과 구멍가게들이 있었을 뿐이고, 귀족들 중 일부가 상궤를 벗어나 소규모 금융업에 투자하기 시작했을 뿐이다. 어떤 점에서 보든지 이들은 일본과 독일에서 그랬던 것처럼 지주계급과 동맹을 맺어서 통치할 권리와 돈을 벌 권리를 교

---

30) Barrington Moore, Jr., *Social Origins of Dictatorship and Democracy: Lord and Peasant in the Making of the Modern World*, Boston: Beacon Press, 1966.

환할 수 있을 만큼 강력한 상인계급은 아니었다. 한국은 중국의 경우에 더 가까웠다. 사실은 한국이 중국보다도 더 무어의 모델과 잘 어울린다고 할 수 있다. 지주계급은 중국보다 한국에서 더 군건하게 뿌리내린 상태였고 그들의 상업지향적 성격 또한 한국에서 더 약했기 때문이다. 한국의 토착적 역사발전이 (외세의 개입 없이 - 옮긴이) 자신의 길을 갔더라면 그 귀결은 농민혁명(a peasant revolution)이었을 것이다."[31]

일본이라는 외세가 개입함으로써 한국의 토착적 역사발전은 결국 불가능해졌다. 그 개입이 본격화하기 전에 한국이 농민혁명의 경로를 통해 근대로 나아갈 가능성을 암시한 사태가 있었다면, 우리가 그것을 갑오농민혁명에서 찾는다고 해서 엉뚱하다고는 할 수 없을 것이다.

동학봉기로 표현된 민중의 혁명의지와 실천은 전례 없는 차원의 것으로 나름대로 역사적인 의미들을 내포하고 있었다.[32] 그러나 이 실천도 결국은 조선 지배층의 반동적 성격과 외세의 개입에 눌리고 말았다. 궁극적으로 그 좌절의 원인은 당시 민중 자신의 역량의 한계였음을 부인할 수는 없다. 그럼에도 민중주의는 동학봉기와 같은 아래로부터의 개혁과 혁명의 지향에서 정치사회적 혁신과 자주독립에의 실질적이고 진정한 노력을 찾는다. 그러나 동시에 동학농민운동으로 상징되는 구한말 민중주의적 자력근대화론의 역사적 성격이나 한계에 대해 다음과 같은 두 가지 비판적 성찰이 필요해 보인다.

첫째, 동학봉기의 지도이념과 실천에 담겨 있는 당시 민중주의가 특히 서학을 비롯한 서구문명과 국제정치의 현실에 대한 인식에 어떤 한계가 있었는가 하는 점이다. 국제정치현실에 대한 인식의 충분성 문제

---

31) Bruce Cumings, *The Origins of the Korean War: Liberation and the Emergence of Separate Regimes, 1945~47*, Princeton: Princeton University Press, 1981, p.17.
32) 신복룡, 2006.

는 오히려 부차적인 것이라고 할 수 있다. 무엇보다도 서학을 비롯한 서구문명에 대한 태도에서 지배층의 지배 이데올로기 격이었던 위정척사의 인식과 얼마만한 차이가 있었는가에 대해 돌이켜볼 필요가 있다. 신복룡은 갑오혁명이 근대 지향의 요소와 함께 "한국 근대화에 끼친 역기능"도 간과할 수 없다고 지적한다. 이들 혁명세력이 "자신의 사회적 지위를 요구함으로써 봉건적인 후진성에 도전했다는 점에서 상찬할 만하지만 서구 문물에 대한 수용 과정에서 보인 그들의 배타적 태도는 좋게 생각될 수가 없다"는 것이다.[33]

둘째, 이 시대에 대한 민중주의적 역사해석이 부딪쳐 정면으로 고민해야 하는 것은 민중주의적 개혁과 독립추구의 노력이 자기한계와 외세 개입으로 어떻든 실패했을 때, 그 직후 조선에게 어떤 대안을 제시할 것인가 하는 문제다. 동학봉기가 좌절했으므로 조선이 멸망한 것을 필연적인 것으로 받아들이는 역사해석을 할 것인가 하는 것이다. 조선은 일본의 식민지로 됨으로써 일본 제국주의와 군국주의의 발판이 된다. 일본 파시즘과 군국주의가 그 후 반세기 동안 아시아에서 전개한 전쟁과 파괴의 역사에서 조선은 그 교두보로 전락하는 것이다. 이러한 역사적 결과를, 동학이 망했으므로 조선도 망하는 것이 당연한 것이었다고 생각하고 말아야 할 것인가.

아마도 개혁적 민족주의와 민중주의가 만나서 성립했던 동학농민운동이 1890년대 중엽에 만개했으나 외세의 개입으로 철저히 탄압된 후 조선 사회는 정신적 공황기로 접어들었다고 할 수 있다. 당시 농민층이 인구의 절대 다수를 점하고 있던 상황에서 더욱 그러했을 것이다. 결국 민중주의적 자력근대화론은 그 성공과 좌절로 인해 각각 전혀 다른 두 가지의 사상적 흐름으로 진화했다고 생각된다. 그 두 흐름은 한 가

---

33) 신복룡, 2006, 498쪽.

지 면에서 공통점이 있다. 조선 국가의 실체를 부정한다는 점이 그것
이다.

첫째, 전통적 조선 국가 안에서의 개혁에 대한 희망을 단념하고 조선
국가 밖에서의 조선 국가, 즉 전혀 새로운 사상과 이념에 기초한 새로
운 사회 또는 새 국가 건설을 추구한다. 사회주의 운동은 그 흐름의 대
표적인 것이라 하겠다.

둘째, 민중주의적 자력근대화론이 내포했던 두 가지 요소, 즉 민족주
의적 성격과 민중주의적 성격 중에서, 민족주의가 포기될 수 있다. 민족
공동체의 실체성에 대한 사상적 미련이 포기될 때, 민족의 경계를 넘는
근대화론은 해방을 맞는다. 1894~95년의 경험으로부터 전통적 조선
사회에서 민중과 지배층이 동일한 운명공동체가 결코 아니라는, 역사
적 허무주의가 배태된다고 해서 결코 이상한 일은 아닐 것이다. 그럼으
로써 민중주의에 뿌리를 둔 식민지근대화론으로 연결될 수 있는 지적
요소의 하나가 될 수 있었다고 생각해볼 수 있다.

하지만 동학혁명운동의 좌절에도 불구하고 그 민중적 동력이 다른
한편으로는 이후 조선의 근대적인 형태의 밑으로부터의 개혁운동 또는
저항적 운동과 사상을 배태하고 지원하는 역사적 실천의 원형으로 기
능한 측면을 간과해서는 안 된다. 대한제국 초엽의 만민공동회 사태와
후기의 애국계몽운동, 식민지시대 3·1 운동,[34] 그리고 앞서 언급한 바

---

34) 앞서 지적한 바와 같이 신복룡은 갑오농민혁명의 한계를 지적하면서도, "갑오
혁명은 그 후대의 민족운동에게 하나의 모델을 제시해주었고, 그 전사(前史)
와 후사(後史)를 잇는 고리〔環〕의 역할을 했다"고 하면서, "후대의 민족운동
을 자극했고 또 사상적으로도 그 뒷받침을 해주었다"고 평가했다. 이어서 그
는 "1895년 초에 갑오혁명은 종식되었으나, 그해에 민비가 일본인에 의하여
살해되자, 그중에서도 특히 현실에 적응하지 못하고 소외되어버린 무리들과
유생들이 크게 반란함으로써 잠시 수그러졌던 민족항쟁은 끊임없이 계속되
었다. 갑오혁명의 관여세력들은 현실로 복귀하지 않고 민족항쟁을 계속하게

와 같이 식민지시대 사회주의적 지향의 민족주의 또는 민중주의적 경향의 운동들에 깊은 정신적·역사적 유산으로 남았다고 할 수 있다.

5) 시민적 자력근대화론

동학농민운동이 좌절되어 한국의 농촌공동체가 물리적·정신적으로 초토화되면서도 다른 한편으로 민중주의적 자력근대화론이 명맥을 이어간 부분이 있다면 아마도 독립협회 운동과 같은 19세기의 끝무렵에 나타난 사회운동일 것이다. 독립협회 운동은 그 분석 시각에 따라 시민적 요소와 엘리트주의적 요소가 공존했다는 분석이 가능하다. 1898년 3월에 시작된 바 있는 만민공동회도 독립협회 운동과 같은 맥락에서 조선사회에서 최초의 시민사회의 출현을 표징하는 것으로 해석되기도 한다. 그것은 민중주의적인 밑바닥으로부터의 사회변혁운동이 내외의 물리력으로 좌절된 후 어떤 의미에서 그 명맥을 이으면서 역사적 대안으로 추구된 것이라고도 할 수 있다.

한국의 역사학과 사회과학은 대체로 독립협회와 그것이 주도한 만민공동회운동의 역사적 의미를 높이 평가한다. 대표적인 경우로 신용하는 독립협회와 만민공동회운동을 통해서 개화독립사상과 국민대중이 결합될 수 있었다고 평가한다. 또한 한국역사에서 처음으로 '민주주의와 공화주의사상'이 한국인의 사상으로 확립 발전하게 되었다고 본다. 아울러 청년층을 중심으로 수많은 애국자와 애국세력을 양성했으며, 이를 통해 "한말 애국계몽운동, 여성해방운동, 민족문화운동, 일부 측면의 의병운동, 항일독립운동, 3·1 운동의 원류"를 이루게 되었다고 평가한다. 더욱이 "19세기 말 열강이 이권침탈과 식민지화정책을 본격화한

되었다"고 지적한다. 이와 같은 갑오혁명과 거기에 포함된 동학사상이 전승되어 "민족운동으로 승화된 예를 우리는 3·1운동에서 찾을 수 있다"고 했다. 신복룡, 2006, 480~481쪽.

1898년 만민공동회 투쟁을 통하여 이를 역전시켜서 러시아와 일본 등 외세를 일단 한반도에서 후퇴시키고, 마침내 한반도를 둘러싼 '국제세력균형'을 획득하는 데 성공했다"고 주장한다. 신용하는 이어 "이 세력균형이 1904년 2월 러일전쟁이 발발할 때까지 만 6년간 지속되어 독립 강화와 자주개혁을 위한 시간을 번 것"이라고 보았다. 결국 독립협회와 만민공동회운동은 "자주독립사상을 전 국민에게 널리 확산 보급시켰을 뿐 아니라 또한 열강의 이권침탈을 민회 존속기간에는 강력히 저지하고 독립을 강화하는 데 실제로 크게 공헌했다"는 것이다.[35]

그 같은 적극적 평가에 기초해 신용하는 "러시아와 일본 등 외세가 야합하여 고종과 수구파를 지원해서 독립협회·만민공동회의 구국개혁운동을 탄압하고 침략을 감행하지 않았더라면, 한국민족은 이미 19세기 말에 자기의 힘으로 자유롭고 독립된 자주부강한 근대국민국가와 시민사회를 수립할 수 있었음을 독립협회와 만민공동회의 사상과 운동이 잘 증명"해주고 있다고 결론짓는다.[36]

한편 독립협회가 그처럼 근대적인 국민국가 건설의 단초를 제공하는 사상적·실천적 요소들을 보였음을 인정하는 학자들도 그 사상과 실천의 역사적 한계를 지적해왔다. 홍원표는, 개혁을 지향했던 독립협회 역시 근대적인 대표성 원리와 전 근대적인 대표성 원리를 절충적으로 수용하고 있음을 지적한다. 그는 먼저 독립협회가 "시민들의 자발적이고 공동으로 활동하는 민주적 정치행위의 예를 제공"한 것으로 인정한다. 또한 그 주도자들이었던 서재필과 윤치호는 독립협회 활동을 통해 "해방, 자유의 확립, 자유의 제도화를 모색함으로써 국민국가를 건설하려는 출발점을 제공했다"고 평가했다.[37]

---

35) 신용하, 『갑오개혁과 독립협회운동의 사회사』, 서울대학교출판부, 2001, 510~512쪽.
36) 신용하, 2001, 513쪽.

하지만 그는 이들의 사상적 한계도 분명히 했다. 먼저 "서재필은 천부인권론에 입각해 인민의 위상을 외형적으로는 강조하면서도 그 한계를 유지하고 있었다. 서재필은 주권의 소재를 밝히고 있으나, 충군과 애국을 강조함으로써 군주의 위상을 인정하고 있다. 서구의 민권사상에 대한 피상적 이해 때문에, 『독립신문』에서는 군권(君權)을 정당화하는 경향이 두드러지게 나타난다. 따라서 독립협회의 국가건설 구상에서는 애민과 충군의 문제가 충돌하는 양상이 그대로 표출되고 있다"고 지적했다.[38]

윤치호의 사상적 한계에 대해서도 홍원표는 이렇게 분석했다. "망명 이전에 군권의 정당성을 결코 의심하지 않았던 윤치호는 미국의 민주주의를 경험했음에도 불구하고 현존 권력구조를 부정하는 데 한계를 보였다. 그는 국민국가의 주체를 현재의 인민이 아닌 미래에 존재할 '개화국민'으로 상정했기 때문에, 주체로서 국민의 정치적 위상을 부정하고 있다. 군주에 대한 집착은 바로 그의 현실주의적 입장을 잘 드러낸다."[39]

근대 한국을 연구하는 일본 학자 기무라 간(木村幹)은 독립협회의 정체성에 대해 의문을 표시한다. 당시 독립협회는 국가와 대립한 존재가 아니라 당시 조선왕조 자체가 품고 있던 개화와 수구라는 두 가지 모순된 지향들 중에서 개화의 부분을 대표하는 단체였다는 점을 그는 주목한다. 지배층에 속하는 관과 민의 유지(有志)들의 단체로서, 조선

---

37) 홍원표, 「독립협회의 국가건설사상: 서재필과 윤치호」, 『국제정치논총』 제43집 4호, 2003, 507쪽.
38) 홍원표, 2003, 507쪽. 홍원표는 여기에서 구한말 군권과 민권을 둘러싼 갈등의 원인에 대한 여러 입장을 논의한 이나미의 연구를 지적한다. 이나미, 『한국 자유주의의 기원』, 책세상, 2001, 123~131쪽.
39) 홍원표, 2003, 508쪽.

왕조에게 승인과 지원을 받는 단체였다. 그 주체는 "외국 사정에 정통한 개화파 고급관료들"이었다. 외부대신으로서 서양 각국과 접촉하면서 정권 내부 개화파의 선봉에 서 있던 이완용이 독립협회 발족 당시 협회의 최고직인 회장 바로 밑의 위원장을 맡았던 사실은 그러한 사정을 잘 보여준다.[40] 독립협회는 시간이 가면서 조선왕조 자체에 비판적이 되고 그래서 왕조와 일정한 간격을 두게 되지만, 그처럼 조정에 비판적이었던 회원들 중에 상당수는 윤치호처럼 친일파로 전환하는 길을 걷는다. 독립을 지향했지만 여건이 여의치 않을 때 쉽게 외세의존으로 전환하는 엘리트주의의 한계를 지적하고 있는 셈이다.

주진오는 독립협회와 만민공동회운동이 오래 가지 못하고 붕괴하고만 궁극적 원인을 독립협회가 곧 내부 분열을 겪고 그 과정에서 고종을 축출하고 망명자들과 결합하여 권력을 장악하려는 "권력장악운동 노선"이 대두한 데에서 찾았다. 독립협회 안에서 윤치호와 남궁억(南宮檍) 등이 주도한 '정치구조 개편운동 노선'이 기존의 정치질서를 인정하는 가운데, 갑오개혁에서 수립된 법률을 준수하면서 근대개혁의 당위성을 언론과 교육을 통해 계몽해나가는 데 주력한 것과 달리, 안경수와 박영효 등이 이끈 권력장악운동 세력들은 독립협회라는 틀을 벗어나 폭력운동을 통해 정권탈취를 통한 권력장악을 추구했다는 것이다.[41]

이들 권력장악운동 세력은 만민공동회를 이용해 독립협회 운동의 폭력화를 주도했고, 이로써 황제와 독립협회의 타협을 방해했다고 주진오은 파악한다. 그에 따르면, 독립협회에 망명자세력이 실제로 침투해 있었고 이 때문에 고종이 위기감을 느끼고 독립협회에 대한 탄압으로

---

40) 기무라 간 지음, 김세덕 옮김, 『조선/한국의 내셔널리즘과 소국의식: 조공국에서 국민국가로』, 산처럼, 2007, 293~294쪽.
41) 주진오, 『19세기 후반 개화 개혁론의 구조와 전개: 독립협회를 중심으로』, 연세대학교 대학원 사학과 박사학위논문, 1995, 150~155쪽.

돌아서게 되었다. 독립협회 지도부는 폭력사태로 발전하는 것을 통제하지 못했고, 그로 인해 대한제국과 만민공동회의 정면충돌이 계속될 수밖에 없었다.[42] 이로 인한 황실 측의 탄압으로 권력장악운동은 물론이고 계몽운동과 정치개혁 단체로서의 독립협회마저 해체되고 만 것으로 본다.[43]

하지만 신용하의 경우에는 주진오가 주목한 권력장악운동 세력이 독립협회에서 주류는 아니었다고 평가하는 쪽이다. 독립협회 회원들 가운데서 만민공동회 운동을 한 세력을 신용하는 '급진파'로 분류하고, 이들 주장의 핵심을 공화제(共和制) 수립으로 파악한다. 그런데 신용하에 따르면, 만민공동회파는 독립협회 안에서 소수파였다. 독립협회의 공식목표는 전제군주제를 입헌군주제로 개혁하자는 것이었고 그 사상적 기초는 '국민주권론'에 두었다고 해석한다.[44] 주진오는 "윤치호의 경우 (권력장악운동 노선으로의) 방향 전환을 비판하는 입장이었으나 적극적으로 그 활동을 차단하거나 아예 독립협회에서 탈퇴하지도 못하는 진퇴양난의 상황에 있었으며, 남궁억과 같은 상촌인(上村人)들은 완전히 독립협회에서 벗어났다"고 했다.[45] 그렇다면 만민공동회 활동이 본격화되면서 독립협회는 사실상 지리멸렬 상태로 된 것이다. 결국 독립협회와 만민공동회 사이의 연결고리에 대해서도 아직 더 많은 논의가 필요한 것으로 생각된다.

만민공동회도 독립협회 운동도 19세기 말 조선 사회에서 민족주의가 개화론과 만나고 민중주의와 엘리트주의가 만날 수 있는 새로운 역사

---

42) 주진오, 「대한제국의 수립과 정치변동」, 한국사연구회 편, 『새로운 한국사 길잡이 하』, 지식산업사, 2008, 91쪽.
43) 주진오, 1995, 155쪽.
44) 신용하, 2001, 200쪽.
45) 주진오, 1995, 155쪽.

적 운동의 양상을 시사한 것일 수 있다. 그러나 이들 동학농민운동 이후 사회운동들이 등장했을 때는 이미 조선에 대한 일본 제국주의의 야심과 지배력은 시시각각 본격화하고 있었다. 특히 그러한 운동을 기층에서 뒷받침할, 신용하가 '국민대중'이라고 표현한 계층의 대부분이 농민으로 머물러 있던 농업사회 조선에서 민중의 에네르기는 동학농민운동에 대한 철저한 배격과 유혈억압으로 황폐화되어 있었다. 독립협회와 만민공동회가 한반도 주변의 국제세력균형을 이룩해낸 것이 아니고, 러시아의 한반도 진출의 본격화와 고종 등 집권세력의 러시아 의존정책으로 인해 한반도에 일시적으로 조성된 러일 간 세력균형의 조건속에서 독립협회 활동이 가능했던 측면도 있다는 현실을 직시해야 할 것이다.

19세기 말 조선의 끝무렵에 독립협회와 연관하여 등장한 사회현상인 만민공동회 운동을 근거로, 우리가 시민적 자력근대화론이 존재했다고는 말할 수 있다고 본다. 다만 그 시점에 그 수준의 '시민'과 '시민주의'의 성립과 그 정도의 운동으로서 조선의 자력근대화가 가능한 시점이었느냐는 깊은 회의의 대상이 될 수밖에 없다. 더욱이 주진오의 주장과 같이, 급진개화파 세력이 외세에 의존하여 시도한 개혁노선이 좌절하면서 이들 중 일부가 주도하면서 폭력화의 경향을 띤 것이 만민공동회의 실체라고 할 때, 시민주의의 성격이 있다 해도 엘리트주의적 요소와 깊이 착종되어 있었다는 얘기가 되고 만다. 이들이 지도한 폭력적인 권력투쟁의 성격까지도 내포하고 있었다면 근대적인 시민에 의한 정치참여와 제도 개혁을 향한 전형적 의미의 시민운동의 성립을 얘기하기엔 크게 주저되는 것이 사실이다.

필자는 청일전쟁에서 일본의 승리와 조선 내정의 장악 그리고 조선 관군과 일본군에 의한 동학운동의 철저한 파괴와 뒤이은 민비시해에 이르는 과정에서 조선의 자력근대화의 가능성은 사실상 사라진 것이 아닐까라고 이해한다. 독립협회와 만민공동회가 보여주는 것은 동학운동의 몰락과 함께 사라진 조선의 잠재적 자력근대화 역량의 잔영에 불과한 것이 아니었을까 의심하게 된다.

6) 식민지근대화론

식민지근대화론은 모든 종류의 자력근대화론을 부정한다. 식민지근대화론은 한국이 일본의 식민지가 된 것은 한국에게 본격적인 근대화의 계기가 되었다는 다소 단순하고 평범한 주장에 그치는 것일 수도 있다. 하지만 그 적극적인 형태는 이영훈의 저술에서와 같이 동아시아에 대한 일본 제국주의 지배의 전개에 대해 "문명사적 전환"이라는 의의를 부여하기에 이른다.

식민지근대화론이 모두 이영훈의 시각과 같은 극단적 형태를 띠지는 않는다. 윤해동이 설명하고 있듯이, 식민지시대 한국인의 삶을 수탈과 저항이라는 도식적 관점에서 이해하는 것을 비판하는 데서 식민지근대화론은 출발했다. 단순히 수탈보다는 좀더 폭넓은 의미를 갖는 '지배'로 보는 동시에, 수탈 못지 않게 '개발'과 '근대화'의 측면도 보아야 한다는 시각을 담고 있다. 결국 그 최소 명제는 "해방 이후 한국사회의 근대화와 경제성장이 부분적으로는 일본의 식민지배에 기인했다는 주장"에 기초해 식민지 시기 한국과 해방 이후 한국 사회 사이의 역사적 연속성을 지적하는 것에 다름 아니다.[46] 그렇게 본다면, 식민지근대화론은 사실상 식민지시대 한국 사회를 보는 시각의 다양한 가능성을 보여주는 것이다. 그런가 하면 윤해동 자신이 '식민지근대화론'이라 이름한 관점은 식민지 시기에 대한 근현대 한국역사학의 지배적 인식인 식민지수탈론과 위의 식민지근대화론 모두의 극복을 의도한다고 말한다. 식민

---

46) 윤해동, 『식민지 근대의 패러독스』, 휴머니스트, 2007, 41, 51~54쪽 참조.

지인의 삶의 다양성을 인식함에서 민족과 저항의 측면만을 특권화시키는 것에 대한 항의이고, 다양성의 인식을 억압하는 경향에 대한 비판이다.[47] 이유 있는 항의라 할 수 있고, 그런 만큼 식민지 시기 한국사회의 인식과 그 근대성을 둘러싼 논의는 단순화할 수 없는 다양성을 띠고 있다고 하지 않으면 안 된다. 식민지근대성 담론을 이영훈 식의 논의로만 환원시키는 것은 그런 의미에서 부당한 일이 될 것이다.

　도면회가 신기욱과 마이클 로빈슨 등의 '식민지 시기 한국사회의 근대성'에 대한 연구들을 예로 들어 지적하듯이, 식민지근대성 담론은 "개인주의적이고 자유주의적인 사고"와 "역사와 민족이라는 이름 아래 희생되고 묻혀버린 수많은 개인과 집단들을 다시 돌아보게 했다." 그런 점에서 "한국 사학계에 귀중한 충격"이라고 평가될 수 있다.[48] 그러나 신기욱 등의 연구물을 번역해 소개한 도면회 자신이 인정하듯, 그러한 담론이 대체로 "정치적 폭압과 경제적 착취, 문화 말살 정책"을 포함하는 "식민주의"의 측면은 외면하고 그 근대성만을 특권적으로 주목하는 경향이 있으며, 보다 일반적으로 "피의 입법과 인간성 말살, 차별과 폭력적 동원·강제를 통해 근대적 사회와 인간이 형성된 과정"은 사실상 논의에서 배제하는 경향을 내포하고 있다는 비판이 역으로 제기될 수 있는 것도 사실이다.[49]

　특히 현대 한국 역사학에서 식민지근대화론의 대표적 주창자라고 생각되는 이영훈의 논리는 그 극단적인 형태이긴 하지만 어떤 의미에서 식민지근대화론이 하나의 역사해석의 이데올로기로 전개될 때 다다를

---

47) 윤해동, 2007, 51~54, 56, 59~60쪽.
48) 도면회, 「탈민족주의 관점에서 바라본 식민지 시기 역사」, 신기욱·마이클 로빈슨 엮음, 도면회 옮김, 『한국의 식민지 근대성: 내재적 발전론과 식민지 근대화론을 넘어서』, 삼인, 2006, 16쪽.
49) 도면회, 2006, 17~18쪽.

수 있는 논리적 귀결이라 할 수도 있다. 그의 논리는 일본을 서양 근대 문명의 첨병이자 매개자라는 시각에서 일본에 의한 식민지화와 조선의 멸망을 긍정적으로 보자고 거의 명시적으로 제안한다. 그것이 바로 이 글에서 문제 삼는 형태의 식민지근대화론이다.

이영훈의 식민지근대화론은 "중국문명권에서 이탈하여 서유럽문명 권으로 편입된 역사"가 식민지 시기를 포함한 20세기 한국의 역사라는 인식에서 출발한다. 이에 따르면, "유교 문명권에서 기독교 문명권으로, 대륙 농경문명에서 해양 상업문명으로의 일대 전환"의 계기가 곧 일본 에 의한 한반도 식민지화의 의미라고 요약한다.[50] 한국의 역사학은 이 처럼 자명한 이치를 한국 근현대사에 적용하는 것을 망설여 왔는 바, 그 이유는 문명사의 대전환을 강요한 세력이 원래 같은 문명권에 속했 던 일본이어서 쉽게 알아차리지 못했거나 섬나라 오랑캐라고 가볍게 여기던 일본에 당한 자존심의 상처가 너무 깊었던 탓이라고 이영훈은 말한다.

"20세기 한국사를 일본과의 관계로만 국한된 좁은 시각에서 벗어나 문명사의 대전환이라는 넓디넓은 시각에서 다시 바라볼 필요가 있다" 는 전제하에, 과거를 훌훌 털고 일어나 앞으로 나아가기 위해서는 그러 한 문명사적 대전환의 관점에서 일본 식민지 시기와 친일파 문제도 바 라볼 필요가 있다고 이영훈은 주장한다. 그것이 "해방전후사 재인식의 전제"라는 것이다. 이런 관점은 조선 왕조가 망한 것은 "왕과 양반의 조 정으로서 나라가 망한 것이지 백성의 나라는 아니었"으며, "중화제국의 질서 속에 위치한 한 제후의 나라가 망한 것"일 뿐이라는 그의 지적과 긴밀히 연관된다. 또 그런 나라가 망한 것은 "그런 국가관과 국제질서 의 감각을 해체할 만한 지성의 창조적 변화가 그 나라에서 생겨나지 않

---

50) 이영훈, 『대한민국 이야기: '해방전후사의 재인식' 강의』, 기파랑, 2007, 64쪽.

았기 때문"이라는 원인 분석으로 연결된다.[51]

식민지근대화론은 민족주의에 대한 전면적인 비판으로 직결된다. 그의 민족주의 비판은 우선 민족의 실체성에 대한 개념적이고 철학적인 비판에 근거하고 있다. "민족이란 무엇인가? 민족은 서로 다른 이해관계의 인간집단을 국가라는 정치적 질서체로 통합시킴에 요구되는 여러 가지로 고안된 이데올로기 중의 한 자락일 뿐이다." 그에게 민족은 "낮은 수준의 통합으로서 야만이라 이야기될 수 있는 씨족이 웅크리고 있"는 그런 것이며, 그래서 "민족주의는 남에게 거칠다."[52]

이영훈의 민족개념 해체시도와 그 논리에 대해서는 제1권의 2장에서 비교적 자세히 비판했다. 따라서 여기서는 식민지근대화론자들의 민족개념에 대한 더 이상의 논평은 생략하기로 한다. 다만 식민지근대화론의 전반적인 지적 성격에 대한 필자의 생각을 적어두기로 한다.

1990년대 이래 한국 지식인 사회에서 급속하게 성장한 식민지근대화론은 19세기 조선의 역사적 전개가 보인 두 갈래의 좌절로부터 배태된 지적 경향에 뿌리가 닿아 있다고 생각된다. 첫째, 전통적 조선 국가 하에서 갑신정변의 실패를 포함하여, 엘리트주의적인 급진개화파의 개혁론의 좌절이 그 한 뿌리다. 이 엘리트주의적 급진개화론은 청일전쟁 하에서는 민중주의적 개혁지향 세력인 동학농민운동에 대한 냉소적 부정 속에서 일본이 주도하는 조선 근대화 프로젝트에 참여한다. 이 역시 청일전쟁 후 삼국간섭과 뒤이은 고종의 러시아 공사관으로의 도피로 좌절된다. 민족주의와 민중주의에 대한 철저한 부정의 역사관이 조선 사회 엘리트 지식인계급의 상당 부분에서 성장했다고 할 수 있다.

둘째, 식민지근대화론은 민중주의와 그 좌절에 따른 민중주의적인

---

51) 이영훈, 2007, 63쪽.
52) 이영훈, 「왜 다시 해방전후사인가」, 박지향·김철·김일영·이영훈 엮음, 『해방전후사의 재인식』, 책세상, 2006, 56쪽.

역사 허무주의의 뿌리도 내포한다. 임오군란과 그 후 그것이 보다 철저한 민중주의적 형태로 발전한 것으로도 볼 수 있는 동학농민봉기의 좌절 등, 밑으로부터의 개혁 또는 민중주의적 근대화 개혁론의 좌절이 이후 조선의 지식인 사회의 일각에 던진, 어떤 의미에서 역사적 허무주의라고도 할 수 있는 절망의 역사의식과도 관련이 없지 않다고 생각된다.

엘리트주의와 민중주의 모두의 실패에 뿌리를 둔 이 지적 경향은 결국 조선 사회 안에서의 근대화의 주체 논의를 무의미하게 본다. 근대화의 주체를 민족과 국가의 경계를 넘어 일종의 '제국적 범위'의 관점에서 바라보려는 근대화 지상주의로 나아간다. 이영훈이 말하는 '문명사적 역사학'의 관점이란 곧 그것을 말하는 것으로 생각된다.

4. 19세기 말 조선과 가지 않은 길의 정체

과거 역사가 실제 걷지 못했던 길에 대한 논의는 큰 의미를 갖기 어렵다. 그러나 식민지화라는 극단적인 역사적 결과를 피할 수는 없었을까에 대한 지적 관심이 조선 말기 정치, 사회, 사상 그리고 외교사에 대한 우리의 연구를 지속시키고 있는 점 또한 부인하기 어렵다.

우리가 희망적인 역사적 가정을 덧붙여 논의해볼 수 있는 대안은 일본에서는 이루어진 상이한 사상조류와 정치세력 간의 역사적 결합이 어떤 형태로든 조선에서는 왜 일어나지 않았는가라는 의문일 수 있다고 본다.

그런 의미에서 우리는 유길준 등의 급진개화론이 근대화를 위해 연합할 세력을 좀더 장기적인 안목을 갖고 제국주의화의 길을 걷고 있던 외세와 그 무력이 아니라 아래로부터의 개혁을 추구하는 민중적 인식과 결합하지 않았던 것에 대해 생각해볼 수는 없을까. 급진개화파는 조선의 현실에 비추어 심지어 왕후 시해를 포함한 을미사변까지도 정당화하는 수준에까지 외세의존적인 경향을 보였다. 그렇다면 개화사상과 민중역량의 결합은 사실상 실현되는 것이 애당초 불가능했을 것이다.

일본에서는 하급 사무라이 계급을 포함한 존왕양이파가 새로운 메이지 국가를 중심으로 이른바 만국공법을 지향하는 개국의 주체로 될 수가 있었다. 양이와 개화가 정치적으로 통합되고 근왕주의자들과 하급 무사계급이 통합을 이룬 형국이었다. 말하자면 이 글에서 근대화 담론 분류를 위해 두 축으로 설정한 사회적 종심에서는 근왕주의와 엘리트주의가 만나고, 가치지향의 횡축에서는 전통주의적 양이의 가치관이 근대지향적 개화론과 만난 것이라고 할 수 있었다. 이를테면, 역사적 가상이지만, 조선에서 임오군란의 주체세력이 개혁적 왕실과 만나고, 하급 병사들과 대중의 전통주의적 양이론이 급진개화파들의 개화론과 만날 수 있었을 경우에 비유될 수 있다.

그러나 제국주의의 위협에 직면한 약소사회의 민중에게 개화와 개방은 정치경제적·사회문화적 예속에 따른 이중 삼중의 민생고와 자존에의 상처를 의미한 측면이 있었던 것이 당시 현실이었다. 이러한 사회들에서 개혁 지향은 외세의 문물에서 해결책을 찾는 개화주의보다는 자신의 전통과 독립적인 사상 속에서 해결책을 구하는 강한 지향을 띨 수 있다. 이 경향은 외세 영향력 확대의 실질적인 직접 피해계층인 민중 안에서 광범한 기반을 갖기 쉽다. 그런 만큼 19세기 말 조선 사회에서 엘리트 계층 일각의 개화사상이 개혁 또는 변혁을 지향하는 민중의 역량과 만나기 어려웠을 것이다. 여기에 구한말 한국 지성사의 비극의 한 축이 놓여 있다고 생각된다.

급진개화파 엘리트 집단과 갑오농민혁명으로 대표되는 기층 민중과의 제휴가 어려웠던 것은 당시 조선 사회 유생계층 전반과 동학농민 세력이 겪는 갈등적 관계에서 잘 입증된다. 신복룡은 갑오혁명의 지지기반과 관련하여 가장 심각했던 문제로 "유생들과의 갈등"을 지적했다.

그 근본적인 이유는 "갑오혁명의 한 추진력으로서의 동학사상이 당초 유생들의 눈에는 사학(邪學)으로 비쳤고, 갑오혁명의 민란적 요소가 상층 구조에 대한 신분적 도전의 의미를 내포하고 있었기 때문"이라고 그는 분석했다.[53]

어떤 의미에서 동학농민운동이 좌절된 후 등장한 독립협회 운동은 개화가 민족주의와 만나고, 엘리트주의가 시민주의를 매개로 민중주의와 화해하고 결합할 가능성을 보여주는 맹아였다고 할 수 있다. 1896년 7월 2일 창립된 독립협회는 아관파천 이후 집권을 하지 못한 개혁파들이 국민국가 건설의 사상과 운동을 전개하는 주체로 되었다.[54] 즉 이들도 포함한 왕조가 협력한 가운데 일본이 조선의 민중주의를 파괴한 이후에 왕조의 지배층 일각의 엘리트들이 주체가 되어 국민국가 건설의 새 비전을 제시하고자 나선 것이라 할 수 있었다. 이들은 열강의 침략하에서 전제군주제는 국왕의 동의 하나만으로도 국권이 박탈될 수 있는 취약한 체제임을 절감하고 입헌대의군주제(立憲代議君主制)를 수립해야 한다고 믿었다.

하지만 앞서 논의한 바와 같이 그 운동의 실체와 역량에 대해서 여전히 많은 논란이 제기되고 있다. 더 큰 문제는 그 운동이 싹을 드러냈을 때의 한국의 미래가 과연 그 정도 역량과 실체를 가진 운동이 의미 있게 개척될 수 있는 것이었는지가 회의될 수 있다는 점이다. 조선의 국가가 궁궐을 강점한 일본과 협조하여 조선 내부의 민중주의적 자력근대화 운동의 싹을 베어버린 상태였으며, 이후 조선은 왕비의 시해를 무력하게 겪어야 했다. 인아거일(引俄拒日)이라 하지만 러시아 세력의 깊숙한 개입 속에 고종의 아관파천과 대한제국 수립이 진행되었다.[55]

---

53) 신복룡, 2006, 488~489쪽.
54) 신용하, 2001, 200쪽.

그러나 다시 러시아가 만주경영에 주력하기 위해 일본과 타협하면서 1898년 맺어진 로젠-니시 협정은 한국에서 일본의 우위를 인정해주는 내용을 담았다.[56] 1900년 여름 중국에서 의화단사건을 기화로 러시아가 10만 대군으로 만주를 점령한 후 다시 한반도에 대한 야심을 드러내면서 1896년에 이어 러시아가 또다시 제기한 것이 한반도분할론이었다.[57] 하지만 이때 이후 일본은 한반도는 물론이고 만주에서도 러시아의 세력을 약화 또는 배제시키는 것을 목적으로 한 강경파들이 정치를 주도하고 있었다. 영국과 미국이 주도하는 국제사회는 그러한 일본을 위한 강력한 배후가 되어준다.[58] 1902년의 영일동맹의 내용이 여실히 담고 있었듯이 일본에 의한 한반도의 보호령화가 실질적으로 국제적 승인을 받으며 진행되어간다.

요컨대 조선이 제한된 개혁적 역량으로 근대화를 이룰 수 있었던 자율적 공간은 1894~95년 동학농민운동이 일본과 조선 국가의 협력적 활동으로 소멸되면서 지극히 좁아져 있었다. 이후의 개혁운동은 그것이 시민적 성격을 가진 것이든 근본적으로 외세의존적이고 엘리트적인 성격의 연장이었든, 너무 늦었고 너무 약했다(too late, too little). 인구의 절대 다수를 농민과 농촌사회가 담당하고 있던 역사적 조건에서 민중주의적 개혁운동인 동학농민운동이 조선 지배계층의 협조하에 일본의 무력에 의해 철저히 분쇄되고 난 이후의 일이었다. 조선 사회가 지

---

55) 이민원, 『명성황후 시해와 아관파천』, 국학자료원, 2002, 42~45쪽.
56) 최문형, 『국제관계로 본 러일전쟁과 일본의 한국병합』, 지식산업사, 2004, 95~96쪽.
57) Peter Duus, *The Abacus and the Sword: The Japanese Penetration of Korea, 1895~1910*, Berkeley: University of California Press, 1995, p.173.
58) Walter LaFeber, *The Clash: U.S.-Japanese Relations throughout History*, New York: W.W. Norton, 1997, pp.75~76.

적 창조성과 사회적 역동성에서 하나의 공허한 진공 상태에 떨어져 있던 국면이었다고 하지 않을 수 없다.

일본과는 비교되기 어려운 열악한 상황 속에서나마 조선 지식인 사회는 자기혁신을 통해 새로운 시대에 창조적으로 대처하는 지적 지평과 정치사회적 리더십이 시급하고 절실했다. 그러나 그들은 적기에 그 과업을 이루어낼 지적인 준비도 정치적 역량도 갖추고 있지 못했다. 당시 시시각각 조선을 조여오고 있던 제국주의의 전개로 인해 역사적 시운도 따라주지 않았다. 그러기에 더욱, 갑오농민전쟁으로 민중주의와 조선의 국가가 정면으로 충돌하여 국가가 외세의 도움을 청하기에 이르기 전에, 조선의 왕실과 국가가 실질적인 개혁의 노력을 함으로써 민중과 국가의 대립을 넘어서서 자율적 근대화의 공간을 개척해야 했다. 그러나 그렇게 하지 못했다. 급진개화파 역시 그들이 지녔던 근대지향과 기층 사회의 다분히 전통주의적인 사상에 바탕을 둔 개혁주의 사이에 존재했던 거리를 메우기 위한 노력의 흔적을 보여주지 못했다. 이것이 19세기 말 조선의 지적 진공의 치명적 소재였다고 생각된다.

찾아보기